GRAMÁTICA DAS CIVILIZAÇÕES

GRAMÁTICA DAS CIVILIZAÇÕES

Fernand Braudel

Tradução
Antonio de Pádua Danesi

Revisão da tradução
Eduardo Brandão

martins Fontes

Esta obra foi originalmente publicada em francês
sob o título *Grammaire des civilizations* por
Les Éditions Arthaud.

Publisher *Evandro Mendonça Martins Fontes*
Coordenação editorial *Vanessa Faleck*
Produção editorial *Carolina Cordeiro Lopes*
Know-How Desenvolvimento Editorial
Preparação *Know-How Desenvolvimento Editorial*
Revisão *Renata Sangeon*
Lucas Torrisi
Diagramação *Renato Carbone*

Dados Internacionais de Catalogação na Publicação (CIP)
Angélica Ilacqua CRB-8/7057

Braudel, Fernand.
Gramática das civilizações / Fernand Braudel ; tradução Antonio de Pádua Danesi. – 4. ed. – São Paulo : Martins Fontes – selo Martins, 2024.
520 p.

ISBN 978-65-5554-082-6
Título original: Grammaire des civilisations

1. Civilização – História 2. História – Estudo e ensino
I. Título II. Danesi, Antonio de Pádua

24-3752

Índice para catálogo sistemático:
1. Civilização – História

Martins Editora Livraria Ltda.
Av. Dr. Arnaldo, 2076
01255-000 São Paulo SP Brasil
Tel.: (11) 3116 0000
info@emartinsfontes.com.br
www.emartinsfontes.com.br

Sumário

SEGUNDA PARTE – O CONTINENTE NEGRO

TERCEIRA PARTE – O EXTREMO ORIENTE

III. AS CIVILIZAÇÕES EUROPEIAS

PRIMEIRA PARTE – A EUROPA

SEGUNDA PARTE – A AMÉRICA

Braudel ensina história

Este livro é um manual – ou, antes, a parte central de um manual – publicado pela primeira vez em 1963. Um manual concebido e escrito para uso dos alunos da última série de nossos liceus, e que, como tal deve ser lido hoje, mas sem *a priori* nem reservas, muito pelo contrário. Pois não se trata de um texto de circunstância, no qual encontraríamos, claro, F. Braudel, porém atrás do manual. Trata-se, no sentido forte, de um manual de F. Braudel, redigido em um contexto um tanto excepcional e enfrentado por ele com certo grau de desafio. Ou seja, é um texto escrito não para seus pares nem mesmo para o grande público – que, então, ainda não o conhecia e com o qual ele, por sua parte, pouco se preocupava –, mas para um auditório bem definido, rapazes e moças de 16 a 18 anos – "adultos", escreverá ele em 1983 em um de seus artigos do *Corriere della Sera*, aqui reproduzido –, a quem desejava alcançar, assim como, desnecessário dizer, aos seus professores. Um texto destinado a mostrar – e demonstrar – que a história, a mais exigente, a mais nova e também a mais curiosa das ciências do homem, podia ser ensinada, e de qual maneira. Um princípio fundamental: despertar o interesse daqueles e daquelas a quem ela se destinava e que precisavam aprender a enfrentar, compreendendo-o, o mundo em que iam viver. Aos seus olhos, com efeito, não há história que não responda, pela interrogação e por via do passado, às curiosidades, às incertezas e aos problemas do presente.

Relendo-o hoje, perceberemos melhor por que, instado durante dez anos por seu editor a "adaptar" este texto para outro público, ele sempre adiou essa tarefa, sem nunca dizer explicitamente não. Cada livro impõe a lógica de sua escrita, que não admite retoques de pormenor, mas exige que se recomece sempre do zero. F. Braudel não cessou de repetir a quantos dele se aproximaram: para escrever bem – e a história deve ser bem escrita, por historiadores ("mestres de sua língua"), não se deve jamais corrigir, mas sempre reescrever, incansavelmente, retomando de A a Z, até encontrar a expressão a um só tempo mais exata e mais simples de seu pensamento, até que o texto se torne fluente.

É preferível, pois, que este livro seja apresentado hoje em sua versão original, quando muito despojado de suas ilustrações e de seus documentos e notas de leitura. O paradoxo, aliás, seria se F. Braudel não se tivesse responsabilizado em parte por isso, tarde que fosse, a quase um quarto de século de distância. Seus primeiros leitores ultrapassaram a casa dos 40 anos, e os mais jovens dos primeiros professores a utilizá-lo já chegaram aos 50. Como ocorreu em relação a *Méditerranée*, a Espanha e a Itália deram o exemplo já em 1966. A primeira traduzindo-o integralmente para os estudantes universitários (Universidade de Madri, Tecnos), a segunda apresentando-o como livro de bolso, regularmente reeditado em seguida (Turim, Einaudi, PBE). O que ilustra diferenças significativas na circulação do livro e que poderiam surpreender em nossa Europa em via de unificação: nada mais compartimentado, de fato, a despeito do paralelismo dos currículos e sua divisão, que o conteúdo de nossos ensinos secundários. Acrescentemos a isso, com o risco de forçar os termos, que, como manual, ele não teve, nem mesmo na França, a difusão que poderia e deveria ter: quantos conselhos de professores não decidiram (eu próprio passei por essa experiência, um tanto surpreso, em 1964, em um liceu de província, ao norte de Paris, para o qual acabara de ser nomeado) que era demasiado árduo para os alunos e que era preciso escolher outro, de acesso mais fácil, conservando este como "livro do professor"? Procurava-se, assim, em uma época em que as editoras de livros didáticos distribuíam generosamente seus manuais, evitar um grande fracasso editorial! Mas creio de bom grado que, se este livro tivesse alcançado, ainda assim, a metade de seu público-alvo e realmente servido como "livro do professor", ajudando os professores a ensinar, no espírito almejado por F. Braudel, esse programa novo e difícil, por cuja aceitação ele propugnara tenazmente, teria satisfeito a mais da metade de seu desejo. Terá ele hoje, enfim, ao mesmo tempo os leitores e o estatuto que muitos gostariam de lhe atribuir estritamente? Três razões, pelo menos, convidam-nos a admiti-lo. Tentarei expô-las sucessivamente.

Este livro, como tantos outros, tem sua história, e, para apreciar o seu alcance, cumpre reinseri-lo em seu contexto: o final da década de

1950. O grande esforço de reconstrução e modernização do pós-guerra levou, por essa época, ao questionamento de certo número de estruturas essenciais da sociedade francesa, cuja inadaptação parece evidente, pelo menos aos olhos de uma "elite" esclarecida e aberta para o exterior. Isso é verdade para a política e também para o sistema educacional, submetido a uma pressão sem precedentes, da escola primária à universidade. É necessário acolher os filhos do *baby boom* com uma escolaridade mais longa e recrutar um maior número de professores nascidos nos anos de baixa natalidade anteriores à guerra. Os primeiros deveriam aprender, e os segundos, ensinar de maneira diferente disciplinas profundamente renovadas. E a mesma exigência de um duplo progresso – de fato, uma verdadeira ruptura – em quantidade e qualidade vale para a formação dos demais quadros da nação, engenheiros e médicos à frente. As reformas estão na ordem do dia, em nome da divisa "governar é planejar"; mas elas dividem a opinião, os usuários, os especialistas. Algumas teriam êxito: o ensino da matemática, os estudos médicos. Outras conheceriam um fracasso total ou parcial, entre elas, a do ensino da história.

O princípio de uma reforma dos programas de história foi decidido antes do fim da Quarta República Francesa: iniciada em 1957, na quinta série, a reforma atingiu, no começo do ano letivo de 1963, o terceiro colegial. O princípio era simples. A antiga divisão da história em partes sucessivas, em vigor desde 1945, partindo da Mesopotâmia e do Egito, reservava às duas últimas séries a chamada época "contemporânea": 1789-1851, no segundo colegial; 1851-1939, no terceiro. A nova divisão, datada de 19 de julho de 1957, antecipava seu ensino em um ano e deslocava a divisão interior a montante (1789-1871, no primeiro colegial; 1871-1945, no segundo), reservando para a terceira série o estudo "das principais civilizações contemporâneas". O B.O. de 25 de julho do ano seguinte divide o conteúdo desse título provisório em seis "mundos" (ocidental, soviético, muçulmano, Extremo Oriente, Sudeste Asiático, África subsaariana), precedidos de uma introdução destinada a precisar-lhes "a concepção e o sentido": ela "deverá, antes de tudo, definir a noção de civilização, mas sublinhará, explicando-a, a forma a ser dada ao estudo considerado, que comportará, para cada um dos conjuntos enumerados [...] três elementos essenciais: fundamentos; fatores essenciais da evolução; aspectos particulares atuais de sua civilização."

Esse resumo representa, então, para F. Braudel, mais uma compensação do que uma verdadeira vitória. Obrigado a deixar a presidência de um júri de *agrégation**, que lhe permitira sentir todas as dificuldades

* Concurso para professor do curso secundário. [N. R.]

com as quais se podia chocar a necessária "reforma do concurso", foi ele, com efeito, chamado por Henri Longchambon a redigir a parte relativa às ciências sociais no relatório sobre a pesquisa científica na França destinado ao plano quinquenal em preparação. Mas o projeto, submetido por ele, de uma pequena faculdade experimental de ciências econômicas, sociais e políticas chocara-se com a oposição das faculdades existentes – Letras e Direito –, ameaçadas de concorrência. Em junho de 1957, o relatório final apresentado ao governo considerava-o ("sem muita convicção", dada "a apatia ou a resistência sistemática, à base de medo e de 'bom senso', de todas as instituições existentes") uma "reforma a longo prazo", possível no âmbito de uma "adaptação das estruturas". Sob o título "As Ciências Sociais na França – um balanço, um programa", pode-se ler seu texto, evidentemente redigido pelo próprio F. Braudel, no primeiro fascículo de *Annales* E.S.C., de 1958.

Entretanto, esse primeiro malogro haveria de ter duas consequências, ambas devidas à iniciativa de Gaston Berger, então diretor do ensino superior: o projeto de criar em Paris uma Casa das Ciências Humanas (ou das Ciências Sociais, já que o artigo de 1958 utiliza alternadamente as duas expressões), lugar de "agrupamento da pesquisa", em torno de uma biblioteca e de serviços comuns ("notadamente um centro de mecanografia e um laboratório de cartografia"); e aquela reforma dos programas do terceiro colegial (na verdade, de todo o colegial), que devia preparar os alunos para a universidade e o mundo contemporâneo, ilustrando para eles, por meio da noção de civilização, tudo quanto a história poderia retirar de uma leitura atenta das "ciências sociais vizinhas: geografia, demografia, economia, sociologia, antropologia e psicologia". Uma verdadeira lição de coisas em escala mundial.

Mas eliminar o acontecimento do ensino da história, ou pelo menos relegá-lo a segundo plano, mesmo que por um único ano, era uma reforma por demais brutal para ser aceita tal e qual, e as resistências não se fizeram esperar. Dois anos depois, foi necessário transigir. No novo texto de junho de 1959, o enunciado da segunda parte, "as civilizações do mundo contemporâneo", agruparia o Extremo Oriente e o Sudeste Asiático em um único mundo, chamado "do oceano Índico e do Pacífico", e acrescentava uma conclusão sobre "os grandes problemas da atualidade". Sobretudo, o período 1914-1945 é reintroduzido no programa do terceiro colegial, ocupando todo o primeiro trimestre e modificando, assim, o equilíbrio do ano escolar. A batalha ainda não estava perdida, mas tampouco estava ganha, como deviam revelar todas as resistências encontradas na aplicação, nas modalidades e nas diretrizes do ensino, nas escolhas dos temas etc. Um exemplo entre muitos outros: em plena descolonização, bem quando os novos Estados independentes procuravam, não sem coragem, escrever sua história, um decreto de 10 de agosto de 1965 eliminava pura e simplesmente "o mundo africano".

Ao se aproximar o momento de sua entrada em vigor, as reservas sobre o novo programa se exprimem abertamente. Como ensinar história sem o suporte da narração, dos acontecimentos, dos conhecimentos concretos e verificáveis no momento do exame? Interrogam-se os responsáveis pelo segundo grau, conscientes – sem dúvida com razão – da ruptura total que esse programa iria representar para professores formados em outra escola, em uma universidade em que várias das ciências sociais envolvidas ainda não tinham lugar. Não estaria a escolha entre os "fatos", de um lado, e o "falatório" ou a "abstração", de outro? Os autores dos novos manuais, ou dos antigos renovados, não hesitam em confessar sua perplexidade, se não desconfiança. Releia-se o prefácio de um dos mais reputados (Hatier, 1962), que foi a bíblia de gerações de *khâgneux**: "Conquanto o interesse desse programa não deixe margem a dúvidas, conquanto esse estudo do mundo contemporâneo ofereça atração e vantagem para alunos em fins de estudos de segundo grau, não se podem dissimular as dificuldades que sua aplicação comporta. Muitos termos técnicos deverão ser necessariamente abordados. Era preciso simplificar [...]". Depois de apresentar os "especialistas", isto é, os universitários ou doutorandos encarregados de redigir os tais novos capítulos, prossegue o prefácio: "Essa equipe de especialistas esmerou-se em apresentar-nos o livro simples e claro que todos desejamos. Quis ela indicar apenas as linhas gerais, compreender e fazer compreender [...] A partir da página 288, quando se aborda a história das civilizações, *mais árdua que a simples narração dos fatos*, um 'argumentário' em negrito precisa e completa o texto. Poderá servir de sumário, sem dúvida muito breve, mas suficiente, para o *aluno apressado* que queira à primeira vista de olhos conhecer o arcabouço da lição [...]." No fim do volume, "uma última parte, mais pedagógica, tenta responder às *legítimas inquietações dos candidatos.*"

Seja-me perdoada essa citação um tanto longa, cujas expressões mais significativas sublinhei: não visa ela a incriminar ninguém nem fazer reviver qualquer batalha maniqueísta entre os Antigos e os Modernos; mas nada mostra melhor o que estava em jogo e os medos provocados por "esse programa apaixonante, decerto, porém ambicioso". Escrevendo este manual, F. Braudel se engaja pessoalmente, sem ilusões excessivas quanto às oposições que irá encontrar. E escolhe a

* Alunos que frequentam os cursos preparatórios para a Escola Normal Superior, seção "Letras". [N. T.]

dificuldade. Desta, reserva para si a parte central, a das "grandes civilizações", a mais contestada e criticada. E, abrindo o volume com algumas páginas de introdução, "História e tempo presente", cuja "lógica pedagógica" deveria "remeter à leitura, de preferência, para depois da primeira parte do programa" (a história de 1914 aos nossos dias)... "quando será abordado o difícil estudo das grandes civilizações", reafirma ele sem hesitar a profunda unidade dessa leitura global do mundo atual. No instante de sua publicação, portanto, este manual não é um manual entre outros: é um livro de combate. E do combate mais delicado e ingrato de se travar, o combate contra os hábitos de sua corporação: uma vez que não se pode impor, é necessário convencer, e, para convencer, recomeçar incessantemente e repetir que os erros, as ignorâncias, mesmo as mais escandalosas, são de todos os tempos; que hoje, como ontem, não se poderia imputá-los nem aos alunos, nem aos programas, nem aos manuais. As dificuldades – a palavra "difícil" aflora duas vezes nas dez primeiras linhas, mas não tem, claramente, o mesmo sentido que no texto citado mais acima – não são nem negadas, nem minimizadas. São encaradas frontalmente.

Pode-se pensar, é claro, que F. Braudel se expôs inutilmente em um terreno que ele não controlava e onde, portanto, só poderia fracassar, face às inércias de um sistema escolar ainda menos capaz de evoluir naquela época, porquanto o rápido aumento dos efetivos, ligado ao alongamento da duração dos estudos e ao acesso generalizado pelo menos ao ginasial, já começava, desde antes de 1968, a colocá-lo em crise. Pode-se pensar igualmente que o verdadeiro combate, ao qual cumpria consagrar todos os seus esforços, situava-se em outro lugar, no *front* da pesquisa, dessa "história de ponta" que se empenhava, após L. Febvre, em dinamizar e agrupar, sem exclusivismo, servindo-se desse maravilhoso instrumento de ação, então novo, que era a VI Seção da École Pratique des Hautes Études em plena expansão. Ou, ainda, no *front* da universidade, desse ensino superior que continuava a recusar-lhe participação na colação de graus. Impulsionar as pesquisas, proporcionar, fora da história aliada às ciências sociais, uma imagem renovada, impor os melhores na universidade e assegurar assim a um só tempo a renovação dos conteúdos dos ensinos e a ampliação do campo das disciplinas ensinadas, formar em outro espírito os futuros professores: tal teria sido o caminho da razão, uma aposta diferente no tempo e na transformação lenta. Mas F. Braudel não gostava de ser razoável. Para se convencer disso, basta reler suas últimas palavras pronunciadas em público em Chateauvallon, em 20 de outubro de 1985: "Pessoas de minha estima me disseram: 'Não seja insensato, como sempre.' Pensam que segui seu conselho?" (*Une leçon d'histoire de Fernand Braudel,*

Chateauvallon, octobre 1985, Paris, Arthaud-Flammarion, p. 224). A *boutade*, como sempre acontece com F. Braudel, sugere de maneira irônica o que é aos seus olhos essencial. E, no caso do ensino (da história, como, aliás, de todas as outras disciplinas), o essencial era a convicção íntima, regularmente reafirmada, de que uma reforma não se detalha. Para ter alguma chance de ser bem-sucedida, ela não pode limitar-se a um dos estágios – a escola primária, o primeiro ou o segundo ciclo do secundário, a universidade. É necessário que ela seja total.

Como quer que seja, ele teve a sensação, bastante justificada, de ter fracassado no *front* da escola. Antes mesmo que novos textos oficiais tivessem livrado os alunos do terceiro colegial desse programa, que incomodava tantos hábitos, e restabelecido a tradicional história dos acontecimentos do tempo presente – de 1914, depois de 1939, aos nossos dias – no lugar que nunca deveria ter perdido, "o Braudel", colocado de fato no índex, fora discretamente retirado da venda, em 1970 – um sinal que não engana. Aos seus olhos, porém, o problema não era o de um livro, e sim, muito mais profundamente, o do ensino da história, problema que o preocupou até o último dia e que sempre despertou nele uma paixão batalhadora.

São conhecidas suas repetidas intervenções para denunciar, sempre que a ocasião se apresentava, e até na véspera de sua morte, a aberração que para ele representavam os novos, depois os "novos-novos" programas. Seu artigo do *Corriere della Sera* de 1983, reproduzido em seguida, retoma os argumentos que havia sustentado, quatro ou cinco anos antes, em um debate que reunia notadamente J.-P. Chevènement, M. Debré e A. Decaux, e anuncia o que ele voltaria a dizer, dois anos depois, em Chateauvallon. Ainda aqui, ao contar o cerco de Toulon – o de 1707, ao qual consagrou longas páginas de *L'Identité de la France*, e não o de 1793, muito conhecido – aos alunos da oitava série de um CES de Toulon, em presença das câmaras, dera o exemplo através de sua atuação pessoal: o filme aí está para testemunhá-lo. Mas ainda aqui, igualmente, ele não se contentou em dirigir-se aos alunos. Fez questão de responder, no dia 17 de outubro, a pelo menos algumas das perguntas que lhe haviam preparado quarenta professores sobre o ensino da história, a história da arte, o lugar das ciências e das técnicas, o da geografia e, ainda e sempre, os programas escolares.

As notas tomadas por ocasião desse encontro por meu colega Gilbert Buti confirmariam, se necessário, a continuidade de suas posições. F. Braudel fez questão de reiterar sua fé em uma história aberta às contribuições das demais ciências humanas – mas sem nunca confundir-se com elas, porque a história conserva a vantagem insubstituível de dominar o passado como passado, o que lhe permite apreender melhor o presente. E reafirmou sua profunda desaprovação de uma divisão dos programas, que parecia empenhar-se em considerar os problemas e enfrentar as dificuldades na ordem inversa daquela que permitiria resolvê-las: no primeiro grau, a história nova; no segundo grau, a história tradicional, a narração, os acontecimentos, a cronologia, as guerras. Aos seus olhos, contudo, a trajetória devia ser estritamente a inversa. Ouçamo-lo, ainda uma vez, dirigindo-se a Chateauvallon: "Se eu fosse o responsável, ensinaria até o segundo colegial a história tradicional, a história-narrativa: conta-se, interrompe-se, explica-se uma coisa um pouco mais importante, e, de quando em quando, introduzem-se observações de sociologia, de economia social etc.; e concentraria a 'história nova-nova' e a 'história nova-nova-nova' no terceiro colegial. Porque acho horrível, abominável, interrogar no exame de conclusão do segundo grau sobre o período de 1945 a 1985, como se faz hoje em dia. Tenho certeza de que, se fosse examinador, reprovaria qualquer historiador nesse exame! E, se examinasse a mim mesmo, eu me reprovaria pessoalmente!"

Não se veja nisso, ainda aqui, um simples dito espirituoso, pronunciado na euforia desse encontro. O artigo de 1983 não diz outra coisa, em termos ainda mais nítidos, a seus leitores italianos: "De onde vem esse escândalo? De uma decisão absurda do Ministério da Educação. Pessoalmente, como sempre propus, eu colocaria uma iniciação à nova história somente no programa *do terceiro colegial*. A nova história é uma anexação desejada das diversas ciências humanas. Essas diversas ciências observam, explicam o mundo atual, tornam sua confusão inteligível. E parece-me necessário que aos dezoito anos, em vésperas de preparar-se para uma profissão, seja ela qual for, nossos jovens estejam iniciados nos problemas atuais da economia e da sociedade, nos grandes conflitos culturais do mundo, na pluralidade das civilizações [...]."

À sua maneira provocante, F. Braudel fez questão, pois, de reafirmar até o fim sua crença íntima em um verdadeiro projeto pedagógico que daria à história ("Quem negará o papel violento da história?") um lugar central e a utilizaria como instrumento privilegiado de decifração e compreensão do mundo – na verdade, do passado e do presente juntos. Mas nunca cessou de repetir "em todos os tons" que a história tradicional – a narrativa, apoiada em uma cronologia precisa – era a única capaz ao mesmo tempo de prender a atenção dos alunos mais jovens – das "crianças" em oposição aos "adultos" do terceiro colegial – e fornecer-lhes "o indispensável aprendizado do tempo". Ora, seria um erro ver nessa afirmação regularmente repetida uma argumentação circunstancial, visando a restabelecer em nome de não sei que ecumenismo a continuidade entre "história tradicional" e essa "nova história", quando F. Braudel consagrara sua energia de pesquisador e seus poderes de administrador científico à tarefa de criar a ruptura entre uma e outra. Como se tivesse necessitado inocentar a qualquer preço a história – que preferia denominar "de ponta", da mesma forma que existe uma matemática de ponta – de todos os pecados que se queria, com ou sem razão, imputar-lhe: não se fizera dela, quase no mais alto nível, um dos culpados de maio de 1968?

Com a maturidade, as dificuldades encontradas e os fracassos, F. Braudel, sem dúvida nenhuma, precisou e endureceu sua posição. Porém, a verdadeira chave, convém procurá-la a montante, na experiência acumulada ao longo de dez ou doze anos de ensino secundário na Argélia e em Paris, entre 1923 e 1935. Muito embora a pesquisa esteja aí para estimulá-la, vivificá-la, renová-la, a história é feita, antes de tudo, aos seus olhos, para ser ensinada. Uma de suas primeiras conferências no Brasil, em setembro de 1936, no Instituto de Educação de São Paulo, traz precisamente o título de "Pedagogia da história": o texto, publicado na época em português nos *Archivos* desse instituto, foi reeditado em 1955 na *Revista de História de São Paulo* (n. 23, p. 2-21). Empenhado na preparação de *Méditerranée*, F. Braudel (somos tentados a dizer "Braudel antes de Braudel") já nos apresenta o núcleo daquilo que não cessará de repetir durante cinquenta anos.

Para transformar o "romance escolar" em "romance de aventuras" (traduzo livremente do português), não há outro segredo além da simplicidade que vai ao essencial, não a "simplicidade que mutila a verdade, que anuncia o vazio e constitui um nome de empréstimo para a mediocridade, mas a simplicidade que é clareza, luz da inteligência [...] Ir àquilo que faz o centro de uma civilização: a Grécia, uma civilização do mar Egeu, da Trácia a Creta – e não da península balcânica. O Egito, uma civilização do Nilo domesticado." Seu modelo: Henri Pirenne, "o primeiro historiador de língua francesa dos nossos dias", e, através dele, um ensino que dê as costas ao livro para se confiar à palavra. Para se fazer compreender, banir os termos abstratos. Para se fazer ouvir, "deixar à história seu interesse dramático", e fazer com que a história "seja sempre interessante". Ensinar história é, antes de tudo, saber contá-la. E, para concluir: "Da atividade histórica à atividade didática há como a passagem de um curso de água a outro... Atenção: vossa tarefa pedagógica não se deve orientar por vossas preferências científicas, insisto. Nosso colega faltaria a todos os seus deveres se falasse a seus alunos apenas de sociedades, de cheques, de preços do trigo. A historiografia atravessou lentamente distintas fases. Ela foi a crônica dos príncipes, a história das batalhas ou o espelho dos eventos políticos;

hoje, graças aos esforços de pioneiros audaciosos, ela mergulha nas realidades econômicas e sociais do passado. Essas etapas são como os degraus de uma escada que conduz à verdade. Não sacrifiqueis nenhum desses degraus quando estiverdes em companhia dos estudantes [...]." O importante, acrescenta ele mais adiante, tirando seu exemplo de uma geografia estreitamente associada, na França, ao ensino da história, não é, para explicar as marés, partir da teoria científica mais exata, mas chegar a ela. E a "maré do *baccalauréat*"* denunciada por Henri Poincaré pode ser um excelente ponto de partida pedagógico. Essas linhas revelam a continuidade quase surpreendente de uma escolha feita muito cedo e mantida até o derradeiro dia: F. Braudel, ou uma certa paixão pelo ensino da história, e da história que se ensina. Quem ousaria dizer que essa proposta pedagógica perdeu hoje, no momento de uma nova reforma, sua atualidade? Notemos de passagem, em todo caso, que essa proposta, defendida com paixão para a história, vale também para outras disciplinas igualmente fundamentais aos seus olhos, como a matemática ou a gramática.

A terceira pista, que me contentarei em esboçar aqui, seria a que tenderia a situar essa obra falsamente "menor" (e, com ela, todo um conjunto de outros textos) na continuidade de uma obra. Prisioneiro de seu sucesso, F. Braudel viu-se frequentemente encerrado em um único livro, e muitos folgaram em estabelecer, entre *Méditerranée*, *Civilisation matérielle* e *Histoire de France*, oposições e uma classificação. Creio que, ao contrário, com o recuo no tempo, sua obra ganhe hoje em ser relida ao mesmo tempo em sua totalidade e continuidade. A palavra e a escrita, ambas repetitivas (mas "ensinar é repetir" constituía um de seus lemas favoritos), desempenham aí, estreitamente imbricadas, um papel central na elaboração de um pensamento, de uma formulação, de um estilo. Elas permitem jogar com as ideias e os conceitos, domesticá-los, depois abandoná-los, antes de encontrar-lhes sua expressão e seu lugar definitivos. De um texto para outro, as repetições, como as telhas de um telhado que se recobrem, sugerem a impressão de uma superfície homogênea, mas esta, em seu desenrolar, não cessa de introduzir novos motivos, que, inicialmente esboçados, vão sendo aos poucos, e sempre de maneira progressiva, desenvolvidos e integrados.

Nessa perspectiva, a *Gramática das civilizações* ocupa uma posição intermediária entre, de um lado, a primeira edição de *Méditerranée* (1949) e, de outro, a segunda edição (1966) e o primeiro tomo de *Civilisation matérielle* (1967). Apoia-se ela, evidentemente, no Capítulo V

* Exame de conclusão do 2º grau. [N. R.]

da *Encyclopédie Française*, t. XX (1959), "L'histoire des civilisations: le passé explique le présent" (reeditado em *Écrits sur l'Histoire*, 1969, p. 255-314), bem como, aliás, em outros "grandes" textos desses mesmos anos, vindo, em primeiro lugar, "Histoire et sciences sociales. La longue durée" (*Annales* E.S.C., 1958). De fato, ela lhe fornece a ocasião de desenvolver e levar a termo (obviamente provisório), aproveitando conselhos e conhecimentos de numerosos pesquisadores chamados por sua iniciativa aos departamentos das "Áreas Culturais" da VI Seção da EPHE – hoje EHESS –, uma reflexão sobre a própria noção de civilização, encontrada no Mediterrâneo como "a primeira e mais complexa das permanências", com todas as contradições de que é portadora. Porque as civilizações são "fraternais e liberais, mas ao mesmo tempo fechadas, exclusivistas, rudes...; pacíficas" e "não menos guerreiras; de uma espantosa fixidez" e, "ao mesmo tempo, móveis, erradias." Aos poucos, um vocabulário se estabelece, apoiado, como sempre em Braudel, em uma rede coerente de imagens: a sobreposição dos níveis, a imbricação das durações etc. Toque após toque, ele precisa o sentido que atribuirá a cada palavra, em um sistema que permanece seu e se justifica, antes de tudo, por sua capacidade de amoldar-se o mais estreitamente possível aos contornos da complexidade do real e de sugerir tudo quanto, por sua opacidade, escapa à análise. Basta pensar na palavra "cultura", da qual ele acabará escrevendo, depois de ter-se interrogado por muito tempo (e mais uma vez nas páginas que seguem), em referência à língua alemã, sobre as relações entre civilização e cultura, que uma cultura "é uma civilização que ainda não alcançou sua maturidade, seu ponto ótimo, nem assegurou seu crescimento" (*Civilisation matérielle*, I, p. 79). Definida aqui, ao contrário, sucessivamente em referências ao espaço, à sociedade, à economia e às mentalidades coletivas, a civilização é identificada, em 1963, com a própria longa duração: "Aquilo que, através das séries de economias, das séries de sociedades, continua a viver, só se deixando infletir a custo e pouco a pouco", mas não com a totalidade da história, para a qual ele ainda procura uma terceira palavra que não seja civilização nem cultura (1959) e para a qual, mais tarde, acabará escolhendo *sociedade*, definida, dessa vez no singular, como "o conjunto dos conjuntos".

F. Braudel frequentemente fez sua e uma última vez, na introdução de *L'Identité de la France*, a afirmação de Marc Bloch: "Não existe história da França. Existe apenas uma história da Europa", mas apressando-se em acrescentar: "Não existe história da Europa, existe uma história do mundo." Não teve tempo de levar a cabo essa história da França, que era, como ele bem sabia, seu derradeiro desafio. Não fez mais que esboçar, pelo cinema e pelo texto (*L'Europ*e, Paris, Arts et Métiers Graphiques, 1982), essa história da Europa que se anunciava em *Méditerranée*. Deu-nos ele, com *Civilisation matérielle, économie et capitalisme*, uma história do mundo que desaguava, diferentemente de *Méditerranée*, em uma interrogação sobre o presente e o futuro próximo. Por várias razões, essa "gramática das civilizações" do mundo atual a prepara e a completa.

Maurice Aymard

À guisa de prefácio*

Bastou uma palavra de François Mitterrand, em sua alocução de 16 de setembro último, para reavivar a querela do ensino da história. Sem dúvida, tudo que ela exigia era vir de novo à baila.

É uma velha querela que sempre faz sucesso e não deixa ninguém indiferente; nem o público, mais do que nunca apaixonado pela história; nem os políticos, obrigados a ficar à espreita; nem os jornalistas; e muito menos os professores de história. É uma velha querela que não nos ensina nada de novo, e cujo círculo, entretanto, não para de crescer. Todas as controvérsias nela encontram facilmente abrigo. Aí chegam ao troar do canhão, como as boas tropas.

Em princípio, trata-se tão somente dos programas do ensino primário, dos quais, curiosamente, quase não se fala; e dos programas do ensino secundário, mais evocados do que estudados. Trata-se também do desastre ou do pretenso desastre desse ensino julgado a partir dos resultados, que se dizem escandalosos, de nossos filhos; mas poderiam esses resultados ser perfeitos? Alguma vez o foram? Por volta de 1930, uma revista de história já se comprazia, nas colunas de uma copiosa resenha de besteiras ditas e escritas, em enumerar disparates de alunos. No entanto, naquele tempo, o bom ensino se fazia através do sacrossanto manual de Malet-Isaac – que tantos discutidores hoje elogiam.

Enfim, é questionada a evolução da própria história, em suas formas diversas. Para uns, a história tradicional, fiel à narrativa, escrava

* Este artigo, publicado em 1983 no *Corriere della Sera*, inédito na França, pareceu-nos o mais adequado dos prefácios para *Gramática das civilizações*.

da narrativa, atulha as memórias, prodigalizando, sem a menor preocupação de poupá-las, as datas, os nomes dos heróis, os fatos e gestos dos grandes personagens; para outros, a história "nova", que se quer "científica", que cultiva, entre outras coisas, a longa duração e negligencia o acontecimento, seria responsável por esses malogros didáticos que constituem verdadeiras catástrofes, acarretando quando menos o esquecimento imperdoável da cronologia. Essa querela dos Antigos e Modernos não é acaso um simples pretexto? Em um debate que é de pedagogia, e não de teoria científica, ela oculta os problemas e as "culpabilidades", em vez de esclarecê-los.

O problema será tão complicado assim? Vocês têm à sua frente, com o *secundário*, primeiro crianças, depois adultos. Forçosamente, em um dado momento, o ensino deve mudar, tanto o da história como o das demais matérias. O problema está em saber como vão distribuir as questões a ensinar ao longo dos anos de escolaridade que se seguem e não se assemelham. No começo: crianças; no fim: adultos. O que convém àquelas não convém a estes. Trata-se de operar uma divisão e de que haja, para isso, uma ideia diretiva, uma classificação das urgências e das exigências, uma inteligência atenta.

Sempre preconizei, para as *crianças*, uma narração simples, imagens, séries de televisão, cinema, ou seja, em linhas gerais, uma história tradicional, porém melhorada, adaptada à mídia com que as crianças estão acostumadas. Falo com conhecimento de causa. Fui durante muito tempo, como todos os universitários de minha geração, professor do secundário, e sempre exigi, com as turmas de terceiro colegial ou de concurso que me eram confiadas, uma turma da quinta série, ou seja, crianças de dez a doze anos. É um público delicioso, espontaneamente maravilhado, perante o qual se pode fazer desfilar a história como com uma lanterna mágica. O grande problema é, de passagem, fazê-lo descobrir a perspectiva, a realidade do tempo vivido, as direções e significações que ele implica, as sucessões que, marcando-o, balizam-no e lhe dão uma primeira fisionomia reconhecível. Acho abominável, em si, que um aluno médio não situe Luís XIV em relação a Napoleão, ou Dante em relação a Maquiavel... Que o tempo, pouco a pouco reconhecido, preste-se, pois, o menos possível à confusão! Mas que a narrativa fácil se abra como que por si mesma para espetáculos, paisagens, vistas de conjunto! Estamos em tais ou tais lugares, em Veneza, em Bordeaux, ou em Londres... Ao lado da aprendizagem do tempo, impõe-se igualmente a aprendizagem do vocabulário: aprender a jogar com as palavras de maneira precisa, as abstratas e as concretas... Com as noções-chave: uma sociedade, um Estado, uma economia, uma civilização... Tudo isso da maneira mais simples do mundo. Exigir o conhecimento das datas essenciais, situar no tempo os homens eminentes, importantes ou mesmo detestáveis. Colocá-los em seu devido lugar.

Eis-nos agora além da linha divisória, diante dos jovens – hoje talvez mais livres e também mais felizes do que o éramos na sua idade, revoltados, quando na verdade é a sociedade, é o mundo, é o modo de viver que mudam em torno deles e os arrebatam em seus movimentos, imposições e cóleras. São talvez menos intelectuais, menos livrescos, mas tão inteligentes e seguramente mais curiosos do que éramos quando terminávamos nossa aprendizagem. Então, que discurso *histórico* impor a eles?

Nossos absurdos programas, na França, infligem-lhes, no segundo colegial, o mundo de 1914 a 1939; depois, no terceiro colegial, o mundo a partir de 1939. Duas vezes o vasto mundo, mas o da política, das guerras, das instituições, dos conflitos. Ou seja, uma massa fabulosa de datas de acontecimentos. Desafio qualquer historiador dotado de uma memória cavalar a passar com sucesso garantido em um exame sobre essa massa de fatos tantas vezes medíocres que se sucedem... porque se sucedem... Tenho sob os olhos o ultimogênito desses manuais sobre *A época contemporânea*, o melhor da família, dizem-me. Acho-o útil, bem-feito, mas decepcionante. Nem uma palavra válida sobre o capitalismo, sobre as crises econômicas, sobre a população do mundo, sobre as civilizações fora da Europa, sobre as razões profundas dos conflitos, em vez dos conflitos estudados em si mesmos.

De onde vem esse escândalo? De uma decisão absurda do Ministério da Educação. Pessoalmente, como sempre propus, eu colocaria uma iniciação à nova história somente no programa do terceiro colegial. A nova história é uma anexação desejada das diversas ciências humanas. Essas diversas ciências observam, explicam o mundo atual, tornam sua confusão inteligível. E parece-me necessário que, aos 18 anos, em vésperas de preparar-se para uma profissão, seja ela qual for, nossos jovens estejam iniciados nos problemas atuais da economia e da sociedade, nos grandes conflitos culturais do mundo, na pluralidade das civilizações. E que sejam capazes, para obter uma imagem clara, de ler um grande jornal informativo e compreender o que leem.

Ora, o que se fez foi exatamente o contrário. A nova história foi colocada, alojada nas séries do primeiro grau, onde, evidentemente, provocou os maiores estragos. Poderia ser de outra forma?

Por fim, os dois discursos históricos foram utilizados em sentidos diametralmente opostos e ambos são prejudiciais: este, na entrada do liceu; aquele, na saída. Daí decorre uma confusão evidente, agravada ainda mais pela liberdade que os professores tomaram a partir de 1968, escolhendo com as melhores intenções do mundo essa parte do programa e não tratando daquela. Ao acaso das opções e dos sucessivos professores, alguns alunos jamais terão ouvido falar, durante sua vida escolar, desta ou daquela porção importante do passado. A continuidade dos fios cronológicos nada ganha com isso...

Infelizmente, ocorreu com a história ensinada a nossas *crianças* o mesmo que com a matemática ou a gramática... Por que ensinar com barbantes e botões o que é um *conjunto* a crianças de dez anos que, com isso, nunca dominarão o cálculo ordinário e serão apenas alguns a abordar, muito depois, a alta matemática? A linguística subverteu a gramática como o focinho do javali revolve um campo de batatas. Vestiu-a com uma linguagem pedante, complicada, incompreensível e, pior ainda, perfeitamente inadequada. Resultado: nunca se negligenciou tanto a gramática e a ortografia! Mas nem a linguística, nem a alta matemática, nem a história de ponta são responsáveis por essas incongruências. Elas fazem o que têm de fazer, sem se preocupar com o que é ou não ensinável nesta ou naquela idade. A responsável, no caso, é a ambição intelectual dos programadores. Querem ir longe demais. Folgo que sejam ambiciosos para si mesmos, mas que se esforcem por ser simples para com os que estão sob seus cuidados, mesmo e sobretudo quando isso é difícil.

Pergunto-me até que ponto essa discussão pode interessar a um leitor italiano. No entanto, se ele refletir bem, o fundo da querela é de um alcance imenso, que não pode deixá-lo indiferente. Quem negará o papel violento da história? Certamente, ela não se deve perder na fabricação de um nacionalismo sempre criticável nem se absorver unicamente num humanismo que tem minhas preferências. O grande problema é que a história constitui o ingrediente sem o qual nenhuma consciência nacional é viável, e, sem essa consciência, não pode haver cultura original, verdadeira civilização, não mais na França que na Itália.

Fernand Braudel

INTRODUÇÃO

História e tempo presente

Estas primeiras páginas precisam o sentido do esforço exigido dos alunos do terceiro colegial por seu novo programa de história. Não poderiam elas, em boa lógica, ser colocadas senão no início deste volume. No entanto, a lógica pedagógica não estará totalmente de acordo com essa solução. A leitura destas páginas deveria ser remetida, de preferência, para depois da primeira parte do programa, por volta do começo do segundo trimestre, quando será abordado o difícil estudo das grandes civilizações, e os candidatos terão certa familiaridade com o vocabulário e as discussões filosóficas. Não se deve descartar, entretanto, a experiência de uma primeira leitura logo de entrada.

O novo programa de história do terceiro colegial coloca problemas difíceis. Apresenta-se como uma explicação do mundo atual tal como ele se revela, em termos não raro obscuros, como se pode compreender às luzes múltiplas de uma história que não despreza nenhuma das ciências sociais vizinhas: geografia, demografia, economia, sociologia, antropologia, psicologia...

• ***Três explicações sucessivas.***

Explicar a atualidade continua a ser uma pretensão. Quando muito, pode-se nutrir a ambição de compreendê-la melhor por este ou aquele caminho. O programa de vocês propõe sucessivamente três desses caminhos.

Em primeiro lugar, os dias que vivemos se explicam, em parte, pelos dias que os precederam imediatamente. Para essa breve volta ao passado, a história tomará facilmente a palavra. A primeira parte do programa de vocês aborda, portanto, aqueles dias, aqueles anos dramáticos, por vezes desumanos, vividos pelo mundo desde o início da Primeira Guerra Mundial, em agosto de 1914, até a hora presente. Tais acontecimentos subverteram, dramatizaram imensamente a primeira parte do século XX e se prolongam em nossa vida atual por inumeráveis consequências.

Esses acontecimentos de ontem explicam e não explicam, por si sós, o universo atual. De fato, em graus diversos, a atualidade prolonga outras experiências muito mais afastadas no tempo. Ela se nutre de séculos transcorridos e mesmo de toda "a evolução histórica vivida pela humanidade até os nossos dias." O fato de o presente implicar semelhante dimensão de tempo vivido não deve parecer-lhes absurdo, muito embora todos nós tendamos espontaneamente a considerar o mundo que nos circunda apenas na brevíssima duração de nossa própria existência e a ver sua história como um filme acelerado em que tudo se sucede ou se atropela: guerras, batalhas, conferências de cúpula, crises políticas, jornadas revolucionárias, revoluções, desordens econômicas, ideias, modas intelectuais, artísticas...

Entretanto, não lhes será difícil constatar que a vida dos homens implica muitas outras realidades que não podem situar-se nesse filme dos acontecimentos: o espaço em que vivem, as formas sociais que os aprisionam e decidem sua existência, as regras éticas, conscientes ou inconscientes, às quais obedecem, suas crenças religiosas e filosóficas, a civilização que lhes é própria. Tais realidades têm uma vida muito mais longa que a nossa e, no curso de nossa existência, nem sempre teremos o tempo necessário para vê-las mudar completamente.

Seja-nos permitida uma comparação: o mundo físico que nos cerca – montanhas, rios, geleiras, orlas marítimas – se deforma seguramente. Ora, tão lenta é essa evolução que ninguém, entre nós, poderia percebê-la com os próprios olhos, sem referências a um passado longínquo, sem o auxílio de estudos e de medidas científicas que ultrapassam os limites de nossa mera observação. A vida das nações, das civilizações, os comportamentos psíquicos ou religiosos têm, por certo, menos imutabilidade aparente; contudo, gerações de homens se sucedem quase sem alterá-los, o que não diminui – ao contrário – a importância dessas forças profundas que se incorporam à nossa vida e modelam o mundo.

Assim, um passado próximo e um passado mais ou menos distante se confundem na multiplicidade do tempo presente: enquanto uma história próxima corre ao nosso encontro em largas passadas, uma história distante nos acompanha a passo lento.

É essa história distante, essa *tele-história*, que será tratada na segunda parte do programa de vocês. Com efeito, escolher as grandes civilizações como "marcos inteligíveis" do mundo atual é ultrapassar o movimento rápido da história tal como vocês a seguem, de 1914 a 1962. É convidar-nos a refletir sobre certa história de respiração lenta, "de longa duração". As civilizações são personagens à parte, cuja longevidade ultrapassa o entendimento. Fabulosamente velhas, elas continuam a viver em cada um de nós e hão de sobreviver a nós por muito tempo ainda.

Findas essas duas explicações (história recente, história remota), o programa de vocês impõe uma terceira: trata-se, agora, de definir os grandes problemas do ano da graça de 1962 em escala mundial. Entendam-se por tal todas as categorias de problemas: políticos, sociais, econômicos, culturais, técnicos, científicos... Em suma, para lá das luzes do duplo caminho histórico que teremos seguido, vocês são solicitados a distinguir, no universo que os cerca, o essencial do acessório.

Em geral, o historiador reflete e trabalha em cima do passado e, se a documentação nem sempre lhe proporciona os meios de apreendê-lo exatamente, pelo menos ele sabe de antemão, estudando, por exemplo, o século XVIII, em que rumo progride o "Século das Luzes", o que é, por si só, um elemento precioso de conhecimento e discernimento. Ele conhece a *palavra final*. Quando se trata do mundo atual, que se nos oferece como uma série de possibilidades, distinguir os grandes problemas é essencialmente imaginar a palavra final, discernir, entre todas essas possibilidades, aquelas que triunfarão amanhã. Eis uma tarefa difícil, aleatória e, sem dúvida, necessária.

Condorcet achava lícita tal operação. Historiadores sérios fazem-se corajosamente defensores do prognóstico, por perigoso que seja. Um economista de fama mundial, Colin Clark, calculou, em 1951, com base nas estatísticas então conhecidas, as prováveis dimensões da economia do futuro; Jean Fourastié disserta tranquilamente sobre *a civilização de 1980*, que dita, ou deveria ditar, a política racional de 1960. Uma "ciência" muito frágil, a *prospectiva* do filósofo Gaston Berger pretende especializar-se na apreensão do futuro próximo: o "futurível", como dizem com uma palavra medonha certos economistas, sendo o futurível aquilo que se pode, desde agora, legitimamente colocar no futuro, essa fina lasca do futuro próximo que se calcula antecipadamente e que nos é maior ou mais dado apreender.

Essa atitude às vezes se presta ao riso. Em todo caso, tem a vantagem de sugerir, na confusão do tempo presente, essa linha de fuga privilegiada que, verdadeira ou semiverdadeira, põe em evidência, já que mergulha diretamente no futuro, os mais vastos problemas da atualidade e procura dar-lhes um sentido. *O mundo atual é um mundo em devir.*

Vocês encontrarão na página seguinte um mapa verossímil da distribuição da população do mundo no ano 2000. Ele há de os fazer refletir e compreender, entre outras coisas, que nenhum planejador – e não é o planejamento, por excelência, o estudo atento e "prospectivo" dos grandes problemas atuais? –, nenhum planejador poderia estabelecer um programa qualquer sem ter mentalmente tal mapa (além de muitos outros instrumentos) diante dos olhos. Ele confere pleno sentido à reflexão de Houphouët Boigny, presidente da República da Costa do Marfim, de que na Ásia e na África negra o planejamento não pode, de forma nenhuma, assumir o mesmo aspecto, porque o subdesenvolvimento deve, de um lado, fazer face à superpopulação, e, de outro, ao subpovoamento.

• ***A história múltipla e una.***

Que a história se preste a tais jogos, a tais especulações, que ela pretenda ser, em suma, ciência do presente – e de um presente ambíguo – é coisa que pode espantar vocês. Haverá abuso da parte dela? Vestiria ela, como o lobo da fábula, as roupas de outrem, no caso as das ciências sociais, suas vizinhas? Voltaremos a falar disso no começo da segunda parte deste livro. Então o problema lhes parecerá mais claro, porque é um problema do tempo em si, e o tempo será abordado na perspectiva de seus estudos de filosofia.

A evidente multiplicidade das explicações da história, sua cisão em pontos de vista distintos, suas próprias contradições, tudo isso se concilia, de fato, em uma *dialética* peculiar à história, fundada na diversidade dos próprios tempos históricos: tempo rápido dos acontecimentos, tempo esticado dos episódios, tempo lento, preguiçoso, das civilizações. Pode-se ficar nos limites deste ou daquele tempo histórico cada vez que se trata de um estudo particular. Em compensação, qualquer tentativa de explicação histórica *global* – como a história das civilizações – obriga a multiplicar essas fotografias, distintas por seu tempo de pausa, e, depois, a reduzir esses múltiplos tempos e imagens à unidade, tal como as cores do espectro solar devidamente misturadas restituem obrigatoriamente a luz branca.

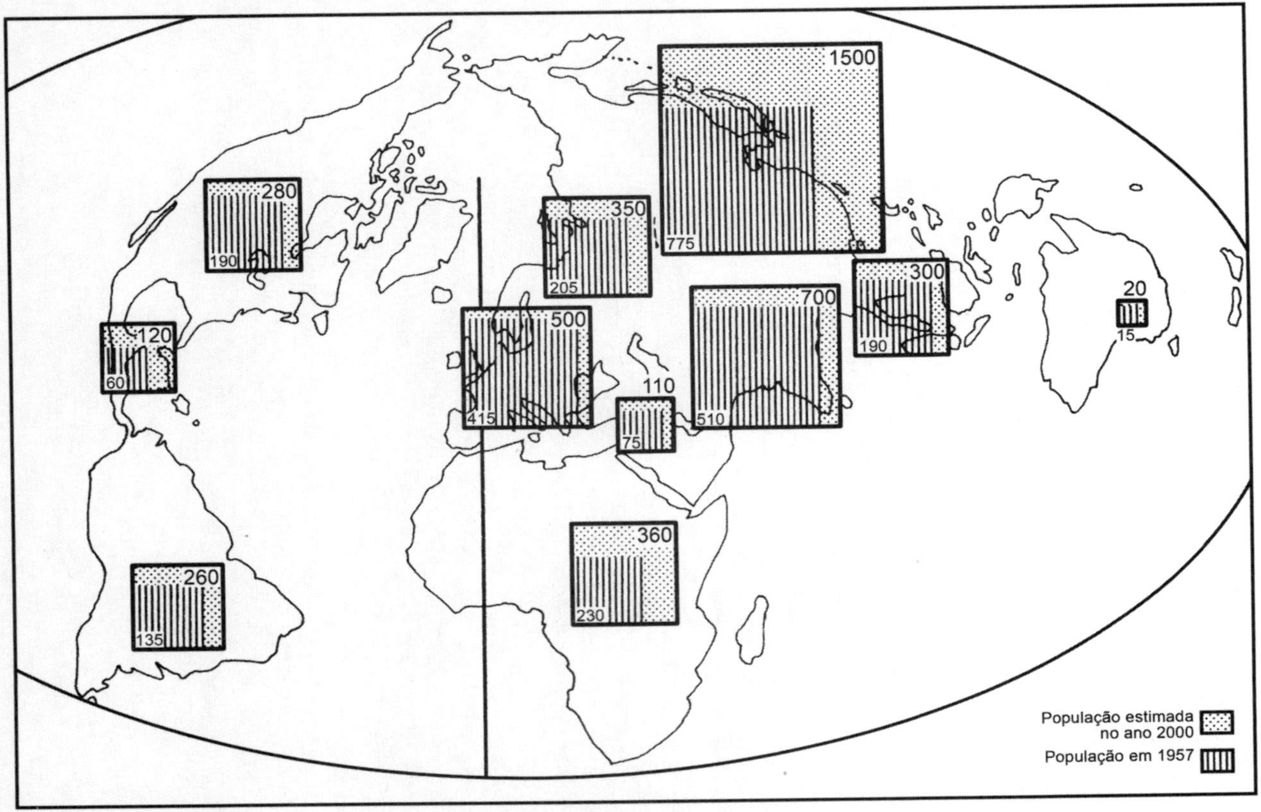

1. A população do mundo no ano 2000.

I

GRAMÁTICA DAS CIVILIZAÇÕES

CAPÍTULO I

As variações do vocabulário

Seria agradável definir a palavra civilização com clareza e simplicidade, se possível como se define uma linha reta, um triângulo, um corpo químico...

O vocabulário das ciências humanas, infelizmente, não autorizava muito as definições peremptórias. Sem que tudo nelas seja incerto ou se encontre em devir, a maioria dos termos, longe de estarem fixados de uma vez por todas, variam de autor para autor e não param de evoluir sob os nossos olhos. "As palavras", diz Lévi-Strauss, "são instrumentos que cada um de nós tem a liberdade de aplicar para o uso que desejar, desde que se explique sobre suas intenções." Ou seja, nos setores das ciências humanas (como no da filosofia), as palavras mais simples variam frequente e forçosamente de sentido, conforme o pensamento que as anima e as utiliza.

• ***A palavra civilização – um neologismo – aparece tardiamente na França, no século XVIII, e de maneira furtiva.***

Essa palavra foi criada a partir de "civilizado" e "civilizar", que já existem desde há muito e são usuais no século XVI. "Civilização", ainda (por volta de 1732), não é mais que um termo de jurisprudência e designa um ato de justiça ou um julgamento que torna *civil* um processo criminal. A expressão moderna, no sentido de "passagem ao estado civilizado", vem mais tarde, em 1752, sob a pena de Turgot, que então preparava uma obra sobre a história universal, mas ele próprio não a publicaria. A entrada oficial da palavra em um texto impresso é assinalada, sem dúvida, com a publicação do *Traité de la population* (1756), de Mirabeau, o pai do tribuno revolucionário: trata-se aí dos "móveis da civilização" e até do "luxo de uma falsa civilização".

Dito isso, divirtamo-nos em constatar que o próprio Voltaire não utilizou a cômoda palavra *civilização*, "quando é precisamente ele o homem que concebeu a sua noção [...] em seu *Essai sur les Moeurs et sur l'Esprit des Nations* (1756) e forneceu o primeiro esboço de uma história geral da civilização" (J. Huizinga).

Em seu novo sentido, *civilização* se opõe, de modo geral, a *barbárie*. Existem, de um lado, os povos civilizados, e, de outro, os povos selvagens, primitivos ou bárbaros. Nem mesmo os "bons selvagens", tão caros a certo século XVIII, são chamados de *civilizados*. Não há dúvida de que nessa nova palavra, *civilização*, a sociedade francesa do fim do reinado de Luís XIV vê com satisfação seu próprio retrato, que, aliás, ainda hoje nos pode seduzir à distância. Em todo caso, a palavra surgiu porque dela se tinha necessidade. Até então, *poli*, *policé*, *civil*, *civilisé* (aplicadas a quem tinha boas maneiras e prática da alta sociedade) não correspondiam a nenhum substantivo. A palavra *police* [polícia] tinha antes o sentido de ordem social, o que a afastava bastante do adjetivo *poli* [polido], que o *Dictionnaire universel* de Furetiere (1690) define como segue: "Diz-se figuradamente em moral e significa civilizado. Civilizar, polir os costumes, tornar civil e social [...] Nada mais próprio para civilizar e polir um rapaz do que a conversação das senhoras."

• ***Civilização e cultura. Partindo da França, a palavra civilização percorre rapidamente a Europa. A palavra cultura a acompanha.***

Ela está na Inglaterra já em 1772, e provavelmente antes, sob a forma de *civilization*, que prevalece sobre *civility*, não obstante esta última exista há muito tempo. *Zivilisation* aloja-se sem dificuldade na Alemanha, em face do velho termo *Bildung*. Na Holanda, ao contrário, choca-se com o substantivo *beschaving*, formado a partir do verbo *beschaven*: requintar, enobrecer, civilizar. *Beschaving*, tendo praticamente o mesmo sentido, carregar-se-á sem dificuldade do conceito de civilização e resistirá, assim, à nova palavra, que aparece, apesar de tudo: *civilisatie*. Mesma resistência além dos Alpes e pelas mesmas razões: o italiano tem e empregará rapidamente, no próprio sentido de civilização, a velha e bela palavra *civiltà*, de que Dante já se servia. Muito apropriada, *civiltà* impedirá a intrusão do novo termo, mas não as discussões explosivas que ele traz. Em 1835, Romagnosi tentará, em vão, lançar *incivilmento*, que em seu espírito significava tanto a passagem à civilização como a própria civilização.

Nessa viagem ao redor da Europa, a nova palavra, *civilização*, é acompanhada por um velho termo, *cultura* (Cícero já diz: *Cultura animi philosophia est**), que se rejuvenesce então para assumir quase o mesmo sentido que civilização. Por muito tempo, *cultura* será apenas um alótropo de *civilização*. Assim, na Universidade de Berlim, em 1830, Hegel emprega indiferentemente ambas as palavras. Um dia, porém, a necessidade de distinguir entre elas se faz sentir.

A noção de civilização, com efeito, é pelo menos dupla. Ela designa, a um só tempo, valores morais e valores materiais. Karl Marx distinguirá assim as *infraestruturas* (materiais) e as *superestruturas* (espirituais), dependendo estas intimamente daquelas. Charles Seignobos dizia, em uma *boutade*: "A civilização consiste em estradas, portos e cais", ou seja: não é somente o espírito. "São todas as conquistas humanas", afirmava Marcel Mauss, enquanto o historiador Eugene Cavaignac declarava: "É um mínimo de ciência, de arte, de ordem e de virtudes [...]."

A civilização compreende, pois, pelo menos dois estágios. Daí a tentação, experimentada por muitos autores, de distinguir as duas palavras, cultura e civilização, de modo que uma se carregue da dignidade do espiritual, e a outra, da trivialidade do material. Infelizmente, não se chegou a um acordo quanto à distinção a ser estabelecida: ela variará conforme os países, ou, em um mesmo país, conforme as épocas, os autores...

Na Alemanha, depois de certa flutuação, a distinção resultará em uma espécie de primado concedido à cultura (*Kultur*) e a uma desvalorização consciente de civilização. Para A. Tönnies (1922) e Alfred Weber (1935), a "civilização" não passa de um conjunto de conhecimentos técnicos e práticas, uma coleção de meios para atuar sobre a natureza; a "cultura", ao contrário, são os princípios normativos, os valores, os ideais; em uma palavra: o espírito.

Tais posições explicam a reflexão, estranha à primeira vista para um francês, do historiador alemão Wilhelm Mommsen: "Hoje [1951] é do dever do homem que a civilização não destrua a cultura, nem a técnica, o ser humano." Essa frase nos espanta porque, entre nós, a palavra *civilização* continua a ser dominante, como o é na Inglaterra e nos Estados Unidos, ao passo que na Polônia e na Rússia prevalece *cultura*, tal como na Alemanha (e por causa dela). Na França, a palavra *cultura* só conserva sua força quando se trata de designar "qualquer forma *pessoal* da vida do espírito" (Henri Marrou): falaremos da cultura, e não da civilização de Paul Valéry, uma vez que *civilização* designa antes valores coletivos.

---

* "A cultura é a alma da filosofia". [N. R.]

Como se não bastassem tantas complicações, ajuntemos-lhes uma última, a mais importante. Os antropólogos anglo-saxões, a partir de E. B. Tylor (*Primitive Culture*, 1874), procuraram, para aplicá-la às sociedades primitivas que estudavam, uma palavra diferente de *civilização*, que o inglês emprega geralmente a propósito das sociedades modernas. Dirão, e quase todos os antropólogos acabarão dizendo depois deles, as *culturas* primitivas, por oposição às *civilizações* das sociedades evoluídas. É, aliás, a esse duplo uso que recorreremos frequentemente na presente obra cada vez que opusermos *civilização* e *cultura*.

Felizmente, para o adjetivo *cultural*, inventado na Alemanha por volta de 1850 e cujo uso é tão cômodo, nenhuma dessas complicações se apresenta. Designa ele, com efeito, o *conjunto* do conteúdo abrangido ao mesmo tempo por civilização e cultura. Nessas condições, dir-se-á de uma civilização (ou de uma cultura) que ela é um conjunto de *bens culturais*, que seu território geográfico é uma área *cultural*, sua história, uma *história cultural*, que os empréstimos tomados por uma civilização a outra são *empréstimos* ou *transferências culturais*, podendo ser tanto materiais quanto espirituais. Esse adjetivo demasiadamente cômodo provoca muitas irritações; acusam-no de bárbaro, malformado. Mas, enquanto não se lhe arranjar um rival, seu futuro permanecerá assegurado. É o único a preencher sua função.

• ***Por volta de 1819, a palavra civilização, até então no singular (a civilização), passa para o plural.***

Desde então, ela "tende a assumir um novo sentido, *totalmente distinto*: o conjunto das características que a vida coletiva de um grupo ou de uma época apresenta." Dir-se-á: a civilização de Atenas no século V, a civilização francesa durante o século de Luís XIV. Colocar claramente esse problema *da* e *das* civilizações é suscitar uma nova complicação, e não a menor.

Na verdade, é o plural que prevalece na mentalidade de um homem do século XX; e, mais que o singular, é ele diretamente acessível às nossas experiências pessoais. Os museus nos desambientam no tempo, mergulhando-nos mais ou menos completamente em *civilizações* passadas. As "desambientações" são ainda mais nítidas no espaço: atravessar o Reno ou o canal da Mancha, chegar ao Mediterrâneo vindo do Norte são experiências inolvidáveis e claras que sublinham a realidade do plural da nossa palavra. Existem, inegavelmente, *civilizações*.

Então, se nos pedirem para definir *a* civilização, sem dúvida, nós nos mostraremos mais hesitantes. De fato, o emprego do plural corresponde ao desaparecimento de certo conceito, à supressão progressiva da ideia, peculiar ao século XVIII, de *uma* civilização confundida com o progresso em si e que seria reservada a uns poucos povos privilegiados ou mesmo a determinados grupos humanos, à "elite".

Felizmente, o século XX se desembaraçou de certo número de juízos de valor e, na verdade, não saberia definir – em nome de que critérios? – a melhor das civilizações.

Nessas condições, a civilização no singular perdeu muito de seu brilho. Já não constitui o alto, o altíssimo valor moral e intelectual percebido pelo século XVIII. Por exemplo, dir-se-á hoje de preferência, no sentido da língua, que tal ato abominável é um crime contra a *humanidade*, e não contra a *civilização*, conquanto o sentido seja o mesmo. Mas a língua moderna manifesta certa reticência a empregar a palavra civilização em sua antiga acepção de excelência, de superioridade humana.

No singular, civilização não seria hoje, antes de tudo, o bem comum partilhado, desigualmente, aliás, por todas as civilizações, "aquilo que o homem não esquece mais"? O fogo, a escrita, o cálculo, a domesticação das plantas e dos animais já não se ligam a nenhuma origem particular; converteram-se nos bens coletivos *da* civilização.

Ora, esse fenômeno da *difusão* de bens culturais comuns a toda a humanidade assume, no mundo atual, uma amplitude singular. Uma técnica industrial que o Ocidente criou é exportada para o mundo inteiro, que a acolhe com frenesi. Irá ela, impondo por toda parte a mesma fisionomia – edifícios de concreto armado, de vidro e de aço, aeródromos, estradas de ferro com suas estações e seus alto-falantes, cidades enormes que, aos poucos, se apoderam da maior parte dos homens –, irá ela unificar o mundo? "Estamos em uma fase", escreve Raymond Aron, "em que descobriremos ao mesmo tempo a verdade relativa do conceito de civilização e a necessária superação desse conceito [...] A fase das civilizações vai chegando ao fim e [...] a humanidade, para seu bem ou para seu mal, está em via de chegar a uma nova fase", a fase, em suma, de *uma* civilização capaz de estender-se a todo o universo.

Contudo, a "civilização industrial" exportada pelo Ocidente não passa de *um dos aspectos* da civilização ocidental. Acolhendo-o, o mundo não aceita, ao mesmo tempo, o *conjunto* dessa civilização – muito pelo contrário. O passado das civilizações nada mais é, aliás, que a história dos empréstimos que elas fizeram umas às outras, ao longo dos séculos, sem perder com isso seus particularismos ou suas originalidades. Admitamos, porém, que esta seja a primeira vez que um aspecto decisivo de uma civilização particular parece um empréstimo desejável para *todas* as civilizações do mundo e que a rapidez das comunicações modernas favorece sua difusão célere e eficaz. Isso equivale a dizer, acreditamos, que o que denominamos *civilização industrial* se prepara para unir-se a essa civilização coletiva do universo de que falávamos um instante atrás. Cada civilização foi, é ou será subvertida por ela em suas estruturas.

Em suma, supondo-se que todas as civilizações do mundo venham, em um espaço de tempo cada vez mais curto, a uniformizar suas técnicas usuais e, por essas técnicas, algumas de suas maneiras de viver, não é menos verdade que por muito tempo ainda nos encontraremos, no fim das contas, diante de civilizações muito diferenciadas. Por muito tempo ainda a palavra civilização conservará um singular e um plural. Sobre esse ponto, o historiador não hesitará em ser categórico.

CAPÍTULO II

A civilização se define em relação às diversas ciências humanas

Só se pode definir a noção de civilização à luz conjunta de todas as ciências humanas, inclusive a história. No entanto, ainda não trataremos diretamente desse problema ao longo do presente capítulo.

Por ora, tentaremos definir o conceito de civilização em relação às demais ciências humanas, apelando sucessivamente para a geografia, a sociologia, a economia e a psicologia coletiva, ou seja, empreendendo quatro viagens por terras que pouco se assemelham. Contudo, muito mais do que pode parecer à primeira vista, as respostas obtidas se aproximarão.

As civilizações são espaços

As civilizações (seja qual for o seu tamanho, tanto as grandes como as medíocres) sempre se podem localizar em um mapa. Uma parte essencial de sua realidade depende das restrições ou das vantagens de sua localização geográfica.

Naturalmente, essa localização foi adaptada pelo homem desde há séculos, ou mesmo, muitas vezes, desde há milênios. Não há paisagem que não traga a marca desse trabalho contínuo, aperfeiçoado ao longo de gerações – em suma, capitalizado. Graças a esse labor, o homem transformou a si mesmo por "esse poderoso trabalho de si sobre si", de que fala Michelet, ou, se se preferir, por essa "produção do homem pelo homem", como diz Marx.

• ***Falar de civilização é falar de espaços, terras, relevos, climas, vegetações, espécies animais, vantagens dadas ou adquiridas.*** E de tudo o que daí decorre para o homem: agricultura, criação, alimentos, habitações, vestuário, comunicações, indústrias... O palco em que se representam essas peças de teatro intermináveis comanda em parte seu desenvolvimento, explica suas particularidades; os homens passam, mas ele permanece bastante inalterado.

Para o indianista Hermann Goetz, duas Índias se opõem: a Índia úmida das chuvas fortes, dos lagos, dos pântanos, das plantas e flores aquáticas, das florestas e das selvas, a Índia dos homens de pele morena e, contrastando com ela, a Índia relativamente seca que compreende o médio Indo e o médio Ganges e se prolonga através do Decão, domínio de homens de pele clara, frequentemente belicosos. A Índia é o diálogo, a luta desses dois espaços, dessas duas humanidades.

Obviamente, o meio ao mesmo tempo natural e fabricado pelo homem não aprisiona tudo de antemão em um determinismo estreito. O meio não explica tudo, embora represente um grande papel, na forma de vantagens dadas ou adquiridas.

Por influência de certas vantagens, cada civilização seria filha de privilégios imediatos, de que o homem não tarda a lançar mão. Assim, na origem dos tempos, as *civilizações fluviais* do Velho Mundo floresceram ao longo do rio Amarelo (civilização chinesa), do Indo (civilização pré-indiana), do Eufrates e do Tigre (Suméria, Babilônia, Assíria), do Nilo (civilização egípcia). Do mesmo modo, floresceram *civilizações talassocráticas*, filhas do mar: a Fenícia, a Grécia, Roma (se o Egito é um dom do Nilo, elas são um dom do Mediterrâneo); ou esse conjunto formado pelas vigorosas civilizações da Europa nórdica, centradas no Báltico e no mar do Norte, sem esquecer o próprio oceano Atlântico e suas civilizações periféricas – o essencial do Ocidente atual e de suas dependências não está agrupado em torno do oceano, como o mundo romano, outrora, em torno do Mediterrâneo?

De fato, esses casos clássicos revelam, sobretudo, o primado da circulação*. Civilização nenhuma vive sem movimento próprio; cada qual se enriquece com as trocas, com os choques acarretados pelas vizinhanças frutuosas. Assim, o Islã é impensável sem o movimento de suas caravanas através de seus vastos "mares sem água", os desertos e estepes de seu espaço, impensável sem suas navegações no Mediterrâneo e, pelo oceano Índico, até a península Malaia ou a China.

---

* Além das várias conotações idênticas às que "circulação" tem em português, *circulation* também significa "a ação de se transportar ou ser transportado de um lugar para o outro" (Lexis). [N. R.]

Todavia, ao enumerar esses sucessos, já estamos fora das vantagens naturais, imediatas, que se supõem na origem das civilizações.

Vencer a hostilidade dos desertos ou as iras bruscas do Mediterrâneo, utilizar os ventos regulares do oceano Índico, represar um rio, todos esses esforços humanos são *vantagens adquiridas ou, antes, conquistadas*.

Mas, então, por que uns homens foram capazes desses êxitos, e outros, não; em determinados territórios, e em outros, não; e isso durante gerações?

Arnold Toynbee formula a propósito uma teoria sedutora: o êxito humano requer sempre *challenge* e *response* (que se traduzem por *desafio* e *resposta*); é necessário que a natureza se apresente ao homem como uma dificuldade a vencer; se o homem aceita o desafio, sua resposta cria as bases da sua civilização.

Entretanto, levando essa teoria às últimas consequências, devemos acaso concluir que, quanto maior for o desafio da natureza, mais forte será a resposta do homem? Há boas razões para duvidar. O homem civilizado do século XX aceitou o desafio insolente dos desertos, das regiões polares ou equatoriais. Pois bem, apesar de interesses indiscutíveis (ouro, petróleo), até agora ele não conseguiu multiplicar-se ali, criar verdadeiras civilizações. Portanto, desafio, sim; resposta, sim; civilização, não necessariamente. Pelo menos até o dia em que tiverem sido encontradas técnicas e respostas melhores.

Logo, cada civilização está ligada a um espaço com limites *mais ou menos* estáveis; donde, para cada uma delas, *uma* geografia particular, a sua, que implica uma série de possibilidades, de determinadas injunções, algumas quase permanentes e que nunca são as mesmas de uma civilização para outra. O resultado? Uma superfície variegada do mundo onde os mapas indicam, à vontade, zonas de casas de madeira, de taipa, de bambu e de papel, de tijolo ou de pedra; zonas de fibras têxteis diversas: lã, algodão, seda; zonas de grandes culturas alimentares à base de arroz, milho, trigo... Os desafios variam, e não menos as respostas.

A civilização ocidental ou europeia não é a do trigo, do pão ou mesmo do pão branco, com as injunções que isso implica? Porque o trigo é uma planta exigente. Pensem na necessidade, para sua cultura, de assegurar uma rotação anual e deixar, de dois em dois anos ou todos os anos, repousar a terra que o produziu! O arrozal inundado, progressivamente estendido às terras baixas do Extremo Oriente, impõe também muitas injunções.

Assim, as respostas do homem não cessam, ao mesmo tempo, de libertá-lo do meio que o cerca e de sujeitá-lo às soluções que ele imaginou. Ele sai de um determinismo para recair em outro.

• ***Uma área cultural é, na linguagem dos antropólogos, um espaço dentro do qual é dominante a associação de certos traços culturais.***

Portanto, quando se trata de povos primitivos, temos, além de sua linguagem, determinadas culturas alimentícias, determinada forma de casamento, determinadas crenças, determinada arte da cerâmica ou da flecha emplumada, determinada técnica de tecelagem... Definidas a partir de detalhes precisos, essas áreas distinguidas pelos antropólogos são geralmente estreitas.

No entanto, diferentes áreas culturais se associam em conjuntos mais vastos segundo certos traços comuns ao grupo e que, então, os distinguem de outros amplos agrupamentos. Marcel Mauss afirmava que, ao redor do imenso oceano Pacífico, as culturas primitivas formavam, não obstante as sensíveis diferenças e da enormidade dos espaços interpostos, um único conjunto humano ou, antes, *cultural*.

Naturalmente, imitando os antropólogos, geógrafos e historiadores puseram-se a falar (dessa vez a propósito de civilizações evoluídas e complicadas) de áreas culturais. Elas designam espaços decomponíveis cada vez em uma série de distritos particulares. Como veremos, essa decomposição possível é essencial no caso das grandes civilizações: estas se dissociam regularmente em unidades restritas.

A chamada civilização "ocidental" é, a um só tempo, a "civilização americana" dos Estados Unidos e a da América Latina; é também a Rússia e, claro, a Europa. A própria Europa é uma série de civilizações – polonesa, alemã, italiana, inglesa, francesa etc., sem falar no fato de que essas civilizações nacionais se distinguem, por sua vez, em "civilizações" menores ainda: Escócia, Irlanda, Catalunha, Sicília, País Basco etc.

Não esqueçamos que essas divisões, esses mosaicos de ladrilhos de cores diferentes, constituem *traços permanentes*, ou quase isso.

• ***A fixidez dos espaços solidamente ocupados e das fronteiras que os limitam não exclui a permeabilidade dessas mesmas fronteiras às múltiplas viagens dos bens culturais que não cessam de transpô-las.***

Cada civilização exporta e recebe bens culturais. Tanto pode tratar-se de uma técnica de fundição pelo processo de cera perdida como da bússola, da pólvora para canhão, de um segredo para temperar o aço, de um sistema filosófico total ou fragmentário, de um culto, de uma religião ou daquela canção de Malborough que, a partir do século XVIII, percorrerá a Europa: Goethe ouviu-a nas ruas de Verona em 1786.

Um sociólogo, Gilberto Freyre, divertiu-se fazendo a lista de tudo que seu país, o Brasil, durante as últimas décadas do século XVIII e as cinco ou seis primeiras do XIX, recebeu indiscriminadamente da Europa, tão longínqua nessa época: a cerveja preta de Hamburgo, o *cottage*

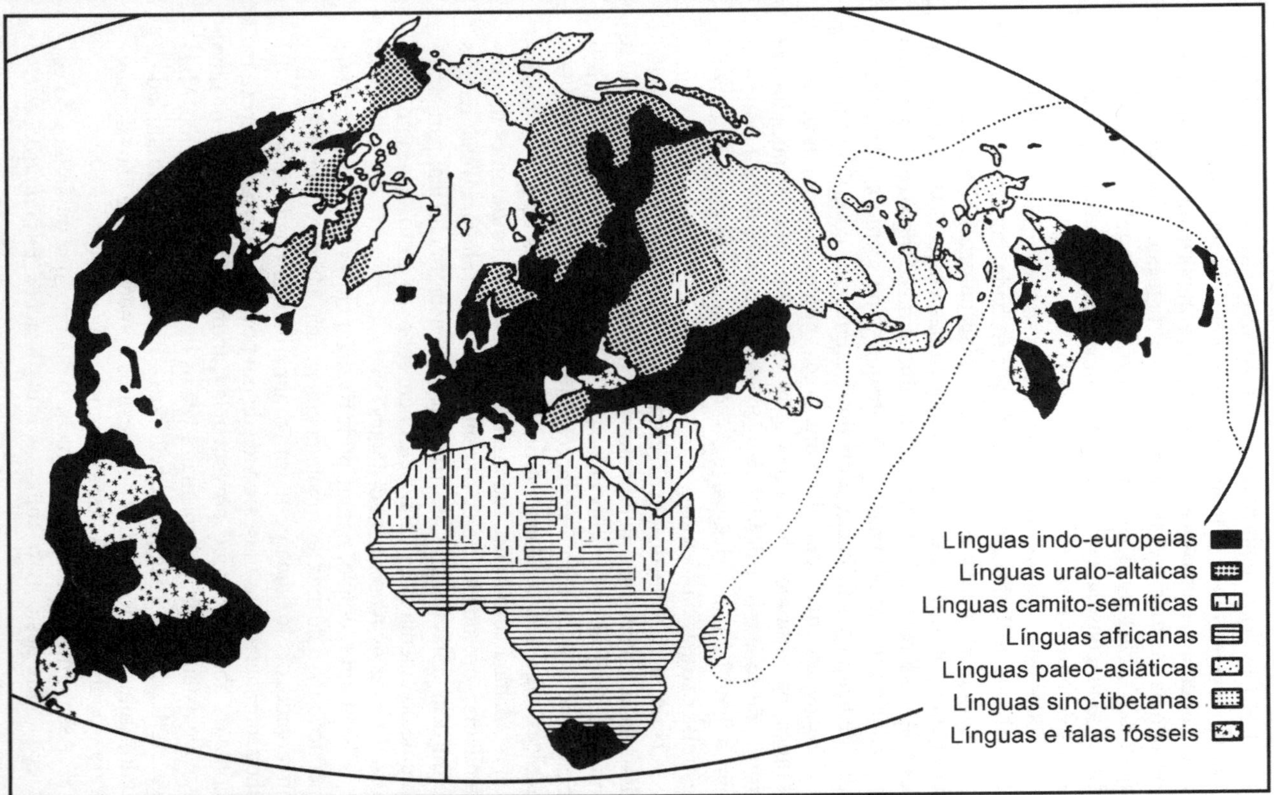

2. *Mapa linguístico do mundo.*

inglês, a máquina a vapor (um navio a vapor circula na baía de Salvador desde 1819), a roupa branca de verão, os dentes artificiais, o gás de rua e, antecipando-se a todos esses viajantes, as sociedades secretas, notadamente a franco-maçonaria, que teve importante papel na independência de toda a América hispano-portuguesa. Algumas décadas mais tarde chegará o sistema filosófico de Auguste Comte, cuja influência foi considerável, a ponto de ainda hoje encontrarmos vestígios vivos do positivismo.

Todos esses viajantes estabelecem, em cada exemplo escolhido entre mil, que nenhuma fronteira cultural é fechada, impermeável.

Verdade de ontem e de outrora: os bens culturais chegavam então em conta-gotas, retardados pela lentidão das viagens. De acordo com os historiadores, modas chinesas da época dos Tang (século VII d.C.) teriam caminhado tão vagarosamente que só no século XV chegavam à ilha de Chipre e à brilhante corte dos Lusignan, de onde se difundiram em seguida, com a velocidade dos vivos tráficos mediterrâneos, até a França, na corte meio louca de Carlos VI: os enfeites, os toucados em forma de cone e os calçados de bico virado fizeram furor, herança de um mundo há muito desaparecido. Assim ainda nos chegam a luz de estrelas extintas há séculos.

Hoje, a difusão dos bens culturais acelerou-se tremendamente. Logo não haverá um único ponto no mundo que não se tenha "contaminado" com a civilização industrial oriunda da Europa. No Bornéu Setentrional (que, com o vizinho Sarawak, depende da autoridade britânica), alguns alto-falantes difundem as emissões de rádios longínquas – China comunista, Indonésia. Ora, embora os ouvintes não entendam rigorosamente nada, os ritmos ouvidos já alteraram suas danças e músicas tradicionais. Que dizer da influência do cinema, particularmente do cinema americano e europeu, sobre os gostos e mesmo sobre os costumes de países bem distantes?

Nenhum exemplo, porém, pode rivalizar com a história contada no pequeno livro de uma antropóloga americana, Margaret Mead. Em sua juventude, ela fez uma pesquisa em uma ilha do Pacífico, onde partilhou, durante alguns meses, a vida de um povo primitivo. A guerra e os contatos aberrantes que provocou lançaram esses homens em uma nova existência que pela primeira vez os ligou à vida do mundo. Margaret Mead refez a viagem, e seu livro – no qual se encontram, lado a lado, amiúde, as fotografias dos mesmos homens a vinte anos de intervalo – conta com emoção essa extraordinária aventura.

Assim, mais uma vez se percebe o diálogo, que ouviremos do começo ao fim deste livro, entre *a* e *as* civilizações. Essa *difusão*, que se acelera, fará saltar as fronteiras das civilizações, essas linhas até então mais ou menos fixas da história do mundo? Muitos acreditam que sim, para se rejubilar ou se afligir. Mas, qualquer que seja essa avidez das civilizações em tomar emprestados os bens da vida "moderna", elas não estão prontas para assimilar tudo indistintamente. Acontece, ao contrário (voltaremos a esse ponto), que elas se obstinam em certas *recusas a emprestar*, que explicam, hoje como ontem, por que conseguem salvaguardar originalidades que tudo parece ameaçar.

As civilizações são sociedades

Não há civilizações sem sociedades que as portem e as animem com suas tensões, seus progressos.

Daí a primeira questão, de que não nos poderíamos esquivar: era mesmo necessário criar essa palavra, *civilização*, e depois promovê-la no plano científico, se ela nada mais é que o sinônimo de sociedade? Arnold Toynbee não emprega constantemente a palavra *society* em vez de *civilization*? E Marcel Mauss achava que "a noção de civilização é, com certeza, menos clara que a de sociedade, que ela supõe."

• ***A sociedade nunca pode ser separada da civilização (e reciprocamente): as duas noções concernem a uma mesma realidade.***

Ou, como diz C. Lévi-Strauss, "elas não correspondem a objetos distintos, mas a duas perspectivas complementares sobre um mesmo objeto que se acha adequadamente descrito, seja por um termo, seja por outro, segundo o ponto de vista que se adote."

A noção de sociedade implica um conteúdo extremamente rico, assim como a de civilização, com a qual ela coincide tantas vezes. A civilização ocidental em que vivemos depende, assim, da "sociedade industrial" que a anima. Seria fácil descrevê-la pela descrição dessa própria sociedade, seus grupos, suas tensões, seus valores intelectuais e morais, seus ideais, suas regularidades, seus gostos etc.; em suma, pela descrição dos homens que portam essa civilização, e hão de transmiti-la.

Quando a sociedade subjacente se agita ou se transforma, a civilização se transforma e se agita, por sua vez. É o que diz o belo livro de Lucien Goldmann, *Le Dieu caché* (1955), que trata da França do Grande Século. Toda civilização, explica ele em substância, deriva seus enfoques essenciais da "visão de mundo" que ela adota. Ora, cada vez mais, essa visão de mundo não passa da transcrição, da consequência de tensões sociais dominantes. A civilização, como um espelho, seria a máquina registradora dessas tensões e desses esforços.

No tempo do jansenismo, de Racine, de Pascal, do *abbé* de Saint--Cyran e do *abbé* Barcos, cujas cartas, redescobertas por L. Goldmann, encerram tão grande interesse; naquela hora apaixonada do destino francês de que trata *Le Dieu caché*, a visão trágica de mundo que então se impõe deve ser lançada no ativo da alta burguesia parlamentar, em luta com a realeza e por ela decepcionada. O trágico de seu destino, a consciência que ela tem dele, seu ascendente intelectual, tudo isso impõe ao Grande Século uma visão dominante: a sua.

Em um espírito totalmente diverso, uma identificação das civilizações e das sociedades preside igualmente às teses de C. Lévi-Strauss acerca da diferenciação entre sociedades primitivas e sociedades modernas, ou, se se quiser, entre culturas e civilizações, tais como os antropólogos as distinguem.

Às culturas correspondem sociedades "que produzem pouca desordem, o que os físicos chamam de 'entropia', e que tendem a manter-se indefinidamente em seu estado inicial, o que explica, de resto, por que elas nos aparecem como sociedades sem história e sem progresso. Enquanto nossas sociedades [as que correspondem às civilizações modernas] [...] utilizam para o seu funcionamento uma diferença de potencial, a qual se encontra realizada por diversas formas de hierarquia social [...] Tais sociedades conseguiram realizar em seu seio um desequilíbrio social que elas utilizam para produzir, ao mesmo tempo, muito mais ordem – temos sociedades com maquinismo – e também muito mais desordem, muito menos entropia, no próprio plano das relações entre os homens."

Em suma, as culturas primitivas seriam o fruto de sociedades igualitárias, nas quais as relações entre grupos são reguladas de uma vez por todas e se repetem, ao passo que as civilizações se assentariam em sociedades de relações hierarquizadas, com fortes diferenças entre os grupos, portanto com tensões variáveis, conflitos sociais, lutas políticas e uma perpétua evolução.

• ***O sinal exterior mais forte dessas diferenças entre "culturas" e "civilizações" é, sem dúvida, a presença ou a ausência de cidades.***

A cidade prolifera no estágio das civilizações e mal se esboça ao nível das culturas. Entre uma categoria e outra, há, sem dúvida, escalões intermediários. O que é a África negra, senão um grupo de sociedades tradicionais, de culturas envolvidas no processo difícil, às vezes cruel, de uma civilização nascente e de uma urbanização moderna? Suas cidades, atentas ao que vem de fora, ao que desemboca na vida unitária do mundo, são ilhas no meio da estagnação de sua hinterlândia. Elas prefiguram a sociedade e a civilização futuras.

No entanto, as civilizações, as sociedades mais brilhantes supõem, dentro de seus próprios limites, culturas, sociedades elementares. Vejam o diálogo sempre importante entre as cidades e o campo. Em toda sociedade, o desenvolvimento não alcançou igualmente todas as regiões, todas as camadas da população. Ilhas de subdesenvolvimento são frequentes (zonas montanhosas, ou excessivamente pobres, ou afastadas das redes de comunicação); há, assim, verdadeiras sociedades primitivas, verdadeiras "culturas" no meio de uma civilização.

O primeiro êxito do Ocidente foi, decerto, a captura de seus campos, de suas "culturas" camponesas, pelas cidades. No Islã, a dualidade permanece mais visível que no Ocidente; lá, as cidades surgem mais cedo, são mais precocemente cidades (se assim se pode dizer) do que na Europa, enquanto os campos permanecem mais primitivos, com vastas zonas de nômades. No Extremo Oriente, a disjunção continua a ser a regra: as culturas permaneceram muito à parte, isoladas, vivendo de si mesmas, fechadas sobre si mesmas. Entre as cidades mais brilhantes intercalam-se campos que vivem em uma economia quase fechada, não raro selvagens.

• ***Dada a estreita relação entre civilização e sociedade, é vantajoso comportar-se como sociólogo sempre que se abordar a história longa das civilizações.***

Contudo, sendo historiadores, não confundiremos inadvertidamente sociedades e civilizações.

Explicaremos, no próximo capítulo, em que consiste aos nossos olhos a diferença: no plano da duração, a civilização transpõe, implica espaços cronológicos muito mais vastos que uma dada realidade social. A civilização muda muito mais lentamente do que *as* sociedades que ela porta ou determina, mas ainda não é hora de abordar francamente essa perspectiva histórica. Cada coisa a seu tempo.

As civilizações são economias

Toda sociedade, toda civilização depende de dados econômicos, tecnológicos, biológicos, demográficos. As condições materiais e biológicas pesam incessantemente sobre o destino das civilizações. Aumento ou diminuição do número de pessoas, saúde ou decadência física, surto ou recuo econômico ou técnico repercutem através do edifício cultural e social. A economia política, no sentido lato, é o estudo de todos esses imensos problemas.

• ***A importância do número: por muito tempo, o homem foi o único instrumento, o único motor à disposição do homem, o único artesão, em consequência, da civilização material. Ele a construiu com a força de seus braços e de suas mãos.***

Em princípio, e de fato, todo aumento demográfico favoreceu, pois, o desenvolvimento das civilizações. Assim foi na Europa dos séculos XIII, XVI, XVIII, XIX e XX.

De maneira regular também, a superabundância de homens, benéfica no início, torna-se um dia nociva, quando o aumento demográfico corre mais depressa que o crescimento econômico. Assim foi, sem dúvida, na Europa, desde antes do fim do século XVI. Assim é, ainda hoje, na maioria dos países subdesenvolvidos. No mundo de ontem, resultaram disso fomes, deteriorações do salário real, sublevações populares, épocas sinistras de retrocesso. Até o dia em que as epidemias, somando-se à fome, reduziam brutalmente as fileiras demasiado cerradas dos homens. Após essas catástrofes biológicas (por exemplo, a da segunda metade do século XIV, na Europa, com a peste negra e as epidemias que lhe sucederam), os sobreviventes vivem por um instante mais à vontade, e a expansão é retomada, acelerando-se até a próxima freada.

Só a industrialização parece, no fim do século XVIII e no século XIX, ter rompido esse círculo infernal e restituído ao homem, mesmo superabundante, o seu valor, a possibilidade de trabalhar e de viver. A história da Europa o mostrará: esse valor crescente do homem e a necessidade, portanto, de economizar seu emprego permitiram o surto das máquinas e dos motores. A Antiguidade greco-romana, mesmo tão inteligente, não teve as máquinas de sua inteligência. Na verdade, não procurou tê-las: tinha o erro de ter escravos. A China clássica, formada muito antes do século XIII, também tão inteligente, em particular no plano das técnicas, teve, infelizmente também, um excesso de homens. O homem ali não custa nada; ele realiza todas as tarefas em uma economia que, na prática, ignora até o animal doméstico. Em consequência, por muito tempo a China, adiantada no plano científico, não transporá o limiar da ciência moderna. Deixará à Europa esse privilégio, essa honra, esse benefício.

• ***A incidência das flutuações econômicas: a vida econômica não cessa de oscilar, em flutuações ora curtas, ora longas.***

Assim se sucedem, ao longo dos anos, os bons e os maus tempos econômicos, e, cada vez, sociedades e civilizações sofrem as consequências disso, sobretudo quando se trata de movimentos prolongados. O pessimismo e a inquietação do fim do século XV – aquele "outono da Idade Média" que tanto preocupou J. Huizinga – correspondem a um retrocesso acentuado da economia do Ocidente. Da mesma forma, mais tarde, o romantismo europeu coincide com um recuo econômico de longa duração, entre 1817 e 1852. Os surtos econômicos do segundo século XVIII (após 1733) conheceram algumas freadas (como na véspera da Revolução), mas, de modo geral, sua aceleração benéfica repõe a ascensão intelectual do "Século das Luzes" em um contexto de bem-estar, de comércio ativo, de indústrias em desenvolvimento, de aumento do número de pessoas.

• ***Quer a flutuação vá em um sentido, quer em outro, a vida econômica é quase sempre criadora de excedentes.***

Ora, o gasto, o esbanjamento desses excedentes foi uma das condições indispensáveis do luxo das civilizações, de certas formas de arte. Quando hoje admiramos certas arquiteturas, certas esculturas, certos retratos, também contemplamos, sempre sem o saber, o orgulho tranquilo de uma cidade, ou a loucura vaidosa de um príncipe, ou a riqueza demasiado recente de um mercador banqueiro. Na Europa, desde o século XVI (e sem dúvida antes), a civilização, em seu último estágio, está sob o signo do dinheiro e do capitalismo.

A civilização é, assim, função de certa *redistribuição* do dinheiro. As civilizações se colorem diferentemente, em seu topo, depois em sua massa, segundo o modo de redistribuição que lhe é próprio, segundo os mecanismos sociais e econômicos que retiram dos circuitos do dinheiro a parte reservada ao luxo, à arte, à cultura. No século XVII, nos tempos economicamente difíceis do reinado de Luís XIV, só existem mecenas na corte, ou quase. Toda a vida literária e artística está reunida nesse círculo estreito. Durante os faustos e as facilidades econômicas do século XVIII, a aristocracia e a burguesia participam largamente, ao lado da realeza, da difusão da cultura, da ciência, da filosofia...

No entanto, o luxo continua a ser, ainda nessa época, o privilégio de uma minoria social. A civilização subjacente, a da vida cotidiana e pobre, não participa dele. Ora, o nível da rua de uma civilização é quase sempre o seu nível de verdade. Que é a liberdade, que é a cultura do indivíduo quando o mínimo vital lhe está fora de alcance? Desse ponto de vista, o século XIX europeu, tão depreciado, o século XIX dos novos-ricos, dos "burgueses conquistadores", o enfadonho século XIX anuncia (se ainda não realiza) um novo destino para as civilizações e para a pessoa humana. Ao mesmo tempo que aumenta consideravelmente o número de homens, ei-los, cada vez mais numerosos, chamados a participar de certa *civilização coletiva*. Sem dúvida, o preço de semelhante transformação (inconsciente, nem é preciso dizer) foi muito pesado, socialmente falando, mas sua contrapartida se revela importante. O desenvolvimento do ensino, o acesso à cultura, às universidades, a promoção social são as conquistas, prenhes de consequências, do já rico século XIX.

O grande problema, hoje e amanhã, é a criação de uma civilização que seja ao mesmo tempo de qualidade e de massa, terrivelmente custosa, impensável sem vastos excedentes colocados a serviço da sociedade, impensável também sem os lazeres que o maquinismo será, sem dúvida, capaz de nos oferecer em breve. Nos países industrializados, esse porvir já se acha à vista, em prazos mais ou menos curtos. Contudo, o problema se complica em escala mundial.

Porque as desigualdades do acesso à civilização, que a vida econômica criou entre as diferentes classes sociais, *também foram por ela criadas entre os diferentes países do mundo*. Grande parte do mundo constitui o que um ensaísta chamou de "proletariado exterior", o que a linguagem corrente denomina Terceiro Mundo, enorme massa de homens para quem o acesso ao mínimo vital se coloca antes do próprio acesso à civilização – que não raro lhes é desconhecida – de seu próprio país. Ou a humanidade trabalhará para superar esses desníveis gigantescos, ou *a* e *as* civilizações correrão o risco de soçobrar.

As civilizações são mentalidades coletivas

Depois da geografia, da sociologia e da economia, a psicologia nos obriga a uma última confrontação, com a diferença de que a psicologia coletiva não é uma ciência tão segura de si, tão rica em resultados quanto as ciências humanas abordadas até aqui. Raramente ela se aventurou nos caminhos da história.

• ***Psiquismo coletivo, tomada de consciência, mentalidade ou aparelhagem mental? Não seria possível escolher entre os termos que propõe o longo título deste parágrafo. E essas hesitações de linguagem assinalam a própria juventude da psicologia coletiva.***

Psiquismo tem os favores de um historiador, grande especialista nesses domínios, Alphonse Dupront. *Tomada de consciência* significa apenas um momento dessas evoluções (geralmente o seu termo). *Mentalidade* é evidentemente mais cômodo. Lucien Febvre, em seu admirável *Rabelais*, preferia falar de *aparelhagem mental* [*outillage mental*].

Mas pouco importam as palavras! O problema não depende delas. Em cada época, certa representação do mundo e das coisas, uma mentalidade coletiva dominante anima, penetra a massa inteira da sociedade. Essa mentalidade que dita as atitudes, orienta as opções, arraiga os preconceitos, inclina os movimentos de uma sociedade, é eminentemente um fato de civilização. Muito mais ainda que os acidentes ou as circunstâncias históricas e sociais de uma época, ela é o fruto de heranças remotas, de crenças, medos, inquietações antigas, não raro quase inconscientes; na verdade, o fruto de uma imensa contaminação cujos germes se perdem no passado e se transmitem através de gerações e gerações de homens. As reações de uma sociedade aos acontecimentos da hora, às pressões que eles exercem, às decisões que exigem dela, obedecem menos à lógica, ou mesmo ao interesse egoísta, do que a esse mandamento não formulado, frequentemente informulável e que brota do inconsciente coletivo.

Esses valores fundamentais, essas estruturas psicológicas, são seguramente o que as civilizações *têm de menos comunicável* em relação umas às outras, o que as isola e melhor as distingue. E essas mentalidades são também pouco sensíveis aos danos causados pelo tempo. Elas variam lentamente, não se transformam senão depois de longas incubações, elas também pouco conscientes.

• ***Aqui a religião é o traço mais forte, no âmago das civilizações, ao mesmo tempo seu passado e seu presente.***

Em primeiro lugar, bem entendido, no âmago das civilizações não europeias. Na Índia, por exemplo, todos os atos derivam sua forma e sua justificação da vida religiosa, e não do raciocínio. Já os gregos se espantavam com isso, a crer na anedota referida por Eusébio, bispo de Cesareia (265-340): "Aristóxeno, o músico, conta sobre os indianos a seguinte história: um deles encontrou-se com Sócrates em Atenas e pediu-lhe para definir sua filosofia. 'É um estudo das realidades humanas', respondeu Sócrates. O indiano caiu na gargalhada: 'Como um homem poderia estudar as realidades humanas', exclamou ele, 'quando ignora as realidades divinas!'"

Da impotência do homem para medir ao mesmo tempo o imenso mistério e a unicidade sobrenatural, um filósofo hindu contemporâneo, Siniti Kunar Chatterji, dá a seguinte e bem conhecida imagem: "Parecemos cegos que, tateando esta ou aquela parte do corpo de um elefante, estão convencidos de que um toca uma coluna; outro, uma cobra; o terceiro, uma substância dura; o quarto, uma parede ou ainda uma escova munida de um cabo flexível; conforme toquem a pata, a tromba, as presas, o corpo ou o rabo."

Diante dessa profunda humildade religiosa, o Ocidente parece esquecido de suas fontes cristãs. Mais, porém, que uma ruptura que o racionalismo teria operado entre o religioso e o cultural, cumpre falar, na verdade, de uma coexistência entre laicidade, ciência e religião, ou melhor, de diálogos, dramáticos ou confiantes, nunca interrompidos, apesar das aparências. O cristianismo afirma-se como uma realidade essencial da vida ocidental, que marca os próprios ateus, embora nem sempre eles o saibam ou o reconheçam. As regras éticas, as atitudes diante da vida e da morte, a concepção do trabalho, o valor do esforço, o papel da mulher ou da criança são comportamentos que parecem não ter mais nada a ver com o sentimento cristão, e que, não obstante, dele derivam.

Não é menos verdade que a tendência da civilização ocidental, desde que se desenvolve o pensamento grego, é seu impulso para o racionalismo, e, portanto, para um distanciamento em relação à vida religiosa. Mas essa é a sua singularidade, à qual voltaremos. Salvo alguns exemplos excepcionais (certos sofistas chineses, certos filósofos árabes do século XII), nenhum desses distanciamentos se marca com semelhante nitidez na história do mundo fora do Ocidente. Quase sempre as civilizações são invadidas, submergidas pelo religioso, pelo sobrenatural, pelo mágico; aí vivem desde sempre, aí vão buscar as mais poderosas motivações de seu psiquismo particular. Teremos ocasião de repeti-lo muitas vezes.

CAPÍTULO III

As civilizações são continuidades

Em um debate complicado e que ela complicará ainda mais, mas ao qual *dará um sentido*, resta introduzir a história, suas medidas, suas explicações, evidentemente essenciais. Não há, com efeito, civilização atual que seja verdadeiramente compreensível sem um conhecimento de itinerários já percorridos, de valores antigos, de experiências vividas. Uma civilização é sempre um passado, certo passado vivo.

A história de uma civilização, por conseguinte, é a procura, entre coordenadas antigas, daquelas que permanecem válidas ainda hoje. Não se trata de dizer-nos tudo o que se pode saber a propósito ou da civilização grega, ou da Idade Média chinesa, mas tudo que, dessa vida de outrora, continua sendo eficaz ainda hoje, na Europa Ocidental ou na China de Mao Tse-tung, tudo aquilo pelo qual passado e presente se interpenetram, muitas vezes a séculos e séculos de distância.

As civilizações vistas em sua brevidade no dia a dia

Comecemos pelo começo. Toda civilização, ontem como hoje, revela-se em primeiro lugar por uma série de manifestações fáceis de apreender: uma peça de teatro, uma exposição de pintura, o sucesso de um livro, uma filosofia, uma moda de vestuário, uma descoberta científica, um aprimoramento técnico... acontecimentos aparentemente independentes uns dos outros (não há nenhuma ligação, à primeira vista, entre a filosofia de Merleau-Ponty e a mais recente tela de Picasso).

Esses fatos da civilização, cumpre notar, têm sempre uma existência muito breve. Como nos conduzirão a essas coordenadas por descobrir, ao mesmo tempo antigas e atuais, quando antes parecem substituir-se e se destruir uns aos outros, no momento oportuno, em vez de se prolongar?

• ***Com efeito, tais espetáculos acham-se sob o signo de mudanças obstinadas. O programa varia, ninguém deseja que ele permaneça muito tempo em cartaz.***

Essa variabilidade se traduz na própria sucessão das épocas literárias, artísticas ou filosóficas. São episódios fechados em si mesmos. É lícito dizer, usando a linguagem dos economistas, que existem *conjunturas* culturais, assim como há conjunturas econômicas, isto é, flutuações, mais ou menos longas ou precipitadas, e que o mais das vezes se sucedem contradizendo-se violentamente. De uma época para outra, tudo muda, ou parece mudar, como, no teatro, um projetor, sem modificar cenários ou rostos, matiza-os diferentemente e os precipita em outro universo.

Dessas "épocas", o Renascimento é o melhor exemplo. Ele possui seus temas, suas cores, suas preferências, e até seus tiques. Encontra-se sob o signo da paixão intelectual, do amor ao belo, das discussões livres e tolerantes, em que os jogos de espírito são uma forma suplementar da alegria de viver, e, também, sob o signo de uma descoberta, ou de uma redescoberta das obras da Antiguidade, da qual toda a Europa culta participa apaixonadamente.

Do mesmo modo, há uma *conjuntura* romântica (aproximadamente de 1800 a 1850, muito embora haja naturalmente um pré-romantismo e um romantismo tardio); ela marcará as sensibilidades e as inteligências, ao longo de uma época perturbada, difícil, nos anos tristes que se seguiram à Revolução e ao Império, durante um período de refluxo econômico de toda a Europa (entre 1817 e 1852). Não diremos, decerto, que esse refluxo, por si só, explica ou, com maior razão, cria a inquietação romântica; nada nos diz que não haja também ciclos particulares da sensibilidade, das artes de viver e de pensar, independentes ou semi-independentes de qualquer contexto... Cada geração, em todo caso, gosta de negar aquela que a precedeu, e aquela que a segue fará que pague por isso com juros. Haveria assim uma oscilação sem fim entre romantismo (ou barroco, dizia Eugenia d'Ors) e classicismo, entre inteligência seca e coração inquieto, com inversões espetaculares.

A imagem que se impõe é, pois, a de um constante vaivém. Uma civilização, como uma economia, tem seus ritmos. Apresenta-se como uma história intermitente que não se hesitará em cortar em pedaços sucessivos, em fatias quase estranhas umas às outras. Não se diz *O Século de Luís XIV*, *O Século das Luzes*? E mesmo: a "civilização clássica", a "civilização do século XVIII"? Trata-se aí de "civilizações da época", "diabólicas invenções", sustenta um economista filósofo, Joseph Chappey. Essa maneira de falar parece contradizer, de fato, a própria ideia de civilização, a qual, como veremos, supõe uma *continuidade*, mas, por ora, deixemos essa contradição. Aliás, unidade e diversidade não cessam de se afrontar, de viver juntas. E temos que aceitar isso.

• ***"Momentos históricos", acontecimentos, heróis: essas conjunturas, essas sucessões de episódios ajudam a compreender o lugar à parte que certos acontecimentos ou personagens excepcionais ocupam na história das civilizações.***

Visto de perto, cada episódio se decompõe em uma série de atos, gestos, papéis. As civilizações, afinal, são homens, e sempre, portanto, as trajetórias, as ações, os entusiasmos, os "engajamentos" desses homens e, também, suas reviravoltas. Entretanto, nessa série de atos, de obras, de biografias, uma escolha se impõe: destacam-se, por si mesmos, os acontecimentos ou os homens que assinalam um "momento histórico", uma nova fase. Quanto mais importante é o que se anuncia, mais se impõe o que o assinala.

A descoberta da gravitação universal por Newton, em 1687, é um grande acontecimento (ou seja, prenhe de consequências). Acontecimento marcante é a representação de *Le Cid* (1636) ou a de *Hernani* (1830).

Da mesma forma, os homens emergem na medida em que sua obra anuncia uma época da história ou resume um episódio. É tanto o Joachim du Bellay (1522-1566) da *Défense et Illustration de la Langue Française* quanto Leibniz (1646-1716), o pai do cálculo infinitesimal, ou Denis Papin (1647-1714), o inventor da máquina a vapor.

Porém, os nomes que verdadeiramente dominam a história das civilizações são os que transpõem uma série de conjunturas, tal como um navio pode atravessar diversas tempestades. Na juntura de vastos períodos, erguem-se, amiúde, espíritos privilegiados, em quem várias gerações se encarnam de uma só vez: Dante (1265-1321), no fim da Idade Média "latina"; Goethe (1749-1832), no fim da primeira modernidade da Europa; acrescentemos Newton, no limiar da física clássica; ou ainda, mas ampliado às dimensões monstruosas da nova ciência do nosso tempo, o prestigioso Albert Einstein (1879-1955).

Os fundadores de grandes sistemas de pensamentos pertencem a essa classe excepcional: Sócrates ou Platão, Confúcio, Descartes ou Karl Marx dominam vários séculos ao mesmo tempo. São fundadores de civilização, pouco menos importantes que esses astros de primeira grandeza, fundadores de religião: Buda, Cristo, Maomé, todos envoltos em uma luz ainda viva, será preciso dizê-lo?

Em suma, a medida pela qual se julgam e se classificam, por ordem de importância, a massa confusa dos acontecimentos e a massa não menos confusa dos homens, é o tempo que eles levam para se apagar na cena do mundo. Só aqueles a quem pertence a *duração* e que se confundem com uma realidade longamente vivida contam na grande história da civilização. Assim se encontram, para lá de uma história familiar, como em transparência, as coordenadas secretas do longo tempo para o qual precisamos agora nos dirigir.

As civilizações em suas estruturas

Essa linguagem das épocas proporcionou apenas imagens cambiantes: elas aparecem e depois desaparecem na cena das civilizações. Se tentarmos apreender o que quase não varia no fundo da cena enquanto se desenrola o espetáculo, emergirão outras realidades, mais simples, de interesse novo. Umas duram o tempo de dois ou três espetáculos; outras atravessam alguns séculos; outras, enfim, duram tanto tempo que as creríamos imutáveis. De maneira equivocada, é claro, pois elas também se movem, porém lenta, imperceptivelmente.

• ***Tais são as realidades tratadas no capítulo precedente: as injunções exercidas infinitamente pelos espaços, pelas hierarquias sociais, pelas "psiques" coletivas, pelas necessidades econômicas – todas elas forças profundas, pouco reconhecíveis, no entanto, à primeira vista, em particular para aqueles que vivem ao mesmo tempo que elas, a quem sempre parecem óbvias e não colocam nenhum problema. São essas realidades que a linguagem de hoje designa com o nome de "estruturas".***

O próprio historiador não as vê aparecer de imediato em sua narrativa cronológica habitual, por demais precipitada. Assim, não se pode compreender nem, sobretudo, seguir essas realidades em sua lentíssima evolução senão percorrendo, senão desperdiçando vastos espaços de tempos. Os movimentos superficiais de que falávamos há pouco, os acontecimentos e os próprios homens apagam-se, então, aos nossos olhos, enquanto se destacam grandes permanências ou semipermanências, ao mesmo tempo conscientes e inconscientes. São os "fundamentos", ou melhor, as "estruturas" das civilizações: os sentimentos religiosos, por exemplo, ou as imobilidades camponesas, ou as atitudes perante a morte, o trabalho, o prazer, a vida familiar... Essas realidades, essas *estruturas* em geral são *antigas*, de longa duração, e sempre *tra-*

ços distintivos e *originais*. Elas conferem às civilizações sua fisionomia particular, seu ser; e estas raramente as permutam, pois cada qual as considera valores insubstituíveis. Bem entendido, essas permanências, essas escolhas herdadas ou essa recusa em face das demais civilizações são, em geral, inconscientes para a grande massa dos homens, e importa, para discerni-las com clareza, afastar-se, mentalmente pelo menos, da civilização em que se está mergulhado.

É o caso – exemplo simples e que se refere a estruturas profundas – do papel da mulher, no século XX, em uma dada sociedade, digamos a nossa, a sociedade europeia. Suas particularidades quase só nos aparecerão (tanto as achamos "naturais") graças a comparações com o papel da mulher muçulmana ou, para ir ao outro extremo da cadeia, o da americana dos Estados Unidos. Se quiséssemos compreender o *porquê* dessa situação social, deveríamos remontar longe ao passado, pelo menos até o século XII, a idade do "amor cortês", para esboçar o que foi a concepção do amor e do casal no Ocidente. Em seguida, recorrer a uma série de explicações: ao cristianismo, ao acesso das mulheres às escolas e universidades, à ideia que o europeu faz da educação dos filhos, às condições econômicas: níveis de vida, trabalho da mulher no lar ou fora de casa etc.

O papel da mulher afirma-se sempre como uma estrutura de civilização, um teste, porque é, em cada civilização, uma realidade de *longa duração*, *resistente* aos choques exteriores, *dificilmente modificável* da noite para o dia.

• ***Uma civilização geralmente repugna adotar um bem cultural que questione uma de suas estruturas profundas. Essa recusa a tomar emprestado, essas hostilidades secretas são relativamente raras, mas conduzem sempre ao âmago de uma civilização.***

Todos os dias, uma civilização toma emprestado às suas vizinhas, mesmo que tenha de "reinterpretar", de assimilar o que acaba de lhes tomar. À primeira vista, cada civilização se assemelha a um armazém de estrada de ferro que não cessasse de receber, de expedir bagagens heteróclitas.

Entretanto, solicitada, uma civilização pode rejeitar com obstinação esta ou aquela contribuição exterior. Marcel Mauss assinalou: não há civilização digna desse nome que não tenha suas repugnâncias, suas recusas. Cada vez, a recusa sobrevém como conclusão de uma série de hesitações e experiências. Meditada, decidida com lentidão, ela reveste-se sempre de uma importância extrema.

O caso clássico não é a tomada de Constantinopla pelos turcos, em 1453? Um historiador turco atual sustentou que a cidade se entregara, que fora conquistada de dentro, antes do assalto turco. Excessiva, a tese não é inexata. De fato, a Igreja ortodoxa (mas poderíamos dizer: a civilização bizantina) preferiu a união com os latinos, a única que podia salvá-la, à submissão aos turcos. Não falamos de uma "decisão", tomada rapidamente no campo de luta, em face do acontecimento. Trata-se do resultado natural de um longo processo, tão longo quanto a própria decadência de Bizâncio e que, dia a dia, acentuou a repugnância dos gregos a se aproximar dos latinos, dos quais os separavam divergências teológicas.

A união era possível. O imperador Miguel Paleólogo a aceitara no Concílio de Lyon, em 1274. O imperador João V, em 1369, fizera em Roma profissão de fé católica. Em 1439, o concílio misto de Florença mostrava mais uma vez a possibilidade da união. Os mais eminentes teólogos gregos, João Beccos, Demétrio Lidones, Bessarion, tinham escrito a favor da união, com um talento ao qual seus adversários nada opuseram de comparável. No entanto, entre o turco e o latino, os gregos preferiram o turco. "A Igreja bizantina, por desejo de independência, chamou o inimigo, entregou-lhe o Império e a Cristandade", porque, como já escrevia em 1385 o patriarca (de Constantinopla) ao papa Urbano VI, ele deixava à Igreja grega "plena liberdade de ação", e esta é a palavra decisiva. Fernand Grenard, de quem reproduzimos essas explicações, ajunta: "A sujeição de Constantinopla por Maomé II foi o triunfo do patriarca antiunionista." Aliás, o Ocidente conhecia muito bem essa antipatia do Oriente. "Esses cismáticos", escrevia Petrarca, "temeram-nos e odiaram com todas as suas entranhas."

Outra recusa que demorou a formular-se (na França, onde a hesitação será maior, levará quase um século) é a que fecha à Reforma a Itália, a península Ibérica e depois a França, campo de batalha por muito tempo indeciso entre as duas maneiras de crer em Cristo.

Mais uma recusa, e não somente política, embora não unânime, é a que separa um Ocidente evoluído e uma América anglo-saxônica (incluindo o Canadá) do marxismo e das soluções totalitárias das Repúblicas Socialistas, o não é categórico de parte dos países germânicos e anglo-saxônicos, mas mitigado e muito mais matizado de parte da França e da Itália, e mesmo dos países ibéricos. Trata-se aí, provavelmente, de uma recusa de civilização a civilização.

Diríamos, nesta mesma linha de reflexão, que uma Europa ocidental, adotando o comunismo, provavelmente o organizaria à sua maneira, manejá-lo-ia da mesma forma que maneja atualmente o capitalismo, em uma via seguramente diversa da dos Estados Unidos.

• ***Esse trabalho de acolhida ou de recusa que uma civilização pratica em face das civilizações exteriores, ela também o exerce em face de si mesma, com lentidão. Quase sempre, tal escolha é pouco consciente, ou inconsciente. Mas é graças a ela que, pouco a pouco, uma civilização se transforma, "partilhando-se" de uma parte de seu próprio passado.***

Cada civilização tria, pouco a pouco, afasta ou favorece a massa de bens ou de atitudes que seu passado e seus desenvolvimentos impelem para ela e lhe propõem, e, por suas escolhas, recompõe uma fisionomia nunca inteiramente nova, nunca a mesma.

Essas *recusas internas* podem ser francas, mitigadas, duradouras ou passageiras. Só os resultados duradouros são essenciais nesses domínios progressivamente esclarecidos por estudos de história psicológica, estendidos às dimensões de um país ou de uma civilização. Assim, temos de Alberto Tenenti dois trabalhos pioneiros sobre a vida e a morte nos séculos XV e XVI; de R. Mauzi, um estudo sobre *L'Idée de bonheur en France au XVIII siècle* [A ideia de felicidade na França no século XVIII]; de Michel Foucault, um livro apaixonado, e apaixonante, sobre *L'Histoire de la folie à l'âge classique* [A história da loucura na idade clássica] (1961).

Nesses três casos, trata-se do trabalho de si sobre si de uma civilização às voltas com ela mesma, trabalho que só de raro em raro se assinala em plena luz. Tudo gira com tal lentidão que os contemporâneos nunca atentam para ele. Cada vez, as eliminações – e os acréscimos complementares que por vezes delas decorrem – se operam ao longo de séculos, com proibições, barricadas, cicatrizações difíceis, frequentemente imperfeitas, sempre muito longas.

É o que Michel Foucault denomina, em sua linguagem particular, "*se partager*" [dividir-se, partilhar-se], isto é, para uma civilização, rejeitar além de suas fronteiras e do fio reto de sua vida este ou aquele valor renegado. "Poder-se-ia", escreve ele, "fazer uma história dos *limites*, daqueles gestos obscuros, necessariamente esquecidos, apenas executados, pelos quais uma civilização rejeita algo que será, para ela, o Exterior; e, ao longo de sua história, esse vazio escavado, esse espaço em branco pelo qual ela se isola, designa-a tanto quanto seus valores. Porque ela recebe e mantém esses valores na continuidade da história; mas, nessa região de que queremos falar, ela exerce suas opções essenciais, faz a *partilha* [grifo nosso] que lhe dá a fisionomia de sua positividade; ali se encontra a espessura originária em que ela se forma."

Esse belo texto merece ser lido e relido. Uma civilização alcança sua verdade pessoal lançando aquilo que a incomoda na obscuridade de terras limítrofes e já estrangeiras. Sua história é a decantação, ao longo de séculos, de uma personalidade coletiva, que se acha, como qualquer personalidade individual, entre um destino consciente e claro e um destino obscuro e inconsciente, o qual serve de base e motivação essencial para o outro, mas nem sempre se dando a conhecer. Vê-se que esses estudos de psicologia retrospectiva foram assinalados em sua elaboração pelas descobertas da psicanálise.

O livro de Michel Foucault estuda um caso particular: a separação entre razão e loucura, entre loucos e sensatos, que a Idade Média europeia não conhecera porque, para ela, o louco, assim como qualquer miserável, era mais ou menos misteriosamente um enviado de Deus. Os dementes serão encerrados, duramente, brutalmente a princípio, por um século XVII apaixonado pela ordem social e para o qual eles não passam de destroços a serem lançados fora do mundo, como se rejeitam os delinquentes e os preguiçosos inveterados; depois, com doçura, com certo amor, pelo século XIX, que os reconhecerá como doentes. De uma atitude a outra, porém, o problema central não mudou: a partir da idade clássica até nossos dias, o Ocidente "partilhou-se" da loucura, proscreveu-lhe a linguagem e recusou-lhe a presença. Assim, o triunfo da razão é acompanhado em profundidade por uma longa e silenciosa tempestade, por uma trajetória quase inconsciente, quase ignorada e que é, não obstante, de certo modo, a irmã dessa vitória que foi, em plena luz, a conquista do racionalismo e da ciência clássica.

Poder-se-ia, bem entendido, dar outros exemplos dessas partilhas ou semipartilhas. O livro de Alberto Tenenti segue pacientemente o processo pelo qual o Ocidente se "separou" da morte cristã, tal como a concebera a Idade Média: simples passagem da criatura, exilada na Terra, para a verdadeira vida do além. No século XV, a morte torna-se "humana", suprema provação do homem, no horror da decomposição do corpo. Todavia, nessa nova concepção da morte, o homem encontra a nova concepção de uma vida que, aos seus olhos, reencontra seu preço, seu valor humano. Certa obsessão da morte desaparece com o século seguinte – que, pelo menos em seu início, é o da alegria de viver.

• ***Os choques violentos de civilizações – o raciocínio, até aqui, supõe civilizações em relação pacífica umas com as outras, livres em suas escolhas. Ora, as relações violentas foram quase sempre a regra. Sempre trágicas, com grande frequência elas se revelam inúteis a longo prazo.***

Êxitos como a romanização da Gália e de larga parte do Ocidente conquistado só se explicam pela longa duração da experiência e, também, o que quer que se tenha dito a respeito, pelo baixo nível, a princípio, dos povos romanizados, pela admiração que tiveram pelo vencedor, em suma, por uma certa conivência. Mas esses êxitos foram raros; exceções, eles confirmam a regra.

Os fracassos, durante esses contatos violentos, foram mais frequentes que os sucessos. O "colonialismo" pôde triunfar ontem; hoje, seu fiasco já não deixa nenhuma dúvida. Ora, o colonialismo é, por excelência, a submersão de uma civilização por outra. Os vencidos sempre cedem ao mais forte, mas sua submissão é provisória, assim que ocorre um conflito de civilizações.

Esses longos períodos de coexistência forçada implicam concessões ou entendimentos, bem como empréstimos culturais importantes, por vezes frutuosos. Nunca, contudo, além de certos limites.

O melhor exemplo de interpenetração cultural sob o signo da violência é fornecido pelo belo livro de Roger Bastide sobre *Les Religions africaines au Brésil* [As religiões africanas no Brasil] (1960). É a história trágica dos escravos negros arrancados das diversas Áfricas e depois lançados na sociedade patriarcal e cristã do Brasil colonial. Contra ela, eles reagirão adotando o cristianismo. Muitos negros fugidos formarão repúblicas independentes, *quilombos*: o de Palmares, no interior da Bahia, só sucumbirá diante de uma guerra em regra. O fato de esses negros, despojados de tudo, terem reconstituído as antigas práticas religiosas da África e as danças de possessão, de terem, além disso, amalgamado, em seus candomblés ou macumbas, práticas africanas e cristãs, e de esse "sincretismo" ser hoje culturalmente vivo e até conquistador não é um exemplo espantoso? O vencido cedeu e ao mesmo tempo se preservou.

História e civilização

Essas viagens através das resistências, das aquiescências, das permanências, das lentas deformações das civilizações permitem formular uma última definição, aquela que restitui às civilizações sua fisionomia particular, única: elas são continuidades, intermináveis continuidades históricas.

A civilização é, assim, a mais longa das longas histórias. Mas o historiador não chega a essa verdade logo de saída: ela só se descortina ao cabo de observações sucessivas. Assim, em uma ascensão, a vista se amplia progressivamente.

- ***Os diferentes tempos da história: a história trabalha em escalas e com unidades de medida não raro diferentes, dia a dia, ano a ano, ou por dezenas de anos ao mesmo tempo, ou por séculos inteiros.***

Cada vez, a paisagem variará com a medida utilizada. As contradições entre essas realidades observadas, entre esses tempos de duração diferente, alimentam a *dialética* inerente à história.

Para simplificar a explicação, digamos que o historiador trabalha pelo menos em três planos.

Um plano A, o da história tradicional, da narração habitual, que passa rapidamente de um acontecimento ao acontecimento seguinte, como o cronista de ontem ou o repórter de hoje. Mil imagens são, assim, apreendidas ao vivo e compõem logo uma história multicor, tão rica de peripécias quanto um romance de aventuras. Contudo, apagada logo depois de lida, essa história nos deixa, com muita frequência, insatisfeitos, incapazes de julgar ou de compreender.

Um plano B reflete os episódios, tomando cada um deles em bloco: o Romantismo, a Revolução Francesa, a Revolução Industrial, a Segunda Guerra Mundial. A unidade de medida, dessa vez, é o lapso de dez, vinte ou mesmo cinquenta anos. E é em razão desses conjuntos – quer os denominemos períodos, fases, episódios, conjunturas – que os fatos são cotejados, interpretados, e as explicações, aventadas. Trata-se aí, se se quiser, de acontecimentos longos, já desembaraçados de seus detalhes supérfluos.

Um plano C ultrapassa ainda mais esses acontecimentos longos e retém apenas os movimentos seculares, ou plurisseculares. Aborda uma história em que cada movimento é lento e abrange grandes espaços de tempo, uma história que só se pode atravessar com botas de sete léguas. A Revolução Francesa não passa, aí, de um momento, sem dúvida essencial, da longa história do destino revolucionário liberal e violento do Ocidente. Voltaire é uma simples etapa da evolução do livre pensamento...

Neste último estádio – os sociólogos, que também têm as suas imagens, diriam "neste último patamar em profundidade"–, as civilizações aparecem, fora dos acidentes, das peripécias que lhes coloriram e marcaram o destino, em sua longevidade, ou, se se preferir, em suas permanências, em suas estruturas, em seus esquemas quase abstratos e, não obstante, essenciais.

• ***Uma civilização não é, pois, nem uma dada economia, nem uma dada sociedade, mas aquilo que, através das séries de economias, das séries de sociedades, persiste em viver, só se deixando infletir muito pouco e lentamente.***

Só se alcança, pois, uma civilização no tempo longo, na longa duração, apreendendo um fio que não se para de desenrolar; de fato, aquilo que, no curso de uma história tumultuosa, muitas vezes tempestuosa, um grupo de homens terá conservado ou transmitido, de geração a geração, como seu bem mais precioso.

Nessas condições, não aceitemos com muita precipitação que a história das civilizações seja "toda a história", como dizia o grande historiador espanhol Rafael Altamira (1951) e, bem antes dele, François Guizot (1855). É toda a história, sem dúvida, mas vista de certa perspectiva, apreendida nesse máximo de espaço cronológico possível, compatível com certa coesão histórica e humana; não, para retomar a imagem tão conhecida de Fontenelle, a história das rosas, por mais belas que sejam, mas a do jardineiro, que as rosas acreditam imortal. Para as sociedades, as economias e os mil incidentes de vida breve da história, as civilizações também parecem imortais.

Essa história de longo fôlego, essa tele-história, essa navegação de longo curso empreendida através do alto-mar do tempo, e não mais como a prudente cabotagem ao longo das costas nunca perdidas de vista – esse procedimento histórico, seja qual for o nome ou a imagem com que o vistamos, tem suas vantagens e seus inconvenientes. Suas vantagens: ele nos obriga a pensar, a explicar em termos inabituais e a servir-nos da explicação histórica para compreendermos nosso próprio tempo. Seus inconvenientes, ou mesmo seus perigos: ele pode cair nas generalizações fáceis de uma filosofia da história, em suma, de uma história mais imaginada que reconhecida ou provada.

Os historiadores têm seguramente razão ao desconfiar de viajantes demasiado entusiastas, como Spengler ou Toynbee. Toda história levada à explicação geral exige retornos constantes à realidade concreta, às cifras, aos mapas, às cronologias precisas, em uma palavra, às verificações.

Assim, mais que à gramática das civilizações, é ao estudo dos casos concretos que convém nos atermos para compreender o que é uma civilização. Todas as regras de acordo e desacordo que definimos serão esclarecidas, simplificadas, pelos exemplos que se vão seguir.

II

AS CIVILIZAÇÕES NÃO EUROPEIAS

PRIMEIRA PARTE

O ISLÃ E O MUNDO MUÇULMANO

CAPÍTULO I

O que a história ensina

As civilizações levam um tempo infinito para nascer, para instalar-se, para destacar-se.

Sustentar que o Islã nasce, em alguns anos, com Maomé, é muito exato e, ao mesmo tempo, inexato, pouco compreensível. Também a cristandade nasceu com e muito antes de Cristo. Sem Maomé e sem Cristo, não haveria nem cristandade nem Islã. Não obstante, todas as vezes, essas novas religiões se apossaram do corpo de civilizações já existentes. Todas as vezes, foram a alma desse corpo: desde o princípio, tiveram a vantagem de fazer seus uma rica herança, um passado, todo um presente e já um futuro.

O Islã, nova forma do Oriente Próximo

• ***Uma civilização "de segundo grau": como o cristianismo foi o herdeiro do Império Romano, que ele prolonga, assim o Islã se apossará, em seu início, do Oriente Próximo, uma das mais antigas, talvez a mais antiga, encruzilhadas de homens e povos civilizados que o mundo conheceu.***

É um fato de imensas consequências: a civilização muçulmana assumiu velhos imperativos de geopolítica, formas urbanas, instituições, hábitos, rituais, modos antigos de crer e de viver.

De crer: em sua própria religião, o Islã se liga ao judaísmo e ao cristianismo, à filiação de Abraão e do Antigo Testamento, ao seu rigoroso monoteísmo. Jerusalém é, para ele, uma cidade santa; Jesus, um grande profeta anterior a Maomé, o único que o ultrapassa.

De viver: gestos milenares perpetuaram-se através do Islã até os dias de hoje. Em *As Mil e uma noites,* saudar o soberano é "beijar" o chão entre as mãos. Ora, este já era o gesto que se praticava na corte do rei parta Crostoés (531-579) e seguramente antes. Nos séculos XVI e XVII, ou mesmo mais tarde, ainda é esse o gesto que os embaixadores europeus em Istambul, Ispaão ou Delhi tentam evitar, por achá-lo humilhante para si mesmos e, muito mais, para o príncipe que representam. Já Heródoto se indignava com os costumes egípcios, repugnantes aos seus olhos: "Em plena rua, à guisa de saudação, eles meio que se prosternam um diante do outro; imitam cães baixando as mãos até os joelhos". Essa saudação existe ainda hoje. Outros detalhes: os banhos mouros ou turcos, os *hammams,* nada mais são que as antigas termas romanas, que as conquistas árabes introduziram na Pérsia e alhures; a mão de Fátima, equivalente muçulmano de "nossas medalhas e escapulários", já ornam as estelas cartaginesas; quanto à roupa tradicional dos muçulmanos, E. F. Gautier, de quem tomamos esses detalhes, não hesita em reconhecê-la na dos velhos babilônios, tal como Heródoto a descrevia, há mais de 24 séculos. Segundo este último, "os babilônios usam por baixo uma túnica de linho que lhes desce até os joelhos [diríamos nós, na Argélia, uma *gandurah,* comenta E. F. Gautier] e, por cima, outra túnica de lã [diríamos: uma *djellaba*]; em seguida, eles se envolvem com um pequeno manto branco [poderíamos dizer um pequeno *burnus* branco]; cobrem a cabeça com uma mitra [diríamos com um *fez* ou um *tarbuch*]."

Neste caminho – determinar o que é e o que não é muçulmano na terra do Islã –, onde iremos parar? Não se sustentou outrora que o cuscuz norte-africano era romano ou mesmo púnico? Em todo caso, a casa muçulmana com pátio, baixa, que prevalece no Egito árabe e no Magreb, é pré-islâmica, análoga à casa grega com peristilo e "à casa africana dos primeiros séculos da nossa era".

Trata-se de detalhes. No entanto, a linguagem deles é clara: a civilização muçulmana, como a ocidental, é uma civilização *derivada*, de *segundo grau*, para retomar a terminologia de Alfred Weber. Ela não se edificou a partir de uma tábua rasa, mas sobre o tufo dessa civilização variegada e vivaz que a antecedeu no Oriente Próximo.

Não é, pois, pela pregação de Maomé nem no curso da dezena de anos das primeiras conquistas fulgurantes (632-642) que principia a biografia do Islã. Na verdade, ela se abre com a interminável história do Oriente Próximo.

A história do Oriente Próximo

O Oriente Próximo, unificado pelos assírios, o foi, em seguida, e por longos anos, pelas conquistas de Ciro, de Cambises e de Dario (546-486). Dois séculos mais tarde, a imensa construção dos aquemênidas cede aos golpes dos gregos e dos macedônios de Alexandre (344-331 a.C.). Essa conquista foi ainda mais rápida do que deveria sê-lo, *dez séculos mais tarde*, a fulminante, dos conquistadores árabes.

De modo geral, esses dez séculos de intervalo constituem um extraordinário episódio "colonial", durante o qual os gregos dominam o imenso espaço indeciso entre o Mediterrâneo e o oceano Índico. Colonizadores, eles fundam cidades, grandes portos (Antioquia, Alexandria), vastos Estados (selêucidas, lágidas...). Misturando-se aos seus súditos, não se confundem com eles; assim, nunca vivem nos campos, que lhes permanecem estranhos. Em suma, o pequeno povo greco-macedônio colonizou esse vasto pedaço da Ásia tal como a Europa, mais tarde, colonizará a África, impondo-lhe sua língua, sua administração, comunicando-lhe parte de seu dinamismo.

A conquista romana estendeu-se também à Ásia Menor, à Síria e ao Egito, sem interromper essa *era colonial*: por trás da fachada romana, a civilização grega continua a existir e volta a ser dominante com a queda do Império Romano, no século V, quando Bizâncio o substitui – Bizâncio, ou seja, ainda a civilização grega. Se Émile Félix Gautier tivesse vivido ontem na Argélia, teria sido obcecado por essa imensa aventura colonial que a história, um belo dia, varreu, não deixando quase nenhum resquício dela.

O Oriente Próximo colonizado não gostou de seus senhores. Desde 256 a.C., o vasto Estado dos partas arsácidas, depois dos persas sassânidas (a partir de 224 d.C.), constituiu-se através do Irã, indo dos confins do Indo à frágil fronteira da Síria. Roma e Bizâncio travaram penosos combates contra esse vizinho poderoso, organizado, belicoso, senhorial, burocrático, que dispunha de uma cavalaria numerosa e que mantinha, no Extremo Oriente, relações com a Índia, os mongóis e a China (o arco dos cavaleiros partas, cuja flecha atravessa as couraças romanas, vem, sem dúvida, da Mongólia). Apoiado na "religião superior de Zoroastro", lutou vigorosamente "contra o intruso: o helenismo". Contudo, essa hostilidade política não o impediu, no momento oportuno, de acolher as correntes culturais vindas do Oeste: filósofos gregos expulsos por Justiniano encontraram refúgio na grande capital de Ctesifonte; pelo Irã, os nestorianos, cristãos heréticos perseguidos por Bizâncio, chegaram à China, onde mais tarde conheceram uma fortuna singular.

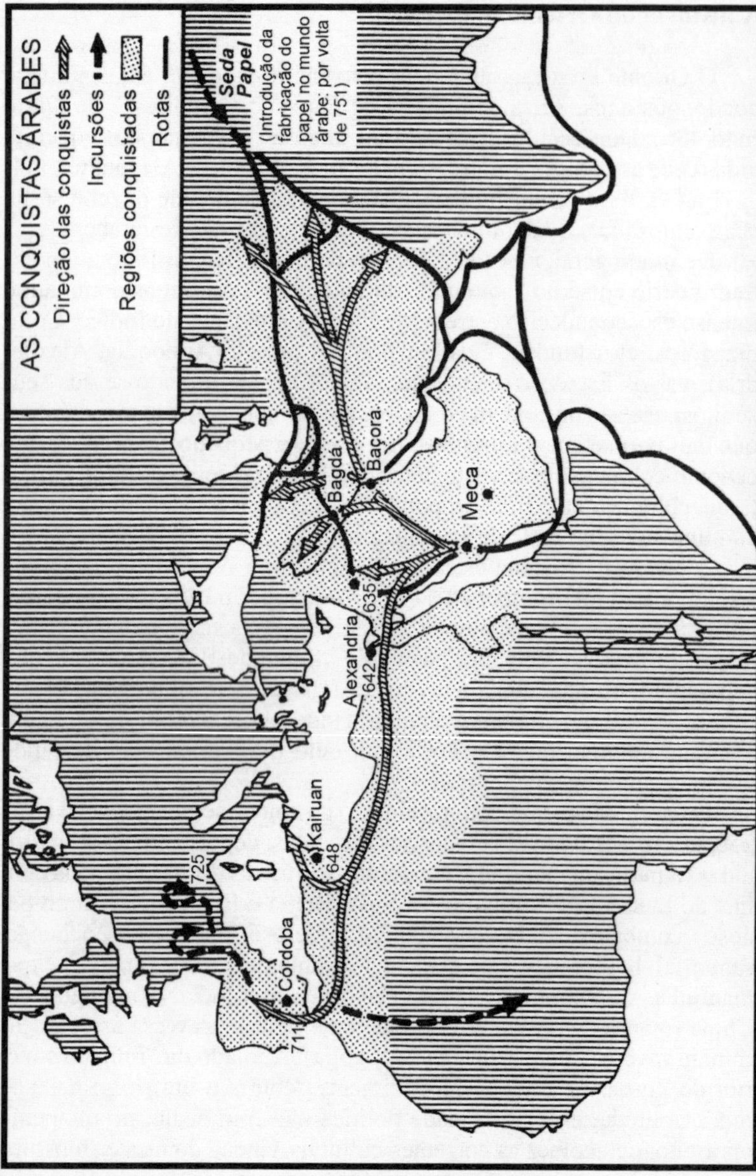

3. As conquistas árabes.

• ***Nesse Oriente Próximo reticente, em luta contra a presença grega, convertido ao cristianismo, agitado por perturbações religiosas contínuas, as primeiras conquistas árabes (634-642) encontram cumplicidades imediatas.***

A Síria (634) e o Egito (639) acolhem os recém-chegados. Mais inesperada, a adesão persa é rápida: o velho Império, esgotado por sua luta secular contra Roma e Bizâncio, defende-se mal, apesar de seus cavalos e elefantes, ou não se defende contra os cruéis ataques dos cameleiros árabes. O Oriente Próximo entregou-se, abandonado, aos recém-chegados. Estes tiveram mais dificuldade para apoderar-se da África do Norte, da metade do século VII ao começo do século VIII, mas, ultimada essa conquista, a Espanha caiu de um só golpe em suas mãos (711).

Em suma, com grande rapidez, excetuada a Ásia Menor montanhosa, defendida e salva por Bizâncio, os conquistadores árabes se apossaram de todo Oriente Próximo e depois, rumando para o oeste, ultrapassaram largamente os seus limites.

Essa rapidez foi:

a) O resultado de uma surpresa, favorável ao assaltante, que ninguém esperava?

b) O sucesso natural de suas incursões rápidas, destruidoras, isolando as cidades, obrigando-as, uma após outra, a se render?

c) Decorrência dessa lenta deterioração do Oriente Próximo, em via de descolonizar-se, como diríamos hoje?

As três causas ao mesmo tempo, sem dúvida. No entanto, na ótica da história das civilizações, essas explicações de curto alcance não podem bastar. Complacência ou lassidão não poderiam explicar o sucesso *duradouro* da invasão. Não se deveria aventar, em profundidade, uma afinidade religiosa e moral muito antiga, fruto de uma longa coexistência? Essa nova religião, elaborada por Maomé, foi produzida nessa mesma encruzilhada do Oriente Próximo, no sentido de sua vocação profunda, conforme o seu espírito.

O Islã, durante a primavera de sua expansão, não faz senão restituir a vida à antiga civilização oriental, que foi o grande personagem da aventura, pelo menos "a segunda coluna" da casa a construir (a primeira, evidentemente, era a própria Arábia). Trata-se de uma civilização sólida e edificada em regiões muito ricas, perto das quais a Arábia faz uma figura muito pálida.

O destino do Islã será, de certo modo, recolocar essa velha civilização numa nova órbita, elevá-la a um novo nível.

Maomé, o Alcorão, o Islã

As origens imediatas do Islã nos põem em presença de um homem, de um livro, de uma religião.

• ***Entre 610-612 (datas problemáticas, mas verossímeis) e 632, ano de sua morte, situa-se a obra decisiva de Maomé.***

Sem ele, a Arábia, fragmentada em tribos e confederações rivais, aberta às influências estrangeiras, aos esforços coloniais da Pérsia, da Etiópia cristã, da Síria, do Egito bizantino, não teria concretizado sua unidade e, fortalecida por essa façanha, lançado seus saqueadores rumo às longas fronteiras do Norte.

Nem Bizâncio, nem os partas, confrontados por séculos, tiveram o menor temor de ver surgir um inimigo sério, ao longo de países tão pobres. Incursões violentas ali se produziam, é certo. Mas o saqueador vinha e tornava a partir. Quem se teria inquietado com isso, sobretudo nessas zonas – muitas vezes, uma *no man's land* –, disputadas por persas e gregos, na orla do "crescente fértil"?

Tudo muda com o sucesso de Maomé. As pesquisas eruditas despojaram sua biografia das douraduras que lhe foram acrescentadas. A imagem obtida, após a decapagem, nem por isso é menos bela, comovente. Nascido por volta de 570, Maomé, durante os primeiros quarenta anos de sua vida, foi atormentado por infelicidades. Essa vida obscura só alcança a grande história quando o Profeta adentra em seu quadragésimo ano, cerca de 610-612. "Uma noite, na última década do Ramadã, em uma gruta do monte Hira", não longe de Meca, enquanto dormitava, "produziu-se a infusão da Palavra Incriada no mundo relativo, a descida do Livro ao coração do Profeta." O ser misterioso mostrou-lhe em sonho "um rolo de pano coberto de sinais e ordenou-lhe que lesse [...] – Eu não sei ler – disse Maomé. – Leia – repetiu por duas vezes o Anjo, comprimindo o pano em torno do pescoço do dorminhoco. – O que hei de ler? – Leia, em nome do seu Senhor, que criou o homem [...] O eleito se recolhe com a consciência de que um livro lhe desceu ao coração" (E. Dermenghem). Pequeno detalhe: pode-se traduzir por *ler* ou *pregar*, de modo que não saberemos com certeza se o Profeta sabia ou não ler e escrever.

Essa história santa é bem conhecida. Que Maomé, após as palavras do Arcanjo Gabriel (o misterioso visitante), considere-se o enviado de Deus, o último, o maior dos profetas da tradição bíblica; que encontre, de início, apenas o apoio de sua esposa Cadija e, quase em seguida, a hostilidade dos ricos mercadores de Meca, seus parentes; que esteja, então, cheio de incertezas, à beira do desespero, da demência, do suicídio – para que seguir, passo a passo, essa "paixão", tal como a reconstituem, por clarões, através dos testemunhos, os "ditos" do Profeta *(hadits)* e os versículos *(suratas)* do Alcorão, essa coletânea póstuma das revelações de Maomé transmitida pela tradição? O essencial é estar atento à beleza, à força explosiva, à "música pura" desse texto "inimitável" (prova de que é divino), dessas pregações (que muitas vezes precediam os transes terríveis em que Maomé perdia longamente a consciência), estar atento para essa extraordinária poesia, fortemente escandida, que a tradução não consegue dissimular por inteiro. A Arábia pré-islâmica vive então seus tempos homéricos: nela, a poesia abre os ouvidos e os corações.

Durante anos, o profeta prega apenas para um pequeno círculo de fiéis, alguns parentes, alguns infelizes, muitas vezes gente paupérrima: Meca, ao lado dos mercadores enriquecidos pelo tráfico das caravanas entre a Síria, o Egito e o golfo Pérsico, tem seus trabalhadores braçais, seus artesãos, seus escravos, como Bilâl, o escravo negro que resgatou Abu Bakr (amigo e futuro sogro do Profeta) e que foi o primeiro muezim do Islã.

Os ricos logo se apavoram com uma propaganda que a princípio os fez sorrir e depois os irritou. Ameaçados, os fiéis de Maomé são obrigados a fugir, uns para a Etiópia cristã, outros, uns sessenta, para o oásis de Yatrib, ao norte de Meca. É ali que Maomé se refugia, por sua vez: Yatrib será a cidade do Profeta (Medina); essa fuga (a Hégira), o ponto de partida da era muçulmana (20 de setembro de 622). Note-se, mas é apenas um minúsculo detalhe, que Medina já devia ser o nome da cidade antes da Hégira.

Três quartos da cidade compunham-se de camponeses, com duas tribos árabes, hostis uma à outra, e importantes frações judias, mais ou menos mercadoras. Diante destas últimas, a política de Maomé passará da simpatia à desconfiança, depois à hostilidade. A prece, orientada até então para Jerusalém, far-se-á, desde essa época, em direção a Meca. Tudo isso em um clima de guerra contínua: para viver, os muçulmanos fugitivos assaltam seus vizinhos, fustigam as longas linhas de caravanas dos mequianos. Essa guerra de dez anos permite ao Profeta, finalmente, voltar como senhor a Meca, não sem ter mostrado frequentemente, ao longo de dificuldades atrozes, um singular senso de decisão e, não menos, sua prudência e tolerância.

• ***Religião revelada, edificada pouco a pouco pelos versículos daquele que será o Alcorão, pelas palavras e pelos atos do Profeta, o Islã (submissão a Deus) se revela de uma simplicidade exemplar.***

Os "cinco pilares" do Islã são: a afirmação de um só Deus, Alá, de quem Maomé é o enviado – é a *chahada* –; a prece repetida cinco vezes ao dia; o jejum dos 29 ou 30 dias do Ramadã; a esmola aos pobres; a peregrinação a Meca. O *jihad*, a guerra santa, não faz parte das prescrições fundamentais, embora logo seja chamado a desempenhar um papel de grande relevo.

A simbólica religiosa do Islã não oferece nenhum mistério, se bem que numerosos pontos sejam controversos e abram diversas portas para as interpretações complicadas da mística. A teologia islâmica nada tem a invejar, desse ponto de vista, da teologia cristã: ambas poupam ao espírito caminhos difíceis.

Para a prece, o Profeta inspirou-se nas práticas cristã e judia. No que concerne à peregrinação, foi, pelo contrário, fiel à tradição árabe e mequiana. Conservou, com efeito, os costumes de antigas peregrinações ligadas uma à outra, à Caaba de Meca e ao monte Arafat, na vizinhança da cidade, talvez uma antiga festa da primavera e uma antiga festa do outono, a primeira análoga à festa dos Tabernáculos, do Antigo Testamento. Essas velhas práticas, cujo sentido profundo, em todo caso, perdera-se na noite dos tempos, são retranscritas em uma linguagem nova. "Maomé anexou a antiga instituição justificando-a *a posteriori* por uma espécie de lenda *cultural*: Abraão, pretendia ele, organizara em seu tempo, juntamente com seu filho Ismael, o ancestral dos árabes, o culto da Santa Caaba e as cerimônias da peregrinação. Fundava-se, assim, a prioridade do Islã em relação ao judaísmo, criado por Moisés, e ao cristianismo, ligado a Jesus." Será suficiente explicar esse vínculo com Abraão pelo cálculo político, pelo desejo de prioridade? As religiões não têm sua lógica religiosa? Suas verdades? É o que aventa, por sua conta, Youakim Moubarac *(Abraham dans le Coran*, 1958). Para Louis Massignon, "o Alcorão saúda em Abraão o primeiro dos muçulmanos, o que é verdadeiro, *teologalmente verdadeiro*."

O essencial é compreender também até que ponto as crenças e práticas religiosas pesam sobre a vida do muçulmano e lhe impõem uma disciplina estrita. Tudo, para ele (inclusive o direito), decorre do Alcorão. A prática religiosa permanece muito mais viva no Islã atual do que o é em qualquer país cristão. "Há 1160 anos", escreve Louis Massignon (em 1955), "contam-se todos os anos em Arafat [...] cerca de 150 mil peregrinos de todos os países." E, em uma aldeia do Egito, há relativamente tantos peregrinos quantos "pascalizantes" em uma aldeia da França. A vantagem está, evidentemente, do lado do Islã. Mas será preciso atribuí-la forçosamente a uma *fé* mais viva? O cristianismo teve de enfrentar provações internas, as mesmas da civilização de que é portador, provações que o Islã até aqui mal entreviu. Não continua ele apoiado em sociedades antigas, arcaicas, nas quais os ritos religiosos se perpetuam como os demais gestos sociais, como o resto da própria vida?

A Arábia: o problema de uma cultura pouco urbanizada

Que papel desempenhou, exatamente, a imensa península Arábica no sucesso de Maomé e na expansão do Islã? A resposta não é simples.

• ***Primado urbano: Maomé viveu, construiu (por assim dizer) no meio urbano, à margem de uma Arábia ainda primitiva, em Meca.***

A fortuna dessa cidade é então *recente,* fortuna de caravanas, nascidas de suas ligações com outros centros urbanos, remotos, estrangeiros, só alcançados pelo grande comércio e por aquele capitalismo mercantil dos mequianos, que na época mal se esboçava.

Foi provavelmente nas cidades sírias – mais que na própria Arábia – que Maomé, comboieiro de caravanas antes de receber sua revelação, conheceu os meios judaizantes e cristãos. Em todo caso, é um contexto urbano o que supõem suas prescrições, os apelos do muezim, a prece em comum da sexta-feira, o véu das mulheres, a dignidade exigida aos fiéis e a seus *imãs* (o verdadeiro termo é *imã*, chefe da prece), Tudo isso requer testemunhas, multidão, ajuntamento urbano.

"Esse ideal rigorista e pudico é o dos austeros mercadores de Hedjaz. Também ali o Islã procura mais a ordem das cidades que a negligência dos campos" (X. de Planhol). É nessa ótica que se deve interpretar certos *hadits* do Profeta: "O que temo para o meu povo é o leite, onde o diabo se esconde entre a escuma e o creme. Eles gostarão de bebê-lo e retornarão ao deserto, *abandonando os centros onde se ora em comum*" (grifo nosso). Outro dito atribuído ao Profeta, desta vez à vista de uma relha de arado: "Isso não entra jamais na casa dos fiéis sem que entre ao mesmo tempo o aviltamento." Em suma, como afirma o próprio Alcorão, "os árabes do deserto são os mais endurecidos em sua impureza e hipocrisia." Os centros da fé, nesse primeiro Islã, são, portanto, as cidades, em uma situação que evoca a da Igreja cristã em seus primórdios no Ocidente: o infiel não é então o camponês, o *paganus**, o pagão?

• ***Estranhos camponeses, é verdade, esses beduínos da Arábia. Ainda no princípio do século XX, era possível encontrá-los, imutáveis, tais como, sem dúvida, ainda os encontraríamos, às vezes, no coração da Arábia de hoje.***

Um islamólogo, Robert Montagne (1893-1954), escreveu um belíssimo livro sobre essa *Civilisation du désert* [Civilização do deserto],

---

* *Paganus*, que deu origem a "pagão", em latim clássico significa, com efeito, camponês, aldeão. [N. R.]

que um etnógrafo provavelmente se recusaria a chamar por outro nome que não *cultura.*

Não há cidades, com efeito, e, quando elas existem, como são elementares! Yatrib, no momento da Hégira, não equivale sequer a Tebas, na Beócia, ao tempo de Epaminondas! Em torno dessas "cidades", nos vales providos de um mínimo de água, *alguns camponeses sedentários*, servos ligados à gleba, mas em pequeno número. *A maioria dos árabes é constituída por nômades*, "qual enxames de abelhas", formando minúsculos grupos sociais: famílias patriarcais, "subfrações", "frações", "tribos", "confederações de tribos". Essas etiquetas são dadas pelos pesquisadores atuais, uma simples maneira de contar: uma fração corresponde a 100-300 tendas; uma tribo, a três mil pessoas, a maior unidade, nessa escala, que ainda possui uma coesão. A ficção e a realidade dos vínculos do sangue, os únicos que o beduíno reconhece, podem-se manter aí. A tribo é a grande unidade dos combates: nela se vive entre irmãos, primos, clientes. A confederação, ao contrário, não passa de frágil união que dispersa seus participantes ao longo de imensas distâncias.

A vida penosa dos beduínos através dos desertos e semidesertos da Arábia só é possível graças à *criação do camelo*. Sóbrio, capaz de resistir à sede, é ele que permite as longas viagens de uma pastagem a outra. Para os *rezzus* (pilhagem de gado) e a guerra, ele assegura o transporte da forragem, dos odres de água, dos grãos. Os cavalos, na última fase (muito poupados até então), fornecem o galope de ataque.

A vida cotidiana corre atrás "da erva que foge". Com o camelo de carga e o camelo branco de corrida, os grandes nômades oscilam, em percursos às vezes de mil quilômetros, entre o norte e o sul, e vice-versa. No norte, nos limites das terras do Crescente Fértil, entre a Síria e a Mesopotâmia, o nomadismo se degrada, entorpece-se ao contato dos sedentários. À criação do camelo se acrescenta a do carneiro, de pequeno raio de percurso. Criador de carneiros, o beduíno já não é senão um *chauya*, um carneireiro. Abaixo dele, o criador de bois ou de búfalos pertence à terceira categoria, a dos terríveis sedentários.

No sul e no centro da Arábia, o nomadismo cameleiro conserva sua pureza, suas pretensões à nobreza. Essas tribos nobres estão constantemente em guerra: as mais fortes expulsam as mais fracas. O deserto, superpovoado, repele, assim, os seus excedentes humanos e, de ordinário, a saída se efetua pelas rotas do Oeste: a península do Sinai e o estreito filete do Nilo não são obstáculos no caminho para o Saara e os países do Poente.

As razões dessa predominância do êxodo para o Oeste são geográficas e históricas. *Geográficas*: para o Norte, os desertos frios sucedem aos desertos quentes. Os árabes não triunfam na Ásia Menor, no século VII, porque seus camelos não podem resistir aos frios intensos dos planaltos da atual Anatólia, onde, porém, o camelo de Bactriana se aclimata. O Saara, por sua vez, é o prolongamento do deserto da Arábia, para lá do fosso do mar Vermelho. *Históricas*: esses desertos do Norte e da Ásia Central têm seus próprios nômades, seus camelos de duas corcovas, seus cavalos, seus cavaleiros, seus próprios e violentos movimentos migratórios. Não há, seguramente, espaços vazios onde se possa instalar facilmente.

Não sem hesitação, a Arábia dos beduínos pôs a serviço do Islã sua excepcional forra combativa. Os nômades não se converteram da noite para o dia. Incansavelmente, eles permanecerão batalhadores e instáveis. Na Espanha conquistada, na época dos califas omíadas, as disputas se reacendem entre partidários do Iêmen e de Qais, a milhares de léguas dos países e das disputas de origem.

À morte do Profeta, aliás, todos os nômades aparentemente submissos se achavam sublevados. A repressão fora longa, e o *sucessor* de Maomé, o califa Omar (634-644), não encontrou melhor solução para essas disputas infernais senão lançar cavaleiros e cameleiros no *jihad*: uma forma de afastá-los da Arábia e, ao mesmo tempo, evitar as disputas entre tribos.

Os beduínos realizarão assim as primeiras conquistas do Islã. Imaginemos o caminho desses grupos restritos, desses povos em miniatura, ao longo de imensos percursos, com seus comboios, suas tendas de pele de camelo e de cabra, transportando consigo seus hábitos, seus costumes, sua arrogância, aquele profundo desejo dos pastores de permanecerem pastores, aquele desprezo pela vida sufocante do sedentário. Realiza-se um verdadeiro bombardeio, por esses corpúsculos, do vasto espaço que a conquista muçulmana vai preencher rumo ao Ocidente. Em toda parte, eles se implantam e, com eles, sua língua, seu folclore, seus defeitos e virtudes; entre estas últimas, em primeiro lugar, seu gosto apaixonado da hospitalidade, traço que caracteriza o Islã em sua totalidade.

Conhecemos, assim, o longo caminho trilhado pela tribo dos Beni Hillal: partindo do sul de Hedjaz no século VII, eles se encontram em estado lastimável no Alto Egito por volta de 978; lançam-se sobre a África do Norte em meados do século XI, como uma nuvem de gafanhotos; são esmagados pelos berberes no século XII (batalha Sétif, 1151) e então dispersados através do Magreb. Sua epopeia revive hoje no folclore, "do deserto da Transjordânia até Biskra e Port-Étienne", na Mauritânia.

• ***"Civilização" e "culturas" no mundo islâmico: o papel das tribos árabes chama a atenção para o modo como o Islã, essa civilização que logo se tornará tão requintada, apoiou sucessivamente quase todos os seus êxitos nas forças vivas de "culturas" batalhadoras, de povos primitivos que ele rapidamente assimilou e "civilizou".***

As tribos árabes ofereceram-lhe durante um século o primeiro desses êxitos. Em seguida, é com os montanheses rudes da África do Norte, os berberes, que o Islã conquista a Espanha e depois constrói o Egito fatímida. Por fim, ele se servirá dos turco-mongóis, nômades que se achavam às suas portas, quase dentro de sua casa, na Ásia Central, e a quem soube converter. Desde o século X, os mercenários turcos formam o essencial dos exércitos dos califas de Bagdá, aliás, maravilhosos soldados e arqueiros, cavaleiros extraordinários.

Jahiz, o grande escritor árabe do século IX, zomba um pouco dessa gente rústica no retrato inesquecível que dela traçou. No entanto, mais uma vez, a história será a mesma. Os pobres ficarão ricos, os nômades se tornarão citadinos, e ambos se encarregarão de provar que o caminho de servo a senhor pode ser curto. Mercenários na véspera, senhores no dia seguinte, os turcos seldjúcidas e depois os turcos osmanlis serão os novos príncipes do Islã. "Grão-Senhor" ou "Grão Turco" – eis o título que o Ocidente dará aos soberanos osmanlis quando a tomada de Constantinopla (1453), convertida em capital do Império, tiver assentado definitivamente o seu poder.

Talvez seja uma lei do destino do Islã o fato de atrair e utilizar os povos primitivos que rodeiam ou cortam seus territórios, mas também sucumbir sob o peso de sua violência. Depois, tudo se restabelece e cicatriza. O primitivo e eficaz batalhador desaparece na onipotente vida urbana do Islã.

CAPÍTULO II

O que a geografia ensina

O Islã abrange uma série de espaços, ligados uns aos outros e afetados em suas margens por variações bastante acentuadas. Por isso, a história do Islã não foi, não é uma história tranquila.

No entanto, essas variações (referidas ao conjunto desse espaço) permanecem relativas. A imensa cena islâmica apresenta, de modo geral, uma evidente estabilidade. Oferece, por assim dizer, uma série de realidades e explicações.

Terras e mares do Islã

Os mapas dizem o essencial. Figuramos as regiões mantidas e depois abandonadas pelo Islã, sempre em face de civilizações estrangeiras e rivais: Sicília, península Ibérica, Septimânia, Itália meridiana, Mediterrâneo Ocidental, em face do Ocidente; Creta, península dos Bálcãs, em face da Europa Oriental, *grosso modo* da cristandade ortodoxa; planície central indo-gangética, Decão setentrional e central, em face do mundo hindu.

As regiões do Islã atual, conservadas desde sempre, ou pelo menos há muito tempo, continuam a ser imensas. Nem sempre ricas, elas se estendem do Marrocos e do Saara atlântico à China e à Insulíndia, "de Dacar a Jacarta", como diz o subtítulo de um livro recente.

Nessa enumeração, não esqueçamos os enormes espaços marítimos, outrora mais ou menos utilizados, hoje quase sempre fora do alcance dos Estados muçulmanos, à parte as estreitas orlas costeiras. O mar pertence a quem o singra e, hoje, praticamente já não existe marinha muçulmana. Era bem diferente outrora, do Mediterrâneo, no mar Vermelho, no golfo Pérsico, no mar Cáspio, sobretudo no oceano Índico: graças à alternância das monções, uma navegação ativa manteve aí por muito tempo trocas consideráveis em benefício dos veleiros árabes, os *buts*, navios de pranchas unidas por cordas de fibras de palmeira e em cuja construção nenhum prego intervinha. Já no século IX, esses veleiros chegavam a Cantão. Vasco da Gama os perseguirá e os pilhará em 1498. Entretanto, nem os portugueses, nem, mais tarde, os holandeses ou os ingleses conseguirão eliminá-los dos tráficos baratos do oceano Índico. Só o vapor os vencerá, no final do século XIX.

Assim, essa gesta marítima foi de longo fôlego. As glórias antigas do Islã não foram somente de seus cavaleiros, mas também de seus homens do mar. Simbad, o Marujo, é um símbolo.

• ***O primado do Mediterrâneo: no Mediterrâneo se jogou o essencial dessa grande aventura.***

Simbad fala de odisseias, mas através dos deslumbramentos, das maravilhas, das catástrofes do oceano Índico. Ora, sem nenhum exagero, foi no Mediterrâneo que se jogou a sorte marítima *mundial* do Islã. Ali ele ganhou, combateu desesperadamente e, finalmente, perdeu.

Entre as conquistas importantes do Islã, esteve, ao lado da Síria, do Egito, da Pérsia, da África do Norte e da Espanha, quase todo o Mediterrâneo. Essa conquista teria sido selada se os muçulmanos, instalados em Creta em 825, ali tivessem permanecido; mas, em 961, Bizâncio recuperou esse posto avançado essencial e se manteve em Chipre e em Rodes, detendo em suas mãos as chaves das rotas que conduziam ao mar Egeu.

Portanto, fracasso, semifracasso a leste: Bizâncio conservará esse mar semeado de ilhas e, ao redor da península dos Bálcãs, ao mesmo tempo o vasto mar Negro e o Adriático, esse caminho da Itália que vai servir à primeira fortuna, modesta, de Veneza: a dos transportadores de madeira, sal e trigo, a serviço da riquíssima Bizâncio.

Entretanto, o outro Mediterrâneo, o ocidental, caía em poder dos marujos do Egito, da África do Norte, da Espanha, todos eles passados para o lado do estandarte verde. Assim, foram os andaluzes que conquistaram Creta, em 825; foram os tunisianos que, de 827 a 902, instalaram-se na Sicília. A ilha teve, então, um desenvolvimento prestigioso. Foi ela o coração vivo do Mediterrâneo "sarraceno", com Palermo, sua mais bela realização urbana, no meio da Concha de Ouro que a irrigação transforma, então, em um jardim paradisíaco.

Os muçulmanos estiveram também em diversos pontos da Córsega ou da Sardenha e, por um instante, na Provença; ameaçam, insultam

Roma, desembarcam a seu bel-prazer na foz do Tibre. Instalam-se solidamente nas Baleares, o arquipélago essencial das ligações do Oeste mediterrâneo, aquela escala que permite as viagens diretas da Espanha à Sicília.

De chofre, o mar, carreador de riquezas, passa ao serviço do Islã; faz crescer e respirar suas cidades marítimas: Alexandria (desde então sucursal da enorme metrópole interior do Cairo), Palermo, Túnis (ao mesmo tempo à beira-mar e prudentemente retraída). Outras cidades crescem ou renascem: Bejaia, com as florestas próximas, indispensáveis às construções navais, Argel, Orã, ambas ainda modestas, o ativo porto espanhol de Almeria e, às margens do Guadalquivir (o grande rio), a metrópole viva, defronte do Atlântico, de Sevilha.

Essa fortuna dura mais de um século. Sem dúvida, o Islã se choca muito cedo com a pirataria cristã: é destino dos ricos oferecer presas e tentações aos pobres. Por volta do século X, contrariamente à situação mais tarde clássica, o rico é o muçulmano; o pirata, o cristão. Amalfi, Pisa e Gênova são ninhos de vespas. Tudo se agrava e se precipita com a conquista da Sicília pelos normandos (1060-1091). Os velozes navios destes últimos também perseguem os veleiros muçulmanos. A ocupação da Sicília é a primeira brecha aberta no monopólio marítimo dos "Infiéis".

Segue-se uma asfixia, um fechamento progressivo, um entrave logo sentido através de todo o "lago muçulmano". Por volta de 1080, na época do Cid Campeador, às vésperas da chegada dos almorávidas (vindos do Sudão e da África do Norte em socorro dos muçulmanos da Espanha, 1085), um poeta árabe da Sicília hesita em aceitar a oferta de uma viagem à Espanha, apesar dos cinquenta dinares de ouro que lhe oferece o rei de Toledo, Motamid: "Não vos admireis de ver como minha cabeça embranqueceu de pesar, mas sim de que o negro de meus olhos não tenha embranquecido! O mar pertence aos Rum, nele os navios não circulam senão expondo-se a grandes riscos; só o continente pertence aos árabes!" Que desforra, já!

As Cruzadas, que logo se iniciam (1095-1270), permitem a reconquista do mar interior – incluindo o espaço, o reduto bizantino – pelas frotas das cidades italianas. Os grandes episódios clássicos (tomada de Jerusalém em 1099, fundação dos Estados da Terra Santa, tomada de Constantinopla pelos latinos em 1204 após o fabuloso desvio da IV Cruzada) não devem ocultar esta outra realidade maior: *a conquista do espaço marítimo e mercantil do Mediterrâneo.* Quando, em 1291, com São João de Acre, a cristandade perde seu derradeiro ponto de apoio *importante* na Ásia, nem por isso deixa de conservar a supremacia inconteste sobre todo o Mediterrâneo.

Não haverá reação do Islã senão dois ou três séculos mais tarde. Os turcos osmanlis tentarão recuperar, então, a supremacia naval. Vitoriosos em Préveza (1538), o Mediterrâneo quase lhes passou ao poder, mas a imensa derrota de Lepanto (1571) pôs um termo quase imediato a esse revés da sorte que, de resto, só visava à hegemonia militar. Nunca houve mais que uma frota turca assaz medíocre de navios de transporte (gregos, em sua maioria, e limitados aos tráficos entre Istambul, o mar Negro e o Egito) em face das numerosas frotas de Veneza, Gênova, Florença...

Em seguida surgirá, sem dúvida, a longa atividade dos corsários muçulmanos, com as glórias excepcionais de Argel. Nunca, porém, os bárbaros dispuseram de frota *mercantil.*

Assim, glórias e catástrofes alternaram-se no Mediterrâneo. No oceano Índico, os tempos foram mais tranquilos até a intrusão dos portugueses, em 1498, após o périplo do cabo da Boa Esperança. A partir de então, o Islã estava contornado, pego pela retaguarda.

• ***Tem razão o ensaísta Essad Bey em dizer: "O Islã é o deserto." Porém, esse deserto ou, antes, esse conjunto de desertos se situa, por um lado, entre duas navegações, duas extensões de água salgada: o Mediterrâneo e o oceano Índico; e, por outro, entre três massas bastante densas de homens: o Extremo Oriente, a Europa e a África Negra.***

Antes de tudo, o Islã é um "continente intermediário" que reúne essas vastas regiões entre si.

Evidentemente, do Atlântico à floresta siberiana e ao norte da China, há desertos e desertos: os desertos quentes do Sul distinguem-se dos desertos frios do Norte; estes, de modo geral, são a zona dos camelos de duas corcovas, o verdadeiro camelo; aqueles, o domínio do dromedário. Uma linha traçada do mar Cáspio à embocadura do Indo separa aproximadamente suas respectivas regiões.

Bem entendido, não existe deserto que não tenha suas orlas, seus *sahéis* de sedentários, suas estepes e seus oásis, onde o arado e a enxada do sedentário podem praticar, e praticam, suas culturas. Há até, nesses velhos países civilizados, paradisíacos, os oásis fluviais do Nilo, do Tigre, do Eufrates, do Indo, do Amudária e do Sirdária, assim como excelentes solos, raros e trabalhados desde remotas eras, a ponto, é verdade, de estarem frequentemente desgastados. Devido ao clima, eles são frágeis, demasiado sensíveis aos menores erros dos homens, aos menores acidentes naturais. Uma invasão, uma guerra prolongada, chuvas violentas, uma superpopulação perigosa, e eis que vastas zonas agrícolas correm o risco de se perder, no sentido exato do termo: o deserto tragará, sepultará cidades e campos...

Assim, o Islã incorpora a seu destino essas múltiplas fragilidades subjacentes. Suas cidades excessivamente densas, povoadas pelo comércio, seus campos demasiado estreitos, sua civilização sempre tensa estão sob o signo de dificuldades incessantes. Um mapa atual da população mostra isso com nitidez: o Islã é formado por algumas zonas de povoamento denso, com imensos vazios entre elas. Nem o engenho das construções hidráulicas, nem os êxitos do *dry farming* (cultura em solo seco), nem a pertinácia de camponeses pacientes e sóbrios, nem a utilização de árvores tão maravilhosamente adaptadas como a oliveira ou a tamareira conseguem dar ao Islã uma vida sob o signo da segurança cotidiana e muito menos da abundância: toda abundância é aí momentânea – ou está sob o signo excepcional de um luxo social, a menos que seja o privilégio de uma cidade em particular.

É o caso, paradoxal somente à primeira vista, de Meca, com as enormes riquezas trazidas pelo afluxo de peregrinos. Lá tudo é possível, miraculosamente possível. Em 1326, lbn Batuta, o maior de todos os viajantes árabes, cantava-lhe a abundância, os "sabores deliciosos" de "suas carnes gordurosas", a excelência de seus frutos, uvas, figos, pêssegos, tâmaras "de que não se encontra equivalente no mundo inteiro", melões incomparáveis... E concluía: "Em suma, todos os objetos do comércio que se encontram espalhados pelos diferentes países estão reunidos nessa cidade." Alhures, no mais das vezes, a fome continua sendo a inevitável companheira. "Sei encerrar minha fome nas dobras de minhas entranhas", diz um poeta árabe, "do mesmo modo que uma fiandeira habilidosa sabe segurar firmemente na mão os fios que seus dedos vão torcendo." E é um companheiro de Maomé, Abu Horaira, quem diz do Profeta: "Sai ele deste baixo mundo sem ter-se saciado uma única vez com pão de centeio [...]"

As consequências são facilmente perceptíveis. Seu resultado mais comum é o estabelecimento de um nomadismo exclusivo, pastoral, de formas diversas e que assinalamos a propósito da Arábia. A imagem vale, *mutatis mutandis,* para todo o espaço dos desertos onde o Islã está condenado a viver. São, estas, imperiosas injunções. O retrato do beduíno foi traçado muitas vezes, e sem indulgência, como o de um primitivo, apesar de seus títulos de nobreza. Se ele não compreende bem os sedentários, estes geralmente lhe pagam na mesma moeda. Um islamólogo, Jacques Berque, escreve com razão: "Como é belo esse beduíno, tantas vezes depreciado!" Sim, o beduíno é uma magnífica amostra da animalidade humana. Para o Islã, entretanto, que colaborador difícil de domar, de conduzir! Mas ainda assim colaborador, instrumento, pois sem ele...

Contudo, a vida miserável que o envolve e o aprisiona dificulta o que chamaríamos hoje de sua "promoção social", tanto mais que ela quase só pode realizar-se graças a essa sedentarização que ele abomina e que foi empreendida hoje, em larga escala, por tantos Estados muçulmanos. O Império dos osmanlis a realizara, por sua conta, do jeito que pôde, já no século XVI, ao mesmo tempo na Turquia asiática e na Turquia europeia, implantando, por toda parte, suas colônias de *yuruks*, de nômades. Esse nomadismo rigoroso e sua "cultura" fechada em si mesma assinalam um determinismo evidente. O homem é, aqui, prisioneiro de sua "resposta", para voltar à linguagem de Arnold Toynbee.

• ***Civilização carente de homens, o Islã foi obrigado, ontem, a utilizar os homens tal como os encontrava ao alcance da mão. Essa carência crônica de homens era uma das formas de sua pobreza fundamental.***

Hoje, paradoxalmente, há homens em demasia, como veremos: 365 a 400 milhões, ou seja, entre um sétimo e um oitavo dos viventes – é muito, é demais, dados os seus recursos.

Ontem, porém, ao tempo de seu esplendor, o Islã tinha talvez entre 30 e 50 milhões de habitantes, no máximo, para uma população mundial de 300 a 500 milhões. É pouco, porque, embora a proporção permaneça a mesma, *em linhas muito gerais*, é evidente que o Islã tinha, então, tarefas muito mais pesadas do que hoje, *relativamente*. Com efeito, ele conduzia a história global deste planeta em si (antes da descoberta da América), que era o Velho Mundo (Europa, África, Ásia).

Daí tantas tarefas esmagadoras: governo, comércio, guerra, vigilância militar. Para levá-las a bom termo, em toda parte teve o Islã de aceitar os homens tal como os encontrava, com uma tolerância que o Ocidente, demograficamente rico, praticamente não conheceu. Por isso ele os procurará fora de suas fronteiras, por toda parte, com uma insistência que faz do Islã clássico uma civilização escravista por excelência.

Esse imenso, esse contínuo abastecimento sustentou por muito tempo as empresas do mundo muçulmano. Todos os países vizinhos pagaram sucessivamente o seu tributo: cristãos da Europa capturados em terra ou no mar pelos próprios muçulmanos ou comprados ocasionalmente (como os eslavos prisioneiros de guerra que os mercadores judeus de Verdun revendem no século XVI), negros africanos, abissínios, indianos, turcos e eslavos miseráveis, caucasianos. No século XVI, os russos aprisionados nos reides dos tártaros da Crimeia abastecem de escravos a Istambul turca.

Não raro esses escravos fazem fortunas espantosas. Como os mamelucos do Egito, que tomam o poder no exato momento em que fracassa a Cruzada de São Luís (1250). Escravos treinados no ofício das armas, em sua maioria de origem turca e depois caucasiana, eles governarão o Egito com certo sucesso até a conquista otomana (1517), que não os fez desaparecer. Bonaparte afrontou-os na batalha das Pirâmides. "Os mamelucos são novos-ricos", escreve um historiador moderno, "mas não têm as pequenezas destes." Os janízaros turcos, igualmente célebres, têm com eles mais de um traço em comum. Na verdade, toda cidade muçulmana tem os seus bairros, de raças, religiões e línguas diversas. Em 1651, durante uma sedição no palácio do padixá otomano, "a maldição de Babel caiu no interior do serralho sobre os icoglãs [pagens e oficiais do sultão] e reduziu-os à impotência." Em sua emoção, os homens esqueceram o idioma osmanli, artificialmente adquirido, "e os ouvidos assombrados das testemunhas", escreve Paul Ricaut (1668), "foram surpreendidos por um tumulto de vozes e línguas diversas. Umas vociferavam em georgiano, outras, em albanês, em bosniano, em mingrélio, em turco ou em italiano." Belo exemplo, entre tantos outros (pense-se na Argel dos corsários turcos)!

Continente intermediário ou espaço-movimento: as cidades

Mal aquinhoado, o Islã nada seria sem as rotas que, atravessando-lhe o corpo desértico, animam-no, trazem-lhe a vida. As rotas são sua riqueza, sua razão de ser, sua civilização. Durante séculos, elas lhe permitirão ocupar uma posição "dominante".

Até a descoberta da América, o Islã *domina* o Velho Mundo, determina, de fato, o que é então sua história "mundial". Só ele, vale repetir-lo, põe em contato as grandes áreas culturais em que se divide o Velho Mundo: o Extremo Oriente, a Europa e a África Negra. Nada acontece sem que o Islã consinta ou, pelo menos, sem que ele feche os olhos. O Islã é o *intermediário*.

• ***Navios, caravanas e mercadores; por difícil que às vezes pareça sua situação política – e com frequência o foi –, o Islã continua a ser, geograficamente, usufrutuário de passagens obrigatórias.***

Evidentemente, nem sempre ele está consciente dessa posição excepcional, nem sempre é pleno senhor dela. Assim, em face dos desertos frios da Ásia, o Islã é vítima das fragilidades de uma dominação mal assentada, "marginal" – a sua –, perante uma população de nômades muito turbulentos. O Turquestão muçulmano, linha de oásis, é uma região de postos avançados, nunca de barragens eficazes. Impossível, com efeito, barrar aos turcos, turcomanos ou mongóis o caminho do mar de Aral ao Cáspio e ao mar Negro. Os mais vigorosos desses nômades escalam o Irã, ameaçam Bagdá... Veja-se em um mapa (p. 100) a enorme *débâcle* que significará, diante do Leste, o avanço mongol do século XIII.

Entretanto, durante séculos, o Islã é o único a fazer circular o ouro do Sudão e os escravos negros, em trânsito para o Mediterrâneo; a seda, a pimenta-do-reino, as especiarias, as pérolas do Extremo Oriente, em trânsito para a Europa. Na Ásia e na África, o comércio é monopólio do Levante. Só é bem-sucedido nas mãos dos italianos a partir de Alexandria, de Alepo, de Beirute ou de Trípoli, na Síria.

O Islã é, pois, por excelência, uma civilização de movimento, de trânsito, o que implica navegações para longe e uma múltipla circulação de caravanas que, estendendo-se antes de tudo entre o oceano Índico e o Mediterrâneo, é lançada igualmente do mar Negro à China e à Índia e se mostra eficaz, enfim, do país dos negros à África do Norte.

Essas *caravanas*, em que pese a presença no Leste de elefantes e a presença em toda parte de cavalos e asnos, são essencialmente de camelos. Como uma caravana reúne por vezes de cinco a seis mil camelos, seu volume global pode comparar-se ao de um grande veleiro de carga.

Uma caravana se desloca, como um exército, com seu chefe, seu Estado-maior, suas regras estritas, suas etapas obrigatórias, suas precauções rituais contra os nômades saqueadores, com os quais é prudente entrar em acordo. Ao longo de sua rota, ela encontra as distâncias fixas, a cada dia de marcha (salvo em pleno deserto), as vastas construções dos *caravançarás* ou *khans*, onde se aloja parte de seus animais e de seu pessoal. Os caravançarás são estações de caravanas. Não há um só viajante da Europa que não tenha descrito esses *halls* gigantescos e suas relativas comodidades. Alguns subsistem ainda hoje, como os admiráveis *khans* de Alepo.

Esse sistema de caravanas não se pode articular com as navegações sem uma vasta organização semicapitalista. O Islã tem seus *mercadores (muçulmanos e não muçulmanos)*. Um acaso conservou as cartas dos mercadores judeus do Cairo desde a época da Primeira Cruzada (1095-1099): elas revelam o conhecimento de todos os instrumentos de crédito e de pagamento, assim como de todas as formas de associação mercantil (a Itália não as inventará mais tarde, como se chegou a acreditar com excessiva facilidade). Elas assinalam também comércios a longa distância: o coral vai da África do Norte à Índia; compram-se escravos na Etiópia; o ferro é trazido das Índias, juntamente com a pimenta-do-reino e as especiarias. Tudo isso implica um enorme movimento de dinheiro, de mercadorias, de homens.

Não surpreende constatar, portanto, a amplidão, fabulosa para a época, dos *itinerários dos viajantes* árabes. O próprio Islã, que é movimento, que vive de movimento, determina-os. Ibn Batuta, um marroquino nascido em Tânger, em 1304, que já realizara sua viagem "ao redor do mundo" de 1325 a 1349 (Egito, Arábia, Baixo-Volga, Afeganistão, Índia, China), chega, em 1352, aos países dos negros e às margens do Níger, onde, aliás, queixar-se-á da falta de respeito dos sudaneses, embora muçulmanos, para com os "brancos". Em Sidjilmassa, a cidade do ouro, encontra ele, com algum espanto, é verdade, um de seus compatriotas de Ceuta, irmão de um certo Al-Buchri, a quem conhecera na China... O Islã dessa época abunda em desarraigados desse gênero, que a hospitalidade muçulmana (semelhante à hospitalidade russa) acolhe sem falta, do Atlântico ao Pacífico.

• ***Esses movimentos seriam impensáveis sem cidades poderosas. Elas, naturalmente, pululam no Islã. São os motores que possibilitam essa imensa circulação.***

Pois tudo passa por elas, as mercadorias, os animais de carga, os homens e mesmo os mais preciosos bens culturais. Destes últimos, em viagem para a Europa, um imenso quadro de honra (heteróclito e que jamais será completo) poderia ser levantado: as plantas remotas (cana-de-açúcar, algodoeiro), o bicho-da-seda, o papel, a bússola, os algarismos indianos (ditos árabes), a pólvora para canhão (talvez) e, ao mesmo tempo que certa medicina muito reputada, os germes das mais terríveis moléstias epidêmicas, vindos da China e da Índia, pátrias da cólera e da peste...

Em linhas gerais, todas essas cidades assemelham-se entre si. Suas *ruas* são estreitas, geralmente em declive, para que a água das chuvas possa limpá-las por si só. Estreitas: não raro, dois asnos carregados não podem cruzar-se. A sete cúbitos, largura prevista por um *hadit* do Profeta, tal cruzamento ainda seria possível. Todavia, as casas costumam avançar sobre a calçada – o direito só teoricamente se opõe a isso –; ademais, quase sempre elas dispõem de sacadas, como as casas ocidentais da Idade Média. Tudo se explica quando se tem presente que o Islã proíbe (salvo exceções, como em Meca, em Djeda, seu porto, e no Cairo) as casas com andares, marca de orgulho, em si odiosa, da parte dos proprietários.

Dada a desordem, a ausência de qualquer administração municipal, desde que uma cidade é vítima de uma progressão demográfica mais ou menos séria, essas casas baixas invadem-lhe o espaço, amontoam-se umas sobre as outras, atropelam-se.

Thévenot, um francês, admirava-se, em 1657, por "não haver uma única bela rua no Cairo, mas uma infinidade de ruelas que dão voltas e voltas, o que mostra terem todas as casas sido construídas sem nenhum projeto, ocupando cada qual todos os lugares considerados bons para construir, sem se levar em conta se obstruíam ou não uma via."

Outro francês, Volney, um século depois (1782), descreve essas mesmas ruas: "Como não são pavimentadas, a multidão de homens, camelos, asnos e cães que nelas se comprimem levanta uma poeira incômoda; muitas vezes os particulares molham o chão à frente de suas portas; à poeira sucede a lama e os vapores malcheirosos. Contra o uso costumeiro do Oriente, as casas são de dois ou três andares, terminadas por um terraço com piso de lajes ou argila: a maioria é de terra ou de tijolos mal cozidos; o resto, de pedras moles com belos grãos, extraídas do vizinho monte Moqattam; todas essas casas têm um ar de prisão porque não têm aberturas dando para a rua [...]." Sobre Istambul, a mesma imagem na metade do século XIX: "Não só os veículos, mas os próprios cavalos, passavam com dificuldade. A rua do Divã, a mais larga nessa época, não ultrapassava 2,5 a três metros em certos lugares."

Tudo isso é verdade, em linhas gerais. Entretanto, no século XI, o Cairo tem casas de sete a doze andares; Samarra (século IX) dispõe de uma grande avenida reta de vários quilômetros de extensão, com largura de cinquenta a cem metros. Exceções que confirmam a regra!

Por estreita que seja, a rua de uma cidade muçulmana é sempre particularmente animada, ponto de reunião, sobretudo para um povo que gosta de se exteriorizar. É ela a "artéria essencial [...] [é] lá que contadores de histórias, cantores, encantadores de serpentes, saltimbancos, curadores, charlatães, barbeiros, todos esses ofícios altamente suspeitos para os canonistas e moralistas do Islã marcam encontro. E também as crianças com seus jogos, por vezes violentos [...]." À circulação da rua, acrescenta-se a comodidade, reservada às mulheres, da circulação pelos terraços.

Desordem, pois. Todavia, ela nunca exclui um *plano de conjunto*, ligado às próprias estruturas da cidade, à vida de seus habitantes. No centro, a Grande Mesquita, com sermão semanal, "para a qual tudo conflui e da qual tudo reflui, como se ela fosse um coração" (J. Berque). Nas imediações, o *bazar,* isto é, o bairro dos mercadores com suas ruas de lojas (*suq*) e seus caravançarás, que são entrepostos de mercadorias, os banhos públicos que se implantaram ou subsistiram, a despeito das inúmeras condenações que suscitaram. Os artesãos dispõem-se de maneira concêntrica a partir da Grande Mesquita: primeiro os fabricantes e mercadores de perfumes e incensos, depois as lojas onde se vendem tecidos e cobertas, as joalherias, os comércios alimentícios e, enfim, os ofícios menos nobres: curtidores, sapateiros, ferreiros, oleiros, seleiros, tintureiros... Quando se depara com eles, já se chegou aos limites da cidade.

Cada um desses estabelecimentos corporativos é, em princípio, fixado de uma vez por todas. Também em princípio, o bairro do Príncipe (o *maghzen*) fica na orla da cidade, ao abrigo dos motins e das surpresas populares. Ao lado dele, sob sua proteção, o bairro judeu, o *mellah*. A esse mosaico, acrescenta-se a grande diversidade dos bairros residenciais, divididos segundo as etnias e as religiões (45 bairros em Antioquia). "A cidade é um agregado de cidades que vivem na obsessão do massacre." Assim, a colonização ocidental não criou em parte nenhuma a segregação racial, se em parte alguma, de fato, a suprimiu.

Essa rigidez sob a desordem aparente é agravada ainda mais pela circunstância de serem as cidades frequentemente cercadas por *muralhas de portas suntuosas*, circundadas pelos vastos cemitérios sobre os quais o urbanismo dificilmente consegue avançar. Hoje, a circulação necessária dos veículos e automóveis obriga a transformá-las, por vezes, desmedidamente. Em uma febre de alargamento de suas ruas, Istambul transformou-se, nos últimos anos, em um inverossímil canteiro de obras: casas cortadas pela metade, cujas portas internas se abrem para o vazio, rua principal nova, onde desembocam vias laterais suspensas "como vales glaciários", florestas de canalizações tornadas aéreas em consequência de aterros precipitados...

Se é verdade, em linhas gerais, que as cidades muçulmanas não tinham nem as liberdades políticas nem o senso da ordem arquitetônica que as aglomerações do Ocidente procuraram adquirir desde que alcançaram suficiente desenvolvimento, nem por isso deixavam de ter todas as funções que constituem as cidades, inclusive uma burguesia sempre bem-pensante, inclusive massas de pobres, de artesãos miseráveis, de gatunos, todos vivendo mais ou menos das "migalhas dos ricos", inclusive uma vida requintada, menos constrangida que alhures e cujos prazeres parecem aos rigoristas insuportável perversidade. São cidadelas do espírito graças a suas escolas perto das mesquitas, suas *medersas** e universidades. São, enfim, um atrativo constante para os camponeses dos arredores, a quem domam e domesticam segundo a velha regra do jogo, imutável desde que existem cidades e campos. "Não há no mundo indivíduos que tenham mais necessidade de ser corrigidos, pois são ladrões, perdulários, malfeitores": assim fala um citadino de Sevilha, pensando, sem dúvida, nas infindáveis contendas que surgem, às portas ou no próprio mercado, entre os camponeses ven-

* Estabelecimento muçulmano de ensino superior. [N. R.].

dedores de animais, de carnes ou de peles, de manteiga rançosa, de palmeiras anãs, de "erva verde" ou de ervilhas. Tranquilizemo-nos: a vigilância e a astúcia citadina tiram, dez vezes contra uma, sua desforra. O ladrão é roubado, por sua vez, e sem a menor consideração, pois o citadino do Islã, mais ainda que o do Ocidente, detém solidamente em suas mãos o mundo rural particularmente rude que se encontra às suas portas: assim, Damasco domina os camponeses próximos da Ghuta e os montanheses do Djebel Druze; a Argel dos corsários, os camponeses do Fahs, da Mitidja e dos maciços cabilas; os burgueses vestidos de seda em Granada, os pobres camponeses vestidos de algodão da montanha próxima.

No entanto, mais uma vez, esses traços são de *todas* as cidades. A originalidade das aglomerações muçulmanas, em relação ao Ocidente, seria sem dúvida sua precocidade, de um lado, e, de outro, sua dimensão excepcional.

A importância das cidades do Islã não é de espantar: ela decorre da essência de sua civilização. Cidades, rotas, navios, caravanas, peregrinações, formam um só todo: são feixes de *movimentos*, aquelas "linhas de força" da vida muçulmana a que Louis Massignon gosta de referir-se.

CAPÍTULO III

Grandeza e recuo do Islã (séculos VIII-XVIII)

O apogeu, o esplendor do Islã, situa-se entre os séculos VIII e XII. Todos estão de acordo quanto a isso. Mas de quando data sua decadência? Admitindo-se a explicação frequente, o refluxo decisivo teria começado já no século XIII. Isso é confundir duas coisas bastante distintas: o fim de uma preponderância e o fim de uma civilização.

No século XIII, o Islã perdeu evidentemente sua posição de líder. Porém, a perigosa perda de velocidade só começou para ele com o século XVIII; ou seja, na escala lenta das civilizações, há muito pouco tempo. Seu destino é o de muitas nações hoje denominadas subdesenvolvidas porque perderam o trem da Revolução Industrial, a primeira revolução capaz de fazer o mundo progredir na rapidez fantástica da máquina.

Apesar desse insucesso evidente, o Islã não morreu enquanto civilização, apenas ficou dois séculos atrasado em relação à Europa. E que séculos!

Não há civilização muçulmana antes dos séculos VIII ou IX

O Islã, realidade política, nasceu em alguns anos, os poucos que os árabes necessitaram para conquistar um Império. Mas a civilização islâmica decorreu do casamento desse Império com antigas civilizações. Isso exigiu muito tempo; a bem dizer, muitas gerações de homens.

• ***Poucas conversões, muitos tributários: o primeiro ciclo das conquistas, o ciclo árabe, criou um Império, um Estado, mas não ainda uma civilização.***

A princípio, o conquistador árabe quase não buscou converter – ao contrário. Simplesmente explorou as ricas civilizações que caíram à sua mercê: Pérsia, Síria, Egito, África (isto é, a África romana, a *Ifriqya* dos árabes, correspondente à Tunísia atual), Espanha (ou seja, a Andaluzia, *al-Andalus)*. Cristãos que tentavam converter-se ao Islã eram condenados ao açoite. Estando o pagamento de impostos reservado aos não muçulmanos, por que os novos senhores teriam reduzido assim suas rendas?

"As populações dos países ocupados [...] conservam sua maneira de viver sem serem molestadas, mas [...] são tratadas como um gado superior, objeto de todos os cuidados porque pagam a maior parte dos impostos" (Gaston Wiet).

Assim será sob os quatro primeiros sucessores de Maomé, os "califas bem dirigidos" (632-660) – califa, ou seja, sucessor, lugar-tenente, vice-gerente (ao gosto dos tradutores) – e depois sob os califas omíadas (660-750), que estabelecem sua capital em Damasco. Ao longo desses anos de guerras contínuas, nunca ou quase nunca o motivo religioso é levado ao primeiro plano. Assim, em face de Bizâncio, a luta é política, e não entre religião e religião.

Mais: nos países conquistados, a administração permanece nas mãos dos "indígenas", as escrituras continuam a fazer-se quer em grego, quer em *pehlvi* (médio persa). Enfim, a própria arte é de inspiração helenística, mesmo para a construção das mesquitas. Pátios centrais, colunatas, arcadas e cúpulas reproduzem o modelo bizantino. Só o minarete, embora evocando o campanário cristão, é original, concebido para o chamamento à prece do muezim.

• ***A reviravolta dos abácidas: só por volta da metade do século VIII é que se assinalam mudanças decisivas graças a uma vasta transformação política, social e, logo depois, intelectual, quando o califado passa à dinastia dos abácidas, e seu estandarte negro substitui o estandarte branco dos omíadas.***

Então o mundo muçulmano recua para o leste e afasta-se um pouco do Mediterrâneo, que até ali o fascinara. Com os novos califas, a capital do Islã se desloca, com efeito, de Damasco para Bagdá, e assim se vê favorecida a desforra maciça dos iranianos e outros "clientes" e povos submetidos. É o fim do reinado do árabe "puro-sangue", o qual terá durado quando muito um século, o espaço de três ou quatro brilhantes gerações, o tempo em que sua "casta superior" de guerreiros se perde nas delícias da riqueza e do luxo, da civilização, essa civilização da qual Ibn Khaldun, fidalgo árabe da Andaluzia, dirá mais tarde ser "o mal personificado".

Os primeiros papéis passam, então, e naturalmente, aos velhos países civilizados, no momento em que uma grande prosperidade material assoma por toda parte. Por volta de 820, as rendas do califa se elevam talvez a cinco vezes a renda anual do Império bizantino de então. Gigantescas fortunas se constituem graças a um capitalismo mercantil precoce, cujos vínculos se estendem até a China e a Índia, ao golfo Pérsico, à Etiópia, ao mar Vermelho, à Ifriqya, à Andaluzia...

Capitalismo: a palavra não é tão anacrônica. De um extremo ao outro do domínio planetário do Islã, a especulação sobre as mercadorias não tem, por assim dizer, mais limites. Um autor árabe, Hariri, empresta estas palavras a um negociante: "Quero levar açafrão persa para a China, onde ouvi dizer que alcança ótimo preço, e, em seguida, porcelana da China para a Grécia, brocado grego para a Índia, aço indiano para Alepo, vidro de Alepo para o Iêmen e tecidos listrados do Iêmen para a Pérsia [...]." Em Basra, os pagamentos entre mercadores se efetuam segundo o próprio princípio do que se chama hoje *clearing*.

Não existem trocas sem cidades. Enormes metrópoles se edificam; elas comandam o espetáculo: não apenas Bagdá (que, de 762 até sua brutal destruição pelos mongóis, em 1258, será, sem dúvida, a maior, a mais rica capital do Velho Mundo, seguramente uma "cidade-luz"), mas também, não longe dela, às margens do Tigre, Samarra, a gigantesca (fundada em 836), e também Basra, o grande porto, e Cairo, Damasco, Túnis (essa nova encarnação de Cartago), Córdoba...

Todas juntas, a partir da língua do Alcorão e das poesias tradicionais, essas cidades fabricaram ou refabricaram (a palavra não é demasiado forte) o chamado árabe "literal", essa língua erudita, seguramente artificial, ou antes literária, que será o idioma comum a todos os países islâmicos, como o latim à cristandade. Em relação a ela, o próprio árabe da Arábia e, alhures, as diversas línguas faladas assumirão cada vez mais o aspecto de linguajares, de dialetos. Não é apenas uma língua, é uma literatura, um pensamento, um fervor ecumênico, uma civilização que se elabora em Bagdá e de lá se irradia para longe.

Seguiu-se, desde antes dos abácidas, uma mudança drástica no recrutamento dos funcionários. Em 700, o califa omíada Abd-el-Malik mandou chamar o futuro monge João Damasceno (655-749), então seu conselheiro, e informou-lhe ter decidido suprimir, a partir daquele dia, a língua grega em todas as atas da administração pública. "O que causou", conta o historiador árabe Baladhori, "grande desprazer a Sargun [entenda-se Sergius, outro nome de João Damasceno], que, muito dolente, retirou-se da presença do califa; encontrando-se com alguns funcionários gregos, disse-lhes: 'Procurai outra profissão remuneradora, pois aquela que exerceis vos acaba de ser retirada por Deus.'"

Era o fim de um *modus vivendi*, de uma longa fase de tolerância recíproca entre cristãos e muçulmanos; principiava uma era absolutamente nova.

Com a unidade linguística, estava criado o veículo indispensável aos intercâmbios intelectuais, aos negócios, ao governo, à administração. As cartas dos mercadores judeus, de que falávamos há pouco, são redigidas em árabe, embora com caracteres hebraicos.

Desse instrumento linguístico, a cultura vai tirar imensas vantagens. O filho do célebre Harun al-Rachid, Mamum (813-833), mandará traduzir para o árabe um número considerável de obras estrangeiras, sobretudo gregas. A difusão desses conhecimentos foi muito rápida, tanto mais que o Islã conheceu bem cedo o papel, bem menos caro que o pergaminho. Em Córdoba, o califa El-Hakam II (961-976) possuía, diz-se, uma biblioteca de quatrocentos mil manuscritos (com 44 volumes de catálogos), e, mesmo que esses números sejam exagerados, é interessante saber que a biblioteca de Carlos V (filho de João, o Bom) não continha mais que novecentos.

Toda uma transformação interna se opera no curso desses importantes séculos. A religião de Maomé se complica com exegeses à bizantina, reveste-se de uma mística em que os especialistas gostam de ver um ressurgimento do neoplatonismo. Mesmo o formidável ímpeto do cisma xiita parece emergir de profundezas em parte estranhas ao primeiro Islã árabe. Os xiitas se ligam ao piedoso califa Ali, assassinado pelos omíadas. Opõem-se aos sunitas, que representam a maioria e a tradição do Islã. Um de seus centros de peregrinação, Kerbela, no Iraque, reúne ainda hoje milhares de fiéis. "Ali corresponde a um segundo Cristo; Fátima, sua mãe, a uma Virgem Maria. A morte de Ali e de seus filhos é contada como uma paixão" (E. F. Gautier).

Assim o Islã, até em sua alma religiosa, refabrica-se mediante empréstimos tomados às velhas civilizações orientais e mediterrâneas rejuvenescidas, envolvidas desde então em uma tarefa temporal e espiritual comum e na rede de uma língua comum; a Arábia não passou de um episódio; a civilização muçulmana, de certo ponto de vista, só começa a partir das conversões maciças, pelo Islã, de povos não árabes, e também a partir da generalização de escolas através da "*Umma*", a comunidade dos fiéis, estendida do Atlântico ao Pamir. Mais uma vez, o vinho velho enche os odres novos.

A idade de ouro do Islã: séculos VIII-XII

Durante quatro ou cinco séculos, o Islã foi a civilização mais brilhante de todo o Velho Mundo. Essa idade de ouro vai, *grosso modo*, do reinado do filho de Harun al-Rachid, Mamum (813-833) – criador da *Casa da Ciência* de Bagdá, a um tempo biblioteca, centro de traduções e observatório astronômico – à morte de Averróis, o último dos grandes filósofos muçulmanos (sobrevinda em Marrakech, em 1198, quando contava pouco mais de 72 anos). Todavia, a história das ideias e das artes não explica, por si só, esses grandes momentos do Islã.

• ***Antes de tudo, o contexto da história geral se revela decisivo.*** Um historiador da filosofia muçulmana, Léon Gautier, diz que os períodos favoráveis ao pensamento do Islã foram "épocas de paz e de prosperidade geral, quando se tinha a boa sorte de encontrar a proteção de um califa esclarecido e todo-poderoso – como, no Oriente, nos séculos VIII e IX, os califas abácidas que, desde El-Mansur até El-Mutawakkil, favoreceram ininterruptamente, durante quase um século, a difusão no mundo muçulmano da ciência e da filosofia gregas, graças a um enorme movimento de traduções feitas por cristãos nestorianos [...] como também, no Ocidente, no século XII, aqueles califas almóadas dados a longas palestras especulativas com seu médico e filósofo favorito. Ou, ainda, os períodos favoráveis são aqueles, ao contrário, em que *a decadência do Império* facilita aos ousados pensadores a escolha, entre os pequenos potentados, de um patrono benévolo, como, na primeira metade do século IX, o emir de Alepo, Saif al-Dawla, protetor de Al-Farabi [...]."

Léon Gautier, como se vê, coloca o problema em termos de história política. A civilização dependeu de príncipes, de "déspotas esclarecidos". A pronta deterioração do califado de Bagdá, assinalada por tantos acidentes, determinando uma fragmentação inaudita do espaço político, não prejudicou – ao contrário – o pensamento. Ela favoreceu certa liberdade intelectual, quando mais não fosse permitindo a este ou àquele letrado fugir de um Estado ou de uma proteção principesca para um Estado vizinho ou para uma nova proteção. Essa será uma prática habitual na Itália do Renascimento ou na Europa dos séculos XVII e XVIII. O Islã teve muitas vezes o mesmo privilégio.

No entanto, esses privilégios do espírito nunca bastam por si sós. Poderosos privilégios materiais os sustentam, explicam-nos.

Por volta de 750, o Islã alcançou suas fronteiras exteriores essenciais; sua expansão se acha então bloqueada pelos contra-ataques estrangeiros (Constantinopla, sitiada em 718, é salva pela coragem de Leão, o Isauro, e pelo fogo greguês; a Gália e o Ocidente são preservados pela vitória de Poitiers, em 732 ou 733, e pela concomitante revolta do Magreb). Assim, uma espécie de calma se estabelece no exterior (relativa, porém real), e, em contrapartida, através de todo o Império, uma vasta economia encontra seus alicerces, seus ritmos de crescimento, sua prosperidade.

Esse desenvolvimento acarreta a implantação de uma *economia de mercado*, de uma *economia monetária*, de uma "comercialização" crescente dos produtos agrícolas: consumidos parcialmente no local, seus excedentes se tornam mercadorias que vão alimentar as cidades, permitindo o progresso delas. O comércio das tâmaras põe em movimento, anualmente, mais de cem mil camelos de carga. Os mercados das cidades são chamados *casas dos melões*, e os melões de Merv, na Transoxiana, gozam de uma reputação toda especial. Secos, eles são expedidos de forma maciça para longe, no Oeste; frescos, chegam a Bagdá por postas especiais, em estojos de couro envoltos de gelo. A cultura da cana-de-açúcar dá origem a uma indústria.

A assinalar, nessa mesma prateleira de produtos alimentícios, o desenvolvimento da indústria da moagem, graças aos moinhos de água (perto de Bagdá) ou aos moinhos de vento que se observam, desde 947, no Sistan, enquanto em Basra se utiliza a corrente do Tigre para animar as rodas dos moinhos flutuantes.

Essa economia vivaz explica o surgimento de múltiplas indústrias – do ferro, da madeira, de produtos têxteis (linho, seda, algodão, lã) – e um enorme desenvolvimento, no Oriente, dos campos de algodão. Os tapetes de Bukhara, da Armênia e da Pérsia já são célebres. Basra importa em grandes quantidades quermes e índigo para a tintura, em vermelho ou azul, dos tecidos. O índigo indiano, que transita por Cabul, goza da reputação de ser mais fino que o do Alto Egito.

Todos esses movimentos implicam inumeráveis consequências. A economia monetária abala os alicerces de uma sociedade, antes de tudo, senhorial e camponesa: os ricos tornam-se mais ricos, insolentes; os pobres, miseráveis. Se acrescentamos que a extensão das técnicas de irrigação exige, reforça a servidão dos camponeses, que a riqueza do Islã lhe permite comprar cerca de cinco ou seis vezes mais caro que outros os escravos de que necessita, adivinham-se as tensões sociais que daí resultam.

Se essa prosperidade não comandou a tudo, pelo menos explica muita coisa, notadamente o clima revolucionário, a cadeia ininterrupta das agitações agrárias e urbanas, não raro ligadas a movimentos nacionalistas, evidentes através do Irã. A literatura da época evoca palavras muito modernas: nacionalismo, capitalismo, luta de classes. Ouçam o panfleto de Al-Ifriki, escrito por volta do ano mil: "Não, seguramente, não orarei a Deus enquanto continuar pobre. Deixemos as preces ao Xeque, ao comandante de exércitos. cujas adegas estão abarrotadas. Por que deveria eu orar? Sou poderoso? Tenho um palácio, cavalos, ricos trajes, uma cinta de ouro? Orar, quando não possuo nem um pedaço de terra, seria pura hipocrisia."

Como tudo se relaciona, as heresias islâmicas, que pululam nesses séculos de grande atividade, têm, todas elas, como as heresias da Europa medieval, suas raízes sociais e políticas. Um grupo heterodoxo nasce, desenvolve-se e depois se deforma ao sabor das perseguições ou das conivências. A história do pensamento muçulmano está indefinidamente ligada a esses grupos explosivos.

• ***O historiador A. Mez empregou, para caracterizar a idade de ouro do Islã, o termo ambíguo de Renascimento.***

Isso é sugerir que seu brilho só poderia comparar-se ao do maravilhoso renascimento italiano. A comparação tem a vantagem, em todo caso, de chamar a atenção para essa mistura de riqueza material e de riqueza intelectual que foram, tanto para a civilização do Islã como para a da Itália do século XV, aqueles momentos de glória excepcional.

Uma e outra se apoiam em sociedades urbanas privilegiadas pelo comércio e pela riqueza; uma e outra elaboram para si, em círculos brilhantes e restritos, espíritos excepcionais, que, bebendo fartamente das fontes da civilização antiga a que honram e reverenciam, vivem séculos à frente de sua própria época, enquanto no exterior, em ambos os casos, o bárbaro se apresenta com suas mal disfarçadas ameaças.

Para a Itália do final do século XV, esse bárbaro é o montanhês dos cantões suíços, ou o alemão ao norte do Brenner, ou o francês, ou o espanhol calçado de alpargatas, ou o turco (tomada de Otranto em 1480). Para o Islã de Avicena ou de Averróis, é o turco seldjúcida, o berbere, ou o saariano, ou o cruzado do Ocidente. Muitas vezes, o bárbaro é chamado, solicitado, como o será na Itália. Desde os primeiros tempos do califado de Bagdá, o Islã apela, como vimos, para os escravos e mercenários turcos. Esses escravos são oferecidos aos compradores pelos próprios pais, "preocupados com seu futuro". Na Espanha, durante muito tempo, bastam algumas peças de ouro para se desembaraçar dos cristãos invasores do Norte e enviá-los de volta ao seu país. Depois, um belo dia, a batalha se torna séria. O rei de Sevilha, Al-Mutamid, se vê então obrigado, para proteger-se dos bárbaros cristãos, a pedir ajuda a outros bárbaros, os almorávidas da África do Norte.

• ***Vista em seu conjunto, entre as datas que retivemos (813-1198), a civilização islâmica se afirma – o que só na aparência é contraditório – como universal e ao mesmo tempo regional, ou seja, como una e diversa.***

Una: por toda parte veremos construírem-se mesquitas e medersas que testemunham uma arte uniforme e voluntariamente "abstrata".

Apresentam um modelo regular (pátio central, arcadas, bacia para as abluções, *mihrab*, nicho, que indica a direção da prece, e *minbar*, púlpito na nave, hipostilo dos fiéis, minarete); utilizam os mesmos elementos arquitetônicos: colunas com capitéis, arcos (de formas variadas: quebrado, em ferradura, trilobado, multilobado, em carena de navio, em estalactites), cúpulas sobre nervuras, mosaicos, cerâmicas e, enfim, a insinuante decoração caligráfica dos arabescos.

Una: encontramos, onde quer que ela se faça ouvir, uma poesia fiel aos mesmos processos e aos mesmos lugares-comuns. Ela celebra Deus ("a rosa sem defeito é Deus"), a natureza, o amor, a bravura, o sangue nobre, o cavalo, o camelo ("maciço como uma montanha... A terra, pela marca de seus passos, é como uma cinta"), a ciência, o vinho proibido e as flores, todas as flores. Através do mundo islâmico, correm também os mesmos contos populares, procedentes da Índia, que podemos ler na coletânea *As Mil e uma Noites*, redigida tardiamente no século XIV, ao cabo de uma longa gestação.

Una: a filosofia (*falsafa*) é, em toda parte, a retomada do pensamento grego de Aristóteles e dos *peripatéticos*, é aquele imenso esforço para situar Deus em um *cosmos* que, a partir dos gregos, declara-se eterno, escapando por consequência a qualquer criação.

Unas: são também e por toda a parte as mesmas técnicas, as mesmas indústrias e, como nos informam as escavações (como as de Madinat al-Sahra, perto de Córdoba), os mesmos mobiliários, os mesmos objetos industriais. E em toda parte se observam as mesmas modas, ao gosto de Bagdá, que dá o tom. Através da Espanha, esse país terminal, pode-se seguir a chegada desses bens culturais em viagem, a moda dos cognomes tomados aos poetas célebres do Oriente e com os quais tantos se enfeitam, a generalização do albornoz, a partir da chegada dos almorávidas, os temas literários em voga ou as receitas médicas...

Para terminar com algumas imagens fugidias, assinalemos, da Pérsia à Andaluzia, as peregrinações dos jograis, geralmente egípcios, ou daquelas cantoras e dançarinas formadas em Medina ou em Bagdá, vestidas de amarelo no Oriente e de Vermelho no Ocidente, celebradas por todos os poetas. Por toda parte, ademais, veem-se jogadores de xadrez e de *kurâg*, este último muito em voga, em que se utilizavam figuras de cavalos de saiote talhadas na madeira. Jogo absorvente: "O capitão de Al-Mutamid, Ibn Martin, foi surpreendido em Córdoba, em sua casa, por um destacamento de soldados inimigos no momento em que jogava *kurâg.*"

Duas imagens ainda: a daquele vizir, regente de Curasão no começo do século X, "enviando missões a todos os países, pedindo cópias dos usos de todos os cursos e de todos os ministérios, no Império grego, no Turquestão, na China, no Iraque, na Síria, no Egito, no país dos Zenj, no país de Zabul e de Cabul [...] Examinou-os seriamente e reteve todos os usos que considerava os melhores" para impô-los à corte e à administração de Bukhara; ou, para não ultrapassar desta vez os limites estritos do mundo muçulmano, a imagem daquele califa de Córdoba, Hakam II, que mandava comprar, desde a sua publicação, os livros compostos na Pérsia, na Síria ou em outros lugares e que "enviou mil dinares de ouro puro a Abulfaradj al-Isfahani para ter o primeiro exemplar de sua célebre antologia" (Renan).

• ***Todavia, essa unidade cultural não logrou destruir particularismos evidentes e vivazes.***

Quando do grande fracionamento que esfacela o Império, no século X, cada região recobra um pouco a livre disposição de si mesma e, com isso, passa a respirar à sua maneira, reafirmando seu gênio particular, o qual, embora tendo muito sacrificado e tomado de empréstimo ao conjunto, nem por isso era menos ciosamente salvaguardado. Uma geografia diferencial se delineia então.

A Espanha muçulmana, de adaptações a elaborações e contaminações diversas, tende a tornar-se ela mesma uma Espanha na sucessão das múltiplas Espanhas da história.

Mais ainda: o *Irã* afirma suas particularidades vivas e fortes. Com o califado de Bagdá, ele reencontrou o seu impulso, sua respiração própria: Bagdá é uma cidade iraniana. A época dos abácidas faz a fortuna da terracota esmaltada, cuja pátria é a Pérsia, e da faiança com reflexos metálicos, uma de suas outras joias. Os *iwâns,* imensos pórticos, lembram os palácios de Cosroés. O árabe conserva sua posição linguística dominante, mas o persa – aliás, escrito em caracteres árabes – torna-se outra grande língua literária que não cessará de irradiar até longe, notadamente até a Índia (e, muito mais tarde, através de todo o Império otomano). Ela tem a vantagem, língua meio popular, de alcançar um público bastante vasto; aproveita-se também do desaparecimento quase completo da língua grega. O poeta Firdawsi escreve, no fim do século X, *O Livro dos Reis*, dedicado à glória dos antigos iranianos. A vulgarização científica em língua persa é viva desde o século XI.

A Pérsia apresenta-se seguramente como uma civilização nacional, um indivíduo vigoroso, *só que, desde então, no interior* da vasta civilização islâmica. A magnífica exposição de Paris (outubro de 1961) sobre a arte iraniana é, sob esse aspecto, significativa: ela ressalta claramente dois períodos: antes do Islã, durante o Islã; com, entre eles, uma ruptura nítida, uma profunda transformação, mas também algumas continuidades.

Essa oposição – universalidade e regionalismo – seria reencontrada através de todo o Islã: basta pensar nesses casos extremos que foram a Índia muçulmana, a Indonésia muçulmana e a África Negra, moldada pelo Islã e que, não obstante, permanece prodigiosamente idêntica a si mesma.

Na Índia, a contaminação das duas civilizações deu lugar a uma verdadeira arte indo-islâmica, cujos grandes momentos praticamente só começam com os séculos XI e, sobretudo, XIII. Em Delhi, notadamente, restam espantosos vestígios dessa arte, cuja estranheza se explica quando se sabe, por exemplo, que a primeira mesquita da cidade, construída em 1193, foi projetada por muçulmanos e executada por pedreiros e escultores indianos que misturaram volutas florais, à indiana, com ornamentos caligráficos árabes. Segue-se toda uma arte particular na qual, segundo os séculos e os lugares, a influência hindu ou a influência muçulmana dominam alternadamente, contaminadas sempre uma pela outra a ponto de finalmente, por volta do século XVIII, tornar-se impossível diferenciá-las.

Em seus estágios superiores, a civilização muçulmana, nesses séculos de ouro, é, ao mesmo tempo, uma imensa realização científica e um ressurgimento excepcional da filosofia antiga. Essas realizações não são as únicas (pense-se na literatura), mas eclipsam as demais.

Ciência e filosofia

• ***Primeiro a ciência: é nela que os "sarracenos" (como às vezes são chamados os muçulmanos desses séculos excepcionais) trazem as maiores novidades.***

Nada menos, em síntese, que a trigonometria e a álgebra (de nome característico). Na trigonometria, eles inventam o seno e a tangente; sabe-se que os gregos só mediam o ângulo a partir da corda do círculo inscrito: o seno é a metade dessa corda... O Cosraniano (cognome de Muhammad Ibn Musa), em 820, publica um tratado de álgebra que vai até as equações de segundo grau; traduzido em latim no século XVI, será o livro de iniciação do Ocidente. Em seguida, os algebristas muçulmanos resolverão as equações biquadradas...

Do mesmo modo, poder-se-ia fazer o elogio dos geógrafos matemáticos, dos observatórios astronômicos e de seus instrumentos (notadamente o astrolábio), das medidas, se não perfeitas, pelo menos excelentes que eles obtiveram para as latitudes e as longitudes, corrigindo erros flagrantes de Ptolomeu. Devemos dar-lhes, embora eles sejam mestres, e não alunos, notas muito boas em ótica, em química (destilação do álcool, fabricação de elixires, do ácido sulfúrico), em farmácia (mais da metade dos remédios que o Ocidente utilizará vem do Islã: sene, ruibarbo, tamarindo, noz vômica, quermes, cânfora, xaropes, julepo, emplastros, pomadas, unguentos, água destilada...); sua medicina é inegavelmente excelente. O egípcio lbn al-Nafis, conquanto sua descoberta não tenha sido utilizada, descobriu a pequena circulação sanguínea, a circulação pulmonar, três séculos antes de Miguel Servet...

• ***No campo filosófico, é de reconquista que se deveria falar, de uma retomada, em essência, dos temas da filosofia peripatética.***

O impulso dessa reconquista, porém, não se limita a retomar e retransmitir – o que, por si só, não seria um pequeno mérito; essa retomada é também prolongamento, elucidação, criação.

A filosofia de Aristóteles, transplantada para o meio muçulmano, apresenta-se forçosamente como uma explicação perigosa do homem e do mundo, diante de uma religião revelada, o Islã, que também é uma explicação geral do mundo e de um rigor extremo. Mas Aristóteles obseda, subjuga todos os *falasifat* (adeptos da *falsafa,* isto é, da filosofia *grega*). Ainda aqui, a comparação de A. Mez com o Renascimento tem o seu sentido: houve um *humanismo* muçulmano, sinuoso, precioso, do qual, por falta de espaço, não podemos dar mais que um esboço sumário.

Trata-se de uma longa corrente de pensamento, que cumpre situar simultaneamente no tempo e no espaço. Limitá-la-emos a cinco nomes essenciais: Al-Kindi, Al-Farabi, Avicena, Al-Gazali, Averróis. Avicena e Averróis são os mais célebres, e este último, certamente, o mais importante pelas imensas repercussões, através da Europa, daquilo que se chamará de *averroísmo.*

Al-Kindi (conhecemos apenas a data de sua morte, 873) nasceu na Mesopotâmia, onde seu pai era governador em Kûffah. Em razão de seu lugar de nascimento, é chamado "o filósofo dos árabes". De origem turca, nascido em 870, *Al-Farabi* pertence ao século seguinte, tendo vivido em Alepo e falecido em Damasco, onde acompanhara seu protetor, Saif al-Dawla, quando da tomada dessa cidade (em 950). É ele o "segundo Mestre" (entenda-se: depois de Aristóteles). *Avicena,* cujo nome verdadeiro era lbn Siná, nasceu em Afshena, perto de Bukhara, em 980, e morreu em Hamadan, em 1037. *Al-Gazali,* nascido perto de Tus, em 1058, morreu em Tus, em 1111. No fim de sua vida, é muito mais um antifilósofo, advogado apaixonado da religião tradicional. Quanto a *Averróis,* cujo nome verdadeiro era lbn Ruchd, nascido em Córdoba, em 1126, morreu em Marrakech, em 10 de novembro de 1198.

Essas precisões topográficas e cronológicas estabelecem que se trata de uma corrida através do tempo e do espaço do mundo muçulmano considerado em seu conjunto, tanto mais que, em torno de cada um desses grandes atores, agiram e pensaram grupos de outros filósofos, de ouvintes, de leitores apaixonados.

Esse levantamento assinala, enfim, que a última chama filosófica muçulmana ardeu na Espanha, a última, a mais alta, como dissemos; mas é ela que fará o Ocidente conhecer os filósofos árabes e o próprio Aristóteles.

Nessa longa perspectiva, a verdadeira questão é a que Louis Gardet coloca vigorosamente (respondendo, aliás, pela negativa): *Houve uma filosofia muçulmana?* O que quer dizer ao mesmo tempo: 1) Existe, de Al-Kindi a Averróis, uma filosofia contínua, *una?* 2) Essa filosofia se explica pelo próprio clima do Islã? 3) É ela original? Como acontece com frequência, a resposta circunspecta e ambígua (sim e não) se revela, mais que uma habilidade, uma necessidade.

Sim, essa filosofia é *una*: desesperadamente encerrada entre o pensamento grego, de um lado, e a revelação alcorânica, de outro, ela se choca com essas paredes e reflui, sem cessar, para seu ponto de partida. À Grécia, ao gosto do Islã pela ciência, ela deve suas tendências racionalistas evidentes, não exclusivas. Todos os filósofos são o que chamaríamos de cientistas, preocupados com a astronomia, a química, a matemática e, sempre, com a medicina. É pela medicina que eles ganharam tantas vezes os favores dos príncipes e garantiram sua vida. Avicena escreveu uma enciclopédia da medicina (o Cânone). Averróis escreverá a sua e, por muito tempo, a medicina muçulmana será, na Europa, a última palavra da ciência, inclusive até os "médicos de Molière".

A influência grega confere uma unidade interna à filosofia muçulmana: "O autor deste livro", escreve Averróis em seu prefácio à *Física,* "é Aristóteles, filho de Nicômaco, o mais sábio dos gregos. Ele fundou e rematou a lógica, a física e a metafísica. Digo que as fundou porque todas as obras [...] escritas antes dele sobre essas ciências não merecem que se fale delas [...] Nenhuma das que a seguiram até o nosso tempo, isto é, durante quase 1.500 anos, pôde acrescentar alguma coisa aos seus escritos, nem encontrar neles um erro de alguma importância." Admiradores de Aristóteles, os filósofos árabes são obrigados a um diálogo de mil repercussões entre uma revelação *profética*, a do Alcorão, e uma explicação filosófica humana, a dos gregos, explicação e revelação que exigem, em uma querela angustiada, concessões mútuas entre a razão e a fé.

A fé, revelada por intermédio de Maomé, transmitiu aos homens uma mensagem divina: pode o pensador, por si só, descobrir a verdade sobre o mundo e fazer de sua razão o juiz do valor dos dogmas? Face a esse dilema, todos os nossos filósofos se mostram dialéticos hábeis, talvez até demasiado hábeis. Avicena, diz Maxime Rodinson, "não era em vão um gênio, ele achou." Aqui está, em síntese, sua solução, que não lhe pertence particularmente: os profetas revelaram as verdades superiores "sob a forma de mitos, fábulas, símbolos, alegorias, representações metafóricas." Trata-se de uma linguagem para a massa, destinada a assegurar-lhe a sua felicidade. O filósofo, por sua vez, tem o direito de ir muito além dessa linguagem. Ele se reserva, desse modo, uma grande liberdade de escolha, mesmo quando, entre uma linguagem e outra, a contradição é formal, irredutível.

Por exemplo: tal como os gregos, os filósofos creem, em geral, na *eternidade* do mundo. Ora, se este sempre existiu, a criação, *fixada no tempo* pela revelação, é compreensível? Indo às últimas consequências de *sua* lógica, Al-Farabi afirmará também que Deus não pode conhecer os objetos ou os seres particulares, mas somente os conceitos, os "universais", enquanto o Deus do Alcorão, como o do Antigo Testamento, "conhece tudo quanto há em terra firme e no mar. Nenhuma folha cai que ele não saiba. Não existe nem sementes nas trevas da terra, nem râmulo verde, nem râmulo seco que não estejam consignados em um escrito explícito" (*Alcorão,* trad. fr. R. Blachere). Outras contradições: Al-Farabi provavelmente não crê na imortalidade da alma. Já Avicena é da mesma opinião, mas não crê na ressurreição dos corpos, afirmada pelo Alcorão. Após a morte, a alma retorna ao seu universo: o dos seres incorpóreos. Então, logicamente, não há punição, não há recompensas particulares, nem Inferno, nem Paraíso... Deus, os seres incorpóreos, as almas são o mundo ideal em face dos quais a matéria é incorruptível, eterna – eterna porque "o movimento não precedeu o repouso, nem o repouso o movimento [...] Todo movimento tem sua causa em um movimento anterior [...] Deus não tem razão para ser novo."

Essas citações, que tiramos de Renan, bastam para despertar nossa curiosidade, mas não para satisfazê-la. Seria necessária muita atenção, muito empenho para seguir os encadeamentos, sempre discutíveis, desses sistemas de explicação.

Nem mesmo os filósofos que, desde Renan, se interessaram por esses problemas retrospectivos conseguem deslindá-los facilmente. De suas tendências, racionalistas ou idealistas, dependerá, de fato, sua própria interpretação ou, o que dá no mesmo, sua predileção secreta por este ou aquele filósofo: Al-Kindi navega em águas religiosas que nenhuma tempestade ainda agita; Avicena é inegavelmente idealista; Averróis é um filósofo apocalíptico. Al-Gazali, o defensor da fé, da tradição, fez sua a escolástica obstinada dos primeiros teólogos muçulmanos; quer ignorar a filosofia peripatética, ou mesmo destruí-la, porque seu pensamento o impele para uma via muito diferente, a da mística.

Abandona então o mundo para vestir o manto de lã branca (*sûf*) usado pelos *sûfi*, aqueles adeptos de uma fé antes mística que racional, aqueles "loucos de Deus", como foram chamados.

Averróis, o doutor de Córdoba, fez-se, por sua vez, comentarista e editor fiel das obras de Aristóteles. Seu mérito será, ao mesmo tempo, o de citar *in extenso* a tradução árabe do texto grego e acrescentar a ela suas discussões, sob a forma de observações e digressões. Texto e comentários serão traduzidos *do árabe* para o latim, em Toledo, e ganharão assim toda a Europa, desencadeando a imensa revolução do século XIII. Assim, a filosofia muçulmana não morreu logo após os golpes vigorosos e desesperados de Al-Gazali, não obstante o que se disse algumas vezes a respeito. Ela morrerá, porém, assim como a ciência muçulmana, antes do século XII. Então, o Ocidente assegurará a continuidade.

Estancamento ou decadência: séculos XII-XVIII

• ***A civilização "sarracena", após esses faustos extraordinários, interrompe-se bruscamente com o século XII. Mesmo na Espanha, o progresso científico e filosófico e a força da vida material não vão praticamente além das últimas décadas do século.***

Esse *brusco* estancamento coloca-se como um problema de conjunto:

1) *Será culpa, como se aventou ontem, dos ataques apaixonados (e que teriam sido demasiado eficazes) de Al-Gazali contra a filosofia e o livre pensamento?* Ninguém acreditará seriamente nisso. Al-Gazali foi um produto de seu tempo: ele é tanto consequência quanto causa. Aliás, a reação contra a "filosofia" sempre existiu, desde os seus primeiros passos, como provam através dos tempos as inumeráveis condenações de livros à fogueira, impensáveis sem violentas hostilidades populares; como provam tantas desgraças espetaculares de filósofos condenados ao exílio, mesmo, aliás, que seja para voltarem quando as circunstâncias mudam de face; como provam aqueles períodos em que reina como mestra a ciência alcorânica do direito, o *fiq*, que reduz o filósofo ao silêncio. De mais a mais, depois de Al-Gazali, a *falsafa* ainda brilhou, e não apenas com Averróis.

2) *Será culpa dos bárbaros?* É o que propôs recentemente um historiador, S. D. Gothein. Os bárbaros, isto é, os mesmos que salvaram militarmente o Islã ameaçado de todos os lados pelo Ocidente e pela Ásia e que assim o teriam matado do interior.

Esses perigosos salvadores são, na Espanha, os almorávidas e depois os almóadas – estes, berberes da África do Norte, aqueles, sudaneses, saarianos berberes. No Oriente Próximo, são os turcos seldjúcidas, nômades oriundos da "estepe fria" da Ásia Central ou ex-escravos vindos dos países caucasianos.

A decadência se teria instalado assim que esses recém-chegados se assenhorearam do poder, "*when power was taken over by barbarian soldiers slaves in almost all of the Muslim States*" ["quando o poder foi tomado por soldados escravos bárbaros em quase todos os Estados muçulmanos"]. Porque, então, "a unidade do mundo mediterrâneo se acha rompida", unidade de que se teria nutrido o Islã e que foi ignorada por "esses povos bárbaros que não têm participação alguma nas tradições do Mediterrâneo."

É possível retorquir que esses bárbaros, a oeste como a leste, não eram muito mais bárbaros que a grande maioria dos árabes, agentes das primeiras conquistas e que, como eles, de maneira mais ou menos rápida, civilizaram-se em contato com os velhos países do Islã. Os califas almóadas são protetores de Averróis. Na história tradicional das Cruzadas, Saladino, o grande sultão de origem curda, adversário de Ricardo Coração de Leão, fez uma bela figura, pelo menos aos olhos dos bárbaros cristãos. Enfim, o Islã, graças ao Egito, restabeleceu sua autonomia esmagando os mongóis em Ain Djalut, na Síria, a 3 de setembro de 1260, apoderando-se de São João de Acre, última fortaleza cristã na Terra Santa, em 1291.

3) *Será, antes, culpa do Mediterrâneo?* Com o século XI chegando ao fim, a Europa começou sua reconquista do mar Interior. O mar nutriz escapa então ao Islã, e a célebre teoria do historiador Henri Pirenne vai funcionar dessa vez no sentido oposto. H. Pirenne achava que, quando das conquistas muçulmanas, o Ocidente, privado da livre-circulação no Mediterrâneo, fechara-se em si mesmo entre os séculos VIII e IX. Ora, inversamente, no século XI, o Mediterrâneo se fecha ao Islã, e este se vê irremediavelmente incomodado em seu desenvolvimento e em sua respiração cotidiana.

É curioso que E. F. Gautier, que foi o primeiro a assinalar com ênfase o brusco estancamento da civilização sarracena, não tenha procurado utilizar então (1930) a explicação de Henri Pirenne, que por essa época tinha grande repercussão. No estado atual de nossos conhecimentos, essa é provavelmente a melhor explicação de conjunto para o brusco recuo do Islã.

• ***A civilização islâmica sobrevive a esse recuo. Não mais conhecerá as florações e as colheitas de outrora, mas subsiste.***

Quando Paul Valéry afirmava (1922): "Civilizações, sabemos que sois mortais", decerto estava dramatizando. Não são mortais, ao sabor

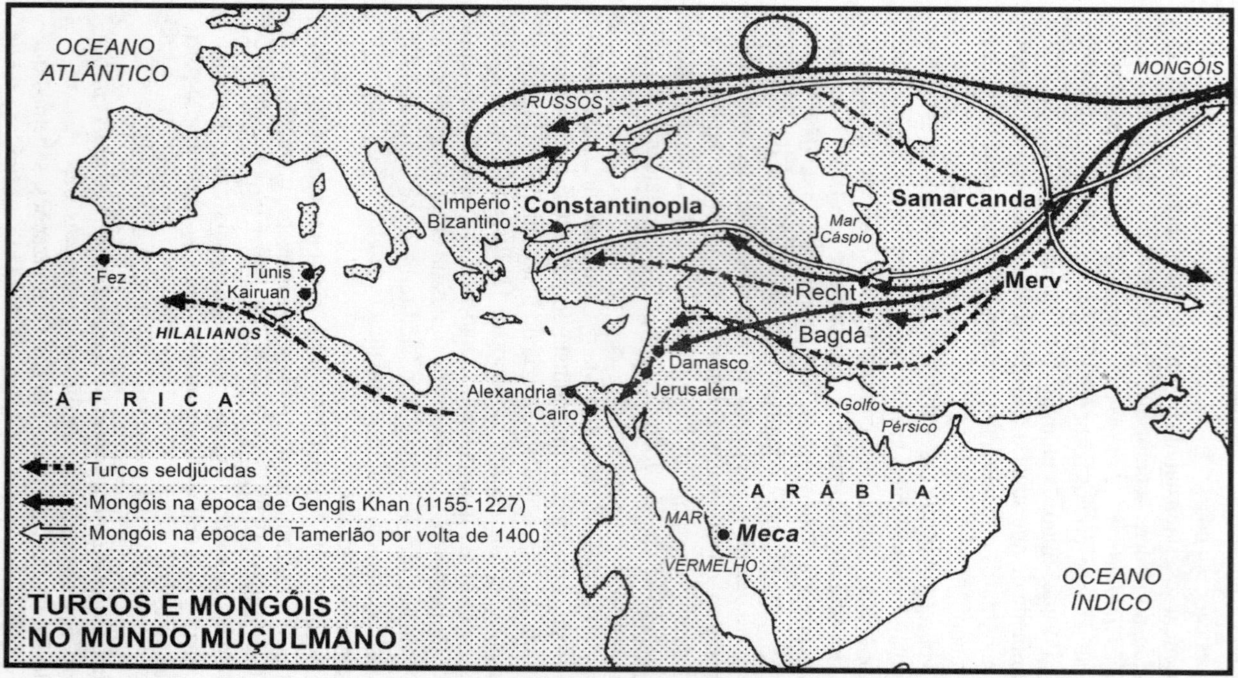

4. Terão os mongóis apressado o declínio do Islã?

Gengis Khan (o "rei universal", 1155-1227) submete o conjunto das tribos mongóis à sua dominação (1205-1208). Depois, conquista o norte da China. Em seguida, volta-se para o Ocidente, alcança o Cáucaso pelas "portas uralo-caspianas". Depois disso, os mongóis lançam-se sobre a Europa e a Ásia: em 1241, eles chegam à Polônia e à Hungria; em 1258, tomam Bagdá.

Tamerlão (1336-1406) reativa a conquista: em 1398, ele toma Delhi, na Índia; em 1401, aniquila Bagdá.

das estações da história, senão as flores e os frutos – a árvore permanece. Pelo menos, é muito mais difícil matá-la.

Após o século XII, o Islã certamente vai conhecer horas muito sombrias. *Face ao Ocidente*, as longas provocações das Cruzadas (1095-1270), das quais ele sai, como dissemos, com uma semivantagem, após a reconquista de São João de Acre (1291); mas, se recuperou o continente, perdeu o mar. *Face à Ásia*, as cruéis, selvagens e longas invasões mongóis (1202-1405), que o submergem em parte: o Turquestão, o Irã, a Ásia Menor, aniquilados, nunca mais hão de se reerguer completamente. A tomada de Bagdá, em 1258, é o símbolo dessas desolações. O Islã se curará dessas feridas, mas só parcialmente.

Por outro lado, nesses séculos sombrios – XIII, XIV e XV–, dificuldades econômicas de ordem *mundial* vêm somar-se às dificuldades particulares do Islã. Uma crise de longa duração abateu-se então sobre o conjunto do Velho Mundo, da China à Índia e à Europa. Tudo aí periclita, e ao longo de séculos.

Na Europa, a crise parece mais tardia (a partir de 1350 ou 1375) e será mais breve (ela termina entre 1450 e 1510), mas nem por isso é menos evidente. A chamada Guerra dos Cem Anos (1337-1453) é o seu indício: uma longa sequência de guerras estrangeiras, civis, sociais, de desolações e misérias.

Importa, pois, nos desastres do Islã, distinguir o que é "mundial" do que é puramente muçulmano.

Em todo caso, é nesse clima geral de infortúnio, de pessimismo negro, que se compreende o pensamento altivo de lbn Khaldun, em que se quer ver, não sem razão, o último gigante do pensamento muçulmano. Historiador (e, diríamos hoje, "sociólogo") de origem andaluza, mas nascido na Tunísia, em 1332, conheceu ele uma vida movimentada de diplomata e de estadista em Granada, Tlemcen, Bejaia, Fez, na Síria, para finalmente morrer como Cádi no Cairo, em 1406, um ano depois de Tamerlão, junto a quem fora enviado como embaixador.

A vasta compilação histórica por ele deixada, o *Kitab El-Ibar*, trata de forma original da história dos berberes. Uma introdução que a precede foi traduzida para o francês no século XIX sob o título de *Prolegômenos*: é, por si só, uma obra-prima, um ensaio de metodologia e de *sociologia* da história muçulmana tomada em seu conjunto.

• ***Com o retorno do bom tempo secular que reanima toda a economia do mundo, de um modo geral com o século XVI, o Islã torna a se aproveitar de sua situação intermediária entre o Oeste e o Leste. A grandeza turca durará até a "época das tulipas", até o século XVIII.***

Politicamente, esse retorno à saúde se acha sob o signo das rápidas e fulgurantes conquistas dos turcos osmanlis, iniciadas antes da tomada de Constantinopla, em 1453. Mas essa retumbante vitória anuncia simbolicamente as que se seguirão e que farão da Turquia uma das maiores potências mediterrâneas no século XVI.

Em breve, todo o Islã se acha reagrupado, ou quase, pelos novos senhores de Bizâncio, incluindo os Lugares Santos da Arábia. Depois de 1517, o sultão Osmanli, "o Grande Senhor", torna-se o *califa* dos crentes. Não escapam aos turcos senão o remoto Turquestão, o Marrocos além da "Regência" de Argel e a Pérsia xiita, mais nacionalista que nunca, se assim se pode dizer, com o desenvolvimento da dinastia dos sefévidas. Entretanto, mercenários muçulmanos, mongóis e turcos – sob a chefia de Baber, descendente distante de Tamerlão – apoderam-se do Império de Delhi e fundam, em 1526, o Império do Grão-Mogol, que se imporá à maior parte da Índia.

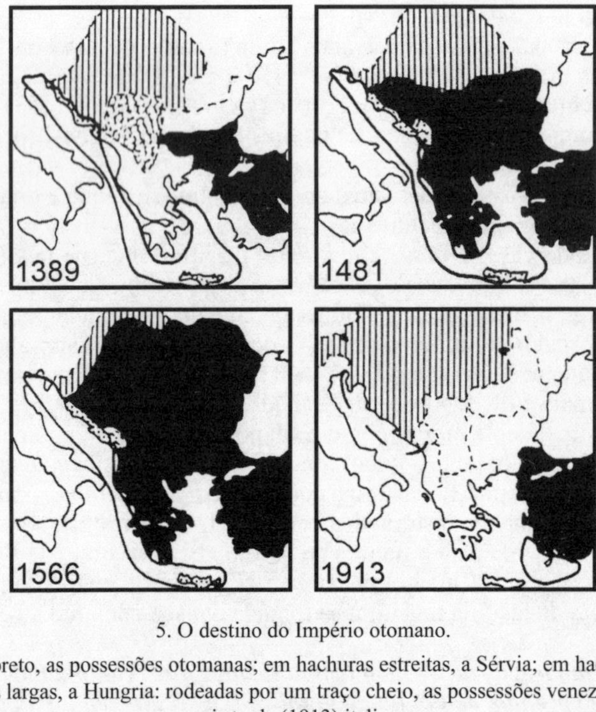

5. O destino do Império otomano.
Em preto, as possessões otomanas; em hachuras estreitas, a Sérvia; em hachuras mais largas, a Hungria: rodeadas por um traço cheio, as possessões venezianas, mais tarde (1913) italianas.

Nesse mesmo ano de 1526, enquanto os turcos, por sua conta, ferem de morte a Hungria cristã (batalha de Mohács), torna-se patente que se concretiza uma *ressurreição geral do Islã, sob as formas turca e sunita*, que acarreta por toda parte a vitória, sem réplica, da religião tradicional e da ortodoxia. Trata-se de uma imensa manifestação de força, de um rigoroso disciplinamento dos espíritos: um regime de ferro se estabelece. *A dominação turca coincidiu, nos Bálcãs e no Oriente Próximo, com uma prosperidade material evidente e um vivo crescimento demográfico*, com uma criação de cidades industriosas. Constantinopla, em 1453, agrupa no máximo uns oitenta mil habitantes. No século XVI, tornada Istambul, conta ela setecentos mil almas entre a cidade propriamente dita, o bairro grego de Pera, do outro lado do Chifre de Ouro, e Scutari, do outro lado do Bósforo. Essa capital que reúne, como todas as grandes cidades, um grande luxo e uma miséria terrível forneceu os modelos invejados de uma civilização imperial cuja influência se irradia longe sob os osmanlis, exportando o plano de suas imensas mesquitas, entre elas a Süleymanyie, a mesquita construída por Solimão, o Magnífico.

Pouco a pouco, essa real grandeza turca, denegada posteriormente, emerge graças às pesquisas dos historiadores: os riquíssimos arquivos turcos, por fim classificados, começam a abrir-se aos pesquisadores e revelam, um a um, as engrenagens de uma burocracia múltipla, precisa, progressista, autoritária, capaz de fazer recenseamentos pormenorizados, de conceber uma política interna coerente, de reunir enormes reservas de ouro e prata, de colonizar sistematicamente (com o estabelecimento de nômades) os Bálcãs, escudo do Império em face da Europa. Um sistema de trabalho forçado, um exército espantoso, com duro aprendizado... De fato, estranhas modernidades.

Essa máquina se desarranja com o tempo, mas *não antes do final do século XVII*. Seu último sobressalto será o sítio de Viena em 1687... Terá o Império turco morrido então de asfixia marítima, por não ter podido desembocar nos grandes espaços marítimos livres: o Atlântico, do qual o separa o Marrocos; o oceano Índico, onde ele desemboca mal pelo mar Vermelho; e o golfo Pérsico, onde encontra a violenta oposição dos persas e, mais ainda, dos recém-chegados europeus, com suas frotas superiores e suas sólidas companhias de comércio?

Ou terá morrido por não se haver adaptado rapidamente, e bem, às novas técnicas?

Ou, o que é ainda mais evidente, porque contra ele se ergueu, no século XVIII e sobretudo no XIX, a poderosa massa da Rússia moderna? Pois as vitórias da cavalaria austríaca durante as campanhas do príncipe Eugênio (especialmente de 1716 a 1718) não haviam posto em perigo senão as orlas da Turquia europeia. Com a intervenção russa, um colosso jovem se levanta diante de um colosso moribundo, ou pelo menos cansado.

Como quer que seja, o Império turco não é, para começar, aquele "homem doente" que a diplomacia das grandes potências no século XIX iria maltratar sem pudor. Por muito tempo o Islã turco fez uma magnífica, brilhante, temível figura. Assim a Pérsia dos sefévidas, que ainda podia ser admirada por um viajante francês do século XVII, bom observador, como Tavernier... Assim o Grão-Mogol, no início do século XVIII, embora tivesse a observá-lo o inglês e o francês, quase se apoderou, no Sul, da totalidade do Decão.

Desconfiemos de tantos juízos precipitados sobre a decadência por demais precoce do Islã! E não antecipemos!

Em Istambul, o século XVII é a "época das tulipas", as verdadeiras e as estilizadas, reconhecíveis entre mil: nas faianças, nas miniaturas, nos bordados, o motivo se repete incansavelmente. Época das tulipas – belo nome para uma época que não foi desprovida nem de graças, nem de força.

CAPÍTULO IV

O Islã, seu renascimento atual

O Islã entrou recuando nesse inferno, ou nesse purgatório, de homens vivos que chamamos, por pudor, de Terceiro Mundo. Recuando porque conheceu outrora uma situação *relativamente* melhor, sem dúvida nenhuma.

Esse refluxo, mais ou menos tardio, porém nítido, valeu-lhe no século XIX uma série de humilhações, de amarguras, de sofrimentos e, depois, a generalização do domínio estrangeiro. Os fatos são bem conhecidos. Só a Turquia escapou à sorte comum, donde sua reação brutal e brilhante, às vésperas do pior, com Mustafá Kemal Paxá (1920-1938). Reação exemplar, que se ofereceu como modelo para as vitórias nacionais que se seguiram. A libertação do Islã é hoje completa, ou quase.

Contudo, um problema é assegurar a própria independência; outro, bem mais incômodo, é caminhar em seguida "ao passo do mundo" e encarar francamente o futuro.

Fim do colonialismo e juventude dos nacionalismos

Nada mais fácil que assinalar hoje as etapas cronológicas da colonização e, depois, da "descolonização" das diferentes terras do Islã, que alcançaram uma a uma (com exceção das repúblicas muçulmanas soviéticas) a plena independência política.

• ***Um colonialismo soviético? O costume, nesse capítulo clássico, é só ver os colonialismos inglês, francês, belga, alemão ou holandês.***

Sem dúvida, a parte deles foi imensa. Mas houve também o colonialismo russo, depois soviético, do qual se fala menos: aparentemente, ele não renunciou ao seu domínio sobre pelo menos trinta milhões de muçulmanos, ou seja, mais que a população total do Magreb atual.

A palavra colonialismo convém a esse caso? Houve, depois da Revolução Russa de 1917, um enorme esforço de emancipação e de descentralização. Fizeram-se concessões às autonomias locais, realizaram-se imensos progressos materiais. "Hoje, todas as nações muçulmanas da URSS, sobretudo os turquestaneses e os caucasianos, têm seus próprios quadros científicos, administrativos e políticos, sua *intelligentsia.* Eles descontaram o atraso que os separava dos tártaros e já não têm necessidade de recorrer ao serviço dos intelectuais de Kazan", o antigo centro, ontem exclusivo, da cultura muçulmana na Rússia.

Nesse jogo, porém, enfraqueceram-se as solidariedades naturais entre as diversas repúblicas muçulmanas e renunciou-se ao projeto de um vasto Estado "turaniano". No atual sistema federativo soviético, a cultura é "nacional em sua forma, mas proletária e socialista em seu conteúdo." Seguiu-se uma laicização evidente em detrimento dos valores religiosos do Islã e, praticamente, um nacionalismo limitado doravante a horizontes provincianos, sem nenhum recurso à *Umma* dos irmãos no Islã e que se costuma expressar por reivindicações a curto prazo, "visando à reforma das instituições" ou "às exigências de quadros alógenos".

Em uma palavra, os problemas muçulmanos na URSS parecem estar, e no momento estão, fora das reivindicações ordinárias do Islã, que se expressam em alta voz no plano internacional. As repúblicas muçulmanas da URSS são independentes, mas estão solidamente ligadas ao conjunto soviético (política externa comum, dependência no tocante à defesa nacional, às finanças, à instrução pública, às ferrovias). Estamos longe, em suma, da experiência e dos sonhos de Sultan Galiev, esse alto dignitário comunista (1917-1923) e depois agitador antirrevolucionário até sua condenação à morte (1929). Muçulmano, sonhara ele reunir em um só Estado todos os muçulmanos dos países soviéticos e transmitir vigorosamente, através de sua longa antena apontada para leste, a subversão ideológica e revolucionária até o coração da Ásia – esse continente fadado a cataclismos políticos, enquanto a Europa industrial e operária não lhe parece mais que um "foco revolucionário extinto". O Islã poderia ser, voltado para a Ásia, essa tocha acesa?

• ***O pan-arabismo, estrela política de um Islã dividido: no plano das contendas internacionais abertas, o pan-arabismo substitui de muito bom grado, hoje, a totalidade do islamismo. Já não se vê, já não se ouve senão ele.***

O mundo puramente árabe é o coração evidente, exigente, do Islã, sua encruzilhada. Daí a confundir o Oriente Médio (e seu prolongamento magrebino) com o conjunto do Islã, a não ver mais que essa região e esse personagem privilegiado, há apenas um passo: a atualidade deu-o sem maiores problemas. O que, sem dúvida, é tomar a parte pelo todo.

Porém, o traço essencial, insistente, do Islã atual não é justamente a insidiosa divisão, o fracionamento de seu espaço e de sua unidade? Aqui, devido à política, sempre em ação, ali, à geografia, que coloca certos setores do Islã sob a influência exclusiva de outras civilizações ou de economias particulares.

Na Insulíndia, os oitenta milhões de muçulmanos que vivem sobrepostos ou misturados a camadas profundas de hinduísmo e animismo, presos, além disso, em uma estrutura econômica muito particular, são filhos meio perdidos. Na Índia, o Paquistão compõe-se de dois enormes pedaços separados pela extensão e pela multidão (já ameaçadora só por seu número) da Índia. Na China, os 10 milhões de muçulmanos são uma categoria à parte: filhos irremediavelmente perdidos. Na África Negra, um Islã conquistador se deixa conquistar e deformar por um animismo vivaz e multiforme.

O islamismo dessas populações lhes serve frequentemente de argumento nacionalista, de meio de resistência. Contudo, para o Islã considerado como um todo, são filhos perdidos, ou em via de se perder, todos os países muçulmanos que já não olham tão estritamente como outrora na direção de Meca, já não participam de maneira cerrada das peregrinações unitárias ou da ideia política de um pan-islamismo efetivo e unitário. A distância, a política, os progressos do ateísmo e a irreligião contribuem para isso. Desde 1917, Meca terá visto, quando muito, algumas centenas de peregrinos soviéticos.

• ***"A época de Garibaldi", fórmula atual do Islã? No coração desses países muçulmanos, no Oriente Próximo, o pan-islamismo se choca com nacionalismos locais agudos, exacerbados.***

O recente episódio da dissolução, em setembro de 1961, da RAU – República Árabe Unida (feita da fusão, ontem, do Egito e da Síria) é um exemplo notável disso. Paquistão, Afeganistão, Irã, Turquia, Líbano, Síria, Iraque, Jordânia, Arábia Saudita, Tunísia, Argélia, Marrocos, Mauritânia e Iêmen são unidades apegadas a suas prerrogativas particulares, não raro em hostilidade mais ou menos disfarçada umas com as outras, embora manifestem, às vezes, uma solidariedade momentânea em face do mundo exterior e de seus perigos.

Esses nacionalismos exacerbados, que impelem seus homens e uma juventude apaixonada – estudantes à frente – a gestos espetacula-

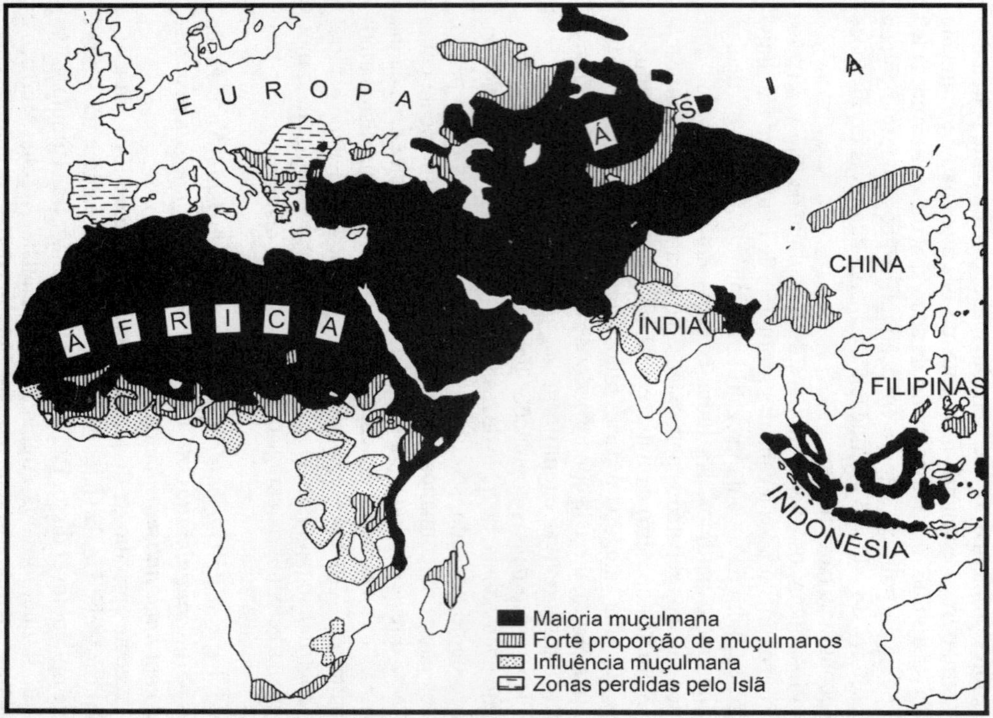

6. *Os muçulmanos no mundo atual.*
(O esquema não assinala a extensão da antiga dominação do Islã à quase totalidade da Índia.)

res, dramáticos, parecem com demasiada frequência caducos *aos olhos injustos de um ocidental*. Temos muito boas razões para lamentar nossos próprios nacionalismos de ontem, que custaram tão caro à Europa, para não ver, na era do Mercado Comum Europeu, essa floração de movimentos locais com certa falta de simpatia e, repitamo-lo, com certa injustiça, tanto mais que esses nacionalismos se erguem com veemência contra o Ocidente.

Injustiça? É, com efeito, o que diz, em uma linguagem admirável, um intelectual afegão, Nadjm ud-Dine Bammate (1959): "O Islã deve viver hoje ao mesmo tempo uma revolução religiosa comparável à Reforma, uma revolução intelectual e moral comparável à do *Aufklärung* [palavra alemã que corresponde simultaneamente ao que denominamos *luzes* e *despotismo esclarecido* do século XVIII], revolução econômica e social comparável à que a Europa conheceu no século XIX [a Revolução Industrial]; e, na época dos grandes sistemas regionais [entenda-se: os dois blocos, o Leste e o Oeste], é-lhe necessário viver suas pequenas revoluções nacionais. No momento em que se concluem pactos planetários, os países muçulmanos ainda esperam e procuram o seu Garibaldi."

Não se trata, é claro, de lançar o descrédito sobre a lembrança luminosa de Garibaldi. No entanto, as guerras de unidade nacional, necessárias ontem, tiveram para a Europa as consequências terríveis que sabemos.

A divisão das nacionalidades é ou será mais proveitosa ao Islã atual? Não envolve ela o risco de conduzir os Estados muçulmanos a um impasse, em um mundo econômico que não permite tais fracionamentos? E, depois, não é ela geradora de conflitos perigosos? Cada país independente, por pouco que disponha de certo poderio militar, interpreta à sua maneira, e na linguagem estrita de seus interesses e pretensões, ou o *pan-islamismo*, ou o *pan-arabismo*. Assim agem, como todo mundo sabe, o Paquistão, o Iraque, o Egito – e a liça está aberta aos demais.

Esses nacionalismos nem por isso deixam de ser uma etapa obrigatória, o preço pago pelo papel evidente que desempenharam no curso de uma independência difícil. Cada nacionalismo foi e continua a ser um "contracolonialismo", um antídoto contra a dominação estrangeira. Uma libertação em potencial.

Não é de surpreender que todos os nacionalismos árabes se reencontrem em sua hostilidade contra Israel, seu velho inimigo. Criado logo após a Segunda Guerra Mundial, o Estado de Israel acaso não parece obra do Ocidente, e do Ocidente mais odiável? Suas realizações técnicas admiráveis – alimentadas por capitais vindos do mundo inteiro –, suas demonstrações de força contra o Egito em 1948 e, durante a questão do Suez, a marcha vitoriosa de seu pequeno exército através da vasta península do monte Sinai (1956) suscitam inveja, medo e animosidade que se juntam a um velho antagonismo. Jacques Berge escreve, com razão: "Árabes e judeus são, ambos, se ouso dizê-lo, povos de Deus. Dois povos de Deus ao mesmo tempo é demais para os diplomatas e os Estados-maiores! O insolúvel conflito reside justamente no parentesco dos adversários, ambos saídos de Abraão, enobrecidos pelo mesmo monoteísmo [...] Eles seguiram caminhos opostos em relação ao Ocidente. Uns, na *diáspora*, tanto salvaguardaram seu ideal comunitário como adaptaram a pessoa às obstinadas técnicas dos gentios. Os outros, permanecendo em sua terra, mas invadidos, dissociados, conheceram o privilégio, ou o infortúnio, de continuar, em linhas gerais, a ser o que eram. Donde a desigualdade atual dos meios em presença, a divergência de atitudes e de propósitos. Os ensaístas árabes mais lúcidos meditaram amargamente sobre o que denominam o 'desastre' [...] de 1948. Tal como nosso Taine ou nosso Renan depois de 1870, eles aconselham aos seus compatriotas os reajustamentos capazes de evitar a repetição de semelhantes aventuras [...]."

- ***O nacionalismo tem um papel a desempenhar no futuro próximo: todos os países muçulmanos, sejam eles quais forem, encontrar-se-ão diante de programas obrigatórios de estrita austeridade.***

Na verdade, programas de solidariedade, de disciplina social; o nacionalismo ajudará, pois, cada um desses jovens países a enfrentar as graves dificuldades econômicas que o impulsionam. Ajudá-los-á a aceitar inovações necessárias que se chocam com antigas estruturas sociais, religiosas, familiares – todas elas hábitos ancestrais seculares, perpetuados no arcaísmo evidente do Islã e que podem provocar reações violentas.

Ora, custe o que custar, o Islã deve modernizar-se, adotar grande parte das técnicas do Ocidente, que se tornaram hoje as bases da vida mundial: o futuro dependerá da acolhida ou da recusa dessa civilização mundial. A favor da recusa atua a poderosa tradição; a favor da acolhida, esse orgulho nacionalista que pode levar os povos a aceitar aquilo que instintivamente recusavam.

Com muita frequência se denegou ao Islã a flexibilidade necessária a essa adaptação violenta, a ponto de numerosos observadores afirmarem que, devido ao seu coração, ao seu espírito e à sua própria civilização – "impermeável", "intransigente" –, o Islã será paralisado em todos os seus esforços de modernização. É tão certo assim? De fato, o Islã já aceitou e pode, pois, aceitar ainda mais esse mundo moderno que o assedia. O cristianismo, ontem, também não se acomodou a esse mundo sem choques e reticências. Por fim, ele nada perdeu de sua originalidade nesse jogo e nessas concessões necessárias.

Atribuir ao Islã uma intransigência religiosa excepcional, uma falta absoluta de flexibilidade, é esquecer suas numerosas heresias, que provam, por si sós, a existência de inquietações, de possibilidades de torção. Aliás, o próprio Alcorão abre ao reformismo a porta nunca fechada do *ijtihad*. "O Profeta passa por ter previsto o caso em que o Alcorão e a *Sunna* [tradição] emudeceriam: recomenda ele, nesse caso, recorrer ao raciocínio por analogia, *qiyas*; se este for inaplicável, dever-se-á exercer sobre todas as bases precedentes seu julgamento, e sua apreciação, *ray*. Esse esforço pessoal de interpretação, o *ijtihad*, ocupará um lugar considerável na elaboração futura do pensamento muçulmano. Em nossos dias, o reformismo intenta expressamente reabrir-lhe a porta" (Pierre Rondot). Porque toda religião tem suas portas de emergência. O Islã pode frear, criar obstáculos; pode também ser mudado, deixar-se mudar.

Os economistas, às voltas com realidades cotidianas, não cessam, aliás, de protestar contra essas explicações esquemáticas e "caricaturais", essas constantes inabaláveis da vida muçulmana.

Na verdade, dizem eles, a dificuldade vem antes, concretamente, da enormidade do salto a ser dado. O Islã ficou, em relação ao Ocidente, dois séculos atrasado, justamente esses séculos que transformaram a Europa muito mais do que ela o fora entre a Antiguidade e o século XVIII. Como poderia o Islã, por sua vez, transpor de um só golpe essa enorme etapa, sacudir, infletir suas sociedades arcaicas, quando só dispõe de uma agricultura pobre, precária, de uma indústria encistada, isolada, como que projetada no meio de sua economia, esta última incapaz de atingir e de sublevar em toda a sua massa uma população excessivamente prolífica e entorpecida? Ademais, como toda sociedade, a muçulmana tem sua classe rica, pouco numerosa, porém ainda mais poderosa por isso. Crenças ou tradições quase sempre não passam de álibis desses privilegiados que têm interesse em manter de pé certas sociedades verdadeiramente "medievais", como a do Iêmen; feudais, como a do Irã; ou arcaicas, como a da Arábia Saudita; apesar do petróleo ou por causa dele.

Diante dessas dificuldades, a obra dos reformadores oferece um teste irrecusável: a obra brutal e genial de Mustafá Kemal, na Turquia; a obra violenta em palavras de Kassen, no Iraque; ou, sob o signo da obstinação, a de Nasser, no Egito; sob o signo da habilidade e de uma sabedoria certa, a de Bourguiba, na Tunísia. Quaisquer que sejam sua natureza ou seu sotaque, os obstáculos, diante delas, são frequentemente os mesmos. Todas essas reformas bombardearam largamente bom número de pretensos *tabus* da civilização muçulmana. Aqui, o teste que não engana é, antes de tudo, a emancipação da mulher, em via de afirmar-se e, mais lentamente, de realizar-se. O desaparecimento da poligamia, as limitações ao repúdio unilateral pelo marido, a supressão do véu, o acesso às universidades e à cultura, aos empregos, ao direito de voto: todos esses detalhes têm um alcance imenso.

Eles provam que o reformismo não é uma causa antecipadamente perdida, mas que lhe são necessários advogados, combatentes decididos. A luta que se trava será múltipla. O perigo mais grave seria deixar-se desviar dela pelos atrativos, pelas facilidades ou necessidades de uma atualidade política dramatizada sem cessar, com motivo ou sem.

O ideal? Fazer apenas uma coisa de cada vez e, cada vez, escolher o essencial. Todavia, a política não é uma especulação cartesiana. O progresso econômico exigiria, por si só, no Islã e alhures, uma política preferencial ou mesmo exclusiva. Porém, o mundo onde é preciso viver obriga, amiúde, a abordar velhas e novas dificuldades, na ordem em que elas se apresentam por si mesmas.

Todos esses Estados, orgulhosos de sua independência, têm assim opiniões políticas exigentes, dramatizantes, e que é necessário satisfazer, desviar de certas preocupações irremediáveis; têm orgulhos que se deve tratar com prudência: o Islã é tão orgulhoso quanto a Europa, o que não é dizer pouco. O Islã tem seus jovens, seus estudantes impacientes por estarem marcando passo, que se assemelham aos nossos politécnicos de 1830; tem seus militares, capazes de decisões bruscas e de golpes de Estado, como os militares da América Latina de antes de 1939; tem seus partidos políticos gananciosos, seus homens políticos enganados pela miragem de sua própria imagem, pela própria violência de seus discursos. Acaso não é preciso elevar a voz para dominar o ruído do mundo?

Evidentemente, o estrangeiro está presente: a França na África do Norte; a Inglaterra no Kuwait e no sul meio vazio da Arábia; os Estados Unidos em toda parte, imperturbáveis fornecedores de conselhos e de créditos; a URSS, pródiga ou reservada conforme o caso, sempre vigilante nesse vasto campo de luta. Por toda parte, enfim, a revolução social mostra seu rosto e formula suas exigências. Tem ela a seu favor o vento da história: na Turquia, onde o golpe de Estado militar de 27 de maio de 1960 despertou tantas esperanças de reformas sociais que, no entanto, tardam; no Irã, onde uma revolução por cima, conservadora e progressista, marca pontos, apesar da juventude hostil e dos partidários do ex-ministro Mossadegh ou do jogo reticente do Partido Comunista, o *Tudeh*; na Transjordânia, onde um rei corajoso enfrenta todos os perigos que o cercam; no Líbano, que, em suas horas de sensatez, pretendia ser como uma Suíça do Oriente Próximo; no Iraque, onde a revolução é ainda mais verbal que real, mas onde a sublevação curda constitui uma chaga profunda; no Egito, onde, logo após a secessão da Síria, o Bikbachir escolheu resolutamente o caminho de um comunismo social já realizado em parte e que pode alastrar-se como uma nódoa de óleo... A resenha ficaria completa se assinalássemos as inquietações do Paquistão, alarmado pela Índia, mais batalhadora do que se supunha ontem e que quer recuperar a Cachemira; a Indonésia, que, encorajada pelo sucesso indiano contra Goa, gostaria de tomar a Guiné Holandesa – o Irian – sob seu protetorado; toda a África do Norte, que aguarda o desfecho da tragédia argelina para saber que linha adotará...

Todas essas preocupações pesam sobre a política dos Estados islâmicos, expondo-os a explosões passionais inesperadas que lhes infligem, cada vez, golpes sérios, não sem contragolpes graves para os outros. Quem poderia estabelecer o que o caso passional de Bizerta (1961) custou à França (mas ela é rica) e à Tunísia (mas ela é pobre)? Nessa crise, a sorte de Bizerta era realmente a única coisa em jogo ou será que dois orgulhos, feridos um pelo outro, complicaram-na a seu bel-prazer? A França está amargurada porque acredita ter feito muito pelo Islã (o que é evidente); o Islã está amargurado porque acredita que a independência que lhe foi outorgada não é total, e, de fato, nenhum país é verdadeiramente independente se sua economia logo o relega ao Terceiro Mundo.

Por essa dependência econômica, as antigas metrópoles são apenas em parte responsáveis. Tal inferioridade se prende também a muitas razões particulares, ao passado do Islã, à sua pobreza natural, à sua demografia exuberante. Doenças terríveis essas, embora não irremediáveis.

Os diversos Estados muçulmanos diante do mundo atual

• ***Um crescimento sempre difícil: o dilema, para o Islã, é o que se coloca para todo o Terceiro Mundo. É-lhe necessário, para se integrar na vida econômica do mundo, realizar o mais rapidamente possível sua Revolução Industrial.***

Tarefa simples de formular, mas que ele deverá pagar muito caro, com um trabalho árduo cujos frutos não serão imediatamente visíveis e não repercutirão logo sobre os níveis de vida. O entreato da colonização não os preparou para tal tarefa, e é certamente essa a mais pesada responsabilidade dos países colonizadores.

É inegável, sem dúvida, com toda a boa-fé, que a contribuição dos colonizadores aos países colonizados foi importante. Países muito arcaicos, cuja vida não mudara durante séculos, viram-se bruscamente associados a civilizações evoluidíssimas. Eles tiraram disso alguma coisa. Em primeiro lugar, uma medicina e uma higiene modernas, que reduziram em proporções enormes a mortalidade; um ensino mais ou menos consistente, conforme o caso (sobre esse ponto, a colonização francesa é uma das menos repreensíveis); numerosas instalações materiais: portos, estradas, ferrovias; uma organização agrícola moderna, muitas vezes com barragens para a irrigação; e, por vezes, um esboço inteligente de industrialização.

É muito, dir-se-á. Sim e não. Pois, de um lado, essa contribuição destruiu parcialmente as antigas estruturas e, de outro, reconstruiu-as muito imperfeitamente. A reconstrução não se fez na perspectiva de uma economia nacional, mas na perspectiva de uma economia associada, dependente da metrópole e da vida do mundo. Donde a irregularidade do desenvolvimento, conforme os setores e a precisão, em que hoje se encontram os jovens Estados independentes, de reformar suas estruturas para atender ao conjunto de suas necessidades nacionais. Essa dificuldade acrescenta-se a todas as outras, numerosas, que se prendem à sua própria civilização, à pobreza da maior parte de suas terras.

Para essas tarefas, os países muçulmanos necessitam deles mesmos e, não menos, dos outros. Devem, pois, adaptar-se à política ondulante, assaz feroz do mundo dos privilegiados, e disso eles são admiravelmente capazes e conscientes. Não lhes faltam nem a inteligência, nem a astúcia política. E, mais ainda, é necessário que eles se adaptem a si mesmos e se entreguem com afinco à vida real do mundo. Essa é a parte mais difícil de sua tarefa, sua quadratura do círculo.

• ***Economia e petróleo: não existe solução fácil, única. Nem mesmo a oferecida pelo petróleo, aparentemente um príncipe tão bom.***

O petróleo é uma riqueza inegável, e seus efeitos benéficos se fazem sentir sobre o nível econômico de todos os Estados petroleiros. Sabe-se que essa riqueza foi generosamente concedida ao Oriente Próximo.

Todavia, as grandes companhias internacionais, as únicas que puderam assumir as enormes despesas de prospecção e exploração, continuam a ser seus maiores beneficiários: elas se apossam do petróleo na fonte mediante *royalties*, refinam-no e distribuem-no. Retê-lo na fonte, como tentou fazer o Irã por um instante (1951), como pensa em fazê-lo o Iraque hoje (1961), é, sem dúvida, um esforço fadado de antemão ao fracasso: o petróleo só tem valor quando vendido. Ora, já não existe penúria de petróleo no mundo atual, muito pelo contrário, e seu reinado corre o risco de não durar indefinidamente, na idade atômica.

Pequeno detalhe suplementar: a exploração estrangeira, odiosa, não é a única em causa. Os *royalties* criam, nos países muçulmanos, privilégios sociais. Esse dinheiro não se distribui equitativamente, quase sempre vai alimentar o luxo factício de uma casta, e esse luxo não serve para animar a produção local: é malbaratado na compra, no exterior, de bens que nunca serão produtivos *in loco*. A Arábia Saudita deve ao petróleo suas novas cidades, suas novas estradas, suas ferrovias, seus aeródromos, e esse progresso é evidente. Deve-lhe também o luxo desenfreado, anacrônico, da família real e dos principais chefes tribais. Esse espetáculo não regozija nem a juventude exaltada pela revolução egípcia nem uma burguesia que aspira a participar dos negócios públicos.

Para um bom observador, o petróleo do Oriente Próximo parece a própria imagem da prata da América no século XVI: ela atravessou a Espanha, então, sem animar-lhe a economia, para ir juntar-se, fora dela, às economias vivas da Europa.

Em todo caso, o petróleo é e será motivo de numerosas querelas no Oriente Próximo. A mais recente é a que opõe, de um lado, o Iraque e seu líder, o general Kassen (o Zaim), e, de outro, as oito grandes companhias internacionais do petróleo (*the Majors*, como se costuma chamá-las) e cujo representante oficial no local é a IPC – lrak Petroleum Co.

As discussões conduzidas durante três anos acabam de ser novamente suspensas. Os terrenos não explorados das concessões foram retirados das companhias. Sem dúvida, a reconciliação ainda é possível, e o Iraque obterá vantagens e um aumento da partilha tradicional dos lucros meio a meio (o *fifty fifty*). Com efeito, ele já teve a possibilidade de introduzir na prospecção do petróleo, notadamente nos empreendimentos espetaculares sob as águas do golfo Pérsico, "petroleiros" japoneses e italianos, mais conciliadores por serem os últimos a chegar na corrida. Nesses domínios, contudo, os países produtores de petróleo do Oriente Próximo correm o risco de sofrer algumas desilusões, não obstante seus trunfos.

• ***Todos os Estados muçulmanos puseram mãos à obra, grandes realizações já se consumaram, o progresso da produção é geral. Entretanto, o crescimento da população recoloca incessantemente os mesmos problemas. Tudo progride, e, não obstante, amanhã tudo está por refazer.***

Um demógrafo, Alfred Sauvy, já indicava isso a propósito do Oriente Próximo em um artigo do *Le Monde* (7 de agosto de 1956) que nada perdeu de sua força: "O mundo árabe", escrevia ele (e teria podido dizer: o mundo muçulmano em seu conjunto), "está em plena erupção demográfica: a natalidade é uma das mais elevadas do universo, cerca de cinquenta por mil, ou seja, seis ou sete filhos por família. Longe de diminuir, ela antes se beneficiou da regressão da poligamia e dos progressos da própria higiene. Em face dessa natalidade-pico, a mortalidade é muito baixa devido à regressão das epidemias, das fomes e das guerras entre tribos. O índice de mortalidade atual não é bem conhecido, mas está baixando, a caminho dos vinte por mil. Um crescimento populacional de 2,5% a 3% por ano já não é excepcional. É o da Argélia, da Tunísia e, sem dúvida, do Egito. Esse ritmo (duplicação de uma população no curso de uma única geração) é muito superior ao que fez fervilhar a Europa em seus bons tempos (1% a 1,5% ao ano) e não tem o exultório da emigração e do colonialismo. O mundo muçulmano combina a mortalidade da Europa em 1880 com uma natalidade que só foi atingida nos melhores períodos da Idade Média. Essa mistura é explosiva."

Assim, "é muita ingenuidade pensar que esses países em expansão de número e, portanto, de necessidades, que têm, um o petróleo, outro o oleoduto, outro o canal [de Suez], vão assistir resignados a esse fluxo de riquezas para fora ou através de seus territórios sem reclamar uma parte importante delas."

• ***As incidências do crescimento demográfico concernem antes de tudo à elevação, ou melhor, à frequente estagnação dos níveis de vida nos países muçulmanos, apesar do aumento da produção. O fenômeno é frequente nos países do Terceiro Mundo.***

No entanto, medidas positivas foram tomadas em toda parte. Assim, o número de desempregados decresceu. Na Tunísia, para citar apenas um exemplo, duzentos ou trezentos mil desempregados ou semidesempregados foram postos para trabalhar, graças a construções de estradas, a aterros contra a erosão dos solos, à abertura de canteiros de obras urbanas ou a simples plantações de árvores – e isso unicamente com os meios disponíveis, sem investimentos muito pesados. Dos cálculos recentes de um economista, pode-se inferir também que a produção agrícola no Oriente Próximo progrediu acompanhando mais ou menos o ritmo mundial entre 1952 e 1958. Quanto à indústria, não existe tampouco um único ramo que não tenha progredido. Se tomarmos o caso do Egito, veremos que o índice geral para as indústrias manufatureiras apresenta (1953 = 100) os seguintes níveis: 1951, 95; 1952, 98; 1953, 100; 1954, 107; 1955, 117; 1956, 125; 1957, 132; 1958, 143... No Paquistão, a produção industrial passa de cem, em 1952, a 128 em 1954, a 215 em 1958...

Há, portanto, progresso, aumento da massa global da renda nacional e, por conseguinte – aparentemente –, maiores possibilidades de consagrar mais aos investimentos e de manter um ritmo de crescimento.

De fato. No entanto, há a contracorrente do aumento demográfico. A massa da população cresce muito mais depressa que a massa dos bens a distribuir e, com isso, a renda *per capita* diminui, como acontece com todo quociente cujo denominador (a população) cresce mais depressa que o numerador. Quando o nadador tem as ondas contra si, quanto mais se esforça por progredir, quanto mais se desdobra, tanto menos avança. O Islã, onde tudo progride, vê, não obstante, seus níveis de vida regredirem ou mal consegue mantê-los estacionários.

Acrescentemos, todavia, que esses cálculos de renda nacional *per capita* não são de um rigor absoluto. O próprio dado relativo à população é muitas vezes incerto (com margens de erro de até 20%). A massa de rendas é igualmente mais estimada que calculada, sobretudo, como sucede com frequência, quando inexiste uma *contabilidade nacional* rigorosa. Além disso, como avaliar exatamente as rendas de um artesanato disperso, por vezes arcaico, e as de uma agricultura que compreende vastas zonas primitivas de autoconsumo?

Nesses cálculos, portanto, trata-se sempre de avaliações, de ordens de grandeza, nada mais. Já é muito, porém.

• ***Dado o crescimento demográfico, o simples fato de manter no mesmo nível a renda* per capita *testemunhará, portanto, uma vitalidade econômica indiscutível, capaz de fazer frente ao enorme crescimento biológico.***

Em seu conjunto, os países muçulmanos testemunham essa vitalidade, e, se por vezes há um recuo, ele é sempre moderado. Os homens, em média, vivem aí com menos de 2.600 calorias cotidianas (o limiar dos países abastados), mas, em geral, estão acima do mínimo vital e em toda parte (salvo a zona saariana) fora dos impiedosos domínios da fome, portanto abaixo do limite entre riqueza e pobreza, acima do limite pobreza-miséria. Eis um primeiro ponto conquistado. Entre essas duas fronteiras, a posição dos diversos países varia.

Classificados segundo a cifra de sua renda nacional *per capita* (em dólares americanos), sua sucessão de baixo para cima se organiza da seguinte maneira: Líbia, 36; Afeganistão, 50; Nigéria, 64; Paquistão, 66; Indonésia, 88; Jordânia, 100; Síria, 110; Irã, 115; Egito, 122; Tunísia, 132; Iraque, 142; Marrocos, 159; Argélia, 210; Turquia, 219; Líbano, 247. Essas cifras são modestas. Qualquer comparação com as cifras europeias (acima de mil) ou dos Estados Unidos (2.200) as esmaga. Elas só se valorizam quando comparadas às baixas cifras do continente negro, por exemplo.

Notar-se-á que os países associados ontem ou hoje à França (Líbano, Síria, Marrocos, Argélia e Tunísia) ocupam praticamente os melhores postos. O mérito disso não cabe, decerto, à colonização francesa em si, muito embora esta, *ontem*, tenha tido seus méritos, essencialmente, a nosso ver, na formação de certa classe de intelectuais e de quadros administrativos, de uma associação mais íntima que em outras partes entre as civilizações e os homens postos em presença.

O Líbano deve seu recorde relativo à força de sua imigração mercantil, capitalista e *cultural* através de todo o Islã, da África Negra e da América Latina, e à sua ambivalência religiosa (cristã e muçulmana); a Argélia, aos investimentos franceses e internacionais (importantes realizações agrícolas, barragens, estradas, escolarização, serviços médicos, empreendimentos petroleiros no Saara, emigração de trabalhadores para a França), que a longa guerra instaurada em 1954 não interrompeu.

No combate que impõe a si mesma, cada economia tem suas chances ou seus trunfos: o Iraque, o Irã, a Arábia Saudita e a Argélia, seu petróleo; o Egito, a água fertilizante do Nilo, o canal de Suez, seu algodão de alta qualidade, suas indústrias têxteis; a Turquia e o Marrocos, uma industrialização *quase sempre* inteligente; a Indonésia, sua borracha, seu petróleo, suas minas de estanho; o Paquistão, seus vastos recursos em trigo, em juta.

Esses trunfos são excelentes, mas o jogo continua sendo difícil e aleatório.

• ***Os problemas a resolver são árduos. A um só tempo econômicos e sociais, eles se imbricam tão estreitamente uns nos outros que parece impossível abordá-los um a um. E, todos juntos, eles propõem um programa temível.***

Seria preciso, com efeito:

a) Antes de tudo, melhorar a agricultura. Portanto, mexer, com violência, no regime arcaico da propriedade; atacar os múltiplos problemas da irrigação, a erosão devastadora das terras aráveis. Ou seja, técnicas e política agrárias.

b) Implantar empresas industriais (leves ou pesadas, privadas ou estatais) e, se possível, ligá-las à toda a economia de cada país. É indispensável que elas se apoiem na estrutura global dessa economia e que a animem com seu movimento.

c) Equacionar a questão dos investimentos, candente porque implica a ajuda externa – capitais internacionais privados (pela mediação dos bancos suíços), ajudas governamentais soviética, americana ou francesa e, logo, capitais europeus do Mercado Comum.

d) *Criar um mercado*. Aqui a dificuldade é dupla: só existe mercado mediante certo nível de vida (o que leva de novo, justamente, ao problema que se quer resolver), e só há mercado válido se se estender muito além do mercado nacional. Daí essas ideias lançadas com mais insistência que sucesso, de mercado pan-arábico, mercado magrebino, mercado africano. Sonhos sensatos, realizações difíceis.

e) *Educar, formar a mão de obra*, tanto mais que a automação, possível no contexto de uma indústria que parte de zero, negligenciaria a atual abundância de mão de obra, problema crucial e que é preciso resolver antes de qualquer outro.

f) *Formar quadros especializados*: técnicos, engenheiros, professores, administradores... O ensino e a formação técnica estão na ordem do dia. Ora, esta é uma obra de longo prazo. Só o poderoso entusiasmo popular que se manifesta em relação ao ensino permitirá superar, aqui, imensas dificuldades.

Globalmente, devem-se fazer enormes investimentos que, por vezes, só se pagarão a longuíssimo prazo. "Gerações de homens são antecipadamente sacrificadas, o que, como alguns sabem, é um triste privilégio. Alguns jovens poetas sírio-libaneses alegam, para explicar a si mesmos semelhante fenômeno, o mito de Thannus, o deus oriental votado a uma morte dolorosa, mas também ao renascimento. Assim explicam o transe permanente e a amargura atual de seu povo" (J. Berque).

• ***Uma escolha a fazer: diante da evidência dos problemas, da dificuldade e da urgência das soluções, da amplitude dos sacrifícios inevitáveis, concebe-se que os dirigentes dos diversos Estados hesitem quanto à estratégia a seguir. O mundo lhes propõe pelo menos duas, e a escolha a fazer comanda e transcende todo o destino do Islã.***

Em linhas gerais, trata-se ou de permanecer nos marcos de um capitalismo à ocidental, meio liberal, meio intervencionista, sob o signo de certo liberalismo político, ou de seguir a linha das experiências socialistas, que podem ser ou soviéticas, ou iugoslavas, ou chinesas. Mais simplesmente ainda, trata-se de conservar a sociedade e o governo tais como são, melhorando-os na medida do possível; ou de pôr abaixo o edifício, de um só golpe, para reconstruí-lo sobre outra base.

Essas escolhas, infelizmente, não são meramente intelectuais nem mesmo empíricas. Elas dependem de mil fatores, uns internos, outros externos.

Em toda parte, ou quase, emerge uma burguesia, uma pequena burguesia, classe ascendente de intelectuais, não raro de jovens intelectuais. Ela ainda se ressente das fortes decepções que teve com as imitações do Ocidente. No domínio político, por exemplo, salvo o Afeganistão e o Iêmen, todos os Estados muçulmanos têm seus parlamentos – mas que ganhou ela com isso? Essa burguesia decepcionada e impaciente por participar dos negócios "se volta para o comunismo, porque vê nele um meio de estabelecer um dia sua hegemonia; o marco burocrático e o ideal de planejamento do mundo soviético lhe parecem garantias de estabilidade e de meios para resolver problemas econômicos quase inextricáveis [...] A jovem *intelligentsia* muçulmana é tentada pela aparência modernista da ciência e do pensamento marxista; isso não passa, decerto, de uma reação contra os marcos medievais que ainda paralisam o pensamento islâmico, mas ela é ainda mais perigosa por já terem seus promotores buscado – sem sucesso – no pensamento liberal e democrático do Ocidente o meio de chegar a uma cultura racional moderna. O marxismo lhes parece agora a única via possível" (A. Benigsen).

O Ocidente tende excessivamente a pensar que não há, nos gestos e negociações dos Estados islâmicos com a URSS, senão um jogo de habilidades para obter a baixo preço máquinas, armas e créditos. O problema, na verdade, vai muito mais longe. As experiências socialistas fascinam a juventude dos países do Islã. O Ocidente se apoia quase sempre apenas em aristocracias retrógradas, em um cenário teatral social de papelão. Falta-lhe, aqui como alhures, uma verdadeira "política planetária".

O problema não é, com efeito, convencer o Islã de que a solução ocidental é superior em si, ou preferível a uma outra. Não é, sequer, abrir mais ou menos largamente o pactolo dos créditos. É, em suma, fornecer aos países subdesenvolvidos um modelo válido de planejamento *que lhes esteja adaptado* e lhes abra o caminho da esperança e do futuro.

A civilização muçulmana em face do século XX

Essa crise profunda põe em perigo a própria civilização do Islã? A questão se coloca de várias maneiras:

1) Ainda existe, no imenso fracionamento das nacionalidades e das rivalidades políticas, *uma* civilização muçulmana, sempre reconhecível?

2) Se ainda existe, essa civilização não está ameaçada pela "aquisição de uma vestimenta planetária de técnicas e comportamentos", como diz Jacques Berque, isto é, pelo acesso à civilização industrial fabricada pelo Ocidente e que hoje se estende a todo o universo?

3) E não será o risco ainda maior se, para chegar a isso, o Islã escolher o caminho de um marxismo capaz de destruir uma de suas melhores forças de coesão: sua religião?

• ***Ainda existe uma civilização muçulmana? As divisões políticas do Islã parecem excluir, ainda por muito tempo, os sonhos dos pan-islamistas. Mas, como fato, como realidade de civilização, o pan-islamismo existe, hoje como ontem.***

Na vida cotidiana, você encontrará inegavelmente essa civilização, de um extremo ao outro de seu espaço. Em uma similitude de crenças, costumes, hábitos, relações familiares, gostos, lazeres, jogos, comportamentos, da própria cozinha... Transportado repentinamente de uma cidade a outra do Mediterrâneo, você, europeu, ficará mais impressionado pelas semelhanças que pelas dessemelhanças. Se você for ao Paquistão e à Insulíndia, as dessemelhanças se acentuarão, e mais ainda se for à África Negra muçulmana, porque ali a civilização muçulmana se choca com outras correntes de civilização, não raro tão ou mais fortes que ela própria.

Na África Negra, o vínculo é praticamente apenas religioso, e olhe lá! As pregações (pois o Egito empreendeu em nome do pan-arabismo uma grande experiência "missionária") se fazem frequentemente, nos países francófonos, em *francês*. Ou seja, os vínculos de cultura são quase inexistentes ou pelo menos frágeis, indiretos. E não se tem certeza de que esse vínculo religioso se revele eficaz na massa africana, que, de fato, transforma poderosamente, *africaniza* a religião de Maomé com a mesma liberdade que a de Cristo. Em suma, na África Negra, a empresa do pan-islamismo, quando existe, é política ou, no máximo, social; não é plenamente um fato de civilização.

Quanto ao Paquistão, ele faz parte de uma civilização que foi denominada, com razão, indo-muçulmana. A língua nacional – o *urdu* – mistura palavras de origem iraniana ou árabe às palavras vindas do sânscrito. Escreve-se da direita para a esquerda, como o árabe, mas quase não se lhe assemelha.

Ora, um dos sinais mais seguros dos países realmente tocados pela unidade da civilização muçulmana é a língua. Essa língua, que foi outrora o cimento do Islã, o árabe "literal", foi preservada pelo século XX; é a língua *escrita* comum, a que é empregada pelos jornais, pelos livros. As línguas nacionais não passam de línguas *faladas*. Outro vínculo: os problemas econômicos e sociais se colocam em quase toda parte em termos idênticos, na medida mesma em que nascem essencialmente do choque entre uma civilização islâmica arcaica, tradicional, conservada até os nossos dias, e uma civilização moderna que de todos os lados a assediou. Que, aqui, o problema seja apenas esboçado, que, ali, já tenha sido firmemente atacado, não altera em nada o fato de que as soluções que se impõem têm fortes chances de aparentar-se, pela lógica das coisas, por causa da identidade dos pontos de partida – os países adiantados, em sua reforma, prefiguram o futuro dos demais.

Também quanto a isso, o Islã exilado – na África Negra, na Índia, na Insulíndia, na China – se diferencia do conjunto, porque seu destino está ligado ao de outras civilizações.

• ***Segunda questão: o Islã se desembaraçará de sua antiga civilização tradicional como de uma roupa velha, à medida que se aproximar da industrialização e da técnica moderna?***

Esta questão não é específica ao destino do Islã. Ela equivale a indagar: a civilização moderna, a da máquina e, dentro em breve, do cérebro eletrônico, da automação, do átomo, essa civilização irá, para seu bem ou para seu mal, uniformizar o mundo, fazer as civilizações particulares desaparecerem?

O maquinismo, com suas inumeráveis consequências, é indubitavelmente capaz de torcer, destruir e reconstruir muitas das estruturas de uma civilização. Não todas. Ele não é, por si só, uma *civilização*. Afirmá-lo seria pretender que a Europa atual nasceu de novo, ao tempo de sua Revolução Industrial, que não deixou de ser, para ela também, um choque brutal, embora ela mergulhe bem mais longe, por todas as suas raízes. É pensando nas nações da Europa, aliás, que podemos permitir-nos duvidar fortemente do poder do maquinismo para unificar ou uniformizar o universo. Participando já de uma mesma civilização global, a do Ocidente cristão e humanista, arrastadas quase no mesmo momento, há mais de um século, na mesma aventura da industrialização, dotadas das mesmas técnicas, da mesma ciência, de instituições análogas, de todas as formas sociais do maquinismo, essas nações deveriam ter perdido há muito essas fortes particularidades que permitem falar de uma civilização francesa, alemã, inglesa, mediterrânea... Ora, basta a um francês atravessar a Mancha, a um inglês aportar no continente, a um alemão chegar à Itália, para que se persuadam, sem dificuldade, de que industrialização não é uniformização. Incapaz de destruir particularismos regionais, como haveria a técnica de aniquilar as poderosas personalidades que são as grandes civilizações, fundadas em religiões, filosofias, valores humanos e morais extremamente diferentes?

O problema se colocaria de maneira diferente se a técnica fosse proposta ao Islã com o acompanhamento do marxismo, isto é, dos valores opostos aos valores espirituais tradicionais do Islã? Responder a essa pergunta mais precisa e formulada com frequência não é nem fácil nem plenamente possível. Não é certo que isso mude de fato o cerne da nossa interrogação.

Ousaremos dizer: o marxismo não é, por si só, uma civilização de substituição, é uma orientação social, um humanismo voluntário, uma racionalização. Se um dia fosse aplicado ao Islã, haveria, sem dúvida, de resultar em uma coexistência, em uma partilha – como, no país soviético, entre civilização russa e marxismo, como, na China, entre civilização chinesa e marxismo. Embora as tenha infletido vigorosamente, o marxismo não aboliu nem uma nem outra dessas civilizações, e tal não é o seu programa.

Certamente, tem razão Y. Moubarac ao dizer que, em tal experiência, "o Islã resistiria menos facilmente que o cristianismo a uma empresa marxista, por ainda não distinguir entre espiritual e temporal. O espiritual talvez viesse a perecer mais facilmente, com a materialização tecnicista de uma sociedade muçulmana comunizada." Por que ele tem razão? Porque o cristianismo, em suma, em toda parte ou quase, tinha suportado, *antes* do impacto de uma Revolução Industrial, o choque de um surto científico, racionalista, laico, porque ele se adaptou ao curso dessa longa iniciação não sem resistir, mas mantendo seu equilíbrio, abandonando o que devia abandonar. Ele está armado diante da técnica, diante do racionalismo, diante do próprio marxismo.

Para o Islã, onde a vida religiosa comanda cada ato da vida cotidiana, a técnica (com o marxismo ou sem ele) se apresenta como um círculo de fogo que lhe é necessário transpor de um único salto, para deixar de ser uma civilização demasiado velha e rejuvenescer às chamas do tempo presente. O caminho que escolher dependerá dele e do mundo, do mundo duplo que oscila, como uma enorme balança, ora para um lado, ora para outro. O Islã, como todo o Terceiro Mundo, corre o risco de ir não aonde gostaria de ir, mas em direção ao mais pesado dos dois blocos.

SEGUNDA PARTE

O CONTINENTE NEGRO

CAPÍTULO I

O passado

A África Negra, ou melhor, *as* Áfricas negras, estão praticamente fechadas entre dois oceanos e dois desertos: o vastíssimo Saara ao norte, o considerável Kalahari ao sul; o oceano Atlântico a oeste, o oceano Índico a leste. Trata-se de barreiras sérias, tanto mais que a África tabular desemboca mal nos espaços oceânicos vizinhos: não dispõe de bons portos nem de rios facilmente acessíveis por causa das corredeiras, das quedas-d'água e do assoreamento dos estuários.

Contudo, essas barreiras não são intransponíveis. O oceano Índico foi desde muito cedo animado por veleiros que utilizavam o vaivém das monções; o Atlântico foi conquistado pelos Grandes Descobrimentos europeus a partir do século XV; o Kalahari só fecha pela metade a porta para o sul; quanto ao Saara, foi atravessado desde a alta Antiguidade, e a chegada do dromedário à África do Norte, com os primeiros séculos de nossa era, decuplicou os tráficos saarianos: sal e, mais tarde, tecidos vindos do norte, escravos negros e ouro em pó vindos do sul.

A África Negra, em suma, abriu-se mal e tardiamente para o mundo exterior. Não obstante, seria um erro imaginar que suas portas e janelas foram aferrolhadas ao longo dos séculos. A natureza, que, aqui, comanda de maneira imperativa, não é, entretanto, a única a ditar suas ordens: a história teve frequentemente sua palavra a dizer.

Os espaços

• ***Que o determinismo geográfico não comanda tudo por si só é o que mostra, logo de saída, o simples estudo das fronteiras, das zonas marginais do continente negro, que ocupa apenas uma parte da África.***

a) Ao norte, nordeste e leste, o Saara, compartimento estanque ou não, impõe-se como um limite característico do mundo negro.

A África Negra, como diz o título de uma comissão do Mercado Comum, é "a África ao sul do Saara". Da orla mediterrânea até o Sahel sudanês, a população da África é de raça branca. Sem dúvida, a essa África branca se deve juntar também a Etiópia. Esta possui inegavelmente elementos étnicos brancos que se fundiram com uma população mestiça, muito diferente, porém, da dos verdadeiros melano-africanos. Mais ainda: por sua civilização, sua religião cristã (a partir de 350 d.C.), pela qualidade de sua agricultura, que conhece ao mesmo tempo a criação e o arado, o trigo e a vinha, a Etiópia é um mundo original, à parte, que resistiu, outrora, tanto aos assaltos do Islã, que conseguira cercá-la, quanto ontem às potências europeias que pretenderam isolá-la do mar Vermelho e do oceano Índico.

Os especialistas em pré-história e os etnógrafos acreditam até que, em eras remotas, a Etiópia foi um centro secundário de difusão do arado e dos animais domésticos, cujo grande foco inventivo teria sido a Índia. Sem sua mediação, a criação, privilégio inesperado de tantos camponeses negros que trabalhavam com a enxada, seria impensável.

De fato, acaso não existe uma vasta zona da África Oriental de que a Etiópia seria o coração e que se estenderia ao norte até os países do Nilo (até à sétima catarata), ao leste até diversas Somálias desérticas e, ao sul, até o Quênia, ou mesmo além? África intermediária, nem branca, nem negra, mas ambas, tendo como a África branca uma escrita (portanto, uma história), uma civilização ligada aos grandes centros de irradiação do norte, inegavelmente envolvida nessa imensa aventura entre Ásia, Mediterrâneo e Europa. Notar-se-á, enfim, que o Saara se prolonga, a leste da Etiópia, pela Eritreia e pelas Somálias, ou seja, por uma longa zona árida e desolada que também marca um limite do continente negro.

*b) Ao sul, acidentes históricos det*êm e deterão *por muito tempo ainda a expansão natural da África Negra*: no século XVII, holandeses desejosos de estabelecer uma escala no caminho às Índias instalaram-se na extremidade austral do continente, em uma região então praticamente vazia; os ingleses, em 1815, apoderaram-se dessa posição estratégica; logo, os colonos holandeses, os bôeres (camponeses), emigraram para o norte e chegaram aos planaltos herbosos do *Veld*, onde instalaram uma próspera economia de criação.

Assim, uma África branca se constituiu pouco a pouco tanto no sul como no norte do continente. É uma África próspera, enriquecida por suas minas de ouro e de diamantes, por suas indústrias. Sobretudo, ela pretende se defender contra a maré negra (três milhões de brancos, dez milhões de negros, 1,5 milhão de mestiços). A União Sul-Africana aferrou-se a uma política racial desesperada (o *apartheid*, a segregação) que a levou a romper seus laços com o Commonwealth (1960). Esse drama será apenas um episódio ou uma ruptura definitiva? Ele não deterá, não pode deter, por si só, a roda da história.

c) Última exceção, igualmente histórica: a grande ilha de Madagascar deve ser colocada fora do continente negro. Sua população, como se sabe, é formada por dois elementos: os negros bantos, vindos do continente próximo, e tribos malaias vindas do leste em várias vagas. Entre esses elementos, as misturas foram numerosas; todavia, a parte ocidental da ilha é constituída muito mais por bantos, e a oriental, por malaios. De acordo com pesquisas ainda muito incompletas, a maioria dos tipos seria mestiça. Nessa mistura étnica, indonésios e africanos estariam na proporção de um para dois, com supremacia do elemento africano.

Entretanto, à diversidade étnica se opõe uma forte unidade cultural que favorece o elemento indonésio. A língua malgaxe é indonésia, as técnicas agrícolas e artesanais são inegavelmente indonésias: "desmatamento pelo fogo, enxada de cabo comprido, arrozais inundados, cultura do taro*, do inhame, da bananeira, criação de cachorro, de porco preto, de aves [...] pesca do cachalote, da tartaruga, piroga com flutuador, caça com lança, zarabatana, funda; trancamento de cestos e de esteiras, que constituem o essencial do mobiliário [...]." Foi pelo norte, provavelmente, que chegaram esses navegadores, e não por viagens diretas. A prova disso (frágil, mas prova, em todo caso) é que as ilhas Mascarenhas, de Reunião, Maurício e Rodrigues se apresentam desertas até o século XVII, quando teriam sido etapas naturais, ou mesmo obrigatórias, de uma viagem direta, por mar, entre a Insulíndia e Madagascar.

Em suma, foram a história e a civilização do *oceano Índico* que anexaram a grande ilha e a arrancaram do continente africano. Contudo, a proximidade deste último contribui hoje para juntar seu destino ao da jovem República Malgaxe.

• ***Para a compreensão do mundo negro, a geografia prevalece sobre a história. Os contextos geográficos, embora não sejam os únicos a contar, são os mais significativos.***

O clima explica a sucessão de vastas zonas de árvores e de ervas rasteiras que implicam gêneros de vida obrigatoriamente distintos.

---

* Espécie de taioba (também chamado de inhame-branco). [N. R.]

7. A diversidade da África: a geografia.

A oeste, a água das chuvas equatoriais ali fica e forma a imensa massa das florestas virgens, análogas às florestas amazônica ou indonésia, que se situam nas mesmas latitudes.

É a "floresta-esponja, encharcada de água, com densos maciços de árvores gigantes e uma vegetação emaranhada, escura e silenciosa sob elas, resistente a qualquer desbravamento, hostil ao estabelecimento humano e mesmo à circulação, salvo a que se faz pelos rios; região de vida precária, isolada, baseada na pesca e na caça." É, por excelência, a zona de refúgio, onde subsistem os pigmeus, sobreviventes daqueles que foram provavelmente o primeiro povoamento da África.

Essa floresta se desenvolve mais largamente ao norte que ao sul do equador e margeia o golfo da Guiné em sua face setentrional, da Libéria aos Camarões. A interrupção mediana que nosso mapa assinala corresponde, com suas savanas arbóreas e suas plantações de palmeiras, ao Daomé meridional. A leste, a floresta equatorial se detém junto à própria bacia do Congo, no rebordo dos altos relevos da África Oriental.

Ao redor da imensa floresta, estendem-se de maneira concêntrica florestas tropicais cada vez mais secas, savanas arbóreas (ervas altas, grupos de árvores), florestas-galerias ao longo dos cursos de água, savanas nuas e, enfim, estepes.

Humanamente, distinguem-se duas zonas, ambas com períodos alternados de chuva e seca: a primeira, com criação; a segunda, sem criação (por causa da mosca tsé-tsé).

Nas zonas de criação, as mais vivas da África Negra, esta é como que acrescida a uma cultura caracterizada pela onipresença da enxada. Com efeito, os animais não são utilizados como animais de tiro. As culturas são, conforme o caso, o painço, o sorgo, o inhame, o milho, o arroz; e, destinados sobretudo à exportação, o algodoeiro, o amendoim, o cacaueiro, sem esquecer o dendezeiro, uma das riquezas notadamente da Nigéria.

Em todo caso, é bem evidente que a grande divisão se estabelece entre esses dois tipos de vida rural: com e sem animais domésticos. E que, *ao norte e a leste, a zona externa, que pratica a criação, é forçosamente aquela que, sendo a mais rica, a mais bem equilibrada e também a mais aberta, há muito tempo, para o mundo exterior, foi o grande teatro da história.*

A essa divisão rural do espaço se sobrepõe a das zonas étnicas. Os melano-africanos, a respeito dos quais é prudente não acreditar, um instante sequer, que sejam uma só e mesma raça, dividem-se, em linhas muito gerais, entre quatro grupos: os pigmeus, que são um resquício muito atrasado, asselvajado (sua linguagem mal é articulada); na orla do deserto de Kalahari, os pequenos grupos arcaicos dos khoi-khoi (hotentotes) e dos saan (bosquímanos); os povos sudaneses de Dacar à Etiópia; e, da Etiópia à África Austral, os bantos.

Os dois grandes grupos são os sudaneses e os bantos, ambos formando unidades, antes de tudo, linguísticas e culturais. Os bantos, provavelmente originários da África dos Grandes Lagos, conservaram uma coesão maior que os sudaneses. Mas ambos admitem múltiplas e profundas diferenças, devidas já aos avatares da história, já às distinções regionais. Para os sudaneses, devem-se considerar também as mestiçagens com os povos islâmico-semitas, dadas as infiltrações de mouros e peúles berberes islamizados, pastores que se sedentarizam cada vez mais, de resto. Um mapa étnico pormenorizado da África Negra desafia qualquer memória que não tenha a sustentá-la uma experiência sólida nesse terreno; ele assinala incessantemente conflitos, movimentos, migrações, avanço de uns, recuo de outros. Donde as misturas e tensões que se reencontram através de todo o continente negro, cujo povoamento foi feito, outrora e ontem, por vagas sucessivas que ou se justapuseram, ou se repeliram umas às outras. Nada é ainda totalmente estável. Adivinha-se o interesse que haveria em conhecer todos esses fluxos migratórios, suas datas, sua direção, sua velocidade. Ora, a coisa não seria impossível a um investigador avisado, porque é raro que "os habitantes de uma aldeia não tenham conhecimento da aldeia de origem dos fundadores de sua comunidade."

É talvez entre 12 e 15 graus de latitude norte, na zona de povoamento sudanês, que se revela o máximo dessas tensões. O exemplo mais típico é o dessas populações repelidas denominadas paleonegríticas (supondo-se, o que é verossímil, que elas sejam as populações mais antigas, à parte os pigmeus). Populações de primitivos que vivem da caça e da colheita ou de camponeses obstinados em fertilizar terras montanhosas quase sempre paupérrimas e que conseguem, por uma cultura intensiva, manter densidades de cinquenta habitantes por quilômetro quadrado ou mais, elas ocupam geralmente posições fortes, facilmente defensáveis. É o caso tanto dos dogôs, os mais setentrionais desses povos fortemente enraizados, como de todos esses "povos nus" da África: "coniaguis e bassaris, da Guiné; bobôs e lobis, da Costa do Marfim; nankasas, da Gana moderna; kabrei e sombas, de Togo-Daomé; fabis e angus, da Nigéria." Trata-se sempre de *pequenos agrupamentos* étnicos, manchas minúsculas num mapa.

Na escala dos vastos conjuntos, entre a floresta equatorial e o Saara, é bom citar os tuculeros, os mandingas, os bambaras, os hauçás, os iorubás e os ibos – estes últimos povos que formam as duas massas densas da poderosa Nigéria, o país mais rico e mais povoado da África Negra.

Esses povos têm, cada qual, crenças, gêneros de vida, estruturas sociais e culturas que nunca são exatamente os mesmos. *Essa diversi-*

dade é que constitui o imenso interesse da África, onde as experiências, de um ponto a outro, variam constantemente, largamente, e onde por força os destinos de conjunto se esboçam com dificuldade. "Muitas vezes, as zonas de refúgios dos indígenas, que, em sua resistência, não querem aceitar nenhuma autoridade do exterior, encontram-se na própria vizinhança das capitais mais altamente desenvolvidas."

Em suma, a diversidade das cores de pele, que vai do negro mais escuro dos sudaneses à pele clara, meio amarela até, dos hotentotes e dos bosquímanos, nada mais é que o indício antropológico, fisiológico, de uma diversidade muito mais essencial dos homens, das sociedades e das *culturas*.

• ***Esse continente sofre e sofreu penúrias numerosas, graves fraquezas globais.***

Não se poderia enumerar todas nem mostrar como, conforme as épocas, elas se tornaram mais pesadas ou mais leves. Assinalamos a precária abertura do mundo negro para o exterior, desvantagem séria, porque todo progresso de civilização é facilitado pelas interferências e relações entre civilização e civilização. Esse relativo fechamento explica lacunas importantes que quase não são preenchidas (e olhe lá!) antes da chegada dos europeus e da instalação das grandes colonizações. Nota-se, por exemplo, a ausência da roda, do arado, do animal de tiro, da escrita (salvo na Etiópia, mas esta praticamente não faz parte da África Negra; salvo nos países logo islamizados da costa oriental e das regiões sudanesas; neste caso, porém, a escrita se deve ao Islã).

Esses exemplos, por si sós, demonstram que, com muita frequência, as influências exteriores só se filtraram gota a gota em direção à imensidade da África ao sul do Saara.

É o que mostra o problema tão discutido e nada elucidado das influências do Egito faraônico sobre as sociedades negras. Encontraram-se pérolas de vidro no Gabão, uma estatueta de Osíris em Malonga, no sudeste do ex-Congo Belga, outra ao sul do Zambeze: trata-se de provas frágeis, que nem por isso deixam de abrir perspectivas para a possibilidade de certas relações de pequeno volume, notadamente no vasto domínio da arte e das técnicas da arte (como a fundição pelo processo de cera perdida).

Em compensação, deve-se admitir que a chegada de plantas exteriores, como certos tipos de arroz do Extremo Oriente, o milho, a cana-de-açúcar e a mandioca, são indubitavelmente aquisições tardias. Elas não pertencem ao continente negro antigo, que provavelmente as ignorou.

Outras fraquezas: a pequena espessura (que, entretanto, não explica tudo) das terras aráveis lateríticas vermelhas (o vermelho *vivo* assinala, em compensação, solos móveis espessos, mas raros); a brevidade, em consequência do clima, dos dias úteis para o trabalho agrícola; a insuficiência regular de uma alimentação rica em carnes, de que a maior parte das populações parece ter sido privada.

Na maioria das tribos africanas, só se consome carne nas grandes festas. As cabras e os carneiros que os agricultores kikuyus do Quênia criam em alguns terrenos incultos em torno de seus campos são reservados aos sacrifícios e às cerimônias públicas. Seus vizinhos nômades, os pastores masais, vivem dos produtos de seus rebanhos, mas os animais lhes são por demais preciosos para que os matem. A carne, a carne que dá força e virilidade, é por toda parte rara e objeto de cobiças que se expressam cruamente neste canto de caça dos pigmeus:

> Na floresta por onde só tu passas.
> Caçador, reconforta teu coração, escorrega, corre, salta.
> A carne está diante de ti, a enorme carne alegre,
> A carne que marcha como uma colina.
> A carne que regozija o coração.
> A carne que vai assar em teu fogão,
> A carne em que se enterram os dentes.
> A linda carne vermelha, o sangue que se bebe fumegando.

Mas não forcemos esse balanço negativo. Em primeiro lugar, o passado da África Negra assinala progressões antigas, de uma rapidez que nada teve a invejar aos próprios progressos da antiga Europa. Realizações evidentes assinalam-se também no domínio da arte, e não só no que concerne aos admiráveis bronzes e marfins do Benin (séculos XI-XV) ou às não menos admiráveis fazendas tecidas a partir de fibras vegetais diversas. Enfim, e sobretudo, a África praticou bem cedo a metalurgia. O ferro, já em 3000 a.C. É absurdo e principalmente inexato pretender que os negros só vieram a conhecer o ferro após a chegada dos portugueses ao cabo Bojador. As armas de ferro foram conhecidas desde muito cedo. Os processos metalúrgicos dos rodesianos são aperfeiçoados, seguramente, desde a Idade Média. O trabalho do estanho é conhecido na Alta Nigéria há dois mil anos, verossimilmente. Enfim, detalhe significativo, observou-se frequentemente a organização à parte, nas sociedades negras, das castas poderosas e temíveis dos ferreiros, certamente ligadas a tradições antiquíssimas.

Através do passado do continente negro

O longo passado da África Negra é mal conhecido, como o de todos os povos que ignoraram a escrita e cuja história só nos chega através de uma tradição oral, das pesquisas da arqueologia ou das narrativas de testemunhas exteriores e ocasionais.

Três séries de fatos emergem, entretanto, desse passado confuso:

a) o desenvolvimento de cidades, de reinos, de impérios, todos com mistura de sangues e civilizações;

b) o tráfico negreiro, muito antigo e que assume proporções diabólicas no século XVI, com a exploração do continente americano, tarefa demasiadamente pesada para que a Europa possa, por si só, levá-la a bom termo;

c) por fim, a instalação brutal das potências europeias, que, na Conferência de Berlim (ata final: 1885), concluem em um mapa a partilha do que ainda não tem um senhor teórico no vasto continente, meio desconhecido e desde então inteiramente colonizado.

• ***Na África Negra, a história só favoreceu a eclosão de formas políticas e culturais superiores ali onde havia, de um lado, os recursos associados da agricultura e da criação, e ali onde, de outro lado, estava assegurado o contato com o exterior, seja ao longo das orlas saarianas, seja ao longo do oceano Índico. É lá que se encontram os antigos impérios, as velhas cidades florescentes.***

Assim se singulariza uma África particular cujo passado é relativamente conhecido, com suas sociedades e suas culturas organizadas em Estados, diante de uma África "intersticial" e que nos escapa, historicamente falando. A propósito de indígenas das costas atlânticas do Saara, um descobridor português dizia com desprezo no século XV: "Eles nem têm reis." Há, assim, a África com reis – que a história conhece relativamente – e a outra, sem reis, devorada pelo esquecimento.

A África Negra desenvolveu-se, pois, em duas de suas longuíssimas margens, aquelas em que lhe foi dado entrar em contato com o Islã. Esse contato nem sempre foi pacífico e agradável. Não raro ele se traduziu em colonização, mas por essa própria colonização pôde a África Negra respirar para o exterior.

Os *primeiros clarões iluminam a costa oriental da África*. Essa, séculos antes da era cristã, teria estado em relação com a Arábia e a Índia peninsular. Entretanto, só com a primeira expansão muçulmana do século VII é que se estabelecem relações contínuas entre Arábia e Pérsia, de um lado, e África Oriental, do outro. Uma série de centros mercantis nasce a partir de 648: Mogadichu, Sofala, Malindi, Mombaça, Brava, Zanzibar, esta última fundada em 739 por árabes do sul da península, enquanto Kilwa será fundada no século X por gente de Chiraz, na Pérsia, os "chirazi".

Essas cidades conheceram grande atividade em razão do comércio de escravos, do marfim e do ouro, este último abundante na vasta hinterlândia de Sofala e sobre o qual já dão seu testemunho geógrafos árabes como Masudi (916) e lbn al-Wardi (975). Os campos auríferos e as minas parecem situar-se no planalto de Matabelê, entre Zambeze e Limpopo, e provavelmente, embora se tenha sustentado o contrário, na atual região do Transvaal. Trata-se de ouro em pó ou em fragmentos. Todo esse comércio está ligado, pela monção, com a Índia, de onde vêm o ferro e o algodão.

Substancialmente africanas, essas cidades contam apenas uma pequena minoria de colonos árabes ou persas; aliás, elas vivem muito mais ligadas à Índia peninsular do que à Arábia. Sua primazia atingiria o apogeu no século XV, mas nessa época sua economia continua a ser pré-monetária (economia de troca), pelo menos nos tráficos em direção ao interior africano. Nem por isso este deixou de tirar proveito deles. Em suas profundezas, conheceu ele certas construções políticas, entre as quais o reino de Monomotapa, na Rodésia do Sul (*Monene Motapa*: senhor das minas), sem dúvida mais célebre do que realmente conhecido e que teria sido destruído no século XVII pelo *mambo* (soberano) dos rowzi.

Terá o estabelecimento dos portugueses no oceano Índico, após a viagem de Vasco da Gama (1498), vibrado um golpe mortal nas cidades mercantis da costa sul-africana? Não, acredita-se hoje. Essa civilização mista, meio árabe, meio africana, continuou a irradiar largamente sua influência em direção a esse interior que as cidades costeiras não tentaram subjugar. As ruínas das costas do Quênia e de Tanganica, que ainda ontem se dizia remontar à Idade Média, parecem datar, na verdade, dos séculos XVII, XVIII ou mesmo XIX. Lembremos de passagem um detalhe que caracteriza o conjunto dessas cidades: o uso comum da porcelana chinesa, azul e branca.

Os impérios da curva do Níger nos remetem a outra fronteira com o Islã, agitada e frutuosa.

O contato com a orla e com os tráficos do Saara ganhou maior amplitude, como dissemos, no começo da era cristã, com a chegada do dromedário à África do Norte e às trilhas do deserto. A subida dos tráficos (ouro e escravos) e a multiplicação das caravanas determinaram avanços da África branca (camito-semítica) sobre os territórios dos negros (o *Bled es Sudan* dos árabes).

O primeiro dos impérios, o *Gana*, parece ter sido criado por volta de 800 (é contemporâneo de Carlos Magno). Sua capital, Al-Ghana, de renomada e proverbial riqueza, situava-se em Kumbi-Saleh, 340 quilômetros ao norte de Bamako, na fronteira do Saara. Foi ele uma criação de homens de pele branca, vindos, portanto, do norte? É possível; em todo caso, tornou-se rapidamente propriedade de povos negros que pertencem aos soninkés, ramo dos povos mandas (estes pertencentes ao grupo dos mandingas). A capital, atacada pelos muçulmanos, foi tomada e destruída em 1077.

Contudo, como o *tráfico do ouro* (a partir dos campos auríferos do Senegal, do Benuê e do Alto Níger) se manteve, logo surgiu outro império, ligeiramente deslocado para leste, em benefício dos mandingas e sob o signo da religião islâmica: é o *Império do Mali* (que se estenderá a toda a curva do Níger). Sob o reinado de Kankan Musa (1307-1332), que fará a peregrinação a Meca, chegam às margens do Níger inúmeros mercadores e letrados. Tombuctu é, então, uma capital florescente para onde se dirige regularmente o povo nômade dos tuaregues. Estes, apoderando-se mais tarde da cidade, contribuirão para a decadência do Império.

Um novo avanço para leste provocará então a prosperidade do *Império Songai* (capitais: Gao e Tombuctu). É favorecido por suas ligações com a Cirenaica e pelas proezas de Sonni Ali (1464-1492), sem dúvida a mais forte personalidade de todos esses fundadores de impérios. Ele próprio não foi um muçulmano muito ortodoxo, mas a derrota de seu sucessor pelo usurpador Mohammed Askia marcará a vitória decisiva do Islã nesse novo império.

Todavia, os tempos gloriosos dos impérios nigerianos haviam, então, acabado: a rota marítima descoberta pelos portugueses drena o ouro dos países negros para o Atlântico e, sem suprimi-los, enfraquece consideravelmente os tráficos saarianos. É no quadro dessa regressão evidente que se situa a conquista de Tombuctu e a ruína do Império Songai, em 1591, por uma expedição marroquina conduzida por renegados de origem espanhola. O sultão do Marrocos, Mulay Ahmed, deverá a seu sucesso os cognomes de El Mansur (O Vitorioso) e El Dehbi (O Dourado). A expedição nem por isso deixou de ser uma desilusão completa para seus autores, que acreditaram partir para a conquista fabulosa dos países do ouro. O sultão manterá apenas uma suserania formal e distante sobre esses pobres países, onde se sucederão, de 1612 a 1750, nada menos de 120 paxás, simples joguetes nas mãos das guarnições mouras que os elegiam e eventualmente deles se desembaraçavam.

No século XVIII, o poder, no país nigeriano, é dividido de fato entre os nômades e os bambaras de Segou e de Kaarta. A época dos grandes impérios havia passado: só o rico tráfico transaariano tinha provocado e mantido seu brilhante e precoce estabelecimento. Com ele morreram.

Portanto, esses grandes Estados não devem iludir-nos: foram a exceção. O Estado ordinário da África Negra só raramente conheceu semelhante amplitude. *Assim o Benin, brilhante desde o século XI* e que atinge, no XV, certa perfeição artística, é de extensão bastante medíocre. É, em essência, uma penetração, aliás mal organizada, através da massa densa da floresta equatorial, que os ventos pluviais acumulam entre as águas do golfo de Guiné e os planaltos interiores. Situa-se no país iorubá, do delta do Níger à atual cidade de Lagos, em uma região desde muito cedo urbanizada.

Sua reputação ultrapassa-lhe a extensão. Teve a vantagem, que não era sem reverso, de entrar bem cedo em contato, pelas rotas do Norte, com os ricos clientes do Cairo e seus artistas e, mais tarde, com os portugueses; teve a vantagem, também em virtude dessas ligações, de ser um admirável centro artístico de escultores de marfim e de fundidores de bronze. Não é a fastidiosa história do Benin que explicará essa notável, essa prodigiosa realização. Devemos, aceitando a explicação de um africanista, Paul Mercier, atribuí-la à forte densidade humana do país iorubá em geral e do Benin em particular, à sua estrutura urbana e, enfim, à possibilidade que o clima oferece aqui, na vizinhança do golfo de Guiné, de se contar com dois períodos de chuva (a dupla passagem do sol pelo zênite) e, portanto, com duas colheitas anuais em vez de uma?

• ***O tráfico negreiro. Sem dúvida, o fato mais importante do século XV e mais ainda do XVI é o desenvolvimento do tráfico negreiro, que, apesar das interdições oficiais, perpetuou-se no Atlântico Norte até cerca de 1865 e, no Atlântico Sul, talvez até mais tarde; que, enfim, durará até o século XX pelas rotas que conduzem ao Leste, ao mar Vermelho.***

O tráfico negreiro não foi uma invenção diabólica da Europa. Foi o Islã, desde muito cedo em contato com a África Negra, através dos países situados entre Níger e Darfur e de seus centros mercantis da África Oriental, o primeiro a praticar *em grande escala* o tráfico negreiro, aliás, pelas mesmas razões que levarão a Europa a praticá-lo mais tarde: a falta de homens para tarefas múltiplas e excessivamente pesadas, em vista dos meios disponíveis. No entanto, o comércio de homens foi um fato geral e conhecido de todas as humanidades primitivas. O Islã, civilização escravista por excelência, não inventou, tampouco, nem a escravidão, nem o comércio dos escravos.

O tráfico negreiro deixou atrás de si numerosos documentos (por exemplo, nos arquivos mercantis da Europa e nos arquivos do Novo Mundo) dos quais se podem extrair estatísticas e séries de preços. Essa história cifrada, em si desagradável, não é, decerto, toda a história do tráfico negreiro; mas, ainda assim, é dele uma medida necessária. No século XVI, as chegadas anuais rumo à América são da ordem de mil a dois mil; no XVIII, de dez mil a vinte mil; os maiores efetivos são alcançados no XIX, nos últimos anos do tráfico tolerado, talvez cinquenta mil por ano. Esses números são incertos, do mesmo modo que os cálculos *globais* que se podem fazer para avaliar o número total de negros transportados para o Novo Mundo. Os mais verossímeis são os de P. Rinchon: em torno de quatorze milhões – mais do que estimava, em 1842, é verdade, Moreau de Jonnes (doze milhões) e menos do que o demógrafo Carl Saunders, que se inclina para a cifra de vinte milhões, sem dúvida pouco razoável. Ela daria, com efeito, uma média de quase sessenta mil escravos por ano, para os três séculos e meio que vão de 1500 a 1850, cifra que parece bater pouco com as próprias possibilidades de transporte.

Além disso, é preciso saber se se trata, nesses cômputos, das partidas da África ou das chegadas ao Novo Mundo. Pois perdas consideráveis eram provocadas tanto pela captura quanto pela transferência dos homens, em condições de viagem extremamente duras. Assim, as devastações *unicamente do tráfico europeu* superam em muito, sem dúvida, a medida dada pelos cálculos que precedem. O tráfico significou uma enorme deterioração humana do continente negro.

Essa deterioração é ainda mais catastrófica porque nem por isso cessaram as retiradas em favor do Islã, que inclusive conheceram maior amplitude a partir do fim do século XVIII; então, viram-se chegar ao Cairo caravanas do Darfur conduzindo de dezoito mil a vinte mil escravos *de uma só vez*. Em 1830, só o sultão de Zanzibar percebe direitos anuais sobre 37 mil escravos; em 1872, de dez mil a vinte mil escravos partem anualmente de Suakin para a Arábia. O tráfico islâmico envolve, pois, à primeira vista, massas humanas ainda mais consideráveis que o tráfico europeu, forçosamente freado pela extensão das viagens marítimas através do Atlântico, pelas dimensões relativamente restritas das embarcações e, depois, pela abolição do tráfico, proclamada várias vezes no curso do século XIX, o que prova que o tráfico se perpetuava, apesar das interdições, mas com as dificuldades inerentes a qualquer contrabando.

V. L. Cameron (1877) calcula em quinhentos mil o efetivo *anual* dessas perdas em direção ao Islã, pelo Norte e pelo Leste, e conclui: "A África perde seu sangue por todos os poros." Essa cifra enorme só pode ser aceita com reservas, mas o movimento é certamente de uma amplitude extrema, e a perda demográfica, para o continente negro, terrível.

Surge então a pergunta: em que medida esse balanço catastrófico foi, ou não, compensado pelo povo negro, por sua progressão demográfica?

Por volta de 1500, a população da África é da ordem de 25 milhões a 35 milhões de habitantes, incluindo a África branca, *segundo a estimativa dos historiadores*; em 1850, ela é de cem milhões, pelo menos. Houve, pois, apesar das importantes subtrações decorrentes dos tráficos escravistas, uma progressão demográfica. Foi *uma humanidade em crescimento* que suportou o horroroso comércio dos escravos, o que explica sua duração até ontem. Isso, bem entendido, não passa de uma hipótese.

Reconheçamos sem rodeios que o tráfico europeu parou no exato momento em que a América já não tinha dele uma necessidade urgente. Na rota do Novo Mundo, o emigrante europeu substituiu o negro, na primeira metade do século XIX, em direção aos Estados Unidos, na segunda metade em direção à América do Sul.

Não é menos verdade que sempre houve reações de piedade e indignação em face da escravidão dos negros, o que é uma atenuante para a Europa. Tais reações não eram meramente formais, já que redundaram, apesar de tudo, um belo dia, no movimento de Wilberforce, na Inglaterra, para a libertação dos negros, na abolição da escravidão.

Sem afirmar que um dos tráficos negreiros (para a América) foi mais humano, ou menos desumano, que o outro (para o Islã), é de se notar o fato, importante para o mundo negro atual, de que existem hoje Áfricas vivas no Novo Mundo. Fortes núcleos étnicos se desenvolveram e perpetuaram-se até os nossos dias no norte e no sul da América, ao passo que nenhuma dessas Áfricas exiladas sobreviveu na Ásia ou em terras do Islã.

• ***Não se trata aqui de condenar, muito menos elogiar a colonização europeia da África, mas simplesmente de assinalar que essa colonização comporta, como quase todos os fenômenos que decorrem dos choques de civilizações, um ativo e um passivo culturais.***

Não é tomar a defesa da colonização, de suas fealdades e até de suas atrocidades ou de suas inegáveis bufonarias (compras de vastos territórios contra alguns rolos de tecido ou um pouco de aguardente), admitir que o choque por ela produzido foi, não raro, decisivo e mesmo, finalmente, benéfico para as estruturas sociais, econômicas e culturais dos povos negros colonizados. De fato, foi ela, logo depois da ata final do Congresso de Berlim (1885), a última grande aventura da expansão europeia. E, se esse tutelamento tardio foi de breve duração (menos de um século), o encontro se fez com toda a rapidez, quando a Europa e a economia mundial se achavam em pleno crescimento.

Foi uma sociedade industrial adulta, exigente, dispondo de meios modernos de ação e comunicação, que se chocou com o mundo negro e o assediou. E este se mostra receptivo, mais móvel do que supunham os etnógrafos ainda ontem, capaz de se apossar dos objetos e das formas que o Ocidente lhe propõe e, sobretudo, de *reinterpretá-los*, de dar-lhes um novo sentido, de ligá-los, sempre que possível, aos imperativos de sua *cultura tradicional*.

8. A África e suas diversidades internas.

Tecem-se acima das diversidades nacionais os laços ainda frágeis dos grupos de Estados.

Mesmo na África do Sul, onde o mundo banto foi submetido a uma *acultura*ção ainda mais acelerada, porque a industrialização e a urbanização foram aí mais acentuadas que em outros lugares, o negro evoluído, vivendo à ocidental, continua, quer continuar ligado a tabus herdados de seu passado, quando mais não fosse no que concerne ao casamento, à família, ao papel dos irmãos, do filho mais velho ou do caçula. Para citar apenas um exemplo, o pagamento do dote ao pai da noiva se faz hoje em dinheiro, mas este é transformado em cabeças de gado para corresponder às antigas práticas.

Ao falar de um certo ativo da colonização, não estamos pensando nesses bens meramente materiais – estradas, ferrovias, portos, barragens –, nessas explorações do solo e do subsolo que os colonizadores instalaram com fins altamente interesseiros. Esse legado, por mais importante que às vezes possa parecer, seria de pouca utilidade e eminentemente perecível se os herdeiros não tivessem também adquirido, ao longo do penoso transe da colonização, meios que lhes permitem hoje sua utilização racional. O ensino, certo nível da técnica, da higiene, da medicina, da administração pública são os melhores bens legados pelos colonizadores, a contrapartida positiva das destruições operadas,

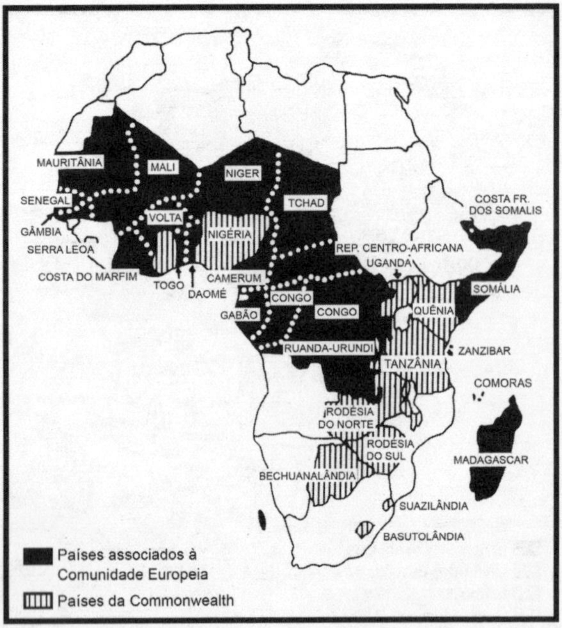

9. A África e o Ocidente.

Ao lado de uma África "de expressão francesa" desenha-se, mais esparsa, uma África de expressão inglesa. Aos vínculos culturais correspondem vínculos econômicos.

pelo contato europeu, nos velhos hábitos – tribais, familiares, sociais – sobre os quais repousavam toda a organização e toda a cultura. Nunca se poderá dizer a que ponto puderam atuar, assim, as consequências e a novidade do trabalho assalariado, da economia monetária, da escrita, da propriedade individual da terra. Tudo isso foram, sem dúvida, golpes desferidos num velho regime social. Mas tais golpes não são necessários à evolução que hoje se acha em curso?

• ***Em contrapartida, a colonização teve a séria desvantagem de fragmentar a África em uma série de territórios – franceses, ingleses, alemães, belgas ou portugueses – cujas divisões se perpetuam hoje em uma floração de Estados independentes demasiado numerosos, em uma "balcanização" da África, como se disse algumas vezes.***

Devemos ver como um mal sem remédio essas divisões, artificiais umas, geográficas outras, raramente culturais? Podemo-nos perguntar se elas não entravarão seriamente a realização de certos sonhos de unidade africana ou pelo menos de um Mercado Comum Africano. Todavia, não é certo que a África esteja madura para a unidade política ou mesmo cultural. Não são apenas as velhas fronteiras administrativas coloniais que delineiam esse fracionamento. São também as diversidades internas das etnias, das religiões e mesmo das línguas. A principal crítica que se pode fazer às divisões nacionais de hoje é, sem dúvida, a de não terem sido traçadas em função dessas diversidades culturais. Mas isso era possível há um século ou mais?

Crítica ainda mais grave: ao oferecer aos povos negros o útil instrumento de uma língua comum internacional e moderna, a colonização pregou na África a peça de fornecer-lhe pelo menos duas: o francês e o inglês. É de se temer que todo esse conteúdo que uma língua traz consigo e despeja no ensino, nos hábitos de pensamento, tenda a separar a África, em seu esforço de reunificação, em duas massas, a francesa de um lado, a inglesa de outro. Não parece que uma possa facilmente submergir a outra, que a vantagem do número, por exemplo, possuída pela África inglesa baste para rebaixar uma África francesa culturalmente mais forte, dotada há muito mais tempo de um ensino válido que lhe assegurou quadros políticos e administrativos sólidos, hoje seu melhor cacife de sucesso.

Não menos lastimável, para o futuro da *unidade africana,* é que essa importante divisão se acrescenta àquelas que sua história e sua geografia já se encarregaram de dar à África com demasiada generosidade.

CAPÍTULO II

A África Negra: hoje e amanhã

Para um estudo das civilizações, a África Negra se oferece como um caso privilegiado. Com as independências que se estenderam, nestes últimos anos, à maior parte de seu espaço, com a valorização de sua "negritude", esse "humanismo nascente" que começa a tomar consciência de seus valores próprios e de suas possibilidades, com a busca apaixonada de uma história que lhe é necessário construir, quase inventar, a África Negra tem a grande vantagem de se apresentar como um mundo cultural em pleno devir. Ela oferece à nossa observação todas as formas, desde as mais arcaicas até as formas urbanas mais progressistas, e todos os estádios da *aculturação*.

O despertar da África

Todos os africanistas parecem estar de acordo sobre este ponto: é preciso confiar na extrema maleabilidade do caráter do homem negro, em suas imensas possibilidades de adaptação, de assimilação, de paciência. Essas possibilidades lhe serão necessárias para percorrer sozinho, cada vez mais sozinho, o enorme caminho que lhe resta trilhar de uma economia ainda rudimentar a uma economia francamente moderna; de uma vida presa a um passado e de tradições que conservam seu atrativo às duras necessidades da transformação atual; de uma sociedade em que a organização tribal ainda é visível aos marcos de uma disciplina nacional necessária à modernização e à industrialização. Tudo está por criar, mesmo as mentalidades.

Não esqueçamos que a África Negra enfrenta essa prova de longa duração em ordem dispersa, com forças precárias e segundo caminhos que variarão de acordo com as regiões e os povos.

1º Antes de tudo, ela continua a ser, frequentemente, um continente muito pouco povoado, privado da superabundância de mão de obra que acabrunha e anima, ao mesmo tempo, os demais países subdesenvolvidos. Nesse grupo, ela chega nesse último lugar que lhe permite, sem dúvida, os progressos mais espetaculares, mas implica também os caminhos mais longos a palmilhar.

2º Ela não é verdadeiramente una na própria polpa de suas culturas antigas, tanto mais que sua civilização tradicional, com suas múltiplas crenças e atitudes, a um tempo elementares e vivazes, acolheu além disso contribuições religiosas estrangeiras: o Islã, antes de tudo, com seu prestígio social e intelectual e suas escolas corânicas (apesar de medíocres), mas que teve de fazer enormes concessões às religiões primitivas (ele as atravessa sem excluí-las); o cristianismo, que se desenvolveu geralmente onde as trocas econômicas são mais vivas, sobrepondo-se, também ele, a todo um lote de crenças e usos antigos.

3º *Acrescentem-se a essas diferenças as criadas pela economia,* a oposição prodigiosa entre regiões abertas e zonas fechadas, entre cidades e zonas rurais.

É essa massa um pouco heteróclita que gostaríamos de seguir em seu trânsito acelerado para amanhãs que os políticos e intelectuais negros parecem encarar com coragem e lucidez.

Essa aventura é, com toda certeza, essencial, mais ainda que a política e as tomadas de posição desses jovens países em face do mundo ou dos problemas colocados pelo próprio continente africano, sua unidade possível ou suas oposições encarniçadas, como puderam revelar as Conferências de Casablanca (janeiro de 1961), Monróvia (maio de 1961) e Lagos (fevereiro de 1962).

Certo, a política não é desprezível, mas não passa de um instrumento. Ela varia, pode variar à menor mudança de vento e, sobretudo, não comanda, por si só, esse vasto destino que de fato a arrasta.

• ***O obstáculo das culturas e religiões primitivas: todo um passado tradicional freia o impulso geral e complica, ou pelo menos retarda, as adaptações necessárias.***

A maior parte das populações da África Negra (sobretudo em seus campos, mas os campos são a enorme maioria) ainda se acha fechada em culturas e religiões primitivas, *sobre as quais repousa toda a ordem social.*

Essa religião tradicional assume formas variáveis conforme as regiões e os grupos étnicos. Animista, ela assenta em toda parte na crença em espíritos que habitam todos os seres da natureza e sobrevivem à sua morte, e também habitam objetos (fetichismo). Outra constante: encontra-se por quase toda parte o culto dos ancestrais. Os chefes ou heróis legendários, venerados a princípio como ancestrais, acabam por confundir-se com deuses superiores, aos quais se acrescentam muitas vezes o Grande Deus do Céu, o da Terra ou o da Criação. Os espíritos dos ancestrais ou dos deuses africanos não só se manifestam aos vivos como podem voltar para se apossar dos mortais: tal é o significado de numerosas danças sagradas – por exemplo, no Daomé, aquelas danças rituais em que os deuses, vodus ou orixás, "baixam" em determinados executantes, que entram em transe no momento em que o deus os habita.

Em todos os cultos, trata-se de "recitar preces e invocações, de proceder a oferendas de alimento ou de azeite de dendê, de sacrificar animais [...]" diante dos altares dos deuses ou dos ancestrais. "Alimentam-se" os ancestrais e os deuses. Por reciprocidade, espera-se deles intervenções ou proteções diversas.

Essa organização religiosa é a garantia da organização social, sempre fundada, na África, na noção de parentesco, na família patriarcal, segundo uma hierarquia estrita que dá ao patriarca autoridade absoluta sobre toda a comunidade da linhagem ou do clã (a transmissão dessa autoridade se faz, geralmente, de acordo com a filiação patrilinear e, mais raramente, matrilinear).

Nas sociedades que estiveram outrora submetidas à influência dos grandes impérios, uma hierarquia social confere a certas linhagens uma superioridade aristocrática sobre as demais, havendo também "castas" conforme as profissões artesanais. A cada grupo correspondem deuses e ancestrais cujo poder respectivo reflete estreitamente o dos próprios grupos sociais.

O vínculo entre religião e sociedade é tão forte que, nas cidades onde essa ordem social é abalada pela vida moderna (sobretudo pela escolarização), o cristianismo ou o islamismo, conforme o caso, tendem a substituir em fortes proporções o animismo enfraquecido, que continua a ser a religião dos campos.

• ***Cada cidade, cada região atingida pela escolarização, pela modernização de uma organização operária ou industrial está, pois, às voltas com esses duros problemas de aculturação (entrada em outra civilização).***

Daremos um exemplo: a pesquisa feita recentemente (1958) em Porto Novo por um sociólogo, Claude Tardits. Ela não vale, evidentemente, para toda a África, mas dá uma ideia do problema.

Porto Novo, a atual capital do Daomé, é uma velha cidade, mal ligada ao mar e relegada a segundo plano por Cotonu, de acesso mais fácil. Apesar de decadente, nem por isso a cidade é menos viva, em um país mais escolarizado, mais intelectual que seus vizinhos. O Daomé, dizia Emmanuel Mounier, "é o *Quartier Latin* da África Negra."

Não quer isso dizer que a *escolarização* assegura, de uma vez por todas, o futuro daqueles que a linguagem daomeana chama de "evoluídos", aqueles que vão à escola e, segundo a expressão corrente, "viram a luz" (em 1954, em todo o Daomé, 43.419 crianças, ou seja, 15% da população em idade escolar; mas essa cifra, que é um recorde no contexto da África, não nos deve iludir). Haverá os grandes e os pequenos *evoluídos*. No topo da pirâmide social, para uma população global de cerca de 1,5 milhão de pessoas (provavelmente mais) e uma população urbanizada de apenas cem mil pessoas, a elite real, o número de pessoas chamadas a uma verdadeira cultura será de, no máximo, um milhar, três vezes o efetivo de uma colônia branca que era, ontem, de apenas trezentas pessoas. E que dificuldades para formar essa fina, essa imperceptível película!

Na própria cidade de Porto Novo, o que freia é, adivinha-se de antemão, a inércia de uma sociedade tradicional, diversificada, pelo menos tripla: os *guns,* oriundos de camponeses do Daomé que vieram para a cidade; os *iorubás,* mercadores oriundos da vizinha Nigéria; e, por fim, os "brasileiros" (negros vindos do Brasil, quase sempre cristãos, às vezes convertidos ao Islã depois de aventuras espantosas). Cada um desses grupos tem suas cores próprias, suas suscetibilidades, suas formas de resistência. Todos possuem suas "linhagens". Ora, lembrem-se de que é por linhagens que se agrupam os alojamentos, por elas que se faziam e ainda se fazem frequentemente os casamentos, por elas que se mantêm as normas e práticas religiosas. Sobre o valor desse cimento social que é a religião, citaremos o julgamento de um missionário em Porto Novo: "Direi apenas uma palavra sobre o fetichismo, e essa palavra terá talvez um certo valor, vinda de um missionário: é uma bela instituição que se vai. Não digo", acrescentava ele, "que é uma bela religião."

A mulher foi a primeira a se revoltar contra a linhagem para fazer triunfar (hoje, uma em cada duas vezes) o casamento de sua escolha. Contudo, essa emancipação permanece enviscada em um passado poligâmico e terrivelmente conservador. Julguem por esse início de uma confidência feminina: "Quando meu marido tomou outras esposas, confiou-me o dinheiro porque eu era sua primeira mulher, e eu o distribuía às coesposas. Fui eu que escolhi as duas outras esposas de meu marido, que ele tomou alguns anos depois de nosso casamento. As coesposas me saúdam de joelhos e fazem os serviços que peço." Outra declara: "Saúdo de joelhos meu sogro, minha sogra, os tios, as tias, os irmãos e as irmãs mais velhos de meu marido. Não me ajoelho diante dos irmãos e irmãs caçulas, mas devo-lhes respeito. Presto serviço a toda a família de meu marido: faço as compras, os trabalhos domésticos, pego água para todos, vou ao mercado, amasso a pimenta. Quando preparo uma refeição, ofereço, de quando em quando, um pouco da comida que cozinhei a uma tia, a um tio, a um irmão de meu marido, à minha sogra, ao meu sogro." Imaginem agora, em meio a semelhante linhagem, um "evoluído" que na cidade continuou a ser mais que metade camponês. Ele ficará dividido entre seus novos hábitos culturais, por vezes adquiridos no estrangeiro, e esses rituais que não perderam necessariamente o sentido para ele, entre o apego familiar e a impossível obediência.

O que transtorna tudo é o meio urbano: o trabalho, a escola e até o espetáculo da rua, enquanto longe da cidade tudo permanece obstinadamente como antes. Uma costureira, uma "evoluída", fez sua aprendizagem em casa das irmãs de Cotonu e em seguida desposou um funcionário. Ei-la feliz, com seu ateliê, suas clientes. "Após um ano de casamento, meu marido, que é funcionário da administração, foi transferido para o Norte, onde não tive mais trabalho, porque as mulheres se vestem com folhas ou andam nuas." Finalmente, o marido é transferido de lá. "Faz um ano que moro em Porto Novo [...] Meu marido comprou-me outra máquina de costura."

Na linha desse teste, pensemos naquelas elegantes das cidades, naquela modelo de Dacar enrolada em um soberbo tecido branco. Imagem do futuro, como as ousadias modernas da cidade, menos poéticas, sem dúvida, que as velhas casas coloniais da ilha de Goreia, bem defronte, porém mais atualizada.

Cidades e campos entabularam o diálogo, velho como o mundo: o das civilizações de cima com as culturas de baixo. No entanto, as cidades ainda não passam de uma ínfima fração do mundo negro. E a rapidez de sua evolução será finalmente função de seu ímpeto ou de sua fraqueza.

• ***Rapidamente instalados, os governos independentes se revelaram, com o tempo, de uma solidez inesperada.***

Como o fenômeno é geral, ele exige, para lá dos casos particulares, por interessantes que sejam, uma explicação geral. De fato, diante desses governos, há a paciência sem limites dos governados. É muito mais que a submissão, ontem, dos súditos de Luís XIV em relação ao Rei Sol. Governar, na África Negra, é forçosamente reinar. Quem poderia imaginar: aqui a prática do poder não desgasta, mas rejuvenesce, revigora. O presidente da Libéria, Tubman, no cargo desde 1944, ainda governa em 1962; é já, em seu ativo, um tempão! Não há dúvida de que o poder é, aqui, de uma essência particular que o garante contra as instabilidades europeias – poderemos dizer de essência quase real?

Em todo caso, no pedestal da estátua do Osagiefo (traduza-se: "O Vitorioso em Tudo") de Gana, o presidente Nkrumah, lê-se esta máxima muito bem cunhada: "Procure primeiro o Reino Político, e o resto lhe será dado em acréscimo." É, resumindo, um "primeiro, a política!"

Portanto, tomar o poder e conservá-lo. Como o poder não se divide, não se controla, a oposição não tem nenhuma razão de ser. Para ela, manifestar-se é correr rumo à própria desgraça. Gana, Serra Leoa, Guiné aí estão para nos dizer isso cruamente. Jovens intelectuais em ruptura com os governos ditatoriais de seus países já frequentam a Europa ou as universidades americanas, quando não se trata de embaixadores exonerados e que julgaram melhor não voltar, situação que não convém aos nossos gostos de ocidentais. Donde esta afirmação do primeiro-ministro do Senegal, no sentido mesmo de nossa sensibilidade: "A 'ganocracia' não nos interessa", prova de que, mesmo no plano político, a África não é uniforme.

Todavia, reconheçamos ser necessária muita sabedoria à maior parte dos governantes para não ceder ao que se impõe quase por si mesmo. Se nós, europeus, quisermos não ser injustos para com esses governos que nos desconcertam, devemos estar atentos para a estreiteza da classe dirigente. Em torno dos senhores da África Negra, são os mesmos raros homens que se agitam, muito menos numerosos que em torno de um René d'Anjou ou de um Filipe, o Bom, outrora. A Libéria é administrada, de fato, por 2% de afro-americanos a respeito dos quais não juraríamos que são plenamente aproveitados. A massa da população continua inerte, fora do que chamaríamos de "país legal". Isso não quer dizer que esses grupos estreitos não estejam divididos; eles o estão, infinitamente, e os gestos enérgicos e inesperados do poder têm desculpas.

Por outro lado, se governar coloca poucos problemas políticos, o mesmo não se pode dizer dos problemas administrativos. Para engajar os homens em uma via de modernismo, seria preciso convencê-los, recrutá-los. Empenhados nessa tarefa difícil, alguns governos se deixaram levar por seu próprio jogo, um jogo demagógico.

Para administrar eficazmente, seriam necessários homens, quadros, dedicações irrepreensíveis, uma disciplina; para construir um novo país, capitais, investimentos, cuidadosamente calculados – e impõe-se também que a razão prevaleça, mas isso é a coisa mais rara em todos os países do mundo.

Na Guiné – a primeira das antigas possessões francesas que escolheu a liberdade e a independência quando essa escolha lhes foi oferecida pelo governo do general De Gaulle (1958) –, não é o plano trienal do governo socializante de Sékou Touré que é ruim ou falso em si, mas ele foi pré-fabricado a partir de normas econômicas e de séries de dados, enquanto a sociedade tradicional é um elemento do problema que sempre deve ser levado em consideração. Se "diversas sociedades estatais encarregadas da importação dos produtos estrangeiros fracassaram umas após outras: Alimag, especializada na alimentação em geral; Libraport, na livraria-papelaria; Ematec, no material técnico; Pharmaguinée, nos produtos farmacêuticos; e todas as sociedades irmãs"; não foi somente por culpa de escândalos internos (ou externos), mas porque a organização não estava calculada a partir do elemento humano guineano. Ela não supunha apenas homens honestos e educados, mas uma hierarquia administrativa, quadros, controles etc. Toda socialização bem-sucedida supõe quadros particularmente competentes e numerosos. Aqui, seria necessário formá-los.

O que está em jogo nos planos econômico e social

• ***O destino dos Estados negros ainda está mal delineado: no tabuleiro africano e no tabuleiro do mundo, jogam-se partidas com vivacidade e algumas ilusões.***

Entre essas jogadas não necessariamente ganhadoras, coloquemos os intentos imperialistas de curto alcance em relação ao vizinho imediato. As divisões – artificiais, como vimos – os favorecem sem, contudo, justificá-los.

O Marrocos reclama toda a Mauritânia, o Rio de Ouro, Ifni, uma parte do Saara argelino. A Guiné de Sékou Touré tem em mira a populosa Serra Leoa. Gana, cujo nome se refere, não sem intenção, ao grande império desaparecido, tem pretensões históricas que lhe permitiriam anexar o Togo e a Costa do Marfim; o Mali (de nome igualmente significativo) sonha em "federar" o Alto Volta, o Níger e em adjudicar-se um pedaço do Saara argelino. Jogadas mais ambiciosas, se não mais sólidas: a reunião dos Estados em dois grupos esboçados durante conferências rivais de 1961. O grupo de Casablanca: Marrocos, Gana, RAU (união, hoje dissolvida, do Egito e da Síria), Guiné, GPRA*, Mali são, evidentemente, os extremistas. O grupo de Monróvia: Tunísia, Líbia, Mauritânia, Senegal, Serra Leoa, Libéria, Costa do Marfim, Alto Volta, Nigéria, Niger, Chade, Camarões, República Centro-Africana, Gabão, Congo (Brazzaville), Etiópia, Somália, Madagascar, são, evidentemente, os moderados, os bem-comportados.

Nada garante que essas classificações se manterão. A recente independência da Argélia introduzirá um elemento novo, cuja incidência

* Governo Provisório da República Argelina. [N. R.]

não se pode prever. O jogo continua aberto, inclusive o da unidade ou da busca da unidade. Era isso, em todo caso, que estava em jogo em uma terceira conferência, reunida em Lagos no começo de fevereiro de 1962, mal preparada pelo governo da Nigéria e que foi um fracasso: os "doze" de Brazzaville se chocaram com a oposição do grupo de Casablanca, a quem o não convite do GPRA fornecera excelente pretexto.

Trata-se, de fato, de jogadas sempre complicadas. Não há ninguém que não seja pelo princípio de uma África inteiramente livre, mas essa liberdade pode ser entendida de diversas maneiras. O presidente Nkrumah queria que a ocupação europeia, ou o que resta dela, fosse despachada o mais tardar a 31 de dezembro de 1962; contudo, ao mesmo tempo, deseja retirar dessa política eventual de homem forte uma posição de liderança que os outros Estados estão pouco dispostos a conceder-lhe. Foi isso, inclusive, que manteve no estágio preliminar a união esboçada entre Gana e a Guiné...

No momento, não se vê muito bem que território ou grupo de territórios poderiam emergir acima dos demais e impor uma unidade ao conjunto. Dominar é uma questão tanto de sabedoria quanto de brutalidade, e mais uma questão de poder real que de força política.

No tocante à riqueza em homens, com tudo que ela comporta no equilíbrio de um continente subpovoado, é seguramente a África inglesa que leva a melhor, graças às fortes densidades e às cidades de Gana, de Serra Leoa e da Nigéria. O progresso são as cidades: as cidades da Nigéria são as maiores da África Negra. Lagos conta mais de trezentos mil habitantes, e lbadã, mais de quinhentos mil.

A África Negra de expressão francesa, com exceção da Guiné (o Mali acaba de firmar um acordo com o governo de Paris sobre um programa econômico), apoia-se na força do Mercado Comum. Ora, nem a Nigéria, nem Gana aceitarão verossimilmente semelhante associação, mesmo que a própria Inglaterra entre na CEE.

Apesar de sua relativa fraqueza demográfica, a África francesa dispõe também de quadros culturais de valor; o ensino aí se desenvolve ativamente. Enfim, falávamos de cidades: os geógrafos dizem e repetem que só uma cidade é, em potencial e por sua posição geográfica, uma cidade imperial e mundial: Dacar. Ela comanda o Atlântico Sul e, mais além, o eixo aéreo transversal da África. Tudo isso, evidentemente, pode mudar ao ritmo das comunicações mundiais ou se afirmar.

• ***O verdadeiro jogo não é o de uma evolução que se coloca em termos de força, de número, de progresso econômico?***

A economia do continente, muito atrasada, fornece produtos minerais ou alimentares não transformados (se excetuarmos as olearias do

Senegal ou as usinas de alumínio da Guiné) e compra produtos industriais. Tudo dependerá, forçosamente, dos compradores e dos fornecedores. Segundo as condições normais das balanças comerciais, as possibilidades de desenvolvimento, de investimentos anuais, ainda permanecem extremamente diminutas, e seu progresso, lento. Quando se pretende ultrapassá-las, incorre-se em uma política de créditos que abre a porta para dependências imediatas, queira-se ou não. Se a URSS fornece trilhos para a ferrovia de Conacri a Kankan, que precisa ser conservada e refeita, surge o problema dos técnicos que os colocarão, assim como o dos ferroviários e seus sindicatos. Se o Senegal ou o Daomé empreenderem a fundação de uma grande faculdade (que não saberiam conceber de outra forma senão segundo as normas francesas que lhes são habituais, isto é, de uma gratuidade quase total do ensino), necessitarão de professores e de créditos vindos da França, assim como dos técnicos e professores secundários que lhe pedem. Tudo está inter-relacionado.

A África Negra não poderá, por conseguinte, cessar de solicitar a ajuda dos dois blocos de países industriais, sem esquecer o terceiro, o bloco chinês, que oferece seus serviços em um espírito de cruzada, sempre, porém, acompanhados de uma invasão humana que se explica por sua própria sobrecarga de homens.

Em todo caso, é necessário optar por uma ou outra dessas soluções, ou por todas ao mesmo tempo; do contrário, não haverá grandes obras públicas nem planos econômicos em perspectiva. Mesmo sacrifícios tão espetaculares como aqueles com que o Níger acaba de consentir, por ocasião de sua festa nacional (19 de dezembro de 1961, aniversário da independência) – salários reduzidos para os membros do governo, fim dos carros funcionais, fim das horas suplementares pagas, aumento dos impostos –, todos esses sacrifícios não bastariam. São necessários os equipamentos indispensáveis. O Mali, ontem, após sua ruptura com o Senegal, foi salvo pelos caminhões que lhe foram fornecidos pela República de Bonn e que asseguraram a ligação com Kankan, com a ferrovia de Conacri e, mais além, com o oceano.

Ademais, todo o material do mundo não significará nada, nada será sem os quadros técnicos capazes de utilizá-lo. Esse problema essencial depende de uma evolução interna prévia, de um esforço consciente.

Na Guiné, sob o regime comunizante de Sékou Touré, uma jornalista suíça relata uma conversa com técnicos tchecos: "'Veja você', diz-me um deles, 'os franceses tinham uma vantagem sobre nós. Eles podiam mandar. Ontem, meu carro teve uma pane banal de bateria. Não me escutaram na garagem administrativa, e o operário negro mexeu imediatamente no carburador. É uma mania deles, mexer na peça mais delicada. Resultado: estou a pé, sabe Deus até quando. Um francês teria esbravejado. Nós não temos o direito de fazê-lo. No entanto, seria uma coisa desculpável e útil, neste clima, com esta umidade. Realmente, não entendo como a França e a Inglaterra tenham se agrilhoado à África. Tenho contrato de um ano e irei embora aliviado, sem ter formado ninguém, porque isso é decididamente impossível.'" Pequeno sociodrama, cuja moral não pode ser senão esta: qualquer educação só é útil quando aceita com entusiasmo.

Atesta-o outra imagem, que cumpre colocar diante desta última, para não forçar-lhe o sentido: um jovem professor francês, chegando à Costa do Marfim em outubro de 1961, descobre, encantado, a extraordinária sede de aprender, a aplicação espontânea e inteligente de seus alunos das sétima e oitava séries. Esses sabem que são a África de amanhã.

A arte e a literatura

• ***Que testemunhos trazem a arte e a literatura sobre esse mundo em movimento e sua divisão entre hoje e amanhã?***

Para qualquer observador, *a arte autóctone de que o Ocidente fez as suas delícias – máscaras, bronzes, marfins, madeiras esculpidas – se deteriora e morre aos nossos olhos*. Ela já morreu. Será, como se diz tantas vezes – o que é em parte verdadeiro –, porque os próprios marcos sociais e sobretudo religiosos em que a arte se inspira desde sempre se deterioram sob o choque violento e repetido da civilização urbana, industrial?

Em todo caso, é indiscutível que *certa arte africana se afasta de nós, com seus cantos, suas danças, suas concepções artísticas, suas religiões, suas narrações cantadas ou salmodiadas*, sua concepção do tempo perdido, do universo, dos homens, das plantas, dos animais e dos deuses, em suma, uma civilização tradicional que, como sabemos pelo próprio exemplo do Ocidente, será varrida quando se acelerarem as deteriorações em curso.

Entretanto, de seu passado tradicional, a Europa conservou mais de um vestígio reconhecível que ela continua a acalentar em seu coração, por vezes sem o saber: o que a África conservará de sua civilização?

Quanto mais uma arte nos remete a uma civilização desaparecida, mais antiga que aquela que se encontra sob os nossos olhos, tanto mais a literatura, *a jovem literatura negra fortemente ocidentalizada* (quando mais não fosse, pelo emprego das línguas europeias: existem apenas algumas tentativas literárias nas línguas africanas, línguas orais cuja transcrição foi tardia e difícil), tanto mais essa jovem literatura nos remete ao outro extremo da evolução negra, ao que ela será mais ou menos quando a maioria dos africanos tiver "visto a luz". Essas narrativas rudes e vivas são, com efeito, a realidade africana vista por "evoluídos" e lançam sobre essa realidade, naquilo que ela tem de mais original e de mais irredutível aos valores alheios, luzes extraordinárias.

Leiam-se, por exemplo, os *Novos contos de Amadu Kumba*, desse escritor já célebre que é Birago Diop. Sua matéria, naturalmente, é de ontem, porém sua forma, a maneira linear como eles são realçados por uma narração equilibrada segundo as regras da arte literária, já não são, como escreve Jean Duvignaud, "aquele paraíso perdido" dos contos populares. Sua forma ocidental, por si só, é o sinal de uma literatura "arrancada às suas comunidades, embora continue a sonhar com estas". É como sonhar com os primeiros escritores latinos da Gália. Onde quer que se marque a hora de uma literatura nova dos negros (ou da África, ou do Novo Mundo, em qualquer uma das línguas do Ocidente, do francês ao inglês, ao espanhol, ao português) – com Langston Hughes, Richard Wright, Aimé Césaire, Senghor (o presidente da República do Senegal), Diop, Fanou, Glissant, Oyono, Diolé, Camara Laye –, onde quer que soe essa hora, não falemos de traição, mas, ao contrário, de apego apaixonado, de distanciamento obrigatório, de etapa vencida.

"Eles modificaram as estruturas profundas de sua personalidade", diz muito bem Jean Duvignaud, "na exata medida em que uma língua é um ser, um modo de existência particular. Nessa transferência, alguma coisa morreu para sempre: as mitologias imediatas." Sem dúvida. Contudo, a língua não é a única mudança de estrutura sofrida por esses homens. É toda uma engrenagem, como conta *O menino negro*, de Camara Laye, essa autobiografia de um jovem aldeão, filho "da grande família dos ferreiros", que irá fazer seus estudos em Paris. Sua mãe assiste impotente a suas partidas sucessivas: "Sim, ela devia ter visto essa engrenagem que, da escola de Kurussa [a escola aldeã], conduzia a Conacri e terminava na França; e, durante todo o tempo em que ela [...] lutara, deveria ter olhado a engrenagem girar: primeiro esta roda e aquela, depois uma terceira, depois mais outras rodas, muitas outras rodas, talvez, que ninguém via. E que fazer para impedir que essa engrenagem girasse? Só se podia olhá-la girar, olhar o destino girar: meu destino era partir!"

Sim, *uma nova civilização emerge*, por bem ou por mal, frágil ou segura de seu futuro, das águas antigas *de uma civilização tradicional, vivaz, sempre nutriz*. E nisso reside o ponto importante. A África abandona uma civilização milenar, mas nem por isso perderá *sua* civilização. Transformada, dilacerada, nem por isso ela deixará de ser uma civilização particular, profundamente marcada por uma psicologia, gostos, lembranças e tudo que é próprio de uma terra. Senghor fala, inclusive, de uma "fisiologia" que comanda certa "atitude emotiva" em face do mundo, que faz com que "o mundo mágico seja para o negro africano mais real que o mundo visível", um meio de conhecimento, a bem dizer. Os escritores negros aparentemente mais ocidentalizados por sua cultura são também os que mais insistem sobre o psiquismo particular de sua raça.

Julgue-se por algumas outras linhas tiradas de *O menino negro,* em que se descrevem certos dons extraordinários e quase mágicos de sua mãe: "Esses prodígios – em verdade eram prodígios –, hoje penso neles como nos acontecimentos fabulosos de um passado remoto. No entanto, esse passado está bem próximo: ele data de ontem. Mas o mundo se mexe, o mundo muda, e o meu mais rapidamente talvez que qualquer outro, de modo que parece que deixamos de ser o que éramos, que em verdade já não somos o que éramos e que já não éramos exatamente nós mesmos no momento em que esses prodígios se realizavam aos nossos olhos. Sim, o mundo se mexe, o mundo muda; ele se mexe e muda a tal ponto que meu próprio totem – também tenho o meu totem – me é desconhecido." Pode-se descrever melhor a ruptura? Porém, o autor ainda diz: "Hesito um pouco em dizer quais eram esses poderes [os de minha mãe], e não quero sequer descrevê-los todos: sei que a narração deles será acolhida com ceticismo. Eu mesmo, quando me acontece rememorá-los, já não sei como devo acolhê-los: eles me parecem inacreditáveis, são inacreditáveis! No entanto, basta lembrar-me do que vi, do que meus olhos viram... Essas coisas inacreditáveis, eu as vi; revejo-as como as via. Não existem em toda parte coisas que não se explicam? Em nossa terra, há uma infinidade de coisas que não se explicam, e minha mãe vivia na familiaridade delas."

Essas "coisas que não se explicam" são, talvez, o segredo particular de cada civilização.

TERCEIRA PARTE

O EXTREMO ORIENTE

CAPÍTULO I

Introdução ao Extremo Oriente

Nosso propósito é considerar *exclusivamente* os traços globais, as convergências do Extremo Oriente, recorrendo sucessivamente à geografia, à história e, em seguida, à remotíssima origem de civilizações ainda vivas sob os nossos olhos. Este último traço é, sem discussão possível, o mais importante de todos.

O que assinala a geografia

Ver o Extremo Oriente, situar esse imenso teatro é compreender, mais que parcialmente, seu destino e suas estranhas civilizações. Para essa primeira tomada de contato, os viajantes, os jornalistas e os geógrafos são os melhores guias. Desde que não expliquem tudo de maneira autoritária, a partir de um determinismo geográfico absoluto, que não existe mais na Ásia que na Europa ou em qualquer país longamente trabalhado pela história e pelo esforço paciente dos homens.

• ***O Extremo Oriente, em linhas gerais, é um mundo tropical e subtropical.***

É a "caldeira" da Índia, suas florestas e jângales; a China meridional, chuvosa e quente; a Insulíndia equatorial, com suas florestas gigantescas e suas plantas de crescimento ultrarrápido (um metro por dia, para certas lianas, no Jardim Botânico de Buitenzorg, em Java).

Entretanto, a Índia é também o Indo, o Ganges médio, o Decão central seco, ao abrigo dos Gates ocidentais – ou seja, evidente aridez e semiaridez; a China é também a China do Norte, imenso "campo" de loesses ou de aluviões recentes, com seus invernos rigorosos, a Manchúria arborizada, os desertos gelados do Norte.

Toda essa China setentrional, com a capital imperial. Pequim, em sua extremidade, está sob o flagelo do frio. Aí, no inverno, o camponês dorme sobre seu forno. Diz o provérbio: "Que cada um varra a neve diante de sua porta sem se preocupar com a geada no telhado dos vizinhos." "No inverno, em dias de gelo", escreve um letrado do século XVIII, "quando parentes e amigos pobres vierem à nossa porta, primeiro prepararemos uma grande tigela de arroz, que lhes poremos nas mãos, e acrescentaremos um pequeno pires de gengibre marinado. É esse o melhor meio de aquecer os velhos e reconfortar os indigentes [...] Cozinharemos grossos mingaus que degustaremos apertando a tigela com as duas mãos, o pescoço encolhido nos ombros; nas manhãs de geada ou de neve, quando se toma esse prato, sente-se um calor gostoso por todo o corpo."

Às vezes, esses frios vivos e essas nevadas deslizam rumo ao sul tropical. Em 1189, nevava em Hang-Tcheu, a capital dos Song do Sul, não longe do Yangtse-kiang. "Os ramos dos bambus quebravam-se com um ruído estranho."

Assim, a geografia, à primeira vista, testemunha sobre a diversidade, e não sobre a unidade desses países de múltiplas fisionomias. Talvez, então, ela nos extravie, estando, por isso, o problema mal colocado? Não é o meio geográfico, em si muito diversificado, que cria a unidade do Sudeste Asiático, mas sim uma civilização *material* bastante monótona, que se impõe em quase toda parte e que se acrescenta aos elementos geográficos, físicos e humanos. Essa civilização é por demais antiga, está por demais enraizada em idades remotas, é "o produto de um número muito grande de processos de psicologia individual e coletiva para que seja lícito fazê-la derivar apenas do meio físico local" (P. Gourou). Ela existe em si mesma, força mais que semi-independente, determinante, por sua vez.

• ***Essa civilização se afirma sem rodeios, de maneira monótona, onde quer que se pratiquem as sondagens, como uma civilização exclusiva do vegetal.***

Essa verdade foi regularmente registrada por todos os viajantes ocidentais, ontem como hoje, assim que puseram o pé na Ásia.

Os japoneses só comem carne de caça, diz um deles, um espanhol, em 1609. Um médico alemão, por volta de 1690, observa que eles ignoram o leite e a manteiga. Alimentam-se do *gokost*, "os cinco alimentos da terra" (como na China, o número *cinco* é sagrado no Japão): o arroz "branco como neve"; o saquê, aguardente fabricada a partir do arroz; a cevada, em princípio destinada ao gado, mas da qual se faz farinha e bolos (essas espigas de cevada, nos campos, diz o mesmo médico, são de um "vermelho admirável de se ver"); e, enfim, ervilhas brancas semelhantes às nossas favas. Ao que se juntam o painço, legumes, peixe, mas sempre pouca, muito pouca carne.

Vinte anos antes, nas Índias, um médico francês, observando a enorme balbúrdia do cortejo que acompanhava o Grão-Mogol Aureng Zeb em sua viagem de Delhi à Cachemira, espantava-se da sobriedade dos soldados, "muito simples em sua alimentação [...] De todo esse grande número de cavaleiros, não há um décimo, nem mesmo um vigésimo que, durante a marcha, coma carne. Desde que tenham o seu *kicheris*, ou mistura de arroz com legumes, sobre o qual derramam manteiga derretida e dourada, ei-los satisfeitos."

Da mesma forma, os habitantes de Achem, na ilha de Sumatra, não são exigentes. "O arroz constitui seu único alimento", diz um viajante de 1620. "Os mais ricos juntam-lhe um pouco de peixe e algumas ervas. É preciso ser grande senhor em Sumatra para ter uma galinha assada ou cozida [...] Por isso dizem que dois mil cristãos na ilha logo esgotariam seus bois e aves."

Na China se dá o mesmo. "Se os chineses comessem tanta carne quanto nós, na Espanha", nota o padre De las Cortes (1626), "toda a sua fertilidade nem de longe lhes bastaria." Até os ricos se contentam com pouco: eles "espetam em suas mesas, para abrir o apetite, alguns pedacinhos de carne de porco, de frango ou outras que ali se dispõem"; tira-gostos, diríamos hoje. É o que também explica um viajante inglês do século XVIII. Mesmo em Pequim, onde não obstante chegam animais da Tartária, "o povo come muito pouca carne, que mistura com os vegetais para dar-lhes um pouco de sabor. O leite, a manteiga, o queijo [...] são pouco conhecidos dos chineses".

Não que eles tenham aversão pela carne, ao contrário. Quando um animal morre por acidente ou de doença, boi ou camelo, carneiro, burro, é imediatamente comido. "Esse povo não faz distinção entre a carne limpa e a carne suja", conclui nosso inglês com uma certa repugnância. Na China comem-se cobras, rãs, ratos, cachorros, gafanhotos...

A esses testemunhos somam-se as inumeráveis indicações da própria literatura chinesa, muito precisa em assuntos da vida cotidiana. Uma personagem de romance, jovem viúva esnobe, "um dia quer pato, no dia seguinte, peixe, outra vez, legumes frescos, caldo com brotos de bambu; quando não tem o que fazer, exige laranjas, biscoitos, nenúfares. Bebe muito vinho [de arroz]; todas as noites, come pardais fritos; lagostins salgados; bebe três litros de vinho de cem flores." Tudo isso, evidentemente, excessos, caprichos de rico...

Tcheng Pan Kia, letrado poeta, pintor e calígrafo (1693-1765), homem generoso, deseja que todas as pessoas de sua casa participem dos dias de festim. "Todas as vezes", escreve ele em uma de suas *Cartas familiares,* "que tem peixe, arroz cozido na água, frutos, bolos, é bom fazer à roda uma distribuição equitativa." Os alimentos mencionados em suas cartas são bolos de trigo-sarraceno, papas grossas de arroz quente... Tal é a norma. Certo riquíssimo usurário, proprietário de uma casa de penhor, que nos é descrito em um conto da Idade Média, terrivelmente avarento, pronto a regozijar-se com qualquer "sapeca" "que encontre no chão", almoça "um prato de arroz frio regado a água fervendo."

Em verdade, hoje nada mudou. Aludindo à sábia cozinha chinesa, um jornalista escreve, em 1959: "Sei perfeitamente que a cozinha chinesa sempre foi uma arte de preparar nadas, que um povo excessivamente numeroso, a quem a criação do boi – esse formidável desperdício de calorias – é proibida, esforça-se por utilizar tudo o que nós outros deixaríamos escapar."

Os chineses permanecem vegetarianos: 98% das calorias que utilizam provêm de gêneros vegetais; nem manteiga, nem queijo, nem leite, muito pouca carne, pouquíssimo peixe. Os hidratos de carbono são retirados em parte do trigo, do painço, no Norte; do arroz, predominante no Sul; as proteínas, da soja, dos grãos de mostarda, de óleos vegetais diversos.

Um único país se transforma, hoje em dia, nesse domínio, aumentando enormemente seu consumo de peixe e sobretudo adotando a carne: o Japão.

• ***A onipresença do arroz no Sudeste e sua exportação para o Norte são responsáveis pela generalização desse regime vegetariano.***

O Ocidente, consumidor de trigo ou de cereais sucedâneos do trigo, bem cedo se viu obrigado a adotar, em razão desse uso, o sistema dos pousios e das rotações de culturas, sem o qual a terra se esgota rapidamente e o trigo deixa de render. Assim, uma parte da terra foi automaticamente reservada à pradaria e às pastagens, já que o trabalho do trigo requer uma ajuda animal considerável.

O arroz, ao contrário, *ocupa todos os anos o mesmo espaço, indefinidamente.* A maior parte do trabalho é feita à mão. O búfalo só serve para trabalhos leves na lama do arrozal. Em toda parte, uma jardinagem minuciosa, atenta, faz-se à mão. Nessas condições, alimentar-se de carne seria um desperdício fantástico. Os animais precisariam ser alimentados com cereais. O homem prefere comer ele mesmo os cereais.

A primeira consequência desse regime é permitir um crescimento demográfico mais forte que qualquer outro sistema que dê lugar aos alimentos de origem animal. Seis ou oito camponeses podem alimentar-se com um único hectare, se tiverem uma nutrição exclusivamente vegetariana. Em uma mesma superfície, o rendimento humano do vegetal se revela indiscutivelmente superior aos demais. É ele que explica o pululamento das "multidões da Ásia".

Sem dúvida, como a da Índia, a formidável população da China é fato relativamente recente: a verdadeira largada para chegar a ela foi dada no sul do país, com a generalização, a partir dos séculos XI e XII, de espécies de arroz precoces que permitem a *dupla colheita anual*. A população, no século XIII, atinge provavelmente cem milhões. A partir do fim do século XVII, sua progressão torna-se muito viva. Hoje, o próprio número dessas multidões as impediria, caso quisessem, de escolher outra alimentação. "Assim, elas estão condenadas por um verdadeiro *determinismo de civilização* a perseverar nos caminhos que esta lhes traçou." Já no século XVIII, também a Índia ultrapassou a cota dos cem milhões de habitantes.

• ***A tese de Wittfogel: a civilização do arroz implica um sistema de irrigação "artificial" que impõe disciplinas cívicas, sociais e políticas.***

Pelo arroz, os povos do Extremo Oriente estão ligados à água, aos tanks (reservatórios) da Índia meridional; na planície indo-gangética, aos poços ou canais de irrigação procedentes dos cursos de água; da mesma maneira, na China, a irrigação apresenta todas as formas: está ligada, ao mesmo tempo, aos rios tranquilos do sul (portanto, às inundações regulares dos lagos Poyang e Tungting, na orla do Yang-tse), aos poços, aos canais – cujo tipo acabado é o Canal Imperial (a um só tempo via de comunicação e sistema de irrigação) –, aos rios selvagens do Norte, como o Pei-ho ou o Huang-ho, que foi preciso represar, domar, e cujas revoltas brutais continuam sendo frequentes. Por toda parte, tanto nos terraços das Filipinas ou de Java como na China cantonesa e no Japão, a irrigação, muitas vezes com seus canais aéreos de bambus, suas bombas primitivas ou modernas, implica uma disciplina estrita de trabalho e obediência, à imagem do antigo Egito, exemplo clássico das servidões impostas pela irrigação.

Iniciada provavelmente no segundo milênio a.C., nas terras baixas niveladas, a cultura do arroz estendeu-se pouco a pouco a todas as terras irrigáveis, ao mesmo tempo que ia melhorando graças a grãos selecionados que facultaram a criação de espécies precoces. Desde então, a rizicultura acarretou para essas populações do Extremo Oriente, como diz K. A. Wittfogel, regimes autoritários, burocráticos, com chusmas de representantes do Estado.

Essa explicação, discutível em mais de um detalhe, conforme sublinharam seus contraditores, revela-se, sobretudo, demasiado simplista. Se existe, e evidentemente existe, um determinismo da água domesticada, da água necessária ao arroz, do próprio arroz, essas injunções não constituem senão um dos elementos de um edifício muito mais complexo, verdade que não se deve perder de vista, mas tampouco se devem esquecer as injunções da civilização do arroz: elas contaram, e continuam contando.

• ***Imensas zonas permanecem primitivas ou selvagens no Extremo Oriente, onde, em geral, prosperam, sobretudo, as civilizações de planície, ligadas à irrigação.***

Os arrozais inundados das montanhas são uma realidade, é certo, mas em terraços estreitos, em regiões superpovoadas, onde o imenso trabalho desses terraços, no que concerne à água, foi possível (como em Java). Regularmente e na mesma medida em que uma cultura intensiva triunfou, o homem civilizado, no Extremo Oriente, retém apenas uma parte mínima do espaço. O resto, principalmente nas terras altas, nas regiões isoladas, em certas ilhas, são refúgio de populações e culturas primitivas.

O livro de Georges Condominas, *Nous avons mangé la forêt* (1957), transporta-nos para as proximidades de Saigon, atrás de Dalat, a estância estival, junto a uma tribo primitiva cuja crônica é contada em seu dia a dia. Ela vive perto de uma floresta, parte da qual é cultivada todos os anos: as árvores são "cintadas", abatidas ou queimadas. Na terra assim obtida, "a plantação se faz por meio do 'pau de escavar', um buraco rapidamente aberto, algumas sementes, a terra calcada com o dedo grande do pé". O essencial da colheita será fornecido pelo arroz de sequeiro. Um lanço de floresta é comido todos os anos. Ao cabo de vinte anos, volta-se ao ponto de partida, se tudo correr bem, isto é, se a floresta, "deixada em pousio", tiver-se reconstituído no intervalo.

Essa agricultura itinerante (chamada *ladang* em língua malaia e que se encontra por toda parte, com nomes variáveis) é uma agricultura primitiva, praticamente sem animais domésticos. Ela sustenta a vida de mil povos atrasados. A época atual, evidentemente, não lhes é muito favorável, mas eles sobrevivem nas regiões mais remotas.

O Ocidente, ao contrário, soube assimilar bem cedo seus primitivos. Não lhe faltaram, é certo, zonas isoladas e atrasadas, ainda hoje reconhecíveis, mas ele conseguiu atingi-los, catequizá-los, conduzi-los às grandes cidades, captar suas forças vivas.

Nada de semelhante ocorre no Extremo Oriente. Essa enorme diferença explica a presença, na China, de tantos povos "não sinizados" e, na Índia, de tantas tribos fora do sistema de castas e de suas proibições (ou seja, fora da civilização indiana).

Ela nos explica, pois, detalhes do presente e do passado. Em 1565, no campo de batalha de Talikota, o reino "hindu" de Vidschayanagar, no Decão, a despeito de contar com um milhão de combatentes, é ferido de morte pela cavalaria e, mais ainda, pela artilharia dos sultões muçulmanos. A imensa, a admirável cidade se vê então indefesa, seus habitantes, sem meios de fuga, pois todos os veículos, todos os bois de tiro partiram com o exército. Todavia, não serão os vencedores que os pilharão, pois enquanto, em vez de invadi-la, eles se demoram a perseguir os vencidos e trucidá-los, os povoados primitivos dos arredores da cidade, hordas de brindscharis, de lambadis, de kurumbas, lançam-se sobre a capital e a saqueiam...

Um médico alemão, no caminho de Sião, ouve as confidências de um mercador japonês que, alguns anos antes, em 1682, naufragou em uma ilha deserta, perto da costa de Luzon. Eram uma dezena de náufragos a viver dos ovos abundantíssimos das aves selvagens e dos moluscos encontrados em bancos espessos do litoral. Após oito anos dessa vida extravagante, constroem um barco, fazem-se à vela e finalmente chegam, extenuados, à ilha de Hainan, no golfo de Tonquim, para saber que escaparam por pouco de uma morte certa. A ilha é metade chinesa, metade primitiva, e eles tiveram a sorte de abordar na parte chinesa. Os selvagens não lhes teriam dado quartel. Do mesmo modo, Formosa, conquistada pelos chineses em 1683, foi e permanece dividida, chinesa e não chinesa, como tantas ilhas e "compartimentos quase estanques do continente".

Os dados *atuais* relativos à China e suas populações não sinizadas não deixam de ser impressionantes. Embora esses primitivos não representem mais que 6% da população total (ou seja, muito aproximadamente, cerca de 36 milhões de seres), 60% do território chinês (incluindo, é verdade, aquelas regiões aberrantes que são o Góbi, o Turquestão e o Tibete) lhes pertence. No plano do espaço, são sempre majoritários.

São eles os chuangs do Kuang-si, os miaos, os lis, os thais e os yis (os quatro últimos, povos amplamente dispersos entre o Yun-nan e Kan-su); os hoveis do Kan-su, os yaos. Em relação a todos eles, ou quase, a política da China imperial e, ontem, da China de Chang Kai-chek foi uma estrita segregação. Lia-se nas portas das cidades yis: "É proibido aos yis reunir-se ou caminhar pelas ruas em grupos de mais de três." "É proibido aos yis passar a cavalo." A China atual lhes melhorou a sorte, reconheceu-lhes certa autonomia, mas não aquela semi-independência que os soviéticos concederam a suas minorias étnicas. Em compensação, todas essas sociedades retardatárias (com escravos, como entre os yis do Liangsan, ou com a servidão, *ula*, entre os tibetanos) foram subvertidas. Empreenderam-se trabalhos decisivos para dotar os mais atrasados de línguas escritas.

Assim, somente hoje a China se preocupa com suas populações atrasadas (para o bem e, seguramente, para o desprazer delas).

• ***Entre as zonas civilizadas, a terra dos homens selvagens é também o domínio dos animais selvagens.***

Este último traço marca o Extremo Oriente em sua totalidade – aí pululam os animais selvagens: leões da região do Pend jab, javalis das costas de Sumatra, crocodilos dos rios das Filipinas, e, por toda parte, rei dos animais cruéis, o tigre, ladrão e devorador de homens.

Verdade, hoje, que se pode reencontrar, mais colorida, em uma infinidade de narrativas de ontem. O padre De las Cortes, jesuíta espanhol que naufragou em 1626 perto de Cantão, falou desses tigres que abundavam nos campos chineses e vinham frequentemente às aldeias e cidades para apanhar suas presas humanas.

Um médico francês, François Bernier, visita o delta do Ganges em meados de 1660. Bengala é, certamente e de longe, a região mais rica, mais povoada da Índia, "um dom do Ganges", como o Egito é um dom do Nilo, grande região produtora de arroz e açúcar. Em meio a essa prosperidade, entre os próprios braços do rio, existem ilhas desertas, frequentadas por piratas. "Essas ilhas", conta Bernier, "já não têm outros habitantes, a não ser os tigres, que às vezes passam a nado de uma ilha a outra, ou gazelas, ou porcos e aves domésticos que se tornaram novamente selvagens. É por causa desses tigres que, quando se viaja entre essas ilhas em pequenas embarcações a remo, como sói acontecer, em muitos lugares é perigoso desembarcar; deve-se tomar todo o cuidado para que o barco, amarrado a árvores durante a noite, não fique muito próximo da margem, pois sempre há alguns de emboscada; e conta-se que já houve tigres tão ousados que entraram inclusive nos barcos, de onde arrebataram homens adormecidos, chegando mesmo (a crer nos barqueiros do lugar) a escolher os mais robustos e mais gordos."

Barbárie contra civilização: o testemunho da história

As civilizações maciças do Extremo Oriente – antes de tudo a Índia e a China – teriam vivido sossegadamente se só tivessem a incomodá-las essas zonas internas de selvageria, com seus pobres agricultores comedores de florestas. Seu tormento, sob a forma de verdadeiros flagelos bíblicos, veio dos vastos desertos e estepes (a oeste e ao norte da

China, ao norte e a oeste da Índia), tórridos sob o sol de verão, sepultados sob enormes massas de neve no inverno.

Nessas terras inumanas, uma população de povos pastores: turcos, turcomanos, quirguizes, mongóis... Nuvens de cavaleiros. Desde que a história permite percebê-los, já são tais como se manterão – violentos, saqueadores, cruéis, de uma bravura temerária – até o fim de sua grandeza histórica, isto é, em linhas gerais, até a metade do século XVII. Então, mas só então, os povos sedentários, graças à pólvora para canhão, vencê-los-ão definitivamente. Mantê-los-ão a distância; assim contidos, reduzidos a pouca coisa, eles não farão mais que sobreviver e levar uma vida miserável até a época atual. Nem as duas Mongólias (a Interior e a Exterior, a chinesa e a soviética) nem o Turquestão (o chinês e o soviético) são hoje, por si mesmos, países essenciais no tabuleiro do mundo. O que conta são apenas seus espaços e seus aeródromos, que não lhes pertencem.

• ***Mas em que esses nômades nos interessam, no plano da atualidade das civilizações? No fato de suas fantásticas irrupções, ontem, terem inegavelmente retardado o desenvolvimento das grandes civilizações vizinhas.***

Hermann Goetz, em sua coletânea clássica – *As épocas da civilização indiana*, 1929 –, diz, a propósito da Índia, mas sua observação pode indubitavelmente se estender à China. Porque a Índia só está realmente aberta para o mundo dos nômades pela estreita passagem de Khaiber, através das montanhas afegãs, enquanto a China tem a desvantagem de confinar diretamente com o vasto Góbi, contra o qual a Muralha da China, construída no século III a.C., é um obstáculo militar considerável, porém mais simbólico que eficaz e mil vezes transposto.

Para o sinólogo Owen Lattimore, esses nômades são antigos camponeses. O estabelecimento de uma agricultura aperfeiçoada repeliu os camponeses menos adaptados para as remotas regiões dos comedores de florestas, sobretudo para as orlas estépicas e desérticas. Esses camponeses escorraçados das regiões ricas só tiveram à sua disposição o refúgio dessas imensas e medíocres pastagens. Assim, a civilização foi "mãe da barbárie", fez de antigos agricultores pastores nômades. No entanto, o bárbaro volta constantemente desses refúgios, em consequência de crises internas, de revoluções sociais, de crescimentos demográficos explosivos, para os países sedentários, e esse retorno raramente é pacífico. Com muita frequência ele regressa como dominador, como triunfador, como saqueador: o nômade, então, despreza, desafia o sedentário conquistado... Escutemos a propósito as Memórias de Baber, que, em 1526, se apoderou da Índia do Norte: "[...] Embora o Indostão seja um país naturalmente encantador, seus habitantes são desprovidos de graça, e não se encontra no comércio com eles nem prazer, nem afabilidade, nem relações contínuas. Sem capacidade, sem inteligência, sem sociabilidade, eles não conhecem a generosidade e os sentimentos viris. Em suas concepções, como em suas obras, eles carecem de método, de firmeza, de regras, de princípios. Não possuem nem bons cavalos, nem carnes suculentas, nem uvas, nem melões, nem frutos saborosos. Aqui não existe gelo nem água fresca. Nos mercados, não se pode comprar nem iguarias requintadas, nem pão de boa qualidade. Banhos, velas, tochas, *medreceh*, candelabros, nada disso lhes é conhecido [...]

"À parte os rios e riachos que correm nas ravinas e nos fundos, eles não têm, seja em seus jardins, seja em seus palácios, nenhuma espécie de água corrente. Suas construções carecem de encanto, de ar, de regularidade e de elegância. Os camponeses e as pessoas de baixa condição andam geralmente nus. Como única vestimenta usam o que chamam de *langota,* simples pedaço de pano curto que lhes pende do corpo dois palmos abaixo do umbigo. Por baixo desse pedaço de pano curto há outro, fixado entre as duas coxas com o auxílio do cordão do *langota,* pelo qual o pano passa, e que serve para amarrá-lo por trás. As mulheres amarram em torno do corpo um *lang*, do qual deixam pender uma metade sobre os rins e a outra sobre a cabeça.

"A grande vantagem apresentada pelo Indostão, além da vasta extensão de seu território, é a grande quantidade de ouro, em lingotes ou em moeda, que aí se encontra."

Assim esse muçulmano do Turquestão julga, do alto de sua vitória, a partir de seu deserto e de seu orgulho de nômade, e também do alto de sua grandeza islâmica, à qual ele pertence, a velha civilização da Índia, sua arte, sua arquitetura. Sua arrogância, sem ser, embora, a "arrogância do ocidental", nem por isso é mais agradável.

• ***Os grandes movimentos de conquista dos mongóis não nos interessam aqui em seus pormenores, mas somente na medida em que envolveram a China e a Índia, ferindo-as cada vez em pleno coração. Como nas duas últimas imensas vagas de invasão, nos séculos XIII-XIV e XVI-XVII.***

Os mapas (páginas 100, 190, 221, 223) mostram os limites cronológicos e a organização variável das explosões, seja para o oeste, em direção à longínqua Europa, seja para o leste, com uma variante em direção ao sul e à Índia, sempre com choques de volta para a China. Sem dúvida porque, desde o princípio do século XV, a China é "o homem doente" que atrai sobre si as cobiças dos saqueadores. Quando morreu, em 1405, Tamerlão preparava um ataque contra a China.

Em todo caso, cada vez que explode o mundo batalhador dos nômades, China e Índia são rudemente atingidas, até em suas capitais. Quatro datas, repetidas duas a duas, dizem-no por si sós: 1215, o ano de Bouvines*, Gengis Khan toma Pequim; 1644, os manchus, reforçados por mongóis, tomam de novo Pequim; 1398, Tamerlão toma Delhi; 1526, Baber toma Delhi mais uma vez.

Esses acontecimentos são catástrofes inomináveis. Trata-se, cada vez, de milhões de vidas humanas. O Ocidente não apresenta, nem de longe, até as guerras técnicas do século XX, matanças tão generalizadas. A Índia, onde essas guerras se complicam com a luta de duas civilizações (os bárbaros que a invadem são povos convertidos ao Islã), teve uma história pavorosa no curso dessas incursões múltiplas, das quais só vem a triunfar finalmente, como a China, em razão de sua extraordinária força vital e também porque nunca foi totalmente submergida, até a extremidade do cabo Comorin, e porque o Decão sempre viveu com base em uma economia (e por vezes em uma emigração) ligada aos países do oceano Índico.

Para a Índia como para a China, esses maremotos terão significado destruições, freadas repetidas. Sem dúvida, com o tempo elas absorveram os invasores, mas a que preço? Então, será o invasor bárbaro o responsável, em grande parte, por uma crescente defasagem em relação ao Ocidente? Será esta a chave essencial do destino do Extremo Oriente?

Para a Índia, de bom grado se pode sustentá-lo. Em suas origens (II milênio a.C.), os arianos do Pendjab são análogos aos ancestrais dos helenos, dos celtas, dos italiotas, dos germanos. À *Ilíada* e à *Odisseia* corresponde a cultura cavalheiresca dessas guerras para a conquista da planície superior do Ganges narradas no *Mahabharata*. No século V a.C., na época de Buda, a Índia do Norte se acha coberta de repúblicas aristocráticas e de pequenos reinos semelhantes aos da Hélade, que têm, como na Grécia, um esboço de comércio. No século III, Chandragputa e Açoka fundam o primeiro Império, que vai reunir o Afeganistão e toda a Índia, salvo a extremidade meridional do Decão, irredutível como sempre. É a época em que se constrói o Império greco-macedônio de Alexandre. Com o nascimento de Cristo tem início, pela porta do noroeste, a invasão dos povos citas, que resultará no vasto Império dos guptas, entre os séculos III e VIII, e que renova a luta, interminável para a Índia, entre homens de pele clara e homens de pele escura. Em breve, como na Idade Média ocidental, percebem-se mas-

* Aldeia perto de Lille em que Filipe II, rei da França, venceu o imperador germânico Oton IV, chefe da coligação anglo-guelfa. Há aqui um erro (de impressão?), pois a vitória de Bouvines data de 1214. [N. R.]

sas de camponeses avassalados e, do século X ao XIII, grandes Estados feudais. Não há, decerto, um paralelismo rigoroso, sobretudo quanto às formas das duas sociedades, mas, de ambos os lados, não se observa nenhuma diferença muito pronunciada de nível até o século XIII e a grande tormenta mongol.

Então, a defasagem vai-se acentuar progressivamente. E a questão é a mesma para a China: em que medida foi ela retardada em seu desenvolvimento pela conquista mongol, consumada em 1279, e pela conquista dos manchus (1644-1683)? Técnica e cientificamente adiantada pelo menos até o século XIII, a China se deixa distanciar em seguida pelo Ocidente remoto.

É evidente, todavia, que não se poderia atribuir aos invasores da estepe toda a responsabilidade pelo destino intricado do Extremo Oriente. As destruições dos invasores foram imensas. Entretanto, tudo se reparou, cicatrizou com o tempo.

Dir-se-ia, até, de bom grado: cicatrizou muito bem. As invasões, que, no Ocidente, significaram rupturas e nascimentos de novas civilizações, passam pela China e pela Índia como catástrofes *materiais*, mas que não mudam realmente nem suas formas de pensamento nem suas estruturas sociais. Nunca houve um salto comparável àquele que levou a civilização antiga da Grécia a Roma e de Roma à cristandade; ou comparável à passagem do Oriente Próximo ao Islã.

Essa extraordinária fidelidade do Extremo Oriente a si mesmo, seu imobilismo, também se prendem a razões internas. Elas explicam em parte o seu atraso, que, aliás, é muito relativo. O Extremo Oriente, na verdade, não recuou; ficou onde estava, durante séculos e séculos, enquanto o resto do mundo progredia a olhos vistos, distanciando-se cada dia mais dele.

Origens remotas: as razões de um imobilismo cultural

Foi indubitavelmente muito antes da história, desde a aurora das primeiras civilizações, que tudo se decidiu. As civilizações do Extremo Oriente apresentam-se como conjuntos que teriam atingido muito precocemente uma maturidade notável, mas em um contexto que tornou quase imutáveis algumas de suas estruturas essenciais. Dele elas tiraram uma unidade, uma coesão admiráveis, mas também uma dificuldade extrema para se transformarem por si mesmas, para quererem e poderem evoluir, como se tivessem sistematicamente se recusado à mudança e ao progresso.

• ***Que as duas grandes civilizações do Extremo Oriente são civilizações milenares é o que devemos tentar compreender, esquecendo nossas experiências do Ocidente.***

No Extremo Oriente, onde os monumentos se deterioram e desaparecem muito depressa, na medida em que muitas vezes são, como na China e no Japão, construídos de materiais leves, o homem, o social e o cultural parecem, ao contrário, indestrutíveis. Eles não são de ontem, mas de um passado muito recuado. Imagine-se o que seria um Egito faraônico miraculosamente conservado, adaptado bem ou mal à vida moderna, que tivesse salvaguardado suas crenças e alguns de seus costumes.

O hinduísmo, ainda bem vivo, é a base quase inalterada de toda a civilização indiana há mais de um milênio e ainda adotou e transmitiu certas noções religiosas que contam alguns milhares de anos suplementares.

Na China, o culto dos ancestrais e dos deuses da natureza, que data pelo menos do primeiro milênio a.C., perpetuou-se igualmente através do taoísmo, do confucionismo e do budismo, que certamente não o suprimiram. Ele ainda está vivo.

Ora, a essas formas religiosas antigas e vivazes ligam-se estruturas sociais de resistência tão grande quanto elas: o sistema indiano das castas, a hierarquia familiar e social chinesa. Parece, pois, que se trata, em ambos os casos, de uma perenidade religiosa, a que corresponde uma perenidade social, estreitamente ligadas uma à outra. Esse traço é característico das culturas primitivas, cujas formas de vida e de pensamento são total, *diretamente* comprometidas com o sobrenatural. Ele é mais desconcertante em grandes civilizações tão desenvolvidas, em todos os seus diferentes domínios, quanto a China e a Índia, porém ainda mais notável por isso.

• ***Ao contrário do Ocidente, que separa nitidamente o humano e o divino, o Extremo Oriente ignora essa diferenciação.***

O religioso se confunde com todas as formas da vida humana: o Estado é religião, a filosofia é religião, a moral é religião, as relações sociais são religião. Todas essas formas participam plenamente do sagrado. Tiram dele, sem dúvida, sua tendência à imutabilidade, à perpetuidade.

Por uma contradição compreensível, esse divino mesclado a todos os atos da vida, inclusive aos mais triviais, dá muitas vezes ao Ocidente, habituado a colocar a religião em um pico espiritual, a impressão de uma ausência de sentimento religioso, que seria substituído por um formalismo ritual. É que é difícil para um ocidental compreender a importância, o sentido real desses ritos.

Observá-los é conformar-se a uma ordem divina que rege todo o humano. É viver religiosamente. Assim, o hinduísmo consiste muito mais, essencialmente, no reconhecimento dos valores representados pela hierarquia de castas do que "na crença em seres espirituais e no culto dos deuses que são apenas um fragmento deles".

Da mesma forma, os chineses pouco se preocupam em distinguir entre uma infinidade de deuses. O essencial é observar, em face deles, todas as obrigações rituais, prestar ao culto dos ancestrais todos os cuidados que lhe são devidos, observar, enfim, na vida familiar e social, todos os deveres fixados por uma hierarquia complicada.

É verdade que o contexto espiritual é muito diferente na Índia e na China, que as formas da religião e as formas sociais que a ela se ligam quase não se assemelham. Se opusermos em bloco Ocidente e Extremo Oriente, correremos o risco de não perceber as vivas oposições que dividem este último. A Índia não é a China, será preciso dizê-lo? E se a China, em face da Europa, parece estar sob o signo de uma vida religiosa que a tudo invade, ela se afirma, ao contrário, em face da Índia, como um país racionalista, marcado em sua trajetória pela poderosa crise intelectual dos Reinos Combatentes (séculos V-III a.C.), comparável, já se disse, à crise filosófica essencial que assinalou o nascimento, na Grécia, do espírito científico. O confucionismo, segundo veremos, fez-se herdeiro dessa crise agnosticista e racionalista, adaptou-a às necessidades políticas e permitiu-lhe atravessar a enorme crise religiosa do século III ao X, para remodelá-la naquilo que será o neoconfucionismo, triunfante a partir do século XIII.

Na China, por conseguinte, duas correntes convivem, e o imobilismo da sociedade decorre de certas estruturas tanto políticas, econômicas e sociais quanto religiosas, enquanto na Índia o sobrenatural desempenha o papel primordial. Como reformar, como questionar aí a sociedade dos homens, se a sua organização se afirma de essência divina?

CAPÍTULO II

A China clássica

Essa China clássica pela qual devemos começar, porque ainda está longe de ter desaparecido por completo, levou muito tempo para adquirir e precisar seus traços originais. Sua imagem apresenta-se como a de um conjunto compacto que escapa às habituais tentativas de periodização. Através de tantos séculos, através de uma interminável sucessão de catástrofes e conquistas, ela parece ostentar uma fisionomia imutável.

Não obstante, por lenta que seja a evolução da enorme realidade, ela jamais é imóvel. Como todas as civilizações, a chinesa acumula suas experiências, faz uma opção sem cessar renovada entre suas próprias riquezas e tendências; enfim, contrariamente às aparências, ela não se fechou para o mundo de fora. Sopros externos chegam até ela e impõem sua presença.

As dimensões religiosas

Primeiras dimensões, as mais importantes, as mais difíceis de bem compreender: as de sua vida religiosa. Essa vida religiosa carece de contornos nítidos. Ela admite vários sistemas, como a religião ocidental, mas que não se excluem reciprocamente. A piedade de um fiel vai de uma forma a outra, admite ao mesmo tempo misticismo e racionalismo. Imaginem um europeu oscilando, sem encontrar nisso o menor obstáculo intelectual ou religioso, entre a Reforma da Igreja Católica e o ateísmo, de tudo tirando algo de bom. "Há no chinês mais agnóstico, ou mais conformista, um anarquista e um místico latente [...] Os chineses são supersticiosos ou positivos, ou, antes, as duas coisas ao mesmo tempo" (Marcel Granet). É esse "ao mesmo tempo" que quase sempre é incompreensível para um ocidental.

Essas observações, que valem inclusive para a China recente, merecem ser lembradas no limiar de uma exposição histórica. Elas explicam de antemão essa verdade fundamental, a saber, que, ao se implantar em terra chinesa, o confucionismo e o taoísmo (quase ao mesmo momento) – depois, bem mais tarde, o budismo – não são eliminados, a despeito de suas querelas e lutas, e nem sempre se distinguem um do outro. Na verdade, eles ter-se-ão acrescentado a uma vida religiosa bem anterior, primitiva, poderosa. Diz-se que os "Três Grandes" navegaram nessas águas religiosas antigas. Na verdade, eles naufragaram nelas.

• ***A vida religiosa da China, em seus fundamentos, é muito anterior às três grandes correntes de sua vida espiritual. Uma herança multiforme, vivaz, permanece na base de todas as práticas religiosas.***

Trata-se aqui de uma velha herança, estabelecida desde antes do primeiro milênio anterior a Cristo, na aurora da primeira China coerente, e que nada modificará por completo.

Então, o aparecimento do arado permite o estabelecimento de populações muito densas, agrupadas em aldeias, em senhorias. Essa primeira China pratica o duplo culto *dos ancestrais* e das *divindades do Solo* senhorial, o que nos transporta, como preferirmos, quer à Grécia arcaica, quer às origens remotas de Roma, ao próprio clima da *cidade antiga*.

O culto dos ancestrais atribui uma importância excepcional aos grupos familiares *patrilineares* (nos quais o nome se transmite de pai para filho). Acima dessas famílias, o grupo mais vasto da *gens* (em chinês, *sing*) reúne os homens oriundos de um mesmo ancestral e que usam, por isso, o mesmo gentílico. Assim, para os Ki, o primeiro ancestral é o soberano Painço, e, para a *gens* Sseu, Yu, o Grande, o herói legendário que fez escoar as águas do Dilúvio.

Originariamente, essa organização e o culto dos ancestrais dizem respeito apenas às famílias patrícias. Mais tarde, as famílias plebeias imitarão esse modelo antigo e também venerarão seus ancestrais como se fossem deuses.

Ao lado dos ancestrais se colocam, em um plano pouco diferente, os deuses locais da senhoria, desde os deuses de cada casa, das colinas, dos cursos de água, das diversas forças naturais localizadas neste ou naquele ponto do território, até o deus do Solo da senhoria, *chö*, que a todos domina. "Um príncipe de Tchen vencido em 548 [a.C.], entregando-se à mercê de seu vencedor, caminhou diante dele em hábitos de luto, segurando nos braços o deus do Solo e precedido por seu general, que carregava os vasos do templo dos ancestrais: era a senhoria que ele assim oferecia" (H. Maspéro).

Quando a unidade política submeteu as senhorias à autoridade monárquica, um grande deus do Solo Real se impôs a todos esses deuses locais: o soberano Terra. Foi ele, muito naturalmente, o deus dos Mortos: "guardava-os ciosamente em suas masmorras sombrias, no seio das Nove Escuridões, perto das Fontes Amarelas." Houve também o deus do Céu (o deus do Alto), os deuses das montanhas, dos Quatro Mares, dos Rios (o Conde do Rio é o deus do terrível Huang-ho)... De fato, os deuses são tão numerosos quanto os milhares de caracteres do chinês clássico!

Esse politeísmo prolífero acredita na sobrevivência das almas, seja nas Fontes Amarelas, morada infernal, seja no mundo celeste do deus do Alto, seja na terra, no templo dos ancestrais. Essa hierarquia de moradas do além é frequentemente calcada nas hierarquias sociais do mundo terreno. Príncipes, ministros, grandes deste mundo conheciam a vida bem-aventurada do Céu, onde os mais importantes continuariam a ser assistidos por seus servidores. O comum dos mortais ia para as Fontes Amarelas, para as Nove Escuridões: a eles, o Inferno. Aos semiafortunados, a vida no túmulo dos ancestrais. Tudo isso um pouco vago, tanto que cada homem tem várias almas, e a vida do além só é possível graças às oferendas e sacrifícios dos vivos, análogos aos sacrifícios e oferendas reservados aos deuses. Mortos e deuses comem: "Enchemos de oferendas as taças de madeira e as taças de terra", diz o canto ritual por ocasião do sacrifício das vítimas. "Assim que o perfume delas começa a subir, o Senhor do Alto se põe a comer."

Entre deuses e vivos, as barganhas são a regra: às oferendas respondem as proteções. Diz um deus: "Se me fizeres sacrifício, eu te darei a felicidade." Um príncipe declara: "Minhas oferendas são abundantes e puras. Seguramente os Espíritos me sustentarão." Este outro se queixa: "Que crime cometeram os homens de hoje para que o Céu envie lutos e perturbações, penúria de grãos e de legumes! Não existem deuses a quem eu não tenha honrado; não economizei as vítimas!"

• ***A crise dos "Reinos Combatentes". Entre os séculos*** v ***e*** iii ***a.C., a China feudal se desagrega no curso do movimentado período dito "dos Reinos Combatentes".***

As senhorias desaparecem então em proveito de principados mais ou menos grandes, mais ou menos estáveis, em meio a guerras contínuas. Em seguida, constituir-se-á e se imporá a paz unificadora do Império dos Han. Essa crise longa e violenta acompanha-se de uma inquietação moral muito viva que incita os pensadores chineses, no curso de suas controvérsias ideológicas, a reagir contra a religião dos primeiros tempos e seu formalismo. O destino intelectual da China é totalmente dominado por esse período que evoca, ao sabor das comparações, ou a Grécia dos séculos V e IV a.C., ou a Itália do Renascimento, com seus dramas políticos e sociais, durante os quais o grande problema, para os tiranos e seus súditos, foi o de viver ou sobreviver.

Assim, a China dos séculos V-III teve seus políticos (seus *legistas*), preocupados em calcular a ocasião e a oportunidade (*che*) que ela pode oferecer ao Príncipe ou ao Estado. Teve também seus retóricos, seus "sofistas", preocupados com o bem público. Não raro, tais sofistas estão ligados à antiga escola de Mo-ti (ou Mö-tseu), ao *moísmo.* Os discípulos de Mö-tseu formam uma espécie de ordem de cavalaria a serviço dos oprimidos ou uma sorte de congregação de Irmãos Pregadores? Essas comparações dizem muito bem do que é sua atividade, seu "engajamento". Quanto ao cognome que os historiadores lhes deram, tardiamente, de "sofistas", também diz de sua paixão de discorrer, de convencer pela palavra, de argumentar infindavelmente, cada qual segundo sua própria linha. Todo um pensamento relativista, também racionalista, desprendido das injunções estritas da religião, surge no plano de fundo dessas vivas controvérsias.

Dessas inovações filosóficas, a época dos Han não reterá mais que uma parte, em linhas gerais aquilo que constituirá o confucionismo, ou seja, uma tendência claramente racionalista, em reação contra a antiga religião; mas também em reação contra os excessos retóricos dos sofistas, a multiplicidade de suas doutrinas e as consequências políticas e sociais que elas podem implicar. O confucionismo é, ao mesmo tempo, uma reordenação intelectual, política e social.

Em todo caso, é graças a ele que se perpetuará na China um pseudorracionalismo, frente aos avanços religiosos do taoísmo e sobretudo do budismo, muito fortes até o século X. No século XIII, ele se reconstituirá solidamente com o neoconfucionismo.

• ***O confucionismo não é apenas uma tentativa de explicação racionalista do mundo, é uma moral política e social; se não uma verdadeira religião, como já se aventou, pelo menos uma atitude filosófica que se acomoda tanto a uma certa religiosidade como ao ceticismo, ou mesmo ao mais franco agnosticismo.***

Confúcio (551-479 a.C., segundo as datas tradicionais) lhe empresta o seu nome. Conquanto não tenha deixado nenhum escrito, e sua doutrina tenha sido transmitida por seus discípulos, é ele o fundador desse sistema que haveria de tornar-se o apanágio da própria classe que ele representava: a *intelligentsia* chinesa.

a) O confucionismo é, com efeito, antes de tudo, a expressão de uma casta, a dos letrados, aqueles a quem se chama mandarins, representantes da nova ordem social e política que se organiza pouco a pouco, após a desintegração feudal – em suma, os administradores e "funcionários" dessa nova China.

Expressão da autoridade do Estado, os funcionários letrados multiplicam-se com os primeiros grandes principados e desde que a escrita se torna a condição da ordem e do comando. Por muito tempo, eles ficaram confinados em postos subalternos, enquanto os cargos importantes eram privilégio das grandes famílias aristocráticas; mas a formação do primeiro grande Império, o dos Han (206 a.C.-220 d.C.), assegurar-lhes-á o triunfo.

O desenvolvimento do confucionismo está estreitamente ligado ao do *ensino* dispensado aos letrados. A Grande Escola, fundada em 124 a.C. pelo imperador Wu, já ensina uma doutrina complicada, que se apoia na leitura e no comentário dos cinco livros clássicos (*Mutações*, *Odes*, *Documentos*, *Primaveras e Outonos*, *Ritos*), cuja tradição se fazia remontar a Confúcio, mas que lhe são a um tempo anteriores e posteriores, e cujo texto foi realmente reconstituído e comentado de forma inteligível pelos letrados dos séculos IV e III a.C.

Cada mestre ensina apenas um livro, sempre o mesmo, e segundo uma só interpretação, de modo que existem, na Grande Escola, para cada livro, tantas cadeiras quantas forem as interpretações possíveis (ou seja, quinze, no século I d.C.). Cada mestre só se dirige diretamente a uma dezena de *assistentes*, que, por seu turno, ensinam os alunos. No ano 130 de nossa era, a Escola contava 1.800 estudantes e trinta mil ouvintes. Exames severos sancionavam tais estudos. As perguntas eram inscritas em fichas de madeira que os candidatos, atirando com o arco, tomavam por alvos: a flecha indicava a pergunta à qual deveriam responder.

Em seu conjunto, esse sistema durará quase até os nossos dias, mas, naturalmente, ao longo dos séculos, houve remanejamentos; comentários e verdadeiras "sumas" foram redigidos – diríamos nós: novos manuais. O mais importante desses remanejamentos foi elaborado entre os séculos VIII e XII, com os Cinco Mestres, fundadores do chamado *neoconfucionismo.* O mais célebre deles, Tchu Hi († 1200), elaborou-lhe a doutrina, que permaneceria, até a queda do Império Chinês (1912), como guia inalterável e doutrina oficial da sabedoria chinesa.

b) Doutrina de espíritos requintados, o confucionismo é uma tentativa de explicação do mundo que visa a eliminar as crenças populares primitivas, mas respeitando o sentido geral da tradição.

Daí um desprendimento muito altivo e mesmo desdenhoso em relação à religião popular, e um ceticismo evidente. Confúcio nunca se refere aos deuses e, embora respeitando os espíritos, os ancestrais, prefere mantê-los a distância: "Aquele que não sabe servir aos homens", diz ele, "como poderá servir aos espíritos? Aquele que não conhece os vivos, como haverá de conhecer os mortos?"

Das forças da natureza, das relações dos homens com o mundo sobrenatural, os confucionistas dão uma explicação de conjunto em que se pode ver como que o esboço de uma teoria científica do Universo. Não são os caprichos dos deuses, ou suas iras, ou seus feitos, que presidem a vida do mundo, mas o jogo de forças impessoais cuja interação é responsável por todos os fenômenos e mutações. Assim, eles não dirão *o deus do Alto*, mas *o Céu*... Entretanto, para essas novas explicações, os confucionistas conservaram com frequência palavras e noções muito antigas, de origem popular ou mesmo camponesa, dando-lhes um novo sentido filosófico, como o *yin* e o *yang*.

Na linguagem e na literatura populares, essas duas palavras evocavam concretamente "um conjunto de imagens contrastadas": *yin* qualificava a sombra, *yang*, o sol; *yin*, o tempo frio e chuvoso, o inverno, *yang*, o calor seco, o verão; *yin*, o que é feminino, o que é passivo, *yang*, o que é masculino e ativo [...] Os confucionistas se apossaram das duas palavras para fazer delas o símbolo de "dois aspectos concretos e complementares do universo, que se opõem no espaço e se alternam no tempo", dois aspectos que suscitam, por seu próprio antagonismo, todas as energias do universo. Esses dois tempos se alternam infinitamente, "um tempo de repouso chamado *yin*, um tempo de atividade chamado *yang*; eles nunca coexistem, sucedem-se indefinidamente um ao outro e sua alternância rege a tudo." Notadamente as estações: o *yin*, outono-inverno, sucede ao *yang*, primavera-verão; assim se explica, ainda, a alternância do dia e da noite, do frio e do quente. No homem, esse "duelo" se faz amor e ódio, alegria e cólera...

O ritmo que organiza esses movimentos alternados do *yin* e do *yang* é o *tao*, princípio da própria alternância e, portanto, da unidade de todo ser e de toda evolução. Diz o provérbio: "Uma vez *yin*, uma vez *yang*, e eis a unidade, o *tao*".

Infelizmente, se, na natureza, todas as coisas seguem seu *tao,* sua via reta, se o *yang* do céu e o *yin* da terra se alternam sem falhar para resolver todos os problemas da natureza e dos homens, o homem é, no universo, um elemento particular, perturbador, o único que tem a liberdade de não seguir seu *tao*, de desviar-se de seu caminho. Então, por suas más ações, o homem destrói a harmonia preestabelecida.

Pensavam os confucionistas que, assim fazendo, o homem provocava todas as perturbações, sejam físicas (eclipses, terremotos, inundações...), sejam humanas (revoltas, calamidades públicas, penúrias etc.). Já os neoconfucionistas reduziram esse poder perturbador do homem ao próprio homem. Por sua falta de virtude, o homem condena a si mesmo a rebaixar-se. É esse o próprio princípio, como veremos, do poder imperial: os soberanos são automaticamente elevados ou depostos conforme sigam ou não a norma celeste.

c) Desse modo, o confucionismo resulta em uma regra de vida, em uma moral que tende a manter ordem e hierarquia na sociedade e no Estado e que reage vivamente contra a anarquia intelectual e social dos sofistas e legistas.

Partindo de práticas religiosas antigas, atribuíram os confucionistas a uma série de *ritos*, de atitudes sociais e familiares, um papel relevante de equilíbrio moral, de domínio dos sentimentos. Os ritos regulam a vida de cada um, a posição que lhe cabe, seus direitos, seus deveres. Seguir o seu caminho, o seu *tao*, é, antes de tudo, para cada um, permanecer no lugar que lhe convém ou, antes, que é o seu, de uma vez por todas, na hierarquia social. "Tal é o sentido profundo da célebre definição, por Confúcio, do bom governo: 'Que o príncipe seja príncipe; que o súdito seja súdito; o pai, pai; o filho, filho!'"

Naturalmente, a obediência e o respeito devidos ao príncipe e ao mandarim decorrem da superioridade destes: "A virtude do príncipe é como o vento, a da plebe é como a erva. Ao sopro do vento, a erva sempre se curva." A virtude cardeal dos súditos será a obediência absoluta, condição da harmonia da comunidade, daí a importância, conservada pelo confucionismo, do "culto dos ancestrais, despojado de qualquer religiosidade, mas exigido enquanto cimento da hierarquia" (E. Balazs), pois o culto dos ancestrais mantém na própria família hierarquia e obediência absolutas.

É óbvio que as "virtudes pregadas pelos confucionistas – respeito, humildade [...] submissão e subordinação aos superiores em posição e idade" reforçam poderosamente a autoridade política e social da casta dos letrados, isto é, sua própria classe. Essa moral formalista e tradicional foi muito importante na continuidade e no imobilismo social da China.

• ***Quase contemporâneo do confucionismo e nascido graças à mesma crise prolongada, o taoísmo é, por sua vez, uma busca mística e uma religião individual de salvação. Em sua forma popular, ele está ligado à vida das sociedades secretas, tão importante na China.***

Sua origem se prende teoricamente ao ensino de Lao-tse ("o Mestre"), personagem mítico do século VII antes da nossa era. Porém, o livro que se lhe atribui e que contém sua doutrina data somente do século IV ou III a.C.

a) O taoísmo é uma busca mística do absoluto e da imortalidade.

Como os confucionistas, os taoístas reinterpretaram em seu proveito as noções gerais de *yin*, de *yang* e de *tao*. Para eles, o *tao* é um absoluto místico, é a potência primeira da vida, "aquilo pelo qual tudo vem a ser."

Definir esse absoluto é praticamente impossível. Ouçamos o que dele diz um texto antigo atribuído a Lao-tse: "O *tao* que se tenta exprimir não é o próprio *tao*; o nome que se lhe quer dar não é seu nome adequado. – Sem nome, ele representa a origem do universo; com um nome, ele constitui a Mãe de todos os seres. – Pelo Não Ser, apreendemos o seu segredo; pelo Ser, abordamos o seu acesso. – Como Não Ser e Ser procedem de um fundo único, não se diferenciam senão por seus nomes. – Esse fundo único chama-se Obscuridade.– Obscurecer essa Obscuridade, eis a porta de todas as maravilhas." A perfeição, a santidade procurada pelos taoístas, é a união mística com o *tao* eterno; é "apagar-se vivo nessa presença original e soberana que a tudo envolve sem jamais ser envolvido", no "sem forma que engendra todas as formas, no *tao* que possui uma vida eterna."

E é alcançar, com isso, a imortalidade.

Trata-se aqui de uma experiência mística, pouco compreensível em si mesma, e que só se alcança pela ascese e pela meditação. "Não escuteis pelo ouvido, mas pelo Coração [o Coração, isto é, o Espírito, para um chinês]; não escuteis pelo Coração, mas pelo Sopro [pela respiração] [...] É o Sopro que quando está vazio apreende a realidade. A união com o *tao* só se obtém pelo Vazio; esse Vazio é o jejum do Coração."

O objetivo é alcançar, através de longos anos de meditação e purificação, através de boas ações repetidas, aquilo que um privilegiado obtém, dizem-nos, em alguns dias: "Ao cabo de três dias, ele pôde desprender-se do mundo exterior; ao cabo de sete dias, pôde desprender-se das coisas próximas; ao cabo de nove dias, pôde desprender-se da própria existência. Depois [...] obteve a penetração clara, viu o que é o Único; depois de ver o que é único, pôde chegar ao estado em que não existe nem presente nem passado; por fim, alcançou o estado em que não existe nem vida, nem morte."

Assim, o taoísmo reúne todas as grandes experiências místicas, sejam elas cristãs, islâmicas ou budistas.

b) No entanto, a imortalidade procurada pelos taoístas não é apenas a salvação da alma, é a imortalidade do corpo, graças a uma série de receitas de vida longa, de purificações, de "maior leveza" do corpo.

As práticas são, de fato, inumeráveis: ginástica respiratória, que permite a livre-circulação do sopro e do sangue e evita "as obstruções, coagulações ou nodosidades"; dietética atenta, que rejeita os alimentos comuns (notadamente os cereais) e os substitui por drogas, vegetais ou minerais; e, enfim, práticas alquimistas. No capítulo destas últimas, figura a baixela de ouro, que purifica todos os alimentos, o ouro dissolvido (o licor de ouro) e sobretudo o cinábrio (sulfeto de mercúrio), depois de transformado nove vezes seguidas de cinábrio em mercúrio e de mercúrio em cinábrio, para converter-se na "pílula vermelha da imortalidade". Ao termo dessas diversas práticas, "os ossos tornam-se de ouro; a carne, de jade; e o corpo, incorruptível"; ficando leve como palha, pode ele elevar-se, em uma apoteose que encanta o adepto, tornado imortal, à morada dos deuses. Para não perturbar o mundo dos vivos, ele fingirá morrer como os demais, deixando atrás de si um bastão ou um sabre, ao qual terá dado todas as aparências de um cadáver.

Essas buscas da alquimia, do elixir da longa vida, conferem seu sentido à história de Tchang-tchuen (*Eterna Primavera*), monge taoísta que contava 73 anos (mas atribuíam-se-lhe duzentos) quando Gengis Khan o obrigou a abandonar seu mosteiro para ir juntar-se a ele na Mongólia e trazer-lhe a receita da longa vida. Chegando, o velho monge ao termo de sua viagem, a 9 de dezembro de 1221, o imperador lhe pergunta: "Que remédio você trouxe para mim?" O chinês lhe responde: "Nenhum. Tenho comigo apenas um *tao* para garantir a vida." Imperador e monge morreram, a alguns dias de intervalo, em 1227.

c) Há, enfim, uma religião popular taoísta que ignora tanto a santidade dos mestres quanto as práticas complicadas da busca da longa vida. A própria língua chinesa opõe o "povo taoísta", *tao-min*, aos verdadeiros adeptos, *tao-che*.

A massa dos *tao-min* contenta-se em participar dos numerosos ofícios, em multiplicar as oferendas, em fazer ato de penitência. Esses fiéis não podem pretender a imortalidade, mas os que levam uma vida pura têm assegurada uma existência melhor no outro mundo. Eles não escaparão às Fontes Amarelas, porém servirão de funcionários ao deus Terra e reinarão sobre a multidão miserável dos mortos. Estes últimos detalhes dizem bem que o taoísmo, para o povo, teve de acomodar-se, quanto a este ponto como a outros, a velhas crenças.

Esse taoísmo popular organizou-se por diversas vezes em igrejas muitas hierarquizadas e também em uma série de seitas mais ou menos secretas, de tendências anarquizantes e místicas. O taoísmo, com efeito, em face do confucionismo tradicionalista e partidário da ordem social, sempre foi o símbolo do individualismo, da liberdade pessoal, da rebelião.

• ***O budismo, último dos "Três Grandes" a chegar, é uma religião importada através de missionários das Índias e da Ásia central. Contudo, também ele não deixou de servir-se do fundo comum do pensamento chinês e transformou-se profundamente ao seu contato.***

a) O budismo formou-se nas Índias, entre os séculos VI e V a.C.; conheceu ali um período de esplendor com o imperador Açoka (273-236 antes da nossa era). Rejeitado pouco a pouco, assimilado pelo hinduísmo, ele conserva certa voga no norte e no noroeste da Índia, com os dinastas gregos oriundos da conquista de Alexandre, e posteriormente ganha a Ásia Central, a Bactriana e a bacia do Tarim.

É lá que a conquista chinesa vai encontrá-lo, por volta do século II a.C. Ele precisará de três séculos para começar a introduzir-se no Império dos Han, no século I da nossa era, pelas rotas da Ásia Central, mas também pelas rotas do mar e pelos caminhos do Yun-nan. Só no século III, portanto com grande atraso, é que ele se difundirá verdadeiramente por toda a sociedade chinesa – elites e massas populares –, onde exercerá uma influência preponderante até o século X. O budismo ensina que, após a morte, os homens renascem em um outro corpo para uma existência mais ou menos feliz (conforme os atos praticados nas existências anteriores), mas que é sempre dor. A única saída para essa dor é o caminho ensinado por Buda, que permite alcançar o Nirvana, ou seja, confundir-se com a vida eterna incondicionada e libertar-se da "roda" da reencarnação. Esse caminho é difícil, pois o que faz os seres renascerem após a morte é sua sede de viver. É ela que é preciso extinguir pelo desprendimento e pela renúncia. Para isso, é necessário compreender que nem o Eu nem o que o cerca têm existência real: ambos não passam de ilusão. Essa compreensão não é um conhecimento racional, mas uma intuição, uma iluminação, que o sábio só pode apreender pela contemplação e por exercícios espirituais repetidos em uma ou, quase sempre, em várias existências.

b) O sucesso inicial dessa religião tão estranha ao espírito chinês se explica por um longo mal-entendido. Ela não se apresentou aos chineses com sua verdadeira fisionomia. Os primeiros adeptos do budismo vieram todos de meios taoístas: eles tomaram o budismo por uma variedade pouco diferenciada de sua própria religião. Ambas, com efeito, são religiões de salvação, e, exteriormente, as práticas da contemplação se assemelham em uma e outra, se bem que as do budismo, menos penosas fisicamente, tenham parecido mais atraentes. Quanto aos textos sânscritos que teriam podido esclarecer o debate, só muito lentamente foram sendo conhecidos. Muito difíceis de traduzir em chinês, em geral o foram pela colaboração dos missionários indianos e dos primeiros adeptos taoístas – portanto, naturalmente, com o próprio vocabulário do taoísmo, o que favoreceu ainda mais a confusão. Assim, a iluminação budista se converteu na união com o *tao*, o Nirvana se traduziu pela palavra chinesa que designava a morada dos Imortais etc. Esse budismo desfigurado propagou-se rapidamente graças a uma vasta rede de comunidades monásticas de homens e mulheres.

Como aconteceu com o taoísmo, uma religião popular reunia fiéis que se contentavam em participar das festas muito simples do culto, em recitar preces, em multiplicar as esmolas, em evitar os cinco pecados capitais, em participar das sessões dramáticas nas quais o bonzo era encarregado de salvar, de chamar de volta as almas dos ancestrais retidas nas moradas infernais. Graças a que os próprios fiéis podiam esperar ganhar o Céu do Oeste, após sua morte, com as intercessões dos santos, libertadores das almas dos condenados.

c) O *mal-entendido só se dissipará com a multiplicação das traduções de textos sânscritos, isto* é, *muito tarde, não antes dos séculos* VI-VII.

De fato, taoísmo e budismo se opõem profundamente. Um procura a "droga da imortalidade", a não destruição do corpo; o outro considera o corpo uma cadeia imposta aos homens por sua imperfeição e que não tem sequer existência real. O próprio Eu não existe para o budismo: no Nirvana, toda personalidade se dissolve, enquanto, no Paraíso dos Imortais, o santo taoísta conservará a sua para sempre. Somente uns poucos pensadores chineses serão perturbados pela descoberta tardia de tais diferenças e da impossibilidade de "servir-se do sistema de Buda para alcançar o sentido do *tao*", como escrevia um deles no século VII. A partir de então, o budismo se torna "chinês". Favorecido e perseguido sucessivamente, atingido duramente pela repressão de 845, que fechou todos os seus mosteiros, nem por isso deixou o budismo de perpetuar certo número de "crenças devidamente selecionadas, que a China admitira em seu patrimônio próprio sem modificá-las para seu uso" (Demiéville). Assim, a crença na transmigração das almas ganhou o conjunto da China, inclusive os adeptos do taoísmo. Do mesmo modo, a metafísica budista penetrou fortemente o neoconfucionismo a partir do século XIII...

Não diremos, pois, que o budismo foi destruído pela civilização chinesa. *Acrescentou-se a ela,* marcou-a com um selo indelével (pensemos em suas múltiplas obras de arte), deixando-se ele próprio contaminar-se de maneira irremediável. Tal, porém, foi a sorte de todas as religiões na China.

• ***Afinal, o que é a religião para a maioria dos chineses, para lá dos grandes remanejamentos neoconfucionistas do século XIII e ainda hoje?***

Noutros termos, o que representam, para essa maioria, os templos de tijolo, pintados de cores vivas, que ultrapassam as casas ordinárias, escuras ou cinzentas, com paredes de madeira ou de argila? Nenhuma religião em particular e todas ao mesmo tempo.

Cada fiel se dirige ora aos bonzos budistas, ora aos taoístas. Em um mesmo templo, uns e outros oficiarão; nele, a estátua de Buda se erguerá tanto quanto o altar do deus local ou a estátua de Confúcio, quase deificado. As oferendas serão feitas a uns e outros. Durante a última guerra, uma prece em comum em um templo chinês foi dirigida a uma lista de 687 divindades... entre elas Cristo. Interessante notar que essa multidão de deuses vem de muito longe e que nenhuma das querelas religiosas antigas resultou em vantagem para determinada forma de crença sobre tal outra.

No tempo de Marco Polo, na corte do Grande Khan, que então detinha em suas mãos a China e o Império mongol, uma borrasca religiosa parecia dever arrebatar tudo. O mongol afastara os confucionistas (mesmo tendo de conservá-los a seu serviço como funcionários); perseguira até a morte os taoístas, favorecera os xamanistas mongóis (animistas) e, mais ainda, os budistas, mas de rito tibetano, acolhendo em sua corte os *lamas* taumaturgos e mágicos. Uma seita cristã, os nestorianos, também se aproveitou dessa conjuntura. E, pouco depois da partida de Marco Polo, um monge do Ocidente, *fra* Giovanni de Montecorvino, conseguia até mesmo construir a primeira igreja católica em Cambaluc (Pequim), tão próxima do palácio que o imperador não podia deixar de ouvir-lhe os sinos. "Esse fato extraordinário divulgou-se por todas as partes entre os povos", escreve *fra* Giovanni. Mas nem suas esperanças nem, mais tarde, as dos jesuítas deviam realizar-se. Pode-se converter os chineses a uma única religião? E, sobretudo, a uma religião estrangeira?

As dimensões políticas

Sob esse título, devemos seguir uma evolução lenta, múltipla, e não apenas fornecer um resumo da massa de hábitos e de ritos implícita na monumental instituição imperial, mas também explicar como sua força repousou em um corpo de altos funcionários letrados, os mandarins, até ontem uma das originalidades mais fortes da sociedade e da civilização chinesas; e, finalmente, assinalar que essas instituições se justificam por seus resultados: o equilíbrio de uma vasta sociedade, a manutenção de uma unidade através de um enorme espaço político. Essa unidade foi a razão de ser da monarquia imperial.

- ***A monarquia imperial ilustra a "continuidade chinesa".***

Pode-se, de acordo com os cronistas e historiadores chineses, atribuir-lhe quatro mil anos de história, com 22 dinastias sucessivas que a cronologia oficial encadeou uma à outra, sem assinalar, entre elas, a menor interrupção. Mas esse arranjo não deve iludir-nos. Em primeiro lugar, essa cadeia conheceu interrupções, perturbações, imposturas. Em seguida, só existe instituição imperial a partir da unidade chinesa, criada pelo "Primeiro Imperador" dos Tsin, Tsin Che Huang-ti (221-206), continuada e estabilizada pela dinastia dos Han (206 a.C.–220 d.C.).

Se aceitarmos esse ponto de partida razoável, a instituição imperial vai de 221 a.C. até 1911-1912, anos em que se assiste à queda da dinastia dos manchus, também chamada dinastia dos Tsing (1644-1911). Trata-se, pois, de um lance de *longa duração*, de um eixo em torno do qual a história da China girou lentamente durante séculos. Compreende-se, assim, a preocupação dos filósofos e historiadores chineses: empenhavam-se eles em sublinhar a duração, a legitimidade da instituição monárquica, se necessário pondo retrospectivamente ordem ali onde a história se esquecera de produzi-la de modo suficiente. Tanto mais que, na China, essa ordem imperial não era apenas uma ordem humana, mas também uma ordem religiosa, fundada em valores sobrenaturais.

Ordem social e ordem sobrenatural são o verso e o reverso de uma mesma moeda; *os atos do imperador decorrem ao mesmo tempo do temporal e do sagrado;* tais atos nunca têm um caráter francamente laico. De fato, o imperador zela ao mesmo tempo pela ordem sobrenatural e pela ordem natural do mundo, mantém em quietude esse duplo mundo, sendo seu papel tanto nomear funcionários quanto decidir sobre a hierarquia dos templos, ou atribuir um nome a "algum antigo sábio divinizado", ou presidir à abertura ritual dos trabalhos agrícolas pelo primeiro sulco que ele próprio traça com o arado, durante a Festa da Primavera...

Os sinólogos dizem amiúde: *essa monarquia não é de direito divino.* Sem dúvida, se pensarmos na monarquia ocidental da Idade Média e da primeira modernidade. Todavia, entre a monarquia imperial chinesa e a monarquia imperial tal como Roma a concebeu, por exemplo, encontraríamos mais de um traço em comum. "A filosofia política chinesa nunca ensinou nada que se assemelhasse à doutrina ocidental do direito divino dos reis", mas será isso necessário, se o imperador "é verdadeiramente o Filho do Céu", se ele governa em virtude de um *mandato do Céu*, de um contrato que, segundo o dito de um filósofo chinês, "não recompensa senão a virtude"? Esse papel da virtude é necessário, se quisermos explicar as catástrofes que o príncipe nem sempre pode evitar para seu Império ou para si mesmo. Inundações, secas calamitosas, recusa do pagamento dos impostos, derrotas nas fronteiras diante dos bárbaros, revoltas camponesas – e sabe Deus como elas são numerosas! –, todas essas desordens decorrem da ruptura do contrato fundamental, de uma falta de virtude da parte do imperador, que desde então deixa de ser o mandatário do Céu. Tais presságios não enganam, anunciam uma mudança de dinastia, sem a qual gerações de homens correriam o risco de desaparecer, junto com um imperador indigno, no abismo bruscamente aberto. As revoltas populares, pelo menos na China antiga, são consideradas o sinal prenunciador de uma decadência imperial. Um velho ditado pretende (um pouco como o "*vox populi, vox Dei*" do Ocidente): "O Céu vê como o Povo!"

Assim, o mandato celeste passará legitimamente de uma família que já não tem méritos a uma nova dinastia que, por força, os possui, já que recebe o mandato. "A expressão chinesa *Koming*, que traduz a nossa palavra 'revolução' e que a China republicana adotou, significa literalmente: retirada de mandato. É preciso, com efeito, que o soberano que perdeu essa proteção indispensável ceda o lugar." Há, pois, para salvar a continuidade imperial e a unidade da China, uma necessidade de ajustar exatamente em sua cronologia as dinastias sucessivas, separando cuidadosamente as "intercalares" (*juen*) – diríamos nós: as ilegítimas ou abusivas. Quando uma termina, outra recebe necessariamente do Céu o mandato. O embaraço do historiador começa quando, em um período perturbado, o poder é contestado, dividido entre várias mãos. Então, é difícil para o historiador chinês dizer quais foram os verdadeiros depositários do mandato, da "continuidade" (o *tchang-tong*) – diríamos, no Ocidente: da legitimidade. À falta de coisa melhor, ele escolhe aqueles que parecem "os mais dignos" e concede a esses eleitos, a título retrospectivo, "toda a consideração devida ao Filho do Céu."

Essa legitimidade reconhecida, de direito, a quem teve a força de tomar o poder (porque essa força ele recebe necessariamente do Céu) explica a continuidade chinesa, a despeito de seus dramáticos avatares políticos.

O aparato dessa imutável monarquia é extraordinário, com todos os seus esplendores – os da corte, dos palácios povoados de ministros, letrados, eunucos, cortesãs, concubinas, o das festas magnificamente ordenadas. Quando o imperador Song vai, ao sul de sua capital, Hang-tcheu, sacrificar ao céu e a seus próprios ancestrais, no templo do subúrbio Sul, a grande avenida que conduz da cidade ao templo é previamente igualada e areada. Os soldados fazem ala, elefantes ricamente ajaezados precedem o carro imperial e, quando este se põe em movimento, apagam-se ao mesmo tempo todas as tochas acesas ao cair da noite, ao longo dos acostamentos das estradas. Espetáculo grandioso, que se desenrola em uma atmosfera de emoção popular. Sem dúvida, não existe um só monarca no mundo que não tenha calculado o efeito de um cerimonial complicado e preciso, e as "entradas" dos reis de França nas cidades que lhes eram fiéis, por exemplo, também souberam fazer sucesso. O aparato da monarquia chinesa se prende a razões não menos profundas, e seu cerimonial tem um caráter ainda mais faustoso e mais autenticamente religioso. Imaginem, para terem uma ideia exata dele, o que teria significado, na Europa, uma série de dinastias imperiais que nada tivessem perdido de sua pompa nem de sua significação, desde Augusto até a Primeira Guerra Mundial.

• ***Essa monarquia, primitiva em sua essência, coexiste com a "modernidade" de um corpo de "funcionários letrados", os mandarins.***

O Ocidente admirou-se de sua presença, compreendendo mal sua verdadeira posição, procurando, em vão, na China dos Ming ou dos manchus, um horizonte social que lembrasse de perto ou de longe a Europa, tendo, ao lado da monarquia, um clero, uma nobreza, um terceiro Estado. A importância dos mandarins lhes dava, até certo ponto, no espírito dos ocidentais, ares de nobres.

Na verdade, trata-se de *altos* funcionários, pouco numerosos, recrutados mediante concursos complicados. Sua própria cultura, como suas funções (e não seu nascimento), fazem deles uma casta estreita (talvez dez mil famílias, ao todo, no século XIII). Uma casta que sem dúvida não é socialmente fechada, mas onde tampouco é fácil entrar, visto reservar-se unicamente aos intelectuais, a homens que, por seus conhecimentos, sua linguagem, suas preocupações, suas ideias, sua visão do mundo, aproximam-se em uma espécie de cumplicidade e, ao mesmo tempo, isolam-se do resto dos indivíduos.

Insistamos no fato de que eles não se definem de forma nenhuma como nobres, senhores ou ricos proprietários (o que, de resto, também são). Se devemos procurar uma comparação, é no mundo de hoje que a encontraremos, diz Étienne Balazs, para quem nada se assemelha mais aos mandarins que os "tecnocratas" das nossas sociedades industriais. Esses tecnocratas de hoje, representantes de um Estado forte, são excessivamente intervencionistas, preocupados com a eficiência, a produtividade, fiéis a um racionalismo indefectível.

Os mandarins se lhes assemelham:

1) Como eles, tiram de seus títulos intelectuais, de seus concursos, direitos sociais e um prestígio excepcionais.

2) Como eles, são "uma camada ínfima quanto ao número, onipotente quanto à sua força, influência, posição e prestígio."

3) Como eles, "conhecem apenas um ofício: governar, dirigir."

Uma passagem célebre de Mêncio († 314 a.C.), sobre a diferença entre os que pensam e os que penam, exprime o ideal dos mandarins: "As ocupações dos homens de qualidade não são as do vulgo. Uns se entregam aos trabalhos da inteligência, outros, aos trabalhos do corpo. Os que se aplicam aos trabalhos da inteligência *governam os outros*; os que trabalham com sua força são governados pelos outros. Os que são governados sustentam os outros; os que governam são sustentados pelos outros." O horror ao trabalho manual é um título honorífico: a mão do letrado, com as unhas que ele deixa crescer desmesuradamente, não podem cumprir senão um único trabalho: o manejo do pincel que serve para traçar os caracteres.

Mas que significa governar, na China antiga? Pouco mais ou menos, como num Estado de hoje, assumir todas as tarefas da administração e da justiça. Os mandarins cobram e recebem os impostos, ministram a justiça, asseguram o policiamento, conduzem eventualmente operações militares, estabelecem o calendário dos trabalhos, constroem e mantêm as estradas, os canais, as barragens, os sistemas de irrigação. Seu papel? "Corrigir a natureza cruel", prevenir secas e inundações, constituir reservas de víveres... Em suma, assegurar o bom funcionamento de uma sociedade agrícola complexa, que exige (reencontramos, aqui, as explicações de K. A. Wittfogel) uma disciplina estrita, em particular para vigiar o regime dos rios e zelar pelo bom funcionamento da irrigação.

Os mandarins são essa disciplina, essa estabilidade da sociedade, da economia, do Estado, da civilização. São a ordem em face da desordem. E, sem dúvida, essa ordem não teve apenas consequências felizes. Contudo, "a homogeneidade, a duração, a vitalidade da civilização chinesa custavam esse preço." Só a mão de ferro dos mandarins foi capaz de manter a unidade de um império imenso, de um lado face aos senhores feudais, de outro face a uma sociedade camponesa que, sempre (a regra é sem exceção), descambou para a anarquia todas as vezes que foi abandonada a si mesma. Assim, em face do taoísmo, inimigo de qualquer coação coletiva, partidário do retorno à natureza, os letrados preconizavam as virtudes da hierarquia, da ordem pública, da moral confuciana.

Nesse sentido, eles são responsáveis em grande parte pelo imobilismo social da China: foram eles que salvaguardaram um equilíbrio entre os grandes proprietários, os *landlords*, mantidos em seu lugar, e os camponeses miseráveis, que possuíam, não obstante, suas miseráveis terras; foram eles que vigiaram os eventuais capitalistas, mercadores, usurários, novos-ricos, e estes foram subjugados tanto por essa vigilância quanto pelo próprio prestígio dos mandarins: regularmente, um dia ou outro, os descendentes dos mercadores enriquecidos se deixam tentar pela vida das letras e pelo atrativo do poder, pelos famosos concursos... Assim se explica, pelo menos em parte, porque a sociedade chinesa não evoluiu, à ocidental, para um sistema capitalista. Ela permaneceu no estádio do paternalismo e do tradicionalismo.

• ***A unidade chinesa, ou o Norte mais o Sul. O espaço chinês só se unifica realmente no século XIII, no mesmo momento em que a China inteira é atingida por cataclismos.***

A conquista mongol (1211-1279) completou-se com a conquista da China dos Song do Sul e de sua capital, Hang-tcheu, que Marco Polo visitará pouco depois e verá ainda em pleno florescimento e beleza. Os novos senhores da China não apenas levaram tão longe quanto possível os limites da dominação chinesa como deram força e vida a esse conjunto de espaços distintos. Estes haviam sido frequentemente reunidos no tempo dos Han, dos Tang ou dos Song, mas é então que se completa a evolução iniciada muito tempo antes e que vai consagrar a riqueza e a supremacia da China meridional: essa riqueza se difunde então por todo o corpo da China imperial.

Durante séculos, o Sul fora um *Far West*, um "*Mezzogiorno* semibárbaro", pouco povoado e, quando o era, por tribos autóctones que era necessário repelir, não sem dificuldade. O Sul, porém, emerge de seu sono semicolonial pelo menos desde o século XI, quando espécies precoces de arroz permitem aí a maravilha das colheitas duplas. A partir de então, ele é o celeiro da China. Se os *dois primeiros milênios* (anteriores ao século XI) foram dominados pelos homens do Rio Amarelo, o terceiro milênio (do século XI aos nossos dias) se torna, ou quase, o domínio reservado dos homens do Yangtse-kiang e mais além, ao Sul, até Cantão, se bem que Hang-tcheu e Nanquim, capitais das regiões do Rio Amarelo, tenham sido excluídas, uma e outra, em proveito de Pequim, a capital plantada no Norte por evidentes razões de geopolítica: o perigo que se precisava enfrentar e contra o qual era necessário manter um escudo eram os bárbaros e nômades do Norte.

O primado do Sul torna-se rapidamente primado do número: há, no século XIII, dez chineses meridionais para apenas um nórdico; primado também da qualidade, da eficiência, e isso até os nossos dias. A enorme maioria dos intelectuais dos três últimos séculos são originários das províncias de Kiang-su e de Tcho-kiang, a maioria dos líderes de revo-

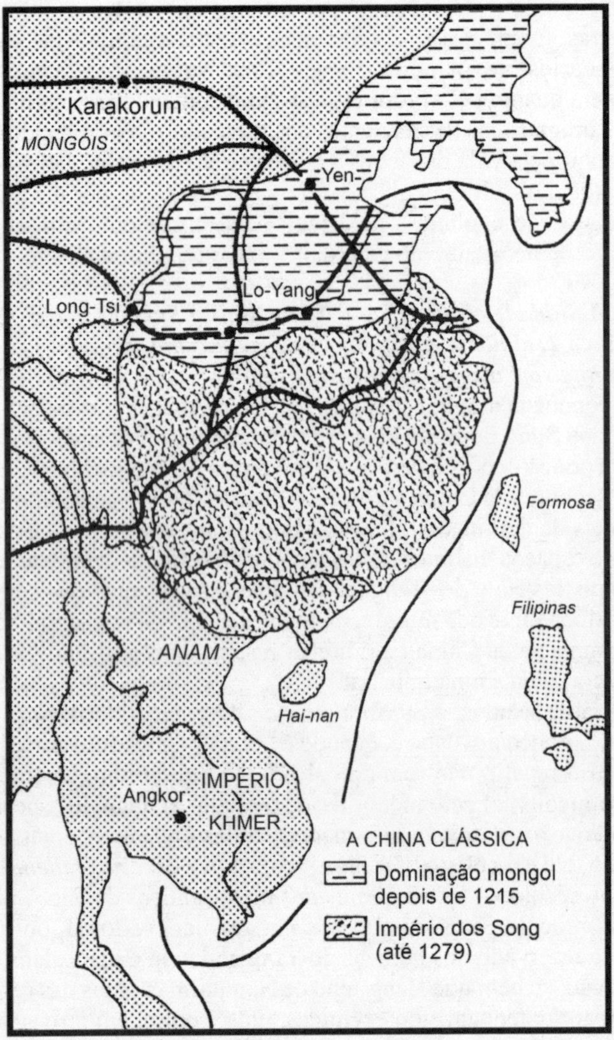

10. *Rotas e rios da China clássica.*

As principais rotas são indicadas por um traço grosso; os rios, por um traço fino.

lução do século XX virão de Hu-nan. Tudo isso consequência, a bem dizer, desse deslocamento (que logo teria uma dezena de séculos) do centro de gravidade da China. Entre os séculos XI e XIII, a enorme ampulheta chinesa virou-se definitivamente em benefício da China do arroz, em detrimento da China do painço e do trigo. No entanto, essa China nova continua sendo a China antiga, prolonga-a, enriquece-a. O Sul é uma espécie de América da China (como o será, por seu turno, a Manchúria, muito mais tarde, a partir do século XX).

As dimensões sociais e econômicas

Sob a semi-imobilidade da China clássica, percebe-se também a semi-imobilidade de suas estruturas econômicas e sociais. Elas constituem os alicerces da enorme casa.

• ***Como toda sociedade global, a chinesa se apresenta como um complexo de sociedades, como um encaixe de formas, vetustas umas, progressistas outras, e cujo devir (quando devir há) depende de uma lenta e imperceptível evolução.***

Em sua base, essa sociedade é largamente agrícola e proletária, em razão de uma enorme massa de camponeses pobres e de citadinos miseráveis. Essa sociedade dos pobres mal se apercebe de seus senhores: só muito raramente ela vê o imperador ou os príncipes de sangue, riquíssimos, mas pouco numerosos, ou os grandes proprietários, representados por administradores odiados, julgados de perto e na prática, ou ainda os grandes e temidos funcionários, que governam o país de longe, "com o sarrafo de bambu", como diz o padre De las Cortes. Com os pequenos burocratas, ao contrário, todos simpatizam. Cada um deseja, enfim, e todos os dias, a morte dos usurários e dos prestamistas. Em todo caso, é o que diz, desde os Song, a voz dos contos populares.

De tal sociedade se poderá dizer que é, ao mesmo tempo, patriarcal, escravocrata, camponesa e moderna, muito distante, certamente, do "modelo" das sociedades ocidentais.

É *patriarcal* em virtude de suas poderosas linhagens, dos fios longos e incansáveis do culto dos ancestrais. "A solidariedade familiar se estende aos primos mais afastados e mesmo aos amigos de infância. Já não se trata, aqui, de caridade, mas de justiça: o privilegiado que consegue fazer carreira explora as virtudes da célula familiar, atrai para si as bênçãos dos ancestrais comuns; é justo que o homem que esgote as oportunidades da família reverta sobre todos os seus parentes as prosperidades que lhes deve."

Essa mesma sociedade é *escravocrata* – pelo menos, nela a escravidão está amiúde presente, embora nunca constitua sua articulação maior. A escravidão é a forma espontânea de uma miséria sem remissão e de uma inexorável superpopulação. Os desgraçados vendem a si mesmos quando os tempos estão difíceis. E, como sucede em todo o Extremo Oriente, os pais vendem seus filhos. Essa prática vigorou na China até o decreto de 1908 que, no final ou quase da dinastia manchu, suprimiu a escravidão e proibiu a venda dos filhos. Entretanto, ela autorizava os pais, "em tempos de penúria, a assinar contratos de trabalho a longo prazo que comprometiam seus filhos até os 25 anos."

A sociedade chinesa, camponesa em sua massa, não é propriamente *feudal*. Não existem *feudos* com investidura, nem *concessões de terras* a camponeses, nem *servos* camponeses. Numerosos camponeses são proprietários de seus minúsculos torrões. Acima deles, entretanto, há os "notáveis rurais" (*chen che*), que arrendam suas terras, que são eventualmente usurários, que exigem dos camponeses corveias, pagamentos para a utilização do forno ou do moinho, o mais das vezes em espécie, litros de grãos ou potes de gordura... Mas esses notáveis estão ao mesmo tempo ligados aos letrados (estes últimos, não raro grandes proprietários) que, como dissemos, representam, antes de tudo, o interesse do Estado e, por isso mesmo, tendem a impedir qualquer supremacia excessiva de uma classe sobre outra e sobretudo de uma classe de senhores feudais capazes de concorrer com a autoridade central.

Essa múltipla trama social mantém a ordem entre os quatro grupos da hierarquia antiga: os letrados à frente (*che*); os camponeses (*nong*); os artesãos (*kong*); os mercadores (*chang*). Estas duas últimas categorias, que teriam podido desempenhar um papel motor, serão refreadas como as demais por um governo vigilante. Seu papel, aliás, só poderia ter-se desenvolvido ao sabor dos impulsos econômicos, e estes foram apenas intermitentes.

• ***Economias pouco evoluídas, ousaríamos dizer atrasadas em relação ao Ocidente, não importa o que pensem tantos especialistas e historiadores apaixonados pela China.***

Claro, não se trata, um instante que seja, de diagnosticar uma inferioridade *global* da China em relação à Europa. A inferioridade diz respeito às estruturas, às aberturas mercantis, aos marcos de um capitalismo mercantil que aqui se esboçam de maneira muito mais precária que no Islã ou no Ocidente. Antes de tudo, não existem cidades livres, o que é uma inferioridade crucial. Não existem, tampouco, classes de mercadores dominados por esse gosto desenfreado do ganho que, detestável ou não, foi no Ocidente um fermento de progresso. Desde o século XIII, os comerciantes chineses estão prontos a sacrificar ao orgulho e à vaidade os gastos aparatosos, no que se assemelham aos nossos mercadores; todavia, muito mais que estes, eles têm o gosto e a paixão pelas letras. Um filho de mercador sabe compor poemas de todo gênero. "Todas as descrições da vida dos comerciantes [de acordo com os contos populares da época dos Song] provam que seu objetivo era ganhar bastante dinheiro para poder levar uma vida confortável, cumprir seus deveres morais e sociais e, sobretudo, saldar a dívida que tinham para com seus pais e toda a sua família." E, depois, para os mais ricos, proporcionar a alguns de seus parentes a possibilidade de entrar na prestigiosa classe dos mandarins.

Ou seja, os comerciantes chineses estão apenas a meio caminho de uma mentalidade capitalista à ocidental. Mais ainda: estamos o tempo todo em presença de mercadores, de artesãos itinerantes, e essa perambulação, por si só, é sinal de uma economia ainda imatura. Justamente no século XIII, a Europa se afasta em parte de um comércio itinerante que caracterizou os primeiros séculos de sua Idade Média, e as casas comerciais de sede fixa se multiplicam. É um pobre comerciante aquele que acompanha suas próprias mercadorias, que não tem sucursais nem empregados, e a quem falta a possibilidade de pagar tudo com letras de câmbio. É um pobre artesão aquele que carrega seu material nas costas e vai pelas cidades e campos em busca de trabalho. Ainda no século XVIII, pensemos nesses operários fabricantes de açúcar que, na China, vêm à casa do proprietário dos campos de cana com suas ferramentas e que, com a força de seus braços, esmagam as canas, fabricam o mel e o açúcar mascavado... Além disso, as concentrações industriais são raras: algumas minas de carvão (e, ainda assim, artesanais) no norte; no sul, os célebres fornos dos fabricantes de porcelana.

Não existe crédito, tampouco. Para tanto, será preciso esperar o século XVIII e, por vezes, o XIX. Daí a importância do usurário, enterrado como uma farpa dolorosa no corpo dessa velha sociedade chinesa, prova, por si só, de uma economia atrasada e que respira mal.

Ademais, apesar de seus rios, de seus juncos, de suas sampanas, de seus trens de madeira flutuante, de suas franquias entre províncias, de seus carregadores, de suas caravanas de camelos no norte, a China clássica se encontra mal ligada entre suas diferentes partes e, ainda pior, aberta para o mundo exterior. Enfim, e sobretudo, ela é demasiado povoada, desmesuradamente povoada.

• ***Mal aberta para o exterior, a China viveu sobretudo voltada para si mesma. De fato, ela só desemboca no exterior por suas duas únicas grandes vias, o mar e o deserto. Ainda assim, é necessário que as circunstâncias lhe permitam utilizá-las e encontrar, no fim do caminho, o parceiro apto a comerciar com ela.***

Na época mongol (1215-1368), durante um século aproximadamente (1240-1340), as duas portas se abriram ao mesmo tempo. Kublai (1260-1294), o imperador amigo e protetor dos Polo, empenhou-se em criar uma marinha e, portanto, em libertar-se dos navios muçulmanos, em proteger-se contra a concorrência e a pirataria dos japoneses. Ao mesmo tempo, manteve livre de obstáculos a grande rota mongol que, além do Cáspio, chegava ao mar Negro e às prósperas colônias dos genoveses e dos venezianos (Cafa, La Tana).

Essa *China aberta* terá sido inegavelmente próspera, abastecida de moeda de prata pelos mercadores do Ocidente. Conhecerá também, maravilha das maravilhas, o desenvolvimento de uma moeda de papel. Contudo, isso durará apenas algum tempo.

Em todo caso, a grande revolução nacional dos Ming, que repele os mongóis para o deserto (1368) e purga o espaço chinês desses estrangeiros não assimilados, verá as duas portas fecharem-se quase ao mesmo tempo. Do lado do deserto, será impossível à nova China transpor esse imenso obstáculo. Do lado do mar, os Ming tentarão em vão abrir esses caminhos essenciais. De 1405 a 1431-1432, não menos de sete expedições marítimas sucessivas foram conduzidas sob o comando do almirante Tcheng Ho. Uma delas reunia 62 grandes juncos, com 17.800 soldados a bordo.

Todas essas frotas deixaram Nanquim para restabelecer o protetorado chinês sobre as ilhas de Sonda (que forneciam à China ouro em pó, pimenta-do-reino, especiarias); chegaram até o Ceilão, onde deixaram uma guarnição, atingiram o golfo Pérsico, o mar Vermelho e finalmente a costa da África, de onde trouxeram, para espanto das populações, maravilhosas girafas.

O episódio pareceu estranho aos sinólogos e por isso mesmo ainda mais digno de interesse. Uma rajada de vento, e os navios chineses dobravam o cabo da Boa Esperança; meio século antes dos portugueses, descobririam a Europa ou mesmo a América. Em 1431-1432, porém, a aventura chega ao fim e não terá sequência. A enorme China precisou reunir suas forças face ao norte, contra seus eternos adversários. A capital, Nanquim, foi abandonada em favor de Pequim, em 1421.

Mais tarde, os imperadores manchus iriam, sem dúvida, reabrir a porta do deserto, nos séculos XVII e XVIII. Ocuparão então vastos territórios até o mar Cáspio e o Tibete, proteger-se-ão contra os nômades, repelindo-os para o oeste. Tais conquistas asseguraram a paz à China do Norte e permitiram-lhe apoderar-se, para lá da Manchúria, da Sibéria até Amur (tratado de Nertschinsk, 1689). Outro resultado: a abertura ao sul de Irkutsk, a partir da segunda metade do século XVIII, das grandes feiras de Kiatka (peles do extremo norte em troca de algodões, sedas e chá da China). Quanto à porta do mar, os europeus tentarão entreabri-la nos séculos XVI, XVII e depois XVIII; eles a arrombarão no século XIX, mas *em seu proveito*.

• ***Demasiado povoada: já no século XIII, há provavelmente cem milhões de chineses (noventa no sul, dez no norte)***

Esse número decresce com o fim da dominação mongol e a Revolução Nacional dos Ming (1368): em 1384, a população caiu para sessenta milhões (número seguro), mas, restabelecida a paz, o antigo nível não tarda a voltar. Novo recuo, sem dúvida, com a conquista manchu (1644-1683), depois novo recrudescimento, uma vez reencontrada a paz, com a enorme expansão do século XVIII. O crescimento demográfico torna-se, então, inquietante.

Essa excessiva riqueza de homens tem, por força, sua contrapartida. Ela provavelmente impediu progressos técnicos possíveis. O homem pulula, torna inútil o emprego das máquinas, como outrora o escravo no mundo da Grécia e da Roma antigas.

Porque o homem está apto a fazer tudo. Em 1793, um viajante inglês admira como, à força de braços, consegue-se fazer um navio passar de um canal para outro, sem emprego de comportas. O padre De las Cortes (1626) já admirava, por sua conta – ele desenhou a cena –, esses carregadores chineses que levantam um enorme tronco de árvore. Não há tarefa, em suma, que o homem não leve a cabo. E o homem vale tão pouco na China!

Essa superabundância entravou a vida chinesa, imobilizou-a sob o jugo ferrenho de uma administração não progressista e, sobretudo, bloqueou o desenvolvimento das técnicas. Com efeito, a ciência chinesa existe, uma ciência cuja riqueza, precocidade, engenho e mesmo modernidade os eruditos descobrem todos os dias. Joseph Needham, que se fez o historiador atento dela, observa que a concepção "orgânica" do mundo que ela tem é a mesma para a qual tende a ciência atual, em oposição à postura mecanicista que, desde Newton até o fim do século XIX, constituiu a base da ciência ocidental. Mas, curiosamente, na China, a técnica não acompanhou a ciência. Ela marcou passo. A razão principal disso é, sem dúvida, essa superabundância de mão de obra. A China não precisou imaginar máquinas para poupar o esforço dos homens. Foi, sempre, vítima da miséria acarretada por essa superpopulação endêmica.

CAPÍTULO III

A China de ontem e de hoje

A China clássica não se desvaneceu da noite para o dia. Foi pouco a pouco que soçobrou, e não antes do pleno século XX. Então, os acontecimentos se precipitaram. A China antiga foi aberta à força, e uma longa humilhação se seguiu. Ela levou muito tempo para medir sua decadência, e mais tempo ainda para encontrar os meios de remediá-la. Só hoje conseguiu sair dela, às custas de um esforço fabuloso, do qual nenhum precedente histórico oferece uma imagem sequer aproximada.

No tempo dos tratados desiguais: a China humilhada e sofredora (1839-1949)

A China não foi ocupada como a Índia nem, como esta, reduzida ao estado de país colonizado. Mas a casa chinesa foi forçada, pilhada, explorada. Todas as grandes potências tiraram dela seu proveito. A China só sairá desse inferno com a constituição da China Popular, em 1949.

• ***Já no século XVI a China foi alcançada pelo comércio europeu. Entretanto, esse incidente, importante em si, acarretou para a China apenas consequências muito limitadas. Só mais tarde chegará a hora dos tratados desiguais.***

Em 1557, os portugueses instalaram-se em Macau, defronte de Cantão, e desempenharam um papel considerável, sobretudo entre a China e o Japão. No século XVII, holandeses e ingleses se adjudicam os primeiros lugares. Enfim, com a segunda metade do século XVIII, abre-

-se a idade de ouro de um comércio "da China", restrito, porém, unicamente ao porto de Cantão.

Trata-se, para a China, de um tráfico considerável, mas que quase não repercute em toda a sua massa. Os mercadores europeus, ingleses sobretudo, mantêm relações com um grupo privilegiado de comerciantes chineses que detêm o monopólio das compras e dos fornecimentos (eles formam o *Co-hong*). Na medida em que são vantajosas para as duas partes, essas trocas não param de crescer. Elas têm por objeto o ouro (que, na China, é barato, em virtude da raridade e do alto preço da prata: relação de oito para um, contra quinze para um ou mais na Europa), o chá, cuja demanda no Ocidente aumenta de maneira vertiginosa, o algodão e os tecidos de algodão, importados sobretudo da Índia, e, por fim, os mecanismos do crédito: os mercadores europeus adiantam dinheiro aos mercadores chineses, que o repartem e o emprestam, por sua vez, drenando assim, em contrapartida, os produtos das províncias do Império, mesmo as mais distantes, criando para esse efeito redes financeiras já modernas. Esse é o procedimento habitual da Europa para suas penetrações comerciais: emprestar ao comerciante local, a cada viagem, aquilo de que ele necessita para reunir os carregamentos da viagem seguinte e comprar prioritariamente no mercado.

Não há dúvida de que o comércio com a China deslumbra a Europa, reservando-lhe amiúde, se não sempre, enormes lucros. Para a China, os benefícios são igualmente reais; sobretudo, ela não sente como uma dificuldade essa intrusão de métodos e mercadorias estrangeiros: na escala do imenso país, esse choque econômico, limitado a um meio estreito, permanece forçosamente discreto.

Com o século XIX, porém, tudo muda. A Europa torna-se bem mais forte e exigente. Além disso, ela se apoia na força conquistada à imensa Índia inglesa, que serve de escala. Daí a brutalidade das intervenções ocidentais e suas devastações.

A Guerra do Ópio (1840-1842) abre aos ocidentais cinco portos, entre os quais Cantão e Xangai (Tratado de Nanquim). A sublevação dos Tai Ping permite uma nova intrusão dos ocidentais, em 1860, e a abertura de sete portos suplementares. Em seguida, os russos obtêm a cessão da Província Marítima, onde construirão Vladivostok. As desventuras da China estão apenas começando. A primeira guerra sino-japonesa (1894-1895) priva-a da Coreia, e as grandes potências aproveitam-se novamente do ensejo para "retalhar" a China. Os russos se instalam na Manchúria. O movimento nacional dos *boxers* precipita a evolução (1900). A guerra russo-japonesa de 1904-1905 entrega ao Japão certas vantagens arrancadas à China pelos russos. A Primeira

Guerra Mundial dá a esse mesmo Japão uma parte das vantagens adquiridas pela Alemanha, notadamente na província de Chan-tung.

A China de 1919 se apresenta, por conseguinte, desprovida de importantes porções de seu território. No próprio interior de suas fronteiras, os ocidentais e os japoneses dispõem de liberdades, privilégios e "concessões", das quais a mais conhecida é a concessão internacional de Xangai; eles controlam uma parte das ferrovias e as alfândegas: estas servem de garantia para o pagamento dos juros de empréstimos internacionais; aqui e ali, estabeleceram eles suas agências de correio, suas jurisdições consulares, implantaram seus bancos, suas empresas comerciais, industriais ou mineiras. Seus investimentos se elevam, em 1914, a 1,61 bilhão de dólares (219 milhões correspondendo aos japoneses).

Desde a expedição das oito potências e a tomada da capital imperial (1901), o bairro das Legações, em Pequim, é ocupado militarmente "e cercado por uma zona de segurança, onde qualquer construção é proibida aos chineses. [...] O corpo diplomático de Pequim exerce de fato, senão de direito, uma estrita tutela sobre os negócios chineses ou, pelo menos, sobre o que deles é efetivamente controlado pelo governo de Pequim."

Nesse país economicamente desmantelado, opera-se também uma vasta invasão cultural e religiosa. A China é submergida, corporal e espiritualmente, na época dos tratados que ela chamou, não sem razão, de "tratados desiguais".

- ***Sacudir o jugo dos ocidentais supõe, para a China, certa "ocidentalização" prévia, uma modernização. Reformar-se e libertar-se – essas duas tarefas são amiúde contraditórias, mas igualmente necessárias.***

Elas vão exigir muito tempo e trabalho, impor provações e estagnações antes que se possa discernir com nitidez o sentido da luta a travar. A China não pôde assimilar da noite para o dia a lição do Ocidente, como o Japão no momento da revolução de Meiji. Sua dupla aprendizagem foi difícil.

Assim, a poderosa, complexa revolução – camponesa e, por isso mesmo, clássica – dos *Tai Ping* (1850-1864), que instalará, por um instante, um governo separatista em Nanquim, foi nacionalista, xenófoba; ao mesmo tempo, ela quis combater as velhas tradições sociais e políticas chinesas. Durante seu breve êxito, os Tai Ping aboliram a escravidão, emanciparam a mulher, suprimiram a poligamia e o costume dos pés enfaixados, admitiram as mulheres aos concursos e funções públicos. Pensavam, assim, estabelecer uma modernização técnica e industrial, conquanto superficialmente. Todavia, no essencial, tratou-se de uma revolução agrária como tantas outras verificadas na China antiga, regularmente, às vésperas das mudanças de dinastias. Nesse sentido, a revolução Tai Ping procurou eliminar os proprietários fundiários, procedendo a uma coletivização das terras. Finalmente ela fracassou, antes de tudo por causa da ajuda que o Ocidente prestou à dinastia manchu para salvaguardar suas vantagens comerciais – e em parte porque os projetos de modernização eram imprecisos, porque nada, na China, estava amadurecido para acolhê-los.

Quanto ao *movimento dos boxers*, o de uma sociedade secreta dada a ritos misteriosos e terrificantes, não o animava senão a xenofobia, uma xenofobia que era então de toda a China, a começar pela terrível imperatriz Tseu-hi, que, dando o sinal da ação contra os estrangeiros (provavelmente em acordo com os *boxers*), logo levou ao esmagamento destes e da China, em 1901. Aliás, Tseu-hi era, ao mesmo tempo, uma inimiga feroz de qualquer progresso – foi ela que fez malograr, com inteligência e habilidade, a tentativa de reforma esclarecida de 1898, conhecida sob o nome de "Os Cem Dias" e que, pelo menos no papel, lançara as bases de uma verdadeira revolução das instituições e da economia chinesas.

Em suma, a hora dos reformadores ainda não havia soado, nesse princípio do século XX. Chocavam-se eles "com a surdez orgânica dos mandarins, cujos ouvidos eram mais difíceis de abrir do que os portos chineses" (É. Balazs), e com a indiferença popular, tentada unicamente pela "rua sem saída da xenofobia". Quando muito, desejava-se aprender com os estrangeiros suas "astúcias", suas receitas de eficiência.

O problema continuava de difícil solução em seu duplo aspecto: eliminar os bárbaros do Ocidente, sem dúvida, mas, para consegui-lo, fazer primeiro a aprendizagem da ciência e das técnicas ocidentais. Essa aprendizagem muito lenta foi feita por alguns jovens intelectuais ligados a essa burguesia dos negócios, que estavam em relação com os ocidentais e circulavam pelo exterior, e, mais ainda, por estudantes imediatamente numerosos e pobres que frequentavam escolas e universidades modernas criadas pelo governo durante os últimos anos da dinastia manchu. Uma série de sociedades secretas se formam então, umas francamente republicanas, outras ainda monarquistas, todas preocupadas com o "reerguimento" da China e com reformas radicais.

• ***Foi assim que se formou o primeiro movimento verdadeiramente revolucionário da China, estreitamente ligado ao nome de Sun Yat-sen.***

Sun Yat-sen (1866-1925), médico originário de uma aldeia de Kuang-tong, que vivera muito tempo fora da China e participara de diversos movimentos revolucionários, tornou-se, em 1905, em Tóquio, presidente de uma liga republicana que logo assumiu grande importância na China e preparou um programa ponderado. Esse movimento esteve diretamente ligado à revolução que, em 1911, derrubou a dinastia manchu e conduziu Sun Yat-sen à direção do primeiro governo republicano. Mas essa revolução não tarda a abortar. Sun Yat-sen logo abandona suas funções presidenciais em benefício do general Yuan Che-kai († 1916), que tentará restabelecer em seu proveito o antigo regime.

A Constituição liberal de 1912 é então suspensa, e a China soçobra na anarquia. Os governadores militares das províncias, que logo serão chamados de *senhores da guerra*, aliam-se aos notáveis rurais para tirar de seus cargos o máximo de benefícios. Tornam-se senhores impiedosos da China. Sun Yat-sen, que retomara o caminho do exílio, funda um novo partido que batiza de *Ko Min Tang* (o "partido da Revolução") para significar, com um jogo de palavras *(Ko-ming*: revolução, e *Kuo-min*: nação), que o Kuo-min-tang, o grande "partido da nação", fundado em 1912, na euforia dos primeiros meses da República, não cumpriu sua missão: a Revolução precisa ser refeita.

A China só chegará a ela depois de atravessar, mais uma vez, acidentes e dramas repetidos, terríveis, e que só terão um fim nítido em 1949, com a vitória dos comunistas e a constituição da China Popular. Nesse caso, as datas são significativas: da Guerra do Ópio (1840-1842) a esse ano de 1949, foi necessário um século de esforços e sofrimentos para que a China recobrasse sua independência e seu orgulho. "Doravante, podemos de novo orgulhar-nos de ser chineses", declara um professor em 1951.

Durante esse século de espera e de esforços, todo o Antigo Regime se deteriorou naquilo que podia ter de tradicional e de petrificado. Desapareceram então "a hierarquia dos mandarins com seus botões de nácar ou de cristal, o ritual das Memórias ao trono imperial, apostiladas a pincel vermelho pelo Filho do Céu, as audiências em trajes de brocado" e também os privilégios exorbitantes dos ocidentais e dos japoneses...

Em suma, ao cabo de uma longa provação, a China chega a um desses raros momentos em que uma civilização se renova destruindo-se, sacrificando algumas das estruturas que lhe eram até então essenciais. Para a China, a crise é ainda mais extraordinária, porque as estruturas questionadas eram milenares. Como quer que seja, sua destruição não será, não pode ser total; e, sobretudo, ao reconstruir-se, a China continuará fiel a formas de pensamento e de sensibilidade que lhe são próprias. Sem dúvida, serão necessários alguns decênios ainda para vermos destacar-se nitidamente a nova civilização chinesa em gestação.

Por enquanto, podemos apenas tentar discernir o sentido das experiências em curso. Elas mal acabam de começar.

A nova China

Não se trata aqui de elogiar – o que é possível – ou de condenar – o que é não menos possível – a China Popular. Mas de assinalar o que ela fez ou quis fazer e, em seguida, ver ou tentar ver aquilo em que se converte desde então a civilização chinesa, às voltas com a mais formidável e violenta experiência humana que ela conheceu no curso de sua longa história. Essa experiência é uma ordenação múltipla: social, econômica, política, intelectual e moral.

Tratou-se de submeter as coisas, os homens, as classes e, se possível, o mundo exterior a uma situação nova, criada pela vontade chinesa. O orgulho tem seu papel aí, orgulho que é pelo menos uma forma de reatar com uma China muito antiga, segura de ocupar o centro, o meio do Universo.

• ***A China Popular é uma enorme massa de homens e de riquezas, umas reais, outras virtuais, a criar. De ambas depende seu crescimento econômico.***

Sua população não para de crescer: 1952, 572 milhões; 1953, 582; 1954, 594; 1955, 605; 1956, 620; 1957, 635; 1958, 650; 1959, 665; 1960, 680; 1961, 695. Note-se que não se trata de recenseamentos exatos (salvo o de 1953, sobre o qual se devem fazer reservas expressas), mas de avaliações, aliás prováveis. Como em todos os países subdesenvolvidos (e a China é, em 1949, o maior de todos os países subdesenvolvidos), a progressão da população, devido a uma taxa elevada de natalidade, em torno de quarenta por mil, e a uma mortalidade em baixa, coloca problemas terríveis. Esse crescimento populacional limita por antecipação e ameaça seriamente a elevação efetiva do nível de vida.

No entanto, as taxas de crescimento econômico, de 1949 a 1962, revelam-se prodigiosas, sem equivalentes históricos ou atuais. Nem o primeiro plano quinquenal russo foi mais bem-sucedido que o primeiro plano de cinco anos chinês (1953-1957). Esse ritmo é o de uma economia que, em linhas gerais, começa de zero. Ora, é privilégio dos retardatários caminhar mais depressa. Pouco ricos a princípio, eles dobram seu haver sem com isso chegarem a ser ricos. Nada nos diz que em um certo nível de desenvolvimento a lei dos rendimentos decrescentes, à qual não escapa o mundo capitalista, não atingirá igualmente os países socialistas.

Além disso, é preciso levar em conta, para medir seu extraordinário desenvolvimento, que ele é o prêmio de uma vontade inexorável, do esforço da maior massa de homens agrupados do mundo. E, ainda, que a economia *planificadora* é uma ciência já aperfeiçoada pela antiga experiência dos soviéticos e mesmo pelo capitalismo contemporâneo.

Não se trata de estabelecer, aqui, um balanço exaustivo. Se acompanharmos os dados *oficiais* e nos ativermos à renda nacional global calculada a partir de 1952, sem tentar passar pelo crivo uma documentação difícil de controlar, a progressão seria a seguinte: 1952, 100; 1953, 114; 1954, 128; 1955, 128; 1956, 145; 1957, 153; 1958, 206; 1959, 249. As taxas de crescimento de 1958 e 1959 se estabeleceriam, respectivamente, em 34% e 22%, o que é simplesmente fabuloso. Feitas todas as reservas (em particular acerca da dificuldade de calcular uma renda global para um conjunto tão vasto e diferenciado), os economistas não podem esconder nem seu espanto nem sua admiração. Um salto prodigioso foi dado.

O não economista julgará com ainda maior facilidade esse progresso a partir de números concretos. Produção de aço em milhões de toneladas: 1949, 0,16; 1952, 1,3; 1960, 18,4. Carvão: 1949, 32; 1960, 425. Fundição: 1949, 0,25; 1960, 27,5. Eletricidade, bilhões de kWh: 1949, 4,2; 1960, 58. Algodão (milhões de metros): 1949, 1,9; 1960, 7.600. Cereais, mais batatas-doces e batatas contadas por um quarto de seu peso fresco (em toneladas): 1957, 185 milhões; 1958, 250; 1959, 270. Últimos testemunhos: o (triplo) mapa das ferrovias – as que existiam em 1949, as que foram construídas antes de 1960, as que se acham em vias de construção; e também o triplo mapa das centrais hidrelétricas (antigas, novas, a construir) ou das centrais térmicas; ou ainda as formidáveis obras previstas para controlar o Yangtse-kiang ao sair da bacia de Se-tchuan, na zona das correntezas e das gargantas de Hisi Ling. Essas obras, muito ousadas, controlariam uma enorme reserva de energia, permitiriam vastas irrigações em direção ao norte, regularizariam o curso do Rio Azul, que se abriria em milhares de quilômetros aos navios marítimos, favoreceriam nas próprias gargantas a implantação de fábricas ultramodernas.

• ***Esses resultados foram alcançados ao preço de um esforço sobre-humano, graças ao disciplinamento de toda a sociedade chinesa, e não se trata apenas de obrigá-la ao entusiasmo político e ao trabalho encarniçado, mas de remodelá-la.***

Essa tarefa não é apenas um meio, e meio de excepcional eficácia; é também um objetivo e uma aposta. O regime joga, faz questão de jogar sua existência nessa empresa que leva adiante sem tréguas. E, se não hesita em jogar duramente essa partida, é verdade que goza junto à massa chinesa de um preconceito favorável pelo simples fato de ter abolido a terrível corrupção do regime anterior, durante os últimos anos de Chang Kai-chek.

Toda a sociedade foi mobilizada: os camponeses, os operários, os intelectuais, os membros do partido. *Quanto à burguesia* mais rica – a burguesia "compradora" –, a dos intermediários entre comerciantes chineses e europeus, ela fugiu em 1949 junto com Chang Kai-chek; a burguesia industrial foi reabsorvida quando da transformação das empresas privadas em empresas mistas (privadas e públicas), em 1956; já não subsiste mais que uma burguesia de negócios, e apenas em uma parte do setor comercial, na qual sua situação é evidentemente precária.

No mundo camponês, a reforma foi rápida e progressiva. Ela se inicia pela lei agrária de 30 de junho de 1950, que elimina brutalmente os proprietários e os grandes camponeses. Os camponeses médios são mantidos *in loco*, mas perdem parte de seus bens; finalmente, cada camponês recebe um quinhão de terra minúscula (quinze ares), que indica, por si só, a massa enorme das partes beneficiadas (dos seiscentos milhões de chineses, mais de quinhentos milhões são camponeses). Esse pequeno lote nada mais é que o advento momentâneo de uma micropropriedade igualitária.

Em outubro de 1956, com efeito, começa a coletivização, com o estabelecimento de *fazendas coletivas*. Novo passo adiante com a criação, em 1958, das *comunas rurais*, que agrupam até vinte mil camponeses ao mesmo tempo, enquanto a fazenda coletiva reunia somente algumas centenas. Trata-se de uma organização original, talvez excessivamente ousada, ao mesmo tempo política, agrícola, industrial e militar. O camponês é também soldado, e alguns deles estão armados, o que dá ao regime a garantia suplementar de dispor de uma força armada sempre pronta a intervir. No entanto, a 20 de novembro de 1960, as comunas parecem ter sido despojadas de suas prerrogativas e de suas tarefas em benefício das *brigadas de produção*, de cujo sucesso ou fracasso ainda é muito cedo para falar. A única coisa certa é que o regime hesita, não, é claro, quanto ao objetivo a alcançar, mas quanto às soluções, dado que o crescimento agrícola é o único que realmente marca passo.

Mesmo enquadramento dos operários, cujo número não para de crescer e que são controlados pelos sindicatos, em colaboração com o partido. O governo exigiu deles, como dos camponeses, um esforço sobre-humano. Após o segundo plano quinquenal, empreendeu-se uma ativa propaganda para obter saltos que o plano não previa. Daí as emulações espetaculares e os *slogans:* "Mais, melhor, mais depressa, mais economicamente"; "Um dia vale vinte anos, e um ano, um milênio"; "1958 será o primeiro dos três anos de luta penosa por um milênio"...

Seria fácil citar milhares de exemplos de devotamento heroico. Tudo isso a despeito das más condições de trabalho, dos baixos salários, da alimentação insuficiente, da falta de moradias. Pensem naquela operária modelo – e por isso gozando de vantagens, mas com deveres suplementares ainda maiores – que, na fábrica, para permanecer acordada, esfrega água fria no rosto durante sua noite de trabalho.

Quanto aos intelectuais, aos estudantes, aos membros do partido, acaso o heroísmo lhes é menos familiar, ou o programa que se lhes propõe é muito menos claro? É certo que seu disciplinamento parece mais complicado, mais tateante, mais trágico.

Os membros do partido nunca estão ao abrigo dos expurgos ou das autocríticas. Houve, assim, a campanha dos três e depois dos cinco "anti". A primeira, em janeiro e fevereiro de 1952, "contra a corrupção, o desperdício e o burocratismo" dos funcionários, revelou enormes escândalos, exagerados de propósito em seguida, e que valeram a elementos oriundos do campo que se haviam tornado, na cidade, "quadros do partido", a desagradável surpresa de perder uma situação à qual se haviam adaptado com facilidade. Nesse mesmo ano, a campanha dos cinco "anti" (corrupção, evasão fiscal, fraude, venda de bens do Estado, roubo de seus segredos econômicos) provoca comoções prodigiosas, suicídios, condenações múltiplas e severas. Outros expurgos, outras autocríticas, outros suicídios se seguirão.

Para os estudantes, cujo número não para de crescer, não há um instante, ou quase, em que a mão que os detém não os sacuda, não os reconduza à humildade, à disciplina, e também não os obrigue a duros trabalhos manuais nos campos ou nas fábricas.

Para os intelectuais e os professores, as vexações decerto não faltaram. O direito de criticar foi-lhes concedido, por um momento, logo após os acontecimentos da Hungria. Foi o chamado período das "Cem Flores": como as flores, o pensamento pode desabrochar sob cem formas diferentes. Chamados a se explicar sobre o próprio pensamento, hesitando em fazê-lo, os intelectuais se viram então em uma estranha situação, tanto mais que suas declarações eram logo reproduzidas na imprensa. "O marxismo-leninismo", diz um, "é uma velha teoria fora de moda, imprópria para a China. Ele precisa de uma revisão." Um professor se recusava nestes termos: "Tenho medo da liberdade atual. O essencial dessa liberdade é que se tem de falar. A pressão me é penosa. Descontraiamo-nos por um momento. Mais tarde veremos em que isso vai dar." Outro professor constatava: "O povo não consegue abastecer-se e certas pessoas dizem que o nível de vida elevou-se." Pequeno distúrbio, poderíamos pensar; pequena recreação para velhos intelectuais que haviam suportado mal os cursos de reeducação marxista. Tudo isso, ao contrário, era muito sério. As Cem Flores não duraram sequer uma primavera: desabrocharam "violentamente durante um só mês", de 8 de maio a 8 de junho de 1957. Foram seguidas de repressões. Muitos imprudentes, em virtude de suas declarações, acabaram perdendo o seu lugar.

Isso para nos lembrar que, na China, não se trata de um debate aberto, mas de uma luta pela vida. O problema é remodelar uma sociedade, uma alma coletiva, purgar a China de seus erros, de suas heranças, de seus possíveis arrependimentos. Embriagá-la de orgulho, de trabalho, de satisfação consigo mesma, e sobretudo conduzir, reduzir os espíritos à obediência.

"Se obrigarmos 650 milhões de chineses a pensar corretamente, eles serão levados a agir corretamente, segundo as normas que o Partido Comunista Chinês julgue essenciais à sua marcha para uma China socialista." Com esse fim, exerce-se pelo rádio, pela imprensa, pelos discursos uma propaganda incessante, da qual nenhuma experiência "socialista" ou "totalitária" oferece um equivalente. A arma dessa propaganda é a crítica, organizada cotidianamente em todos os locais de trabalho ao longo de discussões obrigatórias. Este é o meio para determinar, no grupo, aqueles cuja atitude é boa, aqueles que se pode conquistar e os irredutíveis. Contra estes últimos, cada um lutará. "O ataque oral" (*tu cheng*) é uma "mistura humilhante de críticas violentas entremeadas de sarcasmos, de invectivas e – muito raramente – de violências menores."

Essa ação ideológica é concebida como uma operação "de longo termo, complexa e gigantesca" (Mao Tse-tung), mais ou menos cerrada conforme os meios sociais: bastante frouxa no que concerne aos camponeses; muito exacerbada, pelo contrário, nos grupos definidos: fábricas, escritórios, universidades, unidades do exército. Esse doutrinamento não se realiza sem resistência e sanções. Estas já não são sangrentas, como no começo da Revolução, mas continuam sendo severas.

Assim, no domínio da literatura e da arte, há um comissário "cultural" do partido, encarregado da disciplina e da luta contra as infiltrações burguesas e reacionárias que podem ocorrer insidiosamente por essa via. Cada escritor deve ser exemplar, e não somente em suas palavras. Cita-se um autor que, morando no campo, escreve todas as manhãs no espírito de uma "literatura coletiva", cultiva um campo de batatas-doces, cria porcos... Os escritores suspeitos de "desvio de direita" se expõem a sanções, como a célebre romancista Ting Ling, enviada para uma "reeducação pelo trabalho" a uma região desolada do Norte da Manchúria, onde deverá ficar por dois anos.

Evidentemente, essas sanções são anódinas ao lado das terríveis execuções sumárias dos primeiros meses da revolução camponesa. Evidentemente também, essas resistências, essas sabotagens que os próprios documentos oficiais assinalam não são a maioria. As adesões sinceras e entusiastas são muito mais numerosas, e muitas delas se expressam em termos comoventes. Aderir à ideologia triunfante é aderir a uma pátria, a uma nação, é acreditar no futuro, acreditar na China.

• ***A experiência agrícola é o único verdadeiro fracasso da China comunista. As colheitas recordes, o forçamento ingênuo das estatísticas, o otimismo oficial puderam, até 1958, ocultar seus dados reais. Artigos e livros entusiastas ajudaram, no Ocidente, a propagar tais ilusões. As colheitas catastróficas de 1959, 1960 e 1961 foram um golpe terrível e parcialmente injusto para esse otimismo.***

Injusto: esses rendimentos catastróficos se devem, em primeiro lugar, a causas de ordem natural. A China está sujeita, desde sempre, à alternância ou à simultaneidade de flagelos contraditórios, secas ou inundações, em especial nas grandes províncias do Norte. Em 1961, mais da metade das colheitas foi assim destruída. Furacões e inundações fizeram milhões de vítimas, enquanto de março a junho, nesse mesmo ano, podia-se atravessar a pé, a jusante de Juan, o próprio Huang-ho, reduzido a um ridículo filete de água. Secas, tufões aberrantes, inundações, insetos prejudiciais, esses velhos inimigos não depuseram as armas diante da nova China.

Pode-se acrescentar também que a China está pagando, como todas as Repúblicas socialistas, o preço de seus sucessos industriais? Talvez ela tenha apostado demais na industrialização e negligenciado a agricultura. A imprensa oficial, ao lado das "calamidades naturais sem igual há um século", acusa também os homens e fala de sabotagens. "Uma fração dos numerosos quadros e dos trabalhadores suplementares que, em agosto de 1960, foram enviados ao campo para ajudar as comunas populares a salvar suas colheitas, faltaram ao seu dever e traíram as ordens do governo e do Partido", não raro de conivência com "elementos retrógrados da população." Não acreditemos, além do razoável, nessa "explicação pelo bode expiatório". É provável que a coletivização, aqui como alhures, choque o campesinato, geralmente mais tradicionalista que o resto da população; aliás, algumas medidas parecem anunciar concessões (como a ênfase colocada nas *pequenas* brigadas de produção, e não mais nas *grandes*).

No momento, esses rendimentos catastróficos acarretam muitas consequências. Eles diminuem o crescimento, obrigam a China Popular a reduzir suas exportações alimentares para a Rússia, que serviam de contrapartida a produtos e serviços russos. Obrigam-na inclusive a recorrer aos países capitalistas para obter remessas de cereais: nove a dez milhões de toneladas solicitadas ao Canadá, à Austrália, aos Estados Unidos, à França, à Birmânia e mesmo a Formosa. Em Londres, onde se organizam os transportes marítimos dessa enorme transferência, calcula-se que a China deverá pagar oitenta milhões de libras anuais durante os próximos três anos. Como? Provavelmente mediante pagamentos em mercúrio e metais preciosos, ouro e prata.

Sem dúvida, é um golpe muito duro para uma economia em vias de desenvolvimento, um ponto de interrogação colocado para o futuro da China. Em todo caso, o grande lado sombrio de um êxito, por outro lado, inegável, enérgico e espetacular.

A civilização chinesa diante do mundo atual

Nada desse enorme progresso teria sido possível sem a aquiescência daquele que desempenha, no vasto mundo chinês, o papel de um nacionalismo muito particular, para o qual se propôs a palavra *culturalismo*, bárbara e inaceitável; em suma, um orgulho que não é nacional, mas cultural, um nacionalismo de civilização, se preferirem, realidade antiga e viva e que se deve tentar esclarecer. Porque a China atual, que à primeira vista parece tão aberrante, tão nova, liga-se através disso a um longo passado de altivez que tinha sido ferido pelo triste século (1840-1949) que antecede a experiência comunista.

• ***A China considera-se uma grande potência e uma grande civilização; ela sempre acreditou em sua superioridade sobre o resto do Universo, no primado de sua civilização, fora da qual não havia, aos seus olhos, senão barbárie.***

Ela teve outrora um orgulho muito semelhante ao do Ocidente de ontem.

O século dos tratados desiguais lhe foi, portanto, duplamente cruel. Tornar-se uma nação entre as outras, primeira humilhação; e uma nação dominada pelos bárbaros, sua ciência e suas armas, segunda humilhação. O nacionalismo atual, virulento, exacerbado, é antes de tudo uma desforra, a firme decisão de tornar-se uma grande nação, *a* grande nação, qualquer que seja o preço a pagar. Daí seu empenho em reativar a Revolução, em não lhe deixar um instante de repouso, em se precipitar sobre os novos bens, o marxismo-leninismo e os manuais russos traduzidos, tal como ontem se lançava sobre os textos sagrados do budismo e manifestava o desejo de travar conhecimento com o Senhor De (democracia) e a Senhorita Sai (ciência), tal como se dirige agora para a história, a sociologia, a etnografia...

Indubitavelmente, a China de Mao Tse-tung sente a vocação de conduzir os povos proletários ao assalto dos países saciados e por demais ricos, indicando-lhes os meios de proceder a uma revolução rápida cujas receitas ela ofereceria com sua ajuda generosa. Lembremos que a China, apesar de suas dificuldades pessoais, não renunciou a exportar víveres e capitais. No que concerne aos capitais, entre 1953 e

1959, 1.191 milhões de dólares foram distribuídos entre Albânia, Birmânia, Camboja, Ceilão, Cuba, Egito, Guiné, Hungria, Indonésia, Coreia do Norte, Mongólia, Nepal, Vietnã do Norte, Iêmen... Esse recenseamento não leva em conta a ajuda à rebelião argelina nem um recente acordo com Gana (1961). Esses detalhes e outros (o fato de que 40% desses créditos vão para países não comunistas) provam que a China Popular pretende desempenhar um papel internacional, talvez acima de suas forças atuais, seguramente abaixo de suas ambições.

Ocupações do Tibete em 1950 e, desde então, conflito latente com a Índia; reivindicação da ilha de Formosa, onde está acampado o exército de Chang Kai-chek; desejo de restabelecer relações normais com o Japão, com o Ocidente, cuja economia atenderia muito melhor a suas necessidades do que a economia soviética (passagem semiclandestina de máquinas-ferramentas por Macau e Hong Kong); e, enfim, desejo de entrar na ONU, onde o lugar da China é paradoxalmente ocupado pelos nacionalistas de Formosa – tudo isso traduz uma vontade de poder, de ampliação da sua influência, a exemplo da semirruptura entre marxismo chinês e marxismo soviético no último Congresso de Moscou (1961). A China se pretende, sonha-se dominante. Em 1945, ela era "incapaz de fabricar uma moto"; ei-la, em 1962, às vésperas de fabricar a bomba atômica. Nessa surpreendente evolução, ela reencontra o orgulho de suas origens, sua dignidade de grande civilização.

• ***É o que sublinha um sinólogo muito conhecido, Étienne Balazs, cuja opinião a respeito da revolução atual, recolocada na longa perspectiva cultural da China, é resumida nas linhas que se seguem.***

Se a experiência chinesa tiver um êxito convincente, todos os países subdesenvolvidos poderão vir a seguir tal modelo. É esse fato de imenso alcance que confere um caráter angustiante (angustiante tanto para os amigos como para os inimigos da China) à seguinte questão: a experiência chinesa terá êxito? Não estaria fracassando?

Digamos francamente que de nada serve escrutar números e estatísticas, em parte porque os números são manipulados para corroborar o que se afirma e, mais ainda, porque os próprios estatísticos chineses tateiam e nadam em pleno empirismo. Não devemos admirar-nos de que suas estatísticas não sejam muito precisas, mas sim de que o sejam o bastante para permitir que o planejamento siga avante sem muitos erros, que os resultados das experiências em curso sejam quantificados a fim de se distinguir o seu movimento. Globalmente, esse movimento é positivo.

Claro, pode-se zombar de certos fracassos dos planos quinquenais: altos-fornos de bolso, produção cerealífera, comunas populares...

Porém, os fatores fundamentais e estáveis da experiência chinesa nos levam mais a refletir que a rir ou criticar, a tal ponto parecem cuidadosamente calculados:

a) industrialização deveras consciente e cujo índice de progressão ultrapassa de longe (e sem dúvida continuará a ultrapassar durante longos anos) a taxa de crescimento tanto da URSS e das democracias populares quanto dos países retardatários (em média 20% contra 7% a 10%);

b) vontade lúcida de "caminhar com as duas pernas" por tanto tempo quanto for preciso, ou seja, reservar as rendas da indústria aos investimentos a fim de conservar seu ritmo de crescimento e continuar, nos demais setores, a se arranjar como puder, com o artesanato rural dirigido fornecendo à massa camponesa o essencial de seus artigos de consumo e de seu equipamento agrícola;

c) austeridade geral e não limitada à grande massa, o que permite exigir dessa massa pesados sacrifícios;

d) elasticidade notável dos dirigentes, que são capazes de reconhecer seus erros e retificar imediatamente o tiro.

Tudo isso repousa em algumas realidades essenciais da vida, da civilização chinesa, sem as quais nada seria possível.

1. Em primeiro lugar, no número. As durezas da experiência, se por infelicidade elas sacrificam certos homens, e até muito homens, não podem comprometer o sucesso da própria experiência. Porque há homens em demasia, sempre os houve em demasia na China.

2. Mas sobretudo na mobilização sem precedentes de uma massa de mais de seiscentos milhões por *dez milhões* de organizadores, membros disciplinados e devotados do partido, no topo do qual se encontra (com raras exceções) a velha guarda, os líderes temperados por trinta anos de perseguições, de guerras civis, de resistência armada ao Japão, de avanços e recuos pacientes na estratégia militar e na tática política, de inegável experiência na administração das coisas e dos homens.

Não podemos impedir-nos de pensar que eles são os herdeiros da grande tradição burocrática do Império milenar, dos funcionários letrados acostumados a governar um grande Estado com mão firme. Uma nova *intelligentsia*, atuante e ousada, eliminou a antiga, livresca e esclerosada; por sua vez, ela detém em suas mãos fortes o destino da China. E a massa chinesa, que sempre se mostrou submissa à disciplina, segue esses novos senhores com obediência. Essa organização eficaz, incansável e sem solução de continuidade, da cúpula até a base, que permite fazer todo mundo trabalhar duramente, talvez seja o segredo desta experiência única: em pouco tempo, a mais antiga civilização viva tornou-se a força mais jovem, mais progressista de todos os países subdesenvolvidos. Talvez, porém, porque pôde apoiar-se em uma das mais antigas e mais sólidas originalidades dessa velha civilização: sua organização burocrática.

• ***Outra questão que o futuro da China coloca: o conflito sino--soviético.***

As demonstrações do XXII Congresso (1961) e os golpes sutilmente desferidos pelo *Pravda* e pelo *Diário do Povo*, os jornais oficiais russo e chinês, exprimem um conflito real? Ou não passam de aparências contra as quais a solidariedade socialista sempre acabará sendo mais forte?

Na verdade, o divórcio é quase impossível: ele implicaria consequências mundiais muito arriscadas para as duas partes. No entanto, a hostilidade parece profunda, e ainda aqui não faltam razões que mergulham fundo na história das civilizações confrontadas.

Sem dúvida, existem nesse conflito razões muito atuais. As forças em confronto são dois grandes povos que tentaram a experiência comunista para se modernizar. Ora, enquanto um solta, enfim, suspiros de alívio após quarenta anos de penúria e sofrimentos, o outro ofega em um esforço sobre-humano e em uma austeridade miserável. Enquanto o novo-rico se assenta ruidosamente à mesa das conferências das nações, o parente pobre não tem voz nos conciliábulos, encontra-se banido da arena internacional como um pestífero. Um está condenado a avançar custe o que custar, sob pena de recuar, o outro tornou-se ajuizado, prudente. Há, aí, muitos fatores de atrito.

Contudo, o choque talvez se prenda ainda mais, em profundidade, ao nacionalismo suspicaz da China, a seu desejo de desforrar-se do Ocidente: a Rússia, socialista ou não, é sempre o Ocidente, é sempre o bárbaro. A China, para apagar o passado, pretende nada menos que tornar-se a capital do Terceiro Mundo. Então, estará de novo no universo do "Império do Centro".

CAPÍTULO IV

A Índia de ontem e de hoje

A Índia apresenta-se como uma justaposição de espaços e, não menos, de passados heteróclitos que tendem a pôr-se de acordo sem jamais consegui-lo. É muito vasta (quatro milhões de quilômetros quadrados, com o Paquistão, ou seja, três a quatro vezes a pequena Europa dos Seis), excessivamente povoada (mais de 438 milhões de seres hoje, sem o Paquistão). Diversa, ela nunca conheceu um passado tranquilo, entre o Decão, ao sul, conservatório de povos e civilizações, zona de resistência obstinada, e o noroeste, que solda as regiões áridas do Indo ao Irã e, do outro lado da passagem de Khaiber, ao Turquestão e a toda a tumultuosa Ásia Central. Aberta às invasões, é a região perigosa, patética da Índia.

Finalmente (a não ser ontem, no tempo da colonização inglesa), nenhuma dominação política logrou estender sua autoridade por todo o conjunto do subcontinente, nem outrora, nem hoje, após a divisão sangrenta e violenta entre a Índia e o Paquistão, em 1947.

As Índias clássicas (até a colonização inglesa)

Se não remontarmos até a misteriosa civilização do Indo (3000 a 1400 a.C.), veremos que três Índias clássicas se formaram lentamente e se substituíram sem pressa, prolongando-se uma na outra:

a) uma civilização indo-ariana, denominada védica, de 1400 a.C. ao século VII d. C.;

b) uma civilização *medieval* hindu (hinduísmo), que desenvolve a precedente até o século XIII;

c) uma civilização islamo-hindu, imposta pelo conquistador muçulmano como uma camisa de força (séculos XIII-XVIII), e cuja colonização exuberante e prolongada será substituída, a partir do século XVIII, pelo colonialismo inglês.

Nenhuma dessas civilizações, convém repetir, nenhum dos grandes impérios "universais" que elas carregarão sucessivamente às costas chegou a abarcar o conjunto do subcontinente. Até o século XVIII, o espaço indiano nunca conheceu essas reduções a uma ordem única que caracterizam o passado da China e o simplificam grandemente.

• ***A Índia védica se constitui em três ou quatro grandes etapas, de 1400 a.C. ao século VII d.C. Esses dois milênios são dominados pela invasão e instalação de povos arianos vindos do Turquestão e que, chegando à Índia pelo Noroeste, infiltram-se lentamente através das planícies do Médio Indo e, depois, do Médio Ganges. Sua civilização não afeta senão uma parte da planície indo-gangética, mas trata-se aqui, desde já, do coração vivo da Índia.***

Feita, a um tempo, das contribuições dos recém-chegados e de empréstimos múltiplos, "vivos", tomados aos povos já instalados no Indo, essa primeira civilização, chamada védica (de *Veda*, o conhecimento sagrado), desenvolveu-se com extrema lentidão. Ela se chocou com os povos indígenas que já se encontravam no local, homens de pele morena ou negra, de origens diversas: pigmeus vindos há muito tempo da África; protomediterrâneos que chegaram mais tarde, provavelmente da Mesopotâmia, e cujo tipo se conservou entre os drávidas do sul; populações procedentes da Ásia Central, de caráter mongoloide (sobretudo em Bengala).

Esses pré-arianos, em sua maioria, já estão ligados ao solo – agricultores, criadores *sedentários,* agrupados em aldeias e mesmo em cidades, às margens do Indo, que constitui o centro de uma civilização já antiga de citadinos e mercadores. Esses pré-arianos são numerosos e continuarão a ser, até hoje, o elemento humano majoritário da Índia.

Pastores, *nômades*, homens (frequentemente, mas não sempre) de pele clara e cabelos loiros, os indo-arianos aparentam-se aos inúmeros povos que invadiram, no II milênio, os planaltos do Irã ou da Ásia Menor e os longínquos países da Europa. Esses invasores da Índia são irmãos dos helenos, dos italiotas, dos celtas, dos germanos, dos eslavos.

a) Primeira etapa, antes do ano 1000: a invasão.

A primeira invasão ariana operou-se do Turquestão para o Irã e a Índia. Ela adentra, assim, da Mesopotâmia ao Indo, em uma civilização já homogênea, brilhante, com suas cidades, suas casas altas, seus camponeses arraigados. Essa civilização antiga talvez esteja em decadência quando a invasão atinge os países do Indo, que, não obstante, defenderão por muito tempo sua independência contra os recém-chegados e retardarão sua progressão para o leste.

Os textos sagrados dos arianos, escritos em *sânscrito*, narram essas lutas intermináveis que misturam os homens, os deuses e os antideuses (os *asura*, divindades protetoras dos adversários) e se desenrolam antes do ano 1000, na região de Pendjab e do rio Kabul.

Essa longa etapa se reflete no mais antigo dos livros sagrados, o Rig Veda (o Veda das Estrofes, também se diz dos Hinos), que revela mitologia e crenças de uma *primeira* religião védica. Pelo menos 32 deuses, entre deuses terrestres, do "espaço intermediário" (atmosfera) e celestes. Em meio a esses deuses "um tanto pálidos", avultam Varuna, mantenedor "das leis cósmicas e morais, espiador dos culpados, que ele amarra com cordões", e Indra, ainda mais importante, herói de cabelos claros, feliz em mil combates: vencedor do demônio Vitra, ele libertou as águas do céu que, desde então, inundam a terra e a fertilizam. Todos esses deuses misturam-se aos homens, como as divindades do Olimpo aos guerreiros que se defrontavam sob as muralhas de Troia. Todos exigem sacrifícios: leite, trigo, carne animal e uma bebida fermentada (*soma*), feita a partir de uma planta misteriosa.

Em suma, uma religião pluralista, formal, reduzida a ritos. O nomadismo dos arianos ainda não cedeu totalmente o passo a uma vida sedentária, criadora de ordem, mesmo no domínio religioso.

b) Segunda etapa, de 1000 a 600 antes da nossa era: conquista e sedentarização.

A sedentarização dos invasores realiza-se pouco a pouco, entre 1000 e 600 a.C., em uma região ligeiramente deslocada ou alargada para o leste e cuja encruzilhada essencial é representada pela atual Delhi. Essa conquista em direção ao leste alcançará a atual Benares, no curso de combates gigantescos ou pelo menos referidos como tais. Por volta de 800, Bengala é atingida e talvez a Índia Central.

As transformações geográficas, sociais, econômicas e políticas acarretadas por essa evolução explicam as enormes inovações religiosas assinaladas por novos livros sagrados e, posteriormente, pelos *Comentários* (bramanas) e pelos upanixades – esse "Tratado das Aproximações" que abre as portas secretas das especulações religiosas. Conservando, embora, seu fundo original, a religião se complica pouco a pouco. Nela se afirmam tendências ao monoteísmo, ao passo que, em consequência de misturas sociais, de coabitações de vencedores e vencidos, uma enorme massa de crenças não arianas se difunde através de todos os sistemas religiosos, como o ioga ("domínio de si"), cujas práticas ocupam um lugar considerável na religião védica, ao lado dos sacrifícios rituais.

Cada vez mais, crenças e atitudes religiosas se ensombrecem. As almas, pensa-se logo, não cessam de se reencarnar para recomeçar novas existências terrestres, sempre dolorosas. Ao mesmo tempo, constituem-se as primeiras divisões sociais (*varnas*), em uma sociedade simultaneamente "mágica", "pseudofeudal", "colonial", decerto compósita, onde nem tudo se explica (como se acreditou ontem) apenas pelas relações entre povo conquistador e povos vencidos. Na posição mais elevada, os *brâmanes* são os sacerdotes, senhores do espiritual; seguem-se os guerreiros, os reis, os príncipes, os grandes senhores (*xátrias*); na terceira posição estão os pequenos lavradores, criadores, artesãos, mercadores (*vaixás*); e, enfim, no quarto e último lugar, os *sudras*, que são, pelo menos na origem, indígenas avassalados.

Mais tarde, essa sociedade se precisa, lentamente, com seus tabus, seus exclusivismos, suas múltiplas interdições de casamentos intercastas, suas clivagens segundo as distinções estritas do *puro* e do *impuro*.

A separação entre o temporal e o espiritual se opera entre as duas classes superiores. A realeza primitiva logo se viu despojada de qualquer monopólio religioso, à diferença do que foi a regra em outros lugares (tanto na China como no Egito antigo e alhures). "A relação entre os dois princípios, princípio espiritual e princípio político do *imperium*, assinala-se plenamente em uma instituição singular [...] Com efeito, não basta que o rei, modelo ou essência da categoria dos xátrias, empregue brâmanes para o ritual público; ele deve ter uma relação pessoal permanente com *um* brâmane, seu *purohita* (literalmente, 'colocado adiante'). Traduzimos por 'capelão', mas deve-se ter presente a ideia de uma delegação ou vanguarda espiritual, de um *major ego*. Não só os deuses não comem as oferendas do rei sem *purohita*, como o rei depende deste último para os atos de sua vida, os quais não teriam êxito sem sua ajuda. Ele está para o rei como o pensamento para a vontade, em uma relação tão estreita quanto um casamento. Em suma, como já diz o Rig Veda, 'ele habita, ele prospera em sua morada, a terra lhe prodigaliza todos os seus dons, a ele o povo obedece por si mesmo, ele, o rei em cuja casa o brâmane caminha primeiro'" (Louis Dumont). Assim dizem e repetem, em todo caso, os textos bramanistas.

Essa primazia religiosa que se associa ao poder sem com ele se confundir é, para Louis Dumont, a principal razão dessa sociedade fracionada: como que associadas uma à outra, as duas primeiras classes se opõem ao resto da massa social; da mesma forma, as três primeiras se opõem, em bloco, ao conjunto dos *sudras*.

Os brâmanes terão fundado sua preeminência a partir dos temores desatinados que inspiram. Um ritual complicado faz deles os organizadores indispensáveis dos sacrifícios; se um único detalhe for omitido, o deus logo se retira, e o terrível Varuna procede às suas vinganças impiedosas. Depositários dos segredos do rito, os sacerdotes podem assim agir a seu bel-prazer, combater o antropomorfismo ingênuo dos antigos arianos, desvalorizar Indra e todos os deuses-heróis dos velhos hinos. Criam para seu próprio uso um deus supremo, Brama, que preside aos seus sacrifícios. Esse deus, é verdade, nunca será muito popular.

Dois outros deuses dominadores, em compensação, vão suscitar o entusiasmo dos fiéis: Siva Rudra, junto às populações camponesas, e Vishnu, identificado com o herói Krishna Vasudeva, junto aos círculos aristocráticos. Ademais, "guerreiros" e "camponeses" (segunda e terceira "classes") se voltarão de bom grado para a *ioga*, que os brâmanes adotarão, por sua vez, e para outros cultos práticos indígenas. Ou mesmo para uma livre especulação filosófica que, nos séculos VI e V, dá origem a duas novas religiões: o jainismo e o budismo.

c) Terceira etapa: os primeiros esplendores do jainismo e do budismo, séculos VI e V a.C.

Pouco a pouco, emergiram dos principados minúsculas realezas e, mais tarde, cidades aristocráticas, ligadas pelo comércio. Essas cidades, logo populosas, aproveitam-se do luxo de suas cortes principescas e de suas ricas burguesias. Banqueiros e mercadores tiram grandes lucros de um tráfico marítimo e de caravanas; é então que aparece o luxo dos finos tecidos de algodão, de linho ou de seda. Em 600 a.C., a indústria do ferro é atestada pelas armas encontradas nos túmulos. Áden, ao longe, é a grande praça mercantil que reexpede o ferro indiano para o Mediterrâneo.

Nesse meio ativo, mais ou menos comparável à Grécia contemporânea dos séculos VI e V, desenvolvem-se as duas grandes religiões salvadoras – o *jainismo* e o *budismo* –, esta última mais conhecida e importante que aquela porque também se desenvolverá no exterior. No plano puramente indiano, ao contrário, jainismo e budismo se igualaram. Ambos são religiões à margem, "seculares", adotadas pelas classes dominantes com exceção dos brâmanes e propagadas pelos mercadores; ambas fundaram conventos e propõem regras de salvação individual: o budismo, como vimos, por uma espécie de negação do desejo de viver e do sentido da vida, procura romper o círculo maldito das reencarnações para alcançar o Nirvana; o jainismo, pelo contrário, vê no sofrimento pessoal e em sua busca uma via eficaz de salvação. Essas duas religiões foram fundadas por grandes senhores: Siddharta

Gautama, quiçá filho de rei (563?-483?), também chamado Sakya Muni (o sábio dos Sakyas) ou Buda (o Iluminado); e Vardhamana Mahavira (540?-468), o "Vencedor" do mundo (Jina).

Buda, originário do Nepal, teve sua "revelação" por volta de 525, e desde então pregou durante o resto de seus dias através do vale do Ganges. Sua religião, chamada a modificar-se desde a sua própria morte, está construída com base em suas palavras, tais como os discípulos as recolheram. Nelas não se encontra nenhuma afirmação a respeito de Deus, silêncio que não constitui uma negação, mas que permanece como um traço forte de sua doutrina, como a recusa de qualquer "monismo" divino. Em acordo com as ideias dominantes em seu tempo (a dos upanixades), ele rejeita a realidade do mundo e do Ser Universal. Para ele, nada possui realidade fora da nossa consciência. "Voltaste para mim como um pássaro-vigia que partiu de um navio em direção a todos os pontos cardeais, ao encontro de uma terra, e não a viste em parte nenhuma. Porque esses elementos (Terra, Fogo, Água, Ar) têm seu ponto de apoio na consciência e o perdem na consciência insensível. Quando a consciência deixa de ser, todos os elementos do universo são integralmente aniquilados."

Em verdade, Buda é um *"renunciante"* (*sannyasi*). O "renunciante" é o homem que abandona a sociedade e erra, vivendo de esmolas, em busca de um absoluto espiritual capaz de libertá-lo. Está preocupado não com reformar a sociedade, da qual se desvia, mas com assegurar sua salvação pessoal. O budismo é, pois, uma religião para um indivíduo, para um homem "dessocializado", e nisso ele se liga às numerosas heresias que surgirão regularmente na Índia e que são maneiras de subtrair-se, pela ascese pessoal e pelo absoluto da santidade, à religião dos brâmanes, estreitamente ligada a todas as injunções da sociedade. O renunciante budista, ao contrário do cristão (que quer escapar à morte), esforça-se por escapar à vida, ao ciclo dos renascimentos: "Eis, ó monges, a verdade santa sobre a supressão da dor: é a sede da existência que conduz de renascimento em renascimento, a sede do prazer [...] Eis, ó monges, a verdade santa sobre a supressão da dor: a extinção dessa sede pelo aniquilamento do desejo, banindo o desejo, renunciando a ele, não lhe deixando lugar." É a esse preço que há de ser rompido o ciclo dos renascimentos e atingido o Nirvana.

Para consegui-lo, o justo deverá seguir "o caminho das oito sendas" (entre as quais a ciência, que liberta de toda vaidade); observar as cinco proibições (assassinato, roubo, adultério, embriaguez, mentira), a abstenção dos Dez Pecados (entre os quais a injúria, a tagarelice, a inveja, o ódio, o erro dogmático...), a prática das Seis Virtudes transcendentais: o amor ao próximo, a paciência, a pureza moral, a energia, a esmola, a bondade. Mas alcançar a perfeição é ir mais longe ainda. É tornar-se *bodhisattva* (santo, diríamos nós) e depois Buda (receber a iluminação mística). Só os budas se dissolvem no Nirvana.

d) Durante a chamada época dos Impérios, de 321 a.C. a 535 d.C., jainismo e budismo conhecem uma grande difusão, dominam as artes e o pensamento, sem, contudo, eliminar por um só instante as práticas correntes, oriundas ou não do vedismo.

• ***Os brâmanes, para defender suas posições, apoiar-se-ão cada vez mais nos cultos populares, que reúnem como para fazer deles uma muralha. Esse lento processo conduz ao hinduísmo, sincretismo de considerável amplitude e ao qual voltaremos daqui a pouco.***

Então, a sociedade hierarquizada se afirma, completa-se, em particular por esse sistema de "castas" tão peculiar à Índia e que se delineia entre 300 a.C. e 700 d.C. Trata-se, por conseguinte, de uma formação relativamente tardia, que não se deve confundir com as antigas *varnas*, já que estas se assemelham mais às classes sociais do Irã pré-islâmico. As castas, ainda uma realidade da Índia contemporânea, levaram assim cerca de mil anos para se formar, ao acaso das misturas étnicas e culturais, e também em decorrência da crescente diferenciação dos ofícios. Daí resultam milhares de castas (cerca de 2.400 ainda na época atual). No estágio mais baixo, aquém de todas as proibições, os *párias*, os *intocáveis*.

Essa civilização compósita aproveita-se da criação de Impérios universais (dinastia dos Máuria, 321-181 a.C. e, mais ainda, dinastia dos Gupta, 320 a 525 d.C.) para transbordar dos limites estritos da Índia do Norte, em direção ao Nepal, ao Himalaia, ao Tibete, ao Sião, à Indonésia (sobretudo após a decadência dos Gupta), para infiltrar-se na ilha do Ceilão, que ela "coloniza", e também no reduto drávida do Decão, impondo aí o sânscrito "clássico e sofisticado" que se tornará, em toda a Índia, o veículo de uma civilização principesca, oposta à cultura das massas.

Com o Império máuria e o prestigioso reinado de Açoka (264-226 a.C.), foi o budismo que prevaleceu. Todavia, quando, séculos depois, uma nova Índia clássica se afirma, ela se acha sobretudo sob o signo vencedor do hinduísmo, ou, como se diz, do "renascimento" do hinduísmo, já que esse é seu grande período artístico. Então a Índia se assenhoreia de tudo que pode tomar emprestado a outrem (notadamente à arte grega, que chegou até ela desde a conquista de Alexandre Magno, na região do Indo, 327-325 a.C.), afirma-se em sua pureza e em sua força, inventa, por assim dizer, o templo hindu (o *sikhara*, exatamente a flecha que o domina), tão característico durante os séculos seguintes quanto as catedrais do Ocidente. Erigido sobre uma vasta plataforma margeada por largas escadas de acesso, o templo é circundado por capelas ou por um deambulatório. A própria massa do santuário figura no monte Meru, esse Olimpo místico onde, segundo se supõe, os deuses vivem.

Essa época é também um grande período literário. É na corte de Chandragupta II (386-414) que terão vivido as "nove pedras preciosas", os poetas e pensadores mais brilhantes desse tempo, é nela que terá sido escrito notadamente o *Shakuntala,* esse drama que, traduzido para o inglês em 1786 e para o alemão em 1791, devia causar tão viva impressão em Herder e Goethe.

• ***Como o hinduísmo é herdeiro de tradições muito antigas, não se poderia datar o seu começo exato do fim da dinastia Gupta ou da dissolução do Império, afinal bastante efêmero, de Harsha (606--647), mas é certo que ele se afirmará solidamente como um conjunto durante essa Idade Média indiana que vai, em linhas gerais, da morte de Harsha à fundação do sultanato de Delhi, em 1206. O hinduísmo é mais que uma religião ou uma ordem social, é o essencial da civilização indiana, e suas realidades, deveras antigas por suas raízes, ainda continuam muito vivas na Índia do* pandit *Nehru.***

Para explicar esse desenvolvimento, todas as nossas palavras habituais relativas ao modelo da Europa – Idade Média, fragmentação feudal etc. – lançam luzes cômodas, porém perigosas. Faremos uso delas, sem tomá-las à letra. Porque, embora o hinduísmo, na Índia medieval, seja tão importante quanto o cristianismo na nossa Idade Média ocidental, a Índia quase não se assemelha à Europa merovíngia, carolíngia ou mesmo feudal.

a) O contexto histórico tem sua importância.

Há provavelmente uma regressão das trocas econômicas já antes do final da dinastia dos Gupta. Essa redução impressiona os mercadores, esses "*supporters*" do jainismo e do budismo. Em breve essas duas religiões vão sofrer perseguições: fiéis supliciados, empalados, mosteiros destruídos...

Por outro lado, cada vez que, na história da Índia, as mais ricas regiões, do Ganges ao Gujerate e ao mar de Omã, já não são animadas, vivificadas por tráficos importantes, os grandes Impérios unificadores se esfacelam, sem que a massa indiana, aliás, se inquiete muito com isso: o rei, os que governam, são sempre de outra casta em relação à quase totalidade dos súditos. É, pois, muito naturalmente que a Índia se

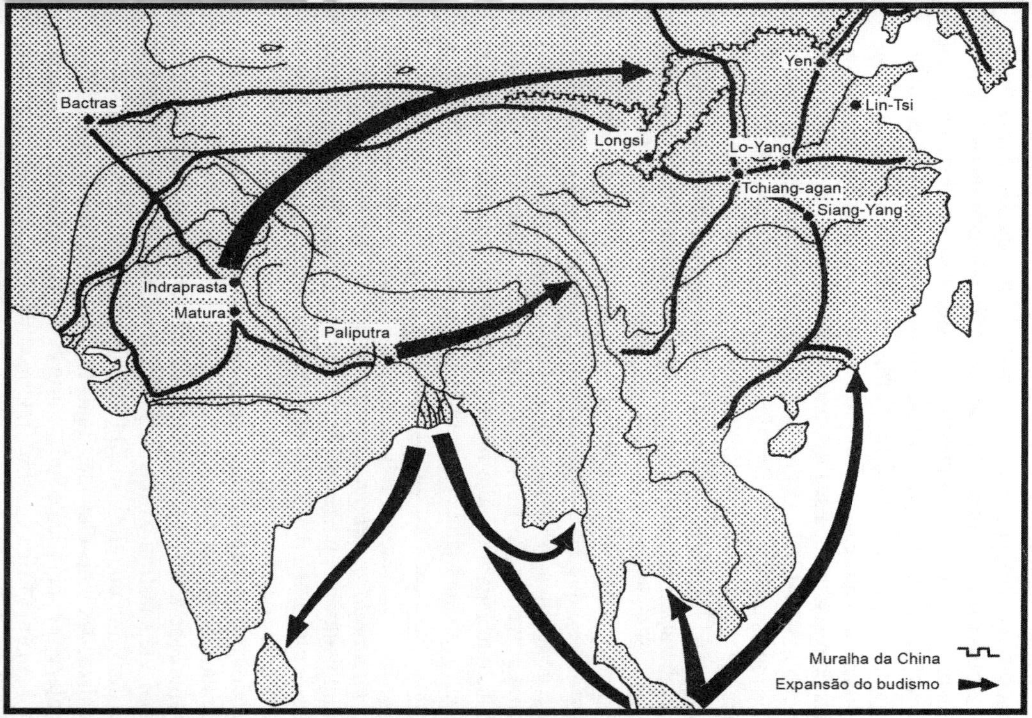

11. A China e a Índia depois de Buda (500 a.C.-500 d.C.).

Durante este período conturbado, o budismo se difunde pela rota marítima, na Indochina e na Indonésia, e pela rota terrestre, em direção ao centro da Ásia e da China. Já na Índia, ele recua. Paliputra foi a capital de Açoka. O império grego da Bactriana (rodeado por um traço preto contínuo, com as cidades de Matura e Indraprasta) estendeu-se, por um momento, até Paliputra. Essas regiões helenizadas serviram de apoio ao budismo.

fragmenta, então, em Estados independentes, que cada um deles se fraciona, por sua vez, numa série de principados e de senhorias belicosas. A "Idade Média" hindu, triunfo dos "guerreiros" e das histórias regionais, divide-se em centenas de crônicas locais, nas quais até mesmo os eruditos especializados correm o risco de perder-se com facilidade.

O interessante não é acompanhar a história desses Estados um a um nem reter essa floração de particularismos vivazes, como em Bengala, no Gujerate, ou no Decão (a "Bizâncio indiana", como a chamaram alguns historiadores sensíveis ao seu destino particular, a suas capacidades de resistência, a sua irradiação marítima enfim, no tempo do Império chola: 888-1267). O mais importante é ainda o desabrochar de literaturas locais em bengali (Bengala), em gujarate, na região do golfo de Cambaia e da península de Kathiawar, em línguas drávidas (a palavra drávida, mal forjada em 1856 por Caldwell e da qual não nos podemos desembaraçar, designa as línguas, e não as raças do Decão: entre essas línguas, a mais importante é o tâmil).

Em suma, a Idade Média, com sua vida econômica reduzida, restituiu (supondo-se que ela jamais os tenha perdido) força e vigor à diversidade geográfica e humana da Índia. Essa diversidade prolifera, semelhante à "vegetação tropical"; é ela um dos traços profundos do hinduísmo, que legará à Índia moderna essa profusão de línguas que tanto a entrava. Mas também, para lá dessas diversidades, define-se uma unidade religiosa e cultural evidente.

b) Uma unidade resultante do sincretismo dos brâmanes.

O hinduísmo, nos países do Norte, é essa síntese religiosa que os brâmanes realizaram a partir dos elementos védicos e pós-védicos, dos elementos não arianos assimilados ao longo de séculos e, enfim, da multidão dos cultos locais particulares, assumidos por uma religião desejosa de tudo absorver.

Durante esse lento estabelecimento, qual será o papel do sul? Pouco a pouco, ele substitui o norte na política, na arte e também na elaboração do pensamento religioso. O Decão oferece, entre os séculos VII e XII, as realizações mais elevadas, mais brilhantes da arte (a arte Palava de Mamalaparam, clássica e sutil; a arte de Elora, violenta e soberana; a arte de Konarak, lírica e sensual). Ora, notemos que o sul, muito antes desses triunfos artísticos, produziu com Sankara e Ramanuja os últimos grandes filósofos da Índia.

O que o hinduísmo vai popularizar, sob milhares de nomes diferentes, é um deus de misericórdia acessível, protetor, que de bom grado se deixa adorar. As imagens variam, o fundo permanece o mesmo. A religiosidade tradicional tirou sua desforra contra budismo e jainismo, não

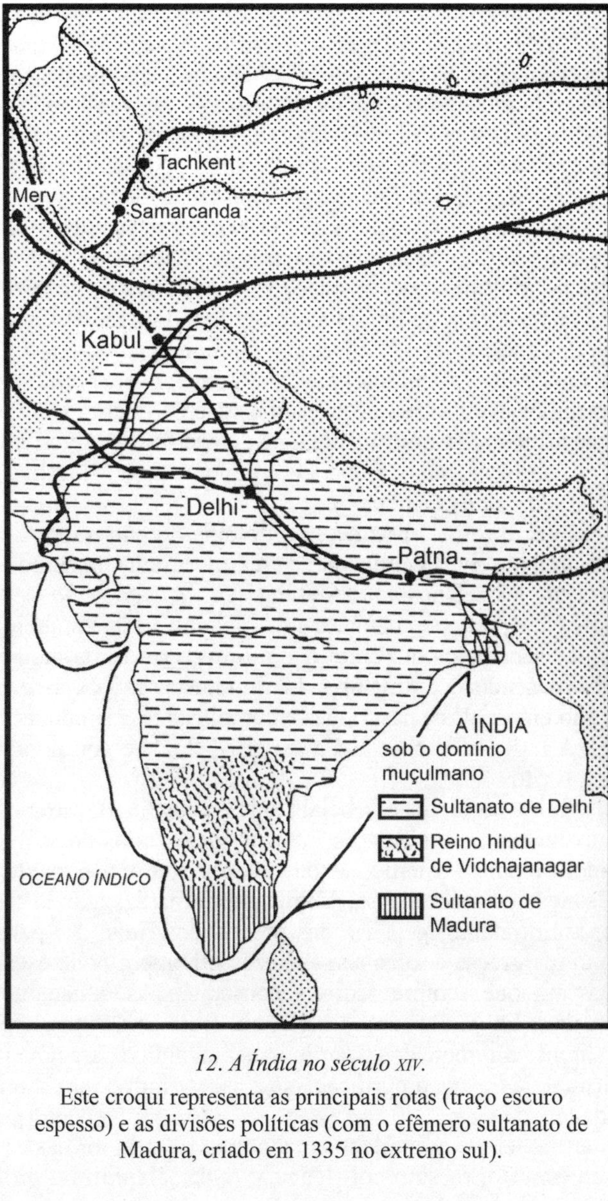

12. A Índia no século XIV.

Este croqui representa as principais rotas (traço escuro espesso) e as divisões políticas (com o efêmero sultanato de Madura, criado em 1335 no extremo sul).

sem ter assimilado e adotado os preceitos de pureza, a ausência de violência e *mesmo o vegetarismo das duas seitas*. No entanto, o que a nova linguagem vai reinterpretar é, antes de tudo, um velho fundo popular.

Assim, o hinduísmo resulta na coexistência de três grandes deuses "no cimo": Brama (que recebe sobretudo "homenagens literárias") é o criador do mundo; Vishnu, seu conservador; e Shiva, seu destruidor. Separáveis e inseparáveis, são eles a expressão, cada qual por sua conta, do Ser supremo cujo papel é servir de providência entre os homens. Assim se explicam as "descidas" à terra, os *avatares* de Vishnu – entenda-se, suas múltiplas encarnações a serviço da paz do mundo. Ele se encarnará sob a forma de um peixe, de uma tartaruga, de um enorme javali, de um homem-leão ou mesmo – é o nono *avatar* – sob a forma de Buda, cuja obra é assim integrada a todo um sistema religioso. Shiva, o destruidor, identifica-se "com a morte, com o tempo; ele é Hara, aquele que arrebata." Como Vishnu, ele delega seus poderes, com frequência, a deusas. No sul da Índia, ele tem por esposa Minashki, a filha de um rei ("a de olhos de peixe").

Impossível aprofundar-se nessa mitologia de uma riqueza exuberante e da qual um livro inteligente, de leitura agradável, como o de H. Zimmer, *Mitos e símbolos na arte e na civilização da Índia* (1951), dá uma ideia. Não podemos demorar-nos mais no ritual minucioso das preces e dos sacrifícios, no culto dos mortos, no rito da incineração, que continua sendo o da maioria dos hinduístas (só os ascetas e as crianças são enterrados), nas longas e complicadas cerimônias dos casamentos. A Índia foi e continua a ser terrivelmente conservadora no domínio dos ritos.

Para o fiel, o problema essencial ainda é a sua libertação. Se, julgado favoravelmente, ele chega ao Paraíso "pelos raios do sol", ou se, condenado, vai para o Inferno, de todo modo o futuro não manterá essa decisão, sanção ou recompensa. A alma reencarnará, segundo seu infeliz destino. Entretanto, pela via das preces, dos ritos, das peregrinações, ou ainda graças a talismãs, às vezes o homem pode escapar ao carma, ao ato que sempre acarreta consequências, notadamente as reencarnações. Então ele será "libertado". Trata-se de uma libertação negativa, muito diferente do encaminhamento búdico para uma libertação espiritual que exige a purificação e a ascese individual, a renúncia da santidade.

Ao mesmo tempo assimilado em algumas de suas formas e rejeitado em seu espírito, mesmo em Bengala, onde se enraizara profundamente, o budismo (como o jainismo) foi submergido sob as águas espessas do hinduísmo – as próprias águas da civilização da Índia. Mas deixará um vazio não preenchido. E sempre, na Índia, o asceta, o santo, o "renunciante" fará sucesso. Suportando o peso de uma sociedade compacta e inexorável, a religião dominante só permite a liberdade individual no despojamento, na "não ação". Então as "seitas" pululam por si mesmas. São gestos de libertação intelectual e moral.

É *talvez* esse vazio deixado pelo budismo que explica as conversões maciças ao Islã nesse mesmo Bengala, após as últimas perseguições contra o budismo, no século XII. Do mesmo modo se viu, nos Bálcãs, os cristãos heréticos bogomilas da Bósnia, tantas vezes perseguidos, converterem-se ao islamismo quando da chegada dos turcos no século XV.

• ***A Índia muçulmana (1206-1757). Esboçada no século VII pela fundação de colônias mercantis na costa de Malabar, materializada em 711-712 por uma invasão a partir do Sind e pela implantação de diversas colônias continentais, a Índia muçulmana cresceu muito lentamente através dos países que conduzem ao Indo e ao Ganges. Em seguida ela se voltou, em vão, para a conquista de todo o continente.***

A posse das terras semidesérticas do Norte foi contestada pelos muçulmanos durante muito tempo. Ainda no início do século XI, em 1030, só o Pendjab se encontra em suas mãos. Serão necessários mais dois séculos para a fundação do *sultanato de Delhi* (1206) e para que ele se estenda à Índia do Norte, posição-chave que proporciona tudo, ou quase tudo.

Essa conquista, cem vezes reencetada, vai resultar em uma vasta ocupação militar. Os muçulmanos, pouco numerosos, instalados somente nas cidades importantes, só reinam sobre o país ao preço de uma política sistemática de terror. A crueldade é cotidiana: incêndios, execuções sumárias, condenações à crucificação ou ao empalamento, caprichos sanguinários... Os templos hindus são destruídos para dar lugar às mesquitas. Ocasionalmente, conversões são impostas pela força. Enfim, quando há uma sublevação, a repressão é imediata, selvagem: casas incendiadas, terras devastadas, homens abatidos, mulheres escravizadas.

Em geral, as terras planas são entregues à administração dos príncipes indígenas ou das comunidades aldeãs, e essas autoridades intermediárias são responsáveis pelo pagamento de pesados impostos, contrapartida, por vezes, de certa autonomia, como nas terras dos *rajás* do Rajputana.

A Índia não deveu sua sobrevivência senão à sua paciência, à sua força sobre-humana, à sua imensidade. Como os tributos são esmagadores, uma colheita catastrófica basta para desencadear fomes e epidemias que arrebatam de um só golpe milhões de seres. Uma miséria terrível foi a constante contrapartida do luxo dos vencedores, dos esplendores dos palácios e das festas de Delhi, onde os sultões instalaram sua capital, objeto de pasmo para os viajantes muçulmanos, como o célebre lbn Batuta.

Os sultões de Delhi tiveram a sorte de escapar, até certo ponto, ao choque das primeiras invasões mongóis de Gengis Khan e de seus sucessores imediatos, no século XIII. Chegaram mesmo a se aproveitar dessas tormentas para ampliar suas conquistas em direção ao sul, que até então soubera resistir à instalação de sultanatos muçulmanos. Já Tamerlão submergirá seu território e lançará um raide vitorioso, em 1398, até Delhi, que será saqueada impiedosamente. Contudo, o vencedor logo se retirará com seu butim e filas de cativos, de modo que a velha dominação muçulmana bem ou mal pôde restabelecer-se na Índia, sem, todavia, reencontrar seu antigo esplendor.

130 anos depois, é um Império doente, na verdade fracionado entre várias mãos, que será derrubado, em 1526, no campo de batalha de Panipat, pelo exército de aventureiros conduzidos por Baber, descendente (pelo menos é o que ele pretendia) de Gengis Khan. Exército minúsculo, mas que trazia consigo os arcabuzes, as peças de canhão (as rodas das carretas estavam ligadas por correntes no campo de batalha a fim de resistir às eventuais cargas de cavalarias), e que foi engrossado, após sua vitória, por mercenários vindos do Irã, da Cachemira, dos países do Islã e, pouco depois, do Ocidente.

Baber era muçulmano (do rito sunita). A vitória desses recém-chegados foi, portanto, a do Islã ortodoxo, dos homens de pele branca, da pólvora para canhão. Com ela se constitui o *Império do Grão-Mogol,* que, *em princípio,* durará mais de três séculos, até 1857, data de sua tardia supressão pelos ingleses, quando da revolta dos sipaios. Na verdade, seu brilho se apagara desde a morte do último de seus grandes soberanos, Aurangzeb (1658-1707), bem antes da ocupação de Bengala pelos ingleses (1757).

De 1526 até a morte de Aurangzeb, a Índia muçulmana conheceu assim um novo esplendor que lembra os grandes anos dos sultões de Delhi, aliás, com as mesmas violências, a mesma coexistência forçada, as mesmas implantações, os mesmos sucessos.

As mesmas violências: o Islã reina pelo medo e estabelece seu luxo sobre a miséria geral da Índia (poderia agir de outra maneira?). De um lado, fabulosas riquezas que os viajantes do Ocidente admiram; de outro, uma série de fomes, de mortalidades fabulosas, com essas inumeráveis crianças abandonadas ou vendidas por suas famílias.

A mesma coexistência forçada, oriunda de vínculos cada vez mais numerosos à medida que o tempo passa. Akbar (1555-1606), o maior dos soberanos mongóis, tentará inclusive criar uma administração menos arbitrária e uma nova religião, que reuniria em um mesmo sistema religioso (o Din Ilahi: a religião divina) islamismo e hinduísmo. Essa religião teve poucos adeptos fora dos círculos estreitos que cercavam o imperador e não sobreviveu à morte deste último, mas a tentativa permanece significativa.

Na verdade, o conquistador não podia dispensar seus súditos hindus. Imensas regiões da Índia continuavam semi-independentes, pagando ou não pagando o imposto. François Bernier, médico francês que servirá o Grão-Mogol, observa em 1670: "Nessa mesma extensão de terras, há uma grande quantidade de nações sobre as quais o Mogol não exerce grande autoridade; a maioria delas ainda possui seus chefes e soberanos particulares que não lhe obedecem e só lhe pagam tributo por coação, vários deles muito pouco, alguns absolutamente nada."

As dificuldades decorrentes de guerras e lutas contínuas contribuíam para limitar uma autoridade em princípio absoluta. A corte do Grão-Mogol é um vasto exército (de cinquenta a duzentos mil homens) reunido em Delhi: cavaleiros, mosqueteiros, canhoneiras, canhões leves (a chamada "artilharia de estribo"), grandes peças de artilharia, reservas de cavalos e de elefantes, no total uma multidão de combatentes, de palafreneiros, de serviçais. Os chefes, os *omerahs*, gozam de pensões e benefícios (terras que lhes são concedidas em caráter vitalício); são aventureiros, não raro de origem muito medíocre, o que não os impede – muito pelo contrário – de desfilar pelas ruas, "soberbamente vestidos, ora montados em um elefante, ora a cavalo, ora de *paleky* [liteira], seguidos geralmente por um bom número de cavaleiros, daqueles que ficarão de guarda em suas casas, com grande quantidade de lacaios que caminham à frente e nos flancos para abrir alas, afugentar as moscas e espanar a poeira com penas de pavão, transportar a escarradeira e a água para beber [...]." Ora, "para cada maometano, há centenas de gentios", explica ainda Bernier. Como todo o exército não podia ser recrutado entre os chamados mongóis de pele clara (os quais, por medo de perder esse privilégio para seus filhos, casam-se de preferência com mulheres brancas da Cachemira), era necessário recorrer aos gentios e aos homens de pele bronzeada.

Sempre houve em Delhi soldados *rajputas* (oriundos do Rajputana), não raro comandados por seus próprios rajás. Alguns destes últimos podiam reunir, em caso de necessidade, grandes exércitos de soldados nativos. Afinal, às vezes não era preciso lutar contra os próprios mercenários muçulmanos, ou contra os persas xiitas, vizinhos perigosos, ou contra os patanas, muçulmanos de Bengala, ou ainda contra os príncipes hindus ou muçulmanos do Decão, tradicionalmente hostis?

Tudo isso pago pelo imenso tesouro do Grão-Mogol, o qual é alimentado mais pelo comércio de seus vastos Estados do que pela renda de suas terras. Esse tesouro, na verdade, é um centro de confluência e de dispersão das riquezas. Cada vez que uma moeda de prata entra no tesouro, faz-se nela um furo estreito; acontece frequentemente que as peças sejam furadas várias vezes.

Uma parte notável da Índia não muçulmana participa assim dessas distribuições, faz parte do circuito, diríamos nós. Com o tempo a coexistência se impôs com suas misturas, suas tolerâncias recíprocas e relativas. Já assinalamos a arte mestiça, islâmica e hindu, que desabrocha em Delhi e nas outras capitais mongóis. Um fato é certo: essa arte é mista, tanto indiana quanto muçulmana. Entretanto, no plano cultural e religioso, a Índia não se modificou. O Islã, apesar de tudo, pouco a marcou. Assim, Tulsidas, o maior poeta de língua hindi, de origem bramânica, viveu de 1532 a 1623.

Em verdade, a dominação autoritária do Islã, malgrado suas inumeráveis consequências, atingiu menos as estruturas da sociedade e da economia hindus do que os contatos com o Ocidente, iniciados desde o fim do século XV, multiplicados no XVI e no XVII e precipitados ainda mais com o desenvolvimento geral do XVIII. À parte a superioridade da pólvora para canhão (que explica não só a vitória muçulmana de 1526 como a queda terrível de Vidschayanagar, em 1565), o Islã não dispõe de nenhuma superioridade sobre a Índia subjugada.

Desde a morte de Aurangzeb (1707), como já dissemos, o Império vacila diante dos perigos do Oeste e do Sul; em 1738, os afegãos apoderam-se de Delhi. Em 1659, começara o poderoso impulso do povo hindu dos maratas, detido apenas por um instante por Aurangzeb e que ia conhecer seus grandes momentos no século XVIII.

Dito isso, guardemo-nos de fazer precipitadamente o processo do Islã indiano. Seria injusto não recolocar essa experiência de colonização, particularmente violenta e prolongada, no meio das inumeráveis experiências do mesmo gênero no mundo de então. Em todo caso, essa colonização secular implantou uma enorme massa de fiéis muçulmanos no formigueiro da Índia, 24% da população total no recenseamento de 1931 (77 milhões contra 239 milhões de hinduístas), ou seja, cerca de um muçulmano para três hinduístas. Hoje, como a divisão política de 1947 era muito imperfeita (estimam-se em 44 milhões sobre 438 milhões os muçulmanos que vivem na Índia propriamente dita e em 85 milhões a população do Paquistão, que também compreende não muçulmanos), a relação atual deve estar entre 20% e 25%, mais próxima da última que da primeira cifra. A Índia muçulmana, por conseguinte, também sobreviveu maravilhosamente, separando-se com dificuldade da comum civilização indo-muçulmana.

A Índia inglesa (1757-1947): uma velha economia às voltas com o Ocidente moderno

No século XVI, os portugueses ocuparam uma série de feitorias no Extremo Oriente. Mas a Índia portuguesa (Vasco da Gama chega a Calicute a 17 de maio de 1498, Goa é ocupada em 1510) conheceu menos de um século de esplendor. O século XVII já se encontra sob o signo das feitorias inglesas, holandesas e francesas.

Antes mesmo da eliminação dos franceses (1763), a Índia inglesa foi fundada pela vitória de Robert Clive em Plassey (Palassi, perto da atual Calcutá), a 23 de junho de 1757; ela durará quase dois séculos, até a independência da Índia, conquistada em 1947, quase tanto quanto o esplendor do Império do Grão-Mogol. Como este, ela cresceu pouco a pouco, já que a conquista só se completou na metade do século XIX (conquista do Pendjab, 1849), e, como ele, ela deixou, além de suas conquistas diretas, uma série de Estados autônomos, os *Native States and Agencies*. No entanto, sob a autoridade inglesa, essa autonomia é muito mais de princípio que real. De fato, o continente inteiro suportou o choque dessa vigorosa dominação apoiada numa imensa superioridade econômica. Até a Primeira Guerra Mundial, a longínqua Inglaterra, *em linhas gerais*, foi a maior potência industrial, comercial e bancária do mundo. Sua dominação atingiu profundamente todas as estruturas da Índia.

• ***A Índia torna-se um mercado produtor de matérias-primas. A exploração, progressivamente ampliada com a conquista, conduzida pela Companhia das Índias (que só será dissolvida em 1858) assumiu, desde os tempos corruptos de lorde Clive (este, atacado na Câmara dos Comuns, suicidou-se em 1774), a tripla forma da exploração dos potentados locais, dos comerciantes e dos camponeses.***

A exploração foi conduzida sem pudor nas ricas províncias logo dominadas de Bengala, Bihar e Orissa. Um pouco de ordem e de equidade só se instaurou, do lado inglês, a partir de 1784, data em que se organiza um regime mais honesto.

Nesses anos iniciais, pilhagens e malversações já haviam acarretado desastres inomináveis. Lorde Cornwalis, governador-geral da Índia, escrevia (18 de setembro de 1789): "Posso afirmar sem hesitação que um terço dos territórios da Companhia no Indostão é agora uma jângal, habitada somente por animais selvagens." E não exagera muito.

Seguramente os novos senhores, que têm suas responsabilidades, são também joguetes e vítimas de processos que não conseguem controlar. Muitas devastações foram simples consequências de uma economia monetária crescente, da qual a Índia, apesar de sua antiga abertura para os tráficos do mundo, não conhecera equivalente. O direito inglês, os conceitos ocidentais no que concerne à propriedade do solo provocaram igualmente catástrofes involuntárias.

Em todo caso, um velho equilíbrio alcançado a duras penas, oriundo do mais profundo passado da Índia, encontrava-se em perigo, abalado.

Nesse fim do século XVIII, a Índia é um mundo rural com inúmeras aldeias, quase sempre miseráveis, grupos de choupanas semelhantes às que se podem ver ainda hoje (1962) perto de Madras ou em outros lugares: "paredes de barro seco, um teto de folhas de palmeiras trançadas, como única abertura uma porta baixa [...] A fumaça do fogo de estrume seco de vaca escapa como pode pelos interstícios do teto." Essas aldeias, contudo, formavam comunidades fechadas, vivendo delas mesmas, governadas por um chefe ou um conselho de anciãos – inclusive, em certas regiões, com redistribuição regular das terras. Artesãos ligados à aldeia, ferreiros, marceneiros, carpinteiros, ourives, exercendo seus ofícios de pai a filho desde séculos, recebiam em compensação por seus serviços uma parte da colheita aldeã. Algumas dessas aldeias também possuíam, ligados à pessoa de camponeses ricos, escravos a quem seus amos asseguravam alimentação, alojamento e roupa. A comunidade era coletivamente responsável pelos impostos e corveias exigidos pelo Estado ou senhor próximo. Parte de suas colheitas e de seu trabalho era assim entregue a outrem, à Índia minoritária das remotas cidades governamentais, que nada lhes restituíam. O imposto era o único vínculo da cidade com as aldeias, que eram incapazes de comprar-lhe fosse o que fosse das mercadorias que ela importava ou fabricava. As indústrias da cidade continuavam a ser um luxo reservado ou aos círculos estreitos de citadinos, ou à exportação. Mas, quando a pressão desses privilegiados se fazia pesada, intolerável, a aldeia podia mudar de local, buscar outras terras, um destino melhor.

Assim foi, por muito tempo, essa economia aldeã de subsistência, antiquíssima, mais ou menos fechada sobre si mesma, aliando agricultura e artesanato, portanto livre em relação ao exterior, salvo no que concerne ao sal ou ao ferro... A organização social das castas mantinha ali cada qual em seu lugar, do brâmane instrutor, sacerdote ou astrólogo, aos anciãos ou aos camponeses abastados que pertenciam às castas elevadas. Na base da pirâmide, trabalhando a terra, os intocáveis formavam a maioria.

Todo esse sistema se deteriora à proporção que avançam primeiro o século XVIII, depois o XIX. Para a cobrança dos impostos, os ingleses recorreram aos antigos coletores, mas reconheceram-lhes um direito de propriedade sobre as aldeias que eles de modo algum possuíam até então. Criaram-se assim, antes de tudo em Bengala, esses falsos *landlords*, os *zamindars*. Cabe a eles fornecer à autoridade inglesa o montante do imposto, mesmo que cobrando mais do camponês. Logo esses *landlords* deixam de residir nas terras e recorrem, por sua vez, a agentes. E sobre o infortunado campesinato de Bengala se escalona uma série impressionante de intermediários e parasitas.

Nos lugares onde não estabeleceu o sistema dos *zamindars*, o inglês coleta diretamente o imposto, pagável em dinheiro. Dessa vez, o camponês carente de numerário tem de recorrer ao usurário. Este último conhece através de toda a Índia uma fortuna singular. Outrora, devia levar em conta a resistência, a cólera aldeã; agora, tem a lei e os juízes a seu favor; se a dívida não for paga, ele confiscará o gado e, depois, a terra do camponês. Pobre camponês, pobre *ryot*! Como o preço das terras não para de subir, é fácil para o usurário tornar-se proprietário; aliás, essa especulação apostando na alta do preço atrai os investimentos de dinheiro, garantidos pela "renda" do solo. Daí uma multidão crescente de grandes proprietários, em geral pouco preocupados em adubar suas terras, vivendo sem outra preocupação dessa "renda" do solo. Dos cem milhões de camponeses, talvez um terço seja de pequenos proprietários no fim do século XIX, e a superfície média dessa propriedade camponesa é inferior aos dez acres, que representam o mínimo necessário para viver. No curso dessa evolução, os conselhos de anciãos, que hoje se tenta recriar, tinham desaparecido na proporção de nove para dez.

A situação agravou-se também em razão:

1) da ruína dos artesãos aldeões, vítimas da concorrência da indústria inglesa ou mesmo indiana e repelidos, desde então, para a agricultura, onde a pressão já é grande;

2) da dupla política sistemática dos capitalistas ingleses, que consideraram a Índia: *a)* um mercado destinado a escoar seus produtos industriais (apressaram-se em matar a indústria algodoeira indiana, muito antiga, e que tivera grande desenvolvimento no século XVIII, ao mesmo tempo que se estendia, na Europa, a moda das fazendas "indianas", pintadas ou impressas); *b)* um mercado onde podiam comprar certos produtos brutos (juta de Bengala, algodão dos solos de *regur* defronte de Bombaim) destinados a alimentar a indústria inglesa de Lancashire.

Essas matérias-primas destinadas à exportação são drenadas para os portos pelas ferrovias, logo construídas e que são, durante a segunda metade do século XIX, a causa de uma verdadeira revolução no interior das terras. Fundam-se cidades que não têm outras funções senão reunir e expedir mercadorias. O camponês indiano, portanto, cultiva, cada vez mais, produtos que não se destinam à alimentação de sua família ou de sua aldeia. A cultura industrial toma a dianteira (salvo no Pendjab cerealífero, mas que exporta seu trigo) sobre a cultura alimentar. Resultado: com o concurso do crescimento demográfico, fomes catastróficas no curso dos últimos anos do século XIX e diminuição das rações alimentares, visível através de nossas imperfeitas estatísticas.

A crise mundial de 1929, a queda vertiginosa das cotações das matérias-primas precipitarão o movimento de concentração da propriedade nas mãos dos *landlords* ou dos usurários, as dimensões da agricultura camponesa livre se reduzirão ainda mais, e o endividamento dos agricultores chegará a tal ponto que ultrapassará as possibilidades razoáveis. Esmagados por suas dívidas, os camponeses se veem, diante de seus credores, em posição pior que a do servo, outrora, diante de seu senhor. O *ryot* é cada vez menos um ser economicamente livre, embora o seja cada vez mais perante a lei.

• ***Os começos de uma indústria moderna aparecem tardiamente, ao mesmo tempo que as primeiras tarifas protetoras, por volta da década de 1920. O nascimento de uma indústria local é, então, favorecido por uma mão de obra numerosa e barata, pelo desenvolvimento das cidades modernas, onde se constituem proletariados abundantes, pela presença da matéria-prima ao alcance da mão e, enfim, pela intervenção de capitalistas hindus.***

Esses são ou *parses*, descendentes de adeptos de Zoroastro fugidos da Pérsia há mais de mil anos e agrupados sobretudo na região de Bombaim; ou *marvaris*, oriundos de uma elevada casta do interior do Rajputana e por muito tempo ao abrigo da concorrência inglesa em razão do atraso de sua região; ou ainda *jains*, oriundos do Gujerate.

Três cidades industriais comandam o movimento: Calcutá, onde avultam (150 milhas a leste) as indústrias metalúrgicas do grupo Tata (uma família de parses) e a fabricação em grande escala de tecidos de juta; Bombaim, centro da indústria algodoeira e da montagem de automóveis; Ahmadabad, quinhentos quilômetros ao norte, centro algodoeiro exclusivo. Essas indústrias e outras, sobretudo alimentares, conheceram, durante a Segunda Guerra Mundial um desenvolvimento caótico, sobretudo depois de 1942, com a penúria dos víveres e dos tecidos, que provocou uma elevação dos preços tão fantástica no mercado negro que, por um momento, chegou-se a temer (com a ameaça japonesa) uma subversão total da Índia.

Em 1944, os industriais decidiam-se a favor do Plano de Bombaim (oficioso e demasiado otimista), que previa um amplo investimento, com o reembolso das dívidas contraídas com a Índia pela Grã-Bretanha, durante a Segunda Guerra Mundial. O projeto favoreceu entendimentos com os capitalistas e sociedades inglesas (como o acordo Birla-Nuffield para a indústria automobilística). Aliás, ainda hoje, a despeito da independência, capitais ingleses continuam investidos nos múltiplos negócios controlados pelos bancos da Cliver Street, em Calcutá...

Esse surto desenvolvimentista só fez precipitar o êxodo camponês para as cidades. "Depois da ruína", diz um provérbio tâmil, "corra para a cidade." Nelas, o emprego é proporcionado pelas oficinas, pelas fábricas, pelos serviços domésticos (cujos salários em dinheiro "são pouco mais que nada"). Ligações inesperadas se estabelecem entre certas castas da península de Kathiawar e o recrutamento de cozinheiros de boas famílias em Bombaim, ou entre as classes baixas da costa sudoeste do Decão e aqueles artesãos que enrolam os cigarros à mão nas fábricas de Bombaim. Todas essas ligações se acrescentam à confusão geral da humanidade hindu e aumentam-lhe a mobilidade social.

Assim, desde antes de sua independência, a Índia teve suas cidades modernas, populosas, com seus sórdidos bairros de pobres, os *bustees* de Calcutá, os célebres *chawls* de Bombaim ou esses *cheris* de Madras, de paredes de barro, semelhantes aos das aldeias.

• ***A Inglaterra repensou sua política na Índia após a violenta revolta dos sipaios, seus soldados indígenas, em 1857-1858.***

Essa foi para ela a oportunidade de rever toda a sua atitude, de pôr termo ao reinado da East India Company (1º de setembro de 1858), de substituí-lo, em Londres, pelo considerável e poderoso ministério do India Office, enquanto em Calcutá um vice-rei substituía o antigo governador-geral da Companhia.

Não se tinha efetivado com excessiva pressa, por exemplo, a anexação dos territórios principescos da Índia? Prometeu-se, desde então, respeitar as autonomias e, em 1881, o retorno à independência do sultanato de Misore, anteriormente anexado, vale como um símbolo da nova orientação. Se se renunciava a reinar diretamente, o melhor, nesse variegado universo da Índia, era manter cuidadosamente as divisões existentes, utilizá-las, em particular para a juntura das duas grandes massas humanas, a hindu e a muçulmana. E manter em primeiro lugar as divisões no exército. A esse respeito, lorde Elphinstone, em 1858, usava de uma metáfora significativa. A salvaguarda do poderio inglês, dizia ele, são os seus *steamers**, cuja segurança é garantida pela estrita compartimentação do casco, graças às anteparas estanques. "Eu gostaria de garantir a segurança de nosso Império das Índias construindo o nosso exército das Índias segundo o mesmo princípio", o dos compar-

* Navios a vapor. [N. R.]

timentos estanques, de modo que hindus, muçulmanos e *sikhs* do Himalaia não servissem nunca mais nas mesmas unidades.

Esses cálculos logo foram superados pelos acontecimentos. Desde a década de 1870, a longa crise econômica, então mundial, atinge a Índia, provocando fome, epidemias, sublevações camponesas. Alguns bons espíritos começam a pensar então que importa liberalizar o regime, fazer alguns hindus participarem da administração, ou mesmo do governo. Em todo o caso, em 1885, é com a "benção do vice-rei" que se forma o partido do Congresso Nacional, que será, diríamos hoje, o porta-voz do nacionalismo, se bem que ainda não represente senão uma restritíssima, mas atuante, minoria.

Essa minoria se recruta, recrutar-se-á cada vez mais entre a ativa classe média, que surge nas cidades e nas universidades. Não aquela classe aristocrática e principesca, ou aquela classe de *landlords*, profundamente apegada ao passado tradicional e cujo conservantismo social era muito próprio para agradar aos senhores da Índia, mas a classe média, de origens diversas, que a vida nova impele para diante: capitalistas como os parses, os *marwaris*, os *jains* ou mesmo os muçulmanos ismaelitas, ou homens de castas de vocação política, como os *pandit* da Cachemira, ligados aos brâmanes, que tinham fornecido inúmeros políticos no tempo dos mongóis (e de onde saiu Jawarharlal Nehru, que dirige a Índia de hoje)... Da mesma forma, Gandhi era oriundo de uma família que, durante gerações, fornecera ministros aos pequenos príncipes da península de Kathiawar, no Gujerate.

Esses homens, atraídos pela civilização ocidental, experimentaram os seus benefícios, viram-lhe as vantagens e os perigos. O pensamento de Gandhi, por exemplo, deriva ao mesmo tempo das tradições de não violência da Índia, do pacifismo veemente de Tolstói e do Sermão da Montanha, de Jesus... Essa *intelligentsia* da Índia navega em águas mescladas, sonho de sincretismo religioso, de depuração do hinduísmo. Conscientes ou não, muitos espíritos se abeberam nas fontes das inumeráveis heresias da Índia. Dez, vinte nomes poderiam ser citados, desde Dayanand Sarasvati (1824-1883) – que funda uma nova seita do hinduísmo, repele tanto o Islã quanto o cristianismo, mas confessa sua atração pelo Ocidente e empenha-se em encontrar nos Veda a modernidade científica, a eletricidade como a máquina a vapor – até aquele modelo que foi, para Gandhi, Gopal Krishna Gokhale (1866-1915), ou Rabindranath Tagore (1861-1941) – de nome anglicizado –, que o mundo inteiro conhece por suas poesias (prêmio Nobel de 1913) e cujo poema "Jana Gana Mana" é hoje o hino nacional da Índia independente.

Uma longa agitação, intermináveis processos resultarão finalmente na independência e na divisão de 15 de agosto de 1947. Com as exigências de uns, a prudência, as tergiversações e a hipocrisia de outros, o diálogo dessa descolonização exemplar nada teve de edificante (no entanto, ela é superior a todas as outras!): como a razão do momento torna-se a desrazão do dia seguinte, as concessões chegam sempre tarde demais. Além disso, o que satisfazia aos muçulmanos (a separação de Bengala em duas províncias, a do Leste juntando-se a Assam para formar um conjunto étnico em 1905) irrita os hindus e, reciprocamente, os muçulmanos se irritam, por sua vez, quando a decisão é anunciada, em 1911. Aliás, uma das dificuldades insolúveis para os nacionalistas é unir hindus e muçulmanos (estes agrupados na Liga Muçulmana, em 1906).

A outra dificuldade maior: alcançar as massas, o que será conseguido pela extraordinária intervenção de Gandhi (1869-1948). Estudante de direito em Bombaim e em Londres, Gandhi foi advogado em Natal (1893-1914), onde defendeu seus compatriotas imigrados na África do Sul. De volta à Índia, em 1914, logo se impõe aos nacionalistas, domina-os, impele-os para diante. Sua ação: "uma utilização religiosa das forças políticas." Ele será o Mahatma (o Nobre, o Reverendíssimo). As únicas forças, ensina ele, de que nos podemos servir para forçar a vontade dos outros são a verdade, a não violência para com todos os seres vivos, a pureza. A ênfase religiosa de sua ação centuplica-lhe a eficácia. Gandhi subleva as massas; isso é percebido quando do primeiro boicote (20 de setembro de 1920) da Constituição de 1919, que a Inglaterra acaba de conceber; depois, em dezembro de 1921, momento em que ele decreta a campanha de desobediência. Quando, excedendo poderosas manifestações silenciosas, eclodem perturbações graves, quando assassinatos são cometidos, Gandhi, fiel a si mesmo, detém o movimento. A segunda campanha se produzirá oito anos depois, em 26 de janeiro de 1930. Ela redundará no boicote do sal (vendido pelo governo), depois em acordos, em uma nova campanha de protesto, muito longa desta vez (1932-1934), e, por fim, na nova Constituição da Índia (*India Act,* 1937).

• ***Portanto, a independência da Índia está madura antes da deflagração da Segunda Guerra Mundial, que a precipita.***

A 8 de agosto de 1942, o Congresso adere à moção de Gandhi: "Que os ingleses saiam da Índia!" Em 1942 e 1943, com o avanço japonês na Birmânia e as ameaças contra Assam e Bengala, a situação é gravíssima: estações ferroviárias e edifícios públicos são destruídos.

Restaurada a paz, a tensão aumenta. A 11 de junho de 1947, o Parlamento inglês concede finalmente à Índia sua independência. Os vínculos são rompidos. Todavia, essa Índia livre está dilacerada contra si mesma. No dia 15 de agosto, ela se separa em dois *dominions*: a União

Indiana, de um lado, o Paquistão, de outro (ele próprio cortado em dois pedaços). A divisão é malfeita: ela deixa à União Indiana uma minoria de 44 milhões de muçulmanos; a fronteira política, a leste, deixa as zonas de produção de juta ao Paquistão e a manufatura de tecidos ao longo do Ughly à Índia... Fugas de homens ocorrem nos dois sentidos, abomináveis, acompanhadas de inumeráveis matanças... Em vão, Gandhi tentou encontrar um terreno de entendimento com o Islã. A 30 de janeiro de 1948, um hindu fanático, achando que agir assim era trair a causa do hinduísmo, assassinaria Mahatma. A separação se fez, pois, em uma atmosfera de guerra civil e de violências inauditas. Balanço: dois ou três milhões de mortos.

A política inglesa, costuma-se dizer, foi a responsável por essa separação. Foi mesmo? Isso é atribuir demasiada importância a gestos políticos e a velhacarias mais que conhecidas. O passado da Índia, uma vez mais, impôs-se ao presente, vingou-se dele. É ele o grande responsável. A 4 de fevereiro de 1948, o Ceilão, que, com sua civilização original, é um mundo à parte e nunca estivera ligado à Índia inglesa, tornava-se, por sua vez, um *dominion* independente.

Tão logo se libertou, portanto, a Índia se partiu em dois pedaços. Ou mesmo três, se considerarmos a independência e a secessão da Birmânia (1947).

A Índia se poupará de uma revolução à chinesa?

A Índia realizou, desde esse ano de 1947, progressos industriais consideráveis, de maior magnitude do que durante os 150 anos precedentes. Acomodou-se, assim, melhor que o Paquistão à separação de 1947. Restabeleceu a ordem em sua casa: acordo com a França, que renunciou a seus entrepostos, ocupação e liquidação dos Estados principescos e dos marajás, notadamente do Haiderabade (setembro de 1948), recuperação de Goa, tomada à viva força dos portugueses (em 1962). Estabeleceu e reservou seus direitos sobre a Cachemira, resistiu às pretensões chinesas ao longo da indecisa fronteira do Himalaia. Sem dúvida, a brutalidade da ocupação de Goa decepcionou, através do mundo, os amigos sinceros da Índia, na medida em que ela lhes parecia um dos raros países do mundo capazes de sabedoria política. Entretanto, o prestígio do *pandit* Nehru ainda é grande: ele continua a ser o mais eminente advogado do Terceiro Mundo.

Se acrescentarmos que o regime parlamentar funciona com certa regularidade, como mostram as eleições de 1962 para o Parlamento central (Lok Sabha), assim como para as quatorze assembleias de Estado, se inscrevermos no ativo do regime a divisão *sensata* da Índia em quatorze Estados linguísticos, teremos enumerado uma série de sucessos preciosos.

• ***Não está nisso, porém, a originalidade da Índia em relação ao mundo e ao universo humano que por si só representa. Essa originalidade é o esforço paciente de seu governo, redobrado com o lançamento do quinto plano quinquenal de 1961-1965, destinado a tirar de suas dificuldades terríveis essa humanidade que caminha para o meio bilhão de seres humanos, e isso sem violências, sem declarações espalhafatosas, deixando agir a natureza, as coisas e os homens, não forçando o curso dos acontecimentos senão ali onde o jogo é possível, isto é, onde o sucesso é provável.***

O presidente Nehru explicava-o muito bem (8 de abril de 1962) a um jornalista francês: "Não somos doutrinários socialistas. Queremos simplesmente conduzir a longo prazo esse país à prosperidade e, no imediato, elevar o nível de vida e reduzir as disparidades sociais. Para tanto, agimos sobre a economia, mas deixando muito espaço para a empresa privada: parte da grande indústria, toda a pequena e média indústrias e toda a agricultura escapam ao setor público. No campo, incentivamos as cooperativas, mas não temos nenhuma intenção de chegar ao coletivismo. Mais uma vez: não somos doutrinários socialistas. Avançamos passo a passo, esforçamo-nos por resolver pacificamente os problemas. Não se esqueça, por exemplo, de que, se destronamos os marajás, deixamos-lhes seus palácios, suas imunidades, seus privilégios e os dotamos até a sua morte de uma lista civil por vezes considerável. Como está vendo, procuramos em todas as ocasiões seguir a via democrática."

Melhor seria dizer *liberal*, com todos os méritos, imprecisões e equívocos da palavra. Em todo caso, o problema está claramente colocado: o universo indiano adotou os métodos e os pontos de vista do "mundo livre". Ele deve, quer fazer uma revolução. Consegui-lo-á, poupando-se de uma revolução à chinesa?

• ***O que está em jogo? Pôr termo, trazer ao menos um alívio a uma evidente e horrível miséria. Esse é o traço forte, sem dúvida desagradável, mas real, o ponto de onde convém partir.***

A Índia, ao contrário de tantos outros Estados, tem o mérito de não esconder suas chagas, nem de si mesma, nem dos outros.

Essa miséria existe desde sempre. Nós a conhecemos desde os primeiros testemunhos que assinalaram, já antes da era cristã, suas fomes apocalípticas. Ela se ostenta à luz do dia, ainda em 1962. As grandes cidades, a monstruosa Calcutá, a enorme Bombaim e mesmo Nova Delhi, a capital, excetuados seus belíssimos bairros, oferecem espetáculos dignos do pátio dos milagres: miséria das vestimentas, dos corpos, das moradias, da alimentação.

Seu sinal mais manifesto é o terrível pulular da mão de obra. Ao tempo do Grão-Mogol, havia tantas crianças vendidas como escravos por seus pais que comprá-las ainda era obedecer aos bons ditames do coração. "A divisão do trabalho é aqui levada ao infinito", notava, em 1923, André Chevrillon. "É preciso esse cocheiro para conduzir, esse *groom* para abrir a porta, esse *peon* para avisar a chegada de alguém. O europeu deve submeter-se a esse aparelho. Seria monstruoso ele andar a pé, carregar um pacote: um oficial inglês não pode mudar de lugar sem mobilizar atrás de si todo um aparato de homens e bagagens. No ano passado, em Londres, um simples cabo contava diante de mim que, na Índia, ele chamava seu criado para apanhar um lenço... Do mesmo modo, em Roma, o patrício tinha seu exército de criados, de clientes e de alforriados."

Verdade de ontem da qual certos detalhes estão ultrapassados, mas verdade de hoje também. Que pensar dessas casas burguesas, modestas, com dez ou doze criados? Que pensar desses homens, mulheres e crianças miseráveis, na beira do rio em Calcutá (1962), "que chafurdam em meio ao fedor [...] atormentados pelas moscas e demasiado indiferentes para afugentá-las ou mesmo para estender a mão aos passantes"? Que dizer, para seguir nosso mesmo informante, dos canteiros de reparação de estradas, que evocam o Inferno: "Homens nus, mulheres de saris e crianças em andrajos espalham praticamente com as próprias mãos o piche aquecido em enormes marmitas sobre fogueiras de lenha"? Bastaria modernizar os canteiros de obras para que o número de desempregados aumentasse imediatamente. Em Bengalore, no Decão, uma fábrica ultramoderna produz vagões, "mas as formigas humanas reaparecem no final da fabricação, quando a pintura é feita por uma multidão de operários." Essas imagens tristes são os primeiros documentos a introduzir no dossiê da Índia atual – eles lhe vêm da Índia de sempre. Alguns números os resumem: 438 milhões de habitantes, uma mortalidade muito elevada, 25 a trinta por mil, contra uma natalidade "natural" da ordem de 45 por mil, donde um crescimento da ordem de vinte por mil: ou seja, todos os anos, oito milhões de seres a mais. Esses números são desanimadores. Eles freiam por antecipação quase todo progresso da renda *per capita*, mesmo que a renda nacional, em sua massa, cresça – e ela cresce visivelmente. Ora, essa renda *per capita* está hoje fixada em 280 rúpias por ano (1 rúpia = 1 franco), ou seja, menos de cem francos antigos por dia. Aliás, nos canteiros das estradas, o salário é de uma rúpia por dia.

Frear o aumento demográfico? Só uma elevação do bem-estar o conseguiria, mas isso é supor o problema resolvido. A propagação dos métodos anticoncepcionais, preconizados publicamente, e a esterilização (1,5 milhão de esterilizações voluntárias) não podem deter essa onda humana. A Índia não é o Japão disciplinado, onde, aliás, essa luta, muito mais eficaz, não é nada fácil.

Além do mais, esses não são os únicos problemas.

• ***Não é preciso ser economista para compreender as medidas do terceiro plano quinquenal (1961-1965).***

Elas se concentram, como os planos anteriores, nos pontos acessíveis: os fertilizantes destinados à agricultura, os transportes, as indústrias pesadas, as indústrias mecânicas... – tudo que é relativamente fácil modificar, e depressa, com a esperança, nunca frustrada, de que essas mudanças repercutirão umas sobre as outras. As intervenções se operam por todas as vias possíveis; por isso o governo fez ouvidos moucos às recomendações que lhe eram apresentadas, em abril de 1959, por um grupo de especialistas da Fundação Ford, propondo-lhe concentrar todo o esforço do novo plano, então em preparação, unicamente na agricultura e elevar para cem milhões de toneladas, ou mesmo 110, a produção cerealífera da Índia (estimativa para 1959: 73 milhões). Teria sido prudente, como pensam outros especialistas e como decidiu o governo, não renunciar ao esforço industrial e aos investimentos que ele supõe, e acreditar que a situação alimentar não corre o risco de tornar-se catastrófica em 1965? Ela será certamente difícil durante os próximos anos, mas a Índia conheceu outras provações.

Para esses esforços, uma vez decididos, há as costumeiras condições prévias, quase sempre as mesmas: reservar uma parte notável da renda nacional a investimentos necessários: 5% para o primeiro plano, 11% para o segundo, 14% para o atual, o terceiro. Essa enorme retirada não deixa de desequilibrar o balanço de pagamentos, já deficitário, tanto mais que são necessárias compras maciças no exterior, geralmente concluídas em más condições. Impõe-se, assim, o recurso às ajudas do estrangeiro, umas privadas e de modo nenhum gratuitas, outras sob o signo da doação ou da semigratuidade e, uma vez mais, da luta espetacular entre a América e a URSS – cada uma representa 5% da ajuda externa prevista para o terceiro plano, mas esta última concentrou sua ajuda em realizações espetaculares, como a grande aciaria de Bhilai. Os Estados Unidos, que, no passado, deram uma ajuda vinte vezes maior que a de seus rivais, dispersaram suas intervenções. Mas pouco importa essa luta monótona dos "grandes", pouco importa também o detalhe das implantações industriais – corrida às aciarias ou criação de uma fábrica para a produção de películas cinematográficas assegurada por uma firma francesa e que lembra utilmente que, para a quilometragem dos filmes, a Índia é, depois dos Estados Unidos, o segundo produtor do mundo.

O interessante é que a decolagem da Índia se torna evidente, que se afirma, depois do Japão, bem perto da China, como uma das grandes potências industriais da Ásia. Não nos enganaremos se pensarmos que ela teve a vantagem relativa, industrialmente falando, de decolar cedo, pelo menos desde 1920. Beneficiou-se, pois, de certo avanço. Hoje, a corrida entre a onda demográfica e o crescimento econômico pode enfim vir a terminar a favor deste último. Não é impensável imaginar que, em 1970, a renda *per capita* venha a dobrar, o que não quer dizer que a Índia terá então chegado à Terra Prometida; mas terá, pelo menos, tomado o seu caminho.

• ***Muitos outros obstáculos se erguem nessa rota laboriosa; políticos, uns; sociais e culturais, outros.***

Dificuldades políticas: a ditadura moral do *pandit* Nehru não deixa de colocar temíveis problemas de sucessão, já que se trata de um homem já de 72 anos. A preeminência do Partido do Congresso não cria, por si só, um sistema institucional, autoriza mal o jogo de oposições fecundas, razoáveis, construtivas. Uma direita reacionária não acaba de acusar a esquerda comunista e comunizante de comer carne de boi? Argumento decepcionante. Essa esquerda comunizante não reuniu mais que 10% dos votos para as eleições de 1962, mas deu provas, no governo local de Kerala, antes de ser destituída arbitrariamente, de raras qualidades de probidade e eficiência. Alguns socialistas, por sua vez, acusam o presidente Nehru de defender um "regime podre". Contudo, essas oposições permanecem marginais – quem as ouve?

Dificuldades sociais: é mais fácil falar de uma distribuição equitativa das riquezas do que impô-la. Nesse capítulo crucial da propriedade da terra, as leis agrárias, multiplicadas à vontade no âmbito dos diversos Estados, são praticamente ineficazes. Excluídos em direito, mais uma vez, os grandes proprietários recuperaram a vantagem, quase em toda parte, sobre os camponeses pobres. Estes são livres, o que é um imenso progresso, porém miseráveis e mal equipados. Uma parte do solo arável permanece inculta. Mesmo os vastos sistemas de irrigação favorecem os grandes proprietários, que reservam a água para si no momento da entressafra e da atividade máxima. O camponês participa muito pouco desses benefícios. Para cúmulo da infelicidade, o grande proprietário continua a ser pouco progressista, não procura implantar os melhoramentos técnicos. É o caso de dizer que existe aí, infelizmente, um "regime podre", uma situação pré-revolucionária.

Finalmente, a civilização tradicional mantém a massa indiana em sua múltipla e cerrada rede.

Há para o hindu como que uma passagem necessária a um universo diferente do seu para se desembaraçar das castas e chegar à revolução social constituída pela vida moderna. É um fato que o hinduísmo constitui o obstáculo principal, a dificuldade essencial diante de qualquer evolução e modernização séria. Pode-se avaliar sua força pelas incríveis quantidades de oferendas em alimentos que uma população subalimentada, sempre nas fronteiras da miséria fisiológica, pode reunir diante dos templos em determinadas circunstâncias (por exemplo, em 1962, quando as conjunções austrais fizeram anunciar às Índias o iminente fim do mundo). Os rebanhos de vacas errantes, comendo aqui e ali seu magro alimento, as nuvens de corvos debicando os grãos, o pululamento de insetos nunca combatidos, mesmo que arruínem as colheitas, tudo isso são consequências do hinduísmo: as vacas são sagradas, e todos os seres vivos devem ser respeitados em sua vida.

O pior aspecto do hinduísmo continua a ser, certamente, o sistema de castas, que aprisiona a população em seus compartimentos múltiplos e como que estanques. Certo, a imobilidade social não é absoluta, e tudo indica que, a longo prazo, esse regime está condenado. No entanto, ele subsiste. Os intocáveis – os *haridjans*, cinquenta milhões de seres, calculando por baixo –, dos quais Gandhi se fez defensor, tornaram-se, perante a lei, homens como os outros. A Constituição da Índia aboliu toda diferença legal entre os cidadãos. Além disso, ela é laica. Entretanto, da teoria à prática, a distância permanece grande. A evolução, nesse aspecto, frequentemente imperceptível, quase não atinge a elite intelectual; e mais: não é revelador que muitas lutas políticas sejam, tanto quanto rivalidades pessoais, assuntos de castas? Sem dúvida está se formando uma classe média que tem acesso ao bem-estar por via das 46 universidades atuais (pelo menos no que toca a uma parte dos estudantes, não todos: há um *educated unemployment*): ela fornece os quadros da administração, os advogados, os médicos, os políticos.

Essa classe heterogênea está aparentemente aberta a todas as castas e exibe em público ares ingleses em seus trajes ou em seu comportamento. No entanto, a vida familiar é, muitas vezes, para esses mesmos homens, um refúgio onde eles reencontram, com os trajes e os alimentos da tradição, boa parte de seu espírito. Ora, todos os gestos da vida moderna são uma ruptura com essa tradição religiosa. Um exemplo dessa ruptura é considerar a água das canalizações urbanas como pura, não poluída, embora tocada em sua trajetória por tantas mãos "impuras"; ou, apesar da proibição do peixe, aceitar o óleo de fígado de bacalhau prescrito pelo médico; ou, mesmo, consentir um casamento intercastas, ou publicar um anúncio de casamento num jornal indicando "casta indiferente"; ou, ainda, alojar engenheiros, administradores e operários em uma mesma casa, perto de uma fábrica nova, sem se preocupar com as vizinhanças proibidas impostas a uns e outros.

Esses pequenos fatos indicam que se realizaram progressos no caminho de uma reforma do hinduísmo, que seu formalismo, combatido desde sempre – na verdade, desde Buda – pelas mais vivas correntes do pensamento religioso indiano, está em vias de recuar.

Já em 1800, Ram Mohan Roy, o fundador de uma nova seita (o Brahmo Samaj), empenhava-se em orientá-la nesse caminho, e também no sentido do monoteísmo. Outros reformadores se seguiram. Outros hão de vir.

Porque, doravante, a Índia está consciente do obstáculo que sua tradição cultural lhe opõe. Essa tomada de consciência operou-se no tempo de Gandhi, que foi seguramente o grande "revelador" da Índia atual, ao mesmo tempo pelos entusiasmos e pelas resistências que suscitou. Gandhi apoiou-se, com efeito, em todas as tradições espirituais da Índia para impeli-la ao progresso, tal como ele o concebia, e ao orgulho nacional, e foi assim que, com um instinto seguro, ele sublevou as massas indianas, criou uma paixão popular. Ao mesmo tempo, porém, essa tradição que ele tentava fazer reviver significava, em muitos pontos, a interdição para a Índia atingir certo modernismo.

Tal é o sentido do conflito significativo que opôs finalmente, no seio de sua ação comum, Gandhi e o socialista Nehru. Pode-se resumi-lo com estas palavras de Nehru: "Um abismo separa aqueles cuja psicologia está voltada para o futuro daqueles que se debruçam sobre o passado." Os princípios de Gandhi o afastavam fatalmente de qualquer revolução social. A revolução, para ele, devia operar-se nos corações. Não se tratava de tocar na ordem existente, mas de obter dos homens, qualquer que fosse a sua riqueza ou a sua influência, que se devotassem a servir seus semelhantes, que aceitassem, segundo as próprias palavras de Gandhi, "penetrar-se da arte e da beleza da abnegação e da pobreza voluntária [...], votar-se a essas atividades que são o fundamento de uma nação [...] fiando e tecendo com as próprias mãos [...], banir de seu coração todo preconceito de casta, sob todas as suas formas, fazer campanha pela abstinência total de bebidas intoxicantes e de drogas [...] e, de maneira geral, cultivar a pureza do ser. Tudo isso são modos de servir que permitem viver na escala do pobre", de preferência no contexto tradicional da vida aldeã.

Em suma, conclui Nehru discutindo a posição de Gandhi em seu livro *Minha vida e minhas prisões*, "para ele, os que desejavam servir às massas não deviam preocupar-se tanto com a elevação do nível de vida material quanto rebaixar-se eles próprios, nivelar-se, se me é lícito dizê-lo, à altura das massas e misturar-se a elas em um plano de igualdade. Tal era, para ele, a verdadeira democracia." Qualquer que seja a admiração que Nehru e seus amigos tenham experimentado por certos aspectos dessa moral individual e pelo próprio Gandhi, parecia-lhes que transformá-la em ideal coletivo era contrário às concepções lógicas de "todo democrata, de todo socialista, ou mesmo de todo capitalista modernos", que equivalia a retornar a um espírito ultrapassado de paternalismo, inconscientemente reacionário; que era, sobretudo, evitar olhar de frente a ruptura da Índia com certos aspectos de seu passado, indispensável caso ela pretenda sair de seu subdesenvolvimento e pôr termo à miséria das massas.

Que a Índia de hoje se incline mais para Nehru do que para Gandhi, pode-se constatá-lo através do fracasso de um discípulo de Gandhi, Vinoba Bhave, que fundava, em 1947, antes mesmo da morte do *bapu* (o "pai"), o movimento do Bhoodan. Seu objetivo: resolver, graças a doações de terras livremente cedidas por seus proprietários, o angustiante problema agrário. As terras doadas seriam redistribuídas aos pobres, a título individual ou coletivo.

Para entender o sentido dessa cruzada, é bom saber que Vinoba Bhave, de boa família, culto, excelente matemático, queimara, em 1916, todos os seus diplomas, na presença de sua mãe, para seguir o caminho dos "renunciantes", dos ascetas hindus. Participara ele, e em primeira linha (ou seja, muitas vezes na prisão), de todas as lutas de Gandhi. Ao engajar-se na campanha do Bhoodan, calculara que seriam necessários 25 milhões de hectares de terra arável para resolver o problema camponês. Dez anos mais tarde, mal havia recolhido dois milhões. O fracasso, portanto, é evidente no plano dos números.

O santo homem realizou sua campanha a pé, indo de aldeia em aldeia, percorrendo milhares de quilômetros, quase sem comer, fiando diariamente o algodão segundo os preceitos de Gandhi. Todavia, o que era possível no tempo de Gandhi, porque era Gandhi e porque era outro tempo, torna-se anacrônico na Índia atual. Vinoba Bhave suscitou alguns fervores, mas os apupos que o acolheram em certas aldeias de pequenos camponeses do Gujerate são o sinal de uma nova era, de uma evidente tomada de consciência. Esse fracasso do santo, apesar do que possa ter de desagradável em uma história melodramatizada, é talvez o despertar da Índia em sua busca de verdadeiras soluções, racionais e modernas, contra um Antigo Regime carcomido.

"Hoje", conclui Nehru, "a antiga cultura da Índia sobrevive a si mesma. Silenciosa, desesperadamente, ela luta contra um novo e todo-poderoso adversário, a civilização do Ocidente capitalista. Ela sucumbirá, porque o Oeste traz a ciência; *e a ciência é o pão para milhões de famintos*. No entanto, o Oeste traz também um antídoto para os venenos de uma civilização que muito tem da ladroeira e do banditismo, e esse antídoto são os princípios do socialismo, a ideia da cooperação a serviço da comunidade e para o bem de todos. O que não está assim tão longe do velho ideal bramanista do 'serviço', mas significa também a 'bramanização' (no sentido laico, é óbvio) de todas as classes, de todos os grupos, e a abolição das distinções de classes. E, quem sabe, quando mudar de roupa, como é inevitável, pois a antiga está em farrapos, a Índia fará talhar a nova por esse molde, de modo que ele seja conforme tanto às condições atuais quanto ao seu pensamento antigo. Os princípios a que ela virá a aderir deverão juntar-se às raízes de seu solo."

CAPÍTULO V

Um Extremo Oriente marítimo: Indochina, Indonésia, Filipinas, Coreia e Japão

À primeira vista, parece arbitrário colocar lado a lado a Indochina, a Indonésia, as Filipinas, a Coreia e o Japão. Acontece que essas regiões, distantes umas das outras, encontram-se todas nas proximidades, *historicamente falando, desses dois oceanos humanos que são a China e a Índia*, que não cessaram de projetar-se muito além de seus próprios espaços. E a vizinhança funcionou plenamente em razão dos fáceis acessos proporcionados pelas rotas marítimas. Os mares do Leste e do Sudeste asiáticos – o mar do Japão, o mar Amarelo, o mar da China Oriental, os mares de Banda e de Joio – são com muita frequência finas películas de água, *mares costeiros* prisioneiros do continente próximo. Fora da vizinhança das Filipinas e do Japão, é necessário, para alcançar as grandes profundidades marinhas, ultrapassar na direção leste ou sul os festões de ilhas vulcânicas que separam esses mares estreitos do oceano Índico e do Pacífico. Trata-se, pois, de "Mediterrâneos", de espaços marítimos no meio das terras, semeados de ilhas: tudo os humaniza previamente.

Outro traço comum: todos eles são varridos por ventos periódicos, as *monções* que se abatem brutalmente, de um extremo ao outro, no começo do verão e no começo do inverno. Por toda parte surgem tufões e suas monstruosas tempestades. No entanto, essas estações trágicas duram apenas algum tempo. Em geral, a navegação conhece viagens tranquilas, entre as ilhas, ao longo das costas, quando o vento é seguro. Navegar é progredir de ilha em ilha, ficar ao abrigo das rajadas de vento, não perder de vista o litoral orlado de mangues. Quando o mar se mostra ameaçador, a âncora é logo lançada e se prende ao fundo, quase sempre muito próximo da superfície. Assim fixados ao solo marinho, o *but* árabe, o junco chinês ou o veleiro de carga holandês podem, como cem narrativas repetem, suportar facilmente essas borrascas. Em seguida, a viagem continua.

Tais são as vantagens, as possibilidades desses mares interiores, familiares. O marinheiro aí é abundante; aí ele encontra suas satisfações, as do comércio ou as da viagem, suas rotinas. Quando necessário, ele se afasta: são conhecidas as aventuras dos navegadores malaios (até Madagascar), dos polinésios montados em suas pirogas com flutuador (até as ilhas Havaí, a ilha de Páscoa, a Nova Zelândia). Com mais frequência ele fica por ali, retido pelas vantagens dessa vida caseira, como os japoneses, como os chineses. "Os chineses", dizia o padre De las Cortes (1626), "não praticam a navegação em alto-mar", essa navegação que levará até as ilhas longínquas os árabes, depois, mais tarde, os portugueses, os holandeses, os ingleses.

Desde cedo, tais tráficos humanizaram esses espaços marinhos, aproximaram suas margens, misturaram civilizações e histórias. É necessário contar incessantemente, aqui, com os milagres da água marinha, provedora de trocas, de semelhanças, embora cada casa conserve suas originalidades indeléveis.

A Indochina

A Indochina não é o melhor exemplo desses destinos sob o signo do mar. É ela a maciça Ásia do Sudeste, à qual o geógrafo dinamarquês Malte-Brun deu ontem o nome de Indochina, denominação que fez fortuna. Essa espessa península, cortada por altas montanhas, é atravessada, porém, por largos vales que correm, *grosso modo*, do norte para o sul e que lembram, se quiserem, os dedos afastados de uma mão; ela se adelgaça para o sul com a frágil e longa península malaia; a leste e a oeste, o mar. Mesmo em sua espessura continental, foi ela, desde a pré-história, lugar de passagens contínuas. A tal ponto, que todas as raças distinguidas pelos pré-historiadores terão deixado aí os seus traços: australianas, melanésias, mongoloides (estas oriundas da China *proto-histórica*). Tais raças constituem o fundo da população atual (o tipo melanésio é encontrado entre os povos montanheses, ainda primitivos).

Com os tempos históricos, quatro amplos movimentos a atingiram: um, vindo da China, sob o signo da força; outro, pacífico, exerce-se pelos caminhos marítimos provenientes da Índia; enfim, duas investidas, igualmente marítimas: a islâmica, que atinge e toma a península malaia, e a europeia (franco-inglesa), vigorosamente acentuada no século XIX, que a tudo submerge e desaparece, hoje, nas sequelas tumultuosas da descolonização.

• ***Entre essas duas áreas monstruosas, a China e a Índia, situa-se e se explica, no essencial, a civilização antiga da Indochina.***

A *civilização chinesa* apresentou-se no Tonquim e no Anam (o Vietnã do Norte e o do Centro) sob o signo da força. O que houve ali, há uns dez séculos, foi uma conquista, um colonialismo cuja hora soará sem dilações mais tarde. Essa investida, militar, administrativa e religiosa (confucionismo, taoísmo, budismo) ao mesmo tempo, exerceu-se na margem meridional da vasta ocupação da China do Sul, acontecimento maior da história chinesa. As populações autóctones foram ou repelidas, ou subjugadas. Assim se criou essa subcivilização vivaz das populações *anamitas*, que se espraiará em seguida, sob seu próprio impulso, em direção ao sul da Indochina.

A *influência hindu* foi a dos mercadores fundadores de escalas e feitorias a partir das quais traficaram, aliando-se, por vezes, às "chefarias"* locais. Tais alianças fizeram a fortuna de algumas dessas chefarias, que, fortalecidas por sua superioridade técnica e cultural, conseguiram ampliar sua área de influência, impor-se e posteriormente criar reinos dos quais saíram civilizações hinduizadas, fortemente mestiçadas, mas originais. Assim se constituiu o reino de Champa, na costa do Vietnã central; ou, na extremidade ocidental da Ásia do Sudeste, o reino dos mons; ou ainda, no delta do Mekong, o reino de Funam, mais tarde absorvido pelo Tchel-la, o qual deu origem ao Império khmer, potência que dominou todo o sudeste do século IX ao XIV e cuja magnificência é atestada pelas ruínas de Angkor.

Reinos mais indígenas, se assim se pode dizer, construídos por ocasião de invasões e conquistas de povos birmaneses, ou tais ("povos livres"), emergem em detrimento dos khmers ou dos mons entre os séculos XI e XIV; são eles que darão origem ao futuro Estado birmanês de Lan-xang, do qual subsistem hoje a parte oriental, sob o nome de Laos, e o compacto Sião, ou Tailândia (o "país dos homens livres").

• ***Tendo chegado ontem, no século XIX, e partido hoje, na metade do século XX, os europeus só ocuparam esses países em caráter provisório.***

Não obstante, o sudeste foi profundamente marcado por essa conquista colonial vigorosa, inglesa a oeste, francesa a leste, deixando os dois imperialistas subsistir entre eles o Sião independente, espécie de

* A chefaria era uma organização tribal da África Negra (notadamente da Guiné) constituída de famílias com antepassados comuns, tendo por chefe único um patriarca. [N. R.]

Estado-tampão e reconhecido como tal (1896). Os franceses agruparam na União Indochinesa (1887) o Tonquim, o Anam, a Cochinchina, o Camboja e o Laos. Os ingleses uniram a Birmânia ao seu Império das Índias. Na extremidade da península de Malaca, impuseram sua dominação aos Estados malaios e fizeram de Cingapura um dos portos mais importantes do Extremo Oriente.

A Segunda Guerra Mundial, que viu a dominação japonesa generalizar-se por um instante através de todo o Sudeste, pôs por terra, de um só golpe, essas construções coloniais da véspera. Enquanto os Estados malaios, Cingapura e a Birmânia obtinham, sem luta, sua independência da circunspecção inglesa, uma longa guerra opunha vietnamitas e franceses. Os Estados da Indochina Oriental só alcançaram sua total independência a 21 de julho de 1954, pelo Tratado de Genebra.

A antiga Indochina encontra-se desde então dividida em quatro territórios. O Tratado de Genebra dividiu o Anam em dois, de uma e de outra parte do paralelo 17 Norte, formando o Norte, com Tonquim, a *República Democrática do Vietnã*, e o Sul, com a Cochinchina, a *República do Vietnã*. Em 1949, o reino *independente* do Laos foi reconhecido pela França (19 de julho); em seguida, o do Camboja (8 de novembro). Em linhas gerais, Laos e Camboja são neutros entre os dois blocos (Estados Unidos e URSS) que disputam o mundo entre si. O Vietnã do Norte está incorporado ao mundo comunista, ligado à China, que pesa muitíssimo sobre ele, à URSS, à industrial e distante Tchecoslováquia. O Vietnã do Sul passou ao controle dos Estados Unidos.

No limiar dessas independências mitigadas, esses Estados tiveram que fazer face a terríveis problemas, aqueles que se apresentam a todos os países subdesenvolvidos: foi preciso acelerar a modernização da indústria e da agricultura, equilibrar os balanços de pagamentos, apressar-se em acompanhar, e se possível preceder, um crescimento demográfico onipresente. Os métodos socialistas praticados no Vietnã do Norte levarão a melhor sobre os métodos liberais praticados em quase todos os outros lugares? Ninguém saberia dizê-lo: a política e os eventuais conflitos impedem uma livre escolha e comparações honestas. Nada se poderia deduzir, por exemplo, do fato de o Vietnã do Norte dispor de um armamento – o velho armamento clássico russo – ou de as montadoras do Camboja exportarem 2 HP Citroën...

A situação não é simples para nenhum desses jovens Estados. O pequeno Vietnã do Norte, única experiência, aliás vigorosa, que o comunismo tenta no sudeste, tira certas vantagens dessa posição excepcional, mas não deixa de inquietar-se com a força de absorção da China, demasiado próxima. O Vietnã do Sul tira seus lucros da aliança com os Estados Unidos, mas lhe deve também a continuidade, em seu território, de uma guerra lavrada com as tropas comunistas que nele se infiltram, não sem cumplicidades: a manutenção de um semicolonialismo ocidental à americana não pode deixar de encontrar a oposição de uma parte da população.

O equilíbrio atual é precário, portanto, inclusive a neutralidade do Laos e mesmo do Camboja... Os interesses em presença são tão numerosos, tão contraditórios que ninguém pode prever razoavelmente a evolução dos conflitos em curso.

• ***Para além dessas urgências, os velhos problemas culturais permanecem de pé.***

O povoamento superabundante das planícies sempre se opõe às zonas montanhosas meio vazias. Duas idades históricas se defrontam: as planícies, com a rizicultura, criaram as fortes densidades humanas dos deltas do rio Vermelho, do Mekong, do Menam, do Irrauádi... É nessas agriculturas e nessas massas de homens que se apoiam as civilizações dominantes. Os anamitas, filhos da civilização chinesa, ocupam desde sempre as terras baixas deltaicas do rio Vermelho; no século XVII, eles arruinaram o reino hinduizado de Champa e, no XVIII, conquistaram o delta do Mekong aos cambojanos – sucessos recentes, em suma.

A leste, essas civilizações compactas de planície – Camboja, Sião e Birmânia – são fortemente hinduizadas, e o budismo conservou aí a sua marca.

Entretanto, no estágio superior de todos esses países, nas montanhas, populações primitivas, semi-independentes, animistas, pouco numerosas, praticam uma cultura sobre queimadas. E vão sobrevivendo.

Nessa Indochina multicor, os missionários cristãos obtiveram vivos sucessos, quase sempre fora dos países budistas e islâmicos (sendo a pedrinha de cor islâmica, convém repeti-lo, a península malaia). Os camponeses cristãos do Vietnã do Norte, depois de 1954, refluíram em massa para o Sul (trezentos mil homens), e os católicos detêm hoje o poder em Saigon. Foi, naturalmente, junto às populações animistas que a propaganda cristã logrou seus maiores sucessos. Assim, na União Birmanesa, a conversão de grande parte dos karens ao protestantismo reforçou a unidade de seu grupo e sublevou-os contra o poder central, essencialmente nas mãos dos birmaneses budistas.

Esses detalhes não dominam o destino múltiplo e obscuro do Sudeste, mas o esclarecem, do mesmo modo que a implantação, ainda hoje, de escolas francesas ou inglesas. O Sudeste continua a ser uma região de passagem; ela acolhe todas as influências, conserva-as ou rejeita-as, mas de forma diferente, segundo os grupos étnicos e culturais que a compõem.

A Indonésia

Para lá da península malaia, "a Ásia se afoga no Pacífico." A Indonésia a prolonga para leste com seus milhares de ilhas, "o mais vasto arquipélago do mundo". Desde sempre, ela foi e continua sendo uma encruzilhada multicor. Essa diversidade não impede certa unidade, hoje como ontem, sempre a salvaguardar, não raro a restabelecer.

• ***O arquipélago indonésio viveu no centro de uma imensa rosa dos ventos; o contragolpe de acontecimentos por vezes muito distantes não para de atingi-la.***

Assim foi desde a pré-história.

Quando, por volta dos primeiros séculos da nossa era, os marinheiros e mercadores das Índias vêm fundar colônias no arquipélago, tal como na Birmânia, no Sião ou no Camboja, trazem consigo o hinduísmo e o budismo, que vão florescer juntos, aclimatar-se às "culturas" insulares e servir de suporte aos novos reinos.

Os primeiros reinos se estabelecem em Sumatra; porém, os mais importantes e vigorosos prosperam em Java. Sua influência é mais ou menos limitada, assim como a da civilização importada. Java tem altas montanhas, florestas virgens imensas, uma cultura camponesa organizada em aldeias e tradições vivazes que se bastam a si mesmas. Assim, a civilização indo-javanesa é uma sobreposição em pontilhado, quer trate-se de sua escrita, derivada da escrita páli da Índia, de seus poemas, de seus contos, inspirados nos modelos hindus, ou de seus túmulos e templos, formando estes o conjunto arquitetônico que cobre a colina do Borobudur (século VIII), "imagem do mundo segundo o budismo Mahayana" (Grande Veículo).

Guerras contínuas instauram-se entre os "reis" dos *kratons* e delas emerge, enfim, no fim do século XIII, um império hinduísta "universal", o Império do Madjapahit, que, de Java, subordina as outras ilhas graças a uma vasta rede de vassalagens e dependências, na medida em que dispõe de uma marinha ativa. Ele domina Cingapura, "a cidade dos leões", na ilha de Malaca, atinge a leste a Nova Guiné e, ao norte, as Filipinas; em 1293, desarma uma expedição marítima lançada contra ele pela China mongol.

Todavia, essa grandeza não dura muito tempo. Em 1420, os muçulmanos tomam Malaca. A partir de 1450, a vitoriosa irrupção destes últimos acaba de deslocar o Império, ou o que dele subsiste. Política e guerra santa juntam-se para demolir irremediavelmente a vasta construção, da qual não restam senão destroços e lembranças à chegada dos portugueses, no princípio do século XVI. Só a ilha de Bali conservou, mesclada às próprias tradições, a herança bramanista dessas épocas antigas.

Os portugueses ocupam Malaca em 1511; chegam às Molucas em 1512, onde os atrai o cravo-da-índia; depois, à enorme Sumatra, em 1521. Essa intrusão é facilitada pelas disputas políticas que dilaceram o arquipélago. Aliás, a ocupação portuguesa é sumária, mais esboçada que solidamente implantada. Ela deixa intacta a vida antiga do arquipélago e suas múltiplas correntes, tanto o comércio dos navios árabes em Achem, na extremidade oeste da ilha de Sumatra, de onde são levados para o mar Vermelho as especiarias e o ouro em pó, quanto as viagens regulares dos juncos dos portos da China meridional, os quais, no tempo de Marco Polo e seguramente bem antes dele (desde o século VII, no que concerne ao nordeste de Bornéu), frequentam as ilhas indonésias, trazendo seus bibelôs, a porcelana, a seda e suas pesadas moedas (de cobre ou de chumbo), as *sapecas*, e dali levando, em contrapartida, as madeiras de lei, a pimenta-do-reino, as especiarias e o ouro em pó dos garimpeiros de Bornéu e de Celebes.

A intrusão portuguesa constitui uma exploração forçada dessas trocas antigas que repercutem de Java a Macau, perto de Cantão, e, mais além, até o Japão. No século XVII, ocorre uma nova intrusão, muito mais grave, a dos holandeses. Eles estão em Amboina, nas Molucas, em 1605, e em Celebes, em 1607; fundam Batávia em 1619 e são senhores de Java, onde, para reinar, sabem opor entre eles os sultões da ilha, príncipes medievais cujos *kratons* subsistem nas colinas, ao mesmo tempo cortes principescas e cidadelas. Os recém-chegados serão os senhores de todo o arquipélago, depois de desalojarem os portugueses de Malaca (1641).

Desde então, eles comandam as duas grandes rotas marinhas: a do estreito de Malaca, entre Sumatra e a costa malaia, em direção do oeste, do Sião e da Índia; a do estreito de Sonda, entre Java e Sumatra, porta de entrada para os poderosos veleiros que vêm diretamente do cabo da Boa Esperança sem fazer escala nas Índias ou que, por essa rota marítima, retornam à Europa com seus ricos carregamentos. Uma exploração comercial substituiu outra exploração comercial, tudo resultando, desde então, apesar da precoce concorrência inglesa, na Companhia Holandesa das Índias Orientais, fundada em 1602 e que será, durante muito tempo, a obra-prima do capitalismo ocidental (até o fiasco tardio de 1798, devido às suas tramoias e aos seus erros e, também, a circunstâncias políticas excepcionais). As Índias neerlandesas, ocupadas por um instante pelos ingleses, voltaram às mãos da Holanda em 1816; esta reinstalou-se nelas metodicamente, confortavelmente, até o desembarque japonês de 28 de fevereiro de 1942.

Então, desabou a construção-modelo. Após a derrota do Japão, em 1945, os nacionalistas indonésios, que ao mesmo tempo haviam colaborado com o invasor e lutado ferozmente contra ele, proclamavam, com o presidente Sukarno, a independência da Indonésia, em meio a um entusiasmo popular delirante, a 17 de agosto de 1945. "Quando, passado um mês, a 28 de setembro, o general Christison, comandante em chefe aliado, desembarcou em Batávia com tropas inglesas e indianas, encontrou as paredes da cidade cobertas de inscrições anti-holandesas."

A reação obstinada do governo holandês, seus esforços para restabelecer a antiga ordem das coisas ou pelo menos salvar o que era possível, essa reação iria desencadear um drama clássico de descolonização do qual a história francesa recente oferece exemplos paralelos. Se bem que tenha logrado um êxito fácil nas ilhas pouco povoadas – em Celebes, em Bornéu, em suma, na Indonésia vazia –, em Sumatra, e mais ainda em Java, os "colonialistas" se chocaram com violenta oposição. O antigo exército colonial tomara o partido dos insurretos. Uma guerrilha não tardou a imobilizar as tropas holandesas, aniquilando seus sucessos em torno das grandes cidades. A vasta operação, dita "de polícia", iniciada a 21 de julho de 1947, suscitou dificuldades insuperáveis. Mais eficaz foi o bloqueio das regiões insurretas de Java, onde se seguiram misérias indizíveis. A intervenção da Índia, da Austrália, dos Estados Unidos e da ONU possibilitou, enfim, um acordo imperfeito, a 17 de fevereiro de 1948, ao qual se seguiu uma segunda "operação de polícia", tão inútil como a primeira. A 27 de dezembro de 1949, em Haia, a rainha da Holanda abandonava sua soberania sobre as antigas Índias Holandesas, salvo no tocante à parte "holandesa" da Nova Guiné. A bandeira vermelha e branca da Indonésia substituiu, em Batávia, tornada Jacarta, a bandeira holandesa.

Esses detalhes que resumem mal um conflito longo, dramático, complicado, são indispensáveis para a compreensão da Indonésia de hoje. Em seu âmago, ela ainda não saiu dessa luta recente, continua a viver nela, e o ódio à Holanda lhe serve frequentemente de derivativo e de desculpa para suas próprias dificuldades. Esse ódio é um cimento de que a nova república tem necessidade. O conflito pela posse do "Iriã" (a Nova Guiné holandesa) não tem outra razão. Esse último pedaço da Indonésia é, ou não, arbitrariamente retido por seus antigos senhores? Trata-se de uma ilha selvagem, sem dúvida com recursos, mas sua exploração ultrapassaria as possibilidades da Holanda e da Indonésia. Quanto aos seus habitantes, primitivos – os papuásios –, nada têm de comum nem com os indonésios, nem com os holandeses. Mas quem se preocupa com isso?

• ***Raças, religiões, níveis de vida, aspectos geográficos e culturas se justapõem numa civilização extremamente mesclada.***

Todas as ilhas, mesmo Java, têm seus povos primitivos, que muito amiúde ainda vivem na idade da pedra, e suas diferentes raças. Em Java, distinguem-se os três grupos malaios: os sundaneses, os madureses e os javaneses propriamente ditos. Em Sumatra, os malaios, os curiosos minangkabaus, os bataks, os achineses... Sem contar, em todas as cidades, os comerciantes chineses, detestados e indispensáveis, coletores de mercadorias, prestamistas e usurários, revendedores parasitas sem os quais ninguém pode passar e que, desde 1948, apoiam-se na poderosa China comunista...

Tantos povos quantas línguas ou idiomas. É necessária, entre esses mundos estanques, uma língua comum, uma *língua franca*: tal é o papel desempenhado desde o século XVI (e sem dúvida antes) pelo malaio-polinésio, ou o malaio, se preferirem. Ele deu origem à língua indonésia, a *bahasa indonesia,* que se tornou a língua dos nacionalistas antes mesmo de ser a língua oficial da nova república. Contudo, ainda era preciso adaptar essa língua a todas as suas tarefas, notadamente as científicas. Que pensar dessa comissão de terminologia que lhe incorporou, de uma só vez, 37.795 novos termos!

Ou seja, trata-se de uma língua nova. Não se pode comparar o seu papel ao do hindi, na Índia. Tanto mais que o hindi desempenha esse papel de língua comum ao lado do inglês, sempre muito vivo. O neerlandês não ocupou um lugar análogo na Indonésia por várias razões, notadamente porque os holandeses, ontem, não desenvolveram (à parte algumas magras e tardias realizações) o ensino das técnicas modernas, nem o da própria língua. Eles desejavam, afirma um economista, "estabelecer sua superioridade com base na ignorância indígena. O uso do holandês teria reduzido o fosso entre o inferior e o superior – e isso devia ser evitado a qualquer preço." Diversidade das línguas, diversidade e mesmo confusão dos bens culturais. No arquipélago, as grandes religiões conheceram estranhas aventuras. Elas nunca triunfam sozinhas: coexistem com as crenças populares que as limitam ou as recobrem, e às vezes com alguma outra grande religião rival.

Vejam-se esses aldeões que vivem a uns 25 quilômetros de Jogjacarta, por um instante a capital de Java, quando os holandeses tornaram a ocupar Batávia. Ei-los conversando com um viajante europeu: "Em Java, somos todos muçulmanos – declara Kardjodikromo, um camponês, sem hesitação. – Mas, então, por que vocês falam de seus deuses? Os muçulmanos acreditam em um único deus. – Kardjodikromo parece embaraçado. Seu pai vem em sua ajuda: – É difícil explicar – diz ele, com voz calma. – Não podemos desprezar os outros deuses. Eles podem ajudar-nos ou prejudicar-nos. Nosso arroz depende de Devi Chri, a mulher de Vishnu" (Tibor Mende).

Aliás, não existe uma só mesquita na região. Os aldeões muçulmanos oferecem frutos e refrescos nos altares de Devi Chri e, para afugentar os maus espíritos, erguem nos campos aquelas flautas de bambu que o vento faz assobiar. Do mesmo modo, recomenda-se cortar sem ruído os caules do arroz com o *ani-ani*, "a pequena lâmina que o ceifeiro esconde em sua mão." Rápida e silenciosamente, para que não se evolem os bons espíritos.

Mesmas observações em Bali, a ilha maravilhosa, onde permanecem conservadas – mas por quanto tempo ainda? – a herança do grande Império indo-javanês e suas crenças hinduístas. Os mortos são aqui incinerados, para permitir que suas almas ganhem a luz. Mas todo um conjunto de crenças animistas e de práticas ligadas ao culto vivaz dos ancestrais se conserva igualmente.

- ***Manter esses povos unidos – a tarefa não é cômoda.***

O ódio aos holandeses não poderia bastar para tudo. E não é fácil unificar quando o problema é fazer progredir uma economia primitiva, miserável, ou pelo menos fazer com que tenha paciência uma população de camponeses endurecidos pelas dificuldades. O maior serviço que a colonização holandesa prestou ao novo governo foi ter explorado esse povo rural com tamanha precisão que só foram tolerados, ontem, pequenos, medíocres proprietários. A jovem república não precisa, pois, enfrentar o problema dos grandes domínios territoriais a redistribuir nem temer uma explosão agrária. Todo o campesinato está em igualdade na pobreza.

Pobres camponeses, na verdade prisioneiros, quase sempre, de uma economia de subsistência. O arroz prevalece de longe sobre todas as demais culturas alimentares: milho, taro, *sago*... Ele é a base da alimentação, já que a criação do búfalo serve exclusivamente para a aragem e o transporte. O consumo de carne é desconhecido, ou quase; o de peixe, muito modesto. Em suma, essa economia permanece à margem do mercado. Um punhado de arroz, um tecido, um brinquedo fabricado em casa – essas poucas vendas na cidade proporcionam justo o dinheiro necessário a compras miúdas, inclusive esses cigarros baratos, "perfumados com cravo-da-índia e que têm a forma de pequenos cones alongados."

Quanto à indústria, ainda está na infância, afora as instalações petrolíferas, os seringais e suas fabricações de produtos brutos, as minas de carvão e o estanho, todos em Sumatra (ou em Banca e Billiton, para o estanho), sob a dependência de empresas anglo-americanas que Sukarno, ao que se diz, acaba de nacionalizar. Mas, europeias, chinesas ou nacionais, as atividades industriais das ilhas não estão em condições de acelerar o crescimento econômico da Indonésia. Ao mesmo tempo, os grandes produtos de exportação – borracha, café, tabaco, copra, açúcar –, desenvolvidos pelos holandeses a expensas das antigas culturas alimentícias, viram seu mercado restringir-se desde a ruptura dos vínculos com a Holanda.

Hoje, porém, ainda são as matérias-primas – borracha, petróleo, estanho – que asseguram em 75% as exportações do arquipélago.

Embora independente, ele permanece, portanto, em uma situação econômica tipicamente colonial, sob a dependência perigosa das variações do mercado internacional. Assim, o fim da Guerra da Coreia e a elevação dos preços das matérias-primas, em 1951, foi catastrófico para o orçamento da Indonésia.

Com uma inflação monetária galopante acompanhando um aumento da população ao ritmo de um milhão de seres por ano, a situação não cessa de se deteriorar. Java sucumbiria sem as importações maciças do arroz estrangeiro. Ao que se juntam a falta de quadros qualificados, a saturação das administrações, a insegurança endêmica do país, o desenvolvimento desordenado do exército. Devemos concluir, com um político da oposição indonésia, que esta é a hora dos *slogans*, dos movimentos de opinião, das campanhas espetaculares, como a do Iriã, e não dos planos sistemáticos?

Ora, esses planos seriam de extrema urgência. Não há dúvida de que a liberdade conquistada e a felicidade dela decorrente dispõem a população a um enorme esforço; mas empreendê-lo é outro problema. A própria unidade da Indonésia ainda está por construir. Que significa a unidade marítima sem uma marinha nacional, sem uma aviação nacional?

O peso humano excepcional de Java coloca a ilha no centro de um sistema solar: ela contava cinco milhões de habitantes em 1815, cinquenta em 1945, sessenta em 1962, e reúne dois terços dos habitantes e três quartos dos recursos do conjunto. Todavia, sua densidade por quilômetro quadrado (quatrocentos) chegou ao limite do possível. Já não se trata de conquistar novas terras a uma floresta que se reduziu ao mínimo. Ir mais longe seria "ultrapassar o nível de alerta". A ilha da esperança é doravante Sumatra (30 hab./km^2), com seus recursos minerais, suas terras abundantes. Todavia, elas, menos ricas que em Java, necessitariam dos meios de cultura que uma expansão camponesa normal não tem. O centralismo "javanês" exaspera, alimenta muitos separatismos vigorosos, muitos movimentos em favor de uma federação efetiva. Nos últimos anos, as explosões separativas se multiplicaram (República das Molucas, em Aboina; Dar ul lslam, no oeste de Sumatra; Pansudã, em Java; movimento do doutor Hatte, na região de Padang na Sumatra; secessão dos "coronéis", nas Celebes). O último desses coronéis, Simbolon, rendeu-se em 27 de julho de 1961.

Outras dificuldades: foi necessário pôr um termo à liberdade dos partidos comunista, socialista e muçulmano liberal. O "sukarnismo" apresenta-se desde então como um partido único, cujo programa é uma "democracia guiada".

Essas liberdades postas de lado, esses homens fora de jogo, perdoados, é verdade, mas eliminados, tudo obriga o "homem forte" – "Bang [irmão] Karno" – a adotar uma política espetacular. Como, ainda ontem, na grande conferência dos neutralistas do Terceiro Mundo reunidos sob seus auspícios em Bandung (1955). Eis por que ele se empenha, hoje, em obter a Guiné holandesa, o Iriã. Essa satisfação nacionalista seria um sustentáculo para um governo que só tem diante de si, em todos os domínios e durante os próximos anos, pesadas tarefas, realmente ingratas.

As Filipinas

O caso das Filipinas, que não consta do programa de vocês, não constitui exceção às regras da Ásia do Sudeste. Essas ilhas também foram um ponto de encontro notável.

Nelas, os homens estão presentes desde o neolítico; a indústria do ferro é aí conhecida vários séculos antes da nossa era. O arquipélago, desde o século v d.C., está preso na rede da civilização indo-malaia, que se irradia a partir de Java; foi integrado nela quando dos esplendores do Império do Majapahit. Por outro lado, o comércio chinês o alcança muito cedo. Daí o desenvolvimento de uma classe de mercadores e marinheiros que se avantaja em toda parte e submete à sua autoridade os camponeses insulares, servos ligados à gleba.

No século XV, surge o Islã, na grande ilha de Mindanao. No XVI, os espanhóis descobrem o arquipélago com Magalhães, que nele encontrou a morte (1521), e depois se instalam em Luzón, a grande ilha do Norte, em 1565. A cristandade vai, assim, recomeçar no Extremo Oriente sua luta de sempre contra os infiéis, contra os mouros. Frequentemente revoltados, mal contidos, em todo caso, pelos senhores de Manila, as ilhas permanecem sob a dependência espanhola até 1898; ocorrem então, ao mesmo tempo, uma insurreição interna e a intervenção da frota dos Estados Unidos. As ilhas, porém, não se tornarão logo independentes; serão colocadas, no fim da guerra hispano-americana, sob a autoridade dos Estados Unidos (Tratado de Paris, 10 de dezembro de 1898), para grande indignação dos nacionalistas filipinos. O presidente americano McKinley, para acalmar sua má consciência, propunha-se "instruir e civilizar os filipinos como homens para quem Cristo morreu na cruz [...]."

Só em 1946 as ilhas se tornarão independentes, pelo menos teoricamente.

Hoje, após um passado tão movimentado, elas contam com uma população muito numerosa (25 milhões de habitantes, crescimento anual de setecentos mil, superfície de 300 mil km^2, ou seja, pouco mais que a metade da superfície da França). População mesclada: os malaios, muito mestiçados, representam 95% da população; juntam-se a eles quatrocentos a quinhentos mil primitivos difíceis de classificar, duzentos mil chineses imigrados e ainda o pequeno grupo dos *negritos* (setenta mil indivíduos).

As Filipinas contam aproximadamente vinte milhões de católicos (é a única cristandade compacta do Extremo Oriente), dois milhões de dissidentes católicos (aglipianos, do nome do fundador de sua seita, um ex-padre, Aglypya, artesão da Revolução de 1898), quinhentos mil protestantes, dois milhões de muçulmanos, quinhentos mil pagãos... De 1898 aos nossos dias, acresçamos que o inglês desbancou bruscamente o espanhol, que permaneceu a língua das velhas famílias. Ademais, o tagalo, dialeto malaio, conhece uma nova voga. Enfim, múltiplos dialetos subsistem em uma população que compreende pelo menos 50% de analfabetos.

O país é pobre, miserável até, e essencialmente rural. Ora, a grande propriedade não cessa de crescer em detrimento do pequeno camponês. Uma estrutura "parasitofeudal" (a palavra é de um observador americano) torna vãs as reformas ou as ajudas externas. A moeda só circula, de fato, em Manila. O resto do país conhece apenas a troca. A miséria camponesa explica a vasta insurreição comunista dos *buks*, salvadora ao tempo da dominação japonesa, selvagemente reprimida pelas autoridades filipinas após a libertação. Contudo, o fogo dormita sob a cinza: o exemplo chinês e a solução cubana de Fidel Castro acendem as imaginações. Mesmo com a ajuda americana (e seu controle), o país quase não progride. Tanto mais que o crescimento demográfico destrói antecipadamente as magras melhorias obtidas.

A Coreia

A Coreia desempenhou ontem, de 1950 a 1953, um papel dramático, de que foi e continua a ser vítima. A Guerra da Coreia foi sobretudo uma guerra das grandes potências, um encontro sangrento entre o Leste e o Oeste.

Durante a Segunda Guerra Mundial, em Yalta (fevereiro de 1945), e depois em Moscou (dezembro desse mesmo ano), a independência da Coreia parecia evidente. Ela fora libertada ao norte pelas tropas soviéticas, e ao sul pelas tropas americanas vindas do Japão, sendo as duas ocupações separadas unicamente pela linha convencional do paralelo 38° Norte. Apesar da intervenção das Nações Unidas, a Coreia continuou dividida por essa linha arbitrária; no Sul, organizou-se uma República Independente da Coreia a 15 de agosto de 1948; no Norte, uma República Democrática de obediência comunista. Em 1950, as tropas comunistas da Coreia do Norte invadiram a Coreia do Sul. Seguiu-se uma resposta armada dos Estados Unidos e de seus aliados. Do lado dos comunistas coreanos, a intervenção de voluntários chineses equilibrou as forças em presença. O armistício de 11 de julho de 1953 restabelecia a linha de separação ao longo do paralelo 38. Essa divisão não facilitou a vida, nem ao norte, nem ao sul de uma cisão em si absurda.

• ***Primeiro, a geografia.***

A Coreia foi vítima de sua singular posição estratégica, entre o arquipélago japonês, a Manchúria, a Sibéria e a China. É ela um exemplo dos perigos que ameaçam os pequenos Estados na vizinhança dos grandes, que, hoje como ontem, acreditam-se no direito de fazer com eles o que bem entendem.

Vasta península (220 mil km²) orientada, em linhas gerais, do norte para o sul, a Coreia só está separada da Manchúria pelos estreitos vales do Yalu e do Tumen, que correm paralelamente a essas altas Montanhas Brancas cujo anteparo, de fato, protegeu ou mesmo criou a independência da Coreia. Do paralelo 43 ao 34, a Coreia é um dique de oitocentos a novecentos quilômetros, à primeira vista muito semelhante à península italiana.

Como a Itália, tem ela a infelicidade de ser um caminho natural. A China a considera uma de suas portas; sente-se na necessidade de vigiá-la do mesmo modo que o Turquestão ou o Vietnã do Norte; o Japão estará perdido em seus mares se não dispuser, por bem ou por mal, de um acesso a esse dique junto ao qual a geografia como que amarrou suas ilhas, aliás um pouco longe demais. Assim, quer o Japão se sinta particularmente forte, quer ameaçado, ou ambas as coisas ao mesmo tempo, a Coreia sofre o contragolpe. Ela o sofreu mais de uma vez, desde as expedições, de resto vãs, que Hideyoshi conduziu de 1592 a 1598 para se apoderar da península até o triunfo que nela instalou a ocupação japonesa, de 1910 a 1945. Para cúmulo da infelicidade, a Coreia é também "o exultório soviético quando Vladivostok está obstruída pelos gelos." Ora, o mar do Japão se congela, ao sul, até o paralelo 38. Já no começo do século, a Rússia dos czares se interessara por essa rota decisiva. Quando os japoneses ameaçavam o imperador-rei da Coreia, ontem, ele procurava refúgio na embaixada russa.

País pobre, já frio, apesar da presença até além de Seul dos arrozais e dos bambus, coberto ao norte por vastas florestas de coníferas, a Coreia só dispõe de costas movimentadas e de planícies extensas a oeste e ao sul. Essas planícies alimentam mal uma forte população de 31 milhões de habitantes (ou seja, mais de 140 por quilômetro quadrado). A parte sul da península se insere profundamente no mar e se prolonga por uma série de ilhas; a mais célebre, a ilha de Tsushima, corta em dois o estreito da Coreia: entre a península e o Japão, a distância em linha reta é pouco superior a cem quilômetros. Ela é de quinhentos quilômetros entre a Coreia e a foz do Yantse-kiang.

A Coreia vive assim profundamente mergulhada no mar; ela não é apenas um povo de camponeses, vivendo de suas culturas, de suas florestas, de suas minas, mas também de pescadores, de marinheiros, de comerciantes. Bem cedo ela organizou ligações frutuosas entre a China e o Japão e, notadamente, serviu, a partir da Idade Média, para ligar a China meridional, atingida pelo comércio árabe e persa, às regiões do norte. Lugar de passagem, é ela um país de emigrantes e mercadores.

• ***A Coreia é quase uma ilha, de bom grado fechada sobre si mesma, mas também aberta, por bem ou por mal, para o mundo exterior, do qual se nutriu culturalmente.***

A história remota dos Três Reinos (século I a.C. – século VII d.C.) é, assim, a da conquista da península pela irradiação da civilização chinesa. Esses três reinos aparecem sucessivamente em menos de cinquenta anos: o reino de Silla em 57 a.C.; o reino de Kokuryô em 37; o frágil reino de Paekche, apoiado pelo Japão, em 18. São, pois, mais ou menos contemporâneos uns dos outros, mas a civilização chinesa os atingirá um a um: o budismo se estabelece primeiro em Kokuryô, depois em Paekche, em 384, e, por fim, em Silla, em 527.

Silla, o mais rude dos três, prevalece sobre os dois outros, e, de 668 a 935, mantém toda a Coreia sob sua autoridade. Esse reino ampliado gozará de grande prosperidade comercial enquanto durar na China o vivo esplendor do Império chinês dos Tang (618-907); e, principalmente, viverá dessa luz refletida.

Após a desagregação do grande Silla, a unidade se reconstitui em benefício de um novo Estado unitário, o Koryô (913-1392), que dará seu nome à Coreia. A civilização coreana conhece então admirável progresso, favorecido pelo desenvolvimento da imprensa, dom da China, que a inventara no século IX – mas são os coreanos que, em 1234, descobrem os caracteres metálicos. O budismo se difunde ao mesmo tempo entre os letrados e as massas, sob a forma simplificada do Seon (chinês: *Tchan*; japonês: *Zen);* simultaneamente, e com mais força ainda, o confucionismo se instala e prospera; aparecem as esculturas em ferro fundido e, mais tarde, as estátuas em laca seca e uma cerâmica fulgurante, "em que se manifesta o gosto coreano tradicional do ourives."

Esse progresso está indubitavelmente ligado a uma ascensão geral de todo o Extremo Oriente. Além disso, a Coreia tem a sorte de estar abrigada contra o turbilhão dos bárbaros que dominam a China e que por muito tempo apenas a roçarão. Finalmente, porém, a China dos mongóis, que tentou abrir todas as portas do Império do Centro e fracassou contra o Japão, triunfou sobre a Coreia e a submergiu de 1259 a 1368, ou seja, durante mais de um século.

Ao recobrar sua independência, a Coreia fica sob o governo de sua última dinastia, a dos Yi, que durará até a ocupação japonesa de 1910. À parte alguns anos tumultuosos, como entre 1592 e 1635, quando a Coreia se vê prensada entre a China dos Ming e o agressivo Japão, a época dos Yi se desenrola sob o duplo e frutuoso signo da paz e da independência.

A principal característica desses séculos é, sem dúvida, o nascimento de uma classe média e, em consequência, o desenvolvimento de uma civilização que vai buscar parte de suas inspirações na inesgotável imaginação popular. A mudança da escrita favorece essa espécie de incorporação de uma "cultura" popular. "Até então, a escrita chinesa só permitia aos letrados pensar e escrever a língua falada. Os romances, a princípio redigidos em chinês, desde então passaram a sê-lo em coreano, e toda uma nova camada da sociedade pôde participar da cultura. Esse enriquecimento se traduziu, no século XVIII, por um fervilhar comparável ao do nosso Século das Luzes" (Vadime Elisseeff).

Entretanto, mantinha-se, no mais alto estágio da sociedade coreana, uma civilização aristocrática e preciosa. Caracterizou-se ela pelo triunfo do neoconfuncionismo, sob o signo de um racionalismo evidente e de certo estoicismo. É então que se enraízam definitivamente os cultos familiares e a moral que formam a base do neoconfucionismo e de que, ainda hoje, em meio aos seus infortúnios, os coreanos continuam sendo, sem dúvida, "os mais fiéis representantes".

• ***Hoje.***

Sobre o tempo presente, nada se pode dizer de maneira razoável. De um país que a natureza predispõe à unidade e que a história unificou solidamente ao longo dos séculos, fez a atualidade dois países, dois irmãos inimigos. A velha capital Hanyang, chamada geralmente de Seul (isto é, "a capital"), que pertence à Coreia do Sul, já não possui a livre disposição da transversal essencial, Seul-Gensan. Imaginemos uma Itália cortada em duas e Roma privada da estrada que conduz a Ancona. No Norte, a indústria, o aço, o ferro fundido, a eletricidade; no Sul, o arroz, os grandes domínios territoriais e o mar livre.

Duas marionetes imóveis, abandonadas aliás, já que desde 1953 parou-se, se não de segurar, pelo menos de puxar os seus cordões.

CAPÍTULO VI

O Japão

O Japão se acha no extremo da terra dos homens. Com a ilha de Yeso, ele mergulha nos ermos frios do Norte. A leste, onde se situam seus melhores portos, ele desemboca no vazio fantástico do Pacífico. A oeste e ao sul, mares semiacolhedores, não raro cobertos de brumas, estreitam-se por um instante à altura da Coreia e da ilha meridional de Kyuushuu.

Arquipélago, o Japão foi por vezes comparado às ilhas britânicas, mas estas são literalmente soldadas ao vizinho continente europeu. O Japão está mais isolado que elas, fechado em si mesmo, abandonado à própria sorte. Para romper esse isolamento foi-lhe preciso desejá-lo com frequência, expressamente. Nele, o interior, o endemismo, prevaleceria naturalmente sobre o exotismo. Um historiador japonês declara, porém: "Nada há, do que parece essencialmente japonês em nossa civilização, que não nos tenha vindo do estrangeiro."

De fato, houve desde cedo um Japão chinês, a partir do século VI. E há, desde 1868, um Japão ocidental que se afirma com grande sucesso. No entanto, nenhuma dessas experiências essenciais se dissolveu em um Japão "japonês", de cuja originalidade insular ninguém duvida. No país dos jardins em miniatura, das cerimônias do chá, das cerejeiras em flor, mesmo a religião budista, transmitida pela intermediação do chinês, foi refabricada à japonesa. E essa versão nipônica do budismo é seguramente muito mais afastada de suas fontes que a chinesa.

Aparentemente tão maleável, o Japão fez de seus múltiplos empréstimos uma civilização muito particularizada. Ele permanece fiel a todas as suas tradições, que coexistem com uma ocidentalização muito

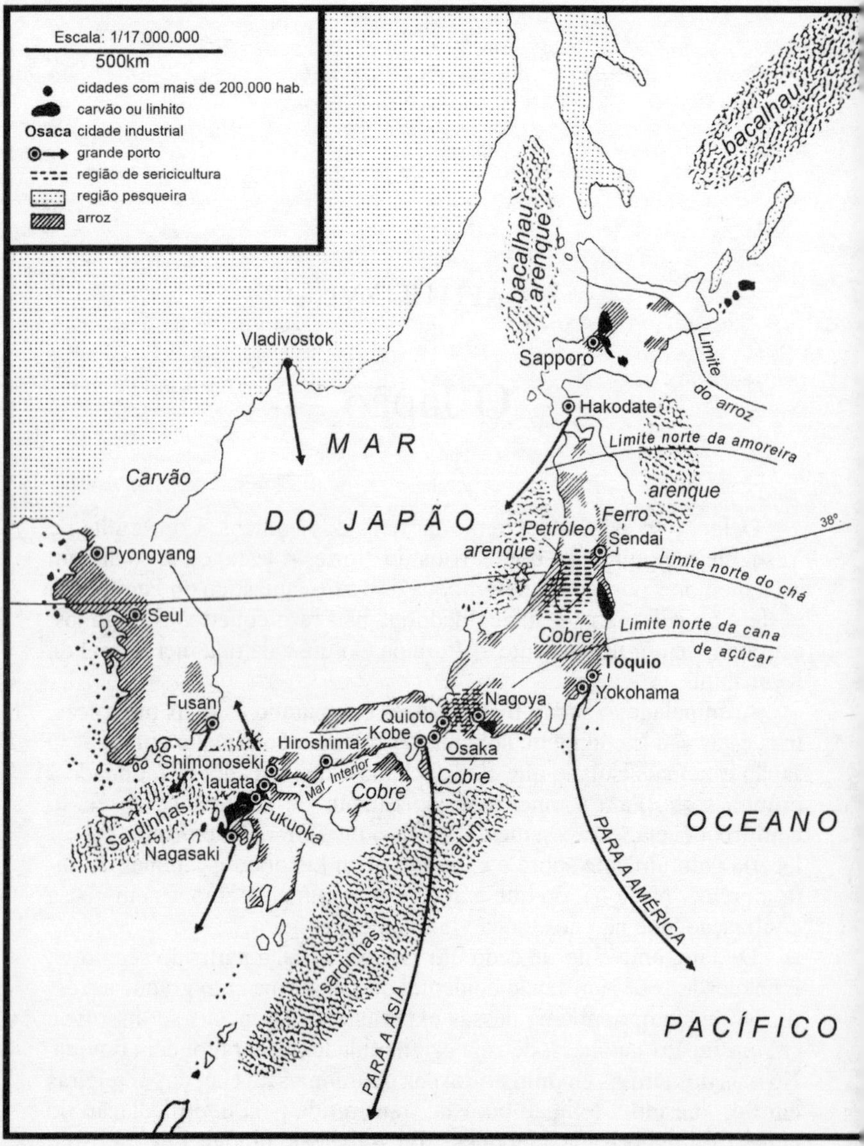

13. Japão, país do sol e do mar.

O Japão é o Oriente da China. É daí que tira seu nome: "o país do Sol Nascente", em chinês "*Je-Pan*".

intensa, acolhida já há quase um século sem reticências, com presteza, como um meio de força. Essa estranha dualidade explica este dito de um jornalista (1961): "O que o Japão tem de mais extraordinário para mostrar? Os japoneses."

O Japão primitivo antes da civilização chinesa

De suas remotas origens (a partir do V milênio a.C.) até o século VI de nossa era (quando chega a primeira contribuição notável da civilização chinesa), o Japão se caracteriza por uma "cultura" tosca, mas vigorosa, que se elabora com lentidão. Esse primeiro Japão é tão mal conhecido que os especialistas dizem de bom grado não haver história japonesa antes da chegada do budismo, em 552 d.C. Em verdade, parece que seu destino já se desenrola como em seguida: sob o choque de invasões, de inovações estrangeiras, o Japão sempre se criou ou se recriou à imagem de outrem.

• ***Do estilo Jomon à rua Yayoi e ao arroz.***

Do V milênio ao começo da era cristã, só se percebe uma região privilegiada: a planície média, ocupada, ao norte, pela atual cidade de Quioto e que os antigos documentos chamam de região de Kinki, ou, a sudeste, Yamato. É o coração da grande ilha de Hondo, não longe desse estreito e maravilhoso Mediterrâneo japonês – o Seto no Uchi, que o liga às ilhas meridionais de Sikok e de Kyuushuu.

Nesse cenário privilegiado, três vastas mudanças se assinalam sucessivamente:

a) É quase certo que os primeiros habitantes do arquipélago Ryuukyuu foram esses *ainu* primitivos, cujos traços se encontram nas ilhas Ryuukyuu e hoje estão acantonados em Yeso e Sacalina. Ora, a primeira cultura revelada pelos arqueólogos põe em cena elementos vindos da Coreia, da Manchúria e do distante lago Baikal, na Sibéria – notadamente uma cerâmica primitiva decorada com desenhos de cordas, por impressão sobre a massa ainda mole (donde seu nome de cultura *Jomon*, ou seja, desenho de corda). Deles, pode-se deduzir uma chegada muito precoce de homens do continente e o início da longa luta que desde então se travará contra os ainu.

b) Por volta dos séculos III e II a.C. evidencia-se nova invasão, a partir da China (sobretudo meridional) e da longínqua Indonésia. Surge um novo grupo de bens e objetos: o torno do oleiro, o bronze, os espelhos de bronze, os sinos, o ferro, as moedas da China dos Han e, enfim, o *arroz* e a casa meridional, aberta e arejada... É a civilização dita "da rua Yayoi", desde que escavações realizadas em Tóquio trouxeram à luz, nessa rua, objetos característicos da época.

Entre esses novos bens, o arroz, substituindo-se ao antigo painço, é por si só uma revolução.

A ideia do rei, deus vivo, que atravessa toda a história japonesa, também teria sido trazida nesse momento por protomalaios vindos do Sul? Não há resposta certa para essa pergunta.

c) Por volta dos séculos II e III d.C., na época que se caracteriza pelos túmulos senhoriais conservados até os nossos dias, delineia-se uma série de clãs, com chefes cavaleiros, camponeses, artesãos, estes e aqueles semilivres, mais uma massa, já considerável, de servos. Os senhores se pretendem filhos de divindades locais. As corporações de artesãos vão receber, sob a influência coreana, o nome de *be* (grupo, seção) precedido do nome de sua ocupação (os escribas: *fuma-be*; os tecelões: *ori-be*; os seleiros: *kuratsukuri-be*; os contadores de histórias: *katari-be*... – estes últimos transmitem a narração das lendas heroicas).

Um sistema político e religioso já se encontra estabelecido, notadamente uma religião primitiva que deifica as forças múltiplas da natureza, da qual o Japão, perdidamente conservador, não mais se separará e que será chamada, muito mais tarde, no século XIX, de *Shintou* (o caminho dos deuses). No Ocidente, costumamos dizer *xintoísmo*.

• ***É então que se organiza, diante dos países dos ainu e a partir da velha região de Yamato, o primeiro esboço do Império do Japão.***

Esse Império se liga às origens lendárias da dinastia imperial japonesa, oriunda da divindade solar Amaterasu, segundo uma tradição religiosa vivaz que os templos xintoístas ainda celebravam até a derrota de 1945. Sob a pressão do ocupante americano, o atual imperador do Japão reconheceu, então, oficialmente, não ser de origem divina.

Esse Império se estabelecerá lentamente. Ainda no século VIII, quando se redigem as primeiras crônicas japonesas, o Japão não está completamente unido. Com efeito, é lentíssimo o processo que associa à dinastia imperial os clãs (*uji*) da vizinhança, cada qual com seu chefe, suas terras, seus camponeses, seus artesãos, tal como a própria dinastia imperial. Tanto mais que esses senhores são, amiúde, de origem estrangeira (coreana ou chinesa). Parece, entretanto, que a associação e a submissão à ordem foram facilitadas pelas necessidades da luta comum contra os ainu, os bárbaros "de além da barreira do Leste".

Essa realeza flanqueada por um feudalismo vivaz adquire sua fisionomia final no momento em que os coreanos introduzem, ao mesmo tempo, os caracteres chineses, o confucionismo e o budismo, no século VI. A influência das ideias confucianas é evidente desde a redação dos decretos do príncipe Shotoku (604), que proclamam os direitos de uma autoridade central sem partilha: "o país não tem dois senhores, o povo não tem dois amos [...]."

Começa então o Japão histórico, com sua hierarquia, seus escribas, suas crônicas, suas embaixadas junto aos imperadores da China (a primeira, em 607). Uma nobreza cortesã (*kuge*) se forma em torno do príncipe, distribuidor de terras, de "benefícios" (*shoan*) que cada qual procura transformar em "feudos", diríamos no Ocidente.

Esse Japão imperial não tarda a desenvolver-se sob uma nova luz: a da influência crescente, depois todo-poderosa, da civilização chinesa. A China dará inclusive o nome ao arquipélago, batizando-o de "o País do Sol Nascente", em chinês *Je-pan* (donde o nosso "Japão"); em japonês, *Nippon*, conforme a pronúncia japonesa dos mesmos ideogramas.

O Japão na escola da civilização chinesa

Durante séculos, a civilização chinesa exerce sua influência sobre o arquipélago japonês. Aí ela florescerá de maneira imprevista, ora deformando uma contribuição até torná-la irreconhecível (tal será o caso do budismo, que, sob a forma do *Zen*, por um singular avatar, tornar-se-á a doutrina dos "sangrentos samurais" a partir do século XII); ora, ao contrário, conservando outra sob formas arcaicas já esquecidas pela própria China (assim, determinada música chinesa, perdida na China, conserva-se no Japão); sempre, porém, transformando o conjunto sob a influência de uma humanidade, de uma sociedade, de tradições muito diferentes das do modelo chinês. Tanto mais que este último se propõe frequentemente ao Japão sob sua forma coreana, que nem sempre reproduz de modo fiel o original.

• ***A primeira civilização nipo-chinesa é a idade de ouro do Japão antigo. No curso dessa longa aculturação, tudo é objeto de transferência: os clássicos chineses, a caligrafia, a pintura, a arquitetura, as instituições, o direito (o dos Tang).***

Assim, como a China, o Japão será dividido em províncias, que, logicamente, não terão a extensão das vastas províncias chinesas. Quando, em 710, for construída a capital de Nara ("a capital", em coreano), ela será disposta segundo o modelo chinês da cidade de Lo-yang, na Coreia, em forma de tabuleiro de xadrez, com o Palácio Imperial ao norte. Quando a capital, em 994, for transferida para Heian-kyo ("capital da paz") ou Quioto (em japonês, "a capital"), será reconstruída com base no mesmo modelo. A partir desse momento, aliás, ela deixará de se deslocar como fazia antes, quando cada imperador construía sua própria capital. Desde a época de Nara, a corte e a burocracia se tornaram excessivamente onerosas para serem transferidas com tanta frequência, a cada reinado. A partir de Quioto, a capital se imobilizará durante séculos.

A influência chinesa se encontra em toda parte, e as crônicas dos escribas que contam essa história estão escritas segundo o modelo dos mandarins (que, aliás, utilizam, para transcrever o japonês, os ideogramas chineses). Todavia, esses inumeráveis empréstimos não devem iludir-nos. É um centro estreito, a corte de Quioto, que se impregna de cultura chinesa e depois a difunde, bastante mal, através do resto do país. Há aqui uma mancha de luz violenta, com muitas sombras ainda em torno dela.

Nesse cenário estreito, essas elaborações resultam em uma idade de ouro precoce, mais ou menos do fim do século X ao século XII. No segundo plano desses esplendores evidentes, teria havido também uma elevação do nível de vida material? Parece que sim, e o refluxo econômico que se seguirá explica por que essa idade durou apenas algum tempo: séculos sombrios lhe sucederão.

A *belle époque* de Quioto revive em uma literatura poética, brilhante, preciosa, nos *monogatari*, narrativas poéticas, meio contos, meio romances (o *ochikubo monogatari*, a "História do Porão", é mais ou menos o conto de Cinderela); e mais ainda nos *nikki*, diários poéticos que as damas da corte escreviam *em japonês*, enquanto os homens escreviam os seus *em chinês*. Essa literatura feminina muito viva nos restitui as festas da corte – concertos, danças, concursos de poesia, passeios imperiais pelos campos circundantes, "prazeres submetidos a uma estrita etiqueta que faz da vida palaciana uma perpétua representação, rigorosa como um balé"; ela esclarece também, adivinha-se por antecipação, uma série de intrigas políticas ou sentimentais, com "a inevitável promiscuidade que grassa nessas residências de paredes demasiado finas."

Um mundo fútil, ocioso, "contaminado de literatura". Aquela dama da corte de quem sabemos apenas um cognome, Sei Shônagon, e que terá vivido por volta do ano mil, deixou "escritos ao fio do pincel", por vezes ferozes, sempre divertidos. Para dar uma ideia de seu tom, citemos as distinções que a autora faz entre coisas agradáveis e coisas desagradáveis – estas, diz ela, são naturalmente mais numerosas que as primeiras. É "um cabelo no tinteiro; ou ainda um grão de areia no bastonete de tinta, que range quando a gente o esfrega [...]; um personagem insignificante que fala demais e ri alto [...] No exato momento em que você gostaria de ouvir alguma coisa, um neném que urra [...] O cachorro que, advertindo um homem que se vem encontrar com você à noite, em segredo, começa a latir [...] O homem que você escondeu do jeito que pôde e que começa a roncar. Ou ainda aquele que, vindo encontrar-se com você às escondidas, põe um chapéu alto e bem visível e depois, no momento de partir, toma todo o cuidado em não se deixar ver, mas esbarra em algum objeto que desaba com grande ruído [...]" (cf. R. Sieffert).

Enquanto os privilegiados gozam e vivem assim, o budismo conquista lentamente o Japão, acabando de se democratizar. Um clero de inspiração nova entra em contato com as "classes médias", os artesãos, os pequenos proprietários. A devoção, muito simplificada, gira exclusivamente em torno do Buda salvador, Buda Amida, que garante ao crente o acesso ao Céu do Oeste. Seguindo uma evolução semelhante à da China, o conhecimento das ideias e crenças do budismo verdadeiro logo se torna privilégio de alguns raros teólogos ou homens de elite, enquanto um budismo popular absorve tudo, inclusive as velhas crenças do *shinto*, a ponto de formar uma verdadeira religião comum, o *Shingon*, para a qual os deuses locais se convertem nas manifestações particulares e temporárias das divindades búdicas.

Os santuários xintoístas passam, então, ao controle dessa nova seita, chamada *xintoísmo dualista*. Uma nova iconografia búdica toma impulso com o aparecimento de Amida. Nos magníficos "rolos" dessa época surgem igualmente a paisagem japonesa, as imagens, os gestos das diversas classes sociais, em cenas amiúde cheias de humor.

Outra difusão: a da escrita, que se vai expandir amplamente sob a forma de um alfabeto simplificado (47 sílabas, apenas).

• ***No século XII, essa ordem imperial naufraga. Havia muito que ela dava sinais de fraqueza. Embora tenha copiado as instituições da brilhante China dos Tang, não soube ou não pôde criar a classe de letrados a serviço do Estado que lhe teria permitido destruir as forças e as ambições da velha aristocracia. Ele cederá lugar ao regime do xogunato, ao longo de toda uma interminável Idade Média (1191-1868).***

Desde o fim do século VIII até 1168, durante cerca de quatro séculos, os clãs feudais limitam o poder imperial. Os imperadores reinam, mas não governam. São prisioneiros e joguetes do todo-poderoso clã Fujiwara. Ele está nos postos de comando, fornecem ao imperador suas mulheres e concubinas, escolhidas exclusivamente em sua vasta família; depõem os soberanos, escolhem os sucessores. Disse um historiador, com razão: "O poder do micado é uma caixa vazia, cuja chave é ciosamente guardada pelos Fujiwara."

É o fim desse longo reinado dos Fujiwara que abre o interminável período dito do xogunato. Essa experiência inesperada oficializa, de certo modo, na pessoa do xogum, a dominação do imperador pelos clãs senhoriais, por essas vastas famílias oriundas frequentemente dos numerosos filhos dos imperadores e que constituem uma espécie de nobreza privilegiada. O xogunato é seu reinado contínuo, durante o qual os clãs se atropelam, substituem-se, mas se entendem. Pelo menos para esmagar o resto da população, dividida em castas: os senhores, os camponeses, os artesãos e os mercadores. Só os primeiros vivem à vontade. Na base da pirâmide, os mais miseráveis, notadamente os operários do couro, são *intocáveis*, muito menos numerosos, é verdade, que na Índia.

Ajudado pela regressão da vida econômica, o xogunato nasce com o aspecto *de uma reação feudal e militar*, sob o signo de um recuo material generalizado. E também sob o signo de uma aristocracia belicosa que, longe da corte, talhou para si vastos domínios nas terras novas e "coloniais", mal pacificadas, do norte e do leste de Hondo, "além da barreira", ali praticando a criação de cavalos em grande escala. Em face de Quioto, de seus cortesãos afeminados, frívolos e odiados, o novo regime pretende ser um governo igualitário, de soldados (o *bakufu*: o governo da barraca). À sua frente, um chefe militar, o xogum. Ele foi comparado aos prefeitos de palácio da decadência merovíngia, com a diferença, porém, de que, no Japão, o rei ocioso nunca será suprimido. O micado continuará a reinar, sem governar, ao lado do xogum, a quem ele dá a investidura em nome de seu caráter divino, como o papa aos imperadores.

Os primeiros xoguns instalaram-se na extremidade de Tokaido (na estrada de Quioto a Edo), em Kamakura. A capital efetiva permanecerá aí até 1332, depois se alojará de novo em um bairro de Quioto, Muromachi, de 1393 a 1576, para enfim se transferir para Edo, até então porto de pesca (1598), e aí permanecer até 1868. Os historiadores falam de bom grado das épocas de Kamakura, de Muromachi, de Edo; colocadas de um extremo ao outro, elas recobrem praticamente toda a imensa duração do xogunato (1192-1868).

Qualquer que seja o período considerado, a frente da cena pertence aos guerreiros, aos cavaleiros, aos *bushi*. Casta dominante, eles imporão facilmente suas opiniões, seus gostos, sua brutalidade e, também, certa simplicidade, tanto no governo como no vestuário ou na disposição das casas, muito sensível notadamente no princípio. O *suikan*, o *hitatara*, trajes simples, substituem as vestes infladas e incômodas, o *noshi* ou o *sokutai*, que convinham às exigências da velha etiqueta. A caça, as justas dos torneios, as corridas de cavalos substituem os prazeres afetados de outrora.

Esses costumes geralmente violentos só se apaziguarão, se tanto, durante a longa permanência dos xoguns em Quioto (1393-1576), quando a velha cidade retoma seus direitos e seu papel, de modo que a idade de ouro clássica não se perderá por completo no século dos soldados e dos cavaleiros.

Os últimos anos do século XVI *e os primeiros do século* XVII *dividem violentamente em dois o longo período do xogunato.* A Revolução dos Tokugawa vai, com efeito, durante mais de dois séculos, isolar o Japão do resto do mundo e agravar instituições e costumes feudais.

Logo após a ditadura de fato de um filho de camponeses, Hideyoshi, que soube, sem usar o título de xogum, restabelecer a ordem no arquipélago e que empreendeu contra a Coreia uma longa guerra, aliás, pouco razoável (1592-1598), que só sua morte viria interromper, um clã, o dos Tokugawa, impôs-se, com o genial e paciente Hideyori. Nomeado xogum pelo imperador, decidiu estabelecer-se em Edo, julgando, não sem razão, que era dali, daquelas regiões turbulentas, e não de Quioto, que o Japão deveria e poderia ser governado. Abdicando em favor de seu filho, Hideyori conseguiu tornar hereditário o xogunato em sua família, que assim "reinou" até 1868.

A grande decisão desse governo de Edo (a atual Tóquio) será, *em 1639, fechar o Japão aos estrangeiros.* Ali só penetrarão os navios autorizados da China e da Holanda, não tendo estes últimos o direito de importar senão munições, armas, óculos e tabaco. Quanto ao mais, o arquipélago podia viver, e viveu, de seus próprios recursos. A proibição se dirigia tanto aos navios japoneses quanto aos demais. Aliás, começara-se por eles (1633). Como explicar esse ato de longas consequências?

Parece que os senhores do Japão ficaram com medo dos ocidentais. Os portugueses, os primeiros a chegar, aportaram em Kyuushuu em 1543. Canhões, arcabuzes, enormes navios impressionaram os insulares; mais ainda, as numerosas conversões ao cristianismo obtidas quase imediatamente pelos recém-chegados. Essa religião não iria favorecer as revoltas dos grandes senhores e dos camponeses, como ocorreu, de certa forma, em 1638?

Por outro lado, é exato que nessa metade do século XVII, com a China a dar o tom, mas também a distante Índia, uma regressão econômica de extrema amplitude se delineia por toda parte. Teria o Japão sido arrebatado nesse refluxo geral e, portanto, obrigado a pôr-se ao abrigo e a impedir notadamente as saídas de metais preciosos? Desde os tempos heroicos de Hideyoshi, a agressividade contra a Coreia, contra a China, as inumeráveis piratarias marítimas contra esta última indicam um Japão voltado para si mesmo (a brilhante China dos Ming, assim, não exerce sua influência sobre o arquipélago). Grande, enfim, foi o desejo de imobilizar uma sociedade pronta a sublevar-se, bem como aqueles camponeses excessivamente desejosos de liberdade, por vezes reduzidos ao desespero. O fechamento como que "petrificou" as instituições até a chegada, em 1853, dos "navios negros" do almirante Perry.

Até então, o Japão vai viver voltado para si, salvaguardar seus clãs, sua nobreza arcaica e subordinar tudo a essa classe essencial, o que mostra, à sua maneira, o sucesso prolongado do *dhyâna*, do *zen*, essa forma aberrante do budismo.

No entanto, esse Japão triplamente fechado em si mesmo foi talvez menos infeliz, menos despojado do que se poderia supor à primeira vista. Ele foi condenado a explorar suas riquezas, materiais e outras. É uma riqueza evidente, um sinal de saúde, o afloramento, no século XVI, de uma literatura em língua vulgar e depois sua afirmação no "século de Osaka", 1650-1750. Essa longa Idade Média criará, ao lado do teatro tradicional *nô*, ao vivo teatro, meio cantado, meio dançado, *kabuki*. Com o xogunato, a noite não foi completa.

A experiência do xogunato, evidentemente, só pode ser concebida no quadro de uma *disciplina estrita e do que se poderia chamar de uma polícia de Estado.*

Os grandes senhores, chefes de clãs e de distritos, os *daimios* (cerca de 270), têm à sua devoção uma multidão de "fiéis", os *samurais*, que os servem por dinheiro ou em troca de pagamentos em espécie, e nunca, como no Ocidente, em troca de terras concedidas de uma vez por todas e que lhes asseguraria certa independência. O *ronin*, o samurai que perdeu ou (mas isso é possível?) abandonou seu senhor está condenado ou a morrer de fome, ou a se entregar ao banditismo. Que ele seja devotado de corpo e alma tudo diz, repete e proclama, pois assim o quer a religião de honra do samurai, o código oral do *bushido*. A história daqueles 47 *ronin*, cujo senhor se suicidou fazendo haraquiri e que vingam o morto, depois se suicidam, por sua vez, sobre o seu túmulo no inverno de 1703, foi contada muitas vezes. Esse rude código de honra foi modelado pela impiedosa escola das guerras civis em cadeia.

Porque é sobretudo contra si, contra si mesmos, que os japoneses se batem. Dos ainu, nem mais uma palavra. A China dos mongóis tentou duas vezes, em 1274 e em 1281, lançar uma armada contra o Japão, mas um "vento divino" (*kamikaze*) desencadeou a tempestade e destruiu o invasor. Contra a Coreia, a guerra japonesa não durou mais que seis anos, como vimos. Foi, pois, entre si que os japoneses utilizaram o sabre ou a lança. Em consequência, foram eles que essa guerra contínua formou, mergulhados no respeito por uma hierarquia fixada de uma vez por todas. A tal ponto que, na língua japonesa, ainda em 1868, as palavras, os verbos, "precisam a posição do sujeito e do objeto". Por exemplo, o emprego do auxiliar *ageru* indica "que a ação expressa pelo verbo principal é realizada por um inferior em benefício de um superior."

O resultado? Um Japão extraordinariamente disciplinado, dividido em castas, estritamente governado, a um só tempo faustoso e miserável. Essa dupla imagem, esplendor de uns, miséria absoluta de outros, aparece plenamente na viagem do médico westfaliano Kämpfer, a serviço da Companhia Holandesa das Índias e cujo livro é uma maravilha de observação (1690). Não se consegue mais esquecer, depois de lê-lo, aquelas viagens difíceis, aqueles rios que é preciso transpor protegido contra a água impetuosa, ao longo de vau profundo, por filas de barqueiros que, dando-se as mãos, interrompem a corrente e facilitam a perigosa travessia; nem aquelas aldeias de casas miseráveis; nem aqueles camponeses que se ajoelham em seus campos, à beira da estrada, quando passam os faustosos cortejos dos grandes senhores. Essas estradas movimentadas, de Quioto a Edo, onde reside o xogum, animam-se com os cortejos dos daimios, que têm a obrigação de visitar regularmente o xogum. Seus séquitos são verdadeiros exércitos de alabardeiros, arcabuzeiros e criados que acompanham o senhor em sua viagem à capital.

Esses ricos senhores feudais devem residir seis meses por ano em seus palácios de Edo. E aquelas casas principescas, com riquíssimas insígnias em suas fachadas, que Rodrigo Vivera já admirava (1609), estão agrupadas à parte, perto do palácio do príncipe. Afinal, elas não passam de prisões, por mais belas que sejam. Nelas, os grandes senhores são vigiados, lá deixando suas famílias como reféns, a cada partida. Eles não escapam, ninguém escapa às multidões de juízes, de observadores, de fiscais, nas estradas, nos albergues, nas cidades. Aqui, cada rua forma uma unidade, à chinesa, fechada em suas duas extremidades por portas que se trancam tão logo ocorra um incidente: roubo, furto ou crime. Uma justiça imediata apodera-se, então, do culpado, ou do suposto culpado, e o castigo não se faz esperar, geralmente a morte.

O mesmo controle severo e minucioso se exerce sobre os únicos tráficos aceitos com limitações depois de 1639: o dos chineses e o dos holandeses (estes últimos, sem nenhum pudor, emprestaram o concurso de seus navios e canhões para esmagar as sublevações de japoneses cristãos em 1638). Cada vez que chegam, os navios da Companhia Holandesa das Índias são postos de quarentena na ilha de Deshima, no próprio interior do porto de Nagasaki; mercadorias, marinheiros, comerciantes, agentes, coisas e pessoas da Companhia são cuidadosamente controlados. Os testemunhos dão a impressão de um regime suspicaz, sempre à espreita, de um país eriçado de fortalezas, atravancado de soldados. Mais que no Ocidente, onde, não obstante, a justiça é rígida, todo viajante se choca aqui com o espetáculo dos patíbulos, dos corpos supliciados. Perto de Quioto, uma das colinas próximas é chamada "monte das orelhas cortadas".

Também culturalmente, e no plano religioso, o Japão feudal evoluiu. O budismo, como na Coreia ou na China, conheceu aí formas bastante diversas (como a fanática do Lótus da Boa Fé, que assegurava ser o Japão o único país do verdadeiro Buda, ou como a do *Zen*). A fortuna do *Zen*, a partir do século XII, também ele vindo da China, dever-se-á aos samurais. Enquanto o neoconfucionismo racionalista se afirma como a doutrina cômoda do xogunato, esse budismo particular se torna uma religião de soldados, bastante desviado, assim, de seu sentido primeiro de religião de amor e não violência. Mas essa transformação é reveladora de uma época e de uma sociedade.

Os conselhos ministrados pelo *Zen* se expressam em breves narrativas, os *koans*, de moralidades inesperadas, voluntariamente absurdas. O que esse ensino quer liberar a qualquer preço é o ser inconsciente, instintivo, em geral meio adormecido. "Deixa teu espírito e torna-te como uma bola em uma torrente de montanha." Estranho esforço sobre si, o de liberar os próprios instintos, despertá-los e depois se confiar a seu impulso! Essa linguagem nos parece, retrospectivamente, a de uma verdadeira medicação psicanalítica. Nada de "complexos"!, parece gritar. "Quando caminhas, caminha, quando estás sentado, fica sentado; sobretudo não hesites!" Não hesitar diante de nada, eis o conselho mais frequente, bom para um soldado, evidentemente: "Desembaraça o teu caminho de todos os obstáculos. Se, em teu caminho, encontrares o Buda, mata o Buda. Quando encontrares teu antepassado, mata o teu antepassado. Quanto encontrares teu pai e tua mãe, mata teu pai e tua mãe. Quando encontrares teu parente, mata teu parente. Só assim chegarás à libertação. Só assim escaparás à prisão e serás livre."

Naturalmente, essa linguagem não deve ser tomada ao pé da letra. Buda, o antepassado e os parentes são o símbolo de todas as imposições de uma sociedade de etiqueta obsessiva, onde desde a mais tenra infância cada menina, cada menino é encerrado no colete de ferro de uma educação inexorável. Um verdadeiro adestramento o obriga a observar um código que regula sua maneira de comer, de falar, de sentar-se e mesmo sua atitude durante o sono, quando deve conservar a imobilidade, com a cabeça pousada num pequeno travesseiro de madeira. Trata-se de "nunca perder o controle de seu espírito ou de seu corpo", graças a um condicionamento que procura triunfar sobre os reflexos mais naturais, como o jardim miniatura sobre o crescimento natural das plantas e das árvores. Todo o ensino do *Zen*, reservado aos soldados, parece ser dirigido contra as inibições e injunções impostas pelo que se chama de "código de polidez" japonês. Como acontece em toda sociedade, a vida atenua, concilia os contrários. O Japão é, ao mesmo tempo, rigor e flexibilidade, "elasticidade". O *Zen* é uma desforra necessária, vital.

O Japão moderno

A ruptura do Japão com o mundo exterior durou mais de dois séculos, até a revolução que abre a era Meiji (1868), logo seguida da intensa industrialização do país. Essa industrialização apresenta-se como um fenômeno à parte, um milagre; ela lança sobre a civilização japonesa luzes vivas. Pois sua brusquidão e, sobretudo, seu êxito extraordinário não se explicam apenas pelas costumeiras considerações dos economistas, não inúteis, é certo, mas por si sós insuficientes.

- ***O papel dos séculos de reclusão: de 1639 a 1868, o Japão realizou, apesar de seu fechamento quase completo, progressos consideráveis.***

Eles são visíveis já no século XVIII. Há, então, um aumento da população, um evidente crescimento da produção do arroz, o estabelecimento de novas culturas... As cidades crescem. No século XVIII, Edo conta pelo menos um milhão de habitantes. Essa aceleração geral da economia não seria possível sem um excedente de produção agrícola, notadamente de arroz, suscetível de ser lançado no mercado citadino, sem a facilidade com a qual o grão se conserva e se transporta, sem a possibilidade de pôr à disposição das cidades um combustível – o carvão de lenha – em quantidade suficiente.

A própria sociedade favorece a evolução. Esses daimios, que o desconfiado governo desenraiza e obriga a viver em Edo, são arruinados de maneira sistemática por esses deslocamentos contínuos e onerosos. Como uma economia monetária estabelece-se francamente no século XVII, de saída mais intensa que na enorme China, o luxo urbano, que exige, implica gastos em dinheiro; ele obriga os grandes senhores a comercializar uma parte de suas vastas colheitas de arroz, a contrair empréstimos ainda mais facilmente graças à generalização dos instrumentos de crédito, conhecidos há muito tempo (notas de diversos tipos, letras de câmbio). É-lhes proibido, assim como aos samurais, comerciar. Por isso, eles têm seus testas de ferro. Uma classe de mercadores se instala, prospera, empresta dinheiro aos daimios, introduz-se no seu círculo, e, num país onde, mais que em qualquer outro, o hábito faz o monge, logo começa a vestir-se à moda deles, coloca filhos e filhas nas altas famílias, infiltra-se entre elas pelos casamentos e adoções. Entretanto, instruídos por algumas execuções espetaculares, pretextos que o governo utiliza para frutuosas confiscações, esses mercadores, em geral, vivem na sombra.

Sua importância é particularmente considerável em Osaka, centro econômico do Japão de então, e é nessa cidade que todos os ricos, senhores e homens de negócios se encontram no "Bairro das Flores", cidade de prazer dentro da própria cidade, onde as cortesãs, as *gueixas*, "educadas com grandes despesas", desempenham "o papel que haviam representado as nobres damas da corte de Heian [Quioto]." A crônica do Bairro das Flores, seus escândalos, suicídios e assassínios, alimenta uma literatura divertida, cáustica, para grande alegria do público não culto, pois os verdadeiros letrados preferem, a esses jogos literários comuns, as "delícias da escolástica confuciana".

Tudo isso revela, antes de 1868, um movimento intenso da vida japonesa, um revigoramento econômico que criou, já no século XVIII, um pré-capitalismo ativo, pronto a desabrochar. Com o século XIX, o movimento se precipita ainda mais: a era Meiji seria incompreensível sem essas transferências e instalações anteriores, sem essa acumulação prévia de meios econômicos e de capitais, sem as mil tensões sociais que daí resultam.

Muitos daimios foram arruinados pela política ou pelo luxo. O Japão encheu-se pouco a pouco de samurais sem senhores – *ronin* –, de cavaleiros sem haveres: é um pouco como a Alemanha do século XV e o "direito do punho". Em todo caso, serão esses desclassificados que determinarão o sucesso imediato da revolução. A chegada da frota americana (1853) é "a fagulha que ateia fogo à pólvora." E, quando o imperador Mutsuhito tomar o poder, em 1868, derrubará sem dificuldade o velho regime feudal e suas castas tradicionais. Não derrubará mais que um cenário.

• ***Uma industrialização não é apenas um fenômeno econômico, é sempre certa mutação social, cujo processo freia ou facilita o processo econômico. No caso do Japão, não houve freagem pela sociedade.***

A coisa é ainda mais digna de nota porque, geralmente, o processo de industrialização abala todas as estruturas sociais. No Ocidente, segundo o processo estudado por Marx, ele produziu, com as massas proletarizadas, a luta de classes e a revolução operária socialista.

O Japão é um caso particular. De uma forma incompreensível à primeira vista, ele realizou sua Revolução Industrial e a reconversão das atividades que esta supõe sem que as estruturas sociais sofressem rupturas revolucionárias. "Essa imensa transformação [...] foi incorporada a uma cultura em marcha e seguiu uma via que poderia, pensando bem, revelar-se inteiramente nova."

Talvez pelas seguintes razões: tratava-se de uma sociedade disciplinada e que, na nova experiência que lhe foi imposta a partir de 1868, conservou sua antiga disciplina. Essa sociedade obediente, respeitadora da hierarquia, sempre aceitara sem reclamar que o luxo fosse reservado a uma minoria; aceitou também, nem sempre se dando conta disso, que o capitalismo moderno se edificasse em meio a vínculos ainda feudais. Faz-nos pensar naqueles industriais russos do século XVIII instalados nos Urais, no meio de seus servos... É mais ou menos, *mutatis mutandis*, a mesma imagem que oferecem as grandes organizações industriais japonesas, aquelas que, no século XIX, garantiram o sucesso da operação e dela tiraram proveito, sem provocar a reação das massas operárias.

Quinze famílias, no máximo, antes da guerra de 1942, representam mais de 80% dos capitais do Japão. A gíria as designa pelo nome, hoje clássico, de *zaibatsu*: são elas as celebérrimas Mitsui, Mitsubishi, Sumitomo, Yasuda, sendo que a Casa Imperial é, de longe, no dizer dos especialistas, a mais rica dessas riquíssimas famílias... No plano de hierarquia social, esses senhores do *big business* são o equivalente dos daimios de outrora e de seus clãs; os operários são os seus servos, e os encarregados, os técnicos ou os engenheiros, os samurais dos novos tempos. As empresas continuam a ser familiares, mistura de feudalismo e paternalismo, nesse meio em que "a livre empresa e o comunismo são vistos como ideias estranhas e estrangeiras, destruidoras do *Kodo*, a via imperial do Japão." Desse povo dócil, hábil, de uma frugalidade paciente, conformado com salários muito baixos, os dirigentes fizeram ontem e fazem hoje o que bem entendem.

Assim se explica o milagre, a reviravolta de 1868. Então o xogum cede lugar ao imperador, em princípio à força mais tradicional do país (na escala do Ocidente, imaginemos o Sumo Pontífice tomando nas mãos o governo laico dos homens e bens do Ocidente). Ora, essa força tradicional decide escolher a revolução, abole os quadros feudais, decreta a implantação da indústria, libera os investimentos necessários e cria ela própria as fábricas. Após o que, com bastante frequência, concede a pessoas privadas, que escolhe à sua vontade, as empresas assim criadas, mais ou menos como se concedesse vastos feudos de um gênero inédito. No mesmo lance, impõe ao nacionalismo japonês um imenso programa de trabalho. Ele será executado. O Filho do Sol, venerado nos templos por sua origem divina, deu a ordem da industrialização. O Japão não teve necessidade, para realizá-la, de uma ideologia ou de uma mística qualquer, já que a mística não precisava ser criada – ela já existia. Foi ela que permitiu manobrar o Japão como um único homem.

Não nos espantará, nessas condições, a dualidade de um Japão muito moderno e ao mesmo tempo muito tradicional. "O caráter místico da autoridade do imperador serviu simultaneamente ao *status quo* e à revolução" – traduzamos: à imobilidade social e à Revolução econômica.

Isso não é uma explicação abusiva, e a prova disso é o ressurgimento *consciente*, no século XVIII e sobretudo no XIX, de crenças nacionais antiquíssimas que são organizadas em sistema sob o nome de *shinto*. O *shinto* é o caminho de Deus (*kami*), mas o sentido de *kami* seria antes o de *mana*, que, no distante mar do Sul, assinala aquele poder sobrenatural, impessoal, que se incorpora às coisas ou aos seres. O *kami* supremo pertence a Ameratsu, a deusa do Sol, e depois dela foi transmitido a toda a descendência de seus filhos.

• ***O Japão depois do desastre de 1945: a rendição do país após as bombas atômicas lançadas sobre Hiroshima (5 de agosto de 1945) e Nagasaki (8 de agosto) foi seguida de uma derrocada sem precedentes. O Sudeste asiático, há pouco conquistado, escapava-lhe. Pior ainda, caía por terra toda a obra de construção empreendida desde o início da era Meiji (1868) e que fizera do Japão aquela extraordinária anomalia no Extremo Oriente do início do século XX.***

O milagre japonês depois de 1945 (o segundo milagre) é, a exemplo do da Alemanha, da Itália e da França, o de ter reconstruído as bases de sua prosperidade e alcançado em seu impulso um nível de desenvolvimento nunca antes realizado. Trata-se aqui de um êxito vertiginoso. O Japão já não é a potência militar anterior a 1942, mas é uma grande potência econômica.

O plano prospectivo de 1961-1970 prevê, para o ano final, uma duplicação da renda nacional com crescimentos espetaculares. Tomando-se cem como a base de 1955, a produção industrial e mineira do "ano objetivo" será de 648; nessa mesma escala, a siderurgia atingirá 296; a indústria das máquinas, 448; as indústrias químicas, 344... Essas perspectivas não são seguras, bem entendido, mas não são abusivas; sua legitimidade é facilmente estabelecida pelo passado recente.

Do fim do século XIX à Segunda Guerra Mundial, o Japão conheceu uma taxa de crescimento médio de 4% ao ano; de 1946 a 1956, essa taxa foi de 10,6% (na França, 4,3%); de 1957 a 1959, de 9,2%; de 1959 a 1962, a taxa ainda por calcular permanece elevada. Trata-se de números recordes, dos quais somente a Alemanha Ocidental e a URSS se aproximam (e só se aproximam). O plano prospectivo 1961-1971 baseia-se em uma progressão média de 8,3%.

As razões dessa progressão não são misteriosas. A mais eficaz, sem dúvida, é a autorização concedida pelas autoridades americanas de ocupação no sentido de reconstituir, praticamente tais quais, os trustes, que a princípio pareciam condenados. Nem todos os antigos *zaibatsus* patriarcais dissolvidos pelo ocupante reapareceram, apesar dos notórios ressurgimentos; todavia, grandes empresas se constituíram, estando entre as mais importantes do mundo atual. O capitalismo japonês, que triunfa e determina essa progressão, até aqui nunca vista, é, como nos Estados Unidos, o triunfo de um capitalismo de enormes "unidades", que conseguem utilizar a mão de obra e os capitais melhor do que as pequenas empresas artesanais sempre existentes e que garantem, aliás mal, ou o trabalho familiar, ou a mão de obra barata.

Por outro lado, dado que o financiamento das empresas já não é, como antes de 1941, o autofinanciamento, o sucesso industrial implica a instalação, com a proteção do Banco do Japão, de todo um sistema de grandes empresas bancárias e sociedades de investimento, dotadas de uma liberdade de movimento muito maior do que na França. Elas, de fato, drenam o dinheiro dos pequenos poupadores por todos os meios de uma publicidade e de uma propaganda à americana. Aliás, um verdadeiro frenesi de negócios na Bolsa foi o resultado disso, mesmo nos meios rurais, prudentes por natureza, tudo facilitado pelos lucros fabulosos realizados na Bolsa de Tóquio por ocasião dos *booms* (quatrocentas vezes mais negócios que antes da guerra). A partir de junho de 1961, entretanto, o refluxo da Bolsa moderou esse desvario do jogo e reconduziu a poupança aos depósitos bancários e às cadernetas de poupança.

Tal sistema explica o elevado montante dos investimentos (mais de 20% da despesa nacional em 1962) e o interesse que o capitalismo estrangeiro, americano à frente, manifesta pelas empresas japonesas – interesse até aqui bastante platônico, pois o Japão, até as últimas notícias, não "liberalizou" inteiramente suas trocas, e os lucros dos capitais não são facilmente repatriados. No entanto, um jornal suíço (12 de abril de 1961), considerando a eventualidade de uma liberalização completa, escreve: "Em suma, preferimos o Japão à África do Sul, onde ainda dormitam numerosos capitais europeus. Não há a menor dúvida de que esse país [...] se encontra em plena fase ascendente, de que sua mão de obra abundante é de uma habilidade muito acima da média e de que seus dirigentes têm uma fé inabalável não só em seu sucesso, como também, e sobretudo, em suas espantosas capacidades." Se o capitalismo estrangeiro participar seriamente, o ritmo de progressão japonesa poderá vir a conhecer grandes dias.

É possível perceber os *elementos motores* de tal progressão? O balanço de uma economia em movimento se faz sempre com dificuldade. Os números envelhecem depressa e traem a observação. É certo, contudo, que a mão de obra superabundante (até os últimos meses) constituiu uma ajuda poderosa. O plano estima em 94 milhões a população do arquipélago em 1961; em 104 milhões daqui a dez anos, em 1970 – ou seja, aumento de um milhão por ano, em média.

Essa progressão não freia o crescimento econômico, já que se projeta, convém repetir, uma duplicação da renda nacional para 1970, e, por outro lado, o *birth control* [controle da natalidade] limita desde já a progressão da população. Ademais, em 1962, com a chegada ao mercado de trabalho das gerações menos numerosas nascidas durante a última guerra, a oferta de emprego (sobretudo para a mão de obra qualificada) é superior à procura, do que um recente aumento dos salários dos engenheiros e professores.

Sem dúvida, salários e níveis de vida permanecem muito inferiores aos do Ocidente ou dos Estados Unidos. Todavia, dadas as diferenças de hábitos e necessidades, a situação está longe de ser catastrófica. Existem barracos em torno de Osaka e de Tóquio (nesta última, a população aumenta de quatrocentos mil unidades por ano, trezentos mil dos imigrantes). No entanto, a ração média é, de um modo geral, de 2.100 calorias, e a renda, em dólares, entre duzentos e trezentos, ou seja, quatro vezes a da Índia. O enorme desenvolvimento da pesca, que coloca o Japão à frente de todas as nações (até o Atlântico e Caribe, seis milhões de toneladas de peixe por ano), a melhoria do rendimento da agricultura, onde, por decisão americana, toda propriedade acima de 2,5 hectares foi suprimida e vendida (enquanto a cultura em estufa, no inverno, permite obter uma colheita suplementar e fazer o crescimento do arroz adiantar-se ao calendário ameaçador dos tufões de verão), o começo, lento, é verdade, da exploração da grande ilha fria de Yeso – tudo isso concorre para um equilíbrio hoje praticamente assegurado.

Assim, o mercado interno sustenta o crescimento industrial. A elevação do nível de vida assinala-se por uma série de novas compras – máquinas de lavar, transistores, aparelhos de televisão, aparelhos fotográficos (as gigantescas fábricas japonesas inundam primeiro o mercado interno). Dados relativos ao consumo manifestam o surgimento de novos gostos, por carne, peixe, doces de tipo ocidental, produtos alimentícios em conserva, remédios farmacêuticos (sobretudo os tranquilizantes); a aguardente de arroz é desbancada pela cerveja, e o chá verde (77 mil toneladas de produção anual), pelo chá tipo Ceilão. Os trajes e os interiores das casas se inspiram cada vez mais no estilo da Europa. Por certo, o japonês, segundo a expressão de um jornalista, Robert Guillain, continua a ser um "bicivilizado", capaz de vestir-se à ocidental na rua e de voltar, à noite, aos trajes e costumes japoneses. É evidente, porém, que ele é cada vez mais atingido, mais atraído pelas modas ocidentais, às quais acaba cedendo.

Entretanto, não faltam obstáculos, nem tudo vai às maravilhas na economia japonesa; ela é um milagre do esforço, do trabalho paciente, inteligente. Tem seus limites, suas fragilidades, seus perigos. Não se deve esquecer também que a reforma agrária criou uma multidão de microproprietários, os menores submetidos aos menos desfavorecidos, e todos são incapazes de se agrupar e, sobretudo, de ceder seu lugar a uma agricultura realmente moderna e científica. "Só o socialismo", diz um repórter, "conseguiria levá-la a bom termo." Será? As experiências socialistas malogram justamente na agricultura. Aliás, todas as tentativas de reforma agrária, em todos os tempos e lugares, quando pretendem ser rápidas e radicais, têm trazido dissabores: as estruturas agrícolas estão entre as estruturas mais resistentes.

Além disso, o Japão, que vive com uma população que é quase o dobro da França, em um território, em linhas gerais, com metade da extensão desta (trezentos mil contra 550 mil km^2) e onde a terra arável representa 15% da superfície contra 84% entre nós, o Japão só possui recursos naturais miseráveis. A indústria trabalha apenas com a lã, o algodão, o carvão, o minério de ferro e o petróleo importados. Ora, a progressão é tal que acarreta também compras importantes de máquinas, de equipamentos estrangeiros. Daí, desde setembro de 1961, os sinais inquietantes de desequilíbrio de balança comercial, não obstante o otimismo exibido pelo governo Ikeda. Resulta de um cálculo razoável inclusive que essa balança não seria equilibrada sem os oportunos gastos do exército de ocupação americano. Percebe-se, assim, toda a fragilidade desse sucesso...

O problema, para o Japão ligado à sua prosperidade industrial, é produzir e, mais ainda, vender. Desse último ponto de vista, a situação continua precária, pois o país vive, só pode viver com base nas trocas do "mundo livre", na prosperidade e boa vontade deste último. Ora, essa boa vontade é duvidosa. A lembrança de um Japão praticando, antes de 1939, um *dumping* comercial sem qualquer escrúpulo, a realidade de um Japão industrial poderoso favorecido na competição dos preços por baixos salários, tudo leva o Ocidente (especialmente uma França demasiado prudente nesses domínios) a uma reserva assinalada pela morosidade de acordos comerciais imperfeitos, incessantemente discutidos.

Tudo isso é bastante inquietante para que o Japão se sinta tentado a ser "neutralista como Nehru", o que lhe permitiria envolver-se a fundo com a economia da China e da Ásia do Sudeste. Por outro lado, socialistas e comunistas japoneses são obrigados a pensar que, no dia em que a presença americana cessar, algumas conquistas sociais correriam o risco de ser novamente questionadas, em particular a constituição parlamentar de 1951 e, mais ainda, as organizações sindicais, que nascem tão lentamente nesse país dócil, tanto mais que o grande capitalismo não se mostra muito inclinado a tolerá-las. Essas preocupações contraditórias explicam o resultado das eleições de 1961, que deram apenas uma "vitória de rotina" aos "liberais moderados", isto é, ao *big business,* que, segundo observadores experientes, teria despendido mais de cinco bilhões de *yen* (cem *yen* equivalem aproximadamente a um franco) para "salvar esta última chance" e barrar o caminho dos socialistas.

Contudo, o problema não poderia ser eludido por muito tempo, tanto mais que tal prosperidade é uma tensão contínua, impondo tarefas sobre-humanas. Tóquio (dez milhões de habitantes), a primeira cidade do mundo por sua população, cresce de tal modo no sítio excessivamente estreito em que já está a sufocar que, para construir seus novos bairros, está pensando em aterrar parte de sua baía – o que Osaka já empreendeu, por sua vez, a fim de alojar as indústrias pesadas que se vêm instalar perto de seu imenso reservatório de mão de obra. Esses detalhes dizem bem como o precário e o grandioso se tocam na experiência japonesa.

É no plano da política e de um termo mais amplo – a civilização – que as incertezas mais nítidas se desenham. Pequenos detalhes significativos indicam, e tudo levava a temer antecipadamente, que o Japão não se tornou da noite para o dia, por decreto americano, uma democracia parlamentar. O paternalismo dos industriais está sempre presente, à espreita. As agressividades nacionalistas de ontem de modo nenhum se extinguiram. O Japão tem seus partidos, suas violências fanáticas de direita, apoiadas no tradicionalismo sempre fervente do país. Assim, o imperador, que se humilhou diante do vencedor, continua a ser o imperador: quem quer que se levante contra ele ou sua família corre o risco de sofrer logo uma resposta mortal. O Japão de ontem e de hoje se defende.

No dia 12 de novembro de 1960, o líder socialista Inejiro Asanuma, o "Mirabeau japonês", fala na televisão. Denuncia "a felonia do pretenso pacto de segurança nipo-americano, instrumento de agressão do imperialismo ianque." Milhões de espectadores podem vê-lo e ouvi-lo na pequena tela. Então todos verão surgir um colegial de menos de 17 anos que o apunhala, com as mãos cruzadas sobre a adaga da maneira recomendada pelo *judoka* para que o golpe não desvie. Vinte dias depois, ele se suicida em sua cela. O crime e o suicídio provocaram imensa emoção. O Japão não pode impedir-se de admirar quem sabe morrer por suas ideias, ainda que o crime o indigne e o revolte. Não vejamos, nessa atitude e em outras, o resultado de crenças religiosas. O Japão, na escala de nossas medidas habituais, é pouco religioso, pouco preocupado com o além, está nos antípodas da Índia. O que prevalece nele é um certo código da sociedade, da educação, da honra e, por que não dizer: *sua* civilização.

III

AS CIVILIZAÇÕES EUROPEIAS

Começamos nosso estudo pelas civilizações não europeias: Islã, África Negra, China, Índia, Japão, Coreia, Indochina e Indonésia. Era vantajoso tomar certa distância em relação à Europa, mudarmos de ambiente para melhor nos persuadirmos de que a Europa não está, não está mais no centro do universo. Europa e não Europa: é nisso que ainda se situa, entretanto, a grande oposição de qualquer explicação séria do mundo.

Agora voltaremos a nós próprios, à Europa, a suas civilizações finas, brilhantes, que consideraremos com mais serenidade, tendo estudado as demais. Sob essa vasta etiqueta serão colocados não apenas o Ocidente, a velha Europa, mas também as novas: as Europas da América, que dela derivam diretamente, e essa múltipla experiência europeia que é, não importa o que se diga a respeito e até em sua ideologia, a espetacular experiência dos soviéticos.

PRIMEIRA PARTE

A EUROPA

Antes de tudo, algumas noções serão lembradas utilmente, por mais evidentes que possam parecer:

1) *A Europa é uma península asiática*, "um pequeno cabo da Ásia", do que sua dupla vocação: *a)* sua ligação a leste com um espaço continental cada vez mais abundante, ligação difícil outrora, transformada, ontem, pelo desenvolvimento das vias férreas e hoje pela circulação aérea; *b)* sua ligação, em todas as direções, com *os sete mares do mundo*. A Europa é, em parte essencial, navios, comboios, vitórias sobre a imensidade das águas salgadas. Pedro, o Grande, não se engana quando, em sua primeira viagem à Europa, em 1697, vai trabalhar nos estaleiros da miraculosa aldeia de Saardam, perto de Amsterdã. Desde o fim do século XV, a explosão da Europa Ocidental através dos mares do mundo, com os Grandes Descobrimentos, consagra decisivamente essa dupla vocação.

2) *Existe oposição entre Leste e Oeste, entre Norte e Sul*, entre o Mediterrâneo quente, o *Mare Internum*, o mar Interno do Sul e os "Mediterrâneos" frios do Norte: Mancha, mar do Norte, Báltico. Essas diferenças, de todas as naturezas, dizem respeito aos homens, aos alimentos, aos apetites ou mesmo à variável antiguidade da civilização local. "Istmos" de circulação privilegiada ligam o Norte ao Sul (istmo russo, istmo alemão, istmo francês), cada vez mais curtos à medida que nos aproximamos dessa Europa do Oeste, tão adelgaçada que evocava, para um geógrafo, a extremidade de um funil, o qual se abriria largamente para o Leste.

3) *Esses contrastes Leste-Oeste ou Norte-Sul decorrem de causas históricas, tanto quanto da geografia.*

O Oeste olha para Roma; o Leste, para Constantinopla. O gesto imenso de separação terá sido, no século IX da nossa era, o sucesso decisivo das evangelizações de São Metódio e São Cirilo, que modelaram antecipadamente o futuro oriental, o do mundo ortodoxo.

Mais tarde, uma separação se precisará, dessa vez entre Norte e Sul, com o nascimento do protestantismo, que, muito curiosamente, "rasgará" a cristandade mais ou menos segundo a própria linha do antigo *limes* romano.

CAPÍTULO I

Espaço e liberdades

O destino da Europa foi comandado, de ponta a ponta, pelo desenvolvimento obstinado de liberdades particulares, de *franquias*, que constituem privilégios reservados a determinados *grupos*, uns estreitos, outros amplos. Tais liberdades se opõem com frequência e até se excluem mutuamente.

Claro, tais liberdades só puderam vir à luz quando a Europa Ocidental se constituiu enquanto espaço homogêneo, enquanto casa abrigada. Sem casa defendida, não há liberdades possíveis. Os dois problemas são um só.

O espaço europeu se define: séculos V-XIII

Os dois mapas que acompanham a nossa explicação permitem-nos apressar o passo e evitar a fastidiosa enumeração de acidentes e catástrofes ao longo dos quais se construiu pouco a pouco, em um todo coerente, pelo menos bastante coerente, a extremidade ocidental da península europeia.

• ***O espaço europeu delimitou-se no curso de uma série de guerras e invasões. Tudo começa com a fratura em dois do Império romano, fratura consagrada, mas não criada, pela partilha de Teodósio, em 395.***

Desde sempre, ou quase, houve um Oriente mediterrâneo povoado, rico de uma velha civilização, animado por numerosas indústrias e, desde o princípio da conquista romana, um Ocidente, se se quiser um *Far West*, tosco, se não inculto, onde Roma, criando cidades, instalou por vezes uma civilização, à sua imagem ou a uma deformada desta.

Consumada a partilha (395), a *pars Occidentis* vai conhecer uma série de cataclismos nas três fronteiras que a rodeiam: ao nordeste, ao longo do Reno e do Danúbio; ao sul, no Mediterrâneo; em suas longas fronteiras "oceânicas", tranquilas durante muito tempo, da Dinamarca a Gibraltar. Esses perigos, as reações que eles ocasionam delimitaram, criaram o espaço europeu.

1) *No nordeste*, o duplo *limes* do Reno e do Danúbio não resistiu às pressões dos bárbaros que fugiam dos hunos: em 405, o grande avanço dito de Radagásio atingia a Itália e terminava em plena Toscana. Alguns instantes mais tarde, em 31 de dezembro de 406, uma massa de povos bárbaros atravessava o Reno gelado, perto de Mogúncia, e submergia as províncias gaulesas.

A porta arrombada só tornará a se fechar com o malogro dos hunos nos Campos Catalônicos, em 451. Em seguida, o restabelecimento foi relativamente rápido. A Gália merovíngia reconstituiu a fronteira do Reno, logo amplamente deslocada para leste; os carolíngios a mantiveram longe do rio, submetendo à sua autoridade toda a Germânia, chegando mesmo à "Hungria" dos ávaros. A conversão ao cristianismo, na qual avulta o grande nome de São Bonifácio, consolida esse enorme avanço para o leste. O Ocidente triunfa, pois, onde fracassara a prudência de Augusto e de Tibério.

Diante do Leste asiático, a Germânia, desde então, protege o mundo ocidental. Seu mérito será deter os cavaleiros húngaros em Merseburgo (933) e depois esmagá-los em Augsburgo (955). O Sacro Império Romano-Germânico tirará daí sua razão de ser quando, em 962, substituir o Império carolíngio (estabelecido por Carlos Magno no Natal do ano 800).

A fronteira leste, agora não mais ameaçada, germina então e avança ainda mais para leste com o nascimento de Estados cristãos (Polônia, Hungria, Boêmia) e o impulso da colonização germânica (séculos XI-XIII). Desse lado, tudo será mais ou menos pacífico até o imenso avanço mongol (por volta de 1240), miraculosamente detido nas imediações da Polônia e do Adriático. Sua única vítima foi a Rússia kieviana.

2) *Ao sul*, uma perigosa fronteira se define desde os primeiros sucessos da conquista muçulmana, tanto mais que houve ali, no Mediterrâneo, "traições" sucessivas da África do Norte, até então cristã, da compacta península espanhola e, depois, da Sicília. O Mediterrâneo

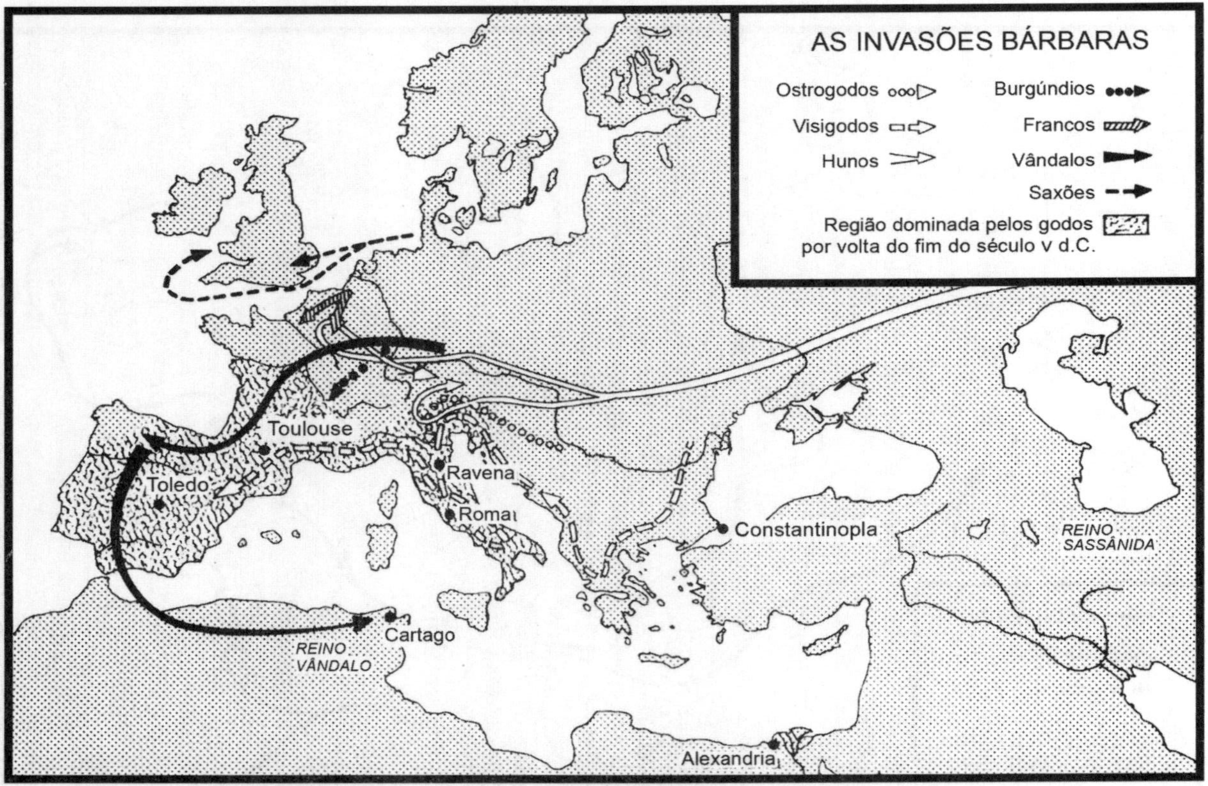

14. As grandes invasões I.

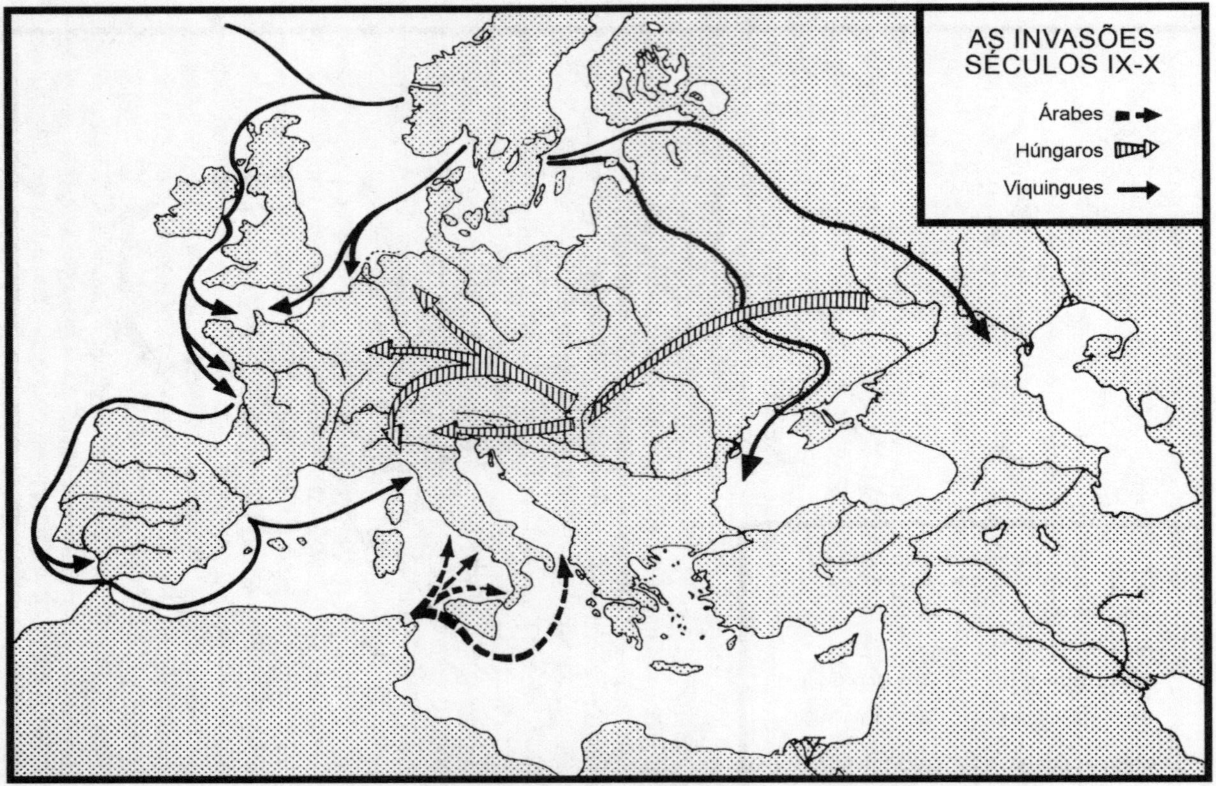

15. As grandes invasões II.

torna-se, a oeste, um "lago muçulmano". A primeira reação eficaz será a criação de uma cavalaria pesada, que triunfará com Carlos Martel em Poitiers (732). Essa vitória acarretará a fortuna imensa, mas breve, dos carolíngios, cujos efeitos se fizeram sentir, além do Reno, na Saxônia e na Hungria.

No entanto, contra o Islã, vizinho superior, a cristandade deverá travar um combate difícil, dramático, e inventar sua ideia-força de guerra santa, a *cruzada*. Essas lutas serão intermináveis: a Primeira Cruzada – obviamente, não o primeiro combate contra o Islã, mas o primeiro de caráter coletivo, consciente, explosivo – é de 1095; a última, que também não marca o fim da luta, é a expedição de São Luís à Tunísia, em 1270.

Quando a retomada de São João de Acre pelos egípcios, em 1291, detiver essas grandes aventuras orientais, o apelo da cruzada continuará a ser, no Ocidente, o tormento dos espíritos e dos corações, com ressurgimentos inesperados nos séculos XV, XVI... Ainda no século XVII, houve os "solitários da cruzada", como os denomina um historiador, Alphonse Dupront, que seguiu até o século XIX essa mística obsessiva, reconhecível até nas aventuras coloniais de ontem.

As cruzadas, entre 1095 e 1291, terão mesmo custado ao Ocidente, então pouco povoado (não mais que cinquenta milhões de seres), os quatro ou cinco milhões de homens avaliados por cálculos estatísticos recentes e temerários? Ninguém pode dizê-lo. Em todo caso, elas foram o drama da Europa nascente, seu primeiro triunfo, pelo menos duplo: a reconquista precária e provisória do Santo Sepulcro e a definitiva do Mediterrâneo carregador de riquezas. Elas completaram a fixação do espaço ocidental em suas margens meridionais, por muito tempo as mais importantes de todas, até os Grandes Descobrimentos marítimos dos séculos XV e XVI.

3) *Em face do oeste e do noroeste*, e até o Mediterrâneo, a Europa, cuja vocação marítima foi tardia (salvo nos Países Baixos, na Irlanda e na Itália), será surpreendida nos séculos VIII, IX e X pelas invasões normandas – surpreendida e impotente, por isso mesmo ainda mais atormentada por elas. Finalmente, tirará vantagens dessas invasões a longo prazo.

Não se trata de tomar a defesa desses piratas impiedosos. Eles espoliaram rudemente a Europa. No entanto, como não admirar feitos admiráveis? Seus circuitos através de toda a densa plataforma russa, sua descoberta da América, perdida tão logo quanto consumada, porque, como escreveu Henri Pirenne, "a Europa ainda não tinha necessidade dela"? Os historiadores economistas são ainda mais indulgentes para com os viquingues: sustentam que suas pilhagens de tesouros (sobretudo eclesiásticos) recolocaram em circulação parte dos metais preciosos imobilizados e como que adormecidos quando do recuo econômico do Ocidente que se seguiu à queda de Roma. Os viquingues teriam sido, por seus próprios roubos, provedores de moeda, dessa moeda que deu novo impulso à economia ocidental.

• ***Para compreender a primeira civilização europeia, é indispensável recapitular essas catástrofes, imaginar as "noites" atrozes dos séculos IX e X e a pobreza primeira de uma Europa que teve de lutar dia a dia para sobreviver.***

De fato, privada de amplos mercados, reduzida a uma economia de subsistência, "cidadela sitiada, ou melhor, invadida" (Marc Bloch), essa miserável Europa não pode suportar então o peso de vastos Estados. Apenas edificados, eles desabam ou se deterioram. O Império de Carlos Magno, construído rapidamente, desmorona pouco depois da morte do grande imperador (814). O Sacro Império Germânico logo não será mais que uma vasta casa caindo aos pedaços. Então, a Europa Ocidental se fraciona em múltiplas e minúsculas senhorias. O regime feudal (feudal, de feudo, *feodum*) mantém unidades mais teóricas que reais no interior dos diversos reinos do Ocidente, uns se modernizando, porém muito vagarosamente, como o reino de França, outros permanecendo, ao contrário, muito "arcaizantes", como o *Reich*.

Entretanto, esse mundo atormentado, maltratado de dentro, subvertido de fora, já é uma civilização, de uma homogeneidade evidente. Para lá de sua diversidade, cumpre falar de uma "civilização feudal" (Lucien Febvre), para a qual se colocam, onde quer que a consideremos, os mesmos grandes problemas, em condições e com soluções frequentemente análogas. Essa civilização nasceu de múltiplas misturas étnicas, econômicas, de lutas repetidas, de crenças comuns e, sobretudo, "das próprias perturbações" que ela se empenhou em remediar.

• ***O feudalismo constrói a Europa. Essa Europa chega, entre os séculos XI e XII, à sua primeira juventude, ao seu primeiro vigor, sob o signo de um feudalismo vivaz, isto é, de uma ordem política, social e econômica particular, fortemente original, de uma civilização que já se encontra em sua segunda ou terceira fermentação.***

Como, porém, definir essa civilização multicor?

Não existe feudalismo, na Europa ou alhures, sem a prévia decomposição de um vasto corpo político. No presente caso, esse corpo político é o vasto Império carolíngio, essa primeira "Europa", cujo próprio nome se afirmou então (*Europa, vel regnum Caroli*) para desaparecer com o grande imperador, a quem um poeta de sua corte saudava como o *pater Europae*.

O feudalismo foi a consequência natural desse desastre. Um oficial francês, por ocasião da *débâcle* de junho de 1940, sonhava que cada unidade de base pudesse recobrar, por milagre, por um instante, sua autonomia, o direito de agir à sua maneira, sem respeitar as ordens gerais que a ligavam a um comando cada vez menos eficaz e que, sem querer, impelia cada grupo para o refluxo da derrota. O regime feudal nasceu de uma reação análoga, podemos dizer, certamente com a diferença essencial, entre outras, de não ter nascido de um desastre rápido como o de 1940. Foram-lhe necessários vários séculos para se estabelecer. Sua natureza, contudo, é ser, ao mesmo tempo, uma reação de *defesa* e uma reação *local*. O castelo em seu *torrão*, com a ou as aldeias vizinhas que ele protege, não é um sistema gratuito nem um luxo, mas um instrumento de defesa.

No entanto, o feudalismo é ainda outra coisa: uma sociedade fundada nas relações de homem para homem, em uma cadeia de dependências; uma economia em que a terra não é o único, porém o mais frequente meio de remunerar os serviços. O senhor recebeu do rei, seu suserano, ou de um senhor de posição mais elevada que a dele, um feudo (*feodum*), uma senhoria, com a condição de fornecer-lhe uma série de serviços, entre eles *a ajuda nestes quatro casos*: 1. é preciso pagar o resgate do senhor; 2. quando do armamento (entrada na cavalaria) do filho mais velho; 3. quando do casamento da filha mais velha; 4. quando o senhor parte para a cruzada. O senhor cedeu, por sua vez, partes ou elementos de sua senhoria a outros senhores mais modestos ou a camponeses. Forneceu a estes últimos uma terra (também se diz, em francês, *tenure*, *censive*, *tènement*) que cada camponês cultivará contra pagamento de uma dívida em dinheiro (*o censo*), uma quota-parte de suas colheitas (dízimo ou direito feudal sobre as terras), pagamentos em trabalho (corveia). Em compensação, cabe ao senhor defendê-los e protegê-los.

A essa pirâmide social, com suas obrigações, suas regras, suas fidelidades, a essa mobilização de forças deveu o Ocidente sua sobrevivência, a salvaguarda da velha herança cristã e romana, à qual vai misturar ideias, virtudes e ideologias do regime senhorial (sua civilização própria).

Praticamente, a Europa, que então esqueceu seu próprio nome de Europa, constitui-se como um mundo fechado, onde só conta a pequena região, a pátria estreita.

Houve, decerto, grandes vantagens nesses começos da vida europeia, já que cada região teve a possibilidade de crescer à sua maneira, como uma planta livre. Com isso, cada uma se constituiu em entidade, em pessoa *robusta*, em unidade *consciente*, pronta a defender seu território, sua independência.

O interessante é que se estabelece, apesar de tudo, apesar do fechamento político, uma evidente convergência de civilização, de cultura. O viajante em peregrinação (a Santiago de Compostela, por exemplo) ou em viagens de negócio se sente em casa, tanto em Lubeck como em Paris, em Londres como em Bruges, em Colônia como em Burgos, Milão ou Veneza. Os valores morais, religiosos, culturais, as regras da guerra, do amor, da vida e da morte são os mesmos em toda parte, de um feudo a outro, quaisquer que sejam suas querelas, suas revoltas ou seus conflitos. Eis por que existe verdadeiramente uma cristandade *una* (Marc Bloch) e o que se pode chamar de uma *civilização da cavalaria*, do trovador e do troveiro, do amor cortês.

As cruzadas expressam essa unidade, já que se afirmam como movimentos de conjunto, como aventuras e paixões coletivas, comuns a essas inúmeras pequenas pátrias.

A liberdade, ou melhor, as liberdades: séculos XI-XVIII

Suponhamos que, do século V à época atual, ou melhor, ao século XVIII, seja possível apreender a massa total de nossos conhecimentos sobre a história europeia e registrá-la (se é que se pode conceber tal registro) em uma memória eletrônica; suponhamos ainda que tenhamos a curiosidade de perguntar a essa memória polivalente qual é o problema que surge com mais frequência, simultaneamente no tempo e no espaço, através dessa história interminável. Com toda certeza, esse problema é o *da*, ou melhor, *das* liberdades europeias. *A palavra liberdade é a palavra-chave.*

Em todo caso, o fato de que o mundo ocidental, em sua luta ideológica atual, tenha escolhido para si, com intenções que não se poderiam considerar inteiramente puras, a denominação de "mundo livre" revela-se uma boa, excelente política à luz da história europeia tomada em seu movimento multissecular.

- ***Por liberdade, são todas as formas de liberdade que se deve entender, inclusive as abusivas.***

Essas liberdades, na verdade, não param de ameaçar umas às outras. Esta ou aquela entre elas limita uma outra, que por sua vez sucumbirá diante de um novo adversário. Essa sucessão, nunca pacífica, foi um dos segredos dos progressos da Europa.

Todavia, é necessário precisar o que se entende por "liberdade". Não tanto a liberdade individual, medida habitual do "mundo livre" de hoje, quanto a liberdade dos grupos. É significativo que a Idade Média fale muito mais de *libertastes* que de *libertas*. Posta assim, no plural, a palavra mal se distingue de *privilegia* ou *jura*. As liberdades, em verdade, são conjuntos de *franquias*, de privilégios, ao abrigo dos quais esta ou aquela coletividade de pessoas e de interesses se refugia e depois, fortalecida por essa proteção, investe contra as demais, não raro sem nenhum pudor.

Essas liberdades coletivas, lentas para se estabelecerem em sua plenitude, são igualmente lentas, mais tarde, para serem reconduzidas a limites justos ou para serem destruídas. Em geral, elas têm sete fôlegos.

• ***A libertação dos camponeses estará entre as primeiras a se esboçar, será sem dúvida a última a realizar-se – pode-se mesmo sustentar que ainda não se completou hoje.***

Não há liberdade, aos nossos olhos, a não ser que não se interponha, entre o camponês e a terra, mais nenhuma propriedade estranha, senhorial, citadina ou capitalista; que nenhuma servidão pese sobre a pessoa do camponês; e, enfim, que a atividade deste último seja bastante produtiva para assegurar sua nutrição, deixando-lhe um excedente, e que esse excedente, caso chegue ao mercado vizinho, não faça apenas a fortuna do intermediário, mas permita ao camponês comprar pelo menos o necessário.

São muitas condições, pois. Só se pode dizer que o camponês europeu teve, ao longo do passado, vantagens e até mesmo certas liberdades, em relação a outros camponeses, certamente muito mais subjugados que ele. Em linhas gerais, cada impulso econômico ter-lhe-á sido benéfico.

Foi o que ocorreu durante o despertar econômico da Europa, a partir de não antes do século X. Nessa época, a produção agrícola aumenta em toda parte, tanto nos países "novos" do norte, onde se propaga, a partir das terras germânicas e da Polônia, *a rotação trienal dos solos*, quanto nas regiões do sul (Itália, França meridional), onde a *rotação bienal* (cereais, alqueive) continua a ser a regra.

Esse crescimento da produção está ligado ao crescimento demográfico e ao desenvolvimento das cidades. Este último foi uma condição essencial, mas recebeu dela, por sua vez, um contragolpe benéfico.

Desde o século XI, e enquanto dura o crescimento econômico, a sorte do camponês, até então ligado à gleba como servo, modifica-se rapidamente. "Depois de ter pertencido ao homem da espada e, em seguida, em concorrência com ele, ao homem da Igreja, o alqueive cai nas mãos do homem do arado [...] [Houve] entrega da terra a todos os lavradores que quiseram ocupá-la mediante um pequeno juro anual a pagar aos antigos proprietários." Essa *ocupação a censo* se operava "em uma época em que a terra era abundante, e o homem, raro – em que o trabalho humano, por conseguinte, era mais procurado do que a terra" (d'Avenel). Não há dúvida de que, em vastas regiões (não todas), afirmou-se então certa libertação camponesa. "Nós éramos livres", gostava de dizer o historiador Henri Pirenne, pensando nos camponeses do Ocidente, "desde o século XII."

Essa libertação, contudo, não é nem completa, nem, sobretudo, definitiva. É também uma realidade que certo equilíbrio existe – muito difundido, é verdade –, mas que esse equilíbrio deixa *de fato* a terra ao camponês, que este seja amo ou mesmo "senhor em sua casa", que possa ceder ou vender sua terra. Enfim, o fato de o censo *em dinheiro* ter-se fixado bastante cedo é o que favorecerá o camponês a longo prazo, pois, com o passar dos séculos, a moeda não cessará de se desvalorizar, e as dívidas em dinheiro, fixadas de uma vez por todas, tornar-se-ão, às vezes, com o tempo, irrisórias.

No entanto, não se trata aqui de vantagens bem estabelecidas em direito. O senhor continua a possuir sobre a terra um direito superior que, segundo as circunstâncias e os lugares, é sempre capaz de recobrar sua força opressiva. A história das sublevações camponesas é prova disso: as *jacqueries* na França (1358), a revolta dos trabalhadores e camponeses ingleses (1381), a imensa e brusca sublevação dos camponeses alemães (1524-1525), ou, novamente na França, aquelas perturbações camponesas em cadeia da primeira metade do século XVII. Todas essas sublevações, todas essas "greves gerais" foram dominadas. Só a sua ameaça sempre presente terá ajudado os camponeses a salvaguardar uma parte das liberdades e vantagens que haviam adquirido.

Essas, com efeito, são de novo contestadas através de toda a Europa, com *o desenvolvimento econômico e capitalista do mundo moderno. Desde o século XVI, e mais ainda com o XVII, o capitalismo, que, com a regressão econômica*, já não consegue empregar-se facilmente alhures, *reflui para a terra.* Alastrando-se qual mancha de óleo, uma vasta reação "senhorial", tão burguesa quanto senhorial, estabelece-se em torno das cidades, grandes e pequenas, e se espraia pelos campos próximos. Propriedades de tipo novo – *fazendas*, *granjas*, "*métairies*"* (as palavras variam conforme as regiões e nem sempre têm o seu sentido atual) constituem-se em domínios, de preferência ininterruptos, em detrimen-

* Fazendas dadas a cultivar pelos proprietários mediante pagamento de metade da colheita a produzir. [N. T.]

to, em primeiro lugar, da terra camponesa. Um verdadeiro espírito capitalista anima geralmente esses proprietários preocupados com rendimento, com lucro. Prestamistas, é com eles que os camponeses se endividam, a ponto de, um belo dia, sua terra ser confiscada ou de pesar sobre ela, em benefício do rico, uma dessas inumeráveis *rendas* constituídas, cujos contratos atravancam os registros notariais. Tudo, então (mesmo os contratos de arrendamento, muitas vezes estipulados em espécie, em trigo, nem sempre em dinheiro), desfavorece o camponês.

Nítida em toda a Europa, essa reação é particularmente trágica na Europa central e oriental, na Alemanha do outro lado do Elba (o Ostelbien), na Polônia, na Boêmia, na Áustria ou mesmo nos Bálcãs e em Moscóvia. Com o final do século XVI, instala-se por toda parte nessas regiões (algumas "ainda selvagens") o que os historiadores chamam, cada vez mais, de *segunda servidão*. O camponês torna a cair nas malhas de um regime senhorial, pior que o de outrora. O senhor chefia a exploração das terras, é empresário e comerciante de trigo. Para atender à crescente demanda de cereais, ele obriga seus camponeses a multiplicar as corveias (cinco dias por semana na Boêmia, onde o camponês não cultiva sua terra senão no sábado, enquanto na Eslovênia as corveias, limitadas a dez *dias* por ano no século XV, cobrem seis *meses* do ano no fim do século XVI) para cultivar a terra que ele possui diretamente (o domínio próximo ou a reserva). Esse regime, que durará no Leste *até o século XIX*, é sem dúvida largamente responsável pelos atrasos suplementares que se verificarão nessas regiões, em relação às do Oeste.

No Ocidente, com efeito, sob um regime comparativamente liberal, um refluxo favorável aos camponeses se iniciara já no século XVIII – na França, desde o sistema de Law, que terá precipitado tudo (mesmo o alcoolismo rural). A Revolução Francesa conclui essa evolução, libertando de um só golpe a terra camponesa dos direitos feudais que pesavam sobre ela, exemplo que se propagará no curso das guerras revolucionárias e napoleônicas.

• ***As liberdades urbanas. As cidades são motores sempre em movimento. Foram elas as únicas responsáveis pelo primeiro surto desenvolvimentista da Europa, do qual tiraram o benefício de suas "liberdades".***

A longa regressão do Ocidente resultara, no século X, em uma terrível regressão das cidades, que mal existiam.

Quando o fluxo econômico muda de sentido com a ascensão material do século XI ao XIII, inaugura-se *um vivo renascimento urbano*. Tudo acontece como se, por ocasião dessa retomada do desenvolvimento, as cidades prosperassem mais depressa que os pesados Estados territoriais. Estes só começarão a emergir com suas características *modernas*, ou já modernas, com o século XV, se não depois. As cidades fazem explodir os quadros dos Estados feudais, onde quer que elas comecem a brotar, desde os séculos XI-XII. Modernas, à frente de seu tempo, elas anunciam o futuro. Já são esse futuro.

É evidente que nem sempre elas são, logo de saída, estritamente independentes. Entretanto, grandes cidades livres logo se afirmam na Itália, o país mais adiantado, então, de todo o Ocidente, assim como nos Países Baixos, "essa segunda Itália". Veneza, Gênova, Florença, Milão, Gand, Bruges são já cidades "modernas", na época em que a realeza de São Luís é tipicamente "medieval".

Por trás dessas cidades governadas por duques, doges ou cônsules, inumeráveis cidades de menor envergadura obtêm, não sem luta (em virtude de suas *cartas*), o direito de administrar-se a si mesmas, de cuidar de suas finanças, da sua justiça, das terras que possuem.

Em geral, a plena liberdade é a recompensa de uma prosperidade material que é a única a dar a algumas cidades o luxo de assegurar, ao mesmo tempo que sua vida econômica, sua defesa externa. São as cidades-Estados. Só algumas atingiram esse estatuto, mas todas vão buscar no comércio e na atividade das corporações de ofícios o princípio de certa independência, de um direito a liberdades particulares.

Essas corporações trabalham ao mesmo tempo para o mercado local e para o *comércio distante*. É fora de dúvida que a *economia urbana* só pôde prosperar como fez porque extrapolou largamente a economia local. No século XV, a cidade de Lubeck, a mais importante da vasta associação comercial que veio a se chamar Hansa, conjunto de cidades comerciais disseminadas desde o Báltico até o Reno, mantém relações com a totalidade do mundo então conhecido. O mesmo se pode dizer de Veneza, ou de Gênova, ou de Florença, ou de Barcelona.

Nesses centros privilegiados, *um primeiro capitalismo triunfa com o "comércio distante"*. É o começo do reinado dos *comerciantes empresários*, que fornecem matérias-primas e trabalho e asseguram a venda dos produtos industriais, enquanto os mestres de ofícios se tornam cada vez mais assalariados, assim como seus "'oficiais", nesse *Verlagsystem* (essa palavra intraduzível dos alemães que designa, de modo geral, o *trabalho por tarefa*). Os comerciantes são os grandes personagens do *popolo grasso*. A arraia-miúda, o povo "magro", revoltar-se-á com frequência, mas em vão. Em Gand, por exemplo, ou em Florença, onde a violenta revolução dos *ciompi* eclode em 1381...

Na verdade, essas lutas internas (esses *taquebans*, diz Beaumanoir, falando dos artesãos de Flandres que fazem verdadeiramente o que chamamos hoje de greves para obter o aumento de seus salários) exprimem as tensões sociais, já lutas de classes, nessas cidades industriosas. Tanto mais que, progressivamente, também se assinalará a oposição entre mestres de ofícios e oficiais. Estes, mantidos à parte pela dificuldade das dispendiosas "obras-primas" que, por si sós, permitiriam sua promoção, têm seus agrupamentos, suas associações, suas "lojas", de uma cidade a outra, e suas vagabundagens... Foram eles o primeiro proletariado operário.

Todavia, esse proletário, *sendo "cidadão"*, e pelo simples fato de sê-lo, é ainda um privilegiado, pelo menos enquanto durar a grande época das cidades independentes ou semi-independentes.

Terá havido, como pensa Max Weber, uma *tipologia* particular nas cidades da Idade Média europeia, essas "cidades fechadas", como ele as define?

É verdade que elas são exclusivas e se recusam a ter qualquer consideração pelos que se encontram além de seus muros. Nada existe acima delas que se assemelhe ao despotismo eficaz do mandarim chinês, representante do Estado. Os campos vizinhos que as cercam lhes estão frequentemente sujeitos: o camponês, nunca cidadão, é obrigado a vender o seu grão exclusivamente aos mercados da cidade, e, com frequência, é-lhe proibido exercer em casa qualquer ofício, a menos que, ao contrário, a cidade precise de seus serviços nesse domínio. Esse regime é bem diferente, por certo, do da cidade antiga, politicamente *aberta* para as suas "terras planas": o camponês ateniense, na época clássica, é cidadão da mesma forma que o habitante da cidade.

Não admira, pois, que os direitos de cidadania só sejam concedidos parcimoniosamente, salvo quando há, para a cidade, extrema urgência em aumentar a sua população. Assim, em 1345, pouco depois da peste negra, Veneza aceita antecipadamente como cidadãos todos os que nela quiserem instalar-se... De ordinário, a "senhoria" é menos generosa. Ela conhece dois tipos de cidadania: uma chamada *de intus*, que cria apenas um *citadino* de segunda ordem; outra, a cidadania plena, chamada *de intus* e *de extra*, ciosamente controlada por uma aristocracia atenta em salvaguardar seus privilégios. São necessários quinze anos de residência em Veneza para se ter direito à cidadania *de intus* e vinte para a outra. Às vezes ainda se distinguem entre "velhos" e novos cidadãos. Um decreto de 1386 estipula que só os "velhos" venezianos terão o direito de negociar com os mercadores alemães instalados em Veneza.

A cidade egoísta, vigilante, feroz está, diante do mundo, pronta a defender suas liberdades, não raro com grande coragem e, se for o caso, sem nenhuma preocupação com as liberdades de outrem. As lutas urbanas, atrozes, prefiguram as lutas nacionais dos séculos vindouros.

A liberdade das cidades, porém, logo se achará ameaçada quando os Estados modernos, mais lentos que elas em seu crescimento, desenvolverem-se no século XV.

Com frequência, então, as cidades ficarão subordinadas ao Estado, distribuidor, conforme os casos, de sanções ou de privilégios. Daí algumas crises graves: as *comunidades* de Castela, em 1521; a sujeição de Gand por Carlos V, em 1540... E muitos compromissos inevitáveis. Porque a monarquia moderna só foi possível graças à colaboração das cidades. Será preciso que elas se submetam, renunciem a alguns de seus privilégios para salvaguardar os demais. Como compensação pelo abandono de suas liberdades, o novo campo do Estado moderno lhes será aberto: tráficos mais vastos, empréstimos lucrativos e também, em certos países, particularmente na França, a compra de cargos públicos (venalidade dos cargos). Uma *economia territorial* se afirma, substitui a economia urbana, estádio precedente, mas a economia territorial permanece sob a direção urbana. As cidades continuam, ao lado do Estado, a dar as cartas.

• ***A hora dos chamados Estados territoriais (na verdade, Estados modernos) soa tarde. A realeza antiga, baseada nos vínculos de sangue, nas relações do suserano com o vassalo, levou muito tempo para desaparecer ou, pelo menos, para se transformar.***

A reviravolta ocorre no século XV, em primeiro lugar, quase exclusivamente onde a revolução urbana não se produzira com intensidade. Nem a Itália, nem os Países Baixos, nem mesmo a Alemanha, que conheceu tantas cidades livres, ativas e ricas, serão o terreno favorito do novo tipo de governo. A monarquia moderna se desenvolve, antes de tudo, na Espanha, na França e na Inglaterra, com um novo tipo de soberano – João II de Aragão (o pai de Fernando, o Católico), Luís XI, Henrique VII de Lancaster.

A serviço dos Estados territoriais intervêm "funcionários" – digamos, para não sermos anacrônicos, "oficiais" –, todos eles servidores do Estado, como esses "legistas" formados pelo estudo do direito romano, os altos funcionários, os "ministros"...

Também a favor dos Estados há a veneração das massas populares, que veem no monarca um protetor natural contra a Igreja e os nobres. Na França, até o século XVIII, a monarquia pôde contar com a devoção popular, com "uma religião de amor" (Michelet).

Esse Estado moderno nasce das necessidades novas e imperiosas da guerra – a artilharia, as frotas de combate, o aumento dos efetivos tornam sua direção cada vez mais onerosa. A guerra, mãe de todas as coisas, *bellum omnium mater*, também fabricou a modernidade.

Em pouco tempo, o Estado moderno não reconhece mais nenhuma superioridade, nem a do imperador do Sacro Império Germânico, que os próprios príncipes do Império já não levam em grande conta, nem a do papado, outrora imensa autoridade moral e política. Cada Estado pretende ser sozinho, sem controle, *livre*: a *razão de Estado* – a expressão aparece pela primeira vez no texto do discurso do cardeal Della Casa a Carlos V, a propósito da ignóbil notícia da tomada de Mântua (1552) – torna-se a *ultima ratio*. Ela se apresenta como um traço revelador dessa evolução que faz que as formas políticas ocidentais da *realeza* tradicional, paternalista e mística passem à *monarquia* moderna dos juristas.

Alguns espíritos não tardaram a anunciar esse advento dos Estados, "*superiorem non recognoscentes*", segundo a fórmula do jurista Bartolo de Sassoferrato (século XVI), mas eles se antecipavam à atualidade política.

Na França, a teoria da soberania irrestrita do Estado será defendida por Jean Bodin, em seu *Traité de la république*, somente em 1577 (por república deve-se entender, no sentido latino, a coisa pública). O Estado soberano está acima das leis civis, submetido unicamente às leis naturais e divinas: nada existe acima dele no reino dos homens. "E, do mesmo modo que papa nunca tem as mãos atadas, como dizem os canonistas, também o príncipe soberano não pode ter as mãos atadas mesmo que quisesse. Assim, no final dos editos e decretos, vemos as palavras 'Pois tal é nossa vontade', para dar a entender que as leis do príncipe soberano estariam fundadas em boas e vivas razões, quando na verdade dependem apenas de sua pura e franca vontade."

Essa vontade do soberano invade o Estado. "*Das lch wird der Staat*", o Eu torna-se Estado, escreve um historiador alemão. É a célebre fórmula "O Estado sou eu", geralmente atribuída a Luís XIV, mas também, pelo menos uma vez, a Isabel I da Inglaterra. O fato de os soberanos espanhóis, embora chamem a si mesmos *Reis Católicos*, ou os franceses, que são os *Reis Muito Cristãos*, defenderem ocasionalmente, contra o papado, as liberdades da Igreja galicana ou os interesses temporais e espirituais dos reinos da Espanha é sinal dos novos tempos, porque, conquanto tenha havido precedentes a tais ações, elas se tornam doravante sistemáticas, naturais. Ocorrem por si mesmas.

À medida que o Estado moderno impuser o seu domínio, a civilização europeia, até então fruto urbano, amadurecido em múltiplas e pequenas cidades privilegiadas e originais, tornar-se-á "*territorial*", *nacional*. O *Século de Ouro* espanhol (seus limites largos: 1492-1660) e o *Grande Século* francês estendem-se, cada qual, a todo um Estado.

No âmago dessas civilizações ampliadas se afirma o papel das *capitais*, sustentadas pela própria presença e pelas despesas do Estado, promovidas, assim, a uma categoria ainda inédita: a de supercidades. Paris e Madri afirmam sua imensa reputação. Londres torna-se a Inglaterra. O peso e a vida de todo o Estado começam a girar em torno desses monstros urbanos, desde então sem rivais, ferramentas de luxo, máquinas capazes de fabricar a civilização e também a miséria dos homens.

Adivinha-se o imenso movimento de homens, de capitais, de riquezas que os grandes Estados determinaram e, com isso, o vasto deslocamento que se opera na geografia das liberdades: estas são suprimidas, quando muito, toleradas; aquelas, favorecidas ou inteiramente forjadas. Instauram-se cidades privilegiadas, como Marselha, à qual, de fato, será dado o comércio do Levante; Lorient, que, criada em 1666, logo terá o monopólio do comércio das Índias, pequeno privilégio comparado ao enorme de Sevilha, que obteve em 1503 (e perdeu em 1685, em benefício de Cádiz) o comércio exclusivo da América, as "Índias de Castela".

Há também as liberdades arrancadas ao Estado, que não poderia fazer tudo ou tudo reter. Assim, na França, o Estado absolutista, desde a morte de Colbert (1683) até a Revolução, perde progressivamente sua eficácia, e a burguesia compradora de "cargos" se apodera de uma parte considerável da autoridade política. É contra o rei que se erguem as liberdades provinciais. Os privilégios sociais (clero, nobreza e Terceiro Estado) estão como que incrustados na estrutura do Estado francês, que não consegue eliminá-los e, por causa deles, não conseguirá realizar as reformas "esclarecidas" do século XVIII.

Mesmo os países que, então, obtêm sua liberdade política nada mais fazem que colocar nas mãos de um poderoso grupo de privilegiados as responsabilidades do Estado: é o caso das Províncias Unidas e de sua burguesia de negócios; é o caso da Inglaterra após a Revolução de 1688. Seu Parlamento representa uma dupla aristocracia, *whig* e *tory*, burguesia e nobreza, e não, certamente, o conjunto do país.

• ***Em meio a esse amontoamento de "liberdades" privilegiadas, qual pode ser o destino da liberdade individual?***

A pergunta não tem nenhum sentido se por tal se entender *liberdade do indivíduo* em seu sentido atual: liberdade de todo homem enquanto homem, pelo simples fato de ser homem. Será preciso muito tempo para que o próprio conceito dessa liberdade se defina. Pelo menos, pode-se perguntar se a liberdade do indivíduo, *de fato*, está ou não a progredir. Nesse particular, a resposta só pode ser contraditória e pessimista.

O movimento intelectual do Renascimento e mesmo o da Reforma (na medida em que instaura o *princípio* de uma liberdade de interpretação individual da revelação) lançaram as bases de uma liberdade de consciência. O Renascimento e o humanismo afirmam o respeito, a grandeza do homem enquanto indivíduo, exaltam-lhe a inteligência, o poder pessoal. A *virtù* não é, no *Quattrocento*, a virtude, mas a glória, a eficiência, a energia. Intelectualmente, o ideal é o *uomo universale* de Alberti. No século XVII, com Descartes, todo o sistema filosófico parte do *cogito*, do indivíduo pensante.

Essa importância filosófica atribuída ao indivíduo coincide com uma *fragmentação dos valores tradicionais*. Assim o quer, cada dia mais, a instauração, nos séculos XVI e XVII, de uma *economia de mercado* eficaz, acelerada pela chegada dos metais preciosos da América e pela extensão dos instrumentos de crédito. O dinheiro subverte, modifica as antigas regulamentações dos grupos econômicos e sociais (corporações de ofícios, comunidades urbanas, corporações de mercadores etc.); estas perdem, ao mesmo tempo que uma parte de sua utilidade, sua antiga rigidez. O indivíduo reencontra assim, no plano da vida cotidiana, certa liberdade de escolha. Simultaneamente, porém, com as estruturas modernas do Estado sobrevém uma nova ordem que impõe limites estritos a esse jogo: os deveres do indivíduo para com a sociedade, o respeito pelos privilegiados e pelos privilégios.

Uma carta de Descartes coloca bem o problema. "Se cada um, teoricamente, é livre e constitui uma unidade em si só, como há de viver a sociedade, que regras seguirá?", perguntou-lhe a princesa Isabel. E o filósofo responde (15 de setembro de 1645): "Embora cada um de nós seja uma pessoa separada das demais, e cujos interesses, por conseguinte, são, de certo modo, distintos dos do resto do mundo, sempre nos devemos lembrar de que não poderíamos substituir sozinhos e que somos, com efeito, uma das partes do universo, e, mais particularmente ainda, uma das partes desta terra, uma das partes deste Estado, desta sociedade, desta família à qual pertencemos por nossa morada, por nosso juramento, por nosso nascimento. Devemos preferir sempre os interesses do todo de que somos parte aos da nossa pessoa em particular."

Em nome desses "interesses do todo", o século XVII empreende um "condicionamento" severo, não apenas dos pobres, como de todos os elementos "inúteis" da sociedade, de todos aqueles *que não trabalham*. É verdade que o aumento inquietante do número de pobres (ligado ao crescimento demográfico ao longo do século XVI e à crise econômica que principia no fim desse mesmo século e se agrava no XVII), esse aumento de pobres, que se traduz na mendicância, na vagabundagem, nos roubos, levou a uma repressão necessária. Desde 1532, o Parlamento de Paris não manda prender os mendigos da grande cidade "para obrigá-los a trabalhar nos esgotos [...] amarrados dois a dois por correntes"? Veja-se também a maneira como a cidade de Troyes trata os miseráveis em 1573.

Não obstante, trata-se, então, de medidas passageiras. Durante toda a Idade Média, o miserável, o vagabundo, o louco foram protegidos por esse direito à hospitalidade e à parte do pobre, que se lhes reconhece em nome de Deus, porque Cristo santificou a miséria tomando um dia o hábito do pobre, e porque o pobre sempre pode ser um enviado de Deus. Todo o movimento espiritual personificado por São Francisco exaltou o valor místico de Senhora Pobreza, a santa pobreza. Em todo caso, os desgraçados, os loucos, as escórias da sociedade perambulam de cidade em cidade e cada uma delas se apressa, quase sempre, mais em repô-los em circulação do que em conservá-los dentro de seus muros.

Daí certa forma de liberdade, *liberdade física, pelo menos*: a do camponês que foge de seu senhor para encontrar outro que lhe seja menos temível, ou para ganhar a cidade; do soldado à procura de recrutador; do imigrante que parte em busca de melhor salário ou que se dirige ao Novo Mundo, na ilusão de uma vida melhor; mas também liberdade dos desempregados, vagabundos inveterados, mendigos, simples de espírito, aleijados, ladrões, que se mantêm vivos graças à caridade ou por suas rapinas, fora do trabalho regular.

Todo esse mundo, até então protegido pela sombra de Deus, tornar-se-á, no século XVII, inimigo de uma sociedade urbana, já capitalista, apaixonada pela ordem e pelo rendimento e que constrói o Estado nesse espírito e com esse fim. *Em toda a Europa* (tanto a protestante como a católica), os pobres, os doentes, os desempregados, os loucos são impiedosamente encerrados (por vezes com sua família) ao lado dos delinquentes de todas as origens. É o que Michel Foucault (que estudou esse fenômeno a propósito da loucura na época clássica) chama de "o grande confinamento" dos pobres, um sequestro legalizado, organizado por uma administração minuciosa, que, aliás, permitirá encerrar, a pedido das famílias, tanto o filho devasso ou pródigo, o "pai dissipador", como, por carta régia lacrada, o adversário político.

Para isso, cria-se um grande número de estabelecimentos: hospitais, oficinas de caridade, *workhouses*, *Zuchhäuser*. Quaisquer que sejam seus nomes, são sempre casernas rigorosas, ainda por cima oficinas de trabalho forçado. Na França, após o decreto de 1656, que cria o *Hospital Geral* e, ao mesmo tempo, organiza em grande escala toda essa nova política social, uma em cada cem pessoas, ou quase, será confinada na cidade de Paris! A dureza dessa repressão só se atenuará no século XVIII.

Em um mundo em que a liberdade já não existia senão para uns poucos privilegiados, o século XVII contribuiu, pois, para restringir seguramente essa liberdade elementar que é a da fuga ou da perambulação, a única que até então fora permitida aos pobres. Há, ao mesmo tempo, como dissemos, uma regressão das liberdades camponesas. No começo das "Luzes", a Europa chega ao fundo de sua miséria.

Para esse pessimismo, apenas um corretivo: essa liberdade que escapa à maioria dos homens permanece, na Europa, o *ideal* em direção ao qual o pensamento, mas também a história, progride lentamente. É essa uma das principais tendências da história da Europa, cujo sentido é dado pelas numerosas revoltas camponesas do século XVII, pelos motins populares não menos frequentes (Paris, 1633; Rouen, 1634-1639; Lyon, 1623, 1629, 1633, 1642) e pelas tendências políticas e filosóficas do século XVIII.

A própria Revolução Francesa não conseguirá estabelecer em sua plenitude essa liberdade que não nos podemos gabar de possuir plenamente hoje. A Revolução suprime os direitos feudais na noite de 4 de agosto, é verdade, mas em face do camponês subsistem o credor e o proprietário; ela suprime as corporações (1791, lei de Le Chapelier) e, ao mesmo tempo, deixa o operário à mercê do empregador. Será preciso esperar um século, na França, para que os sindicatos operários se tornem lícitos (1884). Isso não impede que a Declaração dos Direitos do Homem e do Cidadão de 1789 permaneça como uma data essencial dessa história da liberdade, fundamental na gênese da civilização europeia.

Liberdade ou busca da igualdade? Napoleão pensava que o francês desejava não a liberdade, mas a igualdade, isto é, a igualdade perante a lei, a abolição dos direitos feudais – em suma, o fim das liberdades particulares, dos privilégios.

Das liberdades à liberdade – essa fórmula ilumina a história da Europa em uma de suas direções fundamentais.

• ***A noção de liberdade, ainda "abstrata", teórica, que se elaborara do Renascimento e da Reforma à Revolução, adquiriu nova força ao formular-se na Declaração dos Direitos do Homem e do Cidadão e tornou-se doutrina com o liberalismo.***

Desde então, o conceito de liberdade – no singular – converte-se em tomada de consciência do mundo e do movimento da história. É ela que invocam – legítima ou abusivamente – quase todas as ideologias e reivindicações do século XIX, esses movimentos tão diversos que a palavra artificial *liberalismo* recobre, muito equívoca porque demasiado rica de sentidos.

Liberalismo designa ao mesmo tempo uma doutrina política – aumentar os poderes legislativo e judiciário e limitar o poder executivo (neste sentido, ele se opõe ao autoritarismo) –; *uma doutrina econômica* sob o signo vitorioso do "*laissez faire, laissez passer*", que exclui o Estado de qualquer intervenção no jogo econômico entre indivíduos, classes e nações; *uma doutrina filosófica* que defende a liberdade de pensamento e sustenta que a unidade religiosa não é a condição *sine qua non*, quer da unidade social, quer da unidade da nação, o que implica forçosamente a ideia de tolerância, de respeito pelo outro e pela pessoa humana, segundo a fórmula antiga: *Homo homini res sacra*.

O liberalismo é, assim, mais que "a doutrina de um partido [...], um clima de opinião". Às voltas com as múltiplas circunstâncias do século XIX, ele engajou-se em numerosas tarefas, enfrentou obstáculos inumeráveis. Na Alemanha e na Itália, o liberalismo se mescla com o nacionalismo: não é ele, a princípio, a própria liberdade da nação? Na Espanha, em Portugal, ele se choca com as forças ainda monstruosas de um Antigo Regime sólido, apoiado na Igreja. Na Inglaterra e na França, ao contrário, ele irá até o fim, ou quase, de suas reivindicações políticas. Lenta, imperfeitamente, o Estado liberal, constitucional, organiza-se com suas liberdades fundamentais (liberdades de opinião, de imprensa, parlamentar; liberdade individual; extensão do direito de voto).

• ***Todavia, o liberalismo, durante toda a primeira metade do século XIX, serve de biombo ao advento político de uma burguesia e de uma aristocracia de negócios, de uma classe capitalista.***

"Fora desse círculo estreito, o indivíduo, cujos direitos o liberalismo defende com tanto zelo, sempre foi uma simples abstração para quem não se podia beneficiar plenamente dessas vantagens." Isso é verdadeiro tanto na Inglaterra dos conservadores e dos liberais, dos antigos e dos novos ricos, quanto na França da Restauração e da Monarquia de Julho. Essa classe possuidora que se diz liberal não tarda a se voltar contra o sufrágio universal, contra a massa. Ora, como sustentar semelhante política de egoísmo perante a sociedade industrial, cujas terríveis realidades logo se precisam? O liberalismo econômico, que supõe de início uma luta igual entre os indivíduos, não passa de uma mentira piedosa. Quanto mais o tempo passar, mais a enormidade dessa mentira aparecerá.

Na verdade, *esse primeiro liberalismo "burguês" terá sido, sobretudo, uma luta de retaguarda, e não desinteressada, contra o Antigo Regime aristocrático*, "um desafio aos direitos adquiridos que tradições com meio milênio de existência haviam sacralizado." Desse modo, ele se insere entre o Antigo Regime e sua sociedade aristocrática, por ele demolidos, e a sociedade industrial, onde o proletariado operário reclama seus direitos. Em suma, essa pretensa busca da liberdade parece juntar-se, apesar das aparências, aos velhos combates de grupos por *liberdades* que são outros tantos privilégios.

As revoluções de 1848 (na França se estabelece então o sufrágio universal) vão marcar uma data crucial para o liberalismo (a data importante, na Inglaterra, é a reforma eleitoral de 1832). Desde então, ele só poderá sobreviver, com ou sem fraqueza, sob a forma de um liberalismo democrático, estendido em princípio a todas as classes. Alexis de Tocqueville e Herbert Spencer, cada qual à sua maneira, anunciam seu advento necessário e o triunfo das massas que eles temem. Contudo, assim revigorado, o liberalismo logo se choca com a corrente poderosa e franca do socialismo, ao qual o futuro está prometido, ao mesmo tempo que com esses anunciadores do autoritarismo – segundo alguns, já do "fascismo" – que são ou Carlyle, ou Napoleão III.

É, pois, entre uma nova revolução que se anuncia – o socialismo, cujas mutações serão numerosas – e uma contrarrevolução que ainda não sabe o seu nome nem até onde pode ir, que o liberalismo continuou sua vida, multiplicou seus governos, seus atos de sabedoria e de egoísmo burguês, só encontrando um pouco de flama na França, em seu combate contra a Igreja. Os liberais, doravante, têm consciência de suas insuficiências ou mesmo de seu combate incerto. Em 1902-1903, aparecem na razoável *Revue de métaphysique et de morale* uma série de artigos sobre *A crise do liberalismo*, a propósito, em particular, do monopólio do ensino. Mas a crise verdadeira, última, situa-se um pouco mais tarde, entre as duas guerras mundiais.

Quem, porém, ousaria dizer que o liberalismo, quase expulso da política e da ação, intelectualmente desacreditado, esteja hoje realmente morto? Ele foi mais que uma era política, mais que a habilidade ou o biombo de uma classe. Ele foi o ideal da civilização ocidental e, por mais traído que tenha sido, permanece em nossas heranças, em nossas linguagens, em nossos reflexos. Todo atentado às liberdades individuais nos choca, comove-nos. E, mesmo politicamente, diante do Estado autoritário e tecnocrata, diante da sociedade eternamente avassaladora, certo liberalismo, anárquico e libertário, continua, em nome do indivíduo e de seus direitos, sua carreira ocidental e mundial.

CAPÍTULO II

Cristianismo, humanismo, pensamento científico

A via espiritual e intelectual da Europa está colocada sob o signo violento da mudança. Ela ama, cria as rupturas, as descontinuidades, as tempestades, sempre em busca de um mundo melhor.

Todavia, esses lances teatrais não nos devem fazer perder de vista as continuidades tenazes de seu pensamento e de sua civilização, visíveis através de todas as sucessivas experiências do pensamento europeu, da *Suma* de São Tomás de Aquino ao *Discurso do método* de Descartes, através do Renascimento, da Reforma, da própria Revolução Francesa. E a Revolução Industrial, corte essencial, não atingiu todos os setores de sua vida, nem de seu pensamento.

O cristianismo

Todas as religiões evoluem. No entanto, elas constituem, cada qual à sua maneira, universos particulares, com suas fidelidades, suas permanências, suas coordenadas originais.

O cristianismo ocidental foi e continua a ser o componente maior do pensamento europeu, mesmo do pensamento racionalista que se constituiu contra ele e também a partir dele. De um extremo ao outro da história do Ocidente, o cristianismo permanece no âmago de uma civilização que ele anima, mesmo quando se deixa levar ou deformar por ela, e engloba, mesmo quando ela se esforça por escapar-lhe. Porque pensar contra alguém é permanecer em sua órbita. Ateu, um europeu continua sendo prisioneiro de uma ética, de comportamentos psíquicos, poderosamente arraigados numa tradição cristã.

Ele é de "sangue cristão", poderíamos dizer, como Montherlant afirmava ser, referindo-se a si mesmo, de "sangue católico", embora tendo perdido a fé.

• ***Amplamente difundido no Império Romano, o cristianismo tornou-se sua religião oficial pelo edito de Constantino de 313, três séculos após o nascimento de Cristo.***

O Império Romano (isto é, todos os países mediterrâneos e, do lado da Europa, alguns países à margem da oliveira e da vinha) foi o espaço entregue, no princípio, à jovem religião triunfante, a "área cristã", disse Paul Valéry, querendo ressaltar, com esse jogo de palavras, os vínculos do cristianismo com a terra, o pão, o vinho, o trigo e a vinha, e mesmo com os santos óleos; com as bases geográficas mediterrâneas que a confissão cristã deveria, em seguida, ultrapassar largamente.

Assim, antes da tormenta das invasões do século V e das catástrofes acarretadas pelas vitórias do Islã do século VII ao XI, o cristianismo teve, de certa forma, tempo para se adaptar ao mundo romano, para constituir ali sua hierarquia, para aprender a distinguir com clareza o temporal – "o que é de César" – do espiritual, para triunfar das vivas lutas dogmáticas decorrentes, antes de tudo, das argúcias, da agilidade da língua e do espírito gregos, mas também da necessidade de precisar os fundamentos teológicos do cristianismo, de fixar os seus aspectos, de tirar as suas consequências.

Para esse lento e difícil trabalho, terão colaborado os primeiros Concílios (Niceia, 325; Constantinopla, 381; Éfeso, 431; Calcedônia, 451; etc.) e os Padres da Igreja, os *apologistas*, que, antes de Constantino, lutaram contra o paganismo, e depois os *dogmáticos*, que definiram a doutrina cristã em face das seitas dissidentes. Santo Agostinho não é o último dessa linhagem (que alguns exegetas acreditam prolongar-se até o século VIII ou mesmo até o século XII), mas é de longe o mais importante para o Ocidente. Berbere, nascido em 354 em Tagasta (hoje Souk Ahras), na África, Santo Agostinho faleceu quando era bispo de Hipona (Bona, hoje), em 430, enquanto os vândalos sitiavam a cidade. O brilho excepcional de sua obra (*A Cidade de Deus*, as *Confissões*), suas próprias contradições, seu desejo de associar a fé e a inteligência, isto é, em linhas gerais, a civilização antiga e a civilização cristã, o vinho velho e o novo, essas tentativas conscientes fazem dele, sob certo ângulo, um racionalista. Nele, a fé domina tudo. No entanto, ele diz: *credo ut intelligam*, creio para compreender. E diz ainda: *Si fallor, sum* – se eu me engano, existo; *Si dubitat, vivit* – se duvida, vive. Seria exagero ver nessas afirmações, a antecipá-lo de muitos séculos, o *cogito ergo sum* de Descartes; é evidente, contudo, que elas o evocam.

Sem dúvida, o futuro deu mais atenção ao Santo Agostinho teólogo e a suas afirmações sobre a predestinação. Isso não impede que o agostinismo tenha dado sua cor, suas possibilidades de movimento e de discussão ao cristianismo ocidental, quando mais não fosse ao insistir na forte necessidade de só nos engajarmos na fé com conhecimento de causa, depois de profunda reflexão pessoal, com a consequente vontade de agir.

Não é uma Igreja em sua infância, incerta quanto aos seus caminhos, que as catástrofes apocalípticas das invasões vêm surpreender. No momento desses desastres do século V, ela se afirma como o próprio Império, como a própria civilização do mundo antigo, que ela assumiu e salvará, de certo modo, salvando a si mesmo.

• ***A Igreja se salva num mundo em perigo, mas à custa de mil proezas.***

Converter os recém-chegados; converter camponeses ainda mal cristianizados ou que se desprendem com demasiada facilidade do ensino da Igreja; converter os habitantes das novas regiões onde se instala o Ocidente; manter uma hierarquia ligada a Roma e ao bispo de Roma, o papa, enquanto o feudalismo fragmenta o espaço ocidental em minúsculos distritos e em múltiplos bispados; levar a bom termo combates difíceis, dos quais o mais célebre, que opõe o Sacerdócio ao Império, terminará – sem acabar – pela Concordata de Worms, a respeito das Investiduras (1122)... No total, um imenso labor, um ensino repetido, fastidioso, marcado por derrotas, por recomeços, tudo incessantemente questionado. O desenvolvimento da vida monástica (beneditinos, cistercienses) resulta em uma colonização material e espiritual dos campos (séculos XI-XII) e, depois, com os dominicanos e os franciscanos, em uma evangelização veemente das cidades (século XIII).

Cada século teve suas tarefas, seus combates: o século XIII, a luta contra os cátaros; o violento século XV, o grande debate entre concílios e papado (concílios de Constança e de Basileia); o século XVI, a eclosão da Reforma, o estabelecimento, ao mesmo tempo, da Contrarreforma (conduzida pelos jesuítas), da evangelização do Novo Mundo e das definições autoritárias do Concílio de Trento (1545-1563); no século XVII, surge o alerta jansenista; no XVIII, agrava-se a luta contra os defensores de certo ateísmo, menos discretos que os "libertinos" do século anterior: essa luta ainda não terminou com o século; ela mal começou quando explode a Revolução Francesa.

Enfim, fora dessa hostilidade de adversários apoiados em ideologias refletidas, a Igreja constantemente precisou fazer face àquela descristianização regular, monótona, que muitas vezes não passa de vulgar descivilização. Em todas as regiões de trânsito difícil, fora dos grandes eixos (como nos Alpes ou na orla da Europa, em Meclemburgo ainda no século XIII, na Lituânia, na Córsega, já em pleno século XV e XVI), velhos cultos pagãos surgem ao menor ensejo: aqui o culto da serpente, ali o dos mortos e dos astros, e tantas outras superstições, ligadas a um folclore tenaz que a Igreja, na falta de coisa melhor, não raro se contentou em cobrir "com uma roupa leve".

Nessa luta, o cristianismo se serviu de todas as suas armas, de seu ensino, de sua pregação, de sua força temporal, de sua arte, de seu teatro religioso, dos milagres, do culto popular dos santos, por vezes tão insinuante que os próprios servidores da Igreja se alarmam e reagem.

Em 1663, em Lisboa, dois capuchinhos não podem impedir-se de dizer que "Santo Antônio de Pádua parece o Deus de Lisboa [...] Os pobres não pedem esmola senão em seu nome e [...] não invocam outro santo quando estão em perigo. Para eles, seu Santo Antônio é tudo, é o seu norte, e, como diz o pregador, o santo das agulhas: mal uma mulher perde sua agulha e a encontrará por intercessão de Santo Antônio." Essa voga de Santo Antônio atravessou o mar, pois um viajante francês nota, por sua vez, no Brasil, um século depois, essa "prodigiosa devoção".

De fato, a superstição popular é sempre capaz de minar, de comprometer a vida religiosa por dentro, deformando as próprias bases da fé. Tudo, então, deve ser refeito.

Quando São João da Cruz se instala com dois companheiros em Durvelo, Castela, onde Santa Teresa erigiu o primeiro mosteiro dos monges do Carmelo Reformado, é para levar ali, nas neves do inverno, a mais frugal das vidas monásticas, mas não uma vida enclausurada: "Muitas vezes eles partiam, descalços, por caminhos terríveis, para pregar, como a selvagens, o Evangelho aos camponeses [...]." Prova, se dela houvesse necessidade, de que em pleno país cristão a evangelização precisa ser constantemente retomada.

A obra do cristianismo prosseguiu, assim, em dois níveis diferentes: o de uma vida intelectual, em que ele defende suas posições diante de adversários por vezes bem-intencionados, mas que, por certo, nunca lhe faltaram; e o de uma ação sobre as massas, afastadas do sentimento religioso e da ortodoxia elementar por sua vida difícil e seu isolamento.

• ***Essa obra conheceu grandes flutuações, sucessos, recuos, longas estagnações, que só se percebem grosseiramente, de fora, na medida em que a vida religiosa cotidiana e sua realidade média nos escapam com demasiada frequência. Em linhas gerais, porém, não há engano possível quanto ao movimento geral.***

Do século X ao XIII, uma ascensão do cristianismo afirma seu vigor por toda parte. As igrejas, os mosteiros ainda estão aí para testemunhá-lo:

toda a Igreja é arrastada por um movimento poderoso que é também o do impulso econômico, da ascensão social de uma Europa ativa, cheia de vida e em vias de rápida expansão. Depois é a peste negra, e com ela um recuo catastrófico e brutal. Tudo então retrocedeu, até mesmo os progressos do cristianismo, ao longo dessa longa série de perturbações e lutas que os historiadores chamam de *Guerra dos Cem Anos* (1337--1453) e cujos abalos se estenderam muito além dos grandes beligerantes, França e Inglaterra – na verdade, a todo o Ocidente.

Na segunda metade do século XV, uma nova subida de águas religiosas é visível, afetando toda a extensão de uma Europa que retorna à paz, mas, ao mesmo tempo, a vivas inquietações. De 1450 a 1500, datas aproximadas, desenrolam-se esses *tempos inquietos* (Lucien Febvre) que os historiadores cometeram o erro de chamar, sem motivo, de Pré--Reforma, já que a perturbação dos espíritos, então geral, não desemboca obrigatoriamente na atitude "protestante" e protestatária da Reforma. Nos países que continuarão fiéis a Roma, essa inquietação religiosa vai resultar, de fato, em uma outra "Reforma", católica, que os historiadores costumam chamar de Contrarreforma. Uma vez mais, a palavra não foi muito bem escolhida.

Em todo caso, os séculos XVI e XVII vão viver sob o signo de paixões religiosas atentas, de querelas espirituais extremas, cujo calor não nos deve surpreender, como a aguda querela entre o rigorismo dos jansenistas e a moral mais simples, mais laxista, mais humana dos jesuítas, no tempo de São Cirano, daqueles senhores de Port-Royal, de Madame de Sévigné, de Racine, de Pascal.

Com o século XVIII, inicia-se um refluxo importante. Dessa vez, o impulso material não serve à causa da Igreja. Ele acompanha um movimento científico e filosófico que, ao contrário, se ergue contra ela, em nome do progresso e da razão.

O humanismo e os humanistas

O pensamento europeu não se concebe senão no âmbito de um diálogo com o cristianismo, mesmo quando o diálogo é candente, ou a discussão, violenta. Essa perspectiva é essencial para a compreensão do *humanismo*, aspecto fundamental do pensamento do Ocidente.

• ***Antes de tudo, uma questão de palavras: humanismo. O termo é ambíguo, e seria perigoso se não precisássemos desde logo seus usos e seu estado civil.***

É uma palavra erudita, forjada no século XIX pelos historiadores alemães (seu ponto de partida exato, 1808). Pierre de Nolhac, autor de

Pétrarque et l'humanisme, "reivindicou a honra de havê-la introduzido na língua oficial da universidade francesa, em 1886, por seu curso na École des Hautes Études." Portanto, é uma palavra *tardia* e que, por esse simples fato, oferece-se facilmente às interpretações pessoais, lícitas ou abusivas. Até então se conheciam os *humanistas*, e a palavra se aplicava a um grupo preciso de homens que, nos séculos XV e XVI, deram a si mesmos esse nome.

Entretanto, a palavra humanismo não ficou ligada apenas aos "humanistas" e ao "espírito do Renascimento italiano e europeu". Ela foi isso e muita coisa mais, a ponto de desembocar na linguagem *atual* com tal riqueza de sentidos que uma pesquisa realizada em 1930 ressaltou as expressões humanismo *novo*, humanismo *cristão*, humanismo *puro* e mesmo *técnico* e *científico*... Uma sondagem, nos dias de hoje, daria os mesmos resultados, prova de que a palavra, erudita ontem, tende a popularizar-se, carrega-se de sentido e, portanto, responde a questões, a orientações vivas.

No plano da história, falar-se-á tanto do humanismo do século XII (que inspira a escolástica) quanto do humanismo do Renascimento ou da Reforma, do humanismo da Revolução Francesa, cuja riqueza e originalidade explicaremos, ou, para retomar as palavras de um historiador de hoje, do "humanismo de Karl Marx ou de Máksim Górki"... Perguntar-se-á somente o que aproxima essa série de "humanismos" se não a necessidade e o interesse evidente que há em apreendê-los como uma família de problemas.

Talvez seja razoável tomar emprestada de Augustin Renaudet, historiador de humanismo toscano e europeu, uma definição ampla e que parece convir a esse sentido geral: "Pode-se definir com o nome de humanismo uma ética da nobreza humana. Orientada ao mesmo tempo para o estudo e a ação, ela reconhece, exalta a grandeza do gênio humano, o poder de suas criações, opõe sua força à força bruta da natureza inanimada. O essencial continua sendo o esforço do indivíduo para desenvolver em si mesmo, por meio de uma disciplina estrita e metódica, todas as potencialidades humanas, para que nada se perca daquilo que engrandece o humano e o magnifica. 'Tender com um esforço ininterrupto', diz Goethe no começo do *Segundo Fausto*, 'para a mais alta forma de existência.' Analogamente, Stendhal dizia a Eugène Delacroix (31 de janeiro de 1850): 'Não negligencie nada do que pode torná-lo grande.' Tal ética de nobreza humana impõe à sociedade um esforço constante para realizar, nela, a mais alta perfeição das relações humanas, uma imensa conquista, um imenso trabalho de cultura, uma ciência sempre mais ampliada do homem e do mundo. Ele funda uma moral individual e coletiva; funda um direito e uma economia; desemboca em uma política; alimenta uma arte e uma literatura."

Essa maravilhosa definição deveria bastar, mas ela não assinala com bastante vigor o sentido do movimento, que é exagerado, ao contrário, pela brutal afirmação de Étienne Gilson: o humanismo do Renascimento, diz ele em substância, é a Idade Média "não: *mais* homem; porém: *menos* Deus." A fórmula é injusta, excessiva; contudo, indica a inclinação natural, consciente ou inconsciente, de todo humanismo: ele engrandece o homem, liberta-o, diminui a parte de Deus, mesmo quando não o esquece inteiramente.

De certo modo, também, o humanismo é sempre *contra*: *contra* a submissão exclusiva a Deus; *contra* qualquer concepção exclusivamente materialista do mundo; *contra* qualquer doutrina que negligencie ou pareça negligenciar o homem; *contra* qualquer sistema que reduza a responsabilidade do homem... É reivindicação perpétua. Um fruto do orgulho.

Calvino não se engana: "Que outra coisa é quando nos ensinam a caminhar em nossa força e virtude senão apoiar-nos na ponta de um caniço, o qual não nos pode sustentar sem se partir *incontinenti* e fazer-nos cair?" Calvino não é dos que acreditam primeiro no homem.

Para o humanista, é o inverso. Sua fé, se ele tem uma fé, deve acomodar-se a essa confiança no homem. E é no sentido dessa tradição inveterada de humanismo europeu que se pode compreender as palavras do sociólogo Edgar Morin ao sair, ontem, do Partido Comunista: "O marxismo, meu velho, estudou a economia, as classes sociais; é maravilhoso, meu velho, mas ele se esqueceu de estudar o homem."

• ***O humanismo é impulso, caminhada batalhadora em direção a uma emancipação progressiva do homem, atenção constante às possibilidades, para o homem, de melhorar ou modificar o seu destino.***

Sua história é múltipla, irregular, cortada por interrupções, recuos, contradições evidentes que pavimentam todo o passado da Europa.

Esta parece ter sempre vivido na busca inquieta de uma solução *diferente* das da hora presente, para seus problemas e suas dificuldades. Daí um desejo quase doentio de ir ao encontro do novo, do difícil, do proibido também, e muitas vezes do escândalo, a propósito do qual o Ocidente oferecia um riquíssimo material de informação.

Por falta de espaço, reduziremos nosso estudo a três casos excepcionais, significativos: *o humanismo do Renascimento*, *o humanismo da Reforma*, que é seu contemporâneo, ou quase, e enfim, bem longe deles, no século XVIII, *o humanismo veemente da Revolução Francesa*.

• ***O humanismo do Renascimento apresenta-se como o diálogo de Roma com Roma, da Roma pagã com a Roma de Cristo, da civilização antiga com a civilização cristã.***

Seguramente, um dos mais ricos diálogos – nunca interrompido – que o Ocidente conheceu.

a) *Trata-se de viver, de reviver com os Antigos. Citou-se frequentemente a pequena e decisiva frase que termina* Dell'arte della Guerra, *de Maquiavel: "Este país* [trata-se, evidentemente, da Itália] *parece ter nascido para ressuscitar as coisas mortas."* Mas, se são chamadas, e tão ardentemente, de volta à vida, essas *cose morte* são, então, a prova de que a vida tem necessidade delas e de que elas estão ao alcance da mão e nada mortas.

Em verdade, nunca a Roma pagã morreu no Ocidente. Em um livro de extrema precisão técnica, Ernst Curtius mostrou a espantosa sobrevivência da civilização do Baixo Império, cujas metáforas o Ocidente viveu a um ponto inimaginável, buscando nele seus temas literários, suas modas de pensamento e mesmo seus lugares-comuns.

É ainda mais natural que a Europa cristã se tenha acomodado a essa vizinhança cotidiana da Roma antiga por não ter havido solução sobressalente, por não ter havido civilização concorrente e por ter o cristianismo aceitado de boa vontade essa *coexistência*, desde antes da queda do mundo romano. São Justino dizia, no século II: todo pensamento nobre, "donde quer que venha, é o bem próprio dos cristãos." Santo Ambrósio afirmava: "Toda verdade, qualquer que seja seu intérprete, vem do Espírito Santo." Só Tertuliano exclamava: "Que há de comum entre Atenas e Jerusalém?" Sua voz, porém, ficou quase sem eco.

Todavia, se a herança antiga passara à vida, os hábitos de pensamento e de linguagem da Idade Média ocidental, a literatura da Antiguidade, seus poetas, filósofos ou historiadores haviam cessado amiúde de despertar as paixões ou o interesse dos intelectuais. Se o latim continuava a ser uma língua viva, o grego era quase desconhecido. Nas bibliotecas mais ricas, os manuscritos de obras antigas eram esquecidos na poeira. Eram esses velhos textos que os humanistas procuravam por toda parte, para relê-los, editá-los, comentá-los com paixão, para tornar novamente apreciadas as obras e a língua dos Antigos – gregos e latinos – com os quais eles vão literalmente viver.

Ninguém talvez o tenha dito melhor que Maquiavel, quando de seu segundo exílio (1513), no ocaso de sua vida. Ele está então no meio de camponeses, de lenhadores... "A noite vai caindo, volto para casa. Penetro em minha biblioteca e, desde o limiar, despojo-me da roupa de todos os dias, coberta de lama e de lodo, para vestir de novo os hábitos da corte real [...] Assim, honoravelmente trajado, entro na velha corte dos Antigos: ali eles me acolhem com afabilidade, e eu me nutro do alimento que é por excelência o meu e para o qual nasci; ali, não tenho nenhuma vergonha de falar com eles, de interrogá-los sobre os móveis de suas ações. E eles, em virtude de sua humanidade, respondem-me."

O humanismo do Renascimento está colocado sob o signo dessas leituras, dessas conversações ininterruptas; Rabelais, Montaigne são humanistas nesse sentido; dizem-no seus livros, repletos de lembranças de leituras... Ao lado de cada humanista, pode-se reconhecer com um sorriso de cumplicidade ou de malevolência o Antigo que o conduz pela mão e assim o explica ou o desmascara. Erasmo de Roterdã, que será chamado o Príncipe dos Humanistas, é Luciano, dizem seus inimigos. "Luciânicos", também, Rabelais, Bonaventure des Périers, enquanto Maquiavel é Políbio...

b) *Não é simples datar esse amplo movimento de ideias. Nossas palavras artificiais, humanismo e Renascimento (esta última criada quase tão artificialmente por Jules Michelet e Jacob Burckhardt) têm duplo emprego. Os dois movimentos se confundem no tempo e no espaço.*

Foi sem dúvida Avignon que lançou o humanismo e, com ele, já o Renascimento. Avignon, que se anima com o regresso de Petrarca (1337), que por muito tempo será, graças à residência dos papas, a cidade mais "europeia", mais luxuosa do Ocidente (mesmo depois do retorno do papado a Roma, em 1376, ela conservará seus antipapas, seu luxo, sua influência). Entretanto, é em Florença que o Renascimento, em sua plenitude, instalará mais tarde sua "hegemonia cultural", até a morte de Lourenço, o Magnífico (1492), e mesmo até a tomada de Florença pelos Imperiais e Cosme de Médici, em 1530.

Esses limites cronológicos, 1337 e 1530, decerto são válidos para o conjunto do movimento que não disse respeito apenas à Itália, mas a *todo o Ocidente*: o último príncipe do humanismo, Erasmo, nascido em Roterdã (1467), morre em Basileia (1536).

No entanto, esses dois longos séculos de história só adquirem seu pleno sentido quando os abrimos largamente para o passado, antes de 1337 (data frágil) e para o futuro, depois de 1530.

Para o passado porque não houve ruptura tão total quanto se imaginava ontem entre Idade Média e Renascimento. Esta não é o contrário da filosofia medieval, quaisquer que tenham sido os motejos dos humanistas em relação à escolástica. "Há cinquenta anos", escreve um historiador (em 1942), "via-se entre a Idade Média e o Renascimento a mesma diferença que entre preto e branco, dia e noite, uma diferença ofuscante. Depois, uma razão impelindo a outra, os confins entre as duas épocas se confundiram a tal ponto que, para distingui-las, começou-se a ter necessidade de uma bússola."

Para o *futuro* porque não é evidente que, o mais tardar com a morte de Erasmo (1536), o homem que todos os espíritos liberais de hoje amam retrospectivamente, uma civilização, a do livre Renascimento, tenha morrido sob o sopro glacial das guerras religiosas, às quais um século inteiro, e até mais, vai desde então pertencer.

Sem dúvida, o movimento triunfal do Renascimento se interrompe então. Todavia, quando se trata de realidades de civilização, o que durou mais de dois séculos não se poderia perder em um instante. Os humanistas ganharam certa partida a longo prazo. Ganharam-na no ensino, do qual a Antiguidade continuou a ser, até os nossos dias, o pão cotidiano. Mal começamos a nos desprender dela. E, sobretudo, depois deles, a Europa não mais esquecerá essa confiança na grandeza e na inteligência humanas de que eles se exaltaram e que há de permanecer como a maior incitação a pensar e a viver do Ocidente.

O humanismo, embora tendo sido a obra de círculos estreitos (latinistas apaixonados, helenistas menos numerosos, porém não menos apaixonados, hebraizantes como Thomas Platter, o operário cordoeiro, Pico della Mirandola ou Postel), a obra de "alguns espíritos de elite", de modo nenhum se limitou a umas poucas cidades ou cortes principescas, como a brilhante corte de Francisco I. Esses poucos espíritos se acham dispersos através da Europa, e relações epistolares estreitas os unem (a maravilhosa correspondência de Erasmo, naturalmente em latim, comporta doze volumes in-oitavo na publicação de Allen). Toda a Europa foi tocada por esse movimento dos espíritos: a Itália em primeira linha, mas também a França, a Alemanha (sem esquecer o papel particular da Boêmia), a Hungria, a Polônia, os Países Baixos, a Inglaterra... Listas de nomes poderiam ser citadas em apoio disso, e, no que concerne à França, essa criação de "leitores reais", na verdade professores fora dos quadros oficiais do ensino, encarregados por Francisco I de ensinar as matérias proscritas pela universidade e cujo corpo devia, mais tarde, tornar-se o Colégio de França.

c) *O humanismo do Renascimento é ou não uma luta contra o cristianismo? Devemos ver o movimento como tendendo de um só impulso para o ateísmo e a irreligião? Ou, pelo menos, saudar em Maquiavel, em Rabelais ou em Montaigne autênticos precursores do livre-pensamento?*

Isso talvez seja julgar excessivamente o Renascimento com nossos olhos de hoje. Que ele se desvia do ensino tradicional da escolástica e da teologia é certo. Que se delicie com uma literatura antiga totalmente pagã e que o sentido do movimento de seu pensamento seja a exaltação do homem não é duvidoso – mas disso não resulta forçosamente que ele se ergue contra Deus ou a Igreja.

A conclusão que se tira do estudo minucioso e rigoroso da obra de Rabelais feito por Lucien Febvre é que era *impossível*, ou pelo menos terrivelmente difícil, no tempo de Rabelais, chegar a um ateísmo *filosófico* seguro de si mesmo: a aparelhagem mental da época não o permite; não oferece nem as palavras-chave, nem os raciocínios incisivos, nem o indispensável apoio científico. O Renascimento, que certamente não negligenciou a pesquisa científica, não a colocou, entretanto, no centro de suas preocupações.

Não há conclusão válida, na verdade, se não se pesaram e repesaram os corações, os espíritos, se não se encontrou a atmosfera dessa vida distante, se não se instruíram, um a um, de novo, os processos de ateísmo lavrados um pouco precipitadamente pelas polêmicas dos contemporâneos ou pela paixão dos historiadores. Sempre, ou quase sempre, o juiz deverá reconhecer erros e ambiguidades insolúveis.

O diálogo de Lorenzo Valla, *De Voluptare*, 1431, que provocou escândalo na época, é, em latim ciceroniano, uma disputa entre *epicuristas* e *estoicos*. Estes últimos estiveram na moda até então (em Petrarca, Salutato, Poggio) – o jogo consiste, pois, em colocar-se, ao contrário, a favor daqueles. Mero debate literário, no fim do qual, aliás, o autor reaparece para afirmar a ordem sobrenatural do cristianismo.

Hipocrisia, dir-se-á. Mas isso é refazer a história com excessiva parcialidade, recusar-se a considerar que foi com o apoio de uma ciência materialista sólida que se pôde, finalmente, forjar, mais tarde, o ateísmo. No século XVI, *como regra geral*, a negação de Deus não faz parte das preocupações, dos desejos ou mesmo das necessidades dos homens.

Tampouco se vá acusar com muita pressa Maquiavel de ser pagão porque criticou os padres e a Igreja, "que nos tornaram irreligiosos e maus", ou criticar o cristianismo "por ter santificado os humildes e os contemplativos, por ter colocado o bem supremo na humildade [...] enquanto a religião antiga o colocava na grandeza da alma." Com mais razão se poderá criticá-lo por ter cedido à lição das coisas de seu terrível tempo e colocado a política fora da moral – de onde, desde então, ela não mais saiu...

Do mesmo modo, situemos exatamente a Academia fundada por Lourenço de Médici. Neoplatônica, ela se baseia na filosofia idealista de Platão e, por isso, toma posição contra o aristotelismo, buscando talvez uma espécie de *compromisso* entre Antiguidade e cristianismo.

Mas o fato de Pico della Mirandola, que a frequenta, fazer um discurso sobre a dignidade do homem – *De dignitate hominis* – não o impede de sonhar, no fim de sua brevíssima existência, com ir pregar o Evangelho, "crucifixo na mão, descalço, pelas cidades, pelos campos e pelos burgos" e se fazer sepultar com o hábito da Ordem Terceira dominicana, exemplo, entre cem outros, do que se chamou de *humanismo religioso*. Mesmo o caso do paduano Pomponazzi, ateu notório para uns, permanece duvidoso para outros. O caso de Bonaventure des Périers, personagem singular e autor de um estranho *Cymbalum Mundi* (1537--1538), foi examinado em um livro maravilhoso de Lucien Febvre (1942). Conclusão: se o Mercúrio desses diálogos é Cristo, como é certo, eis então um ataque contra Cristo, uma marca de ateísmo. Não calemos nem exageremos a importância desse livro, que permanece muito à parte na literatura da época.

Philippe Monnier, historiador apaixonado do *Quattrocento* florentino, pretende que o humanista, fascinado pelo prestígio dos Antigos, "copia-os, imita-os, repete-os, adota seus modelos, seus exemplos e seus deuses, seu espírito e sua língua", e que "semelhante movimento, levado aos seus extremos lógicos, *tenderia* a nada menos que suprimir o fenômeno cristão." Segundo a *nossa* lógica, talvez. Talvez não segundo a dos séculos XV e XVI. "Seria [...] insensato", escreve com paixão o sociólogo Alexander Rustow, "procurar tal antagonismo, quando a vitória da Antiguidade sobre a Igreja [...] se acha em plena conclusão e no próprio interior da Igreja. Roma não se desenvolveu como centro de irradiação do Renascimento, e desse movimento não foram os papas os iniciadores? É Alexandre VI que abate o inimigo dos humanistas em Florença, Savonarola, queimado a 20 de maio de 1498. Mais ainda, a Antiguidade que revive nos espíritos é tolerante. Os filósofos gregos assistiam, acreditando ou não acreditando neles, às festas e aos cultos dos deuses. Por que seus discípulos investiriam contra uma Igreja que lhes é tão pouco hostil? A frase é de Erasmo: 'São Sócrates, orai por nós!'"

d) *O Renascimento se afasta do cristianismo da Idade Média muito menos no terreno das ideias que no da própria vida.*

Ele é, se se quiser, uma traição cultural, e não filosófica. Sua atmosfera foi a de uma alegria viva, múltipla, a dos olhos, a do espírito, a do corpo, como se o Ocidente saísse de uma quaresma multissecular.

O Renascimento decorre de uma sociologia, de uma psicologia da alegria. É raro na história que os homens tenham tido a tal ponto o sentimento tão vivo de viver uma época feliz. "Ao *Memento mori* da Idade Média, eis que sucede o *Memento vivere*." A contemplação da morte, as danças macabras características do fim do século XV desapareceram por encanto, como se o Ocidente tivesse se *partilhado* (no sentido em que Michel Foucault emprega essa palavra), isto é, se separado em espírito da meditação sobre a morte. Pode-se acompanhar tal mudança nas numerosas e sucessivas *Artes moriendi* (esses tratados da boa morte): a morte deixa pouco a pouco de ser a morte celestial, a passagem calma a uma vida melhor, à verdadeira vida; torna-se uma morte *terrestre*, com todos os terríveis estigmas dos corpos que se corrompem, uma morte humana, a provação suprema que o homem deve afrontar. Já ninguém diz de bom grado, como Santo Agostinho: "Somos viajantes que suspiram após a morte", mas, ao mesmo tempo, já ninguém pensa que "esta vida é mais uma morte que uma vida; [que] é uma espécie de Inferno." A vida reencontra o seu valor, o seu alcance. É na terra que o homem deve organizar o seu reino, e essa convicção nova preside ao estabelecimento de todas as "forças positivas da cultura moderna: libertação do pensamento, desprezo pelas autoridades, vitória da formação intelectual sobre o privilégio do nascimento [ou seja, em termos do *Quattrocento*, vitória do conceito de *humanitas* sobre o de *nobilitas*], entusiasmo pela ciência, libertação do indivíduo [...]" (Nietzsche).

Dessa nova fermentação, os humanistas são muito conscientes. "Sem dúvida alguma, eis a idade de ouro", afirma Marsilio Ficino (1433-1499). Em 1517, Erasmo diz praticamente a mesma coisa: "Cumpre desejar boa sorte ao século: ele será a idade de ouro." Em sua célebre carta de 28 de outubro de 1518 ao humanista nurembherguês Willibald Pirkheimer, Ulrich von Hutten exclama: "Que século! Que letras! Quão agradável é viver!" Não ousamos falar aqui da Abadia de Thélème imaginada por Rabelais, tão conhecido, tão arquiconhecido é o exemplo... E, no entanto!

Que essa aguda tomada de consciência das possibilidades múltiplas do homem tenha preparado, com muito tempo de antecedência, todas as revoluções da modernidade, e também o ateísmo, ninguém há de contestar. No entanto, os humanistas estavam muito ocupados em organizar seu próprio reino para pensar em contestar o de Deus.

Desde o primeiro terço do século XVI, o movimento e a alegria do Renascimento serão freados. Os "homens tristes" vão pouco a pouco ocupar a cena do Ocidente. Como toda época de alegria, o grande sol, como todos os grandes períodos felizes ou que se supunham felizes – o Século em que brilhou a cidade de Alexandria, o Século de Augusto, o Século das Luzes –, o Renascimento durou pouco em sua perfeição.

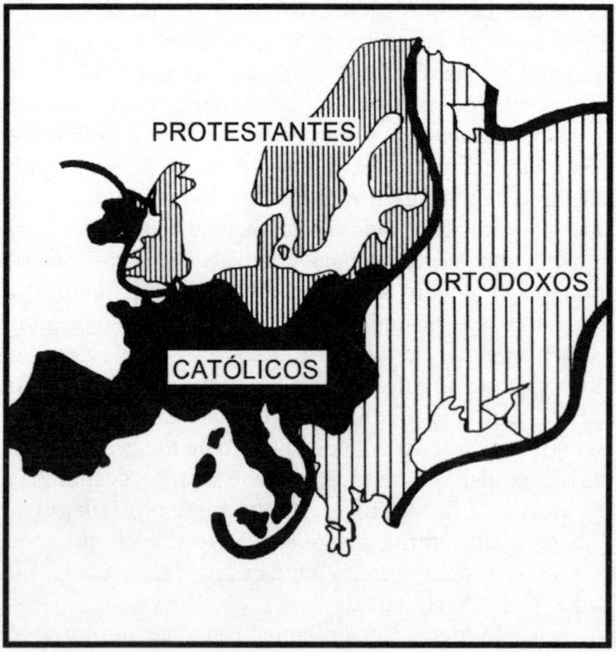

16. As três cristandades da Europa.

• ***O humanismo protestante. O imenso rio da Reforma nasce entre os séculos XV e XVI. Ele se afirma com a afixação, nas portas da Schlosskirche, em Wittenberg, a 31 de outubro de 1517, das 95 proposições de Lutero.***

Esse rio corre através dos terríveis excessos das guerras de religião. Elas começam realmente na Alemanha, em 1546, no próprio ano da morte de Lutero, e só terminarão um século depois, em 1648. No intervalo, elas ganharam outros países e por toda parte deixaram atrás de si ruínas imensas. Compromissos, tardios e *mais ou menos duradouros*, foram assinados: Paz de Augsburgo (1555), Edito de Nantes (1598), Carta de Majestade (na Boêmia, 1609). Entretanto, milhares de homens (pois a Reforma, ao contrário do humanismo do Renascimento, atinge imediatamente as massas), milhares de homens e de mulheres, para defender sua fé, tiveram que afrontar a guerra civil, a repressão violenta (como nos Países Baixos, no tempo de Filipe II, ou, na França, quando da revogação do Edito de Nantes, 1685, e da insurreição de Cevennes), ou o exílio, já para o Novo Mundo, já para um país favorável à sua fé, segundo os acasos do *Cujus regio, ejus religio*.

Todos esses furores se apaziguam com o século XVIII, por vezes mais cedo. O protestantismo sobreviveu a eles e, chegando até nós, matiza ainda hoje com seu humanismo particular uma ampla porção do mundo ocidental, especialmente os países anglo-saxões e germânicos. Entretanto, não é fácil precisar a cor exata desse humanismo, pois não existe *uma* Igreja protestante, mas *Igrejas*, que correspondem a uma pluralidade de humanismos protestantes, a vários tipos de homens. Eles nem por isso deixam de pertencer a uma mesma família, sobretudo quando os opomos ao seu vizinho, o Ocidente católico.

O que nos interessa é essa herança legada à Europa moderna, e não a *Reforma em si*. Não nos deteremos, pois, na história clássica da Reforma e do protestantismo. O leitor poderá recorrer, eventualmente, ao bom resumo de Émile Léonard.

A vinte anos de distância, dois protestantismos, duas longas "vagas" se sucederam, uma dominada pela ação veemente de Martinho Lutero (1483-1546), outra conduzida pela ação refletida e autoritária de Calvino (1509-1564). Os dois homens se assemelham muito pouco. Lutero é um camponês das províncias limítrofes do Leste germânico. Há algo de direto, de forte, de natural nessa revolta espiritual de camponês, nesse campesinato do espírito, nesse *Bauerstand des Geistes*, como diz Nietzsche. Denunciar os abusos, os absurdos, as complicações da Igreja; sair dessas incertezas apostando tudo na redenção pela fé ("o justo é salvo por sua fé"), contentar-se com tomadas de posições emocionais, instantâneas, sem se preocupar em ordená-las meticulosamente, tal é a posição clara, simples do jovem Lutero, uma posição romântica e revolucionária. "Deus não suportará isso por muito tempo", exclama ele. "Este já não é um mundo como o de ontem, em que as pessoas eram perseguidas e conduzidas como animais de caça!" Verdade é que Lutero não poderá manter essa atitude que o opõe aos poderosos, aos ricos. Em 1525, o Reformador deverá separar-se dos camponeses alemães sublevados, em parte por causa dele, entre o Elba, o Reno e os Alpes.

Nem por isso deixará ele de ser o oposto de Calvino, o citadino, o letrado de cabeça fria, o organizador paciente, enérgico, o jurista que sempre experimenta a necessidade de ir até o fim de suas deduções. Lutero vê a predestinação como uma revelação; Calvino a equaciona, deduz as consequências dela. Em todos os tempos, os eleitos foram escolhidos: assim, não cabe a eles governar os demais? O que Calvino faz em Genebra, com mão firme, referindo-se ao espírito de humildade (1536-1538; 1541-1564); o que Cromwell fará na Inglaterra dura dos puritanos.

Tais são os dois protestantismos maiores. Suas áreas são diferentes, seus pontos comuns, numerosos, apesar de tudo: ruptura com Roma, com o culto dos santos; supressão do clero regular; sacramentos reduzidos de sete para dois (a eucaristia e o batismo). Ainda assim, muitas vezes há desacordo quanto à eucaristia.

Além disso, é importante estar atento para o que se pode chamar, simplificando (porque a lista exata seria longa), de protestantismos aberrantes ou marginais: assim, desde o começo, ou quase, um protestantismo humanista (Zwínglio, em Zurique; Oecolampadius, em Basileia; Henrique VIII, na Inglaterra) e um protestantismo "pietista", o dos anabatistas, vigorosamente perseguido.

A fronteira entre o mundo católico e o mundo protestante – que constitui ainda em nossos dias uma articulação certa da civilização europeia – se deve apenas ao acaso das lutas?

A Europa, como o lenho das árvores, se fez por camadas sucessivas, de idades diferentes. O mais velho lenho do Ocidente, o cerne da árvore, é o que dela fora conquistado – e civilizado – outrora pelo Império romano, quando este se estendeu para oeste e para norte até a dupla articulação do Reno e do Danúbio, de um lado, e das ilhas Britânicas, do outro, de que manteve, e mal, apenas uma parte (em linhas gerais, a bacia de Londres).

Do outro lado dessas fronteiras, a civilização europeia propagou-se tardiamente, *após a queda do Império romano*: são as camadas novas e superficiais do alburno. O Ocidente medieval *colonizou*, no sentido nobre do termo, esse mundo próximo do seu, nele instalando suas igrejas, seus missionários. As abadias, os bispados da longínqua Roma são ali importantes alicerces.

Será por acaso que essa antiga fronteira do Império romano, essa fronteira entre velha Europa e Europa recentemente "colonizada", constitui em grande parte a fronteira que dividiu o mundo católico e o mundo protestante? Sem dúvida, a Reforma teve suas razões puramente religiosas: a subida dessas águas espirituais visíveis em toda a Europa e que tornou o fiel atento aos abusos e às desordens da Igreja, às insuficiências de uma devoção demasiado terra a terra, feita mais de gestos que de verdadeiros fervores. Esse sentimento, toda a cristandade o experimentou. Entretanto, a velha Europa, mais apegada, sem dúvida, a suas tradições religiosas antigas e que a ligavam estreitamente a Roma, manteve o vínculo, enquanto a nova Europa, mais mesclada, mais jovem, menos apegada à sua hierarquia religiosa, consumou a ruptura. Uma reação nacional já se adivinha.

O destino posterior dos dois mundos alimentou amiúde o que se poderia chamar de orgulho sectário. Atribuiu-se às virtudes do protestantismo o desenvolvimento do capitalismo e do pensamento científico, ou seja, do mundo moderno. As respectivas posições do protestantismo e do catolicismo se explicam mais razoavelmente em um contexto de história econômica e geral.

De fato, não se vê no protestantismo o que lhe asseguraria uma superioridade – ou uma inferioridade – intelectual em relação ao mundo católico.

É certo, em compensação, que ele criou uma diferença e, portanto, uma contribuição particular, original, na cultura europeia.

Para definir essa contribuição, importa distinguir entre o primeiro protestantismo militante do século XVI *e o protestantismo vitorioso, instalado no século* XVIII.

Iniciada sob o signo da liberdade e da revolta, a Reforma não tarda a mergulhar na mesma intransigência que criticava em seu adversário. Ela cria um edifício tão rígido quanto o catolicismo medieval, "onde tudo está subordinado à escala dos valores sobrenaturais da revelação: o Estado, a sociedade, o ensino, a ciência, a economia, o direito." No topo do edifício, o "Livro", a Bíblia, e, como intérpretes do Livro, o Estado e a Igreja protestante. Ao Estado (príncipe ou cidade), o velho *jus episcopale*.

Desnecessário dizer que esse regime não cria a liberdade religiosa pela qual originariamente se pegara em armas. Ordem, severidade, mão de ferro, tais são as igrejas protestantes primitivas, tanto em Basileia como em Zurique, onde, por mais erasmianos que sejam, os reformadores não hesitam em afogar os terríveis anabatistas. Nos Países Baixos, massacres idênticos. Que esses infelizes que negam a Santíssima Trindade, a divindade do Filho e se erguem contra a Igreja, o Estado e os ricos ao mesmo tempo tenham sido perseguidos, enforcados, degolados, afogados pelos "papistas", é coisa que concorda com a lógica, se não com a caridade. Mas em nome de que pôde a Reforma infligir-lhes o mesmo tratamento? Conhece-se também a *tragoedia serveta*: Miguel Servet, médico espanhol protestante, é detido um dia em Genebra ao sair do sermão, acusado em razão de seu antitrinitarismo e de seu panteísmo, condenado ao suplício e queimado por instigação de Calvino, que o espreitava havia tempos. Sébastien Castellion (1515-1563), o humanista "saboiano", apóstolo da Reforma liberal, indigna-se com isso em seu comovente panfleto de 1554 contra o senhor de Genebra, a quem servira e amara outrora; fica indignado porque ninguém mais que ele está consciente dos erros e dos crimes da Reforma triunfante. "Não há quase nenhuma seita [...]", exclama ele, "que não tenha as demais por heréticas, de modo que se, nesta cidade ou região, você é considerado verdadeiro, na próxima será tido por herético. A tal ponto que, se alguém hoje quer *viver*, é-lhe necessário ter tantas *fés* e *religiões* quantas sejam as cidades ou as *seitas*: de modo que aquele que viaja por diferentes países precisa mudar sua moeda todos os dias, pois a que é boa aqui não terá nenhum curso em outro lugar." Entende ele, por sua parte, permanecer fiel à liberdade de interpretação. "Quanto aos anabatistas", diz, "ao seu espírito, aos que pensam ou escrevem sobre a palavra de Deus, cabe a eles ver o que estão fazendo."

Essa voz permanece a de um homem isolado que morreu miserável, em meio a alguns fiéis apaixonados. Entretanto, no século XVII, no tempo das querelas entre calvinistas de estrita obediência e dissidentes arminianos ou socinianos, suas obras deviam ser republicadas em Amsterdam, uma delas com o título significativo de *A vela da Saboia*. É que, com efeito, o saboiano Castellion será, a partir de então, uma das luzes que anunciam o novo caminho que o protestantismo haverá finalmente de trilhar.

O *novo protestantismo favoreceu a liberdade de consciência*. O rigor dogmático vai abrandar-se progressivamente, sobretudo no século XVIII, talvez na medida em que diminui a ativa pressão do catolicismo e da vigorosa Contrarreforma.

Mas também graças a uma evolução interna do protestantismo rumo a uma certa liberdade de consciência, segundo a própria via em que se engaja o Século das Luzes, sob a influência principalmente da evolução científica. Como sempre, é muito difícil discernir causas e efeitos e dizer se o protestantismo, regressando às suas fontes espirituais e ao livre exame das Escrituras, impeliu a Europa para o caminho de uma independência espiritual ou se, ao contrário, a evolução do próprio protestantismo não se prende a essa evolução geral do pensamento filosófico e científico da Europa. Ambas as coisas podem ser verdadeiras, em um jogo de influências recíprocas.

Não se pode negar que, ao contrário de seu adversário católico, o protestantismo se insere no movimento do grande século liberal. Mas tampouco se negará que países de formação e tradição católicas, como a França, encontram-se à frente desse mesmo movimento.

Em todo caso, *o protestantismo se orienta então para o direito ao livre exame*, à crítica histórica dos textos sagrados, *a um racionalismo deísta*. Dessa forma, ele se reconcilia consigo mesmo, e é isso que é importante: todas as seitas marginais, até então mantidas à distância como suspeitas – os puritanos da Inglaterra, os anabatistas da Alemanha e dos Países Baixos –, prosperam ou mesmo enxameiam. Os anabatistas, sob o nome de menonitas, fazem fortuna na Inglaterra, passam à América, fundam uma colônia em Providence e se tornarão, em seguida, uma vigorosa confissão protestante dos Estados Unidos. No final do século XVII reaparecem – descendentes dos "inspirados" do século XVI – aqueles que se autodenominam Amigos e que o mundo vai conhecer sob o nome de *quakers* (tremedores). Com eles, William Pen, em 1681, lança as bases da colônia da Pensilvânia. Mesma renovação na Alemanha, em benefício do *pietismo*, fundado por um pastor, Philipp Jakob Spener, protegido do eleitor de Brandemburgo, que se tornará mais tarde, em 1701, o primeiro rei da Prússia, Frederico I. Spener também participa da fundação da poderosa Universidade de Halle (1681). Toda a Alemanha luterana será sublevada por seus discípulos por volta da metade do século XVIII. Nenhum movimento, porém, será tão forte quanto o metodismo inglês de Wesley e Whitefield.

A enumeração dessas seitas vitoriosas não tem nenhum interesse aqui, salvo para assinalar o livre desabrochar do pensamento protestante num sentimento religioso *que já não é comandado por nenhuma teologia estrita*. "A teologia já não se identifica com a religião", escrevia um universitário protestante, Ferdinand Buisson, em 1914; "é preciso que uma passe para que a outra dure."

É o que marca em profundidade a diferença atual entre sociedades católicas e sociedades protestantes. O protestante está sempre a sós com Deus. Pode, por assim dizer, elaborar a própria religião, vivê-la, e permanecer em harmonia com o mundo religioso, permanecer *conforme*. Melhor: ele pode encontrar, em uma das numerosas seitas, aquela que resolve, sem dor, seu problema pessoal. Quase se poderia dizer que às diferentes dissidências também correspondem, com muita frequência, diferentes estágios sociais.

Com isso, a sociedade protestante ignora essa cisão entre o laico e o religioso que marca as sociedades católicas modernas, nas quais qualquer homem deve escolher entre certa submissão do espírito e uma ruptura com a Igreja, que é uma *comunidade*: ou se está nela, ou não se está. Todos os conflitos espirituais são *abertos*, a tomada de posição é obrigatória. A sociedade protestante, ao contrário, é *fechada* sobre seus conflitos espirituais internos, sem que estes, não obstante, deixem de existir. Daí essa série de diferenças nos comportamentos e nas atitudes que delineiam, entre os anglo-saxões e a Europa católica, uma imperceptível e irredutível fronteira.

• ***O humanismo de inspiração revolucionária. A Europa foi e continua a ser revolucionária. Toda a sua história o repete. Ela foi e permanece também indefinidamente contrarrevolucionária.***

Ainda desta vez, o que importará não são tanto os movimentos revolucionários em si mesmos quanto o seu prolongamento no futuro, o que chamaremos de *humanismo de inspiração revolucionária*, fórmula não habitual pela qual designamos o conteúdo humano e o "legado" ideal da Revolução. Outros dizem, no mesmo sentido, a "mística revolucionária" ou o "espírito revolucionário".

Logicamente, tratar-se-á aqui da *Revolução Francesa, a única que teve um sentido europeu e mundial* antes da Revolução Russa de 1917.

a) Os movimentos revolucionários e a Revolução.

Até a Revolução Russa, sempre se faz referência à Revolução Francesa de 1789 como "a Revolução", pura e simplesmente, ou seja, a primeira, a única. Todavia, numerosos movimentos revolucionários a haviam precedido, nessa Europa tensa, protestatária, nunca resignada com o pior. Mas a história não lhes concede de bom grado o título de "revoluções".

Quase não o concede, por exemplo, às *numerosas sublevações camponesas* que já assinalamos, através da Europa, entre os séculos XIV e XVII. E é frequentemente em um sentido particular que se pode falar de revoluções a propósito de certas libertações nacionais: a dos cantões suíços (libertação definitiva, 1412), das Províncias Unidas (vitória definitiva, 1648), das colônias inglesas da América, os futuros Estados Unidos (1774-1782), da América hispânica entre 1810 e 1824 ou, ainda, das separações, brutais ou amigáveis, dos países escandinavos, Suécia, Noruega, Dinamarca... Todos eles movimentos que se apresentam, sem dúvida, como reações contra o Estado moderno, porém mais ainda contra *o estrangeiro* – e o detalhe tem sua importância.

Uma "verdadeira" revolução se faz sempre contra um Estado moderno (detalhe essencial) e de dentro, com uma finalidade de autorreforma. Antes de 1789, na Europa (se excetuarmos os fracassos da Liga e da Fronda), só foram dignas desse nome as duas revoluções inglesas, a primeira, violenta e sangrenta (1640-1658), a segunda, tranquila, bem-comportada (a de 1688). Todavia, a Revolução Francesa, que subverteu por dentro um dos mais sólidos Estados do Ocidente, teve uma ressonância totalmente diversa, na medida em que se estendeu a toda a cena europeia, de 1789 a 1815, onde sua lembrança assumiu, para o mundo todo, o valor de um imenso símbolo capaz, a cada geração, de rejuvenescer, de alimentar-se de novas paixões.

O poder de atualidade desse símbolo afirma-se ainda hoje. Viajando pela URSS em 1958, um historiador francês espanta-se que, quando seus colegas soviéticos dizem "a Revolução", seja à Revolução Francesa que se refiram. O mesmo historiador, ensinando em 1935 na Universidade de São Paulo, Brasil, explicava, como Albert Mathiez, que a maioria dos "gigantes da Convenção" podia ser reduzida a uma dimensão muito humana, por vezes bastante ordinária. Seus alunos brasileiros logo se alvoroçaram, como se tivessem ouvido um sacrilégio, e um deles declarou: "Quanto a nós, estamos esperando a Revolução Francesa..."

Assim, a Revolução Francesa sobrevive a si mesma através do mundo, mesmo quando o mito da Revolução Russa veio substitui-la.

Na França, este último tende hoje a dominar inteiramente o pensamento sindical e revolucionário, na medida em que se refere a realidades práticas da hora. Contudo, o poder de fervor que cercava 1789 ainda ontem, só o julgará aquele que conheceu na Sorbonne as agitações monstros ou os entusiasmos despertados pelos cursos de Alphonse Aulard († 1928) e pelo arroubo dos auditórios de Albert Mathiez († 1932) ou de Georges Lefebvre († 1960). Essa presença da Revolução no pensamento político e na ética dos europeus inflete seus raciocínios e suas atitudes, *mesmo quando a atitude é de hostilidade.*

b) Houve duas, ou três, ou quatro revoluções francesas. A Revolução Francesa, como os atuais foguetes de estágios, conheceu várias explosões, vários lançamentos sucessivos.

Ela se apresenta, no início, como uma "revolução liberal", moderada, com alguns episódios dramáticos (tomada da Bastilha, Grande Medo). Essa Revolução I se desenvolve com grande rapidez, em quatro etapas sucessivas: uma revolta nobiliária (Assembleia dos Notáveis, 1788), uma revolta burguesa, "de juristas", como já foi chamada (reunião dos Estados Gerais), e depois uma revolução urbana e uma revolução camponesa, ambas decisivas.

Uma Revolução II, brutal, sucede-lhe após a declaração de guerra à Áustria, a 20 de abril de 1792. "Foi a guerra de 1792 que levou ao desvio da Revolução Francesa", escreveu Alphonse Aulard. É verdade; e a ocupação dos Países Baixos depois de Jemmapes tornou o conflito inevitável. Reconheçamos também que a Revolução, ao constituir a França em nação moderna (desde antes da farândola das Federações que é a sua espetacular encenação), afirmou, revelou sua força e preparou a explosão. Violenta tanto por dentro como por fora, essa segunda fase se encerra com a queda de Robespierre, 27-28 de julho de 1794 (9-10 termidor, Ano II).

A Revolução III (mas devemos ainda dizer revolução?) se situaria entre termidor e brumário (28 de julho de 1794 a 9 e 10 de novembro de 1799), reunindo assim, com os últimos meses da Convenção, toda a duração do Diretório. A Revolução IV englobaria o Consulado, o Império e os Cem Dias (1799-1815).

É certo que Napoleão continuou a Revolução, estabilizando-a e dominando-a, acrescentando às incertezas de seu destino global a incerteza dramática de seu próprio destino, a fragilidade de um regime *ilegítimo* e que se precisa justificar, custe o que custar, por sucessos ininterruptos.

Depois de Austerlitz, o imperador Francisco II, aplaudido por seus bons súditos em seu regresso a Viena, dizia ao embaixador francês: "Acreditais, senhor, que vosso Amo poderia voltar assim a Paris, tendo perdido uma batalha como a que perdi?"

Essa impertinência tem o mesmo sentido que esta exclamação de um realista francês fascinado pela glória de Napoleão: "Pena que ele não tenha sido um Bourbon!"

c) A Revolução Francesa deveria ser, segundo suas primeiras intenções, uma solução ao gosto do "despotismo esclarecido".

Nessa história movimentada, a fase II, a única que conheceu uma violência dramática, apresenta-se em relação ao conjunto como uma aberração, um desvio inesperado.

Afirmou-se frequentemente que, se a Revolução, na primavera de 1792, não tivesse soçobrado no sangue, uma revolução quase pacífica teria podido obter esse sucesso à inglesa, na moderação, como tinham sonhado tantos espíritos franceses. Como Montesquieu, que escrevia nas *Cartas persas*, em 1721: "Não se deve tocar nas leis existentes, senão com mão trêmula"; ou Rousseau, para quem um povo não podia sobreviver a comoções revolucionárias: "Assim que seus ferros se partem, ele se dispersa e deixa de existir."

Os começos da Revolução estão de acordo com esse espírito, mais de reforma que de revolução. Um rei firme teria podido mantê-la aí, ou reconduzi-la aí. Todavia, nem os conselhos de Mirabeau nem os de Barnave lograram desembaraçar Luís XVI dos privilegiados que o cercavam e faziam dele um prisioneiro de sua própria corte. Será preciso reabrir esse velho processo?

Não era a primeira vez que as soluções de bom senso político se viam assim descartadas. O programa dos reformadores "esclarecidos" sempre fora freado, na França, desde o princípio do reinado de Luís XVI; daí a destituição de Turgot, em 1776. E por toda parte a mesma reação mostrara seu rosto e sua força, nessa Europa do *despotismo esclarecido*, onde tantos bons espíritos acreditaram que bastava conquistar o príncipe ou o rei, que, desde que este último fosse "filósofo", tudo estava assegurado. Ora, os soberanos do *Século das Luzes* preferiram as meias medidas. Mesmo quando Frederico II consegue impor-se à sua nobreza, é com tanta moderação que, à sua morte, em 1787, o Estado prussiano será o teatro de uma vasta reação senhorial.

O que um Frederico II não soubera fazer, como esperá-lo de um Luís XVI? Quando, finalmente, este apelou para a ajuda estrangeira, desencadeou as forças ágeis da Contrarrevolução e da reação europeias. Atropelada pelos fatos, a Revolução lançou-se em uma via inesperada até para seus próprios promotores.

Eles próprios confessaram: "Homem algum é revolucionário: torna-se revolucionário" (Carnot); "A força das coisas nos levou talvez a resultados nos quais não havíamos pensado" (Saint-Just). Nessa via inédita, cruel para si e para os outros, a Revolução se manterá apenas por alguns meses, até a queda de Robespierre, que abre a porta para a reação e a doçura de reviver. "Paris tornou-se de novo muito alegre", conta Michelet. "Poucos dias após termidor, um homem, que ainda vive e tinha então dez anos, foi levado por seus pais ao teatro e, à saída, admirou a longa fila de carruagens brilhantes que, pela primeira vez, impressionavam-lhe os olhos. Homens de jaqueta, chapéu baixo, diziam aos espectadores que saíam: 'Precisa de um carro, *meu senhor*?' O menino não compreendeu bem esses novos termos. Pediu explicação e limitaram-se a dizer-lhe que houvera uma grande mudança com a morte de Robespierre."

Mas será que Michelet teve razão ao interromper no 10 termidor sua *História da Revolução Francesa* (1853)? Em boa lógica, não: finda a reação termidoriana, a França vai voltar à Revolução sábia da fase I, cujas conquistas essenciais o Diretório, já, e o Consulado, depois, manterão. O que será rejeitado é a contribuição da Convenção terrorista.

No estrangeiro, em todo caso, ninguém julga a Revolução terminada. Ainda a 12 de setembro de 1797, o embaixador russo na Inglaterra escrevia (em francês) a seu governo: "O que era provável [...] aconteceu em Paris: o triunvirato ditatorial prendeu dois diretores e 64 membros dos dois Conselhos, sem nenhuma forma de processo. Vão enviá-los a Madagascar. Eis a bela Constituição e a bela liberdade francesas! Preferiria viver no Marrocos a nesse país de pretensa igualdade e liberdade." Por que essa irritação? Porque, no estrangeiro, nem sempre se fala com ironia de "bela liberdade francesa". É em nome da Revolução que Napoleão irá de conquista em conquista, e, onde quer que o regime napoleônico se instalar, as leis, os costumes e os corações guardarão o traço desse regime, apesar dos rancores ou dos ódios suscitados pela ocupação. Goethe e Hegel serão a favor de Napoleão, a quem verão, diante de uma Europa reacionária, muito atrasada em relação à evolução política e social da França, como "a alma do mundo a cavalo" – a expressão é de Hegel.

As guerras do Império projetaram às dimensões da Europa a "guerra civil" francesa. Durante um quarto de século, para cada país europeu ameaçado pela conquista napoleônica, a Revolução foi uma realidade em potencial. Vivida assim, no espírito, como uma possibilidade imediata, a mensagem da Revolução, admirada ou maldita, propagou-se poderosamente através do Ocidente, onde dividiu os corações, orientou as paixões. E, por fim, drama de cores violentas, com seus santos, seus mártires, suas lições, suas esperanças frustradas, eternamente renovadas, a Revolução se oferece ao século XIX como um evangelho.

d) A mensagem da Revolução Francesa.

Aparentemente, depois de 1815 a Revolução parece reduzida ao silêncio. No entanto, ela perdura nos corações e nas consciências, subsiste em suas aquisições essenciais.

A Restauração não voltou atrás em relação aos privilégios sociais abolidos (direitos feudais em particular). Os bens nacionais não foram restituídos aos antigos proprietários, e, ainda que sua distribuição não tenha sido equitativa (o mais das vezes eles foram para os ricos), a conquista revolucionária foi salvaguardada nesse ponto, como o havia sido o princípio dos direitos do indivíduo garantidos pela Carta de 1814. Quando o governo de Carlos X parecer pronto para uma nova reação, será a sublevação imediata, a Monarquia de Julho e o retomo à bandeira tricolor. Então ressurgem largamente a ideologia e a linguagem revolucionárias.

Já em 1828, um companheiro de Gracchus Babeuf, Buonarotti, contara em sua *Histoire de la conspiration pour l'Égalité, dite de Babeuf*, a Conspiração dos "Iguais", os projetos que estes tinham de uma espécie de "Vendeia plebeia", o fracasso e a execução deles (Babeuf se apunhalou para escapar a ela, a 26 de março de 1797). Tratara-se de um movimento "comunista", comunitário sem dúvida, fiel a este dito de Rousseau: "Estais perdidos se esqueceis que os frutos são de todos, e a terra, de ninguém." O sucesso do livro e do exemplo foi imenso. Auguste Blanqui, o revolucionário impenitente que ninguém consegue deixar de amar retrospectivamente, leu-o com paixão.

Esse exemplo nos permite compreender a maneira pela qual a Revolução pôde continuar, até os nossos dias, a falar mais ou menos a linguagem que cada geração desejava emprestar-lhe. Após o eclipse aparente do Segundo Império, a partir de 1875, seus símbolos não mais deixarão de ser a base ideológica da III República e de todo o movimento socialista, o suporte da revolução em marcha.

O que o humanismo revolucionário evoca então é essencialmente a legitimidade da violência a serviço do direito, da igualdade, da justiça social, da pátria ciosamente amada, uma violência da qual o revolucionário é ou o ator, ou a vítima, porque "sair à rua" é tanto para ali tombar, gritar seu último protesto, quanto para vencer. Mas a coragem da violência – coragem de morrer ou de ferir – só pode ser aceita se for o único meio de dobrar o destino, de torná-lo mais humano, mais fraternal. Em suma, a Revolução é a violência a serviço de um ideal. A Contrarrevolução brota de uma aposta análoga. Seu erro, em face da história, é o de olhar para trás, tentar voltar atrás. Ora, voltar ao passado só é possível incidentalmente, por um instante. *A longo prazo*, uma ação só pode ter peso histórico e durar se caminhar no sentido da história se juntar sua própria velocidade à dela, em vez de tentar inutilmente freá-la.

Em todo caso, poderíamos, com toda a razão, admirar-nos de que 1789 tenha servido de bandeira aos grandes movimentos das massas operárias até o século XX. Em primeiro lugar, tanto em suas intenções primeiras como em seus resultados, a Revolução de 89 permaneceu uma revolução prudente. Depois, sua legenda heroica, cheia de milagres, de semideuses, de "gigantes", desfez-se em parte, empanada pela desmistificação de uma história objetiva. Ninguém se empenhou melhor nisso que os historiadores de esquerda, desejosos de apoiar seu fervor revolucionário no testemunho dos documentos. Com isso, a Revolução perdeu muitos de seus santos; mas, ao mesmo tempo, sua mensagem avultou com mais nitidez.

Com efeito, essa revisão reabilitou o período vermelho do Terror, ressaltou o sentido de seus sofrimentos (tanto os que ele sofreu como os que infligiu), alegou, para justificá-lo, o trágico das situações. Doravante, é o Incorruptível e depois Gracchus Babeuf (herói tardio) que passam à frente de Carnot, "o organizador da vitória", ou de Danton. E é a sua linguagem que chega até nós, uma linguagem forte porque foi "a das antecipações". O sufrágio universal, a separação entre a Igreja e o Estado, o decreto de ventoso, que previa inclusive certa redistribuição dos bens; todas essas conquistas efêmeras da Revolução II, renegadas após o termidor, são antecipações, já que por vezes foi necessário tanto tempo para que elas repercutissem até nós e se tornassem nosso bem.

Em todo caso, é graças a elas que o humanismo revolucionário de 1789 ainda vive entre nós. As hesitações, certas reservas do socialismo europeu, sobretudo ontem, diante do comunismo (que criou outro ideal, outra forma da revolução) – por exemplo, as críticas opostas por Jaurès às ideias marxistas após a assinatura (1905) do pacto com Jules Guesde, que criou a unidade socialista "sob os auspícios do Manifesto Comunista" –, tudo isso são sinais de que certa ideologia de esquerda, alimentada de lembranças e também de palavras, recusou identificar a *sua* revolução com a revolução de Marx e, mais tarde, dos sovietes. No início de sua *Histoire socialiste de la Révolution Française*, não indica Jaurès que ela será "ao mesmo tempo materialista com Marx e mística com Michelet", isto é, fiel à "mística revolucionária" segundo Michelet, à herança viva da Revolução Francesa? Só tardiamente, incompletamente, é que a civilização ocidental, na França e fora da França, separa-se, deslastra-se da herança e do ideal de 1789.

O pensamento científico antes do século XIX

O desenvolvimento do pensamento científico na Europa até o século XVIII põe em jogo a infância da ciência moderna: na verdade uma pré-ciência, tal como se pode falar, antes da Revolução Industrial, de uma pré-indústria.

Não se trata nem de resumir essa evolução, nem mesmo de reconhecer o limiar que separa a pré-ciência da ciência moderna. O problema é saber não o como, mas *o porquê desse desenvolvimento científico nos marcos exclusivos da civilização ocidental*. Segundo o dito, sem ambiguidade, de Joseph Needham, químico e sinólogo, "a Europa não criou uma ciência qualquer, mas a ciência mundial." E a criou quase sozinha.

Então, por que essa criação não se cumpriu no quadro de civilizações muito mais precoces, na China, por exemplo, ou a partir do Islã?

• ***Todo procedimento científico se enquadra regularmente em uma explicação geral do mundo. Não há progresso, não há raciocínio, nem hipótese frutuosa, se não existe um sistema geral de referências em relação ao qual seja possível situar-se e depois orientar-se. A sucessão dos sistemas de explicação do mundo fornece a melhor trama da evolução científica.***

A história das ciências (e da ciência), vista de certa altura, apresenta-se como a passagem muito lenta de uma explicação geral racional a *outra* explicação geral, cada qual se afirmando sucessivamente como uma *teoria* que abrange o conjunto das explicações científicas do momento, até o dia em que esse envoltório se rompe, porque é contradito, de forma violenta, por novos conhecimentos. Torna-se necessário, então, construir outro, custe o que custar, e que será um novo ponto de partida.

Do século XIII aos nossos dias, a ciência ocidental conheceu apenas três explicações gerais, *três sistemas do mundo*: o de Aristóteles, que se introduz nas interpretações e especulações do Ocidente com o século XIII e que é uma herança remota; o de Descartes e de Newton, que funda a ciência clássica e se apresenta (à parte os empréstimos decisivos tomados ao pensamento de Arquimedes) como uma construção original do Ocidente; enfim, a teoria relativista de Einstein, anunciada em 1905, que inaugura a ciência contemporânea.

Essas vastas criações dominam o procedimento científico, mas evidentemente não o resumem em sua totalidade. Seu estabelecimento coloca problemas complexos, e não menos sua deterioração. O momento em que elas já não quadram com os fatos assinala, de ordinário, os verdadeiros progressos, os momentos decisivos da história geral das ciências.

O *sistema de Aristóteles é uma herança antiquíssima, a da Escola Peripatética (século IV a.C.).* Sua mensagem, no essencial, chegou ao Ocidente pela intermediação tardia das traduções, em Toledo, dos comentários de Averróis. Em Paris, foi uma verdadeira revolução: em 1215, os programas da Universidade são modificados de alto a baixo, sendo o estudo da literatura latina, sobretudo dos poetas, substituído pelo da lógica formal. "A filosofia penetra tudo, abole tudo", as traduções de Aristóteles se multiplicam, suscitam uma massa enorme de comentários. Segue-se uma viva querela entre Antigos e Modernos. Em um poema da época, por volta de 1250, o filósofo diz ao poeta: "Eu me dedico ao saber, enquanto tu preferes as coisas pueris, prosas, ritmos, metros. De que te servem elas? [...] Tu sabes a gramática, mas ignoras a Ciência e a Lógica. Por que te enches de orgulho, se não passas de um ignorante?"

O sistema do mundo desenvolvido por Aristóteles reinará sobre a Europa até o século XVII, ou mesmo até o XVIII, pois que não sucumbirá imediatamente aos ataques de Copérnico, de Kepler, de Galileu.

"A cosmofísica de Aristóteles está, decerto, completamente ultrapassada. No entanto, é uma física, isto é, uma teoria altamente, se bem que não matematicamente, elaborada. Não é nem um prolongamento bruto e verbal do senso comum, nem uma fantasia infantil, mas uma teoria, ou seja, uma doutrina que, partindo naturalmente dos dados do senso comum, os submete a uma elaboração sistemática, extremamente coerente e severa" (Alexandre Koyré). Sem dúvida, Aristóteles coloca *como um axioma* que existe uma unidade do mundo, um "cosmos". Mas acaso Einstein age de maneira diferente? Quando Paul Valéry lhe pergunta: "Mas que me prova que existe unidade na natureza?", ele responde: "É um ato de fé" (Paul Valéry, *L'Idée fixe*, p. 141). Diz ele alhures: "Não posso pensar que Deus jogue dados com o cosmos." Essa unidade aristotélica do mundo é uma "ordem": cada corpo tem aí seu *lugar natural* e deveria, pois, permanecer em um repouso perpétuo. Tal é o repouso da Terra no centro do Cosmos e de suas sucessivas esferas. Entretanto, séries de movimentos agitam o cosmos: movimentos *naturais* (como o do corpo que cai no chão, do corpo leve, chama ou fumaça, que ganha o céu, como o movimento circular dos astros, ou melhor, das esferas celestes); movimentos *violentos*, anormais, em contrapartida, os que se imprimem a um corpo, seja empurrando-o, seja puxando-o, e que se interrompem tão logo cessa o esforço motor. A isso, uma única exceção, de monta, é verdade: o corpo lançado, o projétil, cujo movimento não é *natural* nem tampouco está ligado a um motor (não é nem empurrado, nem puxado). Esse projétil seria propulsado pelo meio turbilhonante do ar que ele atravessa. Essa resposta salva, assegura o sistema, mas todos os ataques vão visar a esse ponto fraco.

Eles incidirão infalivelmente na eterna e controversa questão: *a quo moventur projecta?** Questão que suscita, a bem dizer, uma série de problemas (a inércia ou a aceleração da queda dos *graves*) de que já se apoderam os "nominalistas" parisienses do século XIV, Occam, Buridan, Oresme. Este último, gênio matemático, reconhece o princípio da lei da inércia, a proporcionalidade entre a velocidade e o tempo da queda dos corpos... Mas seu pensamento não será seguido imediatamente.

Seria uma longa, admirável história, a das lutas, das tentativas em consequência das quais *a física e a ciência clássicas destronaram o sistema de Aristóteles para desembocar no sistema newtoniano.*

Esse "salto para a frente" é o feito de espíritos excepcionais, em relação uns com os outros: a ciência é desde então internacional, ultrapassa as divisões políticas ou linguísticas e preenche *todo* o espaço do Ocidente. Sem dúvida, os progressos foram favorecidos pelo desenvolvimento econômico do século XVI, e não menos pela difusão, nessa época, das obras da ciência grega, graças à imprensa. Os trabalhos de Arquimedes são, assim, conhecidos muito tardiamente, durante os últimos anos do século XVI. Ora, esse pensamento é maravilhoso; no rasto do cálculo infinitesimal, ele propõe (pense-se no cálculo de π) a noção fecunda de *limite*.

Esses progressos foram lentos. Para a matemática, os cinco principais progressos, como os enumera um historiador das ciências, sucedem-se a longos intervalos: geometria analítica de Fermat (1629) e de Descartes (1637); aritmética superior de Fermat (cerca de 1630-1665); análise combinatória (1654); dinâmica de Galileu (1591-1612) e de Newton (1666-1684); gravitação universal de Newton (1666 e 1684-1687).

Ora, não é apenas à matemática que isso concerne. Vejam também o vasto campo da astronomia, o modo como resistirá o sistema geocêntrico herdado de Ptolomeu (e os gregos, não obstante, tiveram por um momento a ideia de um sistema heliocêntrico) e o lento triunfo de Copérnico (1473-1543) e Kepler (1571-1630).

* Por que os projéteis se movem? [N. R.].

O grande acontecimento, para lá dessas tentativas, é a constituição de um novo sistema do mundo: *o universo abstrato, geometrizado de Descartes e, mais ainda, de Newton*, onde tudo se resume e se contém em uma linha, a da gravitação universal: os corpos se atraem na razão direta de sua massa e na razão inversa do quadrado da distância que os separa (1687).

Esse mundo imaginado também terá grande fôlego, atravessará todas as revoluções científicas do século XIX, até o recente advento da relatividade de Einstein, nova explicação mágica do mundo. Quem fez seus estudos em 1939 ainda viveu, em espírito, nos marcos claros do universo newtoniano.

• ***Descartes, "um homem livre".***

Esse universo geometrizado, ou mecanizado, não pertence em particular a nenhum dos sábios que citamos ou poderíamos ter citado. Sem ceder a um nacionalismo fora de época, concedamos, porém, a René Descartes (1596-1650) o lugar que lhe cabe.

Abramos para ele um parêntese. O homem escapa aos biógrafos por sua discrição, sua timidez voluntária, sua sensibilidade contida. A partir de 1628, excetuadas algumas viagens, ele vive longe da França, sobretudo na Holanda. Morrerá em Estocolmo, hóspede da rainha Cristina da Suécia. Em Amsterdam, onde residiu por muito tempo, ele se rejubilou por estar perdido no meio da multidão, "nunca reconhecido por ninguém".

Reconstruir seu pensamento, retomá-lo em seu movimento, é tão difícil quanto reconstruir essa vida secreta.

O *Discurso do método* (1637), com efeito, simplificou tudo aos nossos olhos. Ulteriormente, só se quis ver suas regras peremptórias, quando o *Discurso* é o prefácio de três obras: *La Dioptrique*, *Les Météores* e a célebre *Géométrie*. Importa não separar estas daquele. Ademais, o *Discurso* é, de certa forma, uma versão simplificada, contraída dessas *Regulae* que só foram publicadas após a morte do autor. Terão as *Regulae* sido compostas, como parece, por volta de 1629 e retomadas em 1637, para uma clarificação, no *Discurso do método*? Ou, ao contrário, os quatro preceitos do método datam, como o diz ao pé da letra o *Discurso*, do famoso inverno de 1619-1620, e, nesse caso, as *Regulae* seriam uma versão posterior, mais extensa, mais complicada? O fato é que de um livro para outro, o estilo de pensamento difere. Como diferem a severa e estrita *Geometria* e essa matemática mais rica, mais inventiva que nos oferecem as *Cartas* de Descartes, onde ele é como que estimulado, inflamado pelos "desafios de seus adversários".

Daí muitas hesitações que não mudam, evidentemente, o significado do conjunto. Estamos em presença da primeira crítica sistemática e moderna do conhecimento, de uma luta heroica contra qualquer logro intelectual ou metafísico, qualquer erro "de uma intuição poética".

No plano científico, algumas palavras não poderiam bastar, mesmo se nos limitarmos, em sua obra, àquilo que olha para o futuro e chega até nós, se esquecermos sua física e sua óptica, que obviamente não foram revolucionárias, para visarmos apenas à sua geometria, a obra na qual, segundo ele mesmo, melhor aplicou o seu método.

Descartes se desembaraça, não sem dificuldade, do "realismo geométrico" dos gregos. Sua matemática instaura a pura abstração. "Assim, a extensão, em vez de ser imposta ao pensamento de uma forma realista, é constituída por um tecido de relações." Com isso, ultrapassando seus predecessores, notadamente Viète, a quem conhece, e Cavalieri, a quem equivocamente ignora, ele faz progredir "a passos de gigante a teoria das equações. Depois dele, será preciso esperar por Galois."

O fato de a matemática cartesiana não ultrapassar a compreensão atual de um estudante de matemática iniciante não nos deve dissimular a enormidade do salto dado por Descartes. Assim, quando ele evoca, ao lado das raízes "verdadeiras" (as positivas) de uma equação e das "falsas" (as negativas), as raízes "tão somente imaginárias", ou quando sua demonstração implica, embora sem fixá-los com nitidez, os eixos de coordenadas (ortogonais ou não), ou quando ele decompõe ou, antes, compõe antecipadamente uma função em um certo número de binômios sob a forma de equações do primeiro grau que se multiplicam umas às outras, ou seja, $(x - 1)(x + 4)(x - 7)$ etc.

Tem razão um historiador, Lucien Febvre, ao vê-lo vivendo sua razão do mesmo modo como vive sua fé, opondo-se a tudo que o século XVI arrastara consigo, em seu movimento naturalista, em matéria de fábulas, de imprecisões, de física qualitativa, opondo-se a todos esses "racionalistas" do Renascimento que não viram "na natureza mais que uma caixa de milagres ou uma incitação ao devaneio."

• ***Os anos decisivos, 1780-1820, colocam um último problema: a transposição do limiar que conduz à ciência realmente moderna.***

Por esplêndido que seja o século XVIII, ele ainda não está no mesmo nível da ciência moderna, senhora de suas atitudes, de sua linguagem, de seus métodos.

É o que mostra um dos mais belos livros de Gaston Bachelard, *La Formation de l'Esprit Scientifique* (1935), onde ele se empenhou em repertoriar os embaraços, os desazos de uma ciência que ainda se libertava, não sem dificuldades, do conhecimento comum e de certa mentalidade pré-lógica cuja falta de agilidade nos espanta. Essa psicanálise do espírito científico, no *Século das Luzes*, não leva em conta, evidentemente, senão os lados escuros, os erros, as aberrações, as tolices. Mas será que essas tolices não acompanham eternamente o espírito científico em marcha? Quem sabe não estejamos desprovidos delas em face da ciência de amanhã?

O maior obstáculo no século XVIII? Talvez a compartimentação da ciência em setores independentes uns dos outros, uns em viva progressão: matemática, química, termodinâmica, geologia, economia (mas trata-se de uma ciência?); outros a reboque, por vezes estagnados: medicina, ciências biológicas... As diferentes ciências carecem, então, de ligações entre si; a linguagem matemática as penetra mal; lacuna não menos grave, a ligação com a técnica se faz de maneira episódica.

Essas dificuldades se resolverão lentamente. Na França, a nova terra só é francamente atingida por volta de 1820-1826, no momento em que a Academia de Ciências é "a mais brilhante reunião de sábios que jamais existiu: Ampère, Laplace, Legendre, Biot, Poinsot, Cauchy [...]" (Louis de Broglie). Esse momento vale para toda a Europa.

Por quais razões, exatamente, o limiar é transposto, sendo assegurado, assim, o destino científico de uma civilização que, então, *mas só então*, vê-se definitivamente arrebatada por seu impulso?

Uma explicação materialista é evidente. O surto econômico sem precedente do século XVIII subverteu o mundo inteiro, e a Europa tornou-se seu centro imperioso. Vida material e técnica multiplicam suas exigências, suas injunções. Aos poucos, uma resposta e uma colaboração se precisam. A industrialização, que será tratada em nosso próximo capítulo, seria assim o elemento decisivo, o *motor*. O que equivale a explicar uma evidente especificidade ocidental – a ciência – por uma não menos evidente especificidade ocidental – a industrialização. Essas duas originalidades repercutiriam entre si; em todo caso, elas se acompanham. É o que se compraz em dizer Joseph Needham, cujo testemunho evocávamos. A China possui muito cedo, muito mais cedo que o Ocidente, uma ciência, um esboço de ciência, bastante fino e adiantado; mas, para transpor a etapa decisiva, ela não conheceu esse impulso econômico que subverteu a Europa, essa tensão "capitalista" que, no fim do caminho ou a meio caminho, permitiu-lhe superar o obstáculo e cuja incitação se faz sentir muito tempo antes, desde a ascensão das grandes cidades mercantis da Idade Média e, sobretudo, a partir do século XVI.

Todas as forças da Europa, materiais e espirituais, trabalharam para esse nascimento, fruto de uma civilização tomada em sua plena densidade e em sua total responsabilidade.

CAPÍTULO III

A industrialização da Europa

Uma das responsabilidades essenciais da Europa: ter realizado a Revolução Industrial, que correu e corre o universo. Esse formidável lançamento técnico é sua obra, uma obra recente na escala da história das civilizações, já que data de apenas dois séculos.

Até então, a brilhante Europa só figura, *no plano material*, como país subdesenvolvido, não em relação ao mundo que a cerca, mas em relação ao que ela própria haveria de se tornar.

Então, como conseguiu ela transpor esse limiar industrial? Como reagiu sua civilização às consequências de sua própria criação? Tais são as questões que se colocam de saída.

Seu interesse é atual:

a) Essas questões exigem explicações prévias sobre o estado da Europa antes de sua industrialização. Ora, esse Antigo Regime econômico é ainda o de muitas regiões do mundo que tentam ultrapassá-lo.

b) A Revolução Industrial é um fenômeno complicado; em nenhum lugar ele ocorreu de uma só vez. Setores ficaram por muito tempo para trás, como a indústria da lã de Yorkshire ou a de ferragens de Birmingham até a metade do século XIX, para citar apenas exemplos do país pioneiro, que foi a Inglaterra. Essas discordâncias visíveis hoje na América do Sul, por exemplo, são normais em todo país em via de industrialização.

c) O exemplo da Europa prova que a industrialização coloca, desde as primícias de seu êxito, graves problemas sociais. O país que empreende industrializar-se deve encarar, ao mesmo tempo, a revisão de suas estruturas sociais se quiser evitar a longa gestação ideológica e revolucionária que trabalhou e fez sofrer a Europa.

Nas origens da primeira revolução industrial

Quatro revoluções industriais clássicas – a do vapor, a da eletricidade, a do motor a explosão e a da energia nuclear – se sucedem e se acrescentam umas às outras.

O problema para nós é ver, se possível de perto, como essa série de revoluções pôs-se em marcha, o que equivale a colocar em questão o caso privilegiado da Inglaterra, entre 1780 e 1890. Por que a Inglaterra foi a primeira a se industrializar? E em que condições? Qual era, antes de 1780, a situação geral da Europa no plano industrial?

• ***A palavra indústria, antes do século XVIII, ou melhor, antes do XIX, pode sugerir falsas imagens. Quando muito, pode-se falar de pré-indústria.***

De fato, desde o século XII, que viu "a primeira revolução industrial" – entenda-se, a generalização, no espaço europeu, dos moinhos de água e dos moinhos de vento –, não surgiu nenhuma inovação técnica maior. A pré-indústria não dispõe, ainda no século XVIII, senão dessas fontes e meios energéticos de outrora: a potência de um moinho de águas se situa, em geral, em torno de 5 HP; a de um moinho de vento, nas regiões amplamente ventiladas, como a Holanda, ultrapassa por vezes 10 HP, mas seu trabalho é intermitente. Na falta de recursos energéticos abundantes e de máquinas poderosas, a vida industrial, malgrado a multidão dos pequenos e, não raro, engenhosos progressos técnicos, está condenada a uma semi-imobilidade. Ao redor dela, uma vida econômica arcaica se perpetua e a aprisiona (rendimentos agrícolas irrisórios, transportes imperfeitos e caros, mercados insuficientes; em contrapartida, a mão de obra é superabundante).

A indústria, no sentido em que a entendemos, não existe, por assim dizer. O artesanato local, de curto raio de ação, basta frequentemente para suprir as necessidades da população. Em determinados setores, porém, distinguem-se empresas que trabalham e empresas que trabalham para vastos mercados ou se especializam na fabricação de produtos de luxo. Assim, na França, existem certas manufaturas "reais" desde o século XVII. Essas proezas são bastante numerosas no domínio progressivo das indústrias têxteis, de onde partirá, como veremos, a Revolução Industrial inglesa.

Com efeito, a indústria têxtil permite, melhor que qualquer outra, relativas concentrações no seio de um artesanato ainda tradicional. Nos séculos XVI e XVII, e mesmo no XIII, nas cidades têxteis da Itália e de Flandres, sob a impulsão de ricos mercadores "*qui faciunt laborare*"*,

* Que fazem trabalhar [N. R.].

esboçam-se organizações bastante vastas nas próprias cidades, algumas grandes oficinas, lojas, "mestres" que trabalham a domicílio (esses mestres, quase sempre simples assalariados, são ajudados por dois ou três oficiais); depois, com muita frequência, fora da cidade e ligados à mesma produção, camponeses e camponesas que trabalham igualmente a domicílio.

Assim, um documento do século XVI descreve os mercadores de Segóvia (Castela), enriquecidos pela fabricação de tecidos, como "verdadeiros pais de família que, em suas casas e fora delas, mantêm um grande número de pessoas, muito deles até duzentas, trezentas pessoas, fabricando assim, pelas mãos dos outros, grande diversidade dos mais finos tecidos."

Em Laval, por volta de 1700, a indústria ativa das fazendas conta, na cidade e em seus arredores, cinco mil operários (ou seja, vinte mil pessoas, com suas famílias), "o mais rico dos quais não possui nem cem libras como todos os seus bens"; diante deles, quinhentos mestres tecelões que compram o fio de mercadores linheiros, "chamados de *cânceres*, porque comem e sugam os mestres tecelões pobres"; acima desse povo, trinta comerciantes do atacado, verdadeiros organizadores dessa indústria, que branqueiam as peças de pano cru e as expedem para longe. Esses comerciantes-empresários representam o que uma história *tipológica* chama de *capitalismo comercial*, ou *mercantil*: eles fornecem a matéria-prima, pagam os salários, armazenam a produção, vendem-na, por vezes a exportam para longe e geralmente compram, em troca, outros produtos vantajosos.

Dada a lentidão das viagens, cada um desses circuitos mercantis demora a se completar. No século XV, a lã, comprada nos lavadouros da Espanha, expedida e trabalhada em Florença, vendida a seguir sob a forma de belos tecidos em Alexandria, no Egito, contra produtos do Oriente que serão revendidos em Florença ou em outras partes da Europa, percorria um ciclo mercantil de pelo menos três anos, muitas vezes mais. A operação, geralmente lucrativa, é assim de longo termo. Ela imobiliza por muito tempo, e não sem riscos, um capital considerável. O mercador-empresário, o único capaz de levá-la a cabo, graças ao seu capital (geralmente, aliás, em associação com outros mercadores, para dividir os riscos), domina a situação. Reserva a si mesmo os riscos e os lucros.

• ***A manufatura: a palavra, incerta durante muito tempo, designa muito bem, retrospectivamente, essa concentração dos operários em um mesmo edifício (ou em edifícios próximos uns dos outros), sob a vigilância de contramestres.***

O movimento se estende até o século XVIII. Com isso, certa divisão do trabalho se opera nessas oficinas. Um artigo da *Enciclopedia* (1761) atribui a superioridade das sedas lionesas ao fato de as manufaturas empregarem na sua fabricação um pessoal numeroso (ao todo, trinta mil operários da seda na cidade), de modo que "um operário não faz e não fará em toda a sua vida senão uma só e única coisa, e outro, outra coisa; daí decorre que cada uma delas é bem e prontamente executada."

Todavia, essa organização é apresentada como excepcional. A dispersão artesanal, assim, continua a ser a regra, ainda às vésperas dos primeiros sinais da Revolução Industrial.

• ***A Europa pré-industrial não carece, pois, nem de empresários nem de capitais; ela não ignora os apelos do mercado, nem mesmo do mercado internacional, e por vezes dispõe de uma mão de obra já semiconcentrada, ao alcance dos empresários.***

Ela sofre, em compensação, como todos os países subdesenvolvidos de hoje, de uma economia mal-articulada. O setor agrícola, em particular, não permite a nenhum surto econômico conservar-se no auge de seu impulso e chegar à plenitude. O mercado é insuficiente, a concorrência severa, mortal; a menor crise joga tudo por terra. As falências "industriais" e comerciais são frequentes. Um guia mercantil de meados do século XVIII chama a atenção para os perigos da "moda" das manufaturas: "Encontramos em nossas províncias vestígios de manufaturas destruídas, e todos os anos vê-se alguma delas se arruinar, enquanto outras se elevam para logo tornar a cair."

De fato, a pré-indústria só vive graças aos salários baixíssimos. Se a condição operária melhora em alguma região onde a prosperidade permitiu, enfim, a elevação dos salários, a consequência disso não se faz esperar: a indústria se extingue ou pelo menos periclita, arrasada pela concorrência estrangeira. É o caso de Veneza no século XVII, da Holanda no XVIII...

Em 1777, o intendente da Picardia constata: os trabalhadores precisam hoje do dobro de dinheiro para sua subsistência; no entanto, não ganham mais do que há cinquenta anos, quando os víveres eram metade mais baratos; não têm, pois, senão a metade do necessário.

• ***Tudo só pode mudar e só mudará com inovações técnicas. Entretanto, aceitemos de antemão que essas inovações não podem decidir tudo por si sós. O caso privilegiado da Inglaterra vai prová-lo.***

Na Inglaterra, as inovações técnicas se produzem em duas indústrias-chave: as têxteis (sobretudo) e as minas. Repercutindo mais ou menos depressa, porém assaz amplamente, elas atingem os demais setores da economia.

As minas inglesas, notadamente as minas de estanho da Cornuália, exploradas de há muito e cada vez mais profundas, estão expostas ao flagelo constante das infiltrações de água. É o velho problema já colocado no *De re metallica*, de Georg Agrícola, no século XVI. Mas as grandes rodas hidráulicas utilizadas para esse efeito não podem animar bombas bastante potentes, série de bombas, na verdade? Cada uma, produzindo o vácuo, utiliza a pressão do ar e não pode exceder as suas forças (cada vez, ela levantará no máximo uma coluna de água teórica de dez metros de altura, aproximadamente).

A procura de bombas potentes suscitou, finalmente, as grandes, pesadas e caríssimas máquinas a vapor de Newcomen, a partir de 1712-1718. Ao consertar uma destas últimas, o escocês John Watt, "preparador", diríamos nós, na Universidade de Edimburgo, ver-se-á no caminho de sua própria máquina a vapor, mais simples e eficaz (concebida em 1776)... Assim, o vapor não esperou por Watt; desde o começo do século XVIII, ele animava máquinas que serviram muito mais do que se pensava (estudos recentes o provam). Algumas até funcionaram na França por volta de 1750, nas minas de carvão de Anzin. Os êxitos espetaculares (o primeiro automóvel, o primeiro barco a vapor de Beugnot e de Jouffroy) se situam em 1770.

A indústria têxtil foi e continuará a ser, até a metade do século XIX (até o advento das estradas de ferro), a indústria motriz: ela puxa as demais, ao mesmo tempo indústria de primeira necessidade e indústria de luxo.

Segundo Max Weber, seus ritmos dominam todo o passado material do Ocidente: este conheceu sucessivamente uma idade do linho (Carlos Magno se veste de linho); uma idade da lã; em seguida, uma idade do algodão – ou melhor, uma loucura do algodão no século XVIII. Ora, é o algodão que assiste ao desenvolvimento das primeiras *fábricas*, no sentido estrito da palavra. Ligado ao comércio com as Índias, a África, a América e, por conseguinte, ao tráfico dos escravos negros, o algodão instalou-se nos grandes portos coloniais ou ao redor deles (Liverpool, Glasgow). Aproveita-se de seu impulso, de seus capitais acumulados. Não admira que essas indústrias fortemente solicitadas reclamem ou mesmo provoquem os aperfeiçoamentos técnicos.

Novas máquinas vão surgindo, cada qual com seu cognome: a *navete volante* de John Kay (1733); a *spinning Jenny* de Hargreaves, a *waterframe* de Harkwright (1769), a *mule-jenny* de Campton (1799); o ápice dessa evolução é, sem dúvida – mas na França –, o tear de Jacquard (1801).

Assim se esboça uma primeira explicação: o surto econômico levantou este ou aquele setor industrial, privilegiado; a técnica atende a essa demanda. Tudo se organiza de forma empírica, espontânea.

• ***Solicitada por sua vez pela técnica, a ciência se faz não menos naturalmente presente. O* homo sapiens *reúne-se ao* homo faber*; desde então eles caminharão juntos.***

A ciência realizara evidentes progressos no século XVIII. No conjunto, porém, tratava-se de uma ciência mais generalizante, teórica, pouco habituada a colaborar com uma técnica artesanal que quase não lhe colocava questões.

Tudo muda com o final do século XVIII. Doravante, certas solicitações industriais se dirigem por si mesmas – para lá da técnica, essa ciência da habilidade e do ofício – à própria ciência.

Assim, o admirável John Watt (1736-1819) não é um simples artesão, um mero autodidata: espírito cientificamente orientado, ele tem conhecimentos de engenheiro e de químico. Um verdadeiro cientista, John Black (nascido em Bordeaux em 1728, de pais escoceses, falecido em Edimburgo em 1799), professor universitário em Edimburgo (químico, realizou notáveis trabalhos sobre os álcalis), forneceu a Watt o princípio do *calor latente*, baseado no qual este construiu sua máquina: o vapor não se deterá, graças à "gaveta", no cilindro em que ele atua e que seria por ele esfriado.

Apoios desse gênero a ciência vai dar às centenas à *indústria nascente*. É o caso, importante, do *branqueamento dos tecidos*. O processo antigo (estendedura e regadura, sobre os prados, das peças de fazenda, passagem em várias soluções, primeiro alcalinas, depois ligeiramente ácidas) requer amplos espaços e muito tempo, às vezes até seis meses. Para uma indústria em viva expansão, isso é um "ponto de estrangulamento", tanto mais que o ácido fraco empregado, o *soro de leite* (a operação denomina-se *souring*), não se produz industrialmente. Utiliza-se então o ácido sulfúrico diluído. Foi necessário produzi-lo em grande quantidade, ocasião para que intervenha um verdadeiro cientista, John White, médico, ex-aluno da Universidade de Leiden. A descoberta do cloro, em 1774, pelo sueco Carl Scheele, seu emprego, pelo francês Berthollet, para o branqueamento dos tecidos e o aperfeiçoamento, na Inglaterra, de um método prático levarão o processo à sua perfeição, graças, como se vê, ao jogo *internacional* da ciência.

Nada ilustra melhor, talvez, essa colaboração entre ciência e técnica que o personagem de *Matthew Boulton* (1728-1809). De origem modesta (um *novus homo**), esse industrial, espírito prático e criativo que financiou os trabalhos de John Watt, era ao mesmo tempo um sábio

* Homem novo, isto é, os que enriqueceram e alcançaram uma posição social de destaque por seu trabalho, e não por nascimento. Por assim dizer, equivalente em latim do *self-made man*. [N. R.].

apaixonado pela química. Em torno dele encontram-se tanto John Watt quanto um matemático e médico como William Small, um poeta e médico como Erasmus Darwin, o avô do grande Darwin, e muitos outros. A Inglaterra industrial torna-se a Inglaterra científica, tendo por capitais, note-se, Birmingham e Manchester. Londres, a rainha do capitalismo mercantil, ficará muito tempo afastada dessas novidades, e só retomará o seu lugar na vida científica inglesa por volta de 1820. O fato, por si só, é significativo. Foi o surto industrial que proporcionou à ciência condições de agir.

Mas essa explicação é suficiente? Como compreender então que, na França, onde a ciência *aplicada* – pensemos em químicos da envergadura de P. J. Macquer (1718-1784), ou Louis Berthollet (1748-1822) – é, sem dúvida, mais adiantada até mesmo que a da Inglaterra, o progresso da indústria tenha sido menos rápido? É que a Revolução Industrial, evidentemente, teve também outras causas, *econômicas* umas (as mais fortes), *sociais* outras.

• ***A explicação geral – econômica e social – revela-se a melhor.***
Antes de ela se iniciar, *a Inglaterra, graças à sua revolução "burguesa" de 1688, alcançou seu equilíbrio político.* Ela dispõe de uma sociedade aberta para o capitalismo (fundação do Banco da Inglaterra, 1694) e sua economia beneficiou-se de múltiplos investimentos de interesse geral estradas, canais (ela conheceu, no século XVIII, a "loucura dos canais").

A Revolução Inglesa se desencadeia graças a um *surto econômico geral*, o do século XVIII, que, então, agita o mundo inteiro.

Mas teria ela sido possível sem o *forte crescimento demográfico inglês do século XVIII* (da ordem de 64%)? Esse crescimento, também ele mundial, apresenta-se tanto na China como na Europa; no entanto, conforme o país, tem mais ou menos força, sendo assim mais fraco na França (da ordem de 35%) que na Inglaterra. Esta última dispôs, em consequência, de uma mão de obra superabundante e barata.

Por fim, o imenso papel das transformações da agricultura inglesa (*enclosure*, métodos científicos) desatou a velha camisa de força da tradicional insuficiência da produção alimentícia.

A Revolução Inglesa se fez em dois tempos: *primeiro, o algodão, entre 1780 e 1830; depois, a metalurgia.* O segundo tempo, o da indústria pesada, foi determinado pela construção das estradas de ferro. Instalado graças ao dinheiro dos poupadores da primeira revolução algodoeira, ele será de uma potência inédita, mas foi o primeiro tempo que lhe deu vida e lhe abriu o caminho. É ao algodão que se deve voltar, *se se quer julgar do primeiro surto.*

A voga do algodão atinge então a Europa inteira, incluindo a Inglaterra. Ela importou durante muito tempo, para si e para os mercados europeus e extraeuropeus, os tecidos de algodão de seus entrepostos das Índias, as *chitas-da-índia*. O sucesso destas últimas provocará sua imitação pelos manufatureiros ingleses. Estimulada por seus aperfeiçoamentos técnicos, a indústria algodoeira não cessará de crescer, primeiramente por causa da enorme demanda nas costas da África (um escravo ali é chamado de "uma peça d'Índia", segundo a antiga expressão portuguesa, ou seja, a peça de tecido de algodão pela qual ele é trocado) e, logo em seguida, por causa da demanda do mercado brasileiro, que os ingleses abrem para si e monopolizam (1808), repetindo a mesma operação, dois anos depois, em toda a América espanhola. Mais tarde, ela chegará ao ponto de concorrer, em seus próprios territórios, com as tecelagens indianas e acabará por destruí-las totalmente. Invadirá também o Mediterrâneo. E a venda dos tecidos britânicos no mundo, de 1820 a 1860, é continuamente crescente. O consumo de algodão bruto pelas fábricas inglesas passará de dois milhões de libras-peso, em 1760, a 366 milhões em 1850!

Esse imenso sucesso tem repercussões múltiplas. Ao abrigo do surto prodigioso do algodão, a Inglaterra submerge o mercado mundial com as mais diversas mercadorias. Desse mercado mundial ela exclui os outros países. Um governo agressivo, belicoso sempre que necessário, reserva à indústria inglesa um vasto domínio em que a expansão parece não ter mais limites.

Esse mercado mundial não pôde ser disputado com a Inglaterra, na medida em que esse crescimento da produção se acompanha, como será sempre a regra em seguida, de uma *fabulosa* queda de preços de custo (entre 1800 e 1850, o preço dos tecidos de algodão passa de 550 a cem, enquanto o trigo, por exemplo, e a maior parte dos demais gêneros diminuirão apenas um terço).

Os salários permanecem mais ou menos estáveis, mas a incidência que eles tinham outrora sobre o preço de custo é muito mais fraca, já que a técnica reduziu consideravelmente a parte do trabalho do homem. Quem se admirará das felizes consequências dessa produção de massa – a primeira – sobre a vida popular? Vejam o que sobre elas diz Michelet para a França, a propósito da crise algodoeira de 1842.

A expansão da indústria metalúrgica ocorre muito mais tarde. Nesse domínio, a produção, até o século XIX, havia dependido exclusivamente da guerra. "As fundições de ferro no século XVIII se identificam com a fundição dos canhões", escrevia um inglês em 1831; todavia, canhões, os ingleses praticamente só têm em seus navios, já que a guerra terrestre não é sua especialidade. No século XVIII, eles produzem menos ferro que a França ou a Rússia e, por vezes, o importam da Suécia ou da Rússia. A decisiva descoberta técnica da fundição a coque, ocorrida no século XVII, não é realmente utilizada. A fundição a carvão de lenha se mantém por muito tempo.

A instalação (1830-1840) das estradas de ferro, grandes consumidoras de ferro, de fundidos, de aço, muda tudo. A Inglaterra se empenha, em seu território e no ultramar, na construção das estradas de ferro. Além disso, a revolução dos navios de cascos metálicos, movidos a vapor, transformará a construção naval inglesa numa enorme indústria pesada. O algodão deixa, então, de ser o setor-chave da vida econômica da Grã-Bretanha.

A difusão do fenômeno industrial na Europa (e fora da Europa)

Nos demais países europeus e não europeus, o fenômeno industrial não se apresenta nem na mesma hora, nem inteiramente no mesmo contexto. Todavia, de maneira geral, a história parece repetir-se a cada vez, embora não diga respeito nem às mesmas sociedades, nem às mesmas economias, nem às mesmas civilizações. Contudo, reduzida à sua realidade econômica, cada revolução industrial reproduz, até certo ponto, um mesmo "modelo", como dizem os economistas – uniforme, bastante simples.

• ***Três etapas: tal é a opinião (formulada em 1952) de um economista americano, Walt W. Rostow. Discutível, sem dúvida, ela certamente clarifica o debate.***

a) *O take off.*

No ponto de partida, momento essencial, situa-se o *take off*, literalmente a "decolagem". Como o avião roda sobre a pista e depois a deixa, também uma economia em expansão se desprende bruscamente desse Antigo Regime industrial que a colava ao solo. Essa decolagem se faz, em geral, em um único setor, quando muito em dois: assim, o algodão, no caso da Grã-Bretanha e no da Nova Inglaterra (caso particular do desenvolvimento "americano"); as estradas de ferro, no caso da França, Alemanha, Canadá, Rússia, Estados Unidos; a madeira de construção e as minas de ferro, no caso da Suécia... Sempre esse setor tem um rápido *impulso inicial* e se moderniza depressa, sendo que seu crescimento e a modernidade de sua técnica o diferenciam justamente dos surtos industriais anteriores, que nunca conheceram essa força explosiva nem esse movimento de longo fôlego. Assim subvertida, a indústria aumenta sua produção, melhora sua técnica, organiza seu mercado e depois anima o resto da economia.

Em seguida, a indústria-chave, motor inicial, estabiliza-se e atinge seu teto. As reservas que ela permitiu acumular se dirigem, então, a um setor vizinho, o qual, por sua vez, em parte moderniza-se, atinge sua perfeição.

b) *Como esse processo se estende de setor a setor, a economia, em seu conjunto, atinge sua maturidade industrial.*

Na Europa Ocidental, após o *take off* das estradas de ferro (isto é, do ferro, do carvão, da indústria pesada), o aço, as construções navais modernas, a química, a eletricidade e as máquinas-ferramentas as substituem. A Rússia conheceu, muito mais tarde, essa mesma evolução. Na Suécia, a pasta para papel, a madeira e o ferro desempenharam os papéis essenciais. Em linhas gerais, é nos primeiros anos do século XX que esse limiar de maturidade é atingido para o conjunto do mundo ocidental. A Inglaterra, que o transpusera em 1850, vê-se, então, mais ou menos em igualdade com seus parceiros.

Por conseguinte, a expansão industrial não se impõe mais como o objetivo primordial a essas economias já "veteranas", relativamente equilibradas, que asseguraram suas rendas e adquiriram certa abundância. Em que direção voltarão elas sua força e seus investimentos possíveis? Confrontadas com essa opção, porque doravante há possibilidade de optar, as sociedades industriais não responderam todas da mesma forma. Sua resposta delineia o sentido de sua história presente e o de seu futuro. Ora, como se pode adivinhar, é em sua própria civilização que elas foram buscar, conscientemente ou não, as motivações de sua escolha.

c) *A hora da escolha. Trata-se, de fato, de escolher um estilo de vida*, válido para toda uma sociedade.

Ou optar pela segurança, o bem-estar, os lazeres de todos e concentrar o esforço em uma legislação social atenta; ou considerar que esse bem-estar só se pode realizar através de um amplo consumo de massa (uma vez que os bens, os serviços de luxo são produzidos de modo a alcançar a grande maioria da nação); ou, enfim, utilizar o maior poder da sociedade ou da nação no plano frequentemente vão, e sempre perigoso, da política mundial, da potência.

Por volta de 1900, maturidade dos Estados Unidos: eles experimentaram, então, um gesto breve, mas significativo de potência (guerra contra a Espanha em 1898, por Cuba e pelas Filipinas), gesto consciente, se pensarmos que Theodore Roosevelt escrevia então que os

Estados Unidos "tinham necessidade de uma guerra" ou que era preciso dar-lhes "algo em que pensar que não fosse o ganho material." Alguns anos depois, são as tímidas e efêmeras tentativas de uma política social progressiva. No entanto, após a ruptura da Primeira Guerra Mundial, os Estados Unidos se entregam completamente à solução do consumo de massa – é o *boom* dos automóveis, da construção, dos *gadgets* para o conforto das casas...

Na Europa Ocidental, a hora da escolha foi retardada pelas duas guerras mundiais e pelas reconstruções que elas impuseram. De maneira geral, o consumo de massa fez sua aparição aí a partir de 1950, mas com as restrições e as emendas trazidas pelas políticas governamentais e pela pressão de uma poderosa tradição socialista – na França, por exemplo, as séries de leis sociais que vão da gratuidade do ensino à organização médica da previdência social. E também com *o atraso de setores inteiros*, fruto de circunstâncias ou de reticências a abandonar os hábitos tradicionais. Por exemplo, a revolução da agricultura, à americana, chocou-se no continente europeu com múltiplos freios. Conhecem-se, a propósito, as repetidas dificuldades da União Soviética; a situação é igualmente complicada para a Itália e para a França, apenas a meio caminho de sua modernização agrícola.

Enfim, nem *todas as regiões se engajaram igualmente no movimento*. Do mesmo modo que o sul dos Estados Unidos ficara, bem depois de 1900, "a reboque", toda uma parte da Europa permanece atrasada: o sudoeste e o oeste francês, a Itália do *Mezzogiorno*, a península Ibérica em sua totalidade, afora os centros industriais de Barcelona e Bilbao, o conjunto das repúblicas socialistas (salvo a própria União Soviética, a Tchecoslováquia e a República Democrática da Alemanha), o restante da península dos Bálcãs, a Turquia...

Em suma, há sempre essas duas Europas, que um jornalista, em 1929, distinguia uma como a da charrete, outra como a do cavalo-vapor.

Se se quiser um símbolo disso, entre mil, basta ir aos arredores de Cracóvia por uma estrada em que as estreitas carroças de quatro rodas, com seus carregamentos de madeira, seus rebanhos de gansos com suas pastoras, como no século XV, são mais numerosos que os automóveis. Eis, porém, que se erguem as formidáveis instalações de Nowa Huta, a cidade metalúrgica construída em sua totalidade pela Polônia socialista. Esse contraste ainda faz parte da vida europeia de hoje.

• ***Crédito, capitalismo financeiro e capitalismo de Estado: uma revolução do crédito acompanhou a Revolução Industrial e se beneficiou plenamente do impulso desta última.***

O capitalismo, certo capitalismo, existe desde sempre, até mesmo na antiga Babilônia, que conheceu banqueiros, mercadores engajados em negócios distantes e todos os instrumentos de crédito: letra de câmbio, nota promissória, cheque... Nesse sentido, a história do capitalismo vai "de Hamurabi a Rockefeller".

Contudo, o crédito na Europa é ainda muito modesto nos séculos XVI e XVII. O XVIII desenvolveu-o largamente, quando mais não fosse, a propósito do comércio com as Índias (e de suas Companhias) ou com a China (que acarreta o desenvolvimento de Cantão), já com um capitalismo internacional amplamente estendido aos diversos centros mercantis da Europa. No entanto, ainda nessa época, os verdadeiros *financistas* quase não se ocupam do comércio ou da indústria: eles manejam os erários públicos, agem a serviço do Estado.

Com o sucesso da industrialização, os bancos e a vida financeira conhecem um imenso desenvolvimento, a tal ponto que, ao mesmo tempo que o capitalismo industrial, um *capitalismo financeiro* assume a dianteira e, pouco mais cedo ou pouco mais tarde, domina todas as alavancas da vida econômica.

Na França e na Inglaterra, esse primado se desenha na década de 1860. Os bancos antigos e novos multiplicam suas redes, especializam-se (bancos de depósitos, de crédito, de negócios). Seria útil, para seguir essa modernização bancária, acompanhar, na França, por exemplo, a história do Crédit Lyonnais, fundado em 1863; nos Estados Unidos, o banco Pierpont Morgan, de que voltaremos a falar, ou a rede internacional dos bancos Rothschild. Em toda parte, o banco consegue constituir uma vasta clientela, arrebanhar "todo o público poupador", perseguir e atingir "todos os depósitos parados", "estéreis", por mínimos que sejam. E a loucura das "ações" começa. Indústrias, ferrovias, companhias de navegação se veem pouco a pouco envolvidas nessa múltipla rede bancária. O jogo do capitalismo financeiro logo se torna internacional. Os bancos franceses se deixarão, cada vez mais, tentar pelas facilidades dos empréstimos estrangeiros. Foi assim que a poupança francesa pôde tomar ontem o caminho, que se revelou perigoso para ela, dos empréstimos russos... Nem por isso esses empréstimos estrangeiros deixaram de ser, ontem, uma importante fonte de rendas para a economia francesa, com um *balanço de pagamentos* favorável equilibrando uma *balança comercial* deficitária. Contribuíram assim para o equipamento de grande parte da Europa, depois de 1850, e do mundo de ultramar.

Hoje, a hora do capitalismo financeiro parece terminada na Europa, apesar das exceções que confirmam a regra e das discussões teóricas, sempre possíveis, sobre o assunto. Certo, um banco de negócios como o *Banque de Paris et des Pays-Bas* representa uma potência atual de primeira ordem, e Londres, Paris, Frankfurt, Amsterdam, Bruxelas, Zurique e Milão continuam a ser centros financeiros essenciais. Entretanto, a hora de um *capitalismo de Estado* se precisa.

Com os setores "nacionalizados" de uma economia cada vez mais "dirigida", o Estado tornou-se industrial, e não menos bancário. Um fiscalismo proliferante, bem como os cheques postais, as cadernetas de poupança, os bônus do Tesouro (para empregar a terminologia francesa), coloca à sua disposição enormes quantias de dinheiro. Ele é o grande senhor dos *investimentos em bens de produção*. Ora, deles dependem qualquer política de crescimento, qualquer política social eficaz, qualquer futuro.

É necessário, todos os anos, para assegurar até mesmo uma progressão aparentemente tão comedida como a nossa, investir uma fatia importante da renda nacional. O investimento, animando uma série de transações econômicas, multiplica sua massa inicial. Concebe-se que, cada vez mais, impõe-se aos Estados uma *economia planificada* pela qual eles podem definir antecipadamente um desenvolvimento e prever as consequências de uma ação concertada. Os famosos planos quinquenais da Rússia soviética têm êmulos no mundo inteiro. Em janeiro de 1962, o próprio presidente Kennedy anunciava um plano de cinco anos para a política comercial americana! O plano francês de quatro anos (1961) deu lugar, ontem, a vivas controvérsias. É ele, à sua maneira, um exame de consciência nacional, ao mesmo tempo que um balanço econômico. Seu objetivo é fazer decolar as regiões francesas insuficientemente desenvolvidas pelo que ele chama de "uma política de arrasto".

• ***Em tudo isso, retrospectivamente, não se poderia nem omitir, nem exagerar o papel motor do colonialismo. Ele não colocou, mas talvez manteve a Europa no centro, na primeira linha do mundo.***

Entender-se-á por colonialismo – palavra que também precisaria ser seguida de perto – toda a expansão europeia a partir de pelo menos 1492.

Inegavelmente, essa expansão foi favorável à Europa. Colocou-lhe à disposição novos espaços para onde se podia enviar seus excedentes de homens e, ao alcance da mão, civilizações ricas, exploráveis – e ela não se privou de explorá-las. Os principais acontecimentos dessa exploração terão sido, por ordem cronológica: no século XVI, a chegada dos "tesouros" da América (lingotes de ouro e prata); a brutal abertura da Índia após a vitória de Plassey (23 de junho de 1757), que entrega Bengala aos ingleses; o forçamento do mercado chinês após a Guerra do Ópio (1840-1842); a partilha da África em Berlim em 1885.

Daí resultaram, na Europa, vastas concentrações mercantis em benefício dos ibéricos, dos holandeses, em seguida dos ingleses e, ao todo, um indiscutível fortalecimento dessas redes capitalistas que ajudaram a pôr em marcha a industrialização. A Europa tirou um excedente importante dessas terras longínquas.

Esse excedente desempenhou o seu papel. A Inglaterra vitoriosa no ultramar não foi sem razão a beneficiária do primeiro *take off*. Restaria saber se, em seguida, como acreditamos, a Revolução Industrial não consolidou, reforçando o primado europeu e seu prestígio, a amplitude de fato colonial em benefício da Europa. Em todo caso, o surto industrial da França, por exemplo, não pôde depender de sua presença no Senegal, de seu estabelecimento na Argélia (1830), na Cochinchina (1858-1867) ou no Tonquim e em Anam (1883).

Outra questão seria instruir a causa do colonialismo em si, no plano humano ou moral. Perceberíamos que ele abarca uma complexidade de elementos nos quais as responsabilidades e as culpabilidades são divididas. O colonialismo de ontem teve seus aspectos positivos e negativos, e dos dois lados. Uma única coisa é certa: a história de certo colonialismo pertence a ontem – a página já foi virada.

O socialismo perante a sociedade industrial

O mérito do Ocidente é ter buscado com veemência uma resposta social, humana, bastante eficaz e válida para as múltiplas durezas da industrialização. Ele produziu um humanismo social, diríamos nós, se já não tivéssemos abusado dessa palavra cômoda.

Essa elaboração se fez no curso do triste, dramático e genial século XIX – *triste*, se pensarmos na feiura de sua vida cotidiana; *dramático*, se considerarmos sua sequência de perturbações e de guerras; *genial*, se quisermos recapitular seus progressos científicos e técnicos, e mesmo, em menor grau, sociais.

Em todo caso, os resultados são claros: hoje, muito além do século XIX, uma legislação social tranquila, perfectível, tenta assegurar uma sorte melhor a massas de homens cada vez mais consideráveis e neutralizar a reivindicação revolucionária.

Essa múltipla e imperfeita conquista não se realizou com facilidade, como a operação necessária exigida por uma moral ou uma ciência imparcial. Ela se apresenta, ao contrário, como um combate muito árduo, no qual se distinguem pelo menos três fases, no Ocidente (mais adiante falaremos da evolução russa e soviética, que permanece à parte):

a) *A fase revolucionária e ideológica*, a dos reformadores sociais, dos profetas (para retomar uma expressão de seus numerosos inimigos). Vai de 1815 a 1871, da queda de Napoleão I à Comuna. A verdadeira cisão é, talvez, 1848, o ano das revoluções em cadeia.

b) *A fase das lutas operárias organizadas* (sindicatos e partidos operários). Iniciada já antes do drama parisiense da primavera de 1871, ela se situa, essencialmente, entre essa data e 1914.

c) *A fase política, ou melhor, estatal.* O Estado encarrega-se da realização dos programas sociais, a partir de 1919, ou melhor, de 1929, e, mais ainda, com a ajuda da prosperidade material, de 1945-1950 aos nossos dias.

Esse esquema sugere que a reivindicação social em face da industrialização mudou frequentemente de tom e de sentido, segundo as próprias oscilações da vida material: em linhas gerais, veemente nas épocas de refluxos econômicos (1817-1851; 1873-1896; 1929-1939), amenizada, ao contrário, pelos crescimentos econômicos (1851-1873; e de 1945 aos nossos dias). Um historiador, a propósito da Alemanha, diz desse vaivém da reivindicação social: "Em 1830, na Alemanha, a palavra *proletariado* ainda não é conhecida; em 1955, quase já não o é."

Dessas três fases, a primeira, que se situa apenas no plano das *ideias* sociais, talvez seja a mais importante, porque assinala a reviravolta de toda uma civilização.

• ***De 1815 a 1848 e 1871, esse vasto movimento de ideias, de análises agudas, de profecias equivale, visto de maneira geral, ao deslocamento do interesse ideológico do político para o social.***

O Estado já não é o alvo das reivindicações, mas sim a sociedade, quer se trate de compreender, de sanar, de melhorar.

Programa novo, linguagem nova. Com as palavras *industrial*, *sociedade industrial*, *proletariado*, *massa*, *socialismo*, *socialista*, *capitalista*, *capitalismo*, *comunista*, *comunismo*, instala-se uma nova formulação da ideologia revolucionária.

Foi o conde de Saint-Simon quem criou o substantivo e o adjetivo *industrial* (a partir da velha palavra indústria) e, sem dúvida, a fórmula *sociedade industrial*, da qual se apossam Auguste Comte, Herbert Spencer e tantos outros. Para A. Comte, trata-se da sociedade que substituiu a *sociedade militar*, até então senhora da cena. Esta era belicosa, aquela será forçosamente pacífica, o que Herbert Spencer, por sua vez, não ousa afirmar, e tem razão. A palavra *proletariado* (*prolérariat*) entra em 1828 no *Dictionnaire de l'Académie*. *Massa*, no singular e sobretudo no plural, torna-se a palavra-chave, "o sintoma terminológico dessa evolução que eclodirá em sua plenitude sob o reinado de Luís Filipe." "Tenho o instinto das massas, eis minha única superioridade política", declara Lamartine, em 1828. E Luís Napoleão Bonaparte, em sua *Extinction du paupérisme* (1844): "Hoje, o reinado das castas terminou, só se pode governar com as massas."

Essas massas são, sobretudo, as massas urbanas operárias, pobres, exploradas. Daí a ideia de que o tempo presente é dominado pela oposição das classes, o que Marx denomina "luta de classes". A luta de classes é um fenômeno antigo, presente em todas as sociedades materialmente evoluídas do passado, mas é inegável que o século XIX vai amplificá-la, que se produz então uma violenta tomada de consciência.

Socialista e *socialismo* começam sua carreira na década de 1830. E também *comunismo*, com o sentido bastante vago de igualdade econômica e social. Auguste Blanqui, "general das massas revolucionárias", pode assim escrever que "o comunismo é a salvaguarda do *indivíduo*." *Capitalismo* aparece em Louis Blanc (*Organisation du travail!*, 1848-1850), em Proudhon (1857) e no Larousse de 1867, mas sua grande voga esperará pelo começo do século XX. *Capitalista* é um termo mais vivo. Em 1843, Lamartine exclama: "Quem reconheceria a Revolução em nossas mãos? [...] Em vez do trabalho e da indústria livre, a França vendida aos capitalistas! [...]". A assinalar, entre as palavras malsucedidas: *burguesismo* e *coletivismo*.

No entanto, as lembranças de 1789 não perderam o seu poder. Os jacobinos, o Terror, a Salvação Pública, todas essas palavras e lembranças continuam a obcecar os espíritos, como exemplos ou espantalhos. Para a maioria dos reformadores, "a Revolução" continua a ser a palavra mágica, a força criadora. Por ocasião da Comuna, em 1871, Raoul Rigault declara: "Nós não fazemos a legalidade, fazemos a Revolução."

• ***Do conde de Saint-Simon a Marx, o estabelecimento das "filosofias maciças", como diz Maxime Leroy (entenda-se: as ideologias inspiradas pelos problemas de massas), é completado, no essencial, em 1848.***

Em fevereiro daquele ano, aparece o *Manifesto comunista*, de Karl Marx e Engels, que continua sendo, ainda hoje, a bíblia do futuro comunista.

Poderíamos, seguindo em detalhes a longa lista dos reformadores dessa primeira parte do século XIX, estabelecer o quadro que os situa no tempo e no espaço. Ele põe em relevo o papel primordial das três grandes regiões às voltas com a industrialização: a Inglaterra, a França e a Alemanha...

Mostra também o primado da elaboração francesa (e esta, em si, é um problema ao qual voltaremos daqui a pouco). Por fim, sublinha a prioridade do conde de Saint-Simon. Esse homem singular, meio louco e também genial, esteve na origem de todas as ideologias sociais, socialistas e não socialistas, e ainda da sociologia francesa (Georges Gurvitch). Sua influência foi nítida sobre o outro gigante, que, aliás, o supera largamente: Karl Marx: este, muito jovem, já teria lido as obras de Saint-Simon em Trier, colhendo nessa leitura muitas de suas ideias e de seus argumentos.

Se excetuarmos seu antepassado, Saint-Simon, os reformadores sociais se agrupam em três classes etárias: os que nasceram durante as três últimas décadas do século XVIII (Owen, 1771; Fourier, 1772; Cabet, 1788; Comte, 1798); os que nasceram nos dez primeiros anos do século XIX (Proudhon, Considérant, Louis Blanc); a geração mais homogênea de Marx (1818), Engels (1820) e Lassalle (1825). O grupo alemão fecha a marcha. Afirmou-se que a morte de Lassalle (1864), ocorrida em duelo, fez desaparecer o único parceiro de porte diante de Marx e assegurou o sucesso deste último. Melhor seria atribuir tal sucesso à força de *O capital* (1867).

Não cabe aqui examinar essas "filosofias maciças" uma a uma. Todas elas se apresentam como análises da "sociedade em devir" – esta bela fórmula é de Saint-Simon. Todas são medicações, terapêuticas. Para Saint-Simon e seus discípulos (Enfantin, Chevalier, que farão fortuna nos negócios ao tempo do Segundo Império), o esforço deve concentrar-se na organização da produção. A Revolução Francesa, de que eles não gostam, morreu, em sua opinião, por não ter organizado sua economia. Fourier, que também detesta a Revolução, acha que é preciso, sobretudo, organizar o consumo.

Barbès e Blanqui, Louis Blanc e Proudhon permanecem fiéis aos princípios de 1789, os dois primeiros como homens de ação, os dois outros "para completar e perfazer" esses mesmos princípios. V. Considérant, por sua vez, rejeita-os, embora menos violentamente que seu mestre Fourier.

Afora Marx, de quem falaremos a seguir, o mais original desses pensadores é Proudhon, apaixonado pela liberdade até a anarquia, perante tanto o Estado como o cristianismo, em busca de uma *dialética* social que apreenderia cientificamente a sociedade viva, estabelecendo sob nossos olhos suas contradições. São essas mesmas contradições que se devem resolver para compreender os mecanismos sociais que elas implicam. Trata-se de uma *especulação* científica, afastada das paixões de ordem religiosa ou mesmo da ação. Ela se opõe ao espírito dos fundadores de falanstérios (Owen, Cabet, Fourier), ao espírito dos revolucionários e de Marx, que, por sua vez, são operários decididos de um mundo melhor, que anunciam enquanto esperam fabricá-lo com as próprias mãos.

• ***O primado do pensamento francês em tais domínios, evidente nessa primeira parte do século XIX, constitui um problema.***

Sem dúvida, a França é o país da Revolução, da grande Revolução. Sem dúvida, ela é fiel aos compromissos revolucionários dos anos 1830 e 1848, e, em 1871, só e vencida pelo estrangeiro, ela alimentou essa elevada chama revolucionária que foi a Comuna Parisiense.

No entanto, devidamente estabelecidas essas originalidades, a França socializante é, decerto, uma consequência entre algumas outras de sua própria industrialização. Como alhures, o pensamento reformista ou revolucionário é aí obra de intelectuais, privilegiados sociais em sua grande maioria. E, como alhures, essas ideias só ganharão força e vida quando conquistarem os meios operários e sua ação. Mais que alhures, porém, as reações intelectuais foram aí precoces e violentas, enquanto a industrialização é, pelo contrário, mais tardia que na Inglaterra (o *take off* francês se situaria por volta de 1830-1860).

Sem dúvida, mas a teoria do *take off* simplifica em demasia os verdadeiros processos. Ela indica a hora H em que o grande impulso industrial partiria de um só jato. Ora, haverá uma hora H tão nitidamente marcada? Acreditar nisso é negligenciar todo o período de incubação prévia. Na França, de 1815 a 1851, uma taxa anual de crescimento industrial bastante elevada (2,5%) foi revelada por recentes estudos. Esse impulso terá bastado para amplificar um crescimento urbano desde o século XVIII, para alterar a antiga sociedade e dar ao país, já abalado pela Revolução e por suas guerras, esse aspecto de canteiro de demolição que chocou os contemporâneos.

O desenvolvimento das cidades acarretava, por si só, a brusca deterioração de sua paisagem humana e material. Todos os observadores se inquietam com isso, de Balzac a Victor Hugo. Miséria, mendicância, assaltos à mão armada, delinquência, crianças errantes, epidemias, criminalidade, tudo é agravado pelo rápido amontoamento de trabalhadores na indizível promiscuidade das paredes estreitas, porque os provincianos não param de chegar. Em 1847, Michelet ainda observa que o camponês "admira tudo na cidade, tudo deseja, ali ficará, se puder [...] Depois que se saiu do campo, não se volta mais a ele." No entanto, em Orléans, em 1830, ano conturbado, é preciso socorrer 12.500 indigentes, em um total de quarenta mil habitantes, ou seja, um em cada três. Em Lille, a proporção é de um para 2,21 nesse mesmo ano.

Parece que a *sociedade urbana* foi, então, particularmente transtornada por uma indústria que a atinge, atrai-a, sem ser capaz de soerguê-la nem sequer de fazê-la viver. Talvez essa miséria citadina não seja pior, em última análise, que a dos campos de então. Nas cidades, porém, aos olhos de todos, exibe-se o espetáculo alarmante de uma população de trabalhadores vítimas da indústria que, quando lhes fornece trabalho, pouco se preocupa com suas condições de vida.

Assim, os primeiros "ideólogos" tiveram sob os olhos uma sociedade semelhante à dos países subdesenvolvidos de hoje, desde que as primeiras tentativas de industrialização se implantam e são bem-sucedidas nas cidades.

Ao contrário, a partir de 1851 e, depois, com o crescimento econômico e o surto desenvolvimentista do Segundo Império (1852-1870), a situação operária melhorará.

• ***Da organização operária à Previdência Social.***

Não cabe aqui tratar a fundo essa múltipla, essa imensa questão. E, de resto, seria possível? Tratar-se-ia de fazer caminhar par a par as ideias socialistas (família de ideias em movimento, que se contradizem umas às outras e também se acrescentam umas às outras) e a atividade, a reivindicação operária, que seria preciso recolocar no contexto real do trabalho e da vida cotidiana. Como as ideias socialistas são assumidas por esse corpo vigoroso e tumultuoso da massa operária?

É difícil responder a essa pergunta, tanto mais que, muitas vezes, e o exemplo inglês o prova, o mundo operário se organizou por si mesmo, de maneira realista, prudente, estreita, longe das ideologias e da política ativa e violenta.

Além disso, se a primeira hora foi a dos teóricos sociais, a segunda, a dos agrupamentos sindicais; e a terceira, a dos partidos políticos operários, a última foi, seguramente, a dos Estados, quer eles digam não às reivindicações (ou cedam de má vontade a elas, em nome da prudência, o que vem a dar praticamente no mesmo), quer sigam ou mesmo precedam as reivindicações, neutralizando-as antecipadamente.

Nessa corrida, eis, pois, pelo menos quatro grupos que seria preciso seguir: teóricos de todos os horizontes, sindicalistas de todo gênero, políticos oriundos do mundo operário, representantes do Estado, todos muito diferentes uns dos outros.

Uma evolução se delineia, porém, através da Europa, mais ou menos com as mesmas fases, pelo menos nos três países essenciais, Inglaterra, Alemanha e França, e nos países próximos, Países Baixos, Bélgica, países escandinavos, Suíça. Fora desses Estados privilegiados, os atrasos, visíveis, não estão todos superados hoje.

O que nos importa aqui é a marcha dos países progressistas. Assinalemos algumas de suas etapas.

Antes de 1871:

Na Inglaterra, os sindicatos, *trade unions*, constituíram-se em grande número a partir de 1858-1867 e, desde sua fundação, empenham-se em lutar pela abolição da lei "Senhor e Servo". O primeiro congresso das *trade unions* é de 1866. Esses sindicatos agrupam apenas os *operários qualificados*.

Na França, nada ainda de positivo, salvo, em 1864, essa lei sobre as coalizões que permite as greves não abusivas; em 1865, a abertura em Paris de um escritório da Seção Francesa da Internacional (a primeira, criada em Londres, em 1864) e de outro escritório, em Lyon, em 1868. O Segundo Império foi a um só tempo "progressista e compreensivo" – ele melhorou a condição operária, mas vigiou de perto as liberdades desse mesmo mundo operário.

Na Alemanha, idêntica situação, lenta em esboçar-se. Lassalle funda, em 1862, em Londres, a *Allgemeiner Deutscher Arbeiter Verein.* Sete anos depois, o Congresso de Eisenach vê a fundação do Partido Operário Social-Democrata, de inspiração marxista.

Antes de 1914:

Os progressos realizados nessa data são imensos.

Na Inglaterra, a fundação por Hyndmann, em 1881, da *Federação Democrática* marcou os primeiros passos da propaganda "socialista" nos meios operários, até ali refratários à política. Ao mesmo tempo que começa a politização, o movimento sindicalista chega, a partir de 1884, aos operários mais pobres, os *não qualificados*. Entretanto, apenas dez anos mais tarde se produzirá a grande greve histórica dos portuários de Londres. Em 1893, constitui-se o *Independant Labour Party*; cinco anos depois, a Federação Geral dos Sindicatos, *trade unions*. Os sucessos eleitorais do Labour Party são seguidos da formação quase revolucionária do governo "radical" de 1907. Uma série de leis sociais são então votadas. Uma nova Inglaterra se desenha.

Na França, mesmo processo: em 1877, Jules Guesde funda o primeiro jornal socialista, *Egalité*, e, dois anos depois, o Partido Operário Francês (POF). Os sindicatos são reconhecidos pela lei de 1884, e as Bolsas de Trabalho, criadas a partir de 1887. O ano de 1890 vê a primeira celebração do 1 de maio, Dia do Trabalho; o ano de 1893 assiste à primeira eleição de Jean Jaurès, deputado de Carmaux. Em 1895, criava-se a CGT. Em 1901, criação de dois partidos socialistas, o de Jules Guesde (Partido Socialista da França) e o de Jaurès (Partido Socialista Francês); em 1904, fundação de *L'Humanité*; em 1906, fusão dos dois partidos e formação do *Partido Socialista Unificado*.

Na Alemanha, os socialistas são perseguidos por Bismarck (leis de exceção de 1878). A partir de 1883, um socialismo de Estado multiplica as medidas sociais. Após o afastamento de Bismarck, os sindicatos se reconstituem e logo agrupam mais de um milhão de membros. Seu sucesso político é grande (três milhões de votos nas eleições de 1907; 4.245.000, em 1912).

Nessas condições, sem exagerar a força da Segunda Internacional a partir de 1901, é lícito afirmar que o Ocidente, em 1914, *tanto quanto à beira da guerra, encontra-se à beira do socialismo*. Ele está a ponto de tomar o poder, de criar uma Europa tão ou talvez mais moderna do que ela o é atualmente. Em alguns dias, em algumas horas, a guerra arruinou essas esperanças.

Foi um dano imenso para o socialismo europeu dessa época o fato de ele não ter sido capaz de bloquear o conflito. Tal é a opinião dos historiadores mais favoráveis ao socialismo e que gostariam de saber a quem cabe exatamente a responsabilidade por essa "reviravolta" da política operária. A 27 de julho de 1914, em Bruxelas, encontram-se Jouhaux e Dumoulin, de um lado, secretários da CGT francesa, e K. Legien, de outro, secretário da central sindical da Alemanha. Ter-se-ão encontrado por acaso, em um café, ou sem outro objetivo senão o de trocar seus desesperos? Não o sabemos, como tampouco sabemos o sentido que se deve atribuir às últimas diligências de Jean Jaurès no próprio dia em que vai ser assassinado (31 de julho de 1914).

A Europa de hoje, naquilo que ela tem de socialista, construiu-se lenta, incompletamente, pelo jogo dos votos políticos, das leis, pelo estabelecimento, na França (1945-1946) e na Inglaterra, um pouco mais tarde, da Previdência Social. Já o Mercado Comum, estabelecendo o princípio da igualdade dos Estados perante os encargos sociais, decidiu, em um prazo mais ou menos breve, sua extensão à Europa dos Seis.

CAPÍTULO IV

As unidades da Europa

Um historiador do humanismo, Franco Simone, acaba de nos prevenir contra a pretensa unidade da Europa: ela seria uma ilusão do romantismo. Responder-lhe que ele está certo e errado ao mesmo tempo é dizer em uma palavra que a Europa é, no mesmo instante, unidade e diversidade, o que, pensando bem, parece óbvio.

Os capítulos precedentes mostraram uma Europa engajada em um mesmo destino global por sua religião, seu pensamento racionalista, a evolução da ciência e da técnica, seu gosto pela revolução e pela equidade social, seus êxitos imperiais. Todavia, a cada momento, é fácil ultrapassar essa "harmonia" e encontrar, à vontade, as diversidades nacionais subjacentes. Elas pululam, vigorosas, necessárias; mas elas existem também entre a Bretanha e a Alsácia, entre o sul e o norte franceses; entre o *Mezzogiorno* e o Piemonte; entre a Baviera e a Prússia; entre a Escócia e a Inglaterra; entre flamengos e valões; entre Catalunha, Castela e Andaluzia. No entanto, não se pode tirar daí um argumento para negar as unidades nacionais.

Essas unidades nacionais não são, tampouco, a negação da realidade da Europa. Cada Estado sempre tendeu a formar um mundo cultural em si, e a "psicologia dos povos" se comprouve em analisar essas diversas civilizações limitadas. Os livros demasiado brilhantes de um Elie Faure ou de um conde de Keyserling por certo não oferecem, a esse respeito, apenas visões errôneas. Digamos apenas que eles observaram muito de perto os ladrilhos de um mosaico que, visto do alto, revela nítidos desenhos de conjunto. Por que seria preciso escolher, de uma vez por todas, entre o conjunto e o detalhe? As duas verdades não se excluem.

As unidades brilhantes: a arte e o espírito

Entenderemos por unidades brilhantes os encontros, os uníssonos que dão à civilização europeia, no plano mais elevado da cultura, do gosto e do espírito, um feitio fraterno, quase uniforme, como se ela fosse invadida por uma única e mesma luz.

Quer isso dizer que todas as nações da Europa têm exatamente a mesma cultura? Certamente não. Mas todo movimento, surgido em um ponto qualquer de seu espaço, tende a apreendê-lo em sua totalidade. Dizemos: *tendência* apenas. Determinado bem cultural pode chocar-se com reticências, com recusas desta ou daquela parte da Europa, ou, ao contrário, seu sucesso pode extravasar suas fronteiras, como acontece tantas vezes, a ponto de deixar de ser "europeu" para se tornar mundial. Entretanto, tomado em seu conjunto, o espaço europeu forma uma área cultural bastante coerente e de há muito afirmada perante o resto do mundo.

• ***A arte e seus múltiplos acordes: toda forma artística, na Europa, ultrapassa os limites de sua pátria de origem, seja ela a Catalunha (provavelmente centro de dispersão de uma primeira arte românica), a Île-de-France, a Lombardia, a Florença do* Quattrocento, *a Veneza de Ticiano ou a Paris do impressionismo.***

Regularmente, cada centro em que se constroem casas principescas, palácios, igrejas vê afluir para ele artistas vindos dos quatro cantos da Europa. É o que mostra, no século XV – um exemplo entre mil –, a Dijon dos duques de Borgonha e de Claus Sluter. A itinerância dos artistas italianos do Renascimento explica, por si só, as influências de uma Escola Urbana sobre a escola vizinha. Um afresco começado por um artista será terminado por outro; uma igreja pode ter requerido uma sucessão de arquitetos. Santa Maria del Fiore, em Florença, não deverá sua cúpula, bem tarde, senão à ousadia de Brunelleschi.

O luxo e o capricho do príncipe, do rico mercador, desempenham o seu papel: sem eles, compreenderíamos mal as difusões rápidas em uma época em que as comunicações eram lentas, menos numerosas que hoje. Nos séculos XV e XVI, os italianos, esses italianos que Francisco I chamará à sua corte, são os professores da Europa inteira. No século XVIII, quem vamos encontrar até na Rússia, divulgadores de arte clássica, são os franceses... Quantas Versalhes na Europa, quantos jardins à francesa!

A Europa conheceu assim grandes vagas, ou mesmo imensas marés, que demoram a abranger sua totalidade e, em seguida, a abandoná-la. Quem não conhece esses êxitos, essas vastas harmonizações – a arte românica, a arte gótica, a arte barroca, a arte clássica...!

Cada vez, a densidade cronológica do fenômeno se revela impressionante. A arte gótica dura, de maneira geral, três séculos. Ao sul, ela praticamente não ultrapassou Burgos e Milão. O verdadeiro Mediterrâneo não a quis. Já Veneza, no princípio do século XVI, é gótica, inteiramente gótica à sua maneira muito original. Paris ainda é gótica por volta de 1550. A arquitetura do Renascimento não ocupa aí senão alguns pontos: no Louvre, que se constrói; no Palais de Madrid, hoje desaparecido; em Fontainebleau, onde trabalhou Primaticcio, onde Leonardo da Vinci morreu. Desde o século XVI se afirma o sucesso amplo e poderoso do barroco, oriundo ao mesmo tempo de Roma e da Espanha, obra da Contrarreforma (tanto que a chamavam, ontem, de arte jesuíta). Ora, ele recobre também, cumpre notá-lo, a Europa protestante, tendo-se difundido largamente para leste (em Viena, em Praga, na Polônia).

No século XVIII, a arquitetura francesa levará muito mais tempo ainda para se estabelecer. Para compreender a urbanização que então remodelou tantas das nossas cidades (Tours, Bordeaux), o espetáculo mais impressionante, hoje, continua a ser o de Leningrado. São Petersburgo, construída em um espaço nu, sem nenhuma construção capaz de perturbar a liberdade da arquitetura, é seguramente a mais bela cidade do século XVIII, aquela que melhor exprime o seu sentido das perspectivas e dos conjuntos.

Idênticas reflexões a propósito da pintura ou da música; as técnicas desta ou os preceitos daquela entram sem dificuldade na múltipla circulação europeia.

Não se pode, em algumas linhas, contar de maneira proveitosa a maravilhosa história das revoluções técnicas e instrumentais da música, cujas etapas assinalam, na Europa, épocas sucessivas, sempre impostas com rapidez. Os instrumentos vindos da Antiguidade, das flautas à harpa, passaram de mão em mão; em seguida, houve a generalização do órgão, o aparecimento do cravo, o lançamento do violino, sobretudo pelos virtuoses italianos (mas a invenção do arco atual, devida a um francês, data apenas do século XVIII), o surgimento do piano etc.

A sucessão das formas musicais está evidentemente ligada a esses progressos dos instrumentos. Na Idade Média, o canto acompanhado ou não pelo instrumento domina toda a música. A *polifonia*, que se delineia com o século IX, utiliza o órgão na parte acompanhadora baixa do canto litúrgico. Nos séculos XIV e XV, a *Ars Nova* dos florentinos é um canto a várias vozes, uma polifonia na qual intervêm instrumentos, como outras tantas vozes. Essa "arte nova" alcançará sua perfeição na música *a cappella* de Palestrina (1525-1594).

Mas a música vocal vai ceder lugar à música instrumental, particularmente após os progressos dos instrumentos de arco. É o *aparecimento do concerto*, da chamada música "de câmara", escrita para um pequeno grupo de instrumentos (por exemplo, o quarteto). Na origem, essa música de câmara é sinônimo de música profana, de música de corte, em oposição à música de Igreja. Em 1605, Enrico Radesca é "músico *di camera*" de Amadeu de Savoia; em 1627, Cario Farina é "*suonatore di violino di camera*". A música de câmara é, antes de tudo, diálogo: é a arte da conversação. A Itália é seu berço, com o *concerto*: grupos de instrumentos dialogam entre si e, depois, um instrumento solo dá a resposta a toda a orquestra – Corelli (1653-1713), foi o primeiro a tocar como solista; Vivaldi (1678-1743), foi o mestre). A Alemanha preferirá a *sonata* (dois instrumentos e, às vezes, um instrumento solo). Na França, a *suíte* associa de maneira muito flexível vários movimentos de dança.

Com a *sinfonia* nascerá, enfim, a grande música de orquestra, uma música de massa pelo número dos instrumentos e dos meios, e também pelo número dos ouvintes. No século XVIII, com Stamitz, a forma sonata já é tratada como sinfonia. No século seguinte, na época romântica, a música evolui no sentido do reforço da massa da orquestra e também no de uma exaltação do solista, do virtuosismo técnico (Paganini, Liszt).

Cumpre reservar um lugar especial para a ópera italiana, nascida provavelmente em Florença, no fim do século XVI; para a sua progressão vitoriosa na Itália, na Alemanha, na Europa (Mozart, Haendel, Gluck escrevem, a princípio, óperas "italianas") e, por fim, para o aparecimento da ópera alemã.

Quanto à pintura, suas revoluções – pois quase se pode falar de revoluções a seu respeito – se estenderam a toda a Europa, e, mesmo quando suas concepções parecem contraditórias, é notável que as chamadas contradições sejam comuns a toda a Europa. Houve provavelmente duas revoluções maiores na pintura: a do Renascimento, italiana, em que o espaço pictórico se torna espaço geométrico, muito tempo antes de a ciência de Galileu e de Descartes "geometrizarem" o mundo; e a francesa, que data do final do século XIX e questiona a própria substância da pintura. Ela desemboca no cubismo, na pintura abstrata. Dissemos italiana, francesa, para situar os centros iniciais; na verdade, se consideramos os grandes nomes ou os grandes revolucionários, trata-se, em ambos os casos, de uma pintura *europeia*. Hoje em dia, seria preciso dizer: de uma pintura ocidental, pois ela se espraia amplamente pela Europa de ultramar.

Na realidade, toda grande cidade da Europa, vista em seu aspecto arquitetônico ou em seus museus, oferece a mesma tranquilizadora estratificação, a mesma geologia artística. As mesmas cores são aí reconhecíveis. E, se uma cidade é sobretudo barroca; outra, do Renascimento; a terceira, clássica; ainda que Veneza tenha criado um gótico particular; Pavia, um românico lombardo que não o é menos; qualquer cidadão da Europa encontra aí as formas que sempre conheceu, que compreende de pronto: as suas.

• ***As filosofias também são mensagens unitárias. A Europa tem uma filosofia, ou quase, em cada momento de seu destino.***

Pelo menos ela tem, como Jean-Paul Sartre gosta de dizer, *uma filosofia dominante*, conforme as exigências da conjuntura social (sem dúvida porque existe a cada instante, através do Ocidente, *uma* arquitetura econômica e social dominante). Seja ou não a filosofia de uma burguesia ascendente, de um mundo capitalista em lenta elaboração, a filosofia de Descartes domina, preenche a Europa clássica. Seja ou não (mas como dizer não?) a filosofia das classes operárias ascendentes e da sociedade socialista, ou industrial, é evidente que a filosofia marxista domina o Ocidente e depois o mundo, onde tudo se situa, ainda hoje, seja a favor dela, seja contra ela.

Essa unidade das filosofias supõe uma infinidade de ligações, de país a país.

Tomemos dois momentos importantes da filosofia alemã: 1º) desde a *Crítica da razão pura* de Kant (1781) até a morte de Hegel (1831); 2º) de Husserl (1859-1938) a Heidegger (nascido em 1889). Não se poderia compreender sua importância sem levar em conta numerosas traduções francesas, inglesas, italianas, espanholas, russas, que acompanham cada obra. Elas medem a irradiação que integra à vida da Europa dois movimentos maiores do pensamento filosófico alemão. É de notar, no caso do existencialismo, que foram suas reinterpretações francesas, as de Sartre e de Merleau-Ponty, que o relançaram em direção ao mundo, particularmente à América Latina.

• ***Quanto à ciência objetiva, nenhuma questão: ela é estritamente una, na Europa, e isso desde seus primeiros êxitos.***

É difícil atribuir a uma nação da Europa o benefício ou o mérito desta ou daquela invenção, tanto cada uma delas se elaborou em toda parte ao mesmo tempo, por etapas que envolvem sucessivamente todos os sábios da Europa.

Qualquer exemplo é válido. O da revolução kepleriana, sobre a qual acaba de aparecer o belo livro de Alexandre Koyré (1962), é perfeito. Kepler (1571-1630) está ligado a uma família de espíritos: seus predecessores (antes de tudo Copérnico), seus contemporâneos (antes de tudo Galileu), seus discípulos. Se referíssemos em um mapa seus lugares de nascimento, seus lugares de atividade, a Europa inteira ficaria semeada de pontinhos negros.

A medicina, a biologia e a química não escapam à regra. De nenhuma ciência se poderia dizer, mesmo para um lapso de tempo muito limitado, que ela tenha sido alemã, inglesa, francesa, italiana, polonesa... Ela sempre foi europeia.

• ***Quanto às ciências específicas do homem, seus movimentos, como os da filosofia, apresentam-se antes como movimentos nacionais de rápida difusão europeia.***

A sociologia é de origem sobretudo francesa, a economia política dos últimos cinquenta anos é uma conquista sobretudo inglesa ou anglo-saxônica, a geografia é ao mesmo tempo alemã e francesa (Ratzel e Vidal de la Blache). A história, sobretudo a alemã no século XIX, dominada pelo grande nome de Leopold de Ranke (1795-1886), manteve a historiografia europeia sob a marca de sua erudição e de suas meticulosas reconstruções. Hoje, a situação é menos simples, mas a historiografia europeia – tornada, na verdade, historiografia mundial – caminha em um único e mesmo movimento. Nela, domina uma escola francesa, constituída a partir de Henri Berr, de Henri Pirenne, de Lucien Febvre, de Marc Bloch, de Henri Hauser, de Georges Lefebvre, apoiada em economistas como François Simiand ou em sociólogos como Maurice Halbwachs. Ela se quer síntese de todas as ciências humanas e renovou os métodos e as perspectivas históricas.

• ***A literatura representa a unidade mais imperfeita. Mais que uma literatura europeia, há literaturas nacionais, entre as quais existem numerosas relações e também vivas oposições.***

Nesse domínio, a unidade é mais imperfeita (felizmente, sem dúvida), na medida em que a literatura – ensaio, romance, teatro – se apoia naquilo que mais diferencia as civilizações nacionais: sua linguagem, sua vida cotidiana, seu modo de reagir à dor, ao prazer, à ideia do amor, da morte, da guerra; sua maneira de se distrair, de comer, de beber, de trabalhar, de crer... Através de sua literatura, as nações tornam-se novamente personagens, indivíduos que se pode tentar analisar, ou mesmo psicanalisar, graças a esse testemunho essencial.

Existem, é claro, entre essas literaturas, convergências notórias e duradouras; elas admitem modas: é através de toda a Europa, por exemplo, que no século XIX uma onda de romantismo sucedeu à Europa racionalista das "Luzes"; em seguida, o realismo social sucedeu ao romantismo... Um jogo incessante de "influências" – influências de escolas, influências individuais – não cessa de repercutir de uma obra a outra. Mas é igualmente evidente que cada obra literária mergulha em um meio social e espiritual particular, e também em uma experiência pessoal original. Quase não se pode falar da unidade de uma literatura nacional. Então, como falar *a fortiori* de unidade europeia a esse respeito?

Aliás, não se apresenta um obstáculo maior, o da língua? Nenhuma tradução pode transmitir plenamente uma experiência literária. Cada uma das grandes línguas europeias subtrai às demais uma parte de seus tesouros. Se pelo menos uma delas prevalecesse e constituísse certa comunicação, como o latim outrora, o francês no século XVIII...! A realeza de Voltaire de São Petersburgo a Paris é a realeza da língua francesa que, por si só, a explica. Hoje, concentrar-se em uma língua única é possível para a ciência (de fato, ela quase criou uma língua artificial, *una* com seus termos internacionais), mas não para a literatura. Ainda menos por esta se tornar, cada dia mais, uma linguagem de massa. O francês "internacional" do século XVIII não existia senão para uma pequena elite.

- ***Uma Europa cultural a salvaguardar ou a concluir?***

Essa unidade cultural, com seus sucessos e imperfeições, é suficiente na perspectiva de uma Europa que decidisse abolir suas fronteiras? Não, sem dúvida, porque os promotores da Europa política se preocupam vivamente com a ação que poderia exercer, no sentido da unificação, uma reforma refletida do ensino. As equivalências de diplomas permitiriam o prosseguimento dos estudos de uma universidade a outra e poderiam criar, mais ainda que uma ou várias universidades europeias (princípio já admitido), uma vida de estudos europeus. Na prática, não seria isso enfatizar, por força, um humanismo moderno, amplamente aberto para as línguas vivas, precisamente as da Europa?

As unidades sólidas: a economia

A Europa está há muito tempo envolta nas malhas de uma economia unitária; a cada época, sua vida material gira em torno de centros autoritários, privilegiados.

Durante os últimos séculos da Idade Média, tudo conflui para Veneza, tudo torna a partir dali. Com o começo da Idade Moderna, o centro de gravidade se situa por um momento em Lisboa, depois em Sevilha, ou melhor, oscila entre esta última e Antuérpia, até o último quartel do século XVI. Em seguida, no início do século XVII, instauram-se as supremacias mercantis de Amsterdam, até os primeiros anos do século XVIII, e depois as de Londres, que durarão até 1914, ou mesmo até 1939. Sempre houve uma orquestra e um maestro.

Cada vez, esses centros de gravidade são ainda mais efetivos, na época de seu florescimento, pelo fato de a vida europeia não ser a única a afluir para eles, mas, com ela, a poderosa vida do mundo. Para a Europa, em vésperas da guerra de 1914, Londres significa não somente o grande mercado do crédito, os seguros marítimos e os resseguras, mas também o trigo da América, o algodão do Egito, a borracha da Malásia, o estanho de Bangka e Billiton, o ouro da África do Sul, a lã da Austrália, o petróleo da América ou do Oriente Próximo...

• ***A Europa formou muito cedo um espaço material coerente, penetrado por uma economia monetária ágil, animado por uma circulação ativa ao longo dos mares que a cercam, dos rios que a atravessam, depois das estradas de rodagem ou para animais de tiro que concluem seu equipamento.***

Muito cedo, os animais de tiro venceram, assim, a grande barreira dos Alpes pelas estradas do Brenner (em direção a Veneza), do Gothard, do Simplon (em direção a Milão), do Mont-Cenis. A linguagem corrente designa sob o nome curioso de "grandes veículos" as caravanas de mulas que animam os tráficos, dos dois lados da cadeia, e que permitiram à economia italiana irradiar para o Norte e o Noroeste europeus, levando para lá seus tecidos de luxo e os produtos do Levante. Em Lyon, no século XVI, proporcionando grande prosperidade a seu comércio e suas feiras, fazem junção a rodagem, a navegação fluvial e os "grandes veículos" dos Alpes.

Com as estradas de ferro, a partir da metade do século XIX, rompem-se definitivamente as anquiloses e inércias da Europa continental, onde se estende pouco a pouco uma civilização material de trocas rápidas, com as escalas ativíssimas das cidades industriais e comerciais.

A respeito dessa longa história, dois exemplos, não para explicar, mas apenas para sugerir. Primeiro as *mude*, as caravanas das galeras mercantis de Veneza. No século XV, sua rede é, sobretudo, mediterrânea, mas algumas vão até Londres e Bruges; e movimentadas rotas terrestres, notadamente as do Brenner, vão ter a Veneza, onde os mercadores alemães têm seu vasto armazém comum, o Fondego dei Todeschi, perto da ponte do Rialto.

Outro exemplo: no século XVI, o dos circuitos do dinheiro e das letras de câmbio que correm de praça a praça, a partir de Sevilha. Na verdade, são sempre as mesmas somas, ou quase, que giram de praça a praça no circuito das trocas e dos pagamentos.

Compreende-se, nessas condições, por que os mesmos ritmos cíclicos agitam, quase no mesmo instante, as diferentes regiões da Europa. No século XVI, uma enorme elevação dos preços tem início na Espanha, como consequência do afluxo brutal de grande quantidade de metais amoedáveis da América. Essa elevação repercutirá em toda a Europa ocidental, até Moscou, no centro de uma economia ainda primitiva.

• ***Isso não quer dizer que toda a vida europeia caminha ao mesmo passo ou se alinha no mesmo nível. Uma linha que começasse seja em Lubeck, seja em Hamburgo, para passar por Praga e Viena e ganhar o Adriático, distingue uma Europa economicamente adiantada a oeste de uma Europa atrasada a leste, o que a realidade das situações camponesas já nos assinalou. Essa diferença não está longe de desaparecer. Mas isso ainda não ocorreu.***

Mais ainda, no próprio interior da Europa evoluída existem regiões adiantadas, "polos de crescimento", que separam zonas menos evoluídas, algumas atrasadas, "subdesenvolvidas". Ainda hoje, em quase todos os países da Europa, algumas regiões permanecem atrasadas em relação ao conjunto, tanto mais que as novas criações são naturalmente atraídas pelos centros mais vivos.

Na realidade, nunca pode haver circulação, economia comum, sem diferenças de atividade ou de nível, sem regiões que conduzem e outras que são conduzidas. Desenvolvimento e subdesenvolvimento não cessam de comandar-se, de depender um do outro. É o que sugere, em síntese, a história dos bancos da França: desde a segunda metade do século XIX, seu desenvolvimento provém da mobilização tardia, em benefício de organismos chamados a crescer, como o *Crédit Lyonnais*, criado em 1863, a partir das poupanças e capitais parados, ou pouco empregados, de certas regiões e interiores franceses. Estes últimos sofrerão o contragolpe dessa mobilização de recursos, um primeiro despertar e uma vinculação à vida geral.

• ***As primícias do Mercado Comum: esse vínculo econômico que une há muito tempo a Europa, apesar das economias regionais ou nacionais diversificadas, pode ser organizado em uma unidade coerente em que todas as partes dependeriam do todo?***

Tal é o problema colocado pela série de tentativas realizadas desde o fim da Segunda Guerra Mundial e das quais o Mercado Comum é a mais bem-sucedida, mas não é a única, nem a primeira.

Tudo decorreu, sem dúvida nenhuma, da situação miserável da Europa após 1945; essa derrocada absoluta era inquietante para o equilíbrio do mundo. Daí estas primeiras medidas construtivas: a criação, em

Londres, do Comitê para Europa Unida (maio de 1947), o Plano Marshall (3 de julho de 1947), concebido por motivos diversos, políticos e militares uns, econômicos, culturais e sociais outros. A Europa – *certa* Europa – tenta assim se reconstruir.

Por ora, nossa intenção é limitar-nos unicamente aos problemas econômicos. Desse ponto de vista, o fracasso da AELE da Europa dos Sete ("os náufragos", diz um jornalista) abre caminho e o futuro para a "Europa dos Seis", o que a linguagem corrente designa sob o nome claro de Mercado Comum, que reúne todas as comunidades dos Seis: a CECA, criada em 1951, a CCE, a Euratom, ambas saídas do Tratado de Roma, de 25 de março de 1957. Trata-se, ainda aqui, de uma solução parcial, mas que, se a Europa se constituir realmente, vai-se estender em profundidade e na superfície, com os pedidos de associação da Turquia, da Grécia, da Dinamarca, da Irlanda, da Suíça, da Áustria e da Inglaterra.

Todos esses pedidos de entrada ainda estão no estágio da instância (estas linhas estão sendo escritas em fevereiro de 1962). O Mercado Comum tem, pois, uma possibilidade evidente de crescer (embora lhe seja interditado avançar "até o Ural") para abranger todo o espaço clássico da Europa. Dessas instâncias, a da Inglaterra é a mais importante.

É, pois, através do Mercado Comum que se pode estudar as possibilidades de uma união econômica europeia.

• ***A formação da CEE – em outros termos, do Mercado Comum – data das laboriosas negociações do Tratado de Roma (25 de março de 1957), cujas múltiplas estipulações começaram a vigorar a partir de 1º de janeiro de 1958.***

Trata-se de uma experiência ainda breve e sobre a qual nos devemos pronunciar com prudência.

O inegável, o vigoroso crescimento dos Seis, nos últimos quatro anos, decorre ao mesmo tempo de uma conjuntura mundial favorável e das repercussões, igualmente favoráveis, das primeiras medidas de associação. A abertura progressiva foi um acelerador evidente, como prova o aumento das trocas entre os países interessados.

Todavia, o essencial da experiência diz respeito ao futuro. O programa progressivo do Tratado de Roma prevê uma série de etapas. Surge, assim, a questão: as primeiras realizações, que assinalaram um passo em direção à unidade, são de bom augúrio para um futuro que, no papel, prevê uma total integração econômica?

Contrariamente às previsões pessimistas, as indústrias dos Seis (incluindo as indústrias francesas, que se poderia julgar de antemão mais frágeis que as indústrias alemãs) se adaptaram ao Mercado Comum. Seguiram-se, para elas, mudanças de estrutura e uma evidente tendência à concentração que favoreceu as vastas empresas, na França, por exemplo, a Régie Renault ou os grupos Péchiney, St-Gobain... Além disso, foi necessário proceder a reconversões – por exemplo, no setor do carvão, algumas minas pouco rentáveis devem ser fechadas, já que esses reagrupamentos estão na linha de uma evolução necessária, mesmo que não agradável.

Certamente, se se tratasse apenas das indústrias, acordos e compromissos seriam fáceis. No estado atual das técnicas, a indústria apresenta uma plasticidade evidente em relação às intervenções e aos planos. Do mesmo modo, não há dificuldades com os problemas de crédito, ligados à solidez das moedas e à sua sustentação recíproca. As moedas europeias acabam de conhecer um longo período de estabilidade e solidez, a ponto de o dólar ter provisoriamente deixado de ser a única moeda-padrão, igualada ao ouro, para as reservas nacionais.

Tal é, se se quiser, o lado cor-de-rosa, tranquilizador do Mercado Comum; mas as sombras existem: políticas (falaremos delas daqui a pouco) e também econômicas.

Essas sombras econômicas dizem respeito: *a)* aos limites europeus do Mercado Comum; *b)* aos seus limites extraeuropeus; c) aos problemas internos colocados pelas difíceis adaptações agrícolas.

A Europa dos Seis é evidentemente incompleta. Há vazios importantes a oeste. Há a barreira, a leste, da "cortina de ferro", atrás da qual se desenvolveu, de fato, um outro Mercado Comum, o Comecon. O grande problema é, evidentemente, a eventual entrada da Inglaterra, proposta, em princípio, desde 1961, mas que ainda coloca dificuldades. A coisa não será simples. Para reunir-se à juventude da Europa, a Inglaterra precisaria distender fortemente os vínculos que ainda a ligam ao Commonwealth, renunciar seu regime econômico *preferencial* com seu antigo Império. Economicamente, isso coloca problemas, em particular o do acordo dos países do Commonwealth; psicologicamente, isso seria, de certa forma, virar a última página da mais gloriosa das empresas imperiais conhecidas da história.

Há, não menos, *o problema das relações do Mercado Comum com o resto do mundo, notadamente com a África ao sul do Saara*, com a França se encarregando, até nova ordem, da África do Norte (no sentido estrito, sem o Egito e a Líbia); o problema das relações com o Commonwealth amanhã; o problema colocado, desde 1962, das relações com o mercado dos *Estados Unidos*: um "colossal" mercado atlântico poderia devorar o pequeno Mercado Comum. Poder-se-ia dizer: a Europa, primeira etapa; o Atlântico, segunda; o Mundo, terceira – mas isso seria ceder a uma perspectiva excessivamente otimista. Esses problemas também são políticos. A política não intervém aí para simplificar.

Econômicos em primeiro lugar, em contrapartida, e de valor capital para o futuro do Mercado Comum, *os problemas agrícolas internos*. Eles são terrivelmente complicados.

Uma evolução irreversível arrasta o mundo camponês da Europa, esse mundo admirável, fortemente arraigado, mas cuja produtividade é, como indicam os dados, bastante medíocre.

Os Seis contam 25 milhões de camponeses (incluindo as famílias) para 160 milhões de habitantes. M. Mansholt, ex-ministro da Agricultura dos Países Baixos, vice-presidente da CEE, declarava recentemente que oito milhões desses camponeses deveriam ser transferidos para empregos não agrícolas nos próximos anos.

Modernizar a agricultura equivale, com efeito, a aumentar o rendimento unitário dos trabalhadores, a reduzir seu número na medida em que essa maior produtividade exige uma mecanização cada vez mais avançada, na medida, também, em que as rendas agrícolas, em linhas gerais, não são chamadas a crescer ao ritmo geral da economia europeia.

O que aumenta em uma economia em expansão são forçosamente os produtos industriais e os *serviços*. Qualquer aumento de rendas já não acarreta, *nos países desenvolvidos*, uma demanda proporcional de bens alimentícios. Minha renda aumenta, eu compro um automóvel, um rádio, livros, roupas, faço uma viagem, vou ao teatro, mas não aumento o consumo de pão, de carne e, pelo menos o desejemos, de vinho ou de destilados.

Em suma, para que as rendas agrícolas aumentem ao ritmo dos demais setores da nação, um camponês em cada três deve, antes de 1975, abandonar o campo, que, em seguida, deveria produzir mais para um número menor de produtores. A velocidade anual de conversão deveria ser de 4%, mas atualmente ela é de 2% para a Grã-Bretanha e de 1,5% para a França. Nesse ritmo, a Grã-Bretanha levaria 22 anos, e a França, 27 para completar a conversão desejada. Sem contar algumas surpresas possíveis: na Itália, onde se encontra a maior massa camponesa (4,5 milhões), as reduções se referem, de fato, a operários agrícolas desempregados: as estruturas agrícolas permanecem quase inalteradas, apesar do movimento registrado.

Nessas condições, os preços agrícolas europeus não são competitivos no mercado internacional, onde os excedentes americanos e canadenses são escoados a preços muito baixos, mais baixos mesmo que nos próprios mercados internos, graças a subvenções governamentais. Portanto, os altos preços das agriculturas europeias só são possíveis graças às proteções alfandegárias que as isolam do mercado mundial.

O outro problema gravíssimo, para o Mercado Comum, está na grande diferença das produções e dos preços agrícolas, conforme os países.

A França, país excedentário, só pode escoar seus excedentes (principalmente cereais) ao preço mundial, o que obriga o governo a comprá-los ao preço do mercado interno e revendê-los, fora, com prejuízo. Assim, em 1961, trigo e cevada franceses foram vendidos à China comunista; carne frigorificada, à Rússia... A Itália, no caso das frutas e legumes, e a Holanda, no dos laticínios, encontram-se na mesma posição excedentária da França. A Alemanha, ao contrário, é importadora em numerosos setores agrícolas, mas compra fora do Mercado Comum e não faz questão de renunciar à contrapartida de exportação que tira dele.

Os preços agrícolas diferem de um país para outro segundo a produtividade e o grau de proteção que os governos quiseram ou tiveram de conceder a seus agricultores. Assim, o preço dos cereais mais baixo é o da França, o mais alto é o da Alemanha; o preço do leite mais baixo o da Holanda; etc. Em que nível igualar os preços?

Enfim, já que as agriculturas precisam ser modernizadas e a operação é cara, quem suportará seus ônus consideráveis? A solução adotada em Bruxelas (14 de janeiro de 1962) consiste em colocar esse ônus na conta de toda a comunidade. Essa solução desfavorece a Alemanha, país eminentemente industrial. No entanto, os países amplamente agrícolas – França, Itália, Holanda – recusavam-se a passar à segunda etapa industrial se a primeira etapa da política agrícola não estivesse pelo menos definida. O acordo foi tão laborioso (duzentas horas de discussão) que por um momento se acreditou, em Bruxelas, que a própria sorte do próprio Mercado Comum seria questionada. O que fez um jornalista dizer, sorrindo: "A Europa, que engoliu sem maiores problemas o aço, o carvão e o átomo, recua diante do legume e da fruta."

O acordo prevê prazos: as primeiras medidas deveriam ser aplicadas apenas em julho de 1962. Governos e sindicatos agrícolas sabem, contudo, que doravante têm o tempo contado para uma adaptação inelutável.

A circulação prevista dos produtos agrícolas será livre, com pagamento de taxas compensadoras iguais às diferenças entre níveis de preços. O princípio vai requerer o aperfeiçoamento de instituições, controles e regras. Todo um contencioso é previsível. Ao mesmo tempo, cumpre estabelecer nas fronteiras comuns dos Seis um sistema alfandegário único, calculado sobre a média das tarifas particulares a cada membro da associação; do contrário, o equilíbrio interno seria perturbado pelas irregularidades da cerca...

Assim se consuma uma unidade alfandegária, um *Zollverein*, garantia de uma economia comum. Ficar-se-á nesse estágio? Não. O problema de uma unidade política se coloca.

As unidades aleatórias: a política

À unidade, a cultura diz sim, a economia diz quase sim; já a política é reticente. Ela tem suas razões, boas, menos boas e também falsas, que respondem a preocupações antiquadas (do século XIX), ou muito atuais e mesmo francamente "prospectivas".

A verdade é que a Europa inteira está há muito tempo envolvida num mesmo jogo político, ao qual Estado algum terá jamais escapado sem o risco de se perder. Mas esse jogo não tende a unificá-la politicamente; ele a divide, ao contrário, em grupos cujos componentes variaram frequentemente, avultando como regra dominante a de impedir que uma hegemonia imponha sua lei a toda a família dos Estados. Não, decerto, por respeito virtuoso da liberdade de outrem: cada Estado, com efeito, joga egoisticamente por si. Só que, se jogar bem demais, encontrará os outros, um belo dia, unidos contra ele.

Tal foi o princípio, em linhas gerais, do "equilíbrio europeu". Será que a Europa de 1962 renunciou realmente a esse jogo secular?

• ***O século XIX, que o praticou ininterruptamente, não inventou nem o "equilíbrio europeu", nem o "concerto europeu", nem a*** **"balance of power".**

Na realidade, esse sistema coercitivo remonta a séculos. Não foram os sábios cálculos dos embaixadores, nem mesmo os de seus senhores, que o criaram, mas, ao contrário, foi antes o jogo de um equilíbrio espontâneo, semiconsciente, que se impôs aos políticos.

A regra se revela sempre a mesma. Basta que um Estado pareça forte demais, mesmo sem razão (como a França de Francisco I, em 1519-1522), para que seus vizinhos se dirijam ao outro prato da balança a fim de fazer contrapeso e reconduzi-lo a mais juízo e comedimento. A derrota de Pavia (1525) e o cativeiro do rei de França provam que houve erro: o homem com excesso de poder é Carlos V. Passa-se então ao outro prato, chegando-se mesmo a convidar os turcos para esse jogo de contrapesos.

O crescente poderio dos Estados tornará cada vez mais perigosos esses cálculos aleatórios. Só a Inglaterra poderá impunemente praticar, em sua ilha, a *balance of power*: colocada fora desse contínuo jogo de gangorra, ela se contenta em mantê-lo com seu dinheiro e suas tropas, sobretudo com seu dinheiro. Por muito tempo ela jogou contra a França, aliando-se automaticamente aos seus adversários; no entanto, quando a Alemanha (vitoriosa sobre a França, em 1871, porque a Inglaterra e, atrás dela, a Europa, aliás dividida, não se opôs a ela) se torna demasiado forte, sobretudo depois de 1890, em consequência *de seu desen-*

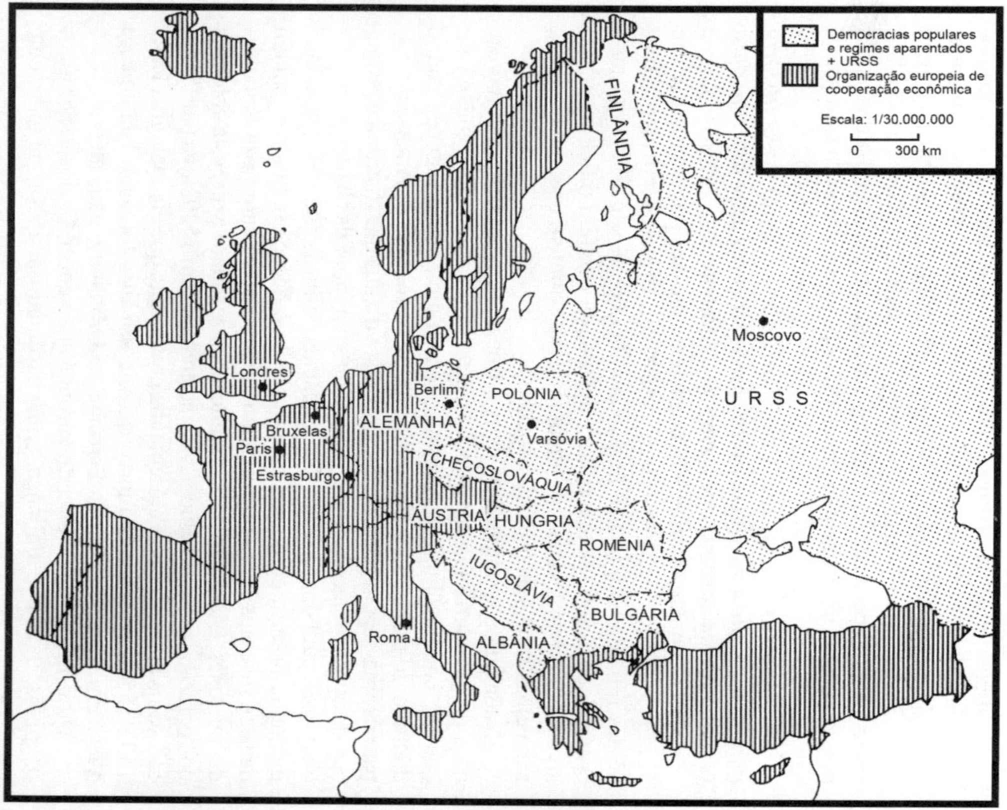

17. *As duas Europas.*

volvimento econômico e de seu crescimento demográfico, então é a *Entente Cordiale* e, depois, a Aliança Franco-Russa. Situada no meio de seus adversários, a Alemanha é forte demais para não se irritar por ser assim mantida à margem, mas não suficientemente forte para convencer os demais de sua inelutável superioridade. A guerra sairá daí.

O mundo atual também se acha preso ao malefício de um "equilíbrio" que, da Europa, se estendeu a todo o planeta. Através do mundo, eis os dois campos, "Leste" e "Oeste", entre os quais os neutros tentam o terceiro caminho, que só é bom quando se tem a força do seu lado. Um velho sistema, certamente, uma engrenagem, em que o corpo do mundo poderia passar inteiro, como tantas vezes passou o corpo da Europa.

• ***Fracasso das unidades violentas: a única lição dessa história monótona é que a violência nunca bastou a quem quer que seja para se apoderar da casa europeia em sua totalidade.***

Sem remontar a Carlos Magno, detenhamo-nos por um instante em *Carlos V* (1500-1558), o menos detestável, o mais simpático talvez desses felizes candidatos à hegemonia. O que ele sonha: conquistar a cristandade e, sob sua autoridade, defendê-la contra o infiel muçulmano e contra o protestante. A "ideia imperial" alimenta-se, em Carlos V, nas velhas fontes da cruzada espanhola.

Nada faltou ao imperador, nem as tropas, nem os chefes admiráveis, nem os devotamentos apaixonados; teve ele o apoio de grandes banqueiros, como os Fugger; contou com uma diplomacia sem par, com o domínio do mar e, para terminar, com os "tesouros" da América: a Espanha torna-se, em seu reinado, essa caixa d'água que distribui a produção de ouro e prata das minas americanas, ao sabor das balanças comerciais, mas também ao sabor das urgências políticas. Terá ele fracassado diante da França, como se sustentou? Sim e não. Sim, porque nenhum de seus sucessos lhe permitiu dominar essa França enorme (à velocidade, ou, antes, à lentidão das comunicações de então) e que está colocada no "coração" de seus Estados. Assina com ela, em 1529, uma paz "branca". Mais tarde, é contra a Alemanha protestante que ele malogra (1546, 1552-1555), contra o Islã turco que ele usa suas forças: o Islã ameaça Viena e fustiga as costas da Espanha até Gibraltar e mais além.

Na verdade, foi o concerto europeu que venceu Carlos V, por todos os meios, inclusive a aliança, então escandalosa, apesar de tudo, com o sultão.

Luís XIV, por sua vez, só se impôs à Europa durante os maus anos econômicos do século XVII. Houve, então, como que um recuo para as forças tradicionais, recuo de que se aproveita a França camponesa e pouco capitalista, disciplinada por seu regime forte (até a morte de Colbert, 1683). Quando a economia do mundo se reanima, talvez a partir de 1680, a partida é jogada rapidamente: já em 1672, as inundações da Holanda haviam barrado ao exército francês o acesso a Amsterdam; em 1688, Guilherme de Orange é senhor, de certo modo, da Inglaterra; em 1692, a frota de Tourville é praticamente colocada fora de jogo na batalha da baía de Hougue. Na vasta Guerra de Sucessão da Espanha, a França não pode fazer face aos seus inimigos, nem se apoderar da península Ibérica e, mais além, das riquezas da América espanhola.

A aventura de Napoleão não entra no mesmo esquema? Tantas vitórias de um lado, mas, de outro, a irreparável derrota de Trafalgar (1805)! Enquanto a conquista francesa é prisioneira da vasta Europa, a Inglaterra pode desdobrar-se através da imensidão líquida. Bastará de cem a 150 cascos de madeira para interditar a passagem desse Pas-de-Calais, que se acreditava poder transpor de uma passada, em 1805, e mesmo do estreito de Messina: enquanto Nápoles pertence aos franceses ou a Murat, a Sicília continuou a ser o refúgio dos Bourbon.

Mesmo esquema para a Alemanha hitlerista, que reuniu contra si uma coalizão proporcional à sua ameaça: na verdade, a maior parte do mundo.

• ***Mercado Comum e unidade política: a unidade política da Europa pode realizar-se hoje não pela violência, mas pela vontade comum dos parceiros? O programa se esboça, suscita entusiasmos evidentes; suscita também sérias dificuldades.***

Já assinalamos algumas dessas dificuldades. Notadamente que só a Europa Ocidental está em jogo (foi necessário constituir a Europa "com o que dela resta"); em seguida, que sua união coloca problemas extraeuropeus, na medida em que afeta, no plano da economia e da política, o equilíbrio do mundo. Um banqueiro declara (14 de novembro de 1958): "Em certas partes do mundo, teme-se que a União Europeia, por sua coesão, adote uma política discriminatória em relação a terceiros países" – em suma, que ela proceda a opções: por exemplo, preferir os produtos tropicais da África ao sul do Saara aos da América Latina...

Mas as primeiras dificuldades são internas, institucionais, não são certamente daquelas que um tratado, ou um compromisso, resolve facilmente.

É possível que os governos da "Europa dos Estados", segundo a expressão do general De Gaulle, façam concessões, sacrifiquem parte de seus direitos soberanos?

No dia 8 de agosto de 1950, no Conselho da Europa, André Philip declarava: "Há um ano, para evitar desacordos, nossa Assembleia vem aceitando todos os compromissos. O resultado? Nada se fez. A opinião se desinteressará de nós se, amanhã, não provarmos que viemos aqui para criar de fato a Europa." No dia 17 de agosto, o mesmo político ameaça "ir fazer a Europa em outro lugar."

Onze anos se passaram e, em Bruxelas, Paul-Henri Spaak, ministro do Exterior da Bélgica, a 10 de janeiro de 1962, às vésperas do acordo agrícola que será concluído a 14 (mas ele ainda o ignora), declara: "Tudo me leva a crer que não pode haver Europa unida e eficaz sem supranacionalidade. A Europa das pátrias é uma noção estreita e insuficiente [...] Enquanto viver, combaterei a regra da unanimidade e do veto. Vivi a experiência da ONU, há algumas semanas, e a do veto soviético. Vivi uma experiência análoga na OTAN, mais recentemente; sobre a questão alemã e a questão de Berlim, a posição de um único membro impediu a OTAN de tomar uma atitude firme e construtiva. O que se vê atualmente no Palácio dos Congressos em relação aos problemas agrícolas não é de molde a fazer-me mudar de opinião. Nessas discussões, procuro em vão o espírito comunitário. Cada qual defende os interesses de seus agricultores [...] Se a maldita regra da unanimidade não existisse, as negociações do Conselho dos Seis caminhariam muito mais depressa [...] Oferecem-nos uma Europa das pátrias no domínio da política estrangeira. Que mais se poderia fazer senão criar o caos? Por exemplo, cinco países poderiam entender-se sobre a questão da China comunista, e o sexto, bloquear todas as decisões [...] Pergunto-me, então, se é uma boa coisa renunciar ao espírito de supranacionalidade nesse domínio."

Todos esses argumentos são bons, mas, em uma assembleia *muito dividida*, a regra da maioria não é forçosamente uma panaceia para resolver os problemas. Uma maioria pode-se formar com negociações, compromissos de grupos, o que se chama nas assembleias de "conversas de corredores", que não representam forçosamente uma política mais coerente ou mais desinteressada que as negociações do veto. A questão essencial continua sendo a de saber até que ponto as tendências políticas dos atuais Estados da Europa são capazes de chegar a um acordo, pelo menos sobre algumas linhas essenciais, profundas. Senão, eis as perigosas aventuras do "equilíbrio europeu" reencontradas no interior da casa nova!

Que a unidade considerada esteja sob o signo das livres decisões, é o que dizem e tornam a dizer seus partidários.

Nada de preponderância, declara um homem de negócios alemão (1958) – nem Europa napoleônica, nem Europa hitlerista. "Uma unidade assim baseada na força só pode provocar uma explosão, tão logo a ascendência da nação dominadora se reduza. Temos hoje, seja dito de passagem, um modelo idêntico sob os olhos: os Estados agrupados pelo Pacto de Varsóvia em torno do poderio *russo* [*sic*] exclusivamente dirigidos, tanto econômica quanto politicamente, com vistas ao interesse *russo* [*sic*].”

Essa citação, colhida entre centenas de outras, esclarece o problema. Para muitos, trata-se de agrupar a Europa, ou “o que dela resta”, contra o perigo soviético. Tal é a evidente política americana, a do “escudo” contra a URSS. Quando da discussão do Plano Schumann (CECA), a 15 de dezembro de 1951, o presidente do Conselho Francês, Paul Reynaud, foi categórico: “Lembremos que o abandono da política do Pentágono, que consistia em defender a Europa nos Pireneus, deve-se ao general Eisenhower, que não se cansou de repetir que os países europeus, a França à frente, queriam a Europa. Tirem vocês mesmos as conclusões de uma recusa do plano.”

Diante desse espírito de cálculo evidentemente político, e até militar, pode-se imaginar outro, mais razoável porque mais realista. Vejam como o senador André Armengaud, membro da Assembleia Parlamentar Europeia, situa o problema, numa conferência notável, pronunciada em fevereiro de 1960. A seus olhos, a Europa se acha tolhida entre o desenvolvimento de uma economia socialista, nascida em outubro de 1917 em “Petrogrado” e “que todos os economistas clássicos diziam não ter futuro”, e a imensa libertação, em escala mundial, dos povos colonizados pela Europa. A obrigação da Europa é organizar-se também de maneira revolucionária, não sob o impulso exclusivo do lucro capitalista, que cria regimes cujas vantagens “estão reservadas a minorias”, mas em função do emprego ótimo da mão de obra. Portanto, mudar radicalmente seu modo de agir.

Essa sabedoria, que consistiria em situar os problemas em relação não ao lucro em si, mas ao benefício que o homem pode tirar dele, e em fazer com que a competição entre Leste e Oeste incida sobre a melhor solução para os problemas humanos da sociedade do século XX, essa sabedoria tem chances de ser ouvida?

Não se trata apenas de saber se a União Europeia será realizada, se ela é viável, mas se será aceita pelos dois blocos que dividem entre si a supremacia do mundo. Um e outro podem inquietar-se seja com as pretensões econômicas, seja com a eventual orientação política da União. Dará ela à luz uma Europa tranquila, com uma Alemanha resignada, em sua prosperidade, com as modificações feitas em suas antigas fronteiras, ou uma Europa agressiva? Dará à luz uma Europa que aceitará lançar todo o seu peso na busca da solução para o subdesenvolvimento mundial (da qual depende a vida de todos no mundo de hoje, cujo destino é indissoluvelmente uno), ou que, incapaz de situar-se de chofre no futuro, acreditará que ainda é o tempo dos cálculos estreitos das nações, com a “nação Europa” dando seguimento, nesses cálculos, a ambições ultrapassadas? Em suma, dará à luz uma Europa inventiva, fator de apaziguamento, ou uma Europa rotineira, fator de tensões que nos são por demais conhecidas?

• ***Isso é quase colocar a questão básica: de que ainda é capaz, para o mundo de amanhã, a civilização europeia?***

Será preciso dizer que esta parece ser uma das menores preocupações dos construtores da Europa? Suas discussões razoáveis sobre as alfândegas, os níveis de preços e a produção, como as mais generosas de suas concessões recíprocas, falam tão só ao espírito de cálculo. Elas parecem não se afastar jamais do nível puramente técnico, altamente técnico, de especialistas dados às notáveis especulações da economia dirigida e do planejamento. E ninguém há de negar que elas sejam indispensáveis.

Mas é conhecer mal os homens dar-lhes como único pasto essas sábias adições que fazem tão pálida figura ao lado dos entusiasmos, das loucuras não desprovidas de sabedoria que sublevaram a Europa de outrora e de ontem. Uma consciência europeia coletiva pode ser construída unicamente com base em cifras? Não pode ela, ao contrário, escapar-lhes, ultrapassá-las de forma imprevisível?

É inquietante constatar que a Europa, ideal cultural a promover, vem em último lugar na lista dos programas em execução. Ninguém se preocupa nem com uma mística, nem com uma ideologia, nem com as águas falsamente acalmadas da Revolução ou do socialismo, nem com as águas vivas da fé religiosa. Ora, a Europa não existirá se não se apoiar nessas velhas forças que a construíram, que ainda a trabalham profundamente, em uma palavra, não existirá se forem negligenciados todos os seus humanismos vivos.

Ela não tem escolha: ou se apoiará neles, ou, fatalmente, um dia ou outro, eles a subverterão e a arrastarão consigo. A Europa dos povos – belo programa, mas que ainda está por formular.

SEGUNDA PARTE

A AMÉRICA

CAPÍTULO I

O outro Novo Mundo: A América Latina

A América oferece dois grandes conjuntos culturais. A "América", pura e simplesmente, isto é, os Estados Unidos (aos quais se deve acrescentar o Canadá, arrastado em sua esteira): é o Novo Mundo por excelência, o das realizações maravilhosas, o da "vida futura". A outra América, a mais vasta porção do continente, parece acomodar-se ao recente epíteto de "latina" que lhe foi aplicado (por volta de 1865 e não sem segundas intenções, então) pela França e depois por toda a Europa. É uma América una e múltipla, de cores berrantes, dramática, dilacerada, dividida contra si mesma.

Começar por ela será evitar a comparação imediata, não esmagá-la, antecipadamente, sob o peso habitual dos imensos progressos da América do Norte e, assim, vê-la melhor em si mesma, como ela merece ser vista: em seu humanismo de alta qualidade, em seus problemas particulares, em seus progressos evidentes. Ela esteve, ontem, muito à frente da outra, foi a primeira América rica e, por isso mesmo, cobiçada. Ontem. Depois, a sorte virou. A sorte atual da América Latina está longe de ser muito feliz: está carregada de sombras. Para ela, o dia ainda não raiou verdadeiramente.

Espaço, natureza e sociedade: o testemunho de uma literatura

Mais que qualquer outra região do mundo, a América Latina não para de mudar, e depressa: as imagens de ontem podem, amanhã, não ter nenhum valor ou soar falso.

Se não podemos vê-la com nossos próprios olhos, devemos pelo menos ler sua admirável literatura, direta, pouco sofisticada, ingenuamente, francamente engajada: ela proporciona mil viagens em espírito, e seu testemunho é de uma nitidez que ultrapassa tudo o que as reportagens, os estudos sociológicos, econômicos, geográficos e históricos (estes últimos, não obstante, muitas vezes excelentes) nos podem oferecer. Ela revela, também, o que é inestimável, o perfume de países e sociedades sempre à parte, não raro secretos, apesar da jovialidade e da franqueza da acolhida.

• ***A América Latina é um imenso espaço. Sua humanidade esparsa ainda flutua numa roupa desmesuradamente larga. O espaço superabunda, e essa superabundância inebria os homens.***

Certamente, desde que a aviação suprime, humaniza, escamoteia essas dimensões colossais, o viajante estrangeiro pode cada vez mais vir a perder de vista essa coordenada básica.

Ainda ontem, não se requeria mais de seis horas para atravessar a bacia amazônica, isto é, sobrevoá-la, pois a bacia amazônica não se atravessa senão com as piores dificuldades (*isto é mato*, como diz o brasileiro). A travessia dos Andes, entre a Argentina e o Chile, se fazia com bimotores, e esses aviões leves internavam-se pelo próprio vale da Cumbra, justo a prumo do pequeno trem de cremalheira, impelidos pelo vento ora de um lado, ora do outro, do largo vale, mas *entre* as cadeias, abaixo delas, em suma. Hoje, os quadrimotores passam todos os dias acima do obstáculo. Os Andes não são mais que quinze, dez minutos de geleiras cintilando ao sol, antes de mergulhar na planície argentina vazia ou na costa chilena. E, sobretudo, a aviação se generalizou: sua canção alegre é agora a mesma, em toda parte, na América Latina.

Na verdade, porém, só os viajantes privilegiados conhecem esses saltos prodigiosos, essas excursões de luxo que nos arrastam à Cidade do México, onde os *Nortes* (os ventos do Norte) gelam na véspera as plantas verdes dos jardins e, instantes depois, lançam-nos aos calores do Yucatán, de Vera Cruz, ou nos depositam perto das águas paradisíacas e das flores da costa do Pacífico, em Acapulco. Do mesmo modo, só as mercadorias preciosas ou rentáveis são levadas pelos cargueiros aéreos: os frutos do mar chilenos, que o avião transporta para Buenos Aires; o gado em pé ou a carne de qualidade que os aviões, a partir de Mendoza, fazem oscilar acima da cordilheira, em direção a Santiago ou aos mineiros do norte desértico do Chile.

Essa nova aritmética das distâncias permanece, pois, uma exceção, sem embargo das aparências. Nos aeroportos do Rio de Janeiro, um avião decola ou aterrissa a cada minuto. Mas os viajantes transportados representam apenas uma ínfima parte da população, sua burguesia, se

18. América espanhola e América portuguesa.

Em preto, as regiões de língua espanhola; em hachuras, as regiões de língua portuguesa. Os dois gráficos relacionam entre si, quanto à superfície (em cima) e à população (embaixo), cada uma dessas duas Américas Latinas. A América espanhola representa, em homens, uma parte ainda maior que em terras: a América espanhola é relativamente mais povoada que a América portuguesa.

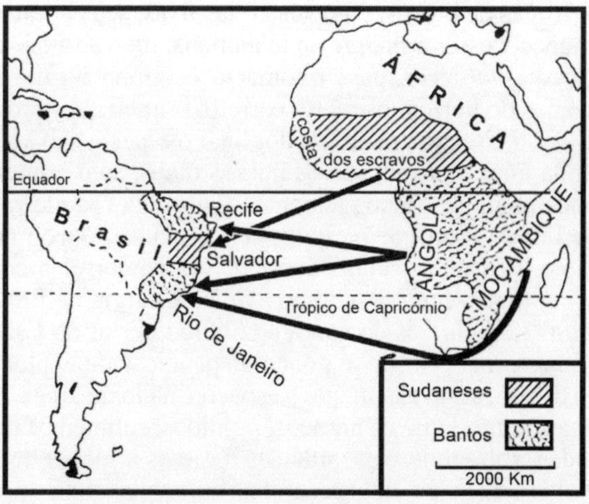

19. A origem dos negros da América.

se quiser. E o avião, na América Latina, não tem o papel desses *transportes populares* (trens, ônibus, carros particulares) que dão à Europa suas densas redes de circulação.

A América Latina ainda vive, viveu, formou-se em um espaço medido pelo passo dos homens e dos animais. Não digamos à velocidade das estradas de ferro: estas são raras; ou das rodovias: estas, por vezes soberbas (as *carreteras* do México), são pouco numerosas, em via de construção ou de reparação contínua. Dessas múltiplas lentidões, a América Latina ainda traz a marca.

É através dessa submissão à distância que se deve cavalgar ou caminhar em imaginação, com *Martín Fierro*, o gaúcho da época heroica que José Hernández inventou em 1872, ou *Segundo sombra*, o último gaúcho livre e errante dos pampas argentinos, criado (1939) pelo gênio de Ricardo Guiraldes, que se devem ver as *caatingas* do Nordeste brasileiro, no "quadrilátero" da seca e da fome, *Os sertões*, de Euclides da Cunha (1902), ou ler as mais belas narrativas sobre o espaço sem fim da Argentina interior, ainda povoada de índios, redigida, no dia a dia, para o jornal *La Tribuna* de Buenos Aires (1870), por Lúcio Mansilla (*Una excursión a los Indios Ranqueles*); ou, melhor ainda, as desse inglês, na verdade naturalizado argentino, Enrique Hudson (1841-1922), sobre a Patagônia, então absolutamente vazia.

Eis ainda, em toda a sua beleza, as viagens do alemão Alexander von Humboldt (1769-1859), as do francês Auguste de Saint-Hilaire (1799-1835), ambos estrangeiros, mas a tal ponto conquistados pelos países que descreveram que a literatura sul-americana logo os anexou, e com toda a razão.

Uma das imagens mais vivas dessas viagens clássicas: aquela, sem dúvida, das tropas de burros, com suas rotas fixas, seus horários quase, e suas "estações", esses *ranchos* onde animais, mercadorias e homens fazem alto, ao entardecer, para retomar o caminho no dia seguinte. Essas caravanas de burros, primeiro carreto, primeiras estradas de ferro, afirmou-se... Primeiros meios de dominar o espaço, selvagem e proliferante ainda hoje. Porque, sob os nossos olhos, se o homem não se enraíza francamente como no Ocidente, se ele deixa sua terra com demasiada facilidade, é porque o espaço superabunda pouco mais adiante. Ainda hoje, rios de rebanhos continuam a percorrer o coração do continente, como no século XVI ou no XVII, para surgir, no fim do caminho, nas feiras tradicionais de gado, como no interior do Estado baiano. Há ali uma forma primitiva, pouco dispendiosa de exploração, um capitalismo barato, tanto assim que o espaço é dado de graça, ou quase.

Nada mais natural que os homens, perdidos, submersos no espaço, que as cidades, sobretudo elas, situadas a meses e meses de distância das metrópoles europeias, ou das capitais coloniais, que as províncias, algumas mais vastas que a Itália ou a França, acabem-se governando um pouco à sua maneira, sobretudo ontem, na falta de coisa melhor, e porque, antes de mais nada, é preciso viver. Nas duas Américas, a "democracia americana", com seu *self-government*, é filha, em parte, do espaço. Desse espaço que amortece tudo, que também conserva tudo, pelo menos enquanto não for vencido.

• ***Arrancar os camponeses à natureza bárbara: o grande sonho de ontem. A natureza sul-americana forjou, ainda forja homens admiráveis, pobres, fortes na adversidade: o gaúcho dos pampas, o caboclo brasileiro, o camponês mexicano, o* peón. *Este último pronto a se revoltar, desde que tenha um verdadeiro líder, como o admirável Emiliano Zapata, que fez campanha ao redor da Cidade do México de 1911 a 1919.***

Ora, o problema não é arrancá-los à miséria que constitui o essencial de sua "barbárie"? Todos os intelectuais fervorosos do século XIX, e ainda os do XX, sonharam com isso. Não domar esses homens (salvo quando necessário) como se domam cavalos selvagens, mas ensiná-los a viver, a cuidar de si mesmos, a ler. Tarefa urgente, que está longe de se consumar: a atualidade ainda conhece dessas cruzadas, ditas de alfabetização, conduzidas em conjunto, compaixão, por professores primários, médicos e higienistas que atuam em grupo. Esses camponeses, esses heróis bárbaros têm naturalmente seu lugar em muitos romances dos séculos XIX e XX, romances de ontem que os mostram às voltas com a civilização, num verdadeiro duelo de amor. Esse sentimentalismo simbólico faz deles, por vezes, romances água com açúcar que nem por isso deixam de ser um testemunho: um pouquinho mais, aliás, e seriam romances góticos.

Martín Fierro (1872), nos pampas argentinos, é um rústico, mas é cristão, e ei-lo tirado de sua rude vida por uma primeira doçura que se junta à doçura da poesia – porque ele canta e versifica –, que se junta também ao seu *pundonor.* É verdade que esse ponto de honra é frequentemente a primeira facada a dar na *pulpería*, esse cabaré fortificado de ontem onde, em pleno ermo, o botequineiro vende bebidas alcoólicas... Em *Doña Bárbara*, é uma mulher que Rómulo Gallegos (que foi um presidente progressista da Venezuela, derrubado pelo golpe de Estado de 1948) põe em cena. O nome da heroína é escolhido para que ninguém se engane: bela, deslumbrante, selvagem, canalha também e sem escrúpulos, tem ela as qualidades e os defeitos que lhe permitem obter sem pudor o que deseja. Mas tranquilize-se o leitor: ela não levará a melhor sobre o ingênuo, terno e simpático "doutor em direito" que um acaso de sucessão leva de volta aos *llanos*, ao coração da vida pastoral, ao extremo dos rios que se devem remontar em barcos de uma lentidão desesperadora, o que proporciona lazeres, pelo menos, para atirar no alvo adormecido dos jacarés. E o nosso doutor atira como Buffalo Bill... *La negra Angustias*, que valeu a seu autor, Francisco Rajas González, o prêmio nacional de literatura mexicana (1944), também é bela, ingênua e – impõe-se aceitá-lo, senão o romance não ficaria de pé – ao mesmo tempo uma chefe de bando cruel, impiedosa. Que essa tigresa inocente se domestique bruscamente, um belo dia, diante de um modesto professor primário que a ensina a ler, eis o milagre. Angustias desposou a civilização e seu professor.

Nem todos os romances dessa veia têm a mesma cor sentimental: a *Vorágine* (1925), do colombiano José E. Rivera, é a epopeia triste de heróis que a Amazônia devorará. Mas, água com açúcar ou góticos, é à natureza que eles se prendem, à natureza que asselvaja o homem e que bastaria dominar para civilizá-lo ou libertá-lo, de uma vez por todas. A crer em Benjamín Subercaseaux, toda a infelicidade do Chile estaria em sua "geografia louca" (1940).

Essa literatura, essa visão são de ontem. Elas desaparecem hoje do horizonte vivo, aos poucos, por vezes contra a vontade.

• ***Uma literatura social e camponesa de combate começa a viver: hoje, o miserável isolado do mundo pela natureza, pelo espaço ou simplesmente pela miséria, continua a ser o herói literário por excelência, mas é objeto de uma nova literatura de combate, violenta, direta, de tons fortes e que o apresenta, desta vez, antes de mais nada, como a vítima da sociedade, da própria civilização, na verdade tão indiferente ao horror de sua vida quanto a própria natureza selvagem.***

Essa literatura assinala uma reviravolta, uma nova hora: sem dúvida nenhuma revolucionária, ela testemunha uma aguda tomada de consciência de problemas peculiarmente sul-americanos e de uma menor confiança nos benefícios a esperar, sem mais esforços, da "civilização". Daí seu realismo sombrio e seu desespero.

O romance de Mariano Azuela (1873-1952) *Los de abajo* [Os de baixo] (1942) é um longo grito. Ele nos lança nessa revolução múltipla e anônima que fez, *sem terminá-lo*, o México moderno, pelo menos a partir de 1910, e lhe custou talvez um milhão de mortos, de pobres mortos. A história desse punhado de soldados revolucionários que vão morrer (e que o autor viu morrer, pois ele próprio era médico de um grupo de revolucionários) é a história desencantada de pobres-diabos desarmados diante da implacável sociedade, com seus ricos, demasiado ricos, ferozes, e seus pobres, demasiado pobres, demasiado numerosos e demasiado ingênuos.

Os romances-rio do grande escritor Jorge Amado, todos eles relativos ao Nordeste brasileiro, região da fome, da emigração, da eterna miséria, são de uma beleza, de uma violência inauditas. Qualquer que seja seu caráter *engajado*, seu tom de libelo, são um testemunho extraordinário, verídico, sobre um campesinato incrivelmente primitivo e sobre os dramas da fome, em um campo quase feudal onde o homem não tem se quer, do seu lado, a doçura da terra.

Por toda parte, encontraríamos, ao sabor das leituras, esse mesmo testemunho lancinante. Com o escritor Jorge Icaza, eis-nos no Equador. No mapa, um pequeno país (na verdade, com seus 450 mil quilômetros, ele é mais vasto que a Itália e se oferecia, há alguns anos, para receber um milhão de imigrantes, que seriam facilmente absorvidos, já que contava apenas dois milhões de habitantes). Alfonso Pereira (o herói de *Huasipungo*, 1934, tradução francesa: 1946) chega com sua família a um domínio, nas montanhas, longe de Quito, por um rude caminho de tropeiros. Evidentemente, ele não pode esperar na cidade o nascimento ilegítimo do filho de sua filha, bastante tola para ter caído na lábia de um índio. Na montanha, esse nascimento malfadado não fará nenhum rumor. Estranha subida. Chegados à borda dos altos pântanos, as mulas atolam. Todos se apeiam. Então, "os três índios, depois de enxugar com a manga da camisa o rosto molhado pela neblina, preparam-se para carregar nas costas a majestade de seus patrões; despem seus ponchos, enrolam suas amplas calças de pano pobre até o alto das coxas, tiram seus chapéus de lã, dobram o poncho em torno do pescoço como um lenço de bandido e expõem-se à mordida do frio que penetra através dos furos e rasgões de suas roupas de algodão... Oferecem seus ombros para que a família [o pai, a mãe e a filha] possa, do lombo das mulas, passar ao lombo dos homens." E o grupo se entranha pela lama gelada...

Literatura forçada, sempre comovente. Talvez, em razão da própria e dura realidade social, ela se detenha no que é, essencialmente, uma violenta questão agrária, e assim se compraza em ver apenas a miséria dos campos. A dos operários, nos subúrbios industriais ou nas longínquas regiões mineiras, escapa-lhe. Ela ainda não a viveu. Um dos raros e perturbadores testemunhos publicados sobre a miséria citadina (afora os estudos de sociólogos, que só têm valor para pequenos grupos de especialistas) é o de uma semianalfabeta, uma negra brasileira, Carolina Maria de Jesus, que, vivendo em uma favela de São Paulo, escrevia seu diário. Não se trata de uma obra literária, muito menos de um estudo sociológico, mas de um documento em estado puro (tradução francesa: *Le Dépotoir*, 1962, Stock).

Salvo essas raras exceções, é a miséria camponesa que invade toda uma literatura, uma miséria que parece desprovida de qualquer esperança, seja ela qual for, e que parece apontar como único remédio a revolta, a violência, a revolução. Eis por que, sem dúvida, entre outras razões, a Revolução Cubana de Fidel Castro, tão profundamente camponesa, teve e tem, em toda a América Latina, tamanha repercussão.

Não obstante o que dela advenha, ela assinala uma hora histórica. Pelo menos, a necessidade absoluta, quaisquer que sejam as opiniões pessoais, de um sério exame dos problemas políticos e sociais e das soluções que eles exigem.

Diante do problema racial: a quase fraternidade

• ***No entanto, a América Latina soube resolver, ou, pelo menos (e quaisquer que sejam as reticências, os atrasos ou as restrições mentais), está resolvendo uma das mais graves dificuldades que se lhe apresentaram: o problema das raças.***

A primeira diferença, não a única, entre a América do Norte e a do Sul é, certamente, o liberalismo espontâneo, frequentemente afirmado, que esta manifesta, e cada vez mais, em relação aos preconceitos étnicos. Nem tudo é perfeito, sem dúvida, nesse domínio das cores da pele. Mas em que parte do mundo se fez melhor ou tão bem? Já há nisso um imenso sucesso.

Entretanto, a história não o havia preparado, já que colocou lado a lado as três grandes raças do mundo: amarela (os índios, erroneamente batizados de "vermelhos"), negra e branca – todas as três vigorosas e nenhuma delas disposta a retrair-se diante das outras duas.

Esses problemas étnicos não se colocariam, evidentemente, se a América pré-colombiana tivesse sido a única a permanecer, com suas civilizações coerentes: a asteca (mais os maias), isto é, em linhas gerais, a mexicana; a andina, ou seja, essa série de civilizações brilhantes das altas montanhas que até certo ponto fora reunida pelo Império dos incas, sob sua autoridade "pseudossocialita", sem contar as imensas zonas das culturas primitivas, às quais pertencia o resto do Novo Mundo.

Nenhum desses problemas se colocaria, tampouco, se a Europa tivesse sido, no fim do século XV, um continente superpovoado, capaz de submeter tudo à sua lei e à sua presença real, e não aquele pequeno mundo que era então, com cerca de cinquenta milhões de habitantes empenhados em produzir seu pão cotidiano (e condenados a tanto), um mundo que só enviou a conta-gotas alguns de seus homens para a aventura americana. Durante *todo* o século XVI, talvez apenas cem mil homens, ao todo, deixam Sevilha pelo Novo Mundo. Embora tenham podido dominar, que é que puderam realmente apreender do mundo americano?

O terceiro problema tampouco se colocaria se as costas do golfo da Guiné, primeiro, e depois toda a África litorânea não tivessem fornecido os homens que faltavam, esses escravos negros, sem os quais não teria havido nem açúcar, nem café, nem ouro em pó.

Assim, as três raças tornam a se encontrar hoje: nenhuma foi bastante forte para eliminar, ou mesmo tentar eliminar as demais. Condenadas a viver juntas, elas souberam, malgrado alguns choques inevitáveis, acomodar-se à situação, misturar-se e alcançar certo grau de tolerância e estima recíprocas.

• ***Os espaços étnicos: nada mais claro, em todo caso, que as sobrevivências e as localizações geográficas das diversas raças, atualmente. O passado as explica.***

Foi com as civilizações indígenas que se chocaram os primeiros conquistadores brancos, e certamente eles as trataram de maneira selvagem, e tudo poderia ter sido aniquilado. Às devastações da conquista acrescentaram-se, com efeito, as catástrofes ainda maiores da exploração e do trabalho forçado. A população indígena diminuiu em proporções inauditas. Onde quer que tenha permanecido primitivo (itinerante, amiúde comedor de mandioca), vivendo em estado tribal, o índio foi varrido, e isso quase desde seus primeiros contatos com a presença europeia; só o protegeram algumas regiões de acesso muito difícil, onde o branco penetrou parcimoniosamente e tarde, como a Amazônia.

Não obstante, as verdadeiras civilizações indígenas, as civilizações densas, conseguiram todas finalmente sobreviver. Desarmadas, mal equipadas (não conhecem nem a roda, nem o ferro, nem a pólvora para canhão, nem os animais domésticos, com exceção da lhama), atingidas imediatamente e em pleno coração – México (então Tenochtitlán), Cuzco –, foram elas certamente uma presa fácil. Todavia, seus homens foram salvos por sua solidariedade. Hoje, o México se afirma como uma "terra índia" orgulhosa de sê-lo, e nos planaltos andinos a antiga vida indígena perdura, miserável, porém vivaz, fortemente arraigada, insubstituível ali onde se encontra.

Quanto ao negro, permaneceu nos lugares onde o clima, as plantações, as areias ou os filões auríferos, o luxo das cidades ou os acasos o conduziram, a partir do século XVI, e o retiveram após o fim da escravidão. Mais tarde, ele se deslocou com muita frequência para os centros industriais mais ativos. Assim, vamos encontrá-lo, logicamente, na costa atlântica e nos locais onde faltava a mão de obra indígena. Ele domina o Norte do Brasil – o coração do Brasil colonial – e está amplamente representado em todas as grandes cidades modernas brasileiras. Nas Antilhas, em toda parte, ele se sente em casa.

Quanto ao branco, sua tomada de posse do continente americano se fez em pelo menos duas largas etapas, cada qual com uma contribuição étnica diferente.

Com a primeira conquista, ele se instalou onde quer que lhe fosse possível subsistir, de preferência no âmbito das grandes civilizações indígenas locais, onde encontrou naturalmente "súditos" e uma mesa bem fornida. É o caso do espanhol, cujas grandes cidades coloniais foram México, Lima (uma criação dos conquistadores) e, nos altos Andes da atual Bolívia, Potosí (outra criação), graças às suas minas de prata (em 1600, 150 mil habitantes vivem ali, a quatro mil metros de altitude). Ainda hoje, lá está a arte colonial espanhola, barroca principalmente, para atestar os esplendores dos novos-ricos dessas cidades coloniais. Mas sua substância humana, cumpre não esquecer, é sobretudo indígena.

Já no Brasil, o português encontrou apenas uma população indígena dispersa, frágil, daí a importância decisiva da contribuição negra. As grandes cidades brasileiras da época colonial são de substância africana: Salvador, a capital, com suas 365 igrejas (uma para cada dia do ano); Recife, o grande centro açucareiro do Norte, que os holandeses impulsionaram durante sua breve ocupação (1630-1653); Ouro Preto, plantada no interior das terras pela febre do ouro; Rio de Janeiro, que se torna a capital em 1763. São Paulo, ao contrário, que não passa então de um minúsculo vilarejo, povoado de aventureiros, é um pouco branca e muito indígena, com seus mestiços denominados *mamelucos*.

Todos esses pormenores da época colonial evocam as realizações de uma América crioula, das quais as imagens antilhanas, São Domingos e Jamaica, as ilhas do açúcar e depois do café, falam mais que todas as outras às imaginações francesas ou inglesas. Entretanto, o espetáculo é o mesmo em toda parte. Em toda parte se observa uma estranha mescla de vida primitiva, medieval, escravista e capitalista. Só o senhor dos campos ou dos engenhos de açúcar, ou das fabulosas minas de prata, ou das areias auríferas, está ligado à economia monetária, não seus escravos ou servos. Isso dá estranhas famílias à antiga (o *pater familias* detém, durante muito tempo, de fato, o direito de vida e de morte sobre todos os membros de sua família e de sua criadagem), com a casa-grande dominando as fileiras de senzalas dos escravos. Em seguida, as cidades crescem com suas casas de ricos (os *sobrados*, casas de andares do Brasil colonial), suas lojas de comerciantes, seus casebres miseráveis (o que no Brasil se denominava, ontem, *mocambos* e, hoje, *favelas*: sob outro nome e com outros materiais, as *bidonvilles* de tantas aglomerações de hoje).

Libertada das metrópoles espanhola e portuguesa – e, ao mesmo tempo, dos comerciantes de Cádiz e de Lisboa –, a América Latina, depois de 1822 e 1823, será explorada sistematicamente e sem pudor *pelos capitalistas de toda a Europa*, em primeiro lugar pelos de Londres. Os novos Estados independentes eram clientes demasiado ingênuos para os industriais ou banqueiros europeus. Foi assim que Londres vendeu ao México, em 1821, o material de guerra um tanto ultrapassado que lhe permitira triunfar em Waterloo.

Ao mesmo tempo, porém, a América do Sul vai-se abrir, mais que no passado, a uma *imigração europeia* (e não mais apenas espanhola ou portuguesa), pouco numerosa a princípio – artistas, intelectuais, engenheiros, homens de negócios –, depois rapidamente crescente quando, a partir de 1880, estabelece-se no Atlântico Sul, a navegação a vapor. Ela permitiu a chegada maciça de italianos, portugueses e espanhóis, sem contar os milhares e milhares de outros europeus.

Nem toda a América do Sul os acolheu igualmente: eles fizeram a nova fortuna do Brasil meridional, ao sul do paralelo de São Paulo (o antigo Brasil estava centrado no Norte), da Argentina e do Chile. Sobre vastos espaços, essa imigração, essa espécie de bombardeio humano, destruiu as ordens sociais antigas, não da noite para o dia, mas com muita rapidez. Ela começou a povoar os campos. O que o "doutor em direito" não podia fazer, o imigrante vai tornar possível. Ele criou o Brasil moderno, a Argentina moderna, o Chile moderno. Antes de 1939, um viajante europeu podia, ao sabor de suas viagens, encontrar aqui a Itália, sobretudo ela, laboriosa, admirável; ali, bruscamente, no Rio Grande do Sul ou em Santa Catarina, ou no Chile, uma Alemanha que permaneceu fiel à sua civilização, à longínqua mãe-pátria, à sua dramática história.

Foram esses imigrantes que fizeram a glória das zonas pioneiras, das indústrias pioneiras. São eles, ainda, que vamos encontrar na orla das zonas de povoamento, face à "fronteira" chilena ao sul do Bío-Bío, face à Patagônia, ontem deserta, ou nos confins do Estado de São Paulo, com os novos cafezais: como estes esgotam a terra, torna-se necessário, com efeito, que as fazendas se desloquem em busca de novos solos, de florestas cujas árvores logo serão queimadas para propiciar terra às culturas. Tudo isso admiravelmente conhecido e que poderíamos tornar a contar longamente, por nosso turno. Mas será o essencial, do nosso ponto de vista?

• ***O essencial é a fraternidade das raças: todas colaboraram, nos diferentes lugares, para a edificação da América Latina.***

Elas também se chocaram diversas vezes, por razões sociais. A *linha de cor*, com efeito, foi e continua a ser uma linha *social*. Quem se enriquece, quem governa, qualquer que seja a cor exata de sua pele, transpõe ou transporá a linha. Na boca dos mulatos ou sobretudo dos índios, no Peru, os que comandam são qualificados de *blancos*. É que a riqueza e o poder quase sempre estiveram, e ainda estão, nas mãos dos verdadeiros brancos.

Na medida, porém, em que os "verdadeiros" brancos existem. Na maior parte do tempo, e isso é importante, as raças se misturaram largamente. "Todos nós temos", escreve galhofeiramente Gilberto Freyre, o sociólogo de Recife (e ele fala, evidentemente, por seu Nordeste brasileiro, mas esse Nordeste se propagou amplamente por todo o Brasil), "todos nós temos a nossa pitada de sangue negro." Nos lugares onde a mistura foi mais importante, no México (brancos e índios) e no Nordeste do Brasil (negros e brancos), a tolerância e a fraternidade étnicas são mais evidentes que alhures.

No entanto, mesmo nessas regiões privilegiadas, nem tudo foi fácil. A América mestiça teve por muito tempo um complexo de inferioridade em relação à distante Europa, e por muito tempo esta não fez senão encorajá-lo. A América do Norte também dava o mau exemplo que todos conhecem. Todavia, a viagem aos Estados Unidos foi, para muitos intelectuais sul-americanos, de pele não absolutamente clara, embora branca, uma lição ao revés, uma lição de tolerância necessária, uma satisfação preciosa que os levou a preferir a si mesmos, preferindo seu país.

Todo o complexo e os preconceitos que o expressam não desapareceram por encanto. Contudo, uma grande rajada de vento soprou depois de 1919, ou depois de 1930, e mais ainda depois de 1945. Podia-se amar (sim, mas e estimar?) do mesmo modo a Europa após as loucuras da Primeira Guerra Mundial, após suas catástrofes econômicas (depois de1929) e também após os horrores da Segunda Guerra Mundial? Terra de liberdade, de acolhimento, as Américas meridionais se tomaram, pouco a pouco, de estima por si mesmas. Lenta transformação e, decerto, ainda não inteiramente realizada, mas francamente a caminho. A publicação, no Brasil, das primeiras obras de Gilberto Freyre, esse sociólogo que já não fala, segundo uma vigorosa tradição literária, a linguagem poética do romance ou do ensaio, mas a linguagem percuciente das jovens ciências humanas, essa publicação (1933) marcou uma reviravolta decisiva nesse país que é, ao mesmo tempo, o mais vasto e o mais humano, o mais humanista talvez do Novo Mundo. Do mesmo modo, a revolução pró-indígena no México, a partir de 1910, abriu muito mais que um ciclo de revoluções políticas em cadeia, ou um ciclo de revoluções agrárias. Abriu as portas da esperança.

Entretanto, essa conquista da igualdade e da fraternidade das raças está mais ou menos consolidada, segundo os lugares. Ela ainda se choca, amiúde, com o obstáculo dos desníveis sociais, com o passado. Tanto mais que ainda existem, na América Latina, países totalmente brancos, como a Argentina (onde se notam apenas alguns resquícios de população indígena, bem ao norte ou no extremo sul), ao contrário desses outros países onde, de acordo com os antropólogos, da mistura das raças já nasceram novos tipos étnicos, uniformes, estáveis – como na Costa Rica e, sem dúvida, alhures.

Todavia, ainda que às vezes ela não se faça valer plenamente, ou não tenha por que se fazer, essa fraternidade existe globalmente, é um dos traços originais da outra América. Seu traço essencial, por certo o mais simpático, e que por si só a singulariza, permitiria reconhecê-la. Na escala no Panamá, ao regressar à sua pátria, um viajante sul-americano fica encantado: aquela diversidade de cores de pele, aquelas vozes claras, aqueles gritos, aquelas canções... Não há a menor dúvida, ele já está em casa.

A economia – as civilizações postas à prova

• ***A América Latina, malgrado sua indolência, seu gosto da alegria, suas petulâncias, suas festas populares ruidosas, não cessa de sofrer profundamente diante do mundo atual, assim como diante do mundo de ontem. Ela é também o "continente da tristeza" (Keyserling).***

A exemplo de todos os países que começam realmente a se industrializar, ela deve enfrentar uma revisão total de suas estruturas, de seus comportamentos, e esse choque lhe é particularmente penoso.

Ele atinge, com efeito, um mundo instável, movediço, incerto, pouco ou mal estruturado econômica e socialmente, porque seu passado não cessou, há séculos, de destruí-lo e de reconstruí-lo de maneira sumária; um mundo contrastante, contraditório, onde uma vida primitiva confina, sem transição, com enclaves de vida ultramoderna; ao todo, um mundo cheio de vitalidade, e por isso mesmo mais difícil de definir, de dirigir, de orientar.

• ***As flutuações econômicas são maremotos imprevisíveis. A América corre atrás de seu destino material. Ela é obrigada a essa corrida, por bem ou por mal, quase sempre mais vítima que beneficiária.***

Nisso, sem dúvida, ela não fez senão seguir a conjuntura internacional. No entanto, quando são muitos a correr em uma corrente, de mãos dadas, uma coisa é estar entre os primeiros, que conduzem o movimento, outra é ser o último a dar os saltos prodigiosos que conhecemos. A América do Sul é essa última na corrida, aquela que faz malabarismos dos quais é a única que não pode rir. Ela precisa precipitar-se e, se quiser vender, produzir, custe o que custar, açúcar, café, borracha, charque, nitratos ou cacau, sempre a preços baratos. E ei-la mergulhada, cada vez mais, em "ciclos" sucessivos, com suas quedas bruscas, inopinadas.

Esse processo é a chave tanto do passado quanto do presente econômico da América do Sul. Ela se curvou a todas as exigências da demanda mundial de matérias-primas, em uma economia que foi, a princípio, de *tipo colonialista* estrito e que, depois da época colonial, perpetuou-se sob a forma de uma *economia de dependência.*

Os capitalistas estrangeiros (ou melhor, as grandes empresas internacionais), aliados aos grandes proprietários e aos políticos locais, dirigiram a produção para as matérias-primas *exportáveis*, obrigando assim as regiões produtoras a concentrar todos os seus esforços, homens e recursos em uma única atividade, exclusiva, em detrimento de todas as outras. O desenvolvimento daí resultante teria podido, com o tempo, dar seus frutos para o conjunto do país, se a frequente mudança da demanda não aniquilasse regularmente tais investimentos. Era preciso, então, concentrar bruscamente os esforços em outro setor da produção, e, então, com muita frequência, em outra região.

A variedade dos climas e a superabundância do espaço permitiram à América do Sul suportar essas extraordinárias mudanças de direção que foram, de fato, no plano nacional, um desperdício inaudito de espaço e de homens: *elas impediram, em toda parte, o estabelecimento de estruturas econômicas duradouras, estáveis, sãs, bem como o enraizamento de uma classe camponesa.*

O primeiro desses ciclos foi, outrora, o dos *metais preciosos*, que principia com a própria conquista: ciclo do ouro, que mal ultrapassa a metade do século XVI, ciclo da prata (sobretudo minas do México e de Potosí) até por volta de 1630-1640. Ele é o preço de duros sacrifícios: sem uma impiedosa conscrição dos índios, quem teria aceitado, em Potosí, as tarefas da mina e da fundição dos metais, esgotantes a quatro mil metros de altitude, em uma montanha fria onde faltam a madeira, os víveres e, por vezes, a água? As barras de prata são transportadas até o Pacífico, depois a Callao, o porto de Lima, e, por fim, ao Panamá, de onde, por caravanas de burros e, em seguida, em barcas pelo rio Chagres, ganham a vertente do mar das Antilhas. A seguir, as frotas espanholas as comboiam para a Espanha.

Ora, quem se aproveita desse vasto sistema? Mercadores, "funcionários" espanhóis, homens de negócios já internacionais, como os comerciantes genoveses, *hombres de negocios*, prestamistas oficiais do rei de Espanha... Decerto não a própria América, constantemente privada de lingotes, de moedas de prata, esvaziada de seu numerário e que se danaria por alguns tecidos, pela farinha de trigo, por jarras de óleo, tonéis de vinho, escravos negros...

A prata de Potosí está em baixa no século XVII, e, com isso, a infeliz América hispânica se vê quase abandonada à própria sorte.

Em 1680, a América portuguesa conhece, por sua vez, a febre do ouro, coletado, desta vez, graças ao trabalho dos escravos negros. Ela diminui por volta de 1730, ao mesmo tempo, aliás, que se reanimam as minas de prata da Nova Espanha (o atual México). Então, a província brasileira de Minas Gerais se esvazia em grande parte e se dedica, de um modo ou de outro, à produção algodoeira.

Também poderíamos seguir o ciclo da criação de gado, com suas múltiplas variantes, até a criação argentina de hoje; o ciclo do açúcar, iniciado em grande escala no Brasil e difundindo-se, com o fim do século XVII, até as Antilhas (Jamaica, São Domingos, Martinica); o ciclo do café, particularmente brilhante no Brasil no século XIX, que consumirá muitos espaços, penetrando cada vez mais o interior. O Chaco argentino, ontem zona do *quebracho*, arbusto do tanino, conhece, após 1945, um grande surto da cultura algodoeira...

Um livro inteiro não esgotaria esse imenso assunto dos "ciclos" de monoproduções, ou monoculturas. Sob os nossos olhos, esse sistema, denunciado com razão como catastrófico, vive provavelmente seus derradeiros dias, enquanto verdadeiros setores industriais e economias nacionais se põem em marcha. Mas todas as estruturas econômicas da América do Sul foram marcadas por esse desenvolvimento antigo, irregular, irracional, com seus bruscos despertares, suas bruscas rupturas, seus incessantes deslocamentos: cada vez, uma província, cidades foram animadas e depois abandonadas ou, quando muito, condenadas a reconversões temíveis, dispendiosas.

• ***Crises violentas se seguem às mudanças de ciclo. Seu poder destrutivo pode acarretar de um só golpe o recuo de toda a economia de um país vigoroso.***

Daremos apenas um exemplo, que tem a vantagem de ser da pior atualidade: o da Argentina de hoje.

Por volta de 1880 tem início, na Argentina, um período de franca prosperidade. Em poucos anos, ela se torna um formidável exportador de cereais e de carne para o mercado europeu, graças a uma completa transformação de suas antigas estruturas. Os pampas argentinos, enorme planície ao redor de Buenos Aires, não passavam até então de um deserto com rebanhos selvagens, que os *gauchos* capturavam quase só para a exportação do couro.

Essa planície, algo semelhante à pradaria dos Estados Unidos, vai converter-se em terra de trigo e pradaria de criação para um gado selecionado, cuidadosamente nutrido e engordado.

Até 1930 (se pusermos de parte a difícil década de 1890 a 1900), tudo cresce, na Argentina, com incrível rapidez: primeiro a população, graças a uma forte imigração italiana; depois a produção, graças à exportação regular; o equipamento não tarda a se desenvolver (silos, moinhos, frigoríficos...). Daí o desenvolvimento normal de uma indústria leve. O poder aquisitivo dos assalariados, os lucros do capital e até o número de automóveis *per capita* alcançam então o seu máximo.

A partir de 1930 começa a crise, imperceptível, tamanha a euforia geral. Depois, a guerra, favorável a todos os vendedores de matérias-

-primas, retarda os prazos. Contudo, a partir de 1945, com a enorme baixa dos preços agrícolas no mercado mundial, toda a economia argentina se deteriora, e desta feita rapidamente. Os números *oficiais* admitem uma redução da renda nacional *per capita* da ordem de 0,4% *ao ano*, em média, a partir de 1948; porém, os economistas dos Estados Unidos calculam essa taxa de redução em pelo menos 2%, recuo ainda mais grave porque a própria taxa média de investimento *per capita* diminui mais depressa ainda, à razão de 3% ao ano, em média. A balança comercial é deficitária; os salários e o nível de vida da massa baixaram fortemente e, por conseguinte, sua possibilidade de sustentar uma indústria nacional relativamente bem desenvolvida (indústrias têxteis, alimentícias, do couro etc.); o desemprego aumenta; o campo se esvazia em proveito das cidades, que incham prodigiosamente, mesmo quando não têm nenhum trabalho a oferecer (5% da população total do país, ou seja, um milhão de pessoas, ocupa favelas que se denominam, na Argentina, *villas miseria*); a industrialização salvadora é interrompida. Sobretudo, não se vê nenhuma saída: o próprio orçamento do Estado está à beira da falência.

Em suma, a Argentina, que antes da última guerra mundial era o país mais rico de toda a América do Sul, favorecido, aliás, por seu clima, pela qualidade de suas terras e de seus homens, não é hoje, decerto, o mais pobre – ela tinha larga vantagem sobre os demais–, mas é *o que regride mais depressa.* A confiança eufórica deu lugar à desordem. É nesse clima que se explicam as crises políticas que se sucedem em Buenos Aires de alguns anos para cá.

Ora, os economistas argentinos estimam, não sem razão, que as estruturas agrárias criadas inteiramente pelo *boom* da carne e do trigo se revelam nocivas hoje. Ao lado de uma poeira de numerosas e minúsculas propriedades "antieconômicas", que representam 34% do total das terras cultivadas, um punhado de grandes proprietários possui 42% das terras e 64% do gado. Tal é, sem dúvida, o principal empecilho para um reerguimento nacional, que exigiria uma reorganização agrária capaz de assegurar uma produção racional e de reconstituir um mercado nacional, sem o que a indústria não pode evidentemente viver.

• ***A incoerência econômica é um obstáculo à industrialização moderna: o desenvolvimento da América do Sul resulta geralmente em economias pouco coerentes, desequilibradas.***

Por toda parte, salta aos olhos o caráter irracional, insuficiente, das vias de comunicação: elas não foram construídas para uma economia nacional, mas sim para ligar os pontos de produção aos portos de embarque, deixando entre si enormes zonas desprovidas de qualquer estrada. A aviação, onipresente, só pode proporcionar um remédio imperfeito. Viajando às costas de seu índio, nosso herói Alfonso Pereira não aprecia em seu justo valor o privilégio de estar a seco. "Ah", suspira ele, "se meu pai tivesse sido mais esperto, teria obrigado todos os seus *peones* a construir estradas. Assim não estaríamos hoje onde estamos!"

Outra discordância: contrastes violentos se assinalam entre zonas não desenvolvidas, ou abandonadas após um período de desenvolvimento (conhecem-se ainda algumas cidadezinhas poéticas do interior brasileiro, como Minas Velhas, que vivem tão primitivamente como uma cidade medíocre da Idade Média, longe de tudo, onde apenas umas poucas casas patrícias atestam os bons tempos antigos), e zonas relativamente superdesenvolvidas: a zona "civilizada", limitada com demasiada frequência a uma faixa costeira, aquela que, tocando o mar, liga-se aos grandes itinerários da exportação.

Enfim, uma ausência: em parte alguma existe esse forte campesinato da Europa, base sólida, experimentada, de uma cultura milenar.

Lançada no trabalho forçado e mercenário da monocultura, tolhida em vastos domínios apressadamente constituídos pelo capital dos importadores estrangeiros, depois bruscamente abandonada ao mesmo tempo que os próprios domínios, em virtude desta ou daquela mudança da demanda, grande parte da população camponesa se compõe de operários agrícolas errantes, que a ausência de trabalho, um dia, conduz à cidade próxima para um emprego problemático ou para a emigração para outra província. Daí esse aparente paradoxo de que, neste ou naquele país onde o espaço superabunda, onde a população agrícola atinge 60% e 70% dos habitantes, faltam culturas alimentícias ou, pelo menos, são insuficientes. Porque, de um lado, falta uma raça de camponeses *arraigados*, que saibam realmente cultivar a terra, e porque, de outro, a distribuição da terra é tão defeituosa que por si só lhes impediria o enraizamento e uma produção normal. Com muita frequência, somos levados a pensar na Rússia dos *barines*.

Ao lado desse mundo agrícola arcaico, a indústria se desenvolve nas regiões – geralmente costeiras – que foram favorecidas por um passado recente e onde uma acumulação de capitais autóctones ou estrangeiros, onde homens bem informados graças a seu contato com a Europa ou os Estados Unidos, onde alguns quadros científicos e técnicos, engrossados pela imigração, permitiram a reconversão das atividades do setor das exportações agrícolas ao setor industrial. O resultado é, por vezes, surpreendente: cidades ultramodernas, de inumeráveis arranha-céus, medraram como cogumelos. São Paulo, no Brasil, é o exemplo alucinante disso.

Resultado: a economia da América do Sul é, assim, dupla; um setor desenvolvido e até, relativamente, superdesenvolvido de vida moderna, industrializada ao excesso, estreito, coexiste com setores imensos, absolutamente arcaicos, de vida agrícola ainda muito primitiva. *Essa cisão se agrava na medida em que todo o novo desenvolvimento vai para o setor já desenvolvido.*

Veja-se o exemplo do Brasil, cujo desenvolvimento, contrariamente ao da Argentina, começou tarde, já nítido por volta de 1930, e se acentua vigorosamente após a guerra. Durante os últimos quinze anos, sua produção real duplicou; mesmo *per capita*, o Produto Nacional Bruto aumentou, entre 1948 e 1958, de quase 3% ao ano, em média. Durante esse tempo, São Paulo e Rio de Janeiro se construíram a um ritmo que ultrapassa o das mais célebres cidades-cogumelos dos Estados Unidos. As indústrias têxteis e leves, primeiro, e, desde há pouco, a indústria pesada, são instaladas. Esses números falam de um crescimento econômico excelente.

Sem dúvida. Mas tal crescimento é sobretudo industrial. Durante esse tempo, a produção agrícola aumentou apenas ao próprio ritmo do aumento da população (ou seja, cerca de 1,5% ao ano). As terras cultivadas representam 2% do território nacional! Quase 70% da população vive ou, antes, vegeta nesse setor agrícola estreito (vinte milhões de hectares utilizados) cujos rendimentos, além do mais, são *extremamente baixos*. O Nordeste, que representa um terço da população e *que é apenas agrícola*, permanece assim exposto à fome, no sentido estrito do termo, e a todas as doenças decorrentes de carências alimentares.

Essa situação não pode mudar rapidamente, dado que tudo vai para a parte já desenvolvida do país: investimentos privados, ajuda do Estado, crédito e até mesmo as entradas de divisas obtidas graças às exportações do Norte (cacau, açúcar, algodão, produtos oleaginosos).

Vários observadores, a propósito do Brasil e do México, fazem notar que os dois setores (o setor desenvolvido e o que permanece marginal a esse desenvolvimento) se acham, de fato, na posição em que estava outrora a metrópole em relação à colônia. Uma vasta parte do país não tem acesso nem à produção, nem à renda, nem a um consumo correspondente ao mínimo vital – é sacrificada à outra.

Por certo, às voltas com o problema urgente da industrialização, o governo brasileiro procurou o mais rentável, o que parecia prometer os frutos mais rápidos. Mas os mais duradouros?

Já há alguns anos o ritmo da expansão industrial brasileira vem diminuindo de intensidade, tendo chegado à superprodução por falta de um mercado interno suficientemente amplo. O desemprego, a inflação, uma alta considerável do custo de vida, que estreita ainda mais as dimensões do mercado nacional, tudo isso são sinais de que, doravante, o desenvolvimento industrial não poderá prosseguir sem uma política que se volte francamente para o setor agrícola e procure melhorá-lo, a fim de obter esse crescimento do consumo, esse acesso da massa a um nível de vida decente, sem o qual uma indústria moderna não se pode construir solidamente.

• ***O problema social: essa necessidade de revisão se impõe mais ou menos nos mesmos termos a todos os países da América Latina, em via de industrialização; ela é ainda mais premente por ser acompanhada de um problema social agudo.***

Não cessa de crescer a distância entre a sociedade que coopera para o desenvolvimento e dele se beneficia e aquela que permanece fora do jogo. Há aí um fator explosivo.

Outro fator explosivo: o ritmo de crescimento da população, o mais elevado do mundo: cerca de 2,5% ao ano (aproximadamente 2% na África, 1,3 a 2% na Ásia). Uma massa de proletários rurais se transforma em proletários citadinos, não raro desempregados, ainda mais infelizes por confinarem como luxo de uma sociedade industrializada para o qual todas as vias de acesso lhes são barradas.

Todos os testemunhos dos sociólogos, de alguns anos para cá, são concordes em julgar o balanço do imenso esforço realizado pela América Latina de hoje: os estabelecimentos industriais não têm como não ser maravilhosos – aproveitaram-se dos últimos progressos da técnica moderna. Arquitetos, engenheiros da América do Sul, autóctones ou estrangeiros, nada têm a invejar aos seus confrades. Contudo, o aspecto humano da experiência é aterrador; a miséria e o caos se erguem nas fronteiras imediatas da ordem, do luxo.

Eis, a título de exemplo, os altos-fornos de Huachipato, ao sul de Santiago do Chile... Os seis mil assalariados que ali trabalham "são tecnicamente notáveis e bem tratados. Que contraste com a condição de parte das famílias operárias que, à margem da usina, amontoam-se amiúde em grupos de dez pessoas, em pequenos barracos que a Companhia, revelando francamente [aos pesquisadores] suas dificuldades, faz-nos visitar! A situação aí é, de resto – e de longe – melhor ainda que na vizinha cidade mineira de Lota. Raramente vi espetáculo mais triste que esses mineiros passando as horas que poderiam ser de lazer à porta de sua casa, derreados sob o pó do carvão, as crianças espalhadas aqui e ali, por toda parte, formigando na imundície das ruelas e ao redor dos açougues do mercado de Lota Baja, onde uma carne malcheirosa se oferece às moscas e à poeira, da mesma forma que formigam nos pardieiros e nos sombrios cais vizinhos de Talcahuano... Pobres crianças de Lota, das quais, segundo me disseram lá, apenas um quarto conseguirá escapar dessa triste comunidade, já que três quartos delas ali viverão e morrerão" (Georges Friedmann).

Uma reportagem sobre as minas de carvão de São Jerônimo, no Rio Grande do Sul, ou nas minas de estanho da Bolívia, não seria muito mais otimista. Na periferia das cidades mais suntuosas do continente, essa realidade operária ostenta suas misérias, mesmo ao redor de São Paulo e até no coração de Buenos Aires, onde, entre seus seis milhões de habitantes, contam-se 55% de operários, 60% dos quais ex-camponeses arrancados aos campos. Como na Europa de ontem, esses camponeses são maus operários, que vão um dia à fábrica e não voltam no dia seguinte. Muitas empresas renovam anualmente 75% de seu pessoal. Sua ignorância agrava a miséria (nota-se por toda parte que a inobservância das normas dietéticas mais elementares torna mais severas as consequências da subalimentação). Poucos operários especializados, no sentido em que o entendemos – e os que existem, muito bem remunerados, formam nas cidades uma espécie de classe burguesa, vivendo à parte do mundo operário comum, raramente inclinada a se solidarizar com ele.

Assim, tudo contribui para o abandono desse mundo miserável à sua própria sorte. A legislação operária é, com frequência, oficialmente, a mais liberal que se possa imaginar, mas do texto da lei à prática, que abismo! Os sindicatos existem, mas de comum com os sindicatos dos países industrializados só têm o nome; não formam agrupamentos nacionais. Em suma, uma classe operária infeliz, deseducada, desorganizada, quase sempre analfabeta e não raro posta em contato com uma vida política emocional, romântica (da qual, se necessário, o peronismo ofereceria o exemplo), não dispõe de nenhum apoio sólido, material ou intelectual. Essas imagens anunciam um futuro difícil por muito tempo ainda.

• ***A fragilidade das classes dirigentes e da elite.***

Uma elite intelectual, escritores, admiráveis professores, alguns raros políticos, alguns médicos cultos e advogados tomaram consciência desses novos problemas. Infelizmente, a fragilidade das classes dirigentes, política e economicamente responsáveis, é outra das fraquezas graves e permanentes da América do Sul. A crise do crescimento industrial destruiu de maneira implacável uma velha sociedade culta, requintada, pouco capaz, é verdade, de inserir-se nesse novo mundo, mas tão simpática! O pior é que nada ainda se ofereceu para substituí-la realmente.

Ontem, vale dizer, antes de 1939, em uma América ainda semicolonial, apenas uns poucos atores ocupavam a estreita cena da vida política e da cultura, ao mesmo tempo que dominavam negócios tranquilos. Homens encantadores, sedutores, cultos, proprietários de centenas, de milhares de hectares, possuidores de riquíssimas bibliotecas, alguns deles verdadeiros príncipes faustosos do Renascimento, feitos para seduzir o jornalista, o viajante ou o intelectual da Europa. Às vésperas da última guerra, porém, já se tinha a impressão de que estavam socialmente condenados; de que esses homens, não raro com imensas responsabilidades – este, a de quase todos os capitais ingleses do Brasil; estoutro, testa de ferro de alguma Dearborn Chemical Society; aquele, senhor das finanças públicas ou governador de Estado aspirando a tornar-se presidente da República; aqueloutro, general de cepa popular –, de que todos governavam, de muito bom grado, do alto de sua biblioteca, do alto de seu pensamento, como num universo irreal. Acreditavam nas virtudes da cultura, da civilização, da razão. Homens algo à moda liberal e aristocrática do nosso século XIX, e em uma atmosfera de despotismo, ou melhor, de paternalismo esclarecido.

Ao lado deles, longe de seus círculos ciosamente fechados, novos homens, imigrantes enriquecidos, industriais, cujos filhos, apenas eles, alcançariam certa cultura, já começavam uma ascensão econômica fulminante.

Hoje, a evolução social está consumada, a roda completou seu giro. Em linhas gerais, a passagem se fez dos *landlords* aos industriais e aos banqueiros, das formosas e vastas propriedades familiares às suntuosas mansões de recreio – no Brasil, nas praias do Rio, ou, no interior, em Petrópolis; ou, então, no México, em Vera Cruz, em Acapulco, nos subúrbios ricos da Cidade do México ou, abaixo da capital, em Cuernavaca. Ao mesmo tempo, as cidades assumiram sua fisionomia de grandes cidades, com hotéis suntuosos, restaurantes empoleirados no alto de seus trinta andares, à americana, arranha-céus imponentes, sem falar de uma última maravilha que eclipsa todas as demais: Brasília, a capital artificial plantada no coração continental do Brasil... Esse novo universo tira largamente sua desforra contra o antigo.

O que continua a faltar à América do Sul são partidos políticos consistentes e, mais ainda, elites, burguesias estáveis, o *medio pelo*, o *meio-pelo*, como se diz no Chile para designar esse meio-termo social (no sentido ordinário, a expressão se aplica ao gado cruzado de segunda categoria). Os poucos intelectuais existentes não bastam. Seria preciso tempo, situações calmas, uma economia menos estritamente dividida entre muito pobres e muito ricos, para que se instaure essa classe indispensável ao equilíbrio social de um mundo que até aqui permanece basicamente capitalista.

A fragilidade da classe média, na qual se poderiam apoiar partidos políticos sérios, explica a instabilidade tradicional dos governos da América do Sul. Mais que de lutas entre partidos, trata-se de lutas entre homens. O exército desempenha um papel muito grande, conforme a tradição sempre viva dos *libertadores*, dos generais românticos que fizeram o sucesso da independência, no começo do século passado.

Entretanto, a rápida tomada de consciência delineada, mesmo entre as massas mais toscas, pelo fenômeno da urbanização pode obrigar a América a se engajar na dificílima via de uma severa revisão de todas as suas estruturas atuais, sem a qual, dizia recentemente um autor mexicano, ela permaneceria na entrada – sem poder penetrar – de um verdadeiro capitalismo moderno, criador de riquezas e bem-estar, e seria então lançada, nem sempre o desejando, em inevitáveis violências (que, aliás, não lhe abririam forçosamente as portas de um verdadeiro socialismo).

Um brasileiro, Josué de Castro, escreve com razão (1962): "É indubitável que o Brasil [mas ele poderia dizer: a América Latina] deve realizar um grande salto em sua história social. O que precisamos é evitar que o salto vá dar em um abismo, orientando-o para que nossas forças nos permitam alcançar o outro lado do precipício."

• ***O sentimento de insegurança, de instabilidade, de incerteza experimentado pelos americanos do Sul é certamente justificado. O que talvez o seja menos é seu pessimismo. Essa instabilidade é, antes de tudo, a de uma civilização que procura a si mesma, que se tenta definir, sob a injunção de realidades penosas, mas poderosas.***

A única civilização que durante muito tempo a América do Sul conheceu lhe era externa: não passava da cópia fiel, por um grupo muito estreito de homens bastante privilegiados, da civilização da Europa, em todos os seus requintes. Também aqui a literatura é um teste. Quantos livros de escritores sul-americanos do século XIX, dos quais *nada* poderia fazer-nos suspeitar terem sido escritos fora do continente europeu! A cultura, para muitos homens dessa época, é uma ilha onde eles se encerram, de tempos em tempos, alheios à vida que os cerca e que não participa dos jogos superiores do espírito.

Essa *intelligentsia* acompanhou com atenção o pensamento europeu e nele encontrou sua satisfação, sua paixão. É graças a ela que se pode encontrar, através da América do Sul, um humanismo revolucionário muito vivo e essas filiações do positivismo de Auguste Comte, à primeira vista tão estranhas (sabe-se que a fórmula *Ordem e Progresso*, que se inscreve na bandeira brasileira, é uma homenagem ao comtismo).

Esses tempos passaram. Ao alcançar as massas de uma população que se urbaniza, a civilização sul-americana se abre obrigatoriamente, hoje, para uma vida autóctone poderosa que não poderia aceitar a herança europeia sem pelo menos lhe fazer sofrer fortes transformações. A América Latina está construindo uma civilização original, a *sua* civilização.

O advento, em todo o mundo, de uma cultura de massa difusa, imposta pela imprensa, pelo rádio, pela televisão e pelo cinema, tornaria, mais cedo ou mais tarde, inevitável essa evolução. O importante, para a América Latina, é que seus intelectuais se anteciparam ao inevitável e já lhe deram uma forma. O eclipse do prestígio da Europa, a partir da Primeira Guerra Mundial e sobretudo da Segunda, e certa desconfiança em face da hegemonia dos Estados Unidos coincidiram, para eles, com a descoberta de suas próprias riquezas e de suas verdadeiras tarefas. A má consciência social, de que falávamos no começo deste capítulo, fez o resto: o povo, o caboclo, o *peón*, o índio e o negro tomaram, de repente, seu lugar na mesa comum. Deixaram de ser os selvagens por quem só seria possível se interessar para trazer-lhes o viático da civilização. Sua vida própria, seu pensamento, seus provérbios e sua religião são agora objeto de interesse; eles se tornam tema de estudos e de simpatia para o sociólogo, ao mesmo tempo que parte integrante da cultura nacional em via de construção.

É o que explica, de um lado, a publicação, impensável há cinquenta anos, e o sucesso, de outro (o livro vendeu 120 mil exemplares no Brasil, tiragem nunca alcançada, a não ser por alguns romances de Jorge Amado), do diário de que falávamos mais atrás. Como diz um crítico brasileiro comentando tal sucesso, o livro de Carolina Maria de Jesus é tudo, menos uma obra de arte. "É um documento escrito por uma mulher do povo, uma mensagem inequívoca de fraternidade, compreensão e justiça social." Ele não trouxe apenas uma relativa fortuna à sua autora: os bairros descritos no livro (e que se percebem no filme *Orfeu negro*) acabam de ser demolidos para uma reconstrução próxima.

É no mesmo espírito que se começa a tomar interesse pelo folclore popular da América do Sul, um folclore que está em toda parte, denso, pitoresco, desde que se queira ouvi-lo. Às vezes já um tanto falsificado, como a música encantadora e ruidosa dos *mariachis* mexicanos, esses violonistas que tocam em grupos heterogêneos nos cabarés da Cidade do México e de outros lugares, e que a atenção dos turistas acabou desfigurando. Seu nome viria, segundo se diz, das festas de "*mariage*" (casamento), do tempo da ocupação francesa. Embora a etimologia seja incerta, ela nos diz – quem acreditaria? – que a memória popular não guarda tão má lembrança da expedição francesa...

Naturalmente, é preciso afastar-se das rotas turísticas para se aproximar do verdadeiro folclore, ouvir as velhas canções brasileiras, sentimentais ou lúgubres, em que a triste lua tem direito à sua habitual evocação, ou, mais ainda, em instrumentos musicais primitivos, as improvisações cantadas e dançadas. Assim, num mercado perdido do interior baiano, ao lado da feira de gado, vendedores ambulantes miseráveis oferecem, à escolha do freguês, uma porção de arroz fumegante, um leitão vivo, um quarto de ave esquelética e, por alguns tostões, todas as frutas tropicais, enquanto um mendigo cego improvisa sucessivamente súplicas, agradecimentos e até uma canção... O estrangeiro, considerado mais generoso – que ele pediu para lhe descreverem –, tem direito a uma ampla improvisação na qual, aos cumprimentos realistas, juntam-se as bênçãos tradicionais.

Na verdade, todos os acontecimentos da vida cotidiana servem de tema para esses cantadores populares. Ubatuba, pequeno porto abandonado no litoral paulista do Atlântico, estava ligado ao mundo, em 1947, apenas por um velho automóvel que, duas vezes por semana, descia a serra do Mar por um extravagante caminho de tropas... Mas decidiu-se construir, pelo menos, uma linha elétrica cujos postes, um a um, avançavam rumo à cidade através da floresta. Essa *chegada da luz* foi, certa noite, o motivo da canção improvisada por um tocador de violão numa interminável tagarelice, cantada, afinal, em louvor à civilização.

Cada país tem seu folclore particular, sua música, seus contos, sua tradição indígena, espanhola ou negra... Esse folclore também marca fortemente a vida religiosa, seu catolicismo poderoso (apesar das infiltrações, mais espetaculares que importantes, das missões protestantes), porém primitivo, ainda milagroso, medieval, em que a legenda de Cristo se junta aos mitos indígenas, em que os ritos mágicos da velha África se mesclam ao ritual romano ou o incorporam (candomblés). O pequeno número de padres agrava essa liberdade de interpretação, que não prejudica apenas o fervor. Um dia, será necessário que a América Latina ponha em ordem também a sua casa religiosa. Para um historiador, Émile G. Léonard, historiador do protestantismo e ele próprio protestante, a situação espiritual evoca a da Reforma, ou da Pré-Reforma, na Europa: ou seja, as necessidades espirituais são vivas, de um lado, e malsatisfeitas, do outro.

Todavia, os sinais de mudança abundam.

A literatura moderna, toda a vida, toda a cultura da América do Sul estão sendo arrastadas em um retorno às fontes nacionais.

Desse ponto de vista, o melhor exemplo é o México. Em um amplo movimento, ele se volta para a sua *indianidade*, para suas fontes vivas, e nelas se reconstitui. Para isso, foram necessárias muitas provações, revoluções, catástrofes. Mas delas brotou essa literatura populista, ou melhor, essa arte revolucionária, da qual José Orozco foi o profeta nas abóbadas da catedral de Guadalajara e que engendrou toda uma escola de pintura. Ou, ainda, esse cinema autóctone, afirmado ontem com o admirável *María Candelaria*.

CAPÍTULO II

A América por excelência: os Estados Unidos

Obstinadamente, essa América quis ser fora de série. Foi ela por muito tempo uma civilização, um viajante sem bagagens, na medida mesma em que estava certa de que se abria diante dela um porvir sempre melhor, dependendo apenas da vontade dela agarrá-lo. Thomas Jefferson, um dos fundadores da Constituição de 1787, afirmava: "*America is new in its forms and principles*", a América é nova em suas formas e em seus princípios. Desde então, ela não cessou de acreditar-se nova, cada manhã, e de pensar, como Jefferson, que "a terra pertence aos vivos." Em todo caso, ela atravessou com passo confiante suas crises econômicas, sociais e políticas: jamais suas reservas, seu estoque de otimismo pareceram a ponto de esgotar-se.

Assim foi até tempos relativamente recentes, até a violência inesperada da crise de 1929, que principia em Wall Street, ainda mais duramente sentida por atingir em pleno coração uma economia ditosa, em forte expansão, por assim dizer, sem desconfiança. A América viu-se então diante de sua primeira catástrofe material. Não lhe bastou, para se recuperar, reencontrar uma prosperidade maior que nunca. Pela primeira vez, ela se voltou longamente para o seu passado, menos, aliás, para compreender a si mesma (o americano médio, espontaneamente, não acredita no valor explicativo da história) do que para buscar ali um reconforto. "O desenvolvimento de um pendor à nostalgia retrospectiva caminhou lado a lado com o lento declínio de uma fé tradicional. No tempo em que a competição e o empreendimento estavam em plena decolagem, os americanos pensavam no futuro; no tempo em que se mostravam florescentes, eles pensavam no presente; agora, na era da concentração, do colossal, dos monopólios, que reduziu o campo da competição e das oportunidades a aproveitar, eles se voltam nostalgicamente para a idade de ouro, que ficou para trás." Assim fala um excelente observador, Richard Hofstadter (1955).

A América, tão jovem, acaba de envelhecer um pouco. Ela chega à história, aproxima-se de sua hora da verdade. Percebe ter havido ontem, em sua recusa a se interessar pelo passado, em seu individualismo feroz ou em seu isolacionismo, na rejeição de qualquer vínculo que aliene a liberdade do indivíduo ou da nação, "uma unidade de *tradição cultural e política* na qual repousava a civilização americana."

Não é justamente essa tradição implícita que está condenada pelas condições da vida moderna dos Estados Unidos? O passado começa a pesar sobre seus ombros.

Um passado reconfortante: o balanço das oportunidades

Por muito tempo acreditou a América viver um destino novo, sem a sombra dos dias precedentes, já que o passado não tardava a se apagar como que por si mesmo. A regra era fugir de tudo que prende ou enraíza, apostar no inesperado. A palavra *opportunity*, a ocasião, a oportunidade que se oferece, é a palavra-chave: todo homem digno dessa característica deve agarrar a "oportunidade" que passa e ir até o extremo limite do que ela lhe permite. É nessa "competição" que ele se afirma, é nela que ele será posto à prova.

Assim se comportaram os Estados Unidos enquanto coletividade: seu passado é uma série de oportunidades oferecidas, quase imediata e plenamente agarradas, de "jogadas a fazer", geralmente bem-sucedidas. Antes de mais nada, façamos o balanço dessas oportunidades, antigas e recentes.

Colonização e independência

• ***A primeira oportunidade foi a conquista – tardia, afinal de contas – e a ocupação sólida de um setor do litoral americano. Estar alojado é começar a ser.***

A corrida para toda a América foi aberta pela viagem revolucionária de Cristóvão Colombo (1492). A Espanha (Castela) foi a ganhadora. Oito anos depois, em 1500, os portugueses, com Álvares Cabral, apoderaram-se da Terra de Santa Cruz, à qual a madeira de tinta vermelha (o pau-brasil) vai dar o nome de Brasil. Em seguida, os franceses –

cujos navios, mercantes ou piratas, ou ambos ao mesmo tempo, frequentam todas as costas atlânticas do Novo Mundo, da Terra Nova (conhecida desde o início do século) até as Antilhas, a Flórida e as costas do Brasil (então mais teórica que praticamente em posse dos portugueses) –, os franceses reconhecem o Canadá (1534-1535), onde finalmente se instalam (1603). Os ingleses, nessas condições, chegam por último: Walter Raleigh lançou âncoras no litoral do que logo se tornou a Virgínia, nos últimos anos do século XVI, mas fundou ali um estabelecimento efêmero; os peregrinos do *May Flower* chegam, em 1620, ao cabo Cod, na costa do que será o Massachusetts.

Trata-se, à primeira vista, de um trecho geográfico pouco aprazível: uma costa inóspita, cortada de estuários, de golfos, de verdadeiros mares interiores, como a vasta baía de Chesapeake, e ainda por cima uma costa pantanosa, coberta de florestas, bloqueada a oeste pelas duras montanhas dos Alleghanies. Em suma, uma vasta região, mal soldada em suas diferentes partes e exclusivamente graças às lentas navegações costeiras. Ademais, foi necessário eliminar concorrentes tardios – holandeses, suecos – e, enfim, sobreviver aos ataques insidiosos dos índios. Entretanto, os franceses, partindo do São Lourenço, tinham-se apossado ou, pelo menos, reconhecido e depois ocupado os Grandes Lagos e o enorme vale do Mississippi até o delta, onde se desenvolverá a Nova Orleans. Realizaram um vasto movimento envolvente. Ganharam o primeiro *round*.

A cabeça de ponte inglesa fica, assim, encurralada entre a Flórida, onde o espanhol erigiu seus postos avançados, e o vasto, vastíssimo Império Francês, com seus caçadores em busca de peles e seus ativos missionários jesuítas. A oeste, a expansão inglesa, quando realmente se inicia no século XVIII, choca-se com os fortes das guarnições francesas.

Em tudo isso, onde se encontra a "oportunidade" americana? Provavelmente no fato de que, pouco extensas – relativamente, entenda-se –, as colônias inglesas foram solidamente ocupadas, sobretudo no Norte, sobretudo no Massachusetts, onde se desenvolve Boston, e no Centro, onde se enraízam Nova York (a antiga Nova Amsterdam) e Filadélfia, a cidade dos *quakers*.

Ligadas à metrópole e à sua vida mercantil, essas cidades nascidas *in the wilderness*, nas vastidões selvagens, têm a vantagem de se gerir sozinhas, vivem em uma semiliberdade que lembra as cidades típicas da Europa da Idade Média. A agitação inglesa lhes favoreceu largamente: ela lança, do outro lado do "mar dos arenques", os turbulentos sectários protestantes, esses "cavaleiros" que a Inglaterra de Cromwell desencoraja – todos esses recém-chegados são em tal número que, quando a verdadeira luta termina, em 1762, há, de um lado, um milhão de ingleses e, de outro, 63 mil franceses. A oportunidade inglesa, ou "americana", foi ter realizado, entre espanhóis e franceses, essa acumulação explosiva de forças.

"Desde o instante em que havia nesse continente um milhão de ingleses, contra cerca de setenta mil franceses, o julgamento estava proferido, ainda que a sorte das armas tivesse sorrido, em Quebec, a Montcalm (1759). Bem antes de Voltaire, a colonização e sobretudo o povoamento não constituíam a preocupação essencial do poder. Ao temor do despovoamento da França, infundado [aliás] [...] juntavam-se as dificuldades e preocupações internas. De modo que, dada a respectiva magnitude dos dois países, partiram da Europa cerca de trinta ingleses para um francês. Estranha desproporção entre as causas e os efeitos: se a língua inglesa e a cultura que a acompanha dominam o mundo de hoje é porque alguns navios transportam, todos os anos, ínfimos contingentes de pessoas, a maioria, de resto, iletrada" (Alfred Sauvy).

Refazer a história é sucumbir a uma doença, que, aliás, tem seu nome: a ucronia. Um americano, um amigo apaixonado e exclusivo da França, divertia-se um dia, não sem pesares confessados, em imaginar o que teria sido o continente norte se estivesse dotado em sua totalidade da clareza, dos encantos da vida e da gastronomia francesas. De fato, esse sonho sai largamente dos limites do que a história teria permitido.

• ***O primeiro surto americano de desenvolvimento se insere numa economia eminentemente agrícola. Mas seu sucesso (tão evidente comparado ao surto comedido do Canadá) se explica também por uma oportunidade suplementar: sua vocação marítima.***

Do sul ao norte, a água, todas as vias aquáticas, os barcos, os veleiros de pesca e de carga e, mais tarde, os próprios *clippers* de corrida, desempenham um papel essencial. Eles percorrem os mares, ganham a Europa, o Mediterrâneo, as Antilhas, a América do Sul, o Pacífico... Eles explicam o perigo que representaram, para o comércio e as frotas inglesas, os veleiros de corrida dos "Insurgentes", até mesmo na Mancha, entre 1776 e 1782, e ainda os duríssimos golpes que desfecharam, de 1812 a 1815, em sua guerra vitoriosa contra a Inglaterra, da qual a grande história, preocupada com Napoleão, pouco fala.

Eles explicam, sobretudo, a fortuna de certas cidades americanas desde o século XVII. Sem dúvida, as regulamentações mercantilistas inglesas exigem, de um lado, que as colônias americanas comprem na metrópole todos os produtos manufaturados de que têm necessidade, inclusive os provenientes de outros países da Europa, e, de outro, que vendam à Inglaterra ou às suas colônias quase toda a sua produção agrícola (salvo alguns produtos livres, porque sua entrada na Inglaterra

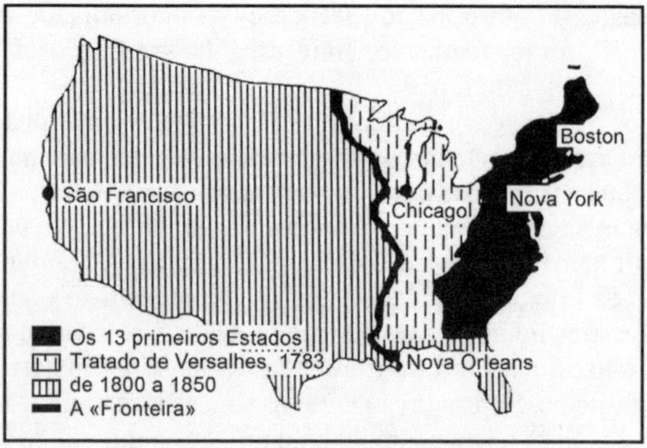

20. A formação territorial dos Estados Unidos.

é proibida: cereais, peixe). Isso não impede que, em 1766, a Pensilvânia venda à Grã-Bretanha quarenta mil libras de mercadorias enquanto lhe compra quinhentos mil. Paradoxo evidente, tantas vezes assinalado.

"E então, como vocês pagam a diferença?", perguntam a Benjamin Franklin, convocado perante um comitê da Câmara dos Comuns para se explicar sobre essa situação anormal. "A diferença", explica ele, "é paga pelos produtos que transportamos para as Antilhas e que são vendidos em nossas próprias ilhas aos franceses, espanhóis, dinamarqueses e holandeses; ou pelos que enviamos às demais colônias da América do Norte, Nova Inglaterra, Nova Escócia, Carolina e Geórgia; ou, ainda, pelos que enviamos aos diversos países da Europa [...] Em toda parte recebemos, seja dinheiro ou letras de câmbio, sejam gêneros que nos permitem pagar à Grã-Bretanha. O total, acrescentado aos lucros da atividade de nossos mercadores e marinheiros no curso dessas viagens circulares, e aos transportes efetuados por seus navios, se concentra finalmente na Grã-Bretanha para equilibrar a balança."

Esses amplos comércios *triangulares* acrescentavam os lucros do frete e do comércio entre país estrangeiro e país estrangeiro aos tráficos legais permitidos pela Inglaterra, sem prejuízo de um contrabando ativíssimo e de uma corrida por vezes frutuosa. Não esqueçamos a pesca: os marinheiros da América não negligenciaram nenhuma das possibilidades do mar.

Por volta do fim do século XVIII, aliás, nenhuma dúvida: a tonelagem da frota dos Estados Unidos ultrapassa a de todas as outras nações, excetuada a Inglaterra, e, proporcionalmente à população, são eles a primeira nação navegante do mundo. Envolvidos assim na economia mundial, são obrigados a se submeter a ela, a fazer o seu jogo, mas também lhes é permitido se aproveitar de seus impulsos. Todas as astúcias precoces de uma sociedade construída como nenhuma outra sobre o crédito vêm do fato de ser ela obrigada a paliar suas inferioridades, a correr à procura dos metais preciosos que lhe faltam e dos quais, apenas adquiridos, deve-se desfazer o mais rápido possível.

Não há fortuna marítima sem longínquas e surpreendentes aventuras, entre as quais chega a ser difícil escolher: a chegada dos comboios de trigo "americano" ao Mediterrâneo ou aos portos da França revolucionária; seu sucesso, à mesma época, no comércio "*interlope*" em direção à América hispano-portuguesa; o modo como eles logo se aventurarão no Pacífico, pelo cabo Horn e, depois, muito mais tarde, a partir de San Francisco. Mal libertadas da Inglaterra (1782), as antigas colônias tentaram atingir a China. Afinal, é o desejo de ter uma escala para seus navios com destino à China e para seus baleeiros do Pacífico que impele a América a enviar, em 1853, os "navios negros" do almirante Perry à baía de Tóquio, acontecimento que teve as grandes consequências que conhecemos.

Nada mais revelador que os encontros, outrora, de navios americanos através dos sete mares do mundo. O navio de três mastros que transporta para a China lorde McCartney, embaixador do rei da Inglaterra – o *Lion* –, faz escala em fevereiro de 1793 na ilha de São Paulo, no Atlântico Sul, e ali descobre cinco caçadores de focas (três franceses e dois ingleses) que preparam a expedição de 25 mil peles desse animal para vendê-las em Cantão, a bordo de um navio de Boston, meio francês, meio americano, que além disso trará, sempre com destino à China, uma carga de peles de castores canadenses. O embaixador terá o prazer, meses depois, defronte de Cantão, de capturar o imprudente navio como presa de guerra, porque ele é vagamente francês, e a guerra entre a Inglaterra e a França foi declarada em janeiro de 1793, do que ele acaba de ser informado.

Outro minúsculo exemplo: quando de sua viagem ao redor do mundo, a serviço do czar, Kotzebue, o filho do poeta alemão, encontra em um porto do Alasca meridional (26 de abril de 1825) dois mastros americanos vindos diretamente de Boston, pelo cabo Horn, carregados de víveres que serão trocados no pequeno entreposto russo por 21 mil peles de "gatos marinhos", inferiores às preciosas peles de lontras marinhas, mas que o comprador, seguindo sua rota pelas ilhas Sandwich, espera ir vender em Cantão. "À chegada da embarcação ao porto do Alasca, toda a tripulação, inclusive o capitão, estava bêbada; só um feliz acaso lhes permitiu evitar escolhos e baixios, mas os americanos são tão hábeis que, mesmo embriagados, sabem se sair bem em qualquer lugar."

Este é também o grande momento da pesca da baleia, especialidade do Estado de Nova York e da Nova Inglaterra. O escritor Herman Melville (1819-1891) descreveu esse mundo duro onde ele próprio viveu, sua existência rude e perigosa e as cidadezinhas prósperas, graças a essa atividade única, como New Bedford e Nantucket. A pesca da baleia declina depois de 1850, quando os óleos minerais e o gás vêm destronar o espermacete como meio de iluminação.

Nesse mesmo momento, a frota dos Estados Unidos é atingida pela grave concorrência do barco *a vapor* inglês, de ferro, o *steamer*. Desse golpe ela se recobrará ainda com maior dificuldade, pois os Estados Unidos se voltam para o interior do continente, mergulhando em sua história continental. Conquistar esse espaço que é o seu, avançar mais e mais em direção ao Oeste, construir estradas de ferro, linhas de navegação *costeiras* e *internas*, necessárias a tais ligações: essa tarefa enorme os afasta do oceano. É a sua nova oportunidade.

Como quer a vida americana, um negócio deixa de ser essencial quando outro se apresenta: corre-se para este último; descansa-se daquele. A América troca, pode-se dizer, o oceano, mais que partilhado, é verdade, por uma vasta porção de terra americana, de que se apoderará por inteiro e só para si.

• ***Não há acontecimento mais bem conhecido do que a independência das colônias inglesas da América (1773-1782). Não obstante, é preciso situá-la exatamente.***

O fim do Império Francês da América (1762) tornou, da noite para o dia, menos preciosa a ajuda inglesa e mais pesadas as exigências da metrópole. No entanto, nem as colônias, nem a Inglaterra desejam, previamente, uma ruptura. Ela se organiza por si mesma, em consequência de mal-entendidos, de concessões insuficientes, de violências ineficazes. Todas as descolonizações que se seguirão no futuro, até hoje, desenvolvem uma sucessão semelhante de acontecimentos pouco razoáveis.

Terá a Inglaterra errado ao não fazer concessões mais rápidas e mais amplas, ao exigir a cobrança de impostos que o pesado passivo da guerra contra a França justificava plenamente e, depois, suprimi-los, mantendo, porém, o imposto único sobre o chá, de modo que as caixas de chá a bordo de dois navios da Companhia das Índias são lançadas ao mar no porto de Boston, a 16 de dezembro de 1773? Não há impostos sem o consentimento dos contribuintes, diz a tradição política inglesa, e os ingleses da América não estão representados no Parlamento de Londres. Que erro, na verdade!

Ademais, estaria enganado esse historiador inglês (1933) que vê, já em meados do século XVIII, esboçar-se um amplo deslocamento do

Império Inglês que, centrado até então na América e no Atlântico, pende doravante para o oceano Índico e as Índias? A ocupação de Bengala data de 1757. Além disso, é por essa época que tem início o surto do comércio com a China. Arrastar a Inglaterra para o *Far East*, afastando-a do Novo Mundo, teria sido uma dessas precipitações do capitalismo à cata de taxas de lucros exorbitantes?

Todas essas razões, e outras, levaram a um conflito espetacular e, finalmente, a uma humilhação evidente da Inglaterra. A intervenção da França e da Espanha apressou o sucesso dos Insurgentes. Estes, porém, assinaram em segredo sua paz com a Inglaterra, em 1782, abandonando seus aliados... De modo que a Inglaterra perderá menos do que pudera temer no Tratado de Versalhes (1783). Além disso, bem depressa ela se aperceberá de que a prosperidade econômica iria compensar, e muito, seu fracasso político. O historiador, contudo, se perguntará, sem poder encontrar a resposta, o que aconteceria sem essa Revolução Industrial próxima que restituiu à Inglaterra os elementos de uma preponderância duradoura.

Aliás, se nos interessamos pelo destino dos Estados Unidos, não é nesse importante aspecto internacional da aventura que nos precisamos deter, nem em La Fayette, nem nas façanhas longínquas do bailio de Suffren, nem nas habilidades lhanas e realistas de Benjamin Franklin, mas na própria independência, na Declaração da Independência de 4 de julho de 1776 e na Constituição de 1787, de tão lenta elaboração. Nesses anos cruciais, a jovem América tomou consciência de si mesma.

Uma jovem América – entenda-se: certa América, a primeira a tomar forma: geograficamente, ela se reduz à sua vertente atlântica; economicamente, é antes de tudo um país agrícola; socialmente, é dominada pela classe dos proprietários fundiários, a dos próprios *Founding Fathers*, esses pais fundadores da "democracia americana", da qual uma história ufanista nos apresenta o retrato idealizado.

Não é irreverente, talvez não seja inútil ver, por um instante, como eles foram, de George Washington a Thomas Jefferson, esses homens que tiveram a vontade e a certeza de construir a melhor das constituições do mundo. Já se disse há muito tempo: os *Fathers* construíram uma constituição baseada "na filosofia de Hobbes e na religião de Calvino". Também para eles, o homem é "um lobo para o homem", e seu "espírito carnal" é o oposto mesmo de Deus. O general Knox escreve a Washington (pouco depois da rebelião de Shays): "Os americanos são, no fim das contas, homens – homens com as paixões turbulentas peculiares a esse animal" (1787).

A Declaração proclamou tanto o direito à insurreição como a igualdade de todos os homens perante a lei. Contudo, a grande ideia que atormenta e anima esses proprietários, esses homens de negócios, esses homens da lei, esses plantadores, esses especuladores e manipuladores de dinheiro – esses "aristocratas" – é a de pôr a salvo a propriedade, a fortuna, o privilégio social. A América nasce e já possui os seus ricos, cuja riqueza, mesmo comedida, designa-os para conduzir os outros. Basta ouvir os *Founding Fathers* reunidos na Convenção de Filadélfia para redigir a Constituição, ou ler suas cartas e as de seus pares, para que essa corrente de pensamento se torne clara. Um jovem plantador, Charles Pinckney, propõe que só aquele que possuir pelo menos cem mil dólares possa ser presidente da república; Hamilton pede que se impeça "a impudência da democracia". Para todos eles, como para essa Peggy Hutchinson, filha de governador, a multidão é "a turba imunda", *the dirty mob*. Escutemos o jovem governador Morris: "A turba começa a pensar e a raciocinar. Pobres répteis! Eles se aquecem ao sol e, um instante depois, morderão [...] A *gentry* começa a temê-los." E Mason o reconhece: "Fomos excessivamente democráticos [...] Receemos ir longe demais no outro extremo." Não há homem mais convencido dos sacrossantos princípios democráticos que esse *clergyman* da Nova Inglaterra, Jeremy Belknap, que, no entanto, escreve a um de seus amigos: "Que fique de pé como um princípio o fato de que o governo tem sua origem no povo, mas se obrigue o povo a pensar que não está apto a governar a si mesmo."

Eis o que define um espírito. A ordem que se impõe sob o nome de *liberty* e *equality* já é a ordem do capitalismo, por mais modesto que este último ainda seja. Aos ricos, o poder, as responsabilidades. Aos demais, a grande concessão de serem protegidos pela lei contra os ricos, como os ricos o são contra eles. Pouco importa, em seguida, que a Constituição americana se considere revolucionária, nova, igualitária, equitativa, na medida em que ela tende a equilibrar um pelo outro os impulsos do animal humano, sempre egoísta e feroz.

A Constituição de 1787 é, efetivamente, um mecanismo de sábios contrapesos. É preciso que "os poderes estejam tão divididos e equilibrados entre os diferentes corpos [...] que nenhum deles possa ultrapassar os limites legais sem ser eficazmente posto em xeque pelos outros" (Jefferson). Quanto à sociedade, não se suprimirão, é certo, os privilégios, sobretudo o da sacrossanta propriedade, mas zelar-se-á para que o caminho dos privilégios – vale dizer, do dinheiro – esteja aberto a todos. Não é uma coisa fácil nesse imenso país "novo" que é a América?

Richard Hofstadter resume esse ideal com uma ironia divertida: "Os Pais acreditavam", diz ele, "que um Estado bem concebido impediria o interesse pelo interesse, a classe pela classe, a facção pela facção e um ramo do governo por outro, num harmonioso sistema de mútua frustração."

De fato, cumpre reconhecer que, se a história americana do século XIX se apresenta, sob o signo da "sã competição", como uma vasta e feroz luta de interesses particulares, é porque a luta é ali mais "compensadora", mais justa, por conseguinte, do que nos países capitalistas da Europa, porque seus lucros não estão reservados a uma classe estreitamente fechada, porque a cada qual é permitido arriscar sua sorte em uma sociedade mais aberta, mais vantajosa que alhures, e transpor, um dia ou outro, a barreira. O *self-made man* é a imagem clássica dessa América, hoje talvez em via de desaparecimento.

A conquista do Oeste

• ***Desde o começo, os Estados Unidos se definem como uma nação pioneira, o que se pode dizer igualmente de todas as nações às voltas com um vasto espaço que é preciso tomar e humanizar, reduzir às dimensões do homem, quer seja a Rússia, o Brasil ou a Argentina, por exemplo. A expansão geográfica é a primeira forma (e a que comanda as demais) de qualquer crescimento, quer se trate de uma economia, de uma nação, de um Estado ou, não menos, de uma civilização.***

A história fez bem as coisas: ela permitiu que Estados Unidos, quase sem disparar um tiro, fossem do Atlântico ao Pacífico. Imaginemos a França se instalando, em uma quase tranquilidade, do Atlântico ao Ural! Os Estados Unidos compraram a Luisiana em 1803; obtiveram as Flóridas espanholas em 1821; receberam da Inglaterra (em detrimento eventual do Canadá) o Oregon em 1846 e, depois, ao longo de uma guerra demasiado fácil, tomaram do México o Texas, o Novo México e a Califórnia, em 1846, melhorando ainda mais a sua parte em 1853. Se pensarmos nas terríveis catástrofes e invasões que se opuseram à instalação da Rússia, por exemplo, ou da Europa, essa história pioneira surge sob o signo abençoado da facilidade... Mas a tarefa foi imensa. *Sozinha, a jovem América não bastaria para realizá-la.*

Desde o princípio, a lei de 1787 reservara sabiamente os territórios inocupados do Oeste à propriedade comum da União. Em seguida, à medida que se iam povoando, novos Estados ali se formaram até alcançar o número de 48 (o 49º será o Alasca; 50º, o Havaí). Iniciada pelo menos em 1776, concluída talvez com a distribuição dos últimos loteamentos do Oklahoma em 1907, a colonização tomou mil formas, popularizadas pelas narrativas históricas, pelos romances e filmes, desde as carroças dos primeiros emigrantes e suas lutas contra os índios atiradores de flechas até as viagens dos derradeiros colonos veiculados pelas lentas estradas de ferro construídas de um oceano ao outro. Mas será útil voltar a essas imagens por demais conhecidas do *Far West* heroico?

O que importa ressaltar é até que ponto a "fronteira", espaço conquistado pelos brancos, foi uma vasta aventura, *material e espiritual*. *Material* porque evidenciou o papel motor, desde o começo, do crédito – em suma, do capitalismo. *Espiritual* pelas novas dimensões assumidas pelo protestantismo e, além dele, pela civilização americana em sua segunda e decisiva etapa.

• ***O capitalismo foi o organizador dessa marcha para a frente.*** Imagine-se o colono que acaba de receber o seu lote, seu *homestead* de 160 acres (64 ha), que ergue sua casa de madeira pré-fabricada, encaixando os elementos, cultivando primeiramente o solo leve das colinas, depois, pouco a pouco, levando seu trabalho até as terras mais baixas de solo pesado, ou mesmo até os vales, que por vezes será necessário desbravar e, em certos casos, desmatar. Esse camponês, na verdade, nada tem de camponês. Talvez, na véspera ele ainda praticasse um ofício totalmente diverso. A única condição para resistir é saber conduzir uma parelha de cavalos; o cultivo, geralmente do trigo, se fará sem preparação complicada, não será necessário adubar as terras... Sobretudo, se esse fazendeiro for o primeiro a chegar, tenham certeza de que ele só terá uma ideia: revender o seu lote. Viverá ali alguns anos; fará apenas umas poucas despesas, pois tudo lhe terá sido adiantado em seu rincão perdido. Viverá de latas de conserva (já) e se aquecerá com carvão, se a estrada de ferro chegar à vizinhança. Se duas ou três boas colheitas lhe propiciarem um capital, então ele não hesitará: revenderá o seu lote, aproveitando-se da mais valia que lhe proporcionou, no intervalo, a chegada de novos imigrantes, e irá mais longe. Mais longe para o Oeste, bem entendido, para recomeçar. Retornar ao Leste seria confessar-se vencido (extraído de Louis Girard.)

Não se trata, pois, de um camponês, enraizado em sua terra, mas de um especulador. "Ele fez uma jogada", como diz justamente um historiador. Jogou e nem sempre ganhará, bem entendido. Mas continuará a jogar.

Outro espetáculo bastante análogo: o de uma cidade que brota no *Middle West*, por volta dos anos 1860. Imagine-a reduzida aos seus elementos essenciais: a estação rudimentar, o hotel, igualmente rudimentar, o armazém de provisões, o *store*, a igreja, a escola, o banco... Essa cidade acaba de nascer, mas cada um já especula sobre o seu crescimento; compra, em consequência, os bons terrenos, recruta recém-chegados. Claro, a iluminação elétrica lá está, e o bonde. Logo depois o telefone, "descoberto" em 1871. "Muitas vezes os viajantes observarão a existência de iluminação e de linhas de bonde em ruas que ainda não têm casas. Mas é justamente, declara-se, para que as casas sejam construídas, para que os terrenos sejam vendidos mais depressa." Em Bismarck, capital do Dakota, fundada em 1878, onde predominam os colonos alemães, inaugura-se, cinco anos depois, o Capitólio. "Os habitantes de Bismarck fizeram, então, uma cerimônia de inauguração grandiosa. Convidaram não somente James Bryce [que escreveria, em 1888, *A república americana*], que era uma personalidade, mas também o general Grant, ex-presidente da república e guerreiro ilustre; havia, ainda, Touro Sentado, grande chefe sioux que se celebrizara em uma sublevação contra os brancos e que, tendo vindo para realçar o brilho da cerimônia, diz em sua língua algumas palavras graciosas. Ora, o que espantou Bryce, escocês positivo, foi que o futuro Capitólio ficava a 1.500 metros da cidade. Seu espanto surpreendeu os habitantes de Bismarck. Disseram-lhe: já que a cidade crescerá, é preciso que o Capitólio fique bem longe da aglomeração atual" (Louis Girard).

Como estão vendo, essa cidade, como todas as outras, vai além do tempo presente, antecipa-se ao futuro, segundo o segredo de toda vida econômica. Não conta com o dinheiro de que dispõe, mas com o dinheiro futuro, que virá ou não virá. O admirável é que, não se levando em conta os contratempos – a inversão da tendência em 1873, por exemplo –, o dinheiro sempre veio. Os riscos foram frequentemente recompensados.

• ***A América que conquistou o Oeste e o* Far West *é essencialmente protestante. O protestantismo foi o único a fazer face a essa situação humana difícil, bruscamente instaurada, a essa dispersão de homens através do espaço.***

Ei-los sem pastor, reduzidos (se tanto) à leitura da Bíblia. Sem dúvida, esses imigrados vivem em uma espécie de Idade Média, e sua vida religiosa espontânea é geralmente assaz viva, não raro fértil em invenções aberrantes, como a seita dos mórmons, fundadores de Utah. O mérito do protestantismo americano foi manter, avivar essa chama. Essa é uma das mais belas páginas de sua história.

Para consegui-lo, ele devia adaptar-se à sua tarefa, simplificar-se, desprender-se, por assim dizer, das seitas locais (congregacionistas, episcopais), reduzir seu ensino teológico ou sua liturgia, confiar na emoção, no choque de reuniões espetaculares. Os pastores itinerantes dos *batistas*, dos *metodistas*, dos *discípulos de Cristo* fizeram isso à maravilha. Não inventaram essa religião do coração, da qual os *despertares* e *revivals* protestantes forneciam antecipadamente o modelo. Pelo menos souberam adaptá-la, simplificá-la (os batistas, desembaraçando-se de seu sectarismo; os metodistas, de sua herança anglicana), apoiando-a sempre em um "teologismo individual", na "soberania do indivíduo" e, enfim, "em atos, e não em crenças". A linguagem de Cristo reduziu-se, desde então, a uma comunhão direta, simples.

Para lá do objetivo estrito que perseguiam, esses evangelizadores do Oeste moldam involuntariamente o *american way of life*, o "modelo" da vida americana, o padrão de sua civilização, ao qual, por bem ou por mal, os recém-chegados, a partir das décadas de 1860 e 1880, mesmo não protestantes, serão obrigados a se adaptar.

Esses movimentos espontâneos, tanto da parte dos fiéis como da parte dos pastores, foram obra da gente simples, "a única capaz de criar igrejas", que partilhou geograficamente, entre si, o vasto domínio da "fronteira", como conquistadores que eram, aliás: os *discípulos* fundaram suas igrejinhas no Oeste e no *Middle West*, os *metodistas* avançaram em direção ao noroeste, os *batistas*, em direção ao sudoeste. Sua ação, em linhas gerais, compara-se à obra dos missionários espanhóis, que de fato tiveram, a partir do século XVI, de reconverter os imigrantes espanhóis chegados ao Novo Mundo, ao mesmo tempo que atraíam para a religião de Cristo a massa de seus índios e fundavam, assim, as bases do que é hoje a América Latina.

Industrialização e urbanização

• ***Por si só, a palavra "industrialização" não basta para designar toda essa mutação da vida material dos Estados Unidos, de 1880 aos nossos dias. Durante esse século, ou quase século, um Estado sobretudo agrícola torna-se sobretudo industrial, como mostram os números abaixo. A mutação não teria sido possível sem um enorme crescimento das cidades.***

A) Valores dos produtos agrícolas e industriais (em bilhões de dólares)				
	1880	1899	1909	1919
Agrícolas	2,4	4,7	8,5	23,7
Industriais	9,3	11,4	20,6	60,4

B) População rural (em milhões de indivíduos em porcentagem)					
	1880	1899	1909	1919	1850
População rural	32,9	39,3	41,6	44,6	–
Porcentagem	65	51,7	45,3	36,4	15,6

Não se trata, aqui, de seguir em detalhe essa formidável mutação, multiplicando números e medidas. Os livros de economia e de geografia fornecem, a esse respeito, os dados indispensáveis. Historicamente, é curioso sublinhar que, como na Inglaterra, o ponto de partida industrial foi, na Nova Inglaterra, o desenvolvimento da indústria têxtil e que, como em numerosos países europeus, a instalação definitiva coincide com o *boom* das estradas de ferro, de 1865 à crise de 1873.

O importante seria mostrar: *a)* a enormidade da realização americana, que não cessa de afetar a geografia de seu próprio espaço (conforme o recente desenvolvimento do "Sul Profundo", o *Deep South*, na orla do golfo do México); *b)* a novidade de certos desempenhos que anunciam a "vida futura"; *c)* as adaptações de um capitalismo em ruptura constante consigo mesmo (questão retomada em nosso próximo capítulo); *d)* a chegada da mão de obra europeia: tanto como a construção do Oeste, a da indústria e das cidades gigantescas não foi um feito apenas da América; *e)* esse prodigioso crescimento humano e material moldou-se como pôde por essa civilização antiga que uma linguagem inadequada denomina *the american way of life*.

No momento, porém, abordaremos apenas as duas últimas dessas vastas questões.

Até cerca de 1880, os Estados Unidos haviam recebido emigrantes ingleses e escoceses – o primeiro fundo de sua população europeia. Depois, foi o afluxo alemão e irlandês: estes últimos haviam "desanglicizado" um pouco e mesmo "desprotestantizado" a população americana. Entretanto, a América está sempre sob a estrita dominação da cultura inglesa e do protestantismo quando recebe, entre 1880 e 1914, aproximadamente 25 milhões de eslavos e mediterrâneos, quase sempre católicos.

Não é tanto o Oeste agrícola que vai absorvê-los, e sim o Leste urbano e industrial: este último é por eles transformado, mas não subvertido – menos subvertido, por exemplo, que a Argentina, às voltas com uma imigração italiana que a tudo submergiu, cidades e campos, a partir desse mesmo limiar, ou quase, dos anos 1880. Essa diferença nada tem de espantoso. Os Estados Unidos que acolhem os recém-chegados possuem cidades, indústrias em pleno florescimento, um admirável poder de adestramento e persuasão ao mesmo tempo. A assimilação foi rápida, espantosamente eficaz.

"Considerem um grupo de americanos [1956] tomado ao acaso: os tipos nórdicos estão longe de dominar entre eles, e tanto poderíamos acreditá-los saídos de Nápoles ou de Viena, como de Londres ou de Hamburgo – no entanto, são bem americanos, comportam-se e reagem como americanos. Desse ponto de vista, o mecanismo da assimilação funcionou" (André Siegfried).

O que triunfou foi, ao mesmo tempo, a língua, o *american way of life*, a enorme força de atração do Novo Mundo sobre o imigrante. Este desempenha sozinho, ou quase sozinho, seu papel contra todos os outros. Além disso, pelos direitos ditos das *quotas* (1921-1924), pela lei McCarran, de 1952, os Estados Unidos praticamente fecharam sua porta de entrada. Desde então, as chegadas de pessoas deslocadas nada representaram nesse oceano humano, apesar dos sucessos sensacionais, no domínio científico, de alguns desses adotados.

Hoje, não existe penetração notável no Sul, senão a partir do México e de Porto Rico; no Norte, senão a partir do Canadá francês, cujos filhos perdidos se encontram em Detroit, em Boston e mesmo em Nova York. Mas essas emigrações são fios de água. Nova York é a maior cidade "porto-riquenha", sem dúvida, mas Paris é também uma cidade norte-africana, nesse sentido, e por razões análogas: toda grande cidade precisa de uma mão de obra não qualificada, miserável, em seu rés do chão. Se não pode recrutá-la em casa, vai procurá-la alhures.

Os recém-chegados forneceram à indústria americana a mão de obra barata que lhe favoreceu a decolagem e, depois, o desenvolvimento. Forneceram também pobres e proletários às enormes cidades, de que Nova York é o protótipo, aliás não igualado. Uma urbanização de amplitude excepcional não cessa de implantar-se: na verdade, toda a fachada atlântica, de Boston à altura de Washington, converteu-se hoje em uma única e mesma cidade – *megalópole*, diz um geógrafo – que deixa, em seus raros intervalos, um pouco de espaço para as árvores, para alguns campos cultivados, para subúrbios que se juntam e se confundem. A Universidade de Princeton ergue-se, assim, no centro de uma dessas reservas de relvas e árvores, entre a aglomeração nova-iorquina e a Filadélfia: um momento de descuido, e ela seria submergida por esses monstros vizinhos e familiares.

Contudo, apesar dessas prodigiosas transformações e dessas chegadas maciças de novos homens, a civilização americana resistiu. Ela assimilou tudo, as máquinas, as fábricas, o desenvolvimento prodigioso do "setor terciário", o pulular dos automóveis, do qual a vida europeia de hoje oferece uma imagem apenas aproximada, e, enfim, a chegada dos imigrantes não protestantes.

• ***A civilização americana se formou em três etapas: na orla do Atlântico; do Atlântico ao Pacífico; e, por fim, "na vertical", pela industrialização. Foi a segunda etapa,* Far West *e novo protestantismo, que talvez tenha fixado os elementos essenciais do* american way of life*: respeito pelo indivíduo, fé religiosa simplificada ao extremo e vigorosamente voltada para as obras (o auxílio mútuo, o canto***

em comum, o dever social...), primado do inglês, diante do qual as outras línguas se apagam.

Pode dizer-se de tal sociedade que ela seja religiosa? Sim, quase 100%, repetem as sondagens. Benjamin Franklin já dizia, em 1782 (portanto, nos primeiríssimos tempos da América): "Nos Estados Unidos, o ateísmo é desconhecido; a descrença, rara e secreta." Ainda hoje, não há linguagem oficial que não esteja sob o signo de Deus. Toda intervenção americana no exterior é vista de bom grado como uma "cruzada", seja por Woodrow Wilson, seja pelo general Eisenhower. Do mesmo modo, não há diferença social que não tenha, ou quase não tenha, sua expressão religiosa. No ponto mais baixo da escala, as comunidades batistas, populares e ontem paupérrimas; "mais chique", certamente, o mundo dos metodistas; muito distinto, enfim, com suas pompas litúrgicas oriundas da Igreja anglicana, a seita dos episcopais (isto é, que têm bispos). Como escreve um historiador, é ela também a Igreja dos novos-ricos, "um sabonete de vilãos".

Na verdade, aos seus próprios olhos, pouco importa de que modo o americano concebe a sua crença! Porque a sociedade religiosa é *tolerante*, *pluralista*, dividida em seitas, em "denominações" díspares, com uma única Igreja verdadeira, no sentido habitual do termo: a católica. Não surpreende, por exemplo, que uma mesma família se divida entre várias "seitas", pois cada qual é livre para crer à sua maneira, desde que creia – essa é a única obrigação. Pode-se ver, em Boston, uma pequena "igreja" de arquitetura ultramoderna. Na entrada, uma placa indica que nenhum culto particular é celebrado nesses lugares consagrados à prece para todos os crentes do mundo, qualquer que seja a sua fé. Única mancha clara na penumbra, uma grande laje que evoca um altar recebe, de uma abertura praticada no teto, um lençol de luz guiado até ela por uma grande cortina de fragmentos de espelhos que faz pensar em "móbiles" de Calder...

Maravilhosa tolerância, pensaria um europeu, se não soubesse que o laicismo e o ateísmo à moda ocidental, particularmente o laicismo governamental e educacional segundo o modelo francês, são pouco praticados, ou mesmo inconcebíveis na América. Ao contrário, certa forma de antirreligião, de racionalismo, conhece certa voga, a mesma que fizera seu caminho na Europa desde *A origem das espécies*, de Darwin (1859), ou a *Vida de Jesus*, de Renan (1865). Essa racionalização assinala-se pela emergência de um deísmo cada vez mais vago.

O importante, para a coesão cultural da América, é que o obstáculo *a priori* difícil, aquele que era representado pelo catolicismo dos imigrantes, primeiro os irlandeses, depois os alemães, os italianos, os eslavos, os mexicanos; o importante é que esse catolicismo se tenha finalmente adaptado, e bem, à vida americana, que se tenha acomodado a todos os seus contextos. O papel da primeira massa de católicos – os irlandeses – foi, nesse aspecto, decisivo.

Em todo caso, se a Igreja católica salvou sua unidade mundial e sua hierarquia, também aceitou sem reticência a separação entre ela e o Estado, ao contrário de sua atitude em outros países onde é majoritária; ela está plenamente engajada, também, nos marcos do nacionalismo americano; enfim, aceita colocar a ênfase deliberadamente nas obras, no que segue a própria impulsão da vida americana. Uma declaração, entre dez outras, o dirá claramente (é de um arcebispo americano): "Um voto honesto e a correção nas relações sociais farão mais para a glória de Deus e a salvação das almas do que flagelações no meio da noite ou peregrinações a Compostela."

Como as seitas protestantes, a Igreja católica, que conta hoje trinta milhões de fiéis, soube organizar-se, criar suas associações, suas escolas, suas universidades e, enquanto as Igrejas protestantes tiveram muito pouco sucesso na evangelização dos proletários urbanos, ela obteve êxitos evidentes nesse domínio.

Talvez essa relativa ineficácia da Igreja protestante em face das cidades se deva ao seu sucesso rural, no século XIX, e ao enriquecimento que por vezes aburguesou e amiúde entibiou o seu zelo (apesar de uma renovação atual), pois a América religiosa e, mais geralmente, toda a América cultural não cessam de ser ameaçadas pela passagem regular de seus fiéis à riqueza e à burguesia.

Esse aspecto religioso é apenas uma das explicações dos sucessos de coerência da civilização americana. Há outras, ligadas, sem dúvida, à força de seu impulso vital, à atração de uma sociedade em que todos os limites de classes não se marcam senão pelo dinheiro e em que, pelo menos até tempos muito recentes, os caminhos da riqueza pareciam largamente abertos. Para o imigrante europeu, aceitar essas regras sociais é separar-se das velhas categorias europeias, é abrir-se para a esperança.

Tal é o aspecto liberal de uma civilização por outro lado coercitiva, que quase não permite ao indivíduo escapar às regras tácitas do *american way of life*. Se o próprio imigrante experimenta alguma dificuldade em acostumar-se a ele, se sente às vezes alguma nostalgia, seus filhos estarão, por sua vez, ansiosos por fundir-se na massa americana. Todos os sociólogos notaram esse desejo que têm os filhos de imigrantes de fazer desaparecer os traços de sua origem.

Finalmente, nesse processo, o que mais contou foi a abundância das "oportunidades" americanas: a fronteira, e depois a industrialização, o surto de grandes cidades, tudo isso operações destinadas a criar riqueza – e o enriquecimento facilita a assimilação. Há um longo caminho entre o irlandês altercador da primeira geração da década de 1830, que mora em um pardieiro ou "casebre", e o irlandês "de cortinas de renda" da segunda ou terceira geração. Assim, a maré montante da riqueza americana assegurou o ascendente de sua primeira civilização sobre essas novas vagas humanas que abordaram o continente.

Se essa primeira civilização se diferenciou, precoce e fortemente, de suas fontes inglesas, nem por isso deixou de permanecer mais anglo-saxônica ainda do que verdadeiramente europeia. A Europa continental sempre misturou tradições mediterrâneas e tradições nórdicas. "Essa interpretação das duas civilizações falta aos Estados Unidos, já que a atração anglo-saxônica absorveu tudo" (André Siegfried). E, sem dúvida, isto é lamentável, na medida em que o acaso da história fez do resto do continente americano (salvo o Canadá inglês) um mundo estritamente latino, sobretudo hispano-português, depois fortemente marcado pela imigração italiana. É um fato que as duas Américas se compreendem mal uma à outra, são malfeitas para se compreenderem. E este é um drama da hora presente.

CAPÍTULO III

As sombras e as dificuldades: de ontem até hoje

Até aqui temos assinalado as oportunidades, os feitos. Na verdade, as dificuldades e as adversidades não faltaram. Elas parecem acumular-se no tempo presente ou mesmo multiplicar-se à medida que se transpõem estes "divisores de água" sucessivos: 1880, 1929 e, talvez, 1953. Mas a ilusão pode ser dupla. Vista de perto, a realidade coletiva não revela dificuldades inerentes à sua própria vida? Além disso, a distinção entre oportunidades e adversidades, nas dimensões de uma civilização imensa, não pode ser nem clara, nem decisiva. Toda dificuldade convida ao esforço, suscita a resposta, muda o signo. A adversidade é uma advertência, uma prova. Só de raro em raro ela sela um destino de conjunto. O verso bastante conhecido de Heinrich Heine – uma nova primavera te restituirá o que o inverno te tirou –, quase sempre verdadeiro para os indivíduos, vale ainda mais para as nações. Os Estados Unidos atravessam dificuldades, crises despontam em seu horizonte, mas sua saúde permanece exuberante, melhor talvez do que eles próprios acreditam.

Um pesadelo antigo: a questão negra, ou uma colônia inextirpável

Em meio às oportunidades da América, uma adversidade de monta surgiu, desde o início ou quase, impossível de conjurar: a presença de negros africanos, implantados sem seu solo a partir do século XVII pelo surto das plantações do Sul (o tabaco na Virgínia, a partir de 1615; o arroz na Carolina a partir de 1695 e mais tarde na Geórgia; o algodão, a partir do século XIX, em toda a região a sudoeste da Virgínia).

• ***A história e a geografia são as responsáveis.*** A fachada atlântica na qual se construíram os Estados Unidos apresenta uma sucessão de zonas climáticas vizinhas umas das outras. Nova York, que, malgrado sua latitude (a de Nápoles) e em consequência da corrente fria do Labrador, tem o mesmo clima de Moscou – Nova York está a apenas uma noite de estrada de ferro das regiões tropicais e de seus produtos exóticos. Nesse Sul, a escravatura se instalou quase naturalmente, como uma espécie de extensão da economia antilhana, tão próspera no século XVIII. Os espanhóis na Flórida, os franceses em Nova Orleans (desde 1795, com a cana-de-açúcar) a praticam tanto quanto George Washington ou Thomas Jefferson em suas propriedades da Virgínia.

Assim se introduziu, nessa América anglo-saxônica, uma África vivaz, aberrante, contra a qual nada mais servirá de barreira, nem a força, nem os preconceitos, nem as concessões. A Constituição de 1787, vale notar, de tom tão liberal, não aboliu a escravidão. Previa apenas a supressão do tráfico, após um prazo de vinte anos, e ele será efetivamente abolido em 1807.

Mas se, desde então, o negro já não é importado, pelo menos legalmente (pois o contrabando continuará por muito tempo ainda), ele é criado em larga escala, como um animal qualquer; o surto do algodão determina, inclusive, um agravamento da condição dos negros, no século XIX. Antes, os escravos viviam na casa do senhor; ei-los reunidos em vastos rebanhos, como nos domínios da antiga Roma. Acima desses miseráveis trabalhadores de cor, uma sociedade branca, acolhedora, culta, forma uma poderosa aristocracia colonial. *A cabana do Pai Tomás*, o romance de Harriet Beecher-Stowe, que conta as misérias dos negros, desencadeará no Norte, em 1852, uma revolução dos corações. Outro romance, quase recente, *E o vento levou...* (1936), de Margaret Mitchell, fala, por sua vez, das doçuras e dos encantos da vida no Sul, mas trata-se, sobretudo, da vida livre dos proprietários brancos. É nesse mesmo contexto exterior que se situam as narrativas complicadas e tensas de Faulkner, nessa vida do Sul, com suas nostalgias do tempo civilizado de outrora, das caçadas, das conversas regadas a aguardente de milho, o *moonshine*. Dupla verdade, negra e branca – dupla mentira, sem dúvida.

Em suma, enquanto o índio, o primeiro colonizado, desapareceu em sua luta com o europeu, a ponto de só ser encontrado nessas reservas onde ele sobrevive como representante de uma raça desaparecida, o negro se revelou, sem querer, um duro adversário. Os Estados Unidos têm, assim, em seu território, uma colônia que não foi realmente emancipada, não obstante todas as medidas oficiais, uma minoria étnica cujo peso e presença se mantêm diante e contra tudo.

• ***No meado do século XIX, a questão da supressão ou da manutenção da escravidão provoca o tornado da Guerra de Secessão (1861-1865), mas ela não passa de um dos aspectos do conflito múltiplo e fratricida que separa os estados do Sul dos do Norte.***

1º) O Norte é industrial, favorável às altas tarifas alfandegárias; o Sul, vendedor de algodão, prefere comprar os produtos manufaturados da Europa, cuja qualidade é superior. Ele reivindica o regime da porta aberta.

2º) Aspecto político do conflito: os dois partidos, republicano e democrata, disputam o poder; os democratas são, sobretudo, sulistas; os republicanos, sobretudo nortistas.

3º) Essa rivalidade é ainda mais áspera por comportar uma expectativa: os novos Estados que se criam a oeste penderão para um bloco ou para o outro?

4º) Praticamente, a crise coloca um grave problema: os Estados integrados na União podem ou não se opor a estas ou àquelas medidas tomadas pelo governo central da União? Têm eles o direito de separar-se dela, de fazer *secessão*?

Todos esses motivos de rivalidade se cristalizam no desacordo violento entre os dois adversários, a propósito da supressão da escravatura. O Sul desencadeia a guerra (ataque ao Forte Sumter, a 12 de abril de 1861); ela terminará com sua capitulação a 9 de abril de 1865, após uma guerra civil horrenda. A 13ª emenda da Constituição, de 18 de dezembro de 1865, abole a escravidão. A medida atingia pouco menos de cinco milhões de negros (4,8 milhões, em 1870, para 33 milhões de brancos), ou seja, 12% da população total. Essa proporção crescerá em seguida – 13,1%, em 1880 –, depois declinará regularmente com a imigração europeia, até alcançar 10% em 1920; é nessa taxa que parece ter-se estabilizado.

Mil pormenores da vida cotidiana mostrariam facilmente como as vantagens políticas concedidas aos negros se revelaram vãs. Os direitos políticos foram contornados, e o negro mantido em seu "lugar inferior". Tanto assim que ele não deixou o Sul (onde essa inferioridade se mantinha espontaneamente a favor de hábitos, de tradições) antes de 1914 e só encontrou ali um lugar medíocre na industrialização, que principia por volta de 1880, a do trabalhador braçal, do servente, já que os postos mais vantajosos eram reservados aos "brancos pobres". Só com a Primeira Guerra Mundial é que a migração negra para o Norte se torna considerável, notadamente em Harlem, o bairro negro de Nova York, em Chicago, onde eles ocupam a "periferia negra", em Detroit...

• ***A minoria negra acompanhou o surto econômico da América, incorporou-se a ele. Hoje, ela tem seus ricos, e mesmo seus novos-ricos, suas universidades, seus músicos, seus poetas, seus escritores, suas igrejas. Mas a verdadeira igualdade lhe escapa.***

"Ao chegar", escrevia André Siegfried em 1956, "uma vontade sistemática de otimismo poderia levar a crer que o problema está resolvido, e muitos visitantes europeus se enganaram nesse ponto. A verdade é que as exclusões sociais tradicionais continuam, seja no Norte, com algumas atenuações, seja no Sul, praticamente sem nenhuma atenuação. Ver-se-ão, sem dúvida, cada vez mais, no Leste e no Centro-Oeste, negros misturados efetivamente à vida dos brancos; poderá acontecer que um homem de cor distinto seja admitido, vez por outra, a um jantar ou a uma reunião social; mais e mais numerosos serão os representantes da raça ontem perseguida a serem admitidos em cargos administrativos eletivos, sem discriminação. Daí a pensar que a barreira deve cair em breve ou reduzir-se seriamente há uma grande distância. O negro, nos Estados Unidos, sente-se americano e quer simplesmente ser tal, sem menção de raça; mas, para os brancos, ele continua a ser "um negro americano", o que implica uma forte nuança. A cor, nesse caso, parece dever constituir um obstáculo intransponível para uma completa assimilação."

Na verdade, a questão negra é tratada com a lentidão desesperadora com a qual se operam, quando se operam, as mudanças culturais. Os preconceitos, as antipatias, as tomadas de posição (vejam-se os romances de Faulkner) são aqui muito mais ainda os de ontem do que os de hoje. Segregação, linchamentos (muito raros), hostilidades larvadas ou patentes estão atrasadas em relação aos movimentos que os exorcizam. Mas, enfim, esses movimentos são desencadeados. Os incidentes escolares de Little Rock, onde o governo federal saiu facilmente vencedor (as escolas de brancos, apoiadas pelo governo do estado de Arkansas, recusavam-se a aceitar negros, como os obrigava a lei federal recente), indicam para onde caminha o futuro, por temíveis que sejam o problema e as paixões segregacionistas. Todavia, esse futuro se aproxima a passos lentos e só a espantosa paciência, o lealismo político da raça negra prometem que a solução será pacífica.

Para concluir, pode-se falar do problema negro como de uma adversidade, ao mesmo tempo da América em geral e dessa América negra, simpática e paciente? Não, sem dúvida, porque o humanismo americano se acha em presença de uma dificuldade a superar, pela qual ele julgará a si mesmo e se elevará. Não, sem dúvida, porque essa África ofereceu aos Estados Unidos uma contribuição cultural particular, original, que se incorporou à civilização americana (em particular à sua música). Por outro lado, essa África é, material e intelectualmente, a mais evoluída das comunidades negras de todo o mundo, é trabalhadora e está presa nas malhas da comunidade e da civilização americanas. O tempo laborará em seu favor, e, se ele não suprimir essa grave contradição interna da vida americana, a fonte de um mal-estar intelectual e moral permanente perdurará, o que ninguém deseja, do fundo do coração. É imperativo que a América invente e adote uma solução feliz.

O capitalismo: dos trustes à intervenção do Estado e aos oligopólios

Oportunidade ou adversidade, hesitaremos também em situar nossos juízos ao examinar, desta vez, a história do capitalismo nos Estados Unidos. Também ele serviu tanto quanto desserviu a civilização que lhe deve (e reciprocamente) sua marca indelével.

O dinheiro foi e continua a ser rei nessa livre democracia que a América quer ser. O império dos negócios é evidente, ele se ostenta abertamente, quando mais não fosse nos *buildings* gigantes de Manhattan. Porém esse capitalismo, esse jogo livre, por vezes demasiado livre da oferta e da procura, animou um crescimento material sem paralelo no mundo e que cada país, qualquer que seja o seu regime político, empenha-se em copiar, em atingir por sua vez. Enfim, o próprio idealismo americano, do qual não se pode negar o vigor e, com frequência, o desinteresse total, é em parte uma resposta a esse materialismo invasor dos negócios, uma evasão e uma resposta. O capitalismo, aqui, teve amiúde a consciência pesada.

Mais ainda: não existe uma humanização progressiva desse capitalismo, sob o peso de uma sociedade pragmática, não revolucionária, demasiado rica, sem dúvida, para ser subversiva como a Europa anterior a 1914 ou a 1848?

País agrícola, como vimos, até as imediações de 1880, a América foi arrebatada, de um só golpe, pela mais prodigiosa das transformações e como que surpreendida por essa brusca promoção à indústria, à riqueza e ao poder. A Europa dos Seis, desde a criação do Mercado Comum, dá-se conta do que pode ser uma viva progressão da vida material. Nada escapa, entre nós, a semelhante maré montante. E justamente, nessa Europa de hoje, vejam a emergência de um socialismo pragmático. Do mesmo modo, na América, o capitalismo não prosseguiu sua carreira senão se adaptando, multiplicando as concessões, compartilhando, se assim se pode dizer, o progresso. Ele evoluiu muito, dos trustes do fim do século XIX às grandes empresas que dominam, em número de duas ou três, o vasto mercado interno (oligopólios).

É óbvio que esse capitalismo desenvolvido, freado ou desviado, em via de evolução, continua a ser o animador da vida material e, para lá dela, da política e da civilização da América. Transformando-se, ele as transformou. É aí que se encontra, em parte, a origem da crise atual e permanente da civilização americana.

• ***Para compreender essa evolução, é preciso voltar, por um instante, à época dos trustes (*****trust*****: *confiança*; **trustee**: *procurador).***

Deve-se entender por truste, juridicamente falando, uma união de acionistas possuidores de títulos de diferentes sociedades, na qual os acionistas delegam a *trustees* o cuidado de representá-los. Em consequência, um agrupamento de *trustees* reúne, de fato, sociedades que, de acordo com seus estatutos, não teriam o direito de se fundir. Trata-se, pois, de uma maneira de contornar a lei. Alguns desses trustes reúnem atividades vizinhas, complementares, e, quando se trata de agrupamentos poderosos, visam naturalmente a constituir um monopólio, muito embora a imensidão dos Estados Unidos torne a operação sempre difícil. É uma operação desse gênero, e bem-sucedida, que John Rockefeller (1839-1937) leva a bom termo, de 1870, data da criação da Standard Oil (de Ohio), à constituição efetiva, em 1879, do truste da Standard: este extrapola os limites estritos do negócio, porquanto engloba uma série de empresas, ocupando-se tanto da extração do petróleo, do seu transporte e refinamento, quanto de suas vendas (antes de tudo ao estrangeiro), estas últimas logo ligadas ao enorme surto do automóvel.

É um truste, seguramente, e mais seguramente ainda uma enorme empresa, a United States Steel Corporation, fundada em 1897. John Rockefeller – que está afastado dos negócios da Standard, mas não das especulações, e que, aproveitando-se da quase inexistência de um controle fiscal, acumula uma imensa fortuna (ela animará mais tarde grandes obras de beneficência) – comprou jazidas de ferro perto do lago Superior. Na verdade, ele as recebeu como pagamento de clientes insolventes. Pouco depois, secretamente, construiu uma frota de cargueiros para transportar o minério através dos Grandes Lagos. Em seguida, mais pela força que por persuasão, entende-se com o rei do aço, Andrew Carnegie (1835-1919), dono das grandes aciarias de Pittsburgh. A intervenção do banqueiro Pierpont Morgan leva à constituição desse gigante, a U. S. Steel Corporation, que "trusta", diríamos nós, 60% da produção americana. Último ato: no momento de lançar as ações do grupo na Bolsa, Pierpont Morgan dobra o capital deste – portanto, o valor. Isso é especular, com razão, apostando na alta vertical do negócio.

Tais operações, e outras que se poderiam citar (e que citam amiúde, a propósito das lutas das companhias de estradas de ferro), definem uma técnica e um clima, um capitalismo feroz e sem remorso, como a política no tempo de Maquiavel. Aliás, um Rockefeller, um Carnegie ou um Pierpont Morgan não estão assim tão afastados, de certo modo, dos príncipes resolutos do Renascimento.

Esse salto dos negócios, poderíamos situá-lo entre o *rush* do ouro na Califórnia (1849), ou melhor, entre 1865 (logo após a capitulação do Sul, em Appomatox) e o começo do século XX. Tais príncipes, de rosto duro ou benevolente conforme o caso, quiseram violentamente a "sua" América. Eles desfizeram, contornaram os obstáculos, pagaram, quase sem ocultá-lo, as propinas necessárias. Um deles escrevia: "Se você deve pagar para obter a *justa* solução, é indiscutivelmente lícito e equitativo fazê-lo. Se um homem tem o poder de fazer um grande mal e só anda na linha depois de ter sido comprado, já que o tempo ganho será assim poupado, então é um dever adiantar-se e comprar o juiz." O fim justifica os meios; é justo aquilo que nos convém...

É a época das grandes realizações econômicas, das estradas de ferro, do *rush* ao ouro californiano, do povoamento do Oeste, dos novos homens, dos recém-chegados que justificam o mito tranquilizador, senão sempre exato, do *self-made man*... São os anos de um capitalismo inconscientemente cínico. Esses homens de negócios, em meio às lutas e aos seus compromissos, não se veem, evidentemente, com os nossos olhos. São lutadores que pouco se preocupam com os meios a empregar e que só têm em mira o objetivo que perseguem, de grandeza, de racionalização ou mesmo de bem público, realizado, é verdade, através da ascensão e da grandeza de sua própria pessoa – mas, sendo eles os "melhores combatentes", não têm direito a isso, com toda a justiça?

• ***Seria, porém, inexato pensar que esses procedimentos censuráveis, ou a propaganda que se esforçará, no entardecer desse período, por apresentar como* self-made men *todos os homens de negócios bem-sucedidos (como, o que é arquifalso, um Pierpont Morgan), tenham encontrado apenas aprovação e credulidade.***

Um temor vivo começa a despontar, ao contrário, no público e mesmo entre os homens de negócios, em face dos monopólios ou das medidas que parecem conduzir a eles. A concentração não raro espontânea, "orgânica", dos negócios, a retomada econômica de longo fôlego a partir de 1900, tudo contribuiu para multiplicar os trustes e os monopólios. Eles medram como cogumelos (86, de 1887 a 1897; 149, de 1898 a 1900; 127, de 1901 a 1903). Porém, a luta não tarda a começar entre eles: a campanha presidencial de 1896 se fez em parte pró (McKinley) e contra (Bryan) os trustes. Em seguida, alguns desses trustes, excessivamente ambiciosos, fracassam por si mesmos, como o da marinha mercante, com que sonhara Pierpont Morgan.

Com as crises bruscas e breves de 1903 e 1907, a opinião foi fortemente sensibilizada. E, em 1904, o presidente Roosevelt dissolve, sob aplausos da opinião pública, um verdadeiro truste das estradas de ferro. Tais medidas, tais campanhas vão resultar na *lei antitruste*, chamada lei Clayton (1914), do nome de um democrata amigo do presidente Wilson.

Muitos observadores afirmaram que se tratava de uma estocada na água, que era utópico interromper por uma lei a vasta concentração econômica em movimento. Até um líder socialista, Daniel de Leon, reconhecia isso: "A escala ao longo da qual a humanidade ascendeu à civilização é o progresso dos métodos de trabalho, o instrumento de produção cada vez mais poderoso. O truste ocupa o alto da escala: é em torno dele que a tempestade social moderna se desencadeia. A classe média procura destruí-lo, fazendo assim recuar a marcha da civilização. O proletariado busca conservá-lo, melhorá-lo e abri-lo a todos".

Tal atitude é clara: não tocar no que é progresso técnico, sucesso e orgulho da América, mas humanizar o processo e, se possível, tirar partido do progresso. Para semelhante política, um único árbitro possui o porte e o poder desejados: o Estado federal, pois os trustes, na verdade, ultrapassam os limites de qualquer Estado da União, sua atividade abrange vários Estados ao mesmo tempo. Só o Estado federal corresponde à sua verdadeira dimensão. É necessário, contudo, que ele cresça, fortifique-se, imponha-se como interlocutor válido; que para os trustes ou, se se quiser, para o grande capitalismo, seja vantajoso negociar apenas com uma única autoridade da qual se obtém o apoio ou cuja posição se respeite, e cujas decisões também se suportarão, com prazer ou não. Vejam, em 1962, a oposição do presidente Kennedy ao aumento do preço do aço.

• ***Hoje, com os oligopólios, os sindicatos e o "poder de persuasão" do Estado, "está a constituir-se na América algo como um neocapitalismo, adaptável, em sua forma evoluída, às condições do século* XX *e já muito diferente do capitalismo tradicional".***

É difícil apreender esse novo capitalismo; ele se apresenta sob múltiplos aspectos, e toda a civilização americana se exprime através de sua ordem, de suas redes sociais. Nessas condições, como enumerar todos os seus elementos? Alguns deles: a racionalização, que chega, hoje, até os prodígios da automação; a fabricação em série para um enorme mercado homogêneo, de gostos padronizados, sob o impacto de uma publicidade invasora, onipotente; acrescente-se o estabelecimento obsessivo, nas vastas empresas, dos *human relations* e dos *public relations*, espécies de ministérios do exterior e do interior que ditas empresas mantêm para se justificar diante da opinião pública, de seus consumidores e, enfim e sobretudo, de seus operários. Há, assim, mil detalhes que têm o seu valor – o importante, porém, é o jogo econômico que comanda o conjunto. Impõe-se, em consequência, discernir suas regras, seus limites, seus sucessos, o movimento que a tudo arrebata. Para esse efeito, examinemos sucessivamente: o papel, ontem, do mercado na economia liberal do século XIX; os oligopólios; os sindicatos; o governo federal.

O mercado (supostamente livre, bem entendido) era, para os economistas liberais, o regulador, o justiceiro de qualquer vida econômica. Pela via sacrossanta da concorrência, ele colocava cada pessoa e cada coisa em seu devido lugar. A economia ideal, segundo a tradição capitalista, era aquela em que a concorrência funciona a pleno vapor (portanto, sem monopólio), em que o Estado não intervém, em que o equilíbrio se estabelece por si mesmo, graças ao jogo da oferta e da procura, em que as crises, o desemprego e a inflação constituem fenômenos *anormais*, que é mister combater. Pelo desemprego, que importa *explicar*, porque não data do século XX, chegar-se-á a responsabilizar as pressões anormais dos sindicatos.

Para completar a imagem antiga, reiteremos que produzir é *sempre* considerado um benefício. Todo *bem* criado acelera, com efeito, as trocas, segundo a *lei dos mercados* formulada por Jean-Baptiste Say já em 1803: "Os produtos se trocam por produtos"; então, fabricar um é colocar à própria disposição uma moeda suplementar de troca. Assim ensinaram os economistas liberais, de Adam Smith a Bentham e Ricardo, a Jean-Baptiste Say e ao grande Arthur Marshall. Em suma, nesse "modelo" concorrencial da vida econômica, tudo se regulava por si mesmo, inclusive a propensão a poupar ou a investir. Aliás, para regulamentar esta última, caso ela se desregrasse, bastava jogar com a taxa de juro, aumentando-a ou diminuindo-a com conhecimento de causa.

Ora, a partir de certo estádio do desenvolvimento capitalista, todas essas regras antigas, ensinadas e repetidas à saciedade, foram desmentidas pelos fatos: os monopólios, os criptomonopólios e os oligopólios se tornaram, no século XX, a regra dominante para vastos setores, aliás, os mais progressistas; eles falseiam a sacrossanta concorrência; o Estado intervém (pense-se no *New Deal* e, fora dos Estados Unidos, em tantos planos quinquenais); enfim, as longas crises mostraram seu rosto a partir de 1929; o desemprego e a inflação também se impuseram e se anunciam, afinal, como fenômenos lastimáveis, por certo, mas normais na vida econômica e social. Donde a importância da revolucionária *Teoria geral* (1936) do economista inglês John Keynes (1883-

-1946): ela marca a ruptura com a economia liberal e seu modelo concorrencial tradicional. A América a aceitou como sendo a lei e os profetas da nova economia do século xx, com frequência deduzindo dela suas ações políticas.

Os oligopólios. Há oligopólio, ou concorrência imperfeita, ou monopólio incompleto, quando um pequeno número de grandes vendedores "se esforça por satisfazer às necessidades de uma multidão de compradores." Na verdade, a luta antitrustes não pôs fim, como vimos, à concentração orgânica, biológica, das empresas. Em um número considerável de ramos, e não apenas nos Estados Unidos, aliás, a concentração se fez em benefício de empresas gigantes. Assim, antes de 1939, no setor do alumínio, uma única companhia, enorme, subsistia: a Aluminium Company of America. Em geral, umas poucas empresas gigantes dividem entre si este ou aquele ramo – por exemplo, três ou quatro para a fabricação do tabaco e dos cigarros.

Entretanto, ao lado dos gigantes, pequenas empresas subsistem, vão vivendo à sua sombra, chamadas um dia ou outro, aliás, a desaparecer. Não passam de uma sobrevivência, de uma herança do passado. É tão fácil inserir-se em uma indústria que dá seus primeiros passos e atrai os capitais e os que estão dispostos a se arriscar (o petróleo no tempo da juventude de Rockefeller ou o automóvel no tempo dos começos de Ford), como é difícil a operação em um setor de ocupação antiga, em que a experiência, as dimensões da empresa, o progresso técnico e o autofinanciamento são questões vitais; só as empresas privilegiadas podem resolvê-la.

Pesquisas e estatísticas sublinham, de resto, o fato: duzentas empresas de grandes dimensões controlam quase metade da fabulosa riqueza material dos Estados Unidos. São empresas quase sempre despersonalizadas, sociedades anônimas ou mesmo possuídas pelo pessoal que nelas se emprega. Nesses impérios, tanto a remuneração dos responsáveis como a dos empregados é enorme, na escala da Europa, mas trata-se, em suma, de salários fixos. "O lucro propriamente dito", como explicava Ford, "pertence ao próprio negócio, do qual ele é a salvaguarda e cujo crescimento possibilita."

Assim se estabeleceram esse capitalismo à parte e o reinado dos "gigantes", contra os quais as leis antitrustes nada mais podem fazer (como ocorreu, em 1948, na ação governamental contra as fábricas de Chesterfield, Lucky Strike e Camel). A rigor, se houvesse um único monopolista... mas duzentos! Seria necessária uma reforma radical, uma revolução, mas ninguém pensa nisso. Os *oligopólios* não se fracionarão em empresas de pequenas dimensões.

Os lugares principais estão, pois, tomados e bem tomados. "Na nobreza do mundo dos negócios, a dignidade ducal pertence aos presidentes da General Motors, da Standard Oil of New Jersey, da Dupont, da Nemours Chemical Society e da United States Steel Corporation. Seguem-se os condes, barões, cavaleiros e escudeiros, segundo a estrita proporção do ativo de suas diferentes firmas." Situações adquiridas e que serão conservadas: "A atual geração de americanos, se sobreviver, comprará seu aço, seu cobre, seu latão, seus carros, seus pneus, seu sabão, seus interruptores, seus desjejuns, seu toucinho defumado, seus cigarros, seu uísque, suas caixas registradoras e seus esquifes em uma ou outra das poucas firmas que fornecem atualmente tais objetos" (J. K. Galbraith).

Certo, e isso foi dito frequentemente, essas empresas gigantes têm suas vantagens; elas acompanham, organizam admiravelmente o progresso técnico, fornecem a baixo preço produtos de qualidade... A constatação é evidente quando se comparam os ramos que, modernizados, são imediatamente concentrados, como indica o nosso esboço, e as que permanecem fora desse movimento, ainda na linha do século XIX. Porque os Estados Unidos vão sendo construídos ao mesmo tempo sobre um velho e sobre um novo capitalismo, sobre uma estrutura no mínimo dupla. Assim, a agricultura em seu conjunto, a confecção e as minas vinculam-se ao velho capitalismo. Ou seja, as empresas são, aqui, de dimensões medíocres, irrisórias no que concerne à agricultura: um grande produtor fornecerá, no Missouri, nove mil fardos de algodão ao mercado; essa massa é, em si, enorme, porém ridícula na escala da produção, ou seja, não pode ter nenhuma influência sobre os preços. Na verdade, estes o dominam, a ele e a todos os demais produtores de algodão. Do mesmo modo, há uma enorme diferença entre a organização do "petróleo" das companhias petrolíferas americanas, cujos progressos são sensacionais, e o arcaísmo das seis mil empresas carboníferas que continuam fiéis ao trabalho de mineradores miseráveis e cujos progressos técnicos só foram possíveis (e ainda são) graças à recente intervenção do Estado.

O *mercado, porém, recupera seu papel.* Os preços, evidentemente, nunca pegam de surpresa as grandes firmas: elas os controlam previamente e, fiéis "à mais pura e mais honesta" das concorrências, só intervêm, nesse domínio, depois de haver calculado a incidência da decisão – alta ou baixa – sobre as organizações rivais, capazes de pagar-lhes na mesma moeda. Segue-se que o preço é fixado em bom nível para garantir a segurança e os lucros dos gigantes, e é por isso que firmas de pequeno porte ainda conseguem viver, introduzir-se, sobreviver ao redor das grandes, graças a esse nivelamento relativo dos preços de venda.

Nessas condições, descartada a guerra dos preços, já não resta senão praticar a da publicidade, que, obviamente, é o luxo de uma "economia de opulência". Impossível imaginar uma publicidade qualquer em uma economia de penúria.

Todavia, os duzentos gigantes (que já não são controlados, ao que parece, pelo poder dos bancos, abalado pela crise de 1929) não reinam sem contestação ou, o que é mais, sem partilha. O movimento orgânico que concentrou as vendas em poucas mãos, pelo menos no caso de certos setores modernizados, *concentrou igualmente as compras* em outras poucas mãos.

O "poder econômico" dos produtores se choca assim com o "poder compensador" dos compradores e, nesse duplo jogo, o lucro dos monopólios pode ir para um ou outro lado: um grande vendedor face a muitos compradores, um comprador de envergadura face a muitos vendedores, ou, último caso, bastante frequente, um gigante de cada lado. Então, torna-se necessário compor-se. Suponhamos que os comerciantes de aço tenham a fantasia de fixar, em Detroit, "preços arbitrários": será difícil impô-los a uma clientela tão importante e poderosa como a dos fabricantes de automóveis de Detroit.

Evidentemente, um oligopólio pode desempenhar os dois papéis, vendedor e comprador, utilizar sucessivamente, ou ao mesmo tempo, o poder econômico, depois o poder compensador. Mas haverá, no mais das vezes, conflito e tensão entre essas duas atividades de ordinário separadas.

Os sindicatos. Foi no mercado de trabalho que a compensação se acentuou de maneira mais visível. Os gigantes industriais viram erguer-se diante de si, em seu próprio setor, o sindicato gigante. E o sindicato também procura aproveitar-se do monopólio, do direito de intervenção das empresas gigantes sobre o mercado dos preços. Como estas últimas podem fazer os preços subir, bastará pressioná-las para aumentar os salários e permitir aos operários dividir com elas seus privilégios. Essa palavra, privilégios, não é exagerada, se pensarmos que certos sindicatos americanos são, na realidade, ricas sociedades, com enormes edifícios, capitais consideráveis e competentemente geridos, um presidente e um pessoal regiamente remunerados...

Ao contrário, ali onde o capitalismo "última moda" não se instalou, a ação sindical não pode exercer pressões tão eficazes. Será essa a razão pela qual a rede sindicalista ativa deixa de fora de sua organização quase toda a atividade agrícola?

Em todo caso, o clássico antagonismo entre produtores e sindicatos tende a assumir, nos Estados Unidos de hoje, uma forma muito particular, amiúde a de uma associação, cujas despesas o consumidor corre o risco de pagar. Os gigantes da indústria tornaram possível a criação de gigantes sociais, e seu poder oposto atua como regulador dos salários e dos preços.

Entretanto, como esse regulador está sujeito a muitos erros, como ele pode ser acuado ou emperrar-se e como cada um de seus desfalecimentos, no país do gigantismo, pode vir a ter consequências igualmente gigantescas, o papel do Estado se afirma mais e mais como o do regulador supremo, encarregado de zelar pelo bom funcionamento da máquina. Desde 1929, ninguém contesta essa necessidade, que é a negação por excelência da tradição do liberalismo econômico.

Obviamente, a evolução econômica dos Estados Unidos obriga o *Estado Federal a uma intervenção atenta, ao papel de "poder compensador"*. Já não se trata, para ele, de intervir cegamente, segundo as medidas antitrustes que se seguiram ao Clayton Act de 1914, mas de analisar com atenção os elementos da situação econômica, de prever o seu desenvolvimento graças a todas as possibilidades proporcionadas, neste particular, pela ciência econômica moderna e de estar pronto, em qualquer ocasião, para agir sobre esse ou aquele setor, conforme se trate de absorver o desemprego, estimular a produção, impedir a inflação etc.

Compreende-se por que a importância do Estado federal não parou de crescer desde o *New Deal*. Enquanto Hoover possuía apenas 37 auxiliares, Truman dispunha de 325 funcionários diretos e de 1.500 empregados. Outrora, a Casa Branca bastava para o trabalho presidencial. Defronte dela se ergue, hoje, um Executive Office Building no qual os novos escritórios já se mostram insuficientes. Pouco a pouco, os poderes se concentram na Casa Branca e pesam sobre o país inteiro. Uma burocracia considerável mobiliza um exército de técnicos competentes, que escapam às antigas vicissitudes do velho *Spoil System*, que tantas vezes provocavam, ao sabor do resultado das eleições, a substituição dos funcionários. Essa nova fixidez da burocracia é, por si só, uma revolução. O presidente, doravante, comanda um pessoal de execução qualificado.

Todo o enorme sistema do Estado federal, organizado em função dos problemas decisivos pelos quais a economia *deve* ou *pode* orientar-se, acha-se forçosamente confrontado com os problemas sociais. Pode-se conceber um dirigismo econômico, mesmo limitado, sem certo dirigismo social?

A partir do momento em que assume certa responsabilidade na organização econômica, o Estado se torna responsável pela injustiça social. Ele não pode ignorar esses americanos que não estão organizados, que permanecem à margem dos sindicatos ou decididamente fora deles, como esses operários agrícolas absolutamente sem direitos e que constituem um proletariado de dois milhões de párias. Será preciso fixar um salário mínimo? Será preciso orientar-se para um sistema de Previdência Social à europeia?

Desse modo, introduzir-se-ia uma política social orientada para uma política de opulência que, por si só, resolveu muitos problemas antigos, mas suscitou vários outros, alguns urgentíssimos. No entanto, tratar-se-ia de uma nova deturpação das tradições da civilização americana, ferozmente individualista e que respeita, antes de tudo, a capacidade de um homem para "chegar lá" por seus próprios meios. A intrusão do Estado na organização da sociedade repugna espontaneamente a todo cidadão dos Estados Unidos. Mas será possível escapar disso hoje?

Para ilustrar essa dificuldade e a necessidade da opção, citemos essas reflexões de súditos soviéticos refugiados nos Estados Unidos, logo depois da Segunda Guerra Mundial, a quem um sociólogo interroga sobre suas impressões de recém-chegados. Embora reconheçam, globalmente, a superioridade de sua nova vida material, todos são unânimes em lamentar vivamente a falta da assistência médica gratuita e, mais ainda, a igualdade de todos perante a doença, que eles conheceram, na véspera, no regime soviético. Até mesmo um francês descobre, do outro lado do Atlântico, o valor de seu próprio sistema de Previdência Social, do qual, por mais rica que seja, a América não oferece equivalente. Um jovem professor de uma grande universidade americana é bruscamente acometido de uma doença incurável. Não poderá mais exercer sua profissão. Que será feito dele?, pergunta-se. Ele negligenciou o seguro. Ei-lo na rua com mulher e filhos...

Muitos responsáveis acham inevitável e desejável uma política social americana. Ao mesmo tempo, a evolução da opinião pública favorece uma tomada de consciência do problema. Apesar do que dizem setores interessados da imprensa, o dinheiro recolhido pelo Estado já não lhe aparece como uma punição injusta que atinge os fortes, os hábeis, produtores de riqueza, em proveito dos incapazes ou dos preguiçosos. Desde o *New Deal*, o governo federal surge "como essencialmente benfazejo" ou, em todo caso, necessário.

Essa imensa mudança modifica cada vez mais e reduz o papel dos Estados, essas repúblicas autônomas de ontem. Ela também pode vir a modificar profundamente as estruturas da sociedade e da civilização americanas. Tanto mais que, como nação igualmente, os Estados Unidos acabam de revisar a consciência que tinham de suas tarefas, de seu papel, de suas responsabilidades no mundo.

Os Estados Unidos perante o mundo

Saindo de uma longa tradição deveras isolacionista, os Estados Unidos acabam de encontrar o mundo. Este se lhes impõe como uma série de problemas novos, desagradáveis em sua maioria. Espontaneamente, os Estados Unidos se esquivariam deles. Mas seu próprio poderio os liga inelutavelmente ao resto da terra; ainda aqui, eles já não são livres para fazer suas opções, em um universo que se tornou pequeno demais e onde cada um de seus gestos, queiram eles ou não, tem consequências mundiais.

• ***Nunca se poderá dizer até que ponto o isolacionismo foi um dos traços fundamentais dos Estados Unidos.***

Ele brotou em parte desse sentimento, nítido desde as primeiras horas da independência, de ter fundado um mundo novo, inteiramente distinto da antiga Europa e melhor que ela. "A revolta contra os pais", diagnosticam os psicanalistas. Brotou também, de forma espontânea, de um passado autônomo, independente, construído na imensidade nova do continente e com a segurança daí decorrente.

A América, na verdade, foi *livre* para ocupar-se unicamente do que nela se passava, para manter sua prosperidade, para erguer, qual muralha da China, barreiras aduaneiras protecionistas, isolantes, e, sem temer a ameaça de um vizinho, para aumentar sua casa sem pudor nem remorso; suas conquistas *territoriais* constituíram uma expansão; suas conquistas *marítimas*, terríveis empresas coloniais. No século XIX, ela sente ter alguns vínculos obrigatórios apenas com o resto do continente americano: essa solidariedade se expressará, em 1823, na Doutrina Monroe, "a América para os americanos". A mensagem – pois se trata de uma mensagem do presidente dos Estados Unidos – afirma também o desinteresse dos Estados Unidos em relação aos negócios europeus. Em seguida, os lados negativo e positivo da Doutrina Monroe serão frequentemente retomados e reafirmados.

Mas o mundo dos outros não pode ser esquecido: há o comércio, as importações, as exportações, as relações diplomáticas; um avanço bélico conduz inclusive, em 1898, os americanos a Porto Rico, onde se encontram ainda hoje, a Cuba, onde não mais estão, e às longínquas Filipinas, de onde, na verdade, ainda não saíram, apesar da independência concedida ao arquipélago. Assim, o mundo veio até eles, com seus cortejos de imigrantes europeus, japoneses, chineses. Em uma reação natural e perigosa, como a experiência o mostrou, os Estados Unidos se fecharam, em 1921-1924, ao afluxo de estrangeiros. Não houve, provavelmente, acontecimento mais catastrófico para o mundo e para a Europa agitada e infeliz dos anos que se seguiram à Primeira Guerra Mundial: uma válvula de segurança foi, em suma, suprimida.

Ao mesmo tempo, os Estados Unidos, que em 1918 decidiram a sorte da Primeira Guerra Mundial, retiravam-se da política internacional ativa, depois do Tratado de Versalhes, do qual haviam sido os instigadores, e não aderiam à Liga das Nações. Abandonavam o mundo à falsa e frágil dominação inglesa, obra-prima antiga construída através de longas ligações marítimas e que a guerra deixara intacta, como vimos. Aliás, entre os motivos da intervenção americana, em 1918, o mais importante fora, sem dúvida, salvar essa supremacia mundial da Inglaterra, à qual eles próprios se acomodavam e que salvaguardava o futuro da civilização anglo-saxônica, a *sua* civilização.

Em face do simpático Woodrow Wilson, que não desejara esse recuo, em face de seu malogro, deve-se falar, em compensação, de um franco sucesso de Franklin Delano Roosevelt em Yalta, em Teerã e em Rabat, nessas conferências de cúpula que antecederam a sua morte e o fim da Segunda Guerra Mundial? Então, por uma série de engajamentos, ele ligou e desligou um mundo cujo futuro, devemos reconhecer, era difícil adivinhar. Não cedeu ele em demasia às necessidades do momento e a princípios menos válidos ainda que os de Wilson e muitas vezes moralmente discutíveis? Favorecer a emancipação dos impérios coloniais, sem dúvida, é obedecer às regras da tradição americana, mas é também comprometer a força do Ocidente, é envolver, um dia ou outro, a América Latina, cuja vida econômica constitui uma dependência "colonial" dos Estados Unidos. Além disso, doar, ao mesmo tempo, metade da Europa aos soviéticos é algo que se afasta grandemente do sacrossanto princípio do direito dos povos a dispor de si mesmos. Mas Roosevelt pensava que a paz do mundo exigia a supressão das turbulências dos pequenos povos. Desarmemos todos os países do mundo, menos os quatro grandes de então: China, URSS, Inglaterra e Estados Unidos – tal era o seu propósito. Talvez não estivesse ele isento de uma nostalgia de isolacionismo: se, por força, é mister ocupar-se do mundo, pelo menos façamos de modo que ele permaneça tranquilo...

Essa maneira de ver e de explicar Franklin D. Roosevelt é de uma pena americana. Ela é seguramente discutível, mas expressa certa ótica assaz corrente entre os não americanos, sobretudo os ocidentais. Essas testemunhas, fora do Novo Mundo, pensam que os Estados Unidos chegam, sem o querer conscientemente, sem disso estar previamente cônscios, à liderança do mundo. Porque amiúde acreditaram que o problema era simples – questão de bom senso e de boa vontade – e que as dificuldades estavam ligadas aos preconceitos e ao egoísmo do Velho Mundo. Ora, muitas de suas iniciativas foram incômodas e logo lhes escaparam ao controle, provando, sem ambiguidade, que os créditos e os bons princípios não bastam para conduzir o mundo, que a dominação pelo comércio e pelo dinheiro, legítima segundo a ótica tradicional dos Estados Unidos, desperta hoje em quase toda parte tantas desconfianças quanto a antiga dominação colonial à qual ela se assemelha. Os americanos, por sua vez, pensaram que esses fracassos eram a prova da ingratidão, da inveja dos povos que eles socorreram ou quiseram socorrer.

Na verdade, os Estados Unidos tiveram, como qualquer outro país, de fazer sua aprendizagem, de tomar a medida exata do mundo que por tanto tempo ignoraram ou quiseram ignorar, esse mundo que, para sua própria segurança, precisam agora vigiar, se possível dirigir. Eles levaram essa tarefa a sério, reconhecendo alguns de seus próprios erros, pois é também uma tradição americana, fecunda e simpática, acreditar no que se faz e reconhecer de bom grado as próprias faltas, sem vaidade e em prol da eficácia: quanto mais depressa se retificar o tiro, mais rápidas serão as chances de atingir o alvo.

O presidente Kennedy tentou, assim, reunir em torno de si os melhores intelectuais e especialistas da economia ou da política para um estudo sério dos problemas do momento. Isso é sublinhado por um jornalista, que acrescenta (21 de maio de 1962): "Depois de haver feito trabalhar com afinco os 'talentos', os 'cérebros' que reuniu em torno de si, tirou ele, da soma de suas conclusões, uma síntese que comanda sua ação. Zonas de sombras subsistem aqui e ali. Opções permanecem abertas. Mas, no essencial, a linha que ele escolheu é clara. Pela primeira vez depois de muito tempo, sabemos a que nos ater quanto às intenções do presidente dos Estados Unidos." Não vejamos aí apenas o resultado atingido pela reflexão pessoal do presidente, ou a decorrência de uma clarificação a colocar no ativo dos intelectuais e professores de Harvard chamados em socorro da política. Na realidade, no curso dos anos dramáticos e tensos que vão do Plano Marshall à Guerra da Coreia e às tensões atuais de Berlim, Cuba ou Laos, os Estados Unidos, até o âmago de sua opinião pública, tomaram consciência de seu papel mundial e de suas responsabilidades. Os tempos do isolacionismo passaram.

• ***O poder exige! Em verdade, a ascensão dos Estados Unidos ao primeiro lugar do mundo, onde ele deve viver sob pena de retroagir perigosamente, é a consequência do prodigioso desenvolvimento de seu poder, que, para se definir, mobiliza todos os adjetivos: econômico, político, científico, militar, mundial.***

Com efeito, esse poder, evidente após a vitória de 1945, após a explosão da bomba de Hiroshima, suscitou imediatamente o problema da liderança europeia (e mundial) em termos de duelo. No passado, a

Europa sempre estivera dividida entre dois campos inimigos, cuja composição variava de acordo com o perigo: o poder ameaçador vinha desta ou daquela nação preeminente. O mundo vive hoje segundo o mesmo esquema *bipolar,* como diz Raymond Aron. Não é apenas a ideologia que separa o mundo livre do mundo socialista, os quais, à medida que os anos passam, veem multiplicar-se, entre eles, as analogias: o mundo socialista também organiza a sua indústria em unidades gigantes; o mundo livre, por sua vez, está às voltas com uma socialização evidente, necessária...

A liderança, hoje mais que ontem, coloca, em termos de poder, uma alternativa: ou Washington, ou Moscou. Os países neutros do Terceiro Mundo, os satélites dos colossos, não passam de espectadores dessa história que lhes é imposta; seu papel é apenas o do peso muito comedido que podem acrescentar a cada uma das balanças. Trata-se, pois, de seduzi-los, de atraí-los, de conservá-los, tanto quanto de dominá-los.

Em 1945, os Estados Unidos são os ganhadores e se amodorram em sua superioridade, afirmada de maneira lúgubre e decisiva pelas bombas de Hiroshima e Nagasaki. A 12 de julho de 1953, com as explosões que levam os soviéticos à criação de sua bomba H, o equilíbrio se restabelece. Em 1957, como lançamento do primeiro Sputnik, os soviéticos marcam um tento decisivo, tanto mais que a conquista do espaço é também o aperfeiçoamento de mísseis de longo alcance (até dez mil quilômetros). Depois, os sucessos se alternam num equilíbrio incerto. Os armamentos, de ambas as partes, são cada vez mais aterradores, e a guerra fria se alimenta do temor recíproco que eles suscitam, para medo e cólera profunda dos demais povos do mundo, que assistem a esse espetáculo de olhos abertos e mãos vazias. Embora não seja nem pior, nem melhor que o da Europa de ontem, esse jogo perigoso dos dois colossos do mundo tem um alcance mundial totalmente diverso devido aos meios terríveis de que dispõem os dois parceiros. A humanidade corre o risco de aniquilar-se.

Em todo caso, é evidente que essa luta obceca os Estados Unidos, não infletindo apenas a sua política, mas também toda a sua vida e mesmo o seu pensamento. Eis por que o ano da bomba H russa é um dos anos decisivos da vida americana, a exemplo de 1929, por razões diferentes, mas não menos peremptórias. Essa tensão, que se alimenta de cada ocasião, trabalha os espíritos, as imaginações e os corações. Ela deforma tudo, faz com que o país, que foi o país da liberdade, viva sob essa coação desconfiada que, de ordinário, é o clima da guerra. O acesso do macarthismo, ontem, aí está para evidenciá-lo – mas, de lá para cá, a febre não desapareceu de fato. Todo o universo corre o risco de ser arrastado nessa psicose hostil tanto ao espírito como à felicidade dos homens. A regra de ouro de uma vida mundial solidária seria pensar obstinadamente *com*, e não *contra*; ora, os Estados Unidos e a URSS pensam obstinadamente *contra*.

Essa necessidade de denegrimento, de defesa inútil – que passivo da guerra fria, em um e noutro campo!

• ***Para terminar, convém deter-nos no testemunho admirável e múltiplo do romance americano: ele oferece uma conclusão válida sobre a civilização que interpreta.***

Sem dúvida, para sermos completos, deveríamos examinar não apenas o domínio literário em sua totalidade, da poesia ao teatro e ao cinema, mas também a arte, comum lugar especial reservado à arquitetura, e ainda as ciências, das ciências humanas às naturais. O desabrochar da inteligência americana abrange tanto seus economistas de Harvard ou da Chicago University quanto seus artistas e a beleza das ferramentas, da técnica e das formas funcionais da indústria americana.

Se escolhemos – já que é preciso escolher neste resumo por demais breve – o testemunho do romance, é porque, por um lado, ele exerceu, nos últimos vinte anos, uma grande influência sobre a literatura europeia e mundial e, por outro, porque sua evolução, desde o começo do século, esclarece essa crise de que acabamos de falar.

A literatura americana foi "descoberta" pela Europa a partir de 1920-1925, mas sua voga é maior sobretudo a partir do fim da Segunda Guerra Mundial. As traduções, numerosíssimas, apresentadas e comentadas por escritores como Sartre, Malraux, Pavese, foram acolhidas com favor, e sua influência é tão evidente na França, na Inglaterra, na Itália e na Alemanha que um crítico chega a falar, a propósito do período que acaba de escoar-se, da "era do romance americano". Deveríamos mesmo falar de uma era do "americanismo", cujos traços se podem seguir na música *jazz*, na dança, no próprio vestuário da juventude e na arte do *cartoon*, esses desenhos humorísticos de que o semanário *The New Yorker* oferece os exemplos mais saborosos.

No que concerne ao romance, essa era é essencialmente a descoberta de uma "escrita", de uma técnica narrativa muito afastada da tradição europeia do romance psicológico. "Arte da reportagem, objetiva e despojada", afirmou-se, "arte fotográfica", cuja ambição é mostrar, e não comentar. Para introduzir o leitor no universo mental de um personagem, far-se-á com que ele experimente direta, brutalmente, as sensações, as emoções desse personagem, sem jamais tentar traduzir-lhes o sentido; é o mesmo procedimento do cinema, cuja influência é aqui manifesta.

Para o europeu, o romance americano se define por essa técnica, por certo clima de violência, de brutalidade. "Literatura moldada pelo e para o cinema", escreve um crítico francês, "pelo hábito das *hot news* e do romance policial [...] literatura brutal, ardente, febril e frenética, sem uma pitada de requinte, literatura que é como um murro, ela agrada apesar disso ou por causa disso, segundo os temperamentos. É uma literatura rápida e dura: nela se experimenta algo de são, de vivo e de forte que atualmente não se encontra em nenhuma outra parte." Na realidade, trata-se de certo *momento* do romance americano, aquele que os americanos chamam de "naturalista", que se desenvolveu essencialmente entre as duas guerras e cujos grandes nomes são Hemingway, Faulkner, Steinbeck, Dos Passos...

Ora, esses homens, estejam eles ou não ainda vivos, nasceram entre 1890 e 1905. Por sua idade e obra, pertencem a "outra geração" para os Estados Unidos de hoje, que se afastaram cada vez mais, desde a última guerra, do romance "naturalista" para voltar a uma tradição mais antiga da literatura americana, não menos brilhante e original, se bem que menos conhecida do público europeu, a do século XIX – seus grandes nomes: Melville (1819-1891), Hawthorne (1804-1864), Henry James (1843-1916).

De nossa parte, o que nos interessa é o movimento geral e o que ele pode revelar da civilização americana. Uma constante talvez deva ser assinalada de um extremo ao outro: o escritor não ocupa um lugar natural e respeitável na sociedade dos Estados Unidos, onde o "homem de letras", no sentido europeu, na verdade não existe; o escritor americano é sempre um indivíduo, um isolado: vive à margem e, com muita frequência, perde-se em um destino trágico, após um sucesso mais ou menos breve – "não existe segundo ato nas vidas americanas", dizia um deles, Scott Fitzgerald (1896-1940): o dito se aplica a ele próprio e a seus pares, que raramente viveram o "sucesso". Por excelência, pois, o escritor americano é um ser associal, que não se contenta em expressar sua revolta ou seu mal-estar perante o mundo que o rodeia, mas que vive a *experiência* dessa revolta e a paga dia a dia com a angústia e a extrema solidão. A evolução do romance americano reflete, assim, vigorosamente, a das tensões sociais internas.

No século XIX, o grande fantasma, no plano secundário das sombrias obras de Melville e Hawthorne, é o puritanismo calvinista americano. Ele se lhes impõe com o tema obcecante da luta trágica entre o bem e o mal, ainda que eles repudiem, ao mesmo tempo, o peso dessa obsessão. Um e outro denunciam, de certo modo, a sociedade que os cerca e que lhes pagará com juros.

No início do século XX, um movimento geral se ergue contra as intransigências do puritanismo. Sem dúvida, este último se assinala ainda hoje na força das interdições sociais – que substituíram, de certa forma, as interdições morais nos Estados Unidos. Entretanto, desde o fim do século XIX, o puritanismo deixou de ser o símbolo dos malefícios da sociedade. O que há, então, são os primeiros passos de um romance naturalista à Zola, com tendências socializantes. Eles coincidem com a gigantesca expansão de poder a partir de 1880.

Desde então até a Segunda Guerra Mundial, a sociedade industrial e capitalista, a vida "futurista" americana serão o alvo favorito do anticonformismo; para Sinclair Lewis, cujo célebre *Babitt* (1922) é a imagem caricatural e vingadora do homem de negócios americano, mas também para os exilados voluntários que viveram em Paris entre as duas guerras – Hemingway, Fitzgerald, Dos Passos, Farell, Miller, Katherine Ann Porter... –, a "geração perdida", como batizou-a Gertrude Stein, a líder deles, cujo salão parisiense foi o ponto de reunião do *American abroad*. Bem como para Faulkner, Steinbeck, Caldwell, Wright – em suma, para toda essa geração de "intelectuais de esquerda" a quem apaixonou e escandalizou o processo e a execução, em 1927, de Sacco e Vanzetti (Dos Passos será, inclusive, preso nessa ocasião), a Guerra da Espanha (quem não conhece o livro de Hemingway, *Por quem os sinos dobram?*), as agressões de Mussolini, as controvérsias do *New Deal*; para esses homens que veem no socialismo uma esperança de salvação para a sociedade contemporânea.

A guerra de 1940 e suas consequências e o começo da Guerra Fria lançaram por terra essa esperança. Primeiro os romancistas americanos reencontraram o sentido da solidariedade para com seu país, depois constataram a inutilidade, para eles, do sonho marxista.

A jovem geração americana afastou-se do realismo social. Suas preferências vão para um romance em que o símbolo, a poesia e a arte pela arte retomam os seus direitos. Ela se reporta a Henry James, a Melville e também a Fitzgerald, esse escritor tão particular da "geração perdida", falecido muito jovem, aliás. Equivale isso a dizer que a revolta deixou de estar no cerne da expressão literária americana? Por um momento se chegou a acreditar nisso, com o vivo retorno ao nacionalismo que se seguiu à guerra e o aparecimento de uma geração de escritores universitários, portanto instalados na segurança e que de bom grado se identificam com sua própria civilização. Contudo, o pós-guerra viu nascer também a geração dos *beatniks*, dos jovens intelectuais em completa ruptura com os imperativos da sociedade que os cerca, como seus antepassados da "geração perdida", mas com uma ressonância bem diversa. Aos homens das décadas de 1920 ou 1930 que acreditavam no futuro do socialismo sucederam os que só acreditam, contra a angústia, no refúgio da arte, do álcool ou da droga, tendo por tema principal o da solidão e o da "incomunicabilidade", em um mundo desprovido de qualquer significação.

Mas é também porque a América vive à frente da modernidade. Ela é o país do futuro, e isso, pelo menos, é para ela uma garantia de esperança, uma prova de sua vitalidade, dos recursos numerosos que lhe permitirão provavelmente reencontrar seu antigo otimismo, sua confiança em si mesma. Claude Roy escreve, em suas *Clefs pour l'Amérique*: "A América é uma das terras do mundo em que – apesar de tudo – continuam a afirmar-se as possibilidades do homem [...] Ficamos perfeitamente certos, ao regressar dos Estados Unidos, de que um novo homem pode nascer, mais certos de seus poderes, mais penetrados de uma felicidade terrestre, sensata e concreta. Podemos zombar das geladeiras e das vitaminas, da ganga das máquinas [...] Mas não creio que se possa zombar de um certo tipo americano, em que já se realizou uma arte de viver e de sujeitar aos poderes do homem aquilo que ele acreditara ser suas inelutáveis fatalidades."

CAPÍTULO IV

Através do universo inglês

Do século XVIII até 1914 pelo menos, Londres foi o centro do mundo. Uma visita à cidade, rápida que seja, evoca hoje essas grandezas: Buckingham Palace, St. James Palace, Down Street, o Stock Exchange, as vastas docas nos meandros do Tâmisa, todos esses espetáculos permanecem vivos. Mais que qualquer outra região do Ocidente, a ilha inglesa marcou sua presença além dos mares longínquos. Quem não admirou essa imensa realização? Rudyard Kipling dividiu sua vida entre a Índia, uma casa na África Austral, um *ranch* canadense e o Egito... Kipling tinha razão em pensar que a Inglaterra só podia ser bem compreendida de longe, em suas margens imperiais e guerreiras, e sobretudo vista da Índia. Esse o motivo pelo qual um de seus amigos franceses, ao chegar a Argel num dia qualquer do ano de 1930, telegrafava-lhe: "Agora que cheguei a Argel, vou finalmente compreender a França."

Pouca coisa resta da Inglaterra imperial e da França imperial. Porém, a ideia de império conserva para os ingleses uma força particular. Ela explica, muito mais que entre nós, uma série de estruturas e de reflexos políticos. Do que o caráter trágico da opção que se vai impor à Grã-Bretanha: Commonwealth ou Mercado Comum? Optar por este último é aderir à Europa, da qual ela sempre se manteve "esplendidamente" isolada; é renunciar às suas antigas e próprias dimensões mundiais, que foram o seu orgulho, a uma de suas mais vigorosas tradições.

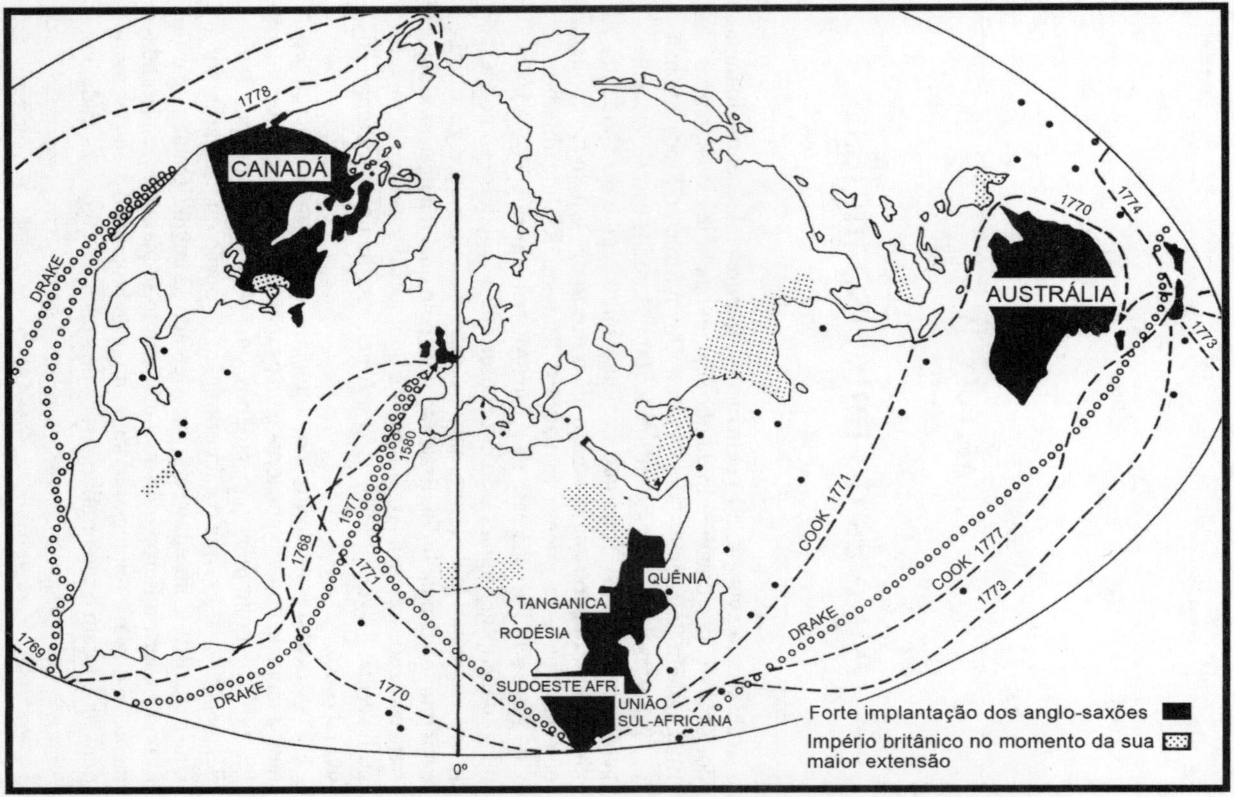

21. *O universo inglês.*

No Canadá: França e Inglaterra

A Inglaterra perdeu "a América", mas conservou o Canadá – inclusive o consolidou do Atlântico ao Pacífico (*a mari usque ad mare*).

As datas essenciais dessa instalação e desse desenvolvimento são: 1759, derrota e morte de Montcalm sob os muros de Quebec; 1782, chegada a Ontário e às Províncias Marítimas dos ingleses e dos "lealistas" americanos, fiéis ao rei da Inglaterra, após a independência das colônias sublevadas; entre 1855 e 1885, acrescente-se prosperidade das Províncias Marítimas povoadas de ingleses, quando seus veleiros e marujos tomam o lugar dos marinheiros dos Estados Unidos no Atlântico; em 1867, fundação, depois de inúmeros avatares, do *dominion* do Canadá (Ontário, Quebec, Nova Escócia, New Brunswick). Juntaram-se ao *dominion*: em 1870, o Manitoba; em 1871, a Colúmbia Britânica; e, por fim, em 1873, a ilha do Príncipe Eduardo (7ª província). Construída de 1882 a 1886, "rente à fronteira dos Estados Unidos", a Canadian Pacific Railway vai permitir a colonização da pradaria, da qual serão eliminados os "mestiços" de canadenses franceses e índias. A colonização, feita a partir de uma população assaz heteróclita, desenvolver-se-á como no Oeste americano e constituirá mais duas províncias – Alberta e Saskatchewan (1907) – até que a Terra Nova, após o plebiscito de 1948, torna-se, enfim, a décima associada.

• ***O Canadá francês representa hoje um terço da população do país, ou seja, cerca de seis milhões de seres. Restrito (se assim se pode dizer) à imensa província de Quebec, ele ocupa, em suma, a orla oriental do Canadá, o estuário, o baixo e o médio vale do São Lourenço. Cercado, nem por isso ele é menos arraigado.***

Esses franceses saíram de sessenta mil camponeses oriundos do Oeste francês, dispersos entre o São Lourenço e o Mississipi e abandonados após o Tratado de Paris, em 1763. Conseguiram preservar a província de Quebec, onde se arraigaram fortemente. O canadense francês é um camponês, e não um fazendeiro, como seu compatriota de cepa inglesa. Ele não se deixou tentar pelo chamariz do Oeste, emigrou com relativa lentidão para as cidades e só tardiamente se deixou seduzir pelas fábricas de Nova York ou de Detroit. É uma raça vivaz, simples e alegre.

O *Canadá britânico* que se constituiu a oeste *obstou aos canadenses franceses* as vastas aventuras rumo ao coração do continente e como que os cercou: as Províncias Marítimas, os Estados Unidos e, enfim, o Ontário circundam a província de Quebec e a transformam em uma espécie de território insular. O Canadá francês consentiu nisso: agarrou-se às suas terras e permaneceu numa fidelidade estrita ao seu clero, que, na verdade, após 1763, salvou-o, e enfim à sua língua, que é essencialmente o francês do século XVIII. Hoje, ele se apresenta como uma sociedade e uma civilização fechadas em si mesmas, antes de tudo camponesas, em seguida conservadoras, com um clero vigoroso que defendeu e manteve a tradição, difundindo a cultura de tradição clássica.

A ruptura com a França, em 1763, foi sentida como uma ferida sempre viva, como indesculpável abandono. Posteriormente, o Canadá perdeu o contato com o "velho país", com a França de ontem e de hoje. Os encontros nem sempre são felizes. Porque a França evoluiu depois do século XVIII: conheceu a Revolução, a República, o laicismo, além de animar, como uma chama, um catolicismo social de vanguarda, revolucionário à sua maneira.

O *Canadá francês*, como se afirma talvez com demasiada frequência, compreendeu mal essas inovações – assusta-se com elas e delas se afasta. No entanto, também ele evolui. *Sua civilização católica e camponesa* não permanece imutável, pura e simplesmente; ela se abre ao progresso necessário, suas universidades empreendem hoje em dia um enorme esforço de modernização e também de abertura para as diversas ciências humanas. E esse movimento, sem dúvida, é animado por um espírito de resistência obstinada ao outro Canadá, o inglês – em suma, à "americanização".

• ***Os canadenses ingleses representam cerca de metade da população (48%). Adotaram por inteiro o* american way of life *(que, de resto, atinge também o Canadá francês). São outra América.***

Em Toronto, sua cidade essencial, poderosamente voltada para o sul, a americanização é evidente, invasora – nas casas, nos apartamentos, na mobília, na cozinha, na educação dos filhos, cedo deixados às suas iniciativas e cujos costumes, com suas liberdades, seus jogos de *boyfriends* e *girlfriends*, prolongam e repetem os modos do país vizinho. Mais ainda: o mundo dos negócios é organizado à americana, poderoso, ativo. Em síntese, esse Canadá anglo-saxônico não teria a menor dificuldade em deslizar rumo ao seu possante vizinho, depois de se separar da distante Inglaterra; vindos de países diversos, externos ao mundo anglo-saxão, os imigrantes da última vaga, encontrados, sobretudo, para lá de Ontário, também sofrem a mesma atração. Por fim, o que preserva a independência do Canadá são suas antinomias internas, antes de tudo as tensões subjacentes entre anglo-saxões e canadenses franceses, que, de modo nenhum, prejudicam o desenvolvimento geral da economia e o bem-estar que ela difunde.

O Canadá, com efeito, "potência internacional" (dezoito milhões de habitantes, crescimento anual de 28%, quase nove milhões de quilômetros quadrados, ou seja, treze vezes a França), é uma economia em plena expansão, apoiada em múltiplos recursos naturais e em enormes reservas de energia hidráulica. Ademais, em toda parte se instala uma indústria à americana, com a sobrevivência, porém, de formas econômicas antigas e vivazes, como a exploração florestal, com rios imensos atravancados de troncos de árvores.

Acrescente-se que o Canadá é uma nação independente: a aliança com a Coroa britânica não passa de um vínculo teórico, e o governador que a representa, com poderes ilusórios, é, além do mais, um canadense.

Essas verdades políticas e econômicas não suprimem as tensões, desejadas ou não, que isolam o Canadá francês. Que este seja explorado pelas cadeias de bancos, hotéis e lojas "ingleses" é um fato visível em Montreal, a maior cidade francesa do mundo depois de Paris, mas onde o inglês é a língua dos negócios.

Todavia, esses problemas econômicos de um Canadá pobre, francês, em face de um Canadá rico, inglês, não são essenciais em uma oposição que é, antes de tudo, a recusa de uma civilização por outra. Pode causar pasmo, com toda razão, o fato de o Canadá, ao lado dos Estados Unidos, exemplo prodigioso de assimilação rápida e total, não ter absorvido, passados dois séculos, os sessenta mil franceses que, desde então, é verdade, multiplicaram-se por cem. Quem sabe se, ao eliminá-los, nem sempre voluntariamente, da conquista do Oeste, os ingleses não tenham contribuído para encerrar em uma comunidade fechada essa população rural e, por conseguinte, *a priori* tradicionalista, pouco permeável às influências externas? Em todo caso, hoje como ontem, a fissura entre os dois grupos permanece visível e profunda.

Poderá ela, graças a uma época que favorece todas as reivindicações "nacionais", assumir nos anos vindouros uma forma política? Essa é outra questão. Há, sem dúvida, quem fale de independência e inclusive adiante as datas: 1964, 1967... Existe uma "Aliança Laurenciana" manifestamente nacionalista, mas ela se apresenta também, e sobretudo, como "um movimento de educação nacional". Um de seus partidários declarava ontem (1962): "Não somos um movimento de massa." Na verdade, existe uma França canadense, obstinada em viver e em sobreviver – mas, no mundo gigantesco da América, seis milhões de pessoas têm alguma possibilidade de se organizar razoavelmente em uma unidade política e econômica verdadeiramente independente? Todo o problema reside essencialmente aí.

A África Austral: holandeses, ingleses e negros

Na África do Sul, velha escala marítima na rota das Índias, crucial, ontem, para os veleiros, os ingleses, em 1815, substituíram e se impuseram aos holandeses, ali estabelecidos havia mais de um século (1652), tal como, em 1763, haviam-se imposto aos canadenses franceses. Daí resultaram turbulências, tensões vivas, um destino dramático que culmina, mas não termina, com a *Guerra dos Bôeres* (1899-1902).

A África branca, exposta a essas violentas disputas internas e também à chegada em sua costa oriental de imigrantes indianos (entre eles, antes de 1914, o advogado Gandhi), se vê às voltas, sobretudo, com a poderosa intrusão dos negros. O drama, que se coloca em termos claros, violentos, infelizmente ainda está em seu começo. A tempestade é para amanhã.

• ***O desenvolvimento da "fronteira", no sentido americano do termo, é o fato dominante do destino da África do Sul. Essa fronteira só pode ser compreendida se a aproximarmos de tantas outras fronteiras em movimento, como nos Estados Unidos, no Brasil, na Argentina, no Chile, na Austrália, na Nova Zelândia. Aqui, mais que a história africana e local, o que prevaleceu foi a história mundial.***

Na África do Sul, a fronteira existe desde os primeiros passos de uma civilização comedida e prudente, desde que o contato se estabeleceu entre o branco (quase imediatamente acompanhado de escravos de cor) e as tribos, sejam de bosquímanos, no desértico Kalahari, sejam, ao norte e a leste, de bantos de nomes diversos, criadores de rebanhos, prontos a trocar seus animais por ferro, cobre, tabaco e quinquilharias. Essa fronteira, pouco a pouco deslocada para lá do Cabo, não cessa de se afastar da cidade nascente através de uma região seca e praticamente vazia: pois jamais os cafres foram, apesar dos roubos de gado e das incursões temerárias, adversários capazes de pôr em perigo a pequena colônia branca.

Esta só deu um salto decisivo, em direção ao Natal, ao Transvaal e ao Orange, a partir da "Grande Migração" de 1836. Analisar as razões disso é apreender os aspectos e problemas deste primeiro impulso.

O elemento motor foi, mais que a própria Cidade do Cabo, por muito tempo insignificante, a escala dos navios, quer em seu porto, quer mais ao norte, na baía de Saldanah, todos eles navios compradores de víveres, sobretudo de víveres frescos, desembarcando em terra suas tripulações, deixando no hospital seus doentes afligidos pelo escorbuto... O medíocre interesse da produção de trigo (encontrado a melhor preço nas Índias, em Surat ou Bengala) ou de vinho (o vinho do Cabo tinha má reputação, e merecida) estimulou entre os camponeses a produção, mais remuneradora, da carne. Começaram a vender gado abatido e, malgrado as proibições, gado vivo, bois ou carneiros... A criação demandava menos despesas para o estabelecimento e proporcionava maiores lucros. Além disso, não tinha contra si a distância, como sucedia como trigo ou o vinho. O gado vinha sozinho até o porto.

Desse modo, a partir do século XVIII, os criadores fazem a fronteira recuar, penetram no interior, e o movimento prossegue no século XIX, acelerando-se ou acalmando-se, sucessivamente, ao sabor da chegada dos navios. As guerras franco-inglesas do século XVIII constituíram uma magnífica ocasião de prosperidade e bons negócios.

Mas essa expansão também teve razões políticas. Em 1815, a Inglaterra apoderou-se da África do Sul. Em 1828, o governo inglês do Cabo, pelo célebre decreto 15, colocava no mesmo pé de igualdade, perante a lei, brancos e homens de cor. Mais ainda: em 1834, a escravidão era abolida no Império inglês mediante indenizações, que foram consideradas insatisfatórias (em 1828, contavam-se, para 55 mil brancos, 32 mil escravos e 32 mil negros livres). Essas medidas, juntamente com uma invasão dos cafres na fronteira leste, nesse mesmo ano de 1834, determinaram, dois anos depois, o grande movimento, a *Grande Migração*, que haveria de levar os bôeres (os camponeses) ou os *voortrekkers* até os vastos planaltos herbosos do Orange e do Transvaal, que se constituíram em Estados independentes. Eles foram reconhecidos pela Inglaterra em 1852 e 1854; em compensação, dez anos antes, ela anexara pura e simplesmente o Natal.

A vasta expansão, de que a *Grande Migração* marca o começo, foi o principal acontecimento da história dos *afrikaners*, tal como a conquista do Oeste no destino dos Estados Unidos. Essa expansão acarretou uma imensa dispersão da população branca e multiplicou as oportunidades de relação e de conflito com as populações negras, particularmente com as tribos federadas dos zulus, que, por sua vez, se expandiam para o sul e só seriam detidos, nesse movimento, em 1879.

• ***A Inglaterra não aceitou francamente a independência das repúblicas bôeres, conquanto a tenha reconhecido formalmente em 1884. Daí resultará a célebre Guerra dos Bôeres.***

A descoberta de minas de ouro e diamantes na Witwatersrand acarretou um novo conflito. Cecil Rhodes, governador do Cabo, representando ao mesmo tempo o imperialismo britânico e interesses das sociedades mineiras (ele foi o fundador da De Beers), precipitou a ruptura cercando as duas repúblicas pela instalação de comunas na Bechuanalândia e na Rodésia, provocando incidentes a propósito dos estrangeiros atraídos pelo trabalho das minas e organizando o raide do dr. Jameson, mero ato de pirataria, em 1895.

A guerra aberta eclodiu, entretanto, apenas em outubro de 1899, e logo se revelou desastrosa para as forças inglesas. Ela só reverteu em sua vantagem tardia graças à instalação de campos de concentração, ao preço de uma luta prolongada contra uma guerrilha implacável. Oito anos após a rendição e a anexação das duas províncias (31 de maio de 1902), o governo inglês devolvia a liberdade aos vencidos e constituía o *dominion* da União Sul-Africana (1910).

• ***O drama do* apartheid *é hoje o problema essencial.***

Desde a Segunda Guerra Mundial, sobretudo, a África do Sul encontra-se em pleno surto industrial e urbano, mas tal surto só faz agravar os conflitos humanos que a ameaçam.

Hoje, os colonos holandeses e os demais calvinistas oriundos dos refugiados franceses, chegados ao Cabo desde o século XVII, são antes de tudo camponeses, possuidores de vastíssimas fazendas (em média, 750 ha) cujos rendimentos são geralmente fracos em virtude das condições climáticas e da pobreza do solo. Aliás, apenas 4% da superfície do país é cultivada. Atualmente, seria preciso passar de uma cultura extensiva a uma agricultura intensiva e, para diminuir a parte de uma enorme mão de obra sazonal amontoada em acampamentos (*compounds*) análogos aos das minas de ouro e das indústrias, mecanizar ao máximo. E também utilizar os adubos, romper com a monocultura do milho, ainda tão poderosa em vastos espaços, estabelecer a rotação das culturas, associar criação e agricultura, pôr termo a métodos de criação excessivamente primitivos. Tudo isso exigirá tempo, empréstimos, investimentos e, finalmente, a manutenção das grandes propriedades, as únicas capazes de fazer face a tamanhas despesas.

Esses grandes proprietários, rudes, por vezes violentos, recordam com nostalgia os velhos tempos, anteriores à chegada dos ingleses, quando tudo se desenrolava em um "clima bíblico", com escravos dóceis em torno de si, nascidos para servir.

Todos eles descendem de bôeres, falam o *afrikaans*, derivado do holandês, e se opõem aos ingleses, quase tão numerosos quanto eles, mas que residem nas cidades e animaram a industrialização, da qual tiram todas as vantagens.

Até 1939, ingleses e *afrikaners* tentaram viver em bons termos, enfrentar juntos os temíveis problemas que lhes colocavam os homens de cor. No entanto, o entendimento político esfacelou-se com o recente sucesso do dr. Malan e de um nacionalismo intolerante que propõe, ao mesmo tempo, a "africanderização" dos elementos ingleses e uma política de segregação racial absoluta em relação aos negros – o *apartheid*.

Em 1961, a União Sul-Africana afastou-se do *Commonwealth*, já que a Inglaterra não quis associar-se à sua perigosa política racial, que suscitou em todo o mundo uma reprovação violenta. Essa política é, sem dúvida, desesperada. O próprio crescimento da população e da economia vêm dramatizar ainda mais os seus dados. Os números aí estão: em 1962, para quinze milhões de habitantes, contam-se dez milhões de negros, três de europeus, 1,5 de mestiços – os "bastardos" – e 0,5 de asianos. Os brancos representam, por conseguinte, 20% do conjunto, e a massa humana, em sua progressão, respeita essa proporção com uma leve, levíssima desvantagem para os brancos.

A política destes últimos em relação aos negros e aos amarelos (estes, presentes apenas no Natal) sempre foi de um egoísmo atento e eficaz. A série de medidas legislativas tomadas a esse respeito parece constituir um dique cuidadosa e incessantemente reparado e ajustado à contrapressão que ela pretende equilibrar. O objetivo? Afastar os negros (e mesmo os amarelos) de certas regiões, proibir-lhes o direito de propriedade, mantê-los em territórios indígenas (*Native Reserves*), aí encerrá-los, embora os protegendo. Ora, por um lado, para os negros, é quase impossível viver nas terras pobres que sua agricultura primitiva não tarda a degradar e onde falta espaço; por outro lado, a agricultura dos brancos tem necessidade de mão de obra, e mais ainda a indústria em plena expansão, concebida, aliás, para uma produção em massa e uma mão de obra primitiva e inexperiente. O resultado, contra o qual se ergue a política passional do *apartheid*, é "a invasão do território do homem branco". Os negros são mais numerosos que os brancos em Durban ou Johannesburg, e seu salário é 17% a 40% inferior.

Para represar a onda que sai das *Native Reserves*, a África do Sul tenta: *a*) melhorar o rendimento da agricultura indígena, organizando um ensino especializado; *b*) industrializar essas reservas ou suas fronteiras imediatas – mas já se coloca a questão das consequências econômicas que tal política acarretaria: ela equivaleria a privar as indústrias dos brancos de uma mão de obra barata, organizando contra ela uma concorrência temível.

A questão das *Native Reserves* está ligada também à sorte dos protetorados *ingleses* da Suazilândia, da Bechuanalândia e da Basutolândia. Sua transferência para a União, prevista em 1910, nunca se consumou, e as posições respectivas da África do Sul e da Inglaterra não tornam mais simples que as outras a solução do litígio.

Em suma, "sob muitos pontos de vista, a União se acha em uma encruzilhada: em meio a uma revolução agrária e industrial, ela tem que enfrentar outra revolução, de caráter social" e racial. Em uma palavra, ela não conseguiu unir suas diversas civilizações, europeias ou locais, e nenhuma solução viável parece estar à vista.

Austrália e Nova Zelândia ou a Inglaterra, enfim, só

Três vezes a Inglaterra conseguiu estar só: nos Estados Unidos, pelo menos no começo, e, do princípio ao fim, na Austrália e na Nova Zelândia. Essa solidão foi frutuosa. Tanto na Austrália como na Nova Zelândia, temos Inglaterras vivazes, homogêneas; não é nem o Canadá com seus dois povos, nem a África Austral com seus dramas. Esses *dominions*, "os mais afastados da mãe-pátria são, de todos, os mais ingleses."

Não esqueçamos, enfim, que tanto a Nova Zelândia como a Austrália são criações relativamente recentes. Elas acabam de nascer para sua vida europeia e mundial, a Austrália a partir de 1788 (há menos de dois séculos, e seus começos foram por muito tempo modestos: doze mil europeus em 1819, 37 mil em 1821); a Nova Zelândia a partir de 1840, se desprezarmos os estabelecimentos de missionários protestantes (1814) ou católicos (1837). Há pouco mais de um século que, em 1840, os ingleses se instalaram na Ilha do Norte, precedendo de pouco a instalação dos baleeiros (1843). Por volta dessa época, a Nova Zelândia não contava mais que mil colonos.

• ***Austrália e Nova Zelândia devem sua homogeneidade ao quase desaparecimento das populações indígenas diante dos brancos: desaparecimento, pode-se dizer, para a Austrália; retração, com ligeiro ressurgimento, para a Nova Zelândia.***

Assim como as duas geografias se opõem (de um lado, a maciça Austrália, que é um continente; do outro, essas ilhas neozelandesas animadas por vivos relevos, orladas de mares tempestuosos ao longo de uma costa recortada), também os passados indígenas são muito dessemelhantes.

Na Austrália, migrações humanas antiquíssimas – os australoides –, ali chegadas a partir do sexto milênio antes de Cristo, dão a impressão de populações que se aventuraram e, depois, foram apanhadas na armadilha de uma prisão em que o solo, a flora e a fauna são de extrema pobreza. Ali, as tribos australasianas vegetaram, regrediram, sempre à beira da fome. São elas um museu vivo de arcaísmos, em que sociólogos e etnógrafos encontraram uma ampla seara de informações sobre as sociedades primitivas. Todas as discussões e interpretações relativas ao *totemismo* se baseiam nessas vidas miseráveis.

É fato que tais populações, ainda na idade da pedra, não puderam suportar o contato com os brancos. Seus grupos frágeis foram aniquilados. O último indígena da Tasmânia desapareceu em 1876. Na Austrália, os indígenas foram quase todos repelidos para o Queensland e o Território do Norte (no total, cerca de vinte mil indivíduos).

Na Nova Zelândia, o contato foi mais dramático, mas finalmente menos desastroso para os maoris, polinésios instalados sobretudo na Ilha do Norte. Eles pertenciam à vivaz civilização dos marinheiros polinésios e chegaram à Nova Zelândia, provavelmente entre os séculos IX e XIV, no limite meridional de suas aventuras, fora das regiões tropicais de que vieram, isto é, das regiões dos bananais, do taro e do inhame. A Nova Zelândia está afastada desse mundo tropical; é – o que encantará os colonos vindos da Europa – um país temperado (exatamente nos antípodas da Espanha, da qual, no entanto, não possui o clima).

Os maoris tiveram, pois, que se adaptar de um modo ou de outro à Ilha do Norte, à caça dos múltiplos pássaros – os únicos animais selvagens; à mediocridade da criação do único animal doméstico que levaram consigo, o cão; à pesca, não no mar, por demais agitado, mas nos lagos e nos rios; à colheita de raízes... Adaptaram-se ao clima frio construindo casas de madeira, fiando roupas de linho. Acostumados a guerras incessantes de tribo contra tribo, ofereceram uma resistência encarniçada aos europeus.

As guerras que sustentaram foram mortais para os assaltantes e mais ainda para eles próprios, até seu esmagamento em 1868. Além disso, novas doenças importadas pelos brancos os dizimaram. Entretanto, no início do século XX, o grupo maori começa a superar essa crise quase fatal (1896: 42 mil; 1952: 120 mil; 1962: 142 mil). Uma elevada natalidade, auxílios às famílias e o emprego nas grandes cidades, como Auckland, determinaram essa retomada e esse movimento para diante. Dos 2,23 milhões de neozelandeses, representam eles pouco mais de 6% e atualmente não parecem constituir um perigo para a unidade da civilização neozelandesa.

• ***A breve história da Austrália e da Nova Zelândia assinala-se por uma série de oportunidades econômicas regularmente ligadas aos avatares da conjuntura ou da história mundial, das bruscas oportunidades a serem logo aproveitadas, como um trem que se pode pegar em movimento ou perder.***

Foi uma sorte, para a Austrália, a necessidade em que se encontrou a Inglaterra, após a guerra da independência americana, de transferir para fora da Virgínia o lugar de desterro de seus forçados, de seus *convicts*. A primeira colônia nasce assim, na Austrália, como uma colônia penitenciária. O primeiro comboio de forçados chega, a 18 de janeiro de 1788, à enseada de Port Jackson, onde crescerá Sydney. Esse estatuto de colônia penitenciária só será abolido em 1840.

No entanto, quase de saída, ao lado de pequenos proprietários (*settlers*), começaram os feitos dos criadores (*squatters*) de carneiros de lã *merinos*. As tarefas pouco rudes da criação convinham à relativa preguiça dos *convicts*; ao mesmo tempo, o dinheiro dos grandes proprietários e a demanda inglesa e mundial promoveram a lã australiana, ainda hoje rainha do mundo.

Pouco mais tarde, de 1851 a 1861, haverá uma corrida ao ouro, dois anos após o *rush* da Califórnia (1849). A loucura do ouro dispersou, através da colônia de Nova Gales, bandos ingovernáveis de *diggers*, mas o *rush* contribuiu para o povoamento e favoreceu o desenvolvimento econômico. Era preciso alimentar esses recém-chegados.

A Nova Zelândia conheceu igualmente saltos sucessivos da lã, do trigo e também do ouro, descoberto de início na Ilha do Sul, em 1861. Embora a Ilha do Norte se veja por um instante desorganizada e desfavorecida por esse *rush* (a capital da Nova Zelândia é, inclusive, deslocada de Auckland para Wellington, em 1865), a economia neozelandesa tira grandes lucros desse impulso vivo, pois também ali é necessário abastecer, alimentar os garimpeiros. De 1869 a 1879, as ilhas conhecem grande prosperidade.

Mas não cabe aqui apresentar em detalhes o quadro dessas prosperidades, desses saltos para a frente, seguidos, amiúde, de estagnações e recuos (assim, a situação é cruel para ambos os países de 1929 a 1949). O único fato considerável seria situar a poderosa industrialização da Austrália. Até aqui, malgrado enormes recursos hidrelétricos, o mesmo sucesso ainda não animou francamente a Nova Zelândia.

O testemunho global é claro: a prosperidade dessas Europas longínquas está ligada à do mundo, muito mais do que elas próprias tendem a pensar, enganadas, talvez, pela facilidade e pelo conforto de sua vida, por um bem-estar particularmente notável, e isso a algumas horas de avião dos países subdesenvolvidos do Extremo Oriente, onde imperam a miséria e o superpovoamento. "Europa", e não colônias, a Austrália e a Nova Zelândia, apesar de sua fidelidade e de seu vínculo com o Império britânico (que é seu maior fornecedor e um cliente essencial), são, na verdade, Estados independentes (a Austrália desde 1901, a Nova Zelândia desde 1907).

• ***A política constante dessas nações austrais foi reservar para si as oportunidades formidáveis oferecidas por imensos espaços e fechar solidamente a porta à imigração, assim como manter, a qualquer preço, um padrão de vida elevado e um socialismo pragmático, eficaz, porque fundado na abundância.***

Desde o começo do século XX, a Nova Zelândia é uma verdadeira democracia (jornada de oito horas em 1856, separação entre a Igreja e o Estado em 1877, voto das mulheres em 1893, expropriação dos grandes domínios nesse mesmo ano, conciliação obrigatória dos conflitos entre sindicatos e patrões em 1894-1895, aposentadoria para os velhos em 1898). Idêntica evolução na Austrália, onde a porta da imigração, fechada em 1891, não se abrirá senão para essa nova e última corrida do ouro que resultou, em 1893, na fundação de Coolgardie, na Austrália Ocidental, em pleno deserto. O regime à neozelandesa se estabelece, então, sem dificuldade, e, sob o governo do Labour Party australiano, o continente se torna "o paraíso dos operários".

Todo esse bem-estar, os enormes gastos da Previdência Social, cujas consequências benéficas se fazem notar nos salários, nos níveis de vida, no baixíssimo índice de mortalidade infantil, na esperança de longevidade, não deixam de afetar as finanças públicas e a renda nacional. Assim é que na Austrália, com o desenvolvimento da indústria e das cidades monstruosas que se aproximam dos dois milhões de habitantes, Sydney e Melbourne, as greves frequentes se revelam extremamente dispendiosas. "De acordo com o *Chamber of Commerce Journal* de outubro de 1949, elas custaram à Austrália 20,8 milhões de toneladas de carvão de janeiro de 1942 a junho de 1949." Essas dificuldades e exigências explicam a queda dos trabalhistas na Austrália e na Nova Zelândia, mas ela não se acompanhou de querelas demasiadamente ásperas nem de grandes mudanças na política global. Mudaram apenas os que estavam liderando os jogos, mas eles continuaram os mesmos.

Ora, essa política é razoável? Em linhas gerais, ela consiste em reservar as riquezas de um quase continente a dez milhões de australianos (densidade por quilômetro, 1,2) e as das ilhas neozelandesas, mais extensas que a Inglaterra, a 2,3 milhões de habitantes (densidade, 8,7). Mas, no mundo atual, aumentam rapidamente os "proletários externos", ameaçadores. A última guerra mundial levou os japoneses à própria fronteira da Austrália, que só se salvou graças à vitória naval dos americanos no mar de Coral (maio de 1942). Isso serviu de lição à Austrália, que tentou, sem muito êxito, acolher imigrantes para aumentar seu poderio e sustentar sua indústria, mas o mesmo não ocorreu com a distante e despreocupada Nova Zelândia. Entretanto, o bem-estar produz aí seus efeitos costumeiros: redução dos nascimentos (29 por mil), envelhecimento da população (taxa de mortalidade, 9,3 por mil). Envelhecimento tal que a Nova Zelândia, país recente e democracia precoce, já não é um "país jovem".

TERCEIRA PARTE

A OUTRA EUROPA

A outra Europa: Moscóvia, Rússia, URSS

A outra Europa, também ela desenvolvida tardiamente, quase tão tardiamente quanto a América, só que no próprio continente europeu, portanto, soldada ao Ocidente, é a Rússia, a antiga Moscóvia, hoje convertida na URSS. Teremos de examinar: 1º) suas origens e seu interminável passado; 2º) sua adoção do marxismo logo depois da Revolução de 1917; 3º) seu grau de realização atual, sua *enteléquia*, como diriam os filósofos.

E, bem entendido, é sempre do mesmo personagem que se tratará. Um personagem cujo prestígio se deve, sem dúvida, ao fato de ser ele o país da grande experiência revolucionária, mas também, e cada vez mais, à circunstância de ter indubitavelmente realizado em tempo recorde sua Revolução Industrial. Pouco industrializado em 1917, é ele, no mundo de 1962, o contrapeso dos poderosos Estados Unidos. Essa façanha espetacular é a esperança dos países subdesenvolvidos de hoje. Poderão eles transpor também de um salto a etapa? O socialismo foi ou não a condição desse rápido sucesso?

CAPÍTULO I

Das origens à revolução de outubro de 1917

Não é fácil resumir em algumas páginas, de forma razoável, um passado tão longo, entremeado de catástrofes violentas das quais a Europa ocidental, apesar de tantos acidentes, não oferece equivalente.

Primeira dificuldade: a imensidão do cenário geográfico, onde se introduz, de onde ressai essa história múltipla e complicada. De dimensões "planetárias", esse cenário é muito diverso.

Segunda dificuldade: os povos eslavos se introduzem tardiamente nesse espaço onde, aliás, não serão absolutamente os únicos. O berço dos eslavos, antepassados dos russos, é constituído pelos Cárpatos e pela Pequena Polônia atual (a Polônia é o único país de povoamento eslavo particularmente puro). Assim, o ator tarda a entrar em cena e, depois, a ocupá-la em sua totalidade.

A Rússia kieviana

• ***Esse espaço superabundante, por muito tempo vazio de homens, ou quase, evoca a imensidão nua do continente americano.***

Nele, o homem fica perdido. Vastas planícies, enormes rios, distâncias inumanas, intermináveis transportes de rio a rio, regiões colossais: é já o desmesurado da Ásia.

Ao norte de uma linha que iria de Kiev a Perm, vastas florestas continuam as florestas da Europa do Norte e as soldam à interminável taiga siberiana, do outro lado do Ural, essa montanha antiga dirigida do norte para o sul, pequeno obstáculo análogo ao Vosges, mas que constitui o limite convencional da Europa, o limite entre a Rússia europeia e a Rússia asiática.

Ao sul corre a extensão descoberta das estepes (a palavra vem do russo): a estepe negra com solo fértil de *tchernoziom*; a estepe cinza de altas ervas onde, na estação seca, o cavaleiro em seu cavalo desaparece quase por inteiro; a estepe branca com suas eflorescentes salinas nas imediações do Cáspio.

O espaço russo é esse conjunto de vastas e baixas regiões entre o mar Branco, o oceano Ártico e o Báltico, de um lado, o Cáspio e o mar Negro, do outro. Báltico e mar Negro são os espaços essenciais, animados, atraentes. A Rússia tem como vocação ir de um ao outro, juntá-los, abrir para um e outro as janelas e as portas que a ligam ao Ocidente e ao Mediterrâneo, vale dizer, à civilização europeia.

Mas é também sua vocação desembocar na Ásia inquieta das estepes, na Ásia dos nômades de cujas querelas, avanços, ameaças de invasão até o século XVI já falamos. Se esses nômades, vindos do leste, escalam vitoriosamente o Irã e se dirigem a Bagdá, ainda vai! A tempestade mudou de rumo, o que é benéfico para o espaço russo. Todavia, como não há lugar para todo mundo sob o sol do Oriente Próximo, muitos visitantes asiáticos, na falta de outra alternativa, avançaram até as estepes russas, do Volga ao Don, ao Dnieper, ao Dniester e mesmo além. Essas invasões atingiram Moscóvia por diversas vezes.

O território russo sofreu, assim, o seu destino, o de uma enorme zona fronteira entre a Europa, que ele protege, e a Ásia, da qual amortecerá, às suas custas, os golpes sempre violentos.

• ***Não há verdadeira Rússia senão barrando o istmo em sua totalidade, do Báltico aos mares do Sul, controlando as ligações. Por essa e outras razões, não há Rússia senão a partir do principado de Kiev (séculos IX-XIII).***

Os eslavos orientais, povos de origem ariana (como todos os eslavos), impeliram, depois de múltiplos avatares, suas tribos e seus clãs até as cidades, campos e planícies do Dnieper. O movimento, iniciado desde a era cristã, termina por volta do século VII. Esses eslavos se juntaram, a leste, a povos que já ali se achavam havia tempos: finlandeses procedentes do longínquo Ural; povos diversos vindos da Ásia central e cujos sobreviventes são legião (citas, sármatas, búlgaros de Kama); godos do Vístula e do Niêmen; alanos e *khazars* (estes últimos mais tarde convertidos ao judaísmo), uns e outros oriundos das margens do Cáspio e do Don.

Essa primeira Rússia, mescla de povos vindos da Europa e da Ásia, é a dos *pequenos russos*. Essa mistura, a prosperidade das cidades, todo esse surto de vida entre Novgorod, a Grande, ao norte, e Kiev, ao sul, não se explicariam sem o papel decisivo de uma via de comércio florescente entre o Báltico e o mar Negro e prosseguindo, mais além, seja até Bizâncio, a cidade riquíssima cujas luzes deslumbram os kievianos e lhes inspiram loucas expedições, seja até Bagdá, que começa a viver seus grandes dias. Por essas rotas circulam, do norte para o sul, o âmbar, as peles, a cera, os escravos; e, do sul para o norte, os tecidos, as sedas preciosas, as moedas de ouro. Estas foram descobertas pelos arqueólogos ao longo de tais itinerários; esse pontilhado de ouro lhes assinala, retrospectivamente, a prosperidade. Tudo, em verdade, dependeu desta última. Ela sustenta as cidades, demasiado onerosas para os campos, ainda "inexistentes", que as circundam, essas cidades que se dão as mãos e, de Novgorod a Kiev, trocam suas mercadorias, suas querelas e seus príncipes.

A Rússia kieviana precisou defender-se o tempo todo, sobretudo do lado sul. Mas o alto norte escandinavo lhe fornece copiosamente os mercenários úteis, servos hoje, senhores amanhã, sempre batalhadores. Esses "normandos", ou melhor, esses "varegos", procedentes de uma Suécia ainda camponesa e primitiva, e por vezes da Dinamarca, de bom grado se deixam atrair pela rota do Dnieper, que liga as cidades russas e conduz "aos gregos", por todo esse país brilhante ao qual deram o nome característico de *Gardarikki*, "reino das cidades". Uma família desses soldados aventureiros funda a dinastia dos Rurik, cujos começos são mal conhecidos, mas que se impõe, no século X, a Kiev e a todo o conjunto urbano. Falar-se-á, conforme a preferência dos autores, do Principado, da Rússia Kieviana, da dinastia dos ruríquidas (*rurikovitchi*).

O esplendor dessa primeira Rússia se explica em um contexto histórico geral. O Mediterrâneo ocidental permaneceu fechado por muito tempo em decorrência da conquista islâmica dos séculos VII e VIII; a rota continental de Novgorod a Kiev foi, então, um caminho alternativo entre as regiões do Norte e os ricos países do Sul. No dia em que o Mediterrâneo ocidental se abrir novamente, nos séculos XI e XII, com o fim da supremacia muçulmana no mar, o interesse desse caminho interminável de rotas fluviais e de transportes declinará. Ele termina definitivamente com a ocupação de Constantinopla, em 1204, pelos latinos: o caminho marítimo matou a rota continental.

Já antes dessa data, os príncipes de Kiev tiveram cada vez mais dificuldades para defender suas fronteiras, para chegar aos Bálcãs e ao mar Negro. Diz um velho ditado: "Quando se trata de comer e beber, vai-se a Kiev; mas, quando se trata de defender Kiev, não se pode contar com ninguém." Nada mais justo. O eterno avanço dos nômades do Sul lança incansavelmente seus cavaleiros contra as terras e as cidades do principado: depois dos pechenegues, os torques e, mais tarde, os *kiptchaks* ou kumanos, que os cronistas russos chamam de *polovtzy*.

A partir do século XI, uma parte dessas populações kievianas se desloca – quase poderíamos dizer foge – para nordeste, colonizando clareiras que os camponeses abrem nas imensas florestas em direção a Rostov (exatamente Rostov-Iaroslavski, pequena cidade do Norte, que não se deve confundir com a atual Rostov sobre o Don). É lá que têm início uma nova Rússia e uma nova mescla entre eslavos e finlandeses, sendo que estes últimos, de raça mongoloide, formaram o primeiro fundo do povoamento: tal é a origem do grupo dito dos *grandes russos*. Essa nova Rússia, bárbara, porém robusta, encontra-se ali antes do apagar das luzes kievianas. Na verdade, o formidável avanço mongol, que toma Kiev a 6 de dezembro de 1241, derruba um Estado que há muito tempo se achava em declínio. Cinco anos depois, um viajante não encontrará no local da cidade mais que duzentas habitações miseráveis.

• ***Cidades russas e cidades do Ocidente. A Rússia kieviana, durante séculos, destacou-se por seu sucesso material, pelo esplendor de suas cidades: não há, então, nenhum vestígio de atraso, nem de uma defasagem entre o Leste e o Oeste da Europa.***

Historiadores comparatistas observam, contudo, que essas grandes cidades kievianas não se assemelham, em todos os pontos, às cidades que surgem então no Ocidente. Não têm, como estas últimas, suas auréolas de pequenas cidades associadas, amiúde meio cidades, meio aldeias, mas que partilham as tarefas da metrópole vizinha. Sobretudo, essas primeiras cidades russas não estão, como no Ocidente, nitidamente separadas dos campos. Os senhores dos campos vizinhos a Novgorod, a Grande, participam assim de sua assembleia, a *Vetchê*, cujas decisões são soberanas no interior da cidade e no vasto *hinterland* que ela domina. São seus senhores ao lado do Conselho (*Soviet*) da aristocracia mercantil. Em Kiev, acaso o primeiro lugar não cabe também aos senhores que formam o séquito do príncipe, os *boiardos* de sua *drujina*?

Trata-se, pois, de cidades "abertas", como as da Antiguidade, como Atenas, aberta aos eupátridas da Ática. E não de unidades fechadas sobre si mesmas e sobre os privilégios de seus cidadãos, como no Ocidente medieval.

A religião ortodoxa

• ***Por sua conversão ao cristianismo ortodoxo, a Rússia kieviana determinou o futuro russo durante séculos.***

Com efeito, pelas rotas kievianas não circularam apenas mercadorias, mas também a boa nova dos evangelizadores.

A generalização do cristianismo no principado decorre da política do príncipe Vladimir, o Santo, ou, como ainda é chamado, Vladimir Belo Sol. Pensara ele, por um instante, em converter-se, ele e seus súditos, ao judaísmo, mas depois se deixou deslumbrar pela beleza dos rituais bizantinos. Em 988, procedeu à conversão oficial de todos os seus súditos (o povo de Kiev foi batizado em bloco nas águas do Dnieper). Fazia, porém, mais de um século que a nova religião se expandia, particularmente no Sul e na própria Kiev, graças ao movimento geral que se seguira à decisiva missão de São Basílio na Cazária, em 861, à conversão dos morávios em 862, dos búlgaros em 864, dos sérvios em 879... A conversão russa não passa, portanto, de um acontecimento entre outros, de mais uma prova dessa irradiação excepcional da velha Igreja de Bizâncio logo após a longa crise iconoclasta (a dos destruidores de imagens), apaziguada, enfim, no Concílio de Niceia (787), que foi um sinal de retorno à saúde da velha Igreja e cuja propaganda repercutirá então até o coração da longínqua Ásia.

Será necessário, porém, certo tempo para que a Pequena Rússia e, depois, a Grande sejam penetradas pelo cristianismo. Os sucessos mais notórios demoram um pouco: a catedral de Santa Sofia de Kiev será construída entre 1025 e 1037; Santa Sofia de Novgorod, de 1045 a 1052; um dos primeiros mosteiros, o das Criptas, fundado em Kiev, em 1051.

Isso porque cidades e campos da Rússia estavam apegados a seus cultos pagãos, que foram desarraigados de maneira mais ou menos rápida, mais ou menos eficaz. Crenças e mentalidades pré-cristãs sobreviveram mais de uma vez até hoje, notadamente no tocante ao casamento, à morte, aos curandeiros. Elas matizaram para sempre o cristianismo russo, cuja contribuição particular na liturgia ortodoxa, no culto dos ícones, aliada à importância especial dada às festas pascais, foi frequentemente sublinhada.

• ***O fato de a civilização e o mundo russos terem entrado, em seu conjunto, a partir do século x, na órbita de Bizâncio contribuiu para diferenciar uma Europa do Leste de uma Europa do Oeste.***

As diferenças entre católicos e ortodoxos, tantas vezes explicadas em um ou outro sentido, suscitam um grande problema que importa muito mais formular (se possível) que resolver. Para nós, trata-se, sobretudo, de diferenças nascidas da história.

O cristianismo ocidental foi submetido a provas muito particulares. Ele constitui o legado de certo Império romano. O cristianismo tinha conquistado esse Império, porém sua vitória coincidiu "com uma imperialização do cristianismo", e esta produziu seus frutos no dia em que, no Ocidente, pouco depois do desaparecimento do Império, no século v, o cristianismo lhe assumiu as tarefas, retomando em suas mãos as "estruturas mundiais" que o caracterizavam. A Igreja do Ocidente, ecumênica, ultrapassa as sociedades, os Estados; utiliza sua língua, o latim, comum ao conjunto, como um instrumento de unidade. Enfim, conservará do Império suas hierarquias, sua centralização, sua velha e prestigiosa capital, Roma. Mais ainda: a Igreja do Ocidente tomará posição quanto a todos os problemas políticos, sociais, tão numerosos durante a primeira noite da civilização ocidental. Será a grande comunidade capaz de atender a todas as necessidades, da alma e do corpo, à evangelização, ao ensino, e mesmo ao desbravamento das novas terras...

• ***A Igreja de Bizâncio, no século X, situa-se no contexto de um Império sólido que sobrevive a si mesmo e não lhe deixa nem as tarefas, nem os perigos de uma expansão temporal. Ele a domina, sujeita-a, limita-a a suas funções meramente espirituais. A Igreja ortodoxa que se enraíza na Rússia, menos distinta do povo dos fiéis que a Igreja do Ocidente, é quase indiferente em matéria política.***

Ela está pronta a aceitar os marcos nacionais que se lhe oferecem, muito pouco preocupada em organizar, em hierarquizar, interessada unicamente em implantar a tradição espiritual tal como esta lhe foi transmitida pelo pensamento grego do século X.

Quanto à língua litúrgica, a Igreja grega guarda ciosamente a sua para si mesma, "considerando-a uma língua das elites, da qual os bárbaros não eram dignos." A língua litúrgica nos países eslavos será, assim, o eslavônio, ou seja, a língua na qual São Cirilo e São Metódio (entre 858 e 862) traduzem os livros santos, para uso dos diferentes povos eslavos que ambos empreenderam evangelizar. Foi-lhes necessário transcrever a fala eslava das cercanias de Tessalônica e, para isso, inventar até mesmo um alfabeto. Daí a importância do eslavônio litúrgico, essa primeira língua escrita, na história cultural dos povos eslavos.

A diferença de tradição espiritual entre as duas Igrejas se assinala de várias maneiras. Assim, a palavra *verdade*, em grego e mais ainda em eslavônio, designa "o que é eterno, constante, que existe verdadeiramente, fora do mundo criado", tal como nossa razão o apreende. A palavra *pravda* significa, pois, ao mesmo tempo, *verdade e justiça*, em oposição a *istina*, a *verdade terrestre*. "A forma indo-europeia *var* deu nas línguas eslavas a palavra *vera*, fé", e não verdade. Para o latim, ao contrário, *verdade*, em seu sentido jurídico, filosófico ou científico, designa sempre "uma certeza, uma realidade para a nossa razão". Do mesmo modo, a palavra *sacramento*, no Ocidente, implica a hierarquia religiosa, a única capaz de conferir-lhe seu caráter sagrado; no Oriente, ela é, antes de tudo, "mistério", "o que ultrapassa os nossos sentidos e vem do alto", diretamente de Deus.

Certos detalhes litúrgicos esclarecem também diferenças profundas. A Semana Santa que precede a Páscoa está, no Ocidente, sob o signo do luto, da paixão, dos sofrimentos, da morte do Cristo *homem*. No Oriente, ela está sob o signo da alegria, dos cânticos que glorificam a ressurreição do Cristo *Deus*. Os crucifixos russos representam um Cristo sereno na morte, e não o Salvador sofrido do Ocidente.

Isso, talvez, porque no Oeste o cristianismo se viu confrontado, desde suas origens, com problemas humanos, coletivos, comunitários ou mesmo jurídicos, ao passo que o pensamento religioso, no Leste, permaneceu mais circunscrito, mais individual, comodamente místico, exclusivamente espiritual. Há quem veja nisso a origem dessa diferença, essencial no plano das civilizações, que Aleksei Khomiakov reconhecia entre "ortodoxos místicos e ocidentais racionalistas". Seria assim, em parte, o cristianismo ocidental responsável por esse espírito racionalista, tão peculiarmente europeu, que ergueu rapidamente contra ele o pensamento livre, contra o qual ele se defendeu, mas ao qual parece finalmente ter-se adaptado?

A ortodoxia russa, ao contrário, não enfrentou combates tão perigosos, até tempos bem recentes. No entanto, ela teve de escolher, no século XVII, entre uma religião oficial, depurada (assim desembaraçada desse hábito, contrário ao da Igreja grega, de persignar-se com dois dedos da mão direita), e uma religião popular, formalista, moralizante e logo surdamente revolucionária. Esses reformadores populares foram excomungados, e isso acarretou o Cisma, o *Raskol*. Desde então, a luta contra os *raskolniki* foi contínua, mas tratava-se de lutas internas. As lutas externas contra o pensamento livre só começaram com o último século do czarismo. Logo após a Revolução de 1917, a Igreja ortodoxa lutará, na verdade, por sua própria existência, por sua sobrevivência, pela ação subterrânea e pela aceitação de compromissos. E não parece que ela tenha tirado desse duro combate qualquer possibilidade de renovação, nem a vontade de enveredar por essas novas vias, irmãs do socialismo, que nos últimos cinquenta anos o catolicismo do século XX escolheu deliberadamente.

A grande Rússia

• ***A segunda Rússia, a das florestas, só chega à maioridade no dia em que, por sua vez, ela barra o istmo russo, quando Ivã, o Terrível (ou antes, Grozny: o Temível, 1530-1584), consegue apoderar-se de Kazan (1551) e depois de Astracã (1556), passando a controlar o enorme Volga, de suas nascentes ao Cáspio.***

Esse duplo sucesso foi obtido pelo emprego de canhões e arcabuzes. O invasor asiático, que, com seus cavalos, "tinha penetrado no flanco

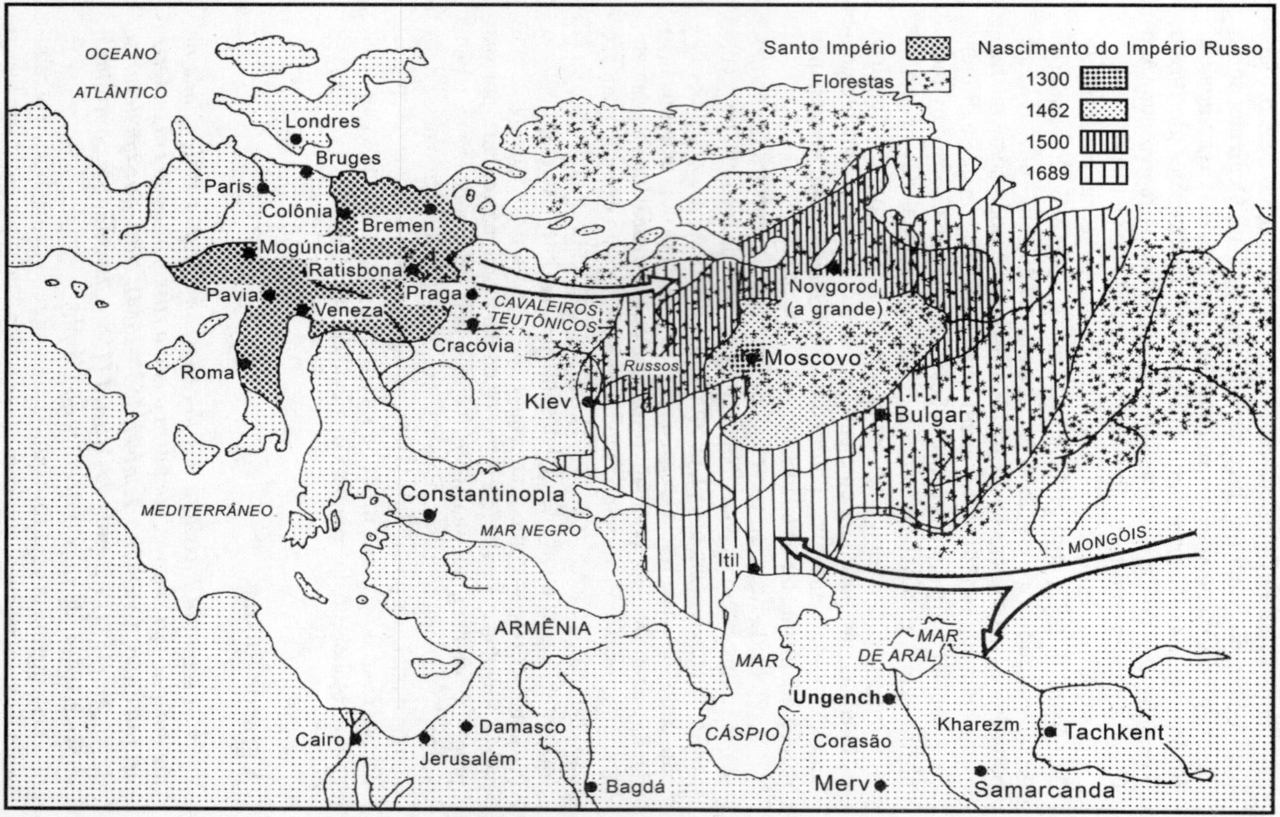

22. A formação territorial da Rússia.*

do Ocidente", recuou finalmente diante da pólvora para canhão. O Cáspio, atingido ao sul por Ivã, o Terrível, na impossibilidade de chegar ao mar Negro, encontrava-se na rota da Pérsia e das Índias. Quanto ao mar Negro, desde o século XV ele se convertera em domínio turco. Ainda não era permitido alcançar esse mar, ciosa, fortemente guardado.

Assim se afirmava, assim triunfava uma nova Rússia, lentamente formada sob outra latitude e em condições difíceis, bem diversas das que haviam presidido o nascimento, em suma feliz, da Rússia kieviana. Seu primeiro quinhão foi a indigência, a servidão, a fragmentação feudal.

Todo o Sul do espaço russo – as estepes – já se achava ocupado, antes da queda de Kiev em 1241, pelos mongóis – os tártaros, como lhes chamam os russos. Um grande Estado mongol independente se formou em seguida, acrescentando a essas vastas regiões de estepe os Estados e cidades russas do Norte, que lhe reconheceram a suserania: esse Estado, o Canado da Horda de Ouro, teve sua capital em Sarai, às margens do baixo Volga.

Uma prosperidade bastante longa facilitou seu estabelecimento enquanto permaneceu aberta e segura a longa *rota mongol*, utilizada, para se chegar à Índia e à China, pelos mercadores italianos, sobretudo genoveses e venezianos, até cerca de 1340. Posteriormente, a rota se rompeu, e a Horda de Ouro, embora tenha sobrevivido no Sul, perdeu pouco a pouco sua ascendência sobre o Norte florestal.

Foi lá que se desenvolveu, em meio a um fracionamento feudal muito intenso e a lutas obscuras, o principado de Moscou, fundado no século XIII e que vai pouco a pouco "juntar" a terra russa (como os reis capetíngios, a terra francesa a partir de Île-de-France) e depois libertar-se da tutela tártara (1480). Ao termo dessa emancipação, o "czar" de Moscou substituirá o cã da Horda de Ouro. Os restos desta, sobretudo os tártaros da Crimeia, entre o Volga e o mar Negro, subsistirão até o

---

* *No início do século XI, Kiev*, às margens do Dnieper, domina o sul da atual Rússia (cerca de sessenta principados). Seus príncipes convertem-se à ortodoxia. Kiev é uma escala importante do comércio entre os países eslavos e Bizâncio, entre o Ocidente e o Extremo Oriente. No fim do século XIII, Kiev perde a sua importância, depois é devastada pelos mongóis. *No século XIV, Moscou*, ao abrigo das florestas, escapa durante algum tempo da invasão. Daniel, filho de Alexander Nevski (príncipe de Novgorod, a Grande), guia os primeiros passos do Estado moscovita. *Ivã, o Grande* (1462-1505), é o maior líder da terra russa. Com ele, os guerreiros moscovitas transpõem o Ural e fincam o pé na Sibéria. *Pedro, o Grande* (1672-1725), é o lendário fundador da potência russa, vencedor dos suecos, vencedor dos turcos, grande reformador e fundador, em 1703, de São Petersburgo. As cidades de Bulgar e Itil foram destruídas pelos mongóis no século XIII.

século XVIII, graças ao apoio dos turcos osmanlis, de quem foram vassalos mais ou menos dóceis.

Ainda assim, foram necessários três séculos para que a situação se invertesse. Durante esse tempo, mais ainda que de lutas e oposições – que, no entanto, não deixaram de existir –, houve entre russos e tártaros trocas, relações pacíficas e, por vezes, serviços recíprocos. Os soberanos da Horda de Ouro, de modo geral, apoiaram e favoreceram a ascensão de Moscou. Tarde e mal convertidos ao Islã, foram eles, via de regra, tolerantes, deixando aos povos submetidos seu estatuto e suas crenças. Em Sarai, havia uma igreja ortodoxa.

Entre senhores e tributários, aliás, houve numerosos casamentos, a ponto de se poder falar, em Moscóvia, de uma aristocracia "semioriental". No século XV, em todo caso, quando o refluxo da força tártara já se mostra patente, inúmeros muçulmanos chegam aos Estados russos, onde se convertem ao cristianismo e põem-se a serviço dos príncipes, para grande ciúme dos súditos autóctones. Assim, grandes famílias, como os Godunov e os Saburov, são de origem tártara.

Por muito tempo, os mongóis impuseram seu prestígio aos príncipes moscovitas. Representavam uma civilização mais requintada que a destes últimos, um Estado mais bem organizado e que lhes servirá de modelo, uma economia monetária sem equivalente no Norte. A língua russa de hoje conserva ainda certo número de palavras de origem mongol, muito características: *kazna*, o fisco; *tamojnia*, a alfândega; *iam*, a estação de muda; *dengui*, o dinheiro; *kaznatchei*, o tesoureiro... Essa civilização superior instalou uma certa Ásia nos costumes e usos de Moscóvia. Na verdade, esta se comportou como um mundo bárbaro esclarecido e subjugado por uma civilização superior. Essa coabitação evoca muito bem, com seus choques menos tumultuosos, as relações da Espanha cristã com a brilhante Espanha muçulmana. O czar de Moscou começa a prevalecer sobre o cã muçulmano por volta de 1480, no mesmo momento em que a Reconquista espanhola se aproxima de seu último ato, a tomada de Granada (1492).

A vitória de Moscou foi preparada no curso de lutas inumeráveis e obscuras com os principados vizinhos. Ela só se delineia realmente com o reinado de Ivã III (1462-1505), que alguns historiadores russos compararam ontem, e até preferiram, ao de Pedro, o Grande. Pouco depois de sua acessão, desposou ele, em 1469, Sofia, a herdeira dos Paleólogos, os últimos imperadores gregos de Constantinopla. Assim, Moscou, logo após a queda de Constantinopla (Tsarigrad), tomada pelos turcos em 1453, podia tornar-se a Terceira Roma, "dominar e salvar o mundo"; mas esse sucesso de prestígio a longo prazo (o título de czar, talvez uma deformação de César, só vem a ser adotado pelo príncipe herdeiro de Moscou em 1492) importou menos que as vitórias alcançadas sobre os lituanos, sobre a Horda de Ouro (ruptura da vassalagem em 1480) e sobre a grande cidade mercantil de Novgorod.

Esta última luta foi difícil, longa, dramática. Em 1475, guerra fria e entrada pacífica na cidade; em 1477-1478, Ivã manda retirar o sino do *Vetchê*; em 1480, exila uma centena de famílias nobres; em 1487, sete mil novgorodianos são obrigados a abandonar a cidade. Foi o fim dessa cidade, que era chamada de *Gospodin Velikyi Novgorod: Senhor Novgorod, o Grande*.

Tanto quanto a ideia da Terceira Roma ou o novo título de czar, o signo do desenvolvimento de Moscou foi a chegada à capital de artistas italianos, como o bolonhês Ridolfo Fioravanti, dito Aristóteles; Marco Ruffio e Pietro Solario, construtores de palácios e igrejas: "O Kremlin adquire então suas linhas atuais." O fundidor de canhões que dotou o exército de Ivã III de uma artilharia poderosa também era italiano, Paolo Debossis. Assim, quase um século antes de Ivã IV, o Terrível, e das vitórias decisivas de Kazan e Astracã, acentuam-se vigorosamente os primeiros passos do poderio moscovita, e esses primeiros passos já se acompanham, sem dúvida nenhuma, de uma retomada de contato com o Ocidente.

Todos esses sucessos, todas essas inovações exigem um esforço desmedido do Estado. Um ideólogo do tempo de Ivã IV, o Terrível, Ivã Peresvetov, elabora a teoria política do terror. Sabe-se também que a *opritchina*, esse sistema policial instaurado por Ivã, o Terrível, permitiu-lhe "esmagar a oposição dos príncipes e boiardos e reforçar a centralização do Estado russo."

• ***A Rússia se volta cada vez mais para a Europa. É este, durante os séculos de sua modernidade até 1917, e mesmo depois, o fato crucial de sua história.***

Nesse jogo voluntário, perseguido com tenacidade, a Rússia adquire técnicas modernas em via de rápido aperfeiçoamento. A era industrial lhe dará bem cedo sua desforra em face da Ásia, que a ameaçara durante séculos – e mesmo, mais tarde, em face da própria Europa.

Nesse desenvolvimento, a Ásia teve sua responsabilidade? Foi o que sustentaram certos historiadores, como os irmãos Kulischer: para eles, os povos da Ásia central conhecem, conforme os séculos, longas oscilações que os impelem ora para a Europa e o Mediterrâneo, ora para o Extremo Oriente e, particularmente, para a China. Nessas condições, o destino da Rússia teria sido determinado, em parte, por esse amplo movimento que impele os nômades para a Ásia e a China, a partir do século XV. Seguir-se-ia, na Rússia meridional, um afrouxamento da pressão asiática. O Islã dos tártaros se teria esvaziado de parte de suas forças em benefício da aventura no Extremo Oriente e, quando a situação torna a se inverter, no século XVIII, dessa vez contra a Europa, é tarde demais: a penetração dos nômades quirguizes e bachires, provocada pelo avanço chinês dos séculos XVII e XVIII, choca-se com uma barreira solidamente construída. Nem a revolta semiasiática de Pugatchev (1773-1774) a destruirá.

Essa explicação, sem dúvida demasiado simples, requer corretivos. É evidente que, se a pressão da Ásia se atenua, a superioridade técnica importada do Ocidente e que começa a repercutir também tem sua parte de responsabilidade. Há um desenvolvimento da economia russa, quando mais não fosse pelo contato com um comércio europeu cada vez mais ativo às portas do Báltico. Nada mais característico, em todo caso, que a ocupação temporária de Narva pelos russos, na orla do Báltico, no século XVI: a porta aberta se fechou quase que imediatamente, mas a Rússia logo terá sua desforra.

O *diálogo entre Moscóvia e o Ocidente*, entabulado, como vimos, pelo menos desde Ivã III, vai prosseguir e se intensificar. Um viajante alemão, o barão de Herbestein, é considerado o "descobridor" da Moscóvia (1517), como Colombo o foi da América. Em todo caso, mercadores, aventureiros de todo tipo, vendedores de conselhos ou de projetos, arquitetos e pintores chegam em número cada vez maior a esse outro Novo Mundo, muito antes de Pedro, o Grande, criança, ter a oportunidade de estreitar laços de amizade em Moscou, no subúrbio da Sloboda, com os estrangeiros dos quais há de fazer seus conselheiros. Já em 1571, o duque de Alba, então governador dos Países Baixos espanhóis, não assinalava ao Reichstag alemão os perigos para toda a cristandade de um ativo contrabando de armas em direção à Moscóvia, sua eventual inimiga? Cerca de vinte anos antes, em 1553, o inglês Chancellor chegara com um de seus navios (o único que sobreviveu à viagem) a São Nicolau de Arcangel, por onde a Moscovie Companie, fundada pelos mercadores de Londres, ia durante alguns anos estender seus tráficos, através da imensa Moscóvia, até a Pérsia.

A reaproximação, esboçada muito tempo antes, se precipita e, como em um *close-up* de cinema, *precisa-se com as ousadias e as prestezas brutais de Pedro, o Grande (1689-1725)*, com as glórias externas do longo reinado de Catarina II – Catarina, a Grande (1762-1796). Em consequência, vastas modificações afetam então as fronteiras e a forma externa da Rússia moderna, face à Europa. Ela não cessou, com efeito, no século XVIII, de dominar, de estender o próprio espaço e de espraiar-se pelo de outrem. A grande ligação se organiza a partir de São Petersburgo (hoje Leningrado), a nova capital reconstruída às margens do Neva, a partir de 1703, e cujo comércio não cessará de crescer com os navios ingleses e holandeses. A Rússia torna-se cada vez mais Europa. Para essa transformação todos colaboram, notadamente os bálticos e os alemães. Os vizinhos ocupam os primeiros camarotes.

A conquista definitiva do Sul (esboçada e, depois, perdida por Pedro, o Grande) e a instalação na Crimeia, em 1792, fazem-se em um vazio relativo. Conhecem-se essas aldeias, simples cenários desmontáveis, que Potemkin remove diante de Catarina II, quando de sua célebre viagem. Desse lado, a verdadeira ligação com o mar Negro ainda vai demorar a se consumar; ela não se estabelece antes do começo do século XIX e da reforma de Odessa pelo duque de Richelieu. É em 1803 que, pela primeira vez, o trigo da Ucrânia chega aos portos do Mediterrâneo ocidental, despertando os temores dos proprietários rurais na Itália e, mais tarde, na França.

Em suma, nos detalhes e no conjunto de suas múltiplas empresas, *a história russa dos séculos XVIII e XIX é a de uma gigantesca "aculturação", com suas ilusões, seus erros, seus gracejos, seus esnobismos e, também, seus resultados positivos*. "Sob a pele de um russo existe um moscovita": esse provérbio, provavelmente vindo da Rússia, em todo caso fez fortuna no Ocidente. E por que o moscovita não continuaria a ser moscovita, com seus gostos, sua originalidade, suas reticências? Ao lado de Moscou, pode-se visitar hoje, conservada e mantida como um museu, a residência que o príncipe Cheremetiev mandou seus artesãos-servos construírem para si no século XVIII, em Ostankino, no mais puro estilo clássico. Ao visitante, que se admira com o frescor das pinturas internas, com as douraduras, a decoração, os tetos em *trompe-l'oeil*, não raro com um mínimo de retoques, revela-se que toda a construção, cujas paredes espessas assemelham-se a alvenaria, é de madeira, material refratário à umidade: o príncipe dizia, não sem razão, que nada vale o conforto, que ele sempre conhecera, das casas de madeira russas. Ele conservou a madeira e a vestiu à francesa.

É um pouco a história de todo esse século XVIII russo, que recorreu a inumeráveis ocidentais para tudo construir, inclusive a indústria russa – na escala da época, claro. Uma multidão de engenheiros, arquitetos, pintores, artesãos, músicos, professores de canto e governantas se abatem sobre um país ávido de aprender, decidido a tudo tolerar para consegui-lo. A massa das construções, numa cidade como São Petersburgo, onde, pequeno detalhe simbólico, a biblioteca de Voltaire, ainda intacta, acha-se conservada, e mais ainda a massa inaudita das correspondências e dos papéis em francês amontoados nos arquivos públicos, tudo isso fala do imenso esforço ao qual a *intelligentsia* russa se entregou, de muito bom grado, aliás.

Nessa cultura russa em movimento, um lugar privilegiado cabe à França. Esta, por sua vez, acalenta uma "miragem russa". Catarina, a autocrata, passa aqui por liberal porque mandou representar *As bodas de Fígaro* na Rússia, antes que essa peça fosse autorizada por Luís XVI. Todavia, não nos devemos deixar iludir por essa miragem ainda hoje. Na verdade, o governo de Catarina II foi *socialmente* retrógrado: ela consolidou o poder da nobreza e agravou a servidão.

Só uma cultura aristocrática olha de bom grado para Versalhes e Paris. Logo revolucionária em uma parte restrita de si mesma, ela se estenderá aos intelectuais e aos estudantes. Como não teriam estes acompanhado então, com inveja, os acontecimentos chamados a subverter ou, pelo menos, a sacudir toda a velha Europa? Mas é contra o colosso russo que a Revolução Francesa (pelo menos o Império napoleônico, que a prolonga) fracassará, verdade que não se deve perder de vista.

• ***Em segundo plano, em profundidade, mas também se desenrolando na superfície, a Revolução caminha através de toda a história da modernidade russa, do século XVI à explosão de outubro de 1917.***

Passado o esplendor da Rússia kieviana, na qual, porém, advinham tantas perturbações e tensões sociais, o imenso país russo conheceu uma Idade Média retardatária. O feudalismo ali se enraíza no momento em que se dissipa no Ocidente. *A europeização, desde o século XV até o século XX, intensifica-se*, é certo, mas não atingirá senão uma pequena parte da população, alguns grandes senhores, proprietários, intelectuais e políticos. Muito mais: o desenvolvimento do comércio com o Ocidente, na Rússia como na Europa Central, transformou os senhores em produtores de trigo e em comerciantes. A "segunda servidão" é a consequência evidente disso, do Elba ao Volga. As liberdades camponesas se esvaziam então de seu conteúdo. Os servos, que, até então, tinham o direito de mudar de senhor todos os anos na festa de São Jorge, salvo em caso de endividamento, perdem esse direito. Um *ukase* de Ivã IV (1581) lhes proíbe qualquer novo deslocamento. Ao mesmo tempo, o ônus das corveias e dos impostos se torna mais pesado para eles.

Resta-lhes, sem dúvida, a possibilidade, de que eles lançam mão, de *fugir para a Sibéria ou para os grandes rios do Sul*, ou mesmo de se juntar nas fronteiras aos fora da lei, os cossacos. A região de Moscou esvazia-se de boa parte de seus camponeses, arrebatados pelo gosto da aventura e da liberdade. No entanto, depois que o governo estabelece, nessas longínquas regiões, quer seu controle direto, quer o de um donatário, a liberdade adquirida de fato se vê contestada em direito. É a eterna história das liberdades russas incessantemente conquistadas, incessantemente perdidas. O senhor não tem sempre o direito de se apoderar de um fugitivo? O Código de 1649 chegou mesmo a abolir, nesse particular, qualquer prescrição.

Sem dúvida houve vastas, imensas, temíveis revoltas: assim, em 1669, duzentos mil rebeldes, cossacos, camponeses e indígenas da Ásia, tomam Astracã, Saratov e Samara; assenhoreiam-se do Baixo Volga, matam proprietários e burgueses. Stenka Razin, que os lidera, só será preso em 1671, supliciado e esquartejado na Praça Vermelha, em Moscou. Um século depois, e nas mesmas regiões, a sublevação de Pugatchev conhece um sucesso inicial igualmente maciço: cossacos do Don e do Ural, bachires, quirguizes, servos dos domínios senhoriais, operários-servos das grandes fundições de ferro e de cobre do maciço uraliano aderem à revolta, à *pugatchevina*. Ela chega a Nijni-Novgorod e, em seu caminho, enforca os proprietários e promete a todos terra e liberdade. Kazan é tomada, mas o rebelde não marcha imediatamente sobre Moscou. Será preso e decapitado em 1775. Tudo parece voltar à ordem.

Tais fatos são arquiconhecidos. A historiografia soviética se comprouve em colocá-los sob viva luz, e não sem razão. Quanto mais o tempo passa, mais a situação dos camponeses na Rússia se deteriora. É que, ao mesmo tempo que a segunda servidão, uma segunda aristocracia se instala. O *boiardo* do tempo de Ivã, o Terrível, já não era o boiardo da Rússia kieviana, semelhante ao senhor do Ocidente, dono de sua terra. Ivã soubera suprimir sistematicamente os nobres independentes, executara-os aos milhares, confiscando-lhes terras e entregando-as a homens de sua confiança, os *opritchniki*, nobres de serviço, que não possuem terras, "benefícios", diríamos nós, senão a título vitalício. Em tais condições, a grande reforma *retrógrada* de Pedro, o Grande, é a Lei do Morgado, de 1714, que reconhece a esses nobres de serviço a posse pura e simples, para eles e seus herdeiros, dos benefícios que detêm. Eis a segunda aristocracia confirmada, arraigada em suas vantagens, com suas posições fixadas de uma vez por todas pela etiqueta. Mentchikov, o favorito de Pedro, o Grande, recebe assim cem mil servos... A dupla face da Rússia ilumina-se em sua poderosa contradição: modernidade em relação à Europa, Idade Média retrógrada em relação a si mesma.

Desde então, uma espécie de pacto efetivo liga o czarismo à nobreza que o cerca e o serve, sempre temerosa e submissa diante dos caprichos do senhor. A situação camponesa se ressente disso; está metida em dificuldades insolúveis. Nem mesmo as libertações maciças de servos em 1858, 1861 e 1864 lograram suprimi-las. As obrigações coletivas do *mir*, da aldeia, subsistem em parte. As terras tomadas aos senhores são *resgatáveis*. Mais ainda: os senhores vão conservar parte de seus domínios. A questão só será resolvida, por um instante, em 1917, pela maior explosão agrária conhecida da história russa, causa profunda e eficaz da Revolução. Apenas por um instante, pois logo começava a coletivização. O camponês não conheceu por muito tempo, na Rússia, o estatuto de proprietário exclusivo.

Essa situação rural explosiva criou, através de toda a vida russa, uma tensão revolucionária. Ela explica a imensa e imediata repercussão da Revolução de 1789, comentada dia após dia em todas as gazetas, em São Petersburgo e em Moscou, mas também em Tobolsk, na Sibéria e acompanhada com paixão desde o seu início nos meios da nobreza liberal, mas também da burguesia mercantil ou dos intelectuais e publicistas, não raro de origem plebeia. Pode-se ler, a propósito, o livreto de Michel Strange, *La Révolution Française et la Société Russe*, publicado em uma tradução francesa em Moscou, em 1960. A Declaração dos Direitos do Homem, as notícias das rebeliões francesas, do Grande Medo, "afetavam de maneira imediata as questões mais candentes do regime da autocracia e da servidão"; eram a realização desses sentimentos que se podiam ler, na Rússia, "na fronte de cada camponês", conforme a expressão de um contemporâneo.

Outras tensões se juntarão a essa essencial questão camponesa com a industrialização que se esboça desde o meado do século XIX. É o momento em que, com o reinado de Nicolau I (1825-1855) – o qual, por certo, não é por ela responsável –, a grande literatura russa se afirma com Púchkin (1799-1837), Lermontov (1814-1841), Gogol (1809-1852), Turguêniev (1818-1883), Dostoiévski (1821-1881), Tolstói (1828-1910)... Na verdade, uma imensa tomada de consciência da Rússia por ela mesma.

Novas formas de revolução, de agitação revolucionária se inauguram em pouco tempo e proliferam, do movimento restrito dos "decabristas" (também se diz "decembristas"), em 1825, à fuzilaria defronte do Palácio de Inverno (1905); dos niilistas da década de 1860 à formação, em 1898, do Partido Social-Democrata Russo em Minsk, o primeiro partido marxista; dos eslavófilos (às vezes revolucionários chauvinistas) aos ocidentalistas furiosos. Os intelectuais, a juventude, os estudantes, sobretudo eles, e os exilados carregam a tocha da revolução vindoura. Nessa chama desemboca toda a história russa.

CAPÍTULO II

A URSS de 1917 aos nossos dias

Como a Revolução de 1917 já foi estudada na primeira parte deste livro, ao mesmo tempo em suas primícias e em suas consequências (políticas, econômicas, sociais), examinaremos neste capítulo apenas os vastos problemas que afetam a história da civilização soviética:

1) Como o marxismo encontrou e, depois, guiou a Revolução Russa?

2) Como ele se perpetua na atualidade soviética, humanamente falando, fora dos planos e dos números, que têm, é óbvio, sua enorme importância?

3) Sob esses choques e essas injunções, pode-se compreender o presente e o futuro de uma civilização soviética?

De Karl Marx a Lenin

O pensamento de Marx conquistou rapidamente os atentos meios intelectuais e revolucionários russos, favoráveis ao Ocidente e, por isso mesmo, opostos aos tradicionalistas eslavófilos. Acaso o marxismo não encontra bem depressa, na Universidade de São Petersburgo, adeptos entre os economistas e historiadores, na medida em que, diz-se, essa universidade se opõe à universidade conservadora de Moscou?

• ***O marxismo é o fruto de uma colaboração, da essencial obra de Marx (1818-1883) e, secundariamente, de Friedrich Engels (1820-1895), que trabalhou quarenta anos ao seu lado e sobreviverá doze anos a ele.***

Essa imensa doutrina assinala uma reviravolta essencial no pensamento, na ação e na explicação revolucionária dos séculos XIX e XX, na medida em que liga a revolução à sociedade capitalista moderna, industrializada, da qual ela decorreria como um fruto natural, inevitável, e em que oferece uma concepção global do mundo, que associa fortemente a explicação social à explicação econômica.

A *dialética* de Marx (entenda-se por dialética a busca de uma verdade através de contradições) se inspira em Hegel, ao mesmo tempo que se opõe à sua filosofia. Para Hegel, o espírito domina o mundo material, o homem é, sobretudo, consciência. Para Marx, há, ao contrário, predominância do mundo material sobre o espírito. "O sistema hegeliano repousava na cabeça", escreverá ele; "colocamo-lo sobre os pés." Isso não impede que a dialética de Marx retome os *tempos*, as experiências sucessivas da dialética de Hegel: 1º) a afirmação; 2º) a negação; 3º) a negação da negação, vale dizer, a afirmação de uma verdade em devir que leva em conta os dois primeiros tempos simultaneamente e os reconcilia.

Esse modo de raciocinar constitui sempre o fundo da argumentação de Marx. Como dirá o revolucionário russo Herzen, "a dialética é a álgebra da revolução." É, em todo caso, a linguagem de Marx, uma arte de pôr em evidência, de precisar as contradições, após havê-las reconhecido *cientificamente* como tais, e, em seguida, de superá-las. O marxismo foi definido como uma *dialética materialista*: a fórmula não é inexata, embora Marx não a tenha empregado, e haja, segundo a observação de Lenin, insistido muito mais na dialética que no materialismo. Depois de Lenin, a mesma observação seria feita a propósito do *materialismo histórico*, fórmula um tanto infeliz de Engels: Marx insistiu muito mais na história que no materialismo. É fato que ele foi buscar os argumentos dialéticos de sua doutrina revolucionária numa análise histórica da sociedade, o que constitui uma das grandes novidades de sua obra.

A sociedade ocidental do meado do século XIX parece-lhe sofrer de uma contradição maior cuja análise dialética é a própria base do marxismo. Resumamos brevemente essa análise. O trabalho é, para o homem, um meio de libertar-se da natureza, de se impor a ela. É trabalhando que ele toma consciência de sua essência, que é, trabalhador entre tantos outros, a de fazer parte de uma sociedade. Na sociedade, que é trabalho e libertação, há ao mesmo tempo "naturalismo do homem" e "humanismo da natureza". "A sociedade é a consubstancialidade do homem com a natureza." Tal é a afirmação sobre o valor e o sentido do trabalho humano.

Segue-se a negação: na sociedade que Marx tem sob os olhos, por um paradoxo extravagante, o trabalho não liberta o homem, antes o escraviza. O homem é excluído da propriedade dos meios de produção (a terra ou a fábrica) e dos benefícios dessa própria produção. É obrigado a *vender* seu trabalho, a *aliená-lo* em proveito de outrem. A sociedade moderna fez do trabalho um meio de escravização.

Assim, qual é a negação da negação, a porta de saída dessa contradição? A sociedade capitalista que cria a *alienação* resulta, quando chega ao estádio da industrialização, no trabalho e na produção em massa, portanto, na formação de uma classe cada vez mais extensa de escravos conscientes de sua escravidão, o *proletariado*. Isso agrava automaticamente a luta de classes, a guerra de classes, e introduz, assim, a revolução a curto prazo.

Sendo o capitalismo industrial o último estádio de um vasto processo histórico que fez a sociedade dos homens passar sucessivamente da escravidão ao *feudalismo* e depois ao *capitalismo* (mercantil e, em seguida, industrial), o mundo do século XIX chegou, ao mesmo tempo, à industrialização e ao estádio da revolução, da abolição da propriedade privada; amanhã, do comunismo.

No entanto, não é da noite para o dia que o comunismo vai substituir a sociedade capitalista (sabe-se que Marx, embora conhecendo, pelo menos desde 1846, a palavra "capitalista", ainda não utiliza o termo cômodo de *capitalismo*). Haverá, como ele próprio explica (1875) uma "fase inferior do comunismo", quando a nova sociedade se separará, de um modo ou de outro, da antiga. A terminologia a designa, ainda hoje, pelo nome de *socialismo*, "a cada um segundo o seu trabalho". Tão somente a fase superior dessa evolução intitula-se *comunismo*. Ela corresponde mais ou menos à "terra prometida". A sociedade poderá (então) inscrever em suas bandeiras: "de cada um segundo suas capacidades [no estádio da produção], a cada um segundo as suas necessidades [no estádio do consumo]." Como se vê, a dialética de Marx é otimista, é "ascendente", como escreve Georges Gurvitch.

• ***Entretanto, para esses revolucionários russos, a mensagem de Marx não pode parecer decepcionante, na medida em que Marx, afinal, constata a impossibilidade teórica, no momento, de uma ação revolucionária na Rússia, quaisquer que sejam, nesse particular, suas hesitações, por volta de 1880, em relação às notícias da agitação revolucionária russa?***

Na Rússia, com efeito, o proletariado industrial é por demais medíocre; é necessário que ainda prossiga, por muitos anos, o processo que o criou, que as novas condições oriundas das forças produtivas do capitalismo desenvolvam plenamente suas consequências. Então se anunciará "uma época de revolução social". As condições para tanto ainda não estão reunidas.

Marx e Engels pensaram, discutiram e agiram a partir do exemplo da Inglaterra; por isso, quando aparece o tomo primeiro de *O capital* (1867), já se chegou ao âmago de sua Revolução Industrial ou, mais exatamente, das dificuldades que ela acarretou sem ter ainda oferecido o meio de superá-las. Raciocinaram também a partir dos exemplos da França e da Alemanha, esta um pouco atrasada (e olhe lá!) em relação àquela. Em suma, em função de situações muito diversas daquelas em que se vê envolvida a Rússia dos czares.

Assim, como imaginar uma revolução social em nome desses mesmos princípios, nessa Rússia do fim do século XIX que mal começa a se industrializar, onde os camponeses representam por si sós 80% da população, contra 5% de operários?

Lenin percebeu nitidamente essa contradição desde a época em que publicou *O desenvolvimento do capitalismo na Rússia* (1899) e mais ainda em vésperas e pouco depois da Revolução de 1905. Certo, Lenin, discípulo de Marx, é prisioneiro de um pensamento que ele admira, no interior do qual se move com agilidade. Não há uma ideia nele, via de regra, cuja exposição já não se encontre em Marx. Entretanto, e embora seu gênio seja evidente, sobretudo, no domínio da doutrina da ação revolucionária, sua originalidade, no plano da teoria, é muito maior do que se costuma afirmar.

Lenin não é – ele que pertence à baixa nobreza russa e que tem, ao falar, aquele sotaque característico dos aristocratas de seu país – simplesmente um "representante do povo russo", de sua singeleza, de sua "inteligência prática". Não é, tampouco, um espírito unicamente devorado pela ação. Na verdade, ele multiplicou as análises concretas, originais, as críticas penetrantes que lhe valeram "a honra de limpar os estábulos de Áugias da Segunda Internacional." Engajado na ação, ele a pensou previamente, com paixão e lucidez. Por isso, suas oposições a Marx se produzem onde deviam produzir-se *a priori*, no plano de um procedimento revolucionário que ele concebe, é obvio, no âmbito da Rússia, e que, concretamente, se define pelas relações entre o "proletariado" e o "partido revolucionário".

Digamos, em suma, que Lenin atribuiu à política um primado sistemático sobre o social ou o econômico, *ao "partido" sobre a massa proletária*. Forçando os termos, ele é a favor de um "primeiro, a política".

Para Marx, a revolução é o resultado de explosões sociais quase naturais, que surgem uma vez chegada sua hora, sob o peso da industrialização e da luta de classes. O proletariado, que a industrialização amontoa nas cidades, é revolucionário, explosivo por natureza. Ao lado dele, certa burguesia, que foi o próprio meio onde se formaram as novas ideologias, já se acha no termo de sua vocação revolucionária.

Talvez ainda seja tempo, em certas ocasiões, de aproveitar o jogo e o apoio dessa burguesia democrática e liberal. Mas Marx e Engels hesitaram longamente a propósito dessa estratégia. Depois de 1848, e não sem razão, eles começaram a desconfiar principalmente das possibilidades reacionárias do campesinato francês, desse falso proletariado apegado à sua parcela de terra.

A discussão sobre as formas da ação revolucionária permanece aberta muito depois do desaparecimento de Marx (1883). A alemã Rosa Luxemburgo (1870-1919) continua a lição de Marx: para ela, só o proletariado operário é digno de confiança; ele deve ser o motor único da revolução; todas as outras classes são inimigas e, por conseguinte, o "partido" deve pertencer-lhe; ele será vigiado de perto, de dentro, e controlado na base; este é o único meio de prevenir a sua burocratização.

A direção de Lenin é diferente: a exemplo de certos reformistas, ele põe em dúvida ("na época do imperalismo") o caráter natural, espontaneamente revolucionário do proletariado (aliás, ele tem horror à "espontaneidade"). Chegou a hora, pensa ele, de enfatizar o partido e as alianças que ao proletariado podem propiciar outras camadas sociais oprimidas, sejam elas quais forem. Em 1902, em *O que fazer?*, ele sustenta que, sem a ação de um partido *centralizado* de revolucionários profissionais, o proletariado se orientaria não no sentido da revolução, mas no do reformismo e, de certo modo, do tradeunionismo, que ele se abandonaria, inclusive, à utopia de uma aristocracia operária. Não é verdade que, na Inglaterra da época, onde Labour Party nascente se oporá ao conservadorismo reticente das *trade unions*, tal como na França, mais do que se costuma reconhecer, o sindicalismo representa um obstáculo ao socialismo em marcha? Contra Rosa Luxemburgo e alguns outros, Lenin afirma, além disso, que a era das guerras nacionais não terminou, que alianças com as burguesias liberais se impõem. Mais ainda, e sempre contra Rosa Luxemburgo e o "luxemburguismo", ele adere a um programa de reformas agrárias, recusa-se, em todo caso, a considerar o campesinato como um elemento reacionário. Nesse ponto decisivo, Lenin é seguramente influenciado pelos socialistas revolucionários russos; como estes, ele vê no campesinato avassalado o motor essencial da revolução; seu propósito é não deixar de empregar essa imensa força explosiva. Ela garantirá, como se sabe, o sucesso de 1917: no que concerne à Rússia, em todo caso, Lenin tinha razão.

Não podemos, aqui, entrar em detalhes sobre essas discussões e posições ideológicas, algumas das quais terão o seu papel na evolução da URSS depois de 1917. Elas bastam para mostrar que se operou uma transferência cultural do marxismo inicial ao leninismo. Este último é um marxismo repensado, "reinterpretado", diriam os antropólogos, adaptado a esse país ainda subindustrializado, predominantemente agrário, que é a Rússia dos czares no começo tão próximo e tão distante do século xx. "O proletariado tinha aí uma importância numérica muito pequena e, por conseguinte, uma importância econômica, social e política insuficiente para provocar unicamente por suas forças a revolução que logo o oporia ao conjunto da sociedade" (Lucien Goldmann).

• ***O Partido Social-Democrata da Rússia, mais tarde Partido Comunista, foi criado (1898) pela segunda geração de marxistas russos (Lenin, Martov, Dan), com a concordância da primeira geração (Georgi Plekhanov, Paul Axelrod, Vera Zassulitch, Lev Deutsch) que formara, no estrangeiro, o Grupo da Libertação do Trabalho (*Gruppa Osvobojdenia Truda*).***

Ora, quando do segundo congresso do Partido Social-Democrata, em Londres (1903), uma cisão se produz: de um lado, os bolcheviques (ou seja, em russo, os "majoritários", majoritários com um único voto de vantagem, aliás); do outro, os mencheviques ("minoritários"), entre os quais o próprio Plekhanov (na verdade, os "minoritários" se tornarão de novo "majoritários" no Partido Social-Democrata russo). O motivo dessa cisão? O artigo primeiro dos estatutos, no qual Lenin introduzira disposições conhecidas sob o nome de "centralismo democrático". Elas previam: 1º) o papel preponderante dos "revolucionários profissionais" (em suma, dos técnicos); 2º) uma disciplina estrita (de ferro) do partido; 3º) poderes extensos e ditatoriais do *Comitê Central* sobre o conjunto do partido, em particular sobre as organizações de base; 4º) em caso de necessidade, a transferência de todos os poderes do Comitê a um *bureau* restrito. Está claro? O partido torna-se uma máquina de guerra autônoma, contra a qual os minoritários protestam, afirmando tratar-se de uma ditadura, de abandono dos princípios democráticos (Trótski prevê, então, que a concepção leninista resultará na ditadura de um homem, do líder do Comitê Central).

Entretanto, há muitas provas de que as condições particulares da Rússia, do ponto de vista de seu desenvolvimento social e industrial, tenham imposto essa atitude tática. Em 1905, Lenin, categórico, combate, assim, a tese de alguns socialistas, aliás pouco numerosos, que julgavam possível "a revolução socialista [entenda-se, pelo proletariado], como se as forças produtivas desse país já estivessem suficientemente desenvolvidas para tal revolução." Mais esclarecedora ainda é a polêmica *in extremis*, em 1917, em vésperas da tomada do poder pelos revolucionários, entre Lenin e o fundador da escola marxista russa, Georgi Plekhanov. Lenin negava querer tomar o poder; se o tomasse, seria apenas na esperança de ser socorrido por uma revolução socialista próxima de sua explosão nos países de capitalismo adiantado (sonho, devemos notar, ao qual a Revolução Russa, condenada de saída ou quase a se fazer por si mesma, logo terá de renunciar). Plekhanov, retornando aos argumentos marxistas de base – fraqueza do proletariado operário, mediocridade do capitalismo, maioria esmagadora da população camponesa –, advertia Lenin de que seria obrigado a recorrer, se tomasse o poder, quisesse ou não, à ditadura, aos métodos terroristas de governo. Lenin respondia que falar assim era injuriá-lo. No entanto, ele tomará o poder e desencadeará a revolução agrária, como Mao Tse--tung uns trinta anos mais tarde...

Esses problemas, porém, continuarão a preocupá-lo. Quando, com a NEP, em 1921, ele volta atrás por um instante, suas declarações reatam, de maneira característica, com essa linha de pensamento e com essas discussões antigas: "Nós nos enganamos", declarava ele em substância. "Agimos como se fosse possível construir o socialismo num país onde o capitalismo quase não existia. Antes de querer realizar a sociedade socialista, é preciso reconstruir o capitalismo." A NEP não sobreviveria a Lenin. A partir de 1928-1929, Stálin aderia à industrialização, que foi desde então empreendida com os meios disponíveis, com as dificuldades e, finalmente, os sucessos grandiosos que se conhecem.

Mas voltemos a 1883 (o ano da morte de Marx) para ilustrar essas explicações. Georgi Plekhanov, imaginando o caso em que revolucionários se apossassem, "por acidente" ou "por complô", do poder, escrevia que "eles não poderiam criar, então, mais que um socialismo do Império dos Incas" – entenda-se, um socialismo autoritário. Plekhanov retomava assim uma expressão do próprio Marx, que, referindo-se a uma eventualidade do mesmo gênero, falara, por sua vez, de "socialismo de convento" ou de "socialismo de caserna".

Não se trata, utilizando essas palavras e esses debates como se fez amiúde, de voltar aos acontecimentos de 1917 e suas sequelas, para *condenar* o seu desenvolvimento em nome de um "marxismo puro" que a história teria então extrapolado ou ridicularizado. O fato a sublinhar é que, por acidente, a revolução socialista começou no grande país menos industrializado da Europa de então. Por isso, era *impossível* que a revolução se desenrolasse ali segundo o esquema marxista da tomada do poder pelo *proletariado.* O poder foi tomado pelo *Partido Comunista* (como passou a se chamar o Partido Social-Democrata), ou seja, por uma minoria ínfima na escala da vasta Rússia, talvez cem mil pessoas. Essa minoria admiravelmente organizada aproveitou-se da terrível debandada de cem a doze milhões de camponeses que fugiram das fileiras do exército e que, matando-se uns aos outros se necessário, refluíram para suas aldeias e ali começaram a apoderar-se das terras dos aristocratas, dos ricos burgueses, da Igreja, dos conventos, da Coroa e do Estado...

Atribui-se a Lenin este dito: "Se o czarismo pôde manter-se durante séculos graças a 130 mil aristocratas, proprietários feudais que exerciam o poder de polícia, cada qual em sua região, por que não poderia eu aguentar algumas dezenas de anos, com um partido de 130 mil militantes devotados?" Também se atribui a ele este dito napoleônico: "Em frente, depois veremos."

"Aguentar algumas dezenas de anos", até que, de fato, a Rússia alcance o grau de desenvolvimento e de industrialização do qual deveria ter partido uma revolução "razoável", tal será, com efeito, o problema crucial da Rússia daí por diante. E também o motivo de uma ditadura implacável que não foi a "ditadura do proletariado", mas a ditadura, em nome de um proletariado em via de criação, dos chefes comunistas. "Sob Stálin, essa ditadura dos chefes tornou-se mesmo a de um único homem." O exemplo obstinadamente evocado por esses sombrios e dramáticos anos da vida russa é o do Comitê de Salvação Pública de 1793-1794, mas que não teria malogrado. A razão dessa diferença é, sem dúvida, a organização de ferro do partido único, que impediu qualquer "fração" duradoura, ao inverso do que ocorrera na Paris de 1794.

Marxismo e civilização soviética hoje

Faz 45 anos, quase meio século, que a URSS vive sob o regime de uma ditadura política, sem liberdade de imprensa, de palavra, de opinião, de associação, de greve, com um partido único, disciplinado, "monolítico", onde os conflitos subjacentes só afloram em dramáticas oposições pessoais. Faz apenas alguns anos que, logo após a morte de Stálin, em 1953, uma liberalização – digamos antes, uma humanização, pois liberalização continua a ser um termo pejorativo para os comunistas –, portanto uma humanização começa a despontar, lenta, comedida, mas, parece, irreversível. A razão do que veio a se chamar "desestalinização" não seria a de que as horas dramáticas da urgência, os tempos do Comitê de Salvação Pública, já passaram? A URSS ainda não saiu, sem dúvida, de todas as suas dificuldades internas, mas doravante ela pertence à família dos grandes países industrializados, dos povos privilegiados: conquistou esse lugar com o suor de seu rosto, mas o ocupa. Ao mesmo tempo, construiu, querendo-o ou não, as novas estruturas necessárias a uma civilização de massa. É agora, talvez, que pela primeira vez ela se vê livre para escolher a *sua* revolução, ou o *seu* caminho, pelo menos no plano interno, pois sua importância excepcional na política mundial, seu papel de líder das nações socialistas lhe impõe, daqui por diante, injunções de outra ordem, externas.

• ***O marxismo evoluiu. Cinquenta anos de esforços e guerra em todas as frentes é um longo lapso de tempo. É de admirar que, durante esses anos, o marxismo-leninismo, doutrina de Estado, salvaguardando embora seus grandes temas e suas explicações habituais, tenha evoluído muito? O contrário é que seria de admirar.***

Se os discursos oficiais repetem as fórmulas sacrossantas sobre a luta de classes, a *práxis*, a escravidão, o feudalismo, o capitalismo, sobre o empobrecimento relativo, ou a dialética materialista, ou a base material, ou o advento de uma sociedade sem classes e maravilhosamente feliz, isto não quer dizer, um instante que seja, que a vasta ideologia não tenha sido arrastada, como todas as ideologias e religiões, por força de seu próprio triunfo, a uma evolução que é *a própria vida*. De resto, não é já uma opinião de toda a *intelligentsia* russa do começo do século, retomada pelos revolucionários, a de que uma ideia só tem valor se se concretizar na vida prática, na *práxis*? Sistema de ideias fortemente ligadas umas às outras, o marxismo só tem valor quando lançado na experiência vivida de milhões de homens. Ele se "atualiza" nessas realizações, sofre também o contragolpe delas. Aliás, segundo seus adeptos, "o marxismo é a concepção do mundo que se supera por si mesma." É o que dizem também observadores benévolos: "O comunismo do século XX conheceu transformações análogas às do cristianismo do século I ao IV."

Talvez fosse preciso ser casuísta para enumerar *essas mudanças, as infidelidades, as heresias* de que o marxismo vivo se tornou culpado contra si mesmo. Fazer um catálogo delas não deixa de ser interessante, desde que se tenha o cuidado de não isolar esse ou aquele pormenor, por mais significativo que possa parecer. Semelhante catálogo só tem sentido em relação a uma experiência global que o explique e que ele explique. Digamos, aqui, que este não é o teste mais importante ou mais claro que a experiência soviética oferece.

Na verdade, se cinquenta anos, em se tratando de uma sucessão de revoluções e provocações, é um longo tempo, para os homens que a viveram, esse espaço cronológico permanece muito insuficiente para que a *evolução ideológica, social e cultural*, consequência de uma ruptura tão brutal das estruturas, manifeste-se em todo o seu alcance. Seria necessário poder distinguir o que, na experiência, é aberrante, em particular durante os anos de transição (pelo menos até 1930, e mesmo depois) e o que foi e continuará a ser eficaz, para estabelecer as relações definitivas entre uma ideologia violentamente imposta e uma sociedade envolvida numa experiência que ela não escolheu viver e da qual nem sempre tem plena consciência.

Assim, em que medida *o restabelecimento de um leque amplamente aberto dos salários, preconizado já por Lenin, foi um acidente, produto da vontade onipotente de Stálin, ou uma necessidade social, ou ainda um processo econômico inevitável*? Por esse caminho, uma hierarquia social se instaurou, com seus privilégios evidentes. Um universitário soviético declarava, rindo: "Nós somos a burguesia soviética..." Mas essa hierarquia só pode restabelecer as classes sociais se esses privilégios, que só se prendem às funções, transmitirem-se, isto é, se os filhos desses privilegiados tirarem, por seu turno, vantagens (de educação, de dinheiro, de funções) da posição social de seus pais. Essa tendência é natural a toda sociedade em que se perpetua a vida familiar, e o comunismo não destruiu de forma alguma esta última na URSS – Stálin chegou mesmo a consolidá-la.

Outro problema básico: as tentativas soviéticas no sentido de reorganizar a produção agrícola de maneira coletiva redundam em fracasso, parecem chocar-se com as resistências de um campesinato que o regime stalinista, ontem, maltratou. No entanto, esse mal-estar camponês, do qual os romances russos trazem como que um eco abafado, não é a reação normal, quase inevitável, de uma cultura "tradicional" bruscamente subtraída de marcos seculares pelo movimento econômico de uma modernização rápida? Parece que o problema se apresenta a todos os países que aceleraram sua industrialização, quaisquer que sejam as soluções adotadas.

Por outro lado, será que a última palavra já foi dita – e haverá uma última palavra? – no diálogo mais ou menos tenso entre a ideologia soviética e a Igreja ortodoxa? Em face da "alienação religiosa", o regime favoreceu um materialismo militante, um racionalismo de choque – não a negação de Deus, senão a afirmação veemente do homem. Ora, a guerra não revalorizou a crença ortodoxa? Ela resultou num compromisso entre a Igreja e Stálin. Este não restabeleceu o Patriarcado de Moscou, que Pedro, o Grande, havia suprimido? A 7 de novembro de 1951, invocava ele, num discurso, Alexander Nevski, príncipe e santo da Igreja. Sem dúvida, os fiéis que vão, vêm e oram à sua maneira são, em sua maioria, velhos. Entretanto, para os batismos, os casamentos, as mortes, quais são, em verdade, as atitudes majoritárias? O protocolo que o Estado tenta organizar em torno das cerimônias civis do casamento demonstra, talvez, que é preciso lutar, preencher um vazio.

Não há, enfim, com as novas gerações, um esquecimento progressivo de um passado dramático, e como que um recuo em profundidade do próprio ensino marxista-leninista, da mesma forma que o cartesianismo ocidental, sempre válido, vai-se esfumando, porém, nas consciências do Ocidente? O que não implica a renúncia a um ideal comunista. São verdades que se evidenciam por si mesmas, sobre as quais já não há necessidade de discutir a cada instante. Para 220 milhões de soviéticos, existem nove milhões de membros do partido. O marxismo-leninismo é seu apanágio, sua palavra de ordem, sua linguagem cotidiana. Mas e os outros?

• ***Todavia, o que transforma mais profundamente a vida soviética é a poderosa industrialização à qual ela se acha submetida e a perspectiva próxima de concluí-la vitoriosamente, isto é, de desenvolver os sucessos, de superar as dificuldades, de reparar os fracassos.***

Sem sombra de dúvida, ela teve um preço muito alto, humanamente falando. Como a Rússia, em 1917, não encontrou suas bases já prontas, "fornecidas antecipadamente pelo capitalismo", foi necessário construí-las, e eis por que a ditadura stalinista assumiu esse feitio singular. Ela tomou a braços a tarefa primordial, "histórica, cumprida alhures pelo capitalismo da idade de ferro". As *durezas do regime stalinista* não se explicam, inteiramente, nem pelos caprichos de um homem inebriado pelo poder, nem pelas necessidades do *socialismo*, nem pelas do *comunismo*. São também *um drama do subdesenvolvimento*, a fórmula estatal impiedosa inventada para *transpor rapidamente, pelo investimento humano, as etapas da industrialização num país agrário atrasado*. E esse drama recomeça sob os nossos olhos na China, no momento em que a URSS dele se liberta.

Se o objetivo econômico foi ou não alcançado, é uma questão que os especialistas discutirão por muito tempo ainda. Tanto mais que os números oferecem um admirável terreno para a controvérsia. Sua linguagem é internacional. Os povos se comparam entre si como crianças que medem o seu tamanho. Mas é mister que a craveira seja a mesma. A produção industrial aumentou em média, por ano, 7,7% na França, entre 1953 e 1959 (1959, índice 156, em relação a 1953 = 100); 8,3% na Alemanha Federal (1959 = 169, 1953 =100), 11,3% na URSS (1959 = 190, 1953 = 100). Essa é a linguagem das estatísticas *oficiais*. Todavia, essas estatísticas não são diretamente comparáveis. Os ocidentais calculam os índices em valor *líquido*; os soviéticos, em valor *bruto*. O economista soviético Strulinin mostrou que o crescimento oficial da produção industrial, calculado em valor bruto, dá, para 1956, 22,9 vezes a produção de 1928, mas cai para 14,7 vezes se se calcula o valor líquido. Imagina-se, nessas condições, o quanto puderam os adversários da URSS discutir esses números.

Mas, supondo-se que o objetivo econômico não tenha sido completamente atingido, ele está com certeza à vista. Uma enorme progressão se encontra em marcha, com magníficas e prodigiosas realizações na Sibéria e em outros lugares.

• ***Enormes mutações sociais se consumaram. Todas as sociedades soviéticas foram subvertidas pelo crescimento vertical da industrialização; por sua vez, elas subvertem a vida soviética em sua totalidade. Novas estruturas estão a se construir.***

a) Em primeiro lugar, o *afluxo dos camponeses para as cidades*. A URSS impôs um ritmo de desenvolvimento americano (americano do tempo do *boom*) a um povo tradicionalmente indolente, essencialmente camponês ainda em 1917. Por toda parte explode a contradição entre essa indolência que amiúde torna a se impor e esse ritmo ao qual nada escapa. Nas repúblicas federadas da Ásia Central, essa mistura de *americanismo* e de orientalismo é ainda mais extraordinária.

Os números dizem da importância da mudança. Em 1917, os camponeses russos representavam 80% da massa, os operários da indústria, 5%; em 1962, os camponeses são pouco mais da metade (52%), contra 35% de operários e quadros técnicos e administrativos. No mesmo lapso de tempo, os burocratas decuplicaram; os intelectuais no mínimo centuplicaram. Daí resultou um êxodo para as cidades, que se povoaram em detrimento dos campos.

O movimento acaba de completar-se. Com exceção de Leningrado, a antiga capital que conservou seus ares de citadina de sempre, as cidades novas e antigas, incluindo Moscou (convertida em uma espécie de enorme Chicago), assumiram aspectos camponeses. Sua vida ruralizou-se. Intelectuais, estudantes não escapam à regra. "Criou-se na Rússia uma nova raça", que a tudo invadiu, das funções mais modestas às da pesquisa científica (ápice da escala social na Rússia). No próprio momento em que industrializava a URSS em um ritmo até então desconhecido, Stálin submetia o campesinato a uma coletivização integral, libertando com isso um número considerável de braços, lançando os camponeses, contra a vontade deles, à conquista das cidades. Tudo isso em apenas alguns anos.

Em 1947, os camponeses ainda eram reconhecidos nas cidades invadidas e conquistadas por seus trajes primitivos, por sua maneira de caminhar devagar e de arrojar-se, gritando, nos bondes e ônibus. A partir de 1956, operou-se uma mudança visível. O camponês já se mostra urbanizado e, com a melhoria de seu nível de vida, adquiriu melhores maneiras. Em 1958, já não se encontram crianças ou mulheres caminhando descalças pelas ruas; no teatro e no cinema, as maneiras se tornaram exemplares, o desajeitamento camponês desaparece. No entanto, as origens camponesas, tão próximas, afloram em mil detalhes do comportamento.

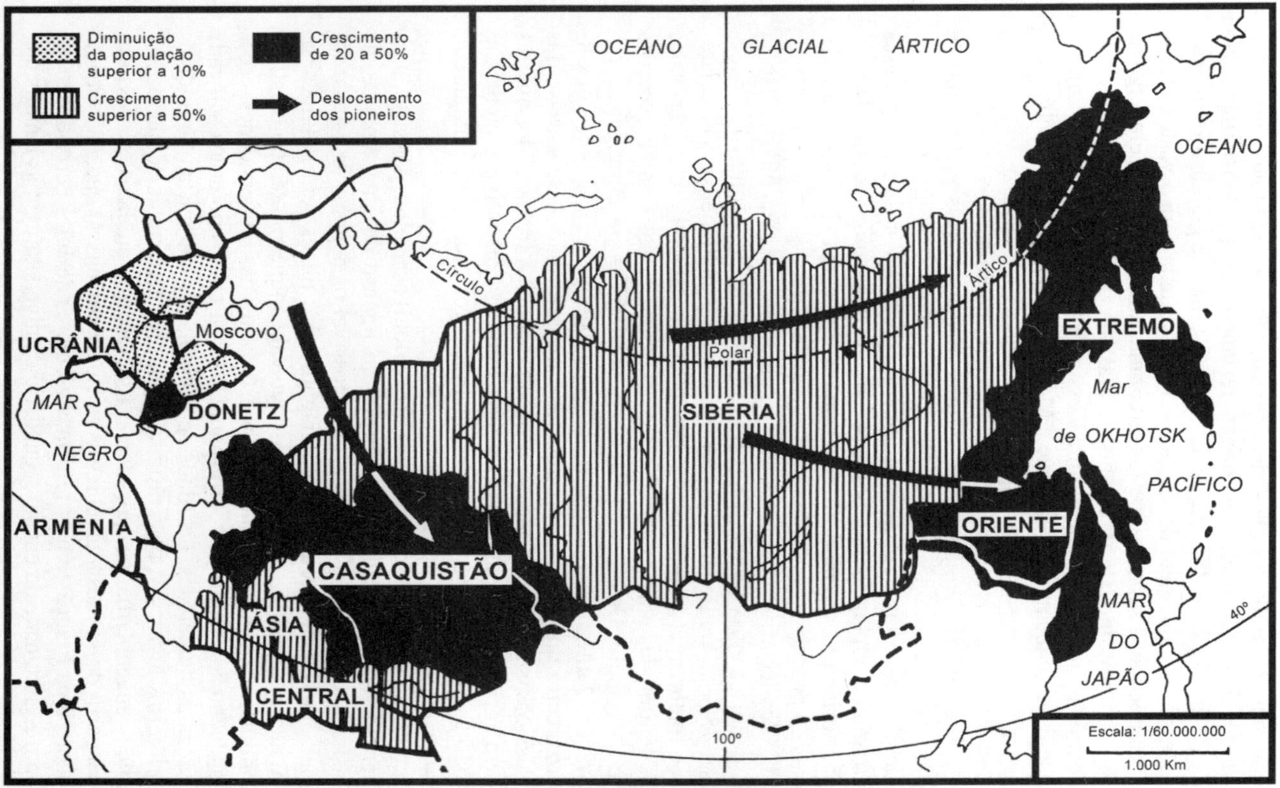

23. *As frentes pioneiras na* URSS.

Assim é que em Leningrado, por contraste, tudo parece mais requintado, as mulheres mais elegantes, a língua falada mais pura. Com a ajuda do cenário, admiravelmente restaurado após 1945, a impressão é a de uma velha cidade europeia, amável e fina, de grande movimento, sempre vivendo, além de seu porto ativo, voltada para o vasto mundo. O campo não a submergiu. Mas talvez ela permaneça, sem embargo de seu subúrbio industrial, um pouco afastada desse extraordinário caldeamento que parece constituir a Rússia de amanhã. É esse movimento que confere incontestavelmente a Moscou seu aspecto de capital.

b) Conquistas camponesas: a fábrica, a escola.

Esse afluxo de mão de obra submergiu os operários qualificados de outrora. O camponês ocupou as fábricas, com suas ignorâncias, sua inabilidade em relação às máquinas, suspeitas a todos os camponeses do mundo. Operário da noite para o dia, esse campônio desajeitado só dá, a princípio, um modesto rendimento. Então, para paliar as deficiências da produção, multiplicou-se a mão de obra.

Idêntico afluxo de camponeses, pelo menos de seus filhos, à escola e, depois, à universidade. Enquanto a Rússia de 1917 contava pelo menos 75% de analfabetos, se não mais, hoje o analfabetismo desapareceu totalmente. Isso explica a multiplicação das bibliotecas, das salas de leitura, das edições populares de clássicos russos – salvo exceções (por exemplo, Dostoiévski e Essenin até 1955) – ou estrangeiros, em tiragens fantásticas (até dez milhões de exemplares). O preço dos livros, certo que em papel medíocre, é irrisório. Para esse sucesso dos clássicos, será preciso encontrar outras razões? A fraqueza dos autores contemporâneos, a ausência de uma imprensa distrativa e fácil? Em todo caso, o esforço de educação também foi enorme no domínio do rádio, da televisão, dos discos.

"Essa revolução cultural" (O. Rosenfeld) acarretou, por si só, uma verdadeira revolução social, um desejo imenso de emancipar-se, de instruir-se, de galgar o mais rápido possível os degraus da escada social. "Arrivismo exacerbado", diagnosticam juízes sem indulgência. Avidez pela cultura, diremos nós, que vale ao mesmo tempo prestígio e dinheiro. Como quer que seja, os estudantes das universidades, escolas técnicas, ensino por correspondência ou cursos noturnos são cada vez mais numerosos. Os filhos de camponeses conquistam amiúde os primeiros lugares. A URSS produz, assim, os intelectuais de que necessita – engenheiros, pesquisadores, funcionários públicos, professores – a partir desse inesgotável reservatório de homens. O que, na verdade, ocorreu na França com as reformas escolares de Jules Ferry e, depois, com a gratuidade do ensino secundário e universitário, mas lentamente, em pequena escala, organiza-se na Rússia soviética em grande escala, com uma rapidez inaudita, por vezes de um só salto, evidentemente com algumas dificuldades.

Assim, ficamos sabendo com assombro que, de 1947 a 1956, o ensino secundário não era gratuito na URSS.

c) Todavia, o nível do ensino baixou, segundo se diz.

Mas, formulada essa afirmação, logo é lamentada. Sem dúvida, o russo de que se fala já não é o russo requintado de ontem. O ensino dispensado é utilitário, produzindo em série os intelectuais de que a vida moderna necessita, uma série de especialistas, desde o professor primário até o engenheiro e mesmo o professor universitário. Semi-intelectuais, diz um observador, via de regra indulgente.

Isso é inteiramente justo? Essa semicultura da maioria é simplesmente própria de um país novo, como nos querem sugerir, ou, antes, o de uma civilização de massa que se elabora? Em todos os países fortemente industrializados do mundo, na Europa ou na América, o ensino, em se generalizando, tende a se especializar e, no plano da cultura geral, a baixar de nível. O número dos representantes da verdadeira elite intelectual nem por isso diminuiu, talvez. Na pior das hipóteses, ele é estacionário (e olhe lá!). Em vez da estreita elite intelectual e da grande massa de analfabetos das civilizações tradicionais, as civilizações modernas propõem, ao lado da mesma elite e de uma pequena quantidade de analfabetos, uma massa de pessoas para quem a instrução só tem o interesse de um instrumento de trabalho, e não o de uma formação intelectual superior.

Em todo caso, quando se chega a esse nível superior, os intelectuais, os cientistas ou os professores soviéticos se apresentam, a nosso ver, e levando-se em conta as diferenças ideológicas, como iguais aos da Europa ou dos Estados Unidos. E também como herdeiros da mesma cultura. Para um intelectual parisiense, por exemplo, passar das universidades francesas à Academia de Ciências de Moscou é encontrar-se em casa, estar à vontade em qualquer discussão ou brincadeira imediatamente compreendida, entender imediatamente a resposta. A impressão primeira é que o isolamento total da Rússia durante quarenta anos, esse isolamento físico que cortou todas as relações contínuas entre os soviéticos e a Europa, não contou nesse plano. Impressão assaz espantosa à primeira vista, mas e à segunda?

Europa e Rússia, no princípio do século XX, estavam imersas numa mesma civilização. Diante disso, que valem quarenta anos para as realidades de civilização? Malgrado o fantástico abalo de numerosas estruturas sociais, a URSS de 1962 pertence amplamente à mesma civilização que a Rússia de 1917, vale dizer, à nossa.

d) *A literatura e as artes parecem, na verdade, contradizer essa afirmação.*

Porque se fosse preciso procurar nelas, como de ordinário, o melhor testemunho sobre a sociedade que delas é portadora, no caso a soviética, esta faria decerto pálida figura. Mas justamente essas obras edificantes, que impressionam antes de tudo por uma irrealidade que chega ao absurdo, não dão testemunho sobre os escritores, os artistas soviéticos, e mesmo sobre a sociedade, a vida cotidiana? Elas são frutos de circunstâncias excepcionais.

Essa linguagem particular da arte e da literatura soviética, ausente nas obras de Marx, de Engels e mesmo de Lenin, só aparece com o começo do poderio de Stálin, por volta de 1930. Trata-se de atacar os intelectuais que não se curvam então à disciplina de ferro exigida por Stálin, à mobilização da "frente literária e artística" para a execução do plano quinquenal. A primeira vítima foi a Associação dos Escritores Proletários (a RAPP), dissolvida ao mesmo tempo que as organizações similares no domínio das artes plásticas e da música (1932). Em seu lugar, uma organização única, controlada diretamente pelo partido.

Ao mesmo tempo, artistas e escritores eram convidados a tornar-se "engenheiros das almas humanas". Em 1934, Jdanov, secretário do partido, define-lhes o dogma, "o método do realismo socialista". Trata-se de descrever com "veracidade" o "caráter historicamente concreto" da realidade socialista, das condições de produção em particular e, assim, contribuir para a "transformação ideológica e para a educação dos trabalhadores no espírito do socialismo." O dever é ser "tendencioso", segundo os próprios termos de Jdanov, escrever obras "edificantes", nas quais os personagens apareçam nitidamente divididos entre "heróis positivos", os verdadeiros comunistas, e "negativos", todos os outros. Os movimentos de vanguarda, que haviam florescido em todos os domínios no começo da Revolução e que, de resto, continuam a ser chamados, na Rússia, de "arte de esquerda", serão desde então condenados, perseguidos como "formalistas". Numerosos escritores ou diretores de teatro são, então, presos e perecem misteriosamente. A maioria dos escritores de valor se refugia no silêncio ou no meio silêncio. Cholokhov, o autor de *O Don Silencioso* (três primeiros volumes publicados entre 1925 e 1933, o quarto em 1940), nada mais escreverá até a morte de Stálin.

Após a guerra, para reagir contra as influências do "Ocidente podre", o "jdanovismo" acentua sua pressão. A literatura, o teatro e o cinema são estreitamente vigiados, o menor desvio, denunciado, punido. Em 1948, os grandes compositores Prokofiev, Chostakovitch, Khatchaturian são violentamente atacados por seu hermetismo e seu abuso das dissonâncias...

Em suma, durante toda a ditadura de Stálin, os artistas foram "postos na linha", como o resto da população soviética. Conformismo e mediocridade marcam toda a produção dessa época.

A morte de Stálin mudou tudo? Sim e não. A reação, sem dúvida, foi imediata, a distensão brutal, mas essa explosão liberal pareceu perigosa e foi recentemente freada.

O fim do ano de 1953 e o ano de 1954 assinalaram-se por uma profusão de peças satíricas sobre as taras da sociedade soviética. O artigo de um jovem crítico, publicado na revista *Novy Mir* sobre a "sinceridade em literatura", punha em ridículo a tradicional divisão entre personagens positivos e negativos. Malgrado as sanções que essas ousadias valeram a seus autores, a crítica ao culto da personalidade e a desestalinização provocaram outras liberdades de linguagem. O regresso de centenas de milhares de deportados, a certeza de que as sanções violentas estavam desde então abolidas suscitaram uma efervescência intelectual tão viva, uma mudança de equipes de tal monta (doravante, eram os escritores que se distinguiram sob Stálin que se calavam, e as antigas vítimas, quando ainda vivas, que falavam em alto e bom som) que os dirigentes se inquietaram. Em 1957, os homens de letras e os artistas foram admoestados e solicitados a se abster de qualquer "revisionismo" e, sob pretexto de se recusar a "embelezar e lustrar" a realidade soviética, a não denegri-la sistematicamente. Essa posição é a própria expressão da política de Kruschev.

A condenação dos métodos de Stalin é certa; mesmo os adversários políticos abatidos já não são executados nem são objeto de violências físicas; certa liberalização interveio nas relações culturais e nas relações com o exterior. Contudo, abrir as portas a uma violenta campanha de crítica, no momento em que a revelação dos crimes de Stálin abalou profundamente uma juventude que o admirara cegamente, era pôr em perigo o regime e, por isso mesmo, a posição da URSS como líder dos países socialistas do mundo, pôr em jogo, talvez, parte de seu poder internacional. O governo, portanto, reagiu sem fraqueza.

O público acompanha tal luta? O gosto dos vastos auditórios populares vai para as peças clássicas do repertório russo ou estrangeiro, para o folclore, "puro, estilizado ou adaptado", para a ópera clássica, que esses camponeses da véspera acabam de descobrir. Do que o sucesso das óperas, de *Fausto* a *La Traviata* ou a *Carmen*, que fazem concorrência com as danças do Exército soviético ou com o balé de Tchaikovski, *O lago dos cisnes*. Guardemo-nos, porém, de acreditar que nesses domínios existem dois "patamares", o grande público e a elite intelectual. A liberdade de expressão reclamada e desejada pelos escritores e artistas é o problema crucial do presente e do futuro soviéticos.

e) A glória da matemática e das ciências. Tais problemas não se colocam no que concerne às ciências exatas. Elas se acham num estado não raro vizinho do esplendor.

Para isso, mil razões. As ciências foram um setor intelectual geralmente pouco controlado. Quase sempre o cientista nada tem a ver com as discussões políticas ou ideológicas, pode fugir delas. Porém, os russos sempre foram matemáticos fora de série. O governo, ademais, não poupou nem verbas, nem injunções, e é uma tarefa exaltante criar um mundo ou mesmo imaginar novos, inéditos. Enfim, é preciso dizer que, no plano da pesquisa, o autoritarismo tem um aspecto positivo. A pesquisa, nos países capitalistas, tende a dispersar-se de acordo com os diferentes ramos da indústria, é atraída pelas exigências dessa indústria. Na Rússia, ela se concentrou nas opções governamentais. A indústria perdeu com isso, e mais ainda o conforto da vida soviética, tão negligenciada até tempos bem recentes. No entanto, a pesquisa foi indubitavelmente beneficiada, assim como a organização das equipes científicas. Ora, hoje, a pesquisa já não é a tarefa do melhor cientista, mas da melhor equipe. Devemos agradecer à Academia de Ciências da URSS por isso?

Que conclusão tirar? Que a URSS está saindo de dificuldades inauditas, que se encontra à beira de sucessos fantásticos no domínio material. Esses sucessos já estão aí. Mas o estabelecimento de novas estruturas ainda não terminou. Tem a incomodá-lo lembranças trágicas e a própria repercussão da experiência soviética através do mundo. No momento em que ela estaria quase livre para escolher seu destino interno, é-lhe necessário levar em conta a repercussão de seus atos no cenário internacional.

Ela pagou isso com certa limitação de sua liberdade, limitação que subsiste após a desestalinização. Paga-o, também, em suas "superestruturas" da arte, das letras (domínio dessa evasão, sem a qual nenhuma civilização pode ir até o extremo de si mesma nem se exprimir totalmente). Esperemos que essas superestruturas venham a florescer bruscamente, de um só golpe, como as macieiras de Moscou na praça do Bolchoi ao primeiro sol cálido da primavera.

O congresso de outubro de 1961

O dramático XXII Congresso do Partido Comunista, em outubro de 1961, lança sobre a atual situação da URSS uma luz fantástica. Claro, não se trata, presentemente, de apreender em suas cores sombrias o jogo dramático das pessoas, de fazer a lista das condenações, das excomunhões, dos "mortos vivos" ou dos "vivos mortos", ou de analisar com vagar uma agitação que faz pensar frequentemente num romance de Dostoiévski, nos personagens atormentados e atormentadores de *Os irmãos Karamazov*.

O que importa é a própria civilização soviética, confrontada com escolhas e tarefas difíceis, nos planos interno e externo. Do sucesso destas dependerá o seu futuro. Tarefas difíceis: a *primeira* diz respeito aos nacionalistas alógenos, às raças e civilizações não russas, assaz numerosas no conjunto das repúblicas federadas; a *segunda*, ao futuro material (mas será ele apenas material?) da civilização soviética tomada em seu conjunto; a *terceira*, ao destino do comunismo internacional, que vai perdendo, também ele, seu monolitismo de ontem para tornar-se "policêntrico" e ceder o passo aos "comunismos das pátrias".

• ***No que concerne ao primeiro problema, o que está em jogo é o seguinte: a URSS, como seu próprio nome indica, quer ser uma federação de repúblicas, de Estados em princípio independentes, porém ligados entre si. Essa coexistência pode melhorar e levar a uma poderosa civilização unificada?***

Essa união realizada pelo Império dos czares conheceu, desde antes de 1917, muitos avatares. Dilacerada, retomada, consolidada, questionada, ela continua sendo um problema difícil, sem solução perfeita. Embora sua autonomia seja mais que evidente, nenhuma das repúblicas é, de fato, independente, porquanto sua defesa, sua polícia, suas comunicações estão subordinadas ao poder central, representado por delegados com assento no Comitê Central de cada república. Nacionalismos, "chauvinismos" locais existem, e são denunciados. Choques se produzem. A Geórgia foi, assim, reconduzida à união em 1921; hoje, a desestalinização se choca com sua fidelidade ao mais ilustre dos georgianos. Os Estados bálticos, libertados em 1918, anexados em 1940, reocupados em 1945, gozaram, sob os czares, de um estatuto privilegiado: não se lhes cogitou concedê-lo novamente. Houve crise na Quirguízia, em 1949-1951, a propósito da epopeia nacional, *Ma as*, proibida pelas autoridades. No Azerbaijão, o Soviete Supremo, em 1958, torna público seu intento de reconhecer como língua única da república o *azei*.

Interesses locais, culturas, línguas originais, lembranças históricas, fidelidade ou não ao comunismo, intrusão, imigração em todas essas repúblicas, já de russos, já de ucranianos: tudo isso são problemas e, em alguns casos, tensões de tipo colonial. Em decorrência da exploração das terras virgens, os russos se tornaram mais numerosos que os cazaques no Cazaquistão.

Uma única política soviética é possível e advinha de antemão: manter, salvaguardar a coesão, a vida comum, a "harmonia" do conjunto, fazendo aos Estados nacionais concessões razoáveis, ou mesmo generosas, tanto mais que eles representam, todos juntos, uma parte ínfima do poderio da URSS. Tal é a política que emerge do XX Congresso (1956). Dela resultaram concessões, maiores autonomias, um franco retorno à política leninista das nacionalidades. Para um ocidental, elas evocam os problemas clássicos dos fluxos e refluxos entre colonização e descolonização. Com este lado dramático suplementar, de que, no caso da URSS, colônias e metrópoles se tocam geográfica, fisicamente falando. Na ordem do dia do XXI Congresso figura a *assimilação*, palavra já de si bastante evocadora. Ora, será ela possível, conseguirá a URSS, neste particular, obter o que o Ocidente acaba justamente de perder?

O secretário do Partido Comunista do Cazaquistão declara, em 1959, que "a tese leninista da fusão das nações em virtude de seu desenvolvimento e da multiplicação das práticas comuns está desde já confirmada pela experiência." O que é bem possível. Há exemplos no passado, como vimos, de assimilações bem-sucedidas, e a política comum, as concessões recíprocas, a necessidade de viver juntos são argumentos de peso aos quais se acrescenta a formação, pela prática do comunismo, aceita ao mesmo tempo durante quarenta anos, de estruturas novas e comuns às duas partes. Contudo, as civilizações são tenazes. A simples questão das línguas nacionais, defendidas obstinadamente e com sucesso, o prova: as repúblicas da URSS não renunciaram a suas civilizações locais. O debate, por conseguinte, permanece aberto. Pode-se mesmo indagar se a luta contra o analfabetismo e o incremento do ensino geral da URSS não desenvolveram a consciência nacional das populações da Ásia Central.

• ***Prosperidade ou civilização "burguesa": o anúncio de um plano de vinte anos que conduzirá a URSS às felicidades da sociedade comunista não é um projeto vão.***

Com esta ou aquela condição, dizem os especialistas, nunca de acordo entre si, a URSS tem os meios de realizar esse salto em direção ao bem-estar. Na medida mesma em que a opinião geral se mostra desejosa ao mesmo tempo de paz (apaixonadamente) e de progresso material, e também na medida em que ela acredita doravante na possibilidade desse progresso, as jovens gerações afluem com entusiasmo aos marcos da vida ativa do país. Uma imensa mutação se está preparando e há de se produzir, qualquer que seja a forma que venha a assumir ou a etiqueta com a qual, em seguida, vier a ser designada.

A vida soviética, em 1962, é dominada por esse rápido avanço rumo às derradeiras etapas da Revolução Industrial. A revolução kruscheviana abriu as portas a esse futuro próximo desde que o plano setenal de 1958 enfatizou essas novas indústrias que comandam certo tipo de consumo "sofisticado": eletrônica, eletromecânica, energia nuclear, matérias plásticas, química de síntese, todas elas indústrias que, esperando criar uma nova camada de consumidores, exigem e formam "um novo tipo de classe operária": técnicos de avental branco, tecnólogos, pesquisadores de departamentos de projetos, cientistas de laboratório... É a pressão dessas novas forças sociais que torna irreversível a democratização da URSS em prazos mais ou menos longos, conclui o sociólogo a quem tomamos emprestados esses detalhes.

Esse impulso, essa pressão ainda precisam abrir caminho através das forças vivas e das inércias da sociedade e do partido comunistas. E nada mais lógico que este último tente manter na linha de seus méritos essa chegada ao conforto e ao bem-estar, depois de tantas provações, que ele tente fazer desse sucesso o *seu* sucesso.

Em verdade, só o conseguirá se a URSS provar que, depois de quarenta anos de socialismo, ela se transformou e que, se a Rússia de 1917 vivia no contexto da civilização ocidental, a URSS de 1962 não conceberá a *chegada ao bem-estar* segundo as normas adotadas pelo Ocidente "burguês". Em suma, se provar que a prosperidade não foi para ela, como para o Ocidente e a América, o melhor meio de se "dividir" da revolução.

Sobre esse ponto, é impossível prever o que quer que seja. Os jogos não estão feitos. É provável, contudo, que a URSS invente sua própria solução, que não será nem americana nem europeia.

• ***O comunismo internacional. Nesse plano, tampouco, os jogos estão feitos nem se discernem com nitidez.***

Os comentaristas ocidentais do Congresso de Outubro de 1961 veem nisso de bom grado o fim do monolitismo do partido comunista internacional, como se a URSS abandonasse conscientemente a direção exclusiva e os sacrifícios que implica para se consagrar apenas ao seu salto adiante, preparando-se para ser a única a enveredar, graças à prosperidade material, nas perfeições do comunismo. Em síntese, a URSS aceitaria doravante o bicentrismo (China, URSS) ou mesmo o policentrismo, o "comunismo das pátrias", cada qual entregue à sua própria sorte, a seus problemas particulares.

É temerário ser tão categórico. A política, mesmo no interior da vasta família comunista, obedece às suas regras de costume: irritar-se, discutir ou mesmo ameaçar-se, e depois reconciliar-se, resignar-se a compromissos que os anglo-saxões não são os únicos a preconizar. A desconfiança da URSS em relação à China não data de hoje: está arraigada em séculos de história e também nos conflitos que, no século XIX, colocaram a Rússia entre as grandes potências que dividiram entre si as riquezas e os despojos da China. Mas sua desconfiança em face dos Estados Unidos não é menor, e as realidades da guerra fria aí estão. Queira ela ou não, e por razões que obrigaram os Estados Unidos a renunciar ao isolacionismo, a URSS não se pode refugiar em sua nova prosperidade. Ela se vê obrigada a pensar sua política interna em função das realidades externas do mundo.

Entretanto, uma classificação se esboça através do mundo dos partidos comunistas que rodeiam a URSS como um sistema planetário gravitando em torno de um sol, sendo os planetas frequentemente dessemelhantes uns aos outros.

Ao longe, *os partidos comunistas nacionais*, uns às voltas com a hostilidade dos países ocidentais prósperos (Itália, França), quando não eficazmente suprimidos (países anglo-saxões, Alemanha Ocidental); outros instalados na clandestinidade dos países ocidentais politicamente hostis, mas economicamente fracos (caso da Espanha, de Portugal, da América Latina); outros, ainda, atuando na arena, onde todas as esperanças são lícitas, dos países subdesenvolvidos e que se sentem fascinados pela experiência soviética ou chinesa.

Igualmente próximos e distantes, *uma auréola de países comunistas*. Os do "escudo", em face do Ocidente, protegem desde a última guerra a massa continental da URSS: *Alemanha Oriental*, *Polônia*, *Hungria*, *Tchecoslováquia*, *Romênia* e *Bulgária*, onde se acham em curso enormes transformações econômicas e sociais. Todos eles, salvo a Bulgária (e olhe lá), são países em via de rápida industrialização, tendo a Alemanha Oriental e a Tchecoslováquia, aliás, herdado uma vigorosa indústria, já organizada antes de sua entrada no comunismo. À margem do "escudo", o caso aberrante do comunismo albanês e do progressista socialismo da Iugoslávia.

A posição desses países é complexa: de um lado, não têm a possibilidade de afastar se da URSS; de outro, certas reformas de estrutura, garantias de seu futuro (reformas agrárias, desaparecimento dos enormes domínios poloneses ou húngaros, industrialização), não teriam, sem dúvida, sido possíveis ou tão fáceis sem a intrusão brutal do comunismo. Na verdade, em cada país, e conforme as economias e civilização implicadas, as relações com a URSS e o próprio comunismo são mais ou menos confiantes, mais ou menos livres, mais ou menos frutuosas.

Enfim, bem longe, esmagada sob o peso de suas dificuldades e soerguida por seu orgulho, a *China comunista*, o mais vasto dos países subdesenvolvidos do mundo atual. O menos dócil, seguramente, e o mais perigoso dos parceiros comunistas da URSS.

Esse mapa rapidamente desenhado não corresponde apenas às posições políticas; é também o das posições econômicas. Elas não comandam o jogo, mas o modificam de antemão. A URSS, que, por seu esforço, desenvolvido durante tanto tempo, colocou-se à frente, corre no momento o risco de conhecer a solidão dos vencedores.

4ª edição outubro de 2024 | **Fonte** Times New Roman
Papel Hylte Paper 60 g/m² | **Impressão e acabamento** Imprensa da Fé